国家哲学社会科学成果文库

NATIONAL ACHIEVEMENTS LIBRARY
OF PHILOSOPHY AND SOCIAL SCIENCES

网络传播管理研究

钟 瑛 等著

中国社会科学出版社

钟瑛 华中科技大学新闻与信息传播学院教授，网络传播与新媒体发展研究中心主任。华中师范大学汉语言文学学院本科、硕士，华中师范大学历史文化学院博士，复旦大学新闻学院博士后。1997年英国北伦敦大学信息传播学院访问学者，2008年美国密苏里大学新闻学院访问学者。曾涉猎的专业有中文、历史、信息管理、新闻传播，现在主要从事网络传播、媒体政策、传播史等领域的教学与研究工作。在权威及核心以上的学术期刊上发表论文近百篇。独著、合著出版学术著作十多部。主持和主要负责不同类型的科研课题十余项。20世纪90年代末以来，一直致力于网络与新媒体的研究，研究成果丰硕，在学术界产生广泛的影响。

《国家哲学社会科学成果文库》
出版说明

为充分发挥哲学社会科学研究优秀成果和优秀人才的示范带动作用，促进我国哲学社会科学繁荣发展，全国哲学社会科学规划领导小组决定自 2010 年始，设立《国家哲学社会科学成果文库》，每年评审一次。入选成果经过了同行专家严格评审，代表当前相关领域学术研究的前沿水平，体现我国哲学社会科学界的学术创造力，按照"统一标识、统一封面、统一版式、统一标准"的总体要求组织出版。

全国哲学社会科学规划办公室
2011 年 3 月

目　　录

第一卷　网络传播问题与现状

第二卷　网络舆论及意见领袖

第三卷　网站功能与传播效果

第四卷　网络文化及文化适应

第五卷　网络管理与欧美经验

Contents

Part II Online Public Opinion
and Oline Opinion Leader

Part Ⅲ   Website Function And Communication Effect

Part IV   Internet Culture And Acculturation

Part V　Chinese Internet Management And American And European Experiences

概念辨析代序

网络、因特网、互联网、新媒体早已成为我们日常生活中出现频率极高的词汇，但使用中我们经常将它们相互交替，具体所指模糊不分。

一般而言，"网络"，所指极为宽泛，但与"互联网"联系在一起，多指计算机网络，包括所有按照网络协议连接在一起的计算机系统，连接介质包括电缆、双绞线、光纤、微波、载波或通信卫星等。计算机网络按大小不同一般可以区分为：局域网（LAN）、城域网（MAN）、广域网（WAN）等，其中最为庞大的网络系统就是互联网。

"因特网"，与"互联网"的概念既有联系，也有区别。作为专有名词理解，因特网是互联网的一种，英文名为 Internet，源于 1969 年诞生于美国的 Arpanet，初始于军事目的，后用于学术系统，最后走向商用，现已发展成为一个全球开放的计算机网络系统。但"因特网"作为普通名词理解，则泛指多个计算机互联而成的大型网络系统。在这个意义上，不少学者认为"因特网"与"互联网"只是音译与意译的不同，而没有任何意义上的区别。

互联网，最早的官方界定是，"指全球的信息系统，这个系统是：（1）基于 IP 协议或由其进一步发展的协议，通过全球唯一的地址段，有逻辑地连接在一起；（2）能够支持采用 TCP/IP 协议或由其进一步发展的协议，或者能够与 IP 协议兼容的协议进行通讯；（3）能够在通信网络上提供、运用或获得公开的或个人之间的高层次服务"①。该定义所指具体、清晰，

---

① 美国联邦网络委员会 1995 年 10 月 24 日通过的表述。

且反复以"进一步发展"的表述为互联网技术的快速创新"埋下了伏笔"①。

新媒体，以互联网为新媒体，成为不少人对新媒体理解的惯性。事实上，互联网的发展，仅以 1992 年商业化为起点也经历了近 20 年的历史。早期，《新媒体百科全书》的主编斯蒂夫·琼斯在该书导言中说，"旧媒体曾经一度是新媒体，而新媒体又在不断地变化与演进"。并列举光盘、万维网、流媒体为例。② 该书原著 2002 年出版，距今近十年，其所列举的新媒体例子已经难以代表当今新媒体的新发展。而斯蒂夫·琼斯对新媒体的关键把握，被后进学者不断深化，新媒体是一个"相对的概念"、"时间的概念"、"发展的概念"③，这一观点不断引领我们对新媒体的进一步认识。

如何界定新媒体，进入谷歌搜索，能找到约 11200000 条结果；进入百度搜索，呈现相关结果约 904000 个。④ 其界定林林总总，举不胜举。综观这些解释，其核心不外有二：其一，有关技术基础，指新媒体依托于数字技术、网络技术、通信技术等；其二，有关传播功能，指其传播具有互动性、虚拟性、原创性、分众性等。

尹韵公、刘瑞生将新媒体区分为广义的理解与狭义的理解。广义的理解指"依托于互联网、移动通信、数字技术等新电子信息技术而兴起的媒介形式"。狭义的理解，则锁定在互联网与移动网络。⑤ 这使我们认识新媒体有了更加具体明确的目标指向。

综上对网络、因特网、互联网、新媒体等概念的辨析，结论是，这组概念之间的联系与区别虽然显而易见，然而在具体使用中，网络、因特网、互联网交互使用已经约定俗成，没有必要再细加分区。"网络"在特定的互联网语境中，直接等同于"互联网"，"因特网"与"互联网"更是本身就同根同源，难以区分。只是"新媒体"，作为一个与时俱进的概念，终将会不断抛弃成为传统的旧媒体形态，不断指向更加新型的新媒体形态。

---

① 刘正荣：《对互联网概念和传播特性的新理解》，《新闻界》2007 年第 2 期。

② ［美］斯蒂夫·琼斯主编：《新媒体百科全书》，熊澄宇、范红译，清华大学出版社 2007 年版。

③ 《熊澄宇定义新媒体 称其发展不会停止与终结》，http://news.sina.com.cn/c/2009 - 06 - 16/110215798179s.shtml。

④ 搜索时间为 2011 年 7 月 22 日星期五。

⑤ 尹韵公、刘瑞生：《新媒体发展的全球视野与中国特色——2009 年中国新媒体发展态势与前沿问题》，《中国新媒体发展报告（2001）》，社会科学文献出版社 2010 年版。

第一卷

网络传播问题与现状

第　一　章

互联网问题的分析框架

互联网在给人类社会带来巨大进步的同时，也带来了诸多负面影响，这些负面影响随着互联网的发展，逐渐深入到社会生活的方方面面，它们使传统价值观、政府管理等都面临着严峻的挑战。解决互联网问题早已成为学界、业界、管理界，甚至社会各界所致力的焦点。然而，从根本上探讨并解决这一复杂问题，需要用系统、全面、发展的眼光，在多年偏于感性的经验积累之后，我们有必要建构一个合理的互联网问题的分析框架以及类目系统，使各种具体问题条分缕析，在恰当的坐标之中一目了然地呈现出来。

认识互联网问题，找到一个统一的、囊括殆尽的认识角度最为关键。在对现有研究经验进行系统梳理的基础上，我们吸收大多数学者认同的时间、空间的认识角度，再加上人类行为的认识角度，将互联网中的所有问题置于时间、空间、人类行为的三维视角之下，即时间延伸产生的互联网问题、空间延伸产生的互联网问题、人类行为延伸产生的互联网问题，以使互联网问题的分析纳入一个系统的认识框架。

第一节　时间延伸导致的互联网问题

世间万物都必然有其时间逻辑，从产生、发展到消亡，即便其间曲折起伏。互联网超越时间，大多只是指互联网技术对时间速度的改变，以及超越现实的虚拟模仿与再现等功能，时间从起点到终点的根本逻辑永远不可能因技术而改变。基于这一认识，我们可以从新技术延伸时间的角度将互联网问题划分为三类，即传统问题的延伸问题、新技术带来的新问题、潜藏于未来的可能问题。

一　传统问题的延伸问题

传统问题的延伸问题，是指现实社会早已存在的问题直接延伸到互联网上，问题本身与传统问题只是载体不同、本质完全相同。事实上，互联网对社会生活的广泛渗透，网络虚拟空间早已成为人们不可或缺的第二生活空间，人们将现实世界中的一切都延伸到互联网上，包括生活、工作、学习、交流等，无论精华与糟粕，皆借助网络技术的优势，得到前所未有的拓展与传播。随着人们对互联网认识的逐渐加深，互联网的虚拟外衣逐渐被剥离，这类现实问题延伸而来的网络问题因与传统问题密切关联，最容易被识别，其治理，也因现实问题已有成熟的解决方案可供借鉴，因而更易于解决。

互联网延伸问题与传统现实问题显而易见的关联性，主要表现在以下三个方面：第一，较之传统问题，延伸问题产生的主体与主观因素不变。其主体是指网络延伸问题的行为者。在貌似虚拟的互联网上，所有问题的行为主体都是现实社会真实的个体，技术的工具性完全取决于主体对技术的使用偏向。主观因素，是指行为主体在打破约束机制时的思想意识活动，即动机、目的等，主体的思想意识，支配着主体的一系列感性动作或外部活动，是主体行为失范及问题产生的内控因素。[①] 因此，如同针对传统问题的解决方案，对延伸问题主体与主观因素的关注，同样是解决问题的根本与核心。第二，较之传统问题，延伸问题的根本性质没有发生改变。这类问题，无论网上网下，其基本构成，即主体要件、主观要件、客体要件、客观要件等皆为相通。除了行为环境从现实走向虚拟，致使延伸问题的解决变得更加棘手之外，其他皆无本质差异。如网络欺诈、网络侵权等，从现实到网络，都是以欺诈与侵权论处，其定罪、量刑、抗辩等皆与传统问题处理方式相通。第三，问题的危害后果同样严重，且有过之而无不及。在虚拟的网络社会，行为者缺少了现实社会的道德规范、人际关系的约束，犯罪行为更加肆无忌惮，网络技术的隐匿性，又为犯罪行为提供了更多的选择途径。以网络欺诈

---

① 参见杨伯溆《因特网与社会》，华中科技大学出版社 2002 年版，第 12 页。

为例，较之传统欺诈，网络行为主体可以借助身份的隐匿性，通过假冒、伪造、发布虚假信息等多种手段，网络技术使其欺骗性更大、传播面更广、传播速度更快，其损害结果自然更加严重、更加复杂。

互联网延伸问题与传统现实问题的关联性，是我们认识与解决这类问题的钥匙。然而，在充分借鉴的同时，新技术带来的个性特征仍然不能忽视，只有准确抓住其个性特征，才能使问题得到根本性解决。互联网延伸问题的个性特征，我们可以从以下两个方面来认识：第一，行为主体，现实与虚拟不对等存在。网络社会每一个虚拟角色背后都会对应着一个现实社会真实的个体。不仅现实的人与虚拟的人相对应，现实的物与虚拟的物也同样相对应。只是这种对应关系并不是简单的一对一的关系，因为当一个现实个体走进网络世界的时候，他往往可以根据自己的不同需要注册多种虚拟身份，这使网络行为主体的身份更为复杂。在处理这类网络问题的时候，对网络多重身份的识别以及与现实身份的对应是问题解决的难点。第二，主体行为，虚拟形式下产生现实危害。在现实社会中，主体行为表现为人通过物质手段和物质载体将自己的主体性对象化。而人在网络社会，其行为活动则由计算机通过比特虚拟化自动完成。网络行为主体可以跨越时空，异时异地进行各种行为活动。① 这种主体行为貌似虚拟，超越传统对物质性和精神性的理解，但其现实影响及危害却有过之而无不及。这使该类问题把握的难度超越我们对传统问题的理解。

事实上，互联网延伸问题是互联网问题的主流。基于以上对传统问题及其延伸问题的共性与个性的认识，我们可以基本沿袭传统问题的解决方案来处理这类问题，尽量沿用现有法律规范、伦理道德等。对其个性特点，根据具体需要对原有规范进行必要的增补与完善。

二　新技术带来的新问题

网络新技术为我们营造了一种完全有别于现实社会的虚拟场域，虚拟场域极大激发了人类灵感，给人类带来超越传统的全新体验。在这种创造性体验中，人性中的善与恶都无所顾忌地释放出来。互联网新技术带来的新问

---

① 李一：《网络行为失范》，社会科学文献出版社 2007 年版，第 230 页。

题，就是指在这种特定的虚拟场域中形成，脱离互联网的支撑，其生存的土壤也就不复存在的网络问题，这类问题最具网络特色。其中最为典型的如网络黑客、计算机病毒等。

新技术带来的新问题，探究其产生的原因，主要有二：第一，互联网的开放性带来人类行为的张扬。互联网最突出的特点就是它的开放性。在互联网设计之初，美国军方在建立其雏形阿帕网的时候，为了能使其经受住苏联的核打击，没有采用传统的中央控制式网络体系，而是建成分布式的网络体系。同时放弃了传统的线路交换式信息传递方式，采用了全新的包切换技术。分布式结构使得因特网上的各个计算机之间没有从属关系，每台计算机都只是网络的一个节点，它们之间都是平行互联的关系。同时，包切换技术使得人们无法阻止网上信息的传递，除非整体摧毁，否则就无法阻止连接在网络上的计算机之间互相传递信息。然而，网络技术的开放性必定带来人类网络行为的张扬，这就意味着任何人都有可能在互联网上随心所欲，无论个人、组织，甚至国家和政府，谁都难以完全控制网络，互联网成为一个真正意义的自由开放的大集市。第二，互联网的隐匿性导致传统社会约束机制失灵。互联网在高度开放的同时还带有极大的隐匿性，借助网络技术，任何人都有可能在互联网上来无影去无踪。在网络虚拟身份的掩护之下，网民行为脱离现实社会道德规范、文化习俗、人际关系的束缚，呈现出难以节制的情绪化、叛逆性与破坏性。无以数计的网络虚拟社区迅猛增长，将许多有共同兴趣、共同爱好的网民紧密连接在一起，形成群体极化的现象。① 一些网民张扬个性、热衷挑战、蔑视权威、追求自由放纵，甚至制造各种网络暴力，剥离了人类虚伪的外衣，释放出其劣根性。

新技术带来的新问题，因为现实社会无从参照，因此认识其特性需要一定的积累，妥善处理更需要高度的智慧。面对这类问题，我们必须要有充分的心理准备。首先，新问题影响的范围更加广泛，传统主流思想难以引导。互联网打破了传统时空界限，无远弗界，极大地拓展了人类的行为能力，网络事件所产生的影响不再局限于某一区域、某一群体、某一领域、某一文化，它会在人

① 参见［美］凯斯·桑斯坦《网络共和国：网络社会中的民主问题》，黄维民译，上海人民出版社 2003 年版，第 47 页。

类社会各个方面、各个层次交错产生震动与冲突，造成更为复杂、深远的影响，传统主流思想的引导面临严重挑战。而某些问题、矛盾和麻烦，更是已经超越了国界、肤色和族别，它需要集中的是人类共同的智慧和共同的努力，以求共同的解决。① 其次，新问题表现的形式更加复杂，传统管理手段难以应对。网络社会中的行为主体，其身份和行为都以虚拟的形态呈现，而且身份多重，身份变换也轻而易举，这使网络活动的过程复杂而不确定。判定虚拟的主体身份、权责关系、行为结果等，对其危害后果进行定性、量刑等，都是传统管理规范难以解决的问题，我们必须考虑新的对策。最后，新问题的演化更为迅速，必须具备前瞻性眼光。互联网技术日新月异，传播功能超强发展。随着网络终端便携性的进一步拓展，无线网络更为广泛普及，网络传播已经无时无刻、无所不在。这就使新技术带来的新问题随着技术发展的节奏，快速发生变化，旧问题尚未解决，新问题已经层出不穷。因此，把准问题的实质，掌握其发展规律，具备前瞻性眼光，是我们面临的又一巨大挑战。

总之，针对互联网新技术带来的新问题，我们要抓住其有别于传统问题的差异性，根据网络技术的发展逻辑，寻找新的解决方案，或出台新的管理规范，或以更高的管理技术进行应对。

三 潜藏于未来的可能问题

互联网自产生以来一直处于高速发展阶段，而且其发展速度以加速度递增，永不停息。技术发展推动着网络应用更加广泛、深入，可能的问题将会伴随技术发展的速度接踵而来。网络管理因其技术的独特性，这些潜藏于未来的可能问题也是我们必须面对的管理问题。

面对潜藏于未来的可能问题，这是对网络管理者最大的挑战。首先在观念上，动态的、发展的眼光最为关键。管理者要打破传统管理仅仅针对现有问题，管理规范总是处于滞后状态的局面，主动根据网络发展的规律，对潜藏于未来的可能问题进行分析、研判，使这类尚未出现的问题变得可预知、可防范。同时，在管理规范的制定中，要针对这类问题预留空间，使网络政策显示出高度的前瞻性、灵活性与适应性。其次在能力上，一个合格的网络

---

① 尹韵公：《网络文化的全球视野与中国特色》，《理论参考》2009 年第 8 期。

管理者，不仅仅是一个单纯的行政管理人员，更需要具备一定的网络技术知识，能根据网络的规律管理网络问题，能运用网络技术解决网络问题。虽然更专业的技术问题有待于技术专家与科学工作者来解决，但管理者发现问题、识别问题、了解需求也十分关键。

了解网络技术发展的规律，把脉潜藏于未来的可能问题。在高度依赖技术的网络社会，每一种新技术的产生必然带来新功能的应用，而新功能的应用必定产生出新的问题。在这一过程中，技术的发展总是遵循技术的逻辑，技术的应用也有着应用的规律，新技术、新应用、新问题，环环相生，潜藏于未来的可能问题在这一循环中生生不息。

谈到网络技术发展的逻辑，互联网的发展方向，纵观其过程，其结果必定是：在技术上，它将不断延伸人类肢体的功能、大脑的功能，并不断弥补现有时空的局限；在功能上，它将不断朝着更快捷、更安全、更智能、更方便的方向发展。这些新技术、新功能的开发与应用，必定伴随诸多新的问题。

第二节　空间延伸导致的互联网问题

从空间角度来理解，互联网带来了有别于传统现实社会的虚拟空间，虚拟性成为虚拟空间最为显著的特色。现实社会与虚拟空间两相对应，世界在形式上被网络技术一分为二，即线上世界与线下世界。但两个世界并非完全隔绝，虚拟世界是建立在有形的物质世界之上，千丝万缕的计算机网络系统，无以数计的计算机终端，这些明显的物理界限，就是沟通虚拟世界和现实世界的桥梁。通过这一桥梁，网民游走于两个世界之间，在创造社会价值的同时，也制造不同的社会问题。我们将发生在线上的网络问题称为线上问题，发生在线下的网络问题称为线下问题。

一　线上问题

线上问题，是指该类问题发生在互联网上，离开互联网环境，该问题就不复存在的网络问题。如虚拟财产纠纷、垃圾邮件投递，等等。

理解线上问题，关键是要抓住互联网的技术特性。首先，正确认识线上问题的虚拟性。线上问题发生在网络虚拟社会，通常是虚拟人物之间的虚拟权利或虚拟利益纠纷。其主体、客体以及行为结果都是数字化呈现的虚拟形态，如电脑病毒散布、黑客非法入侵。其行为主体，就是一个网名，一个ID，其行为，是一个网络程序，其结果，被侵犯者的网络数据遭到摧毁。在互联网越来越深切融入现实社会生活的时代，网络数据的破坏甚至可以对被侵害者形成毁灭性的打击。如何确定虚拟身份、虚拟权利？如何对网络损失进行度量？如何认识网络虚拟性背后的真实危害？这些对于网络管理者来说都是需要认真思考的新问题。其次，线上问题的危害性总是向现实社会扩散，且严重性超出纯粹的现实问题。网络社会与现实社会并不是两条分离的平行线，线上行为必定是线下行为的结果。线上行为者通过电脑、网络、各种移动终端，将自己的思想付诸行动，线上行为直接受线下行为者思想支配。复杂的是，虚拟的线上行为者身份更加隐匿，破坏性更加强大。而且线上问题的危害性必定从虚拟延及现实，造成线上线下的双重损害。如，最近频发的网络游戏纠纷，游戏账号、游戏装备等原本只是数字化、虚拟化的物品，但它们却可以在现实世界以不菲的价值进行交换，其线上线下的双重价值势必造成虚拟与现实世界的双重损失。处理这类问题，既要关注问题的网络特性，又要考虑问题的现实影响。

二　线下问题

线下问题，是指行为者借助互联网，或以互联网为工具，对现实社会的某一对象造成侵犯与伤害，也就是通常所说的传统犯罪形式在互联网上的延伸与变异。如网上赌博、网上洗钱、网上泄密等。

理解线下问题，关键有二：第一，互联网仅仅是线下问题凭借的重要工具或手段。线下问题原本就存在于传统的现实社会，只是互联网技术的介入，使这类问题增加了技术含量，如果剥掉其虚拟性外衣，它事实上基本等同于传统犯罪。如网络色情，现实社会色情犯罪到处都是，而网络色情，因网络技术的介入，其犯罪手段变得更加隐蔽、灵活、多元化。第二，依托于互联网的线下问题，其危害性更加严重。首先，互联网的匿名性，使该类犯罪较之传统犯罪具有更大的隐蔽性，这既增加了识别的难度，更增加了防范的难度。其次，网络传播的跨时空性，使该类问题涉及面大大超越传统犯罪，而且难以用各方认同的统一标准进行处理。再次，网络技术的快速发展，又使该类网络问题在发展中不断增加新的变异，新问题常常猝不及防。

　　解决线下问题，所幸的是，此类问题在传统社会大多已经具有较为成熟的解决方案，处理时不会不着边际。但是，网络的技术特性则赋予了该类犯罪许多新的元素，我们需要结合网络特点才能正确识别与妥善解决此类问题。

　　线上问题与线下问题，因为行为主体的共性有时难以决然分开，有时候它们还可以相互转化。就目前现状来看，线下的问题占据了网络问题的绝大多数。随着网络虚拟社区的进一步拓展，人类对网络社会的依赖越来越强，线上问题、线下问题会越来越复杂，二者的交融也将越来越明显。

第三节　人类行为延伸导致的互联网问题

　　互联网给人类开辟的网络空间，某种意义上，是一个更为纯粹的、更为自我的精神家园。在这里，人类行为可以脱离现实道德规范、人际关系的束缚，做自我之想做，表达自我之想表达，这是人类前所未有的思想解放，是一种全新的人类行为体验。然而，随之而来的问题是，在既有道德规范逐渐丧失作用的同时，新的网络道德规范却仍然在建设之中，这不可避免地形成一个管理的真空地带，网络行为失范问题随之接踵而来。行为失范，最初是个哲学伦理学概念，指社会生活中基本道德规范的缺失与不健全所导致的社会道德调节作用的弱化以至失灵，并由此产生整个行为层面的混乱无序状态的情形，简言之，就是指行为主体在行为过程中作出的偏离或违背社会道德规范的行为。[①] 网络行为失范，就是针对网络行为主体，指网络行为主体在网络环境下所作出的与网络主流价值、道德规范等相偏离的行为。

　　人类行为延伸导致的互联网问题，实际上就是网络行为失范问题，轻而言之，属于道德层面；重而言之，属于违法犯罪问题。从行为主体的角度，我们可以将这类问题划分为三大类，即网络个体行为失范、网络群体行为失范、网络组织行为失范。

---

　　① 李一：《网络行为失范》，社会科学文献出版社 2007 年版，第 91 页。

一 网络个体行为失范

网络个体行为失范，关乎人性与个性，主要表现为独立的自然人在网络中或借助网络从事的不正当行为。

网络个体行为失范的表现，观察其特征，我们可以概括如下：首先，它是人类迄今为止最为彻底的个体行为表达。任何个体行为都必定是其内心需求驱动的结果。在网络环境中，社会约束机制尚不健全，多元文化泛滥，主流价值迷失，人性中潜藏的各种需求被激发，激发的需求又缺乏有效的价值引导，一些被压抑的心理需求、不宜表达的过激情绪，包括各种阴暗的、低俗的、甚至违法乱纪的不当行为，在这里都算找到了释放的土壤，因此，肆无忌惮、无所顾忌，甚至歇斯底里的发泄，使互联网成为最为彻底的个体行为表达的场所。其次，网络个体行为呈现出虚实相间的双重特性。事实上，绝大多数网络行为最后都会不满足局限于虚拟而会延及到网下，如一年一度的博客聚会、许多网站举办的笔友会、网友自发组织的社区聚会等。同时，大多数网络失范行为的表达，都是源于现实社会的积郁，如，低俗信息浏览、极端情绪发泄、网络语言暴力等。因此在分析网络行为失范时，网下行为也是重要的参照。再次，网络失范行为隐匿但危害后果绝不含糊。网络个体行为失范大多带有隐匿性，但这一点也不影响其危害后果的严重性，事实上，其隐匿性更加剧了危害后果。以2009年的"海运女"网络事件为例，事件当事人"garros"将其前女友的不雅照片和视频放到"纳米盘"上供网友下载，其传播面、传播速度等一点儿也不会因为行为主体的隐匿而有所减缩，相反，其隐匿的行为极大地加大了我们处理的难度。

二 网络群体行为失范

网络群体行为失范，是指互联网上因共同话题、共同兴趣、共同利益等松散组织在一起的一群人，借助于网络共同进行的不正当行为。网络群体行为失范的表现特征，概括起来，主要有二：

一是虚拟环境营造的网络集体狂欢更具吸引力。互联网为网民群体提供了一个虚拟的聚集场所，在网络匿名的掩护下，这些因某种共性，特别是某些不雅共性聚集在一起的网民，完全脱离了现实社会面对面的尴尬，以及其行为受到社会监视的可能，而且，其低俗行为的表达，会因网络群体参与而变得更加热烈、更具吸引力。如 WAP 网站传递色情的群体犯罪，一群爱好色情浏览的网络受众因共同兴趣被聚集在一起，他们不仅可以通过手机方便地登录大量色情网站，而且通过同类网站的链接、用户群体的扩张，他们还可以共享越来越多的色情信息，甚至共同分享上网感受。

二是网络群体传播环境具有强大的同化功能。网络群体传播中存在着一种典型的群体极化现象（Group Polarization），网络群极化现象很早就受到学者的关注。其概念早在 1961 年由 James Stoner 提出[1]，2000 年年初，美国学者桑斯坦针对网络，进一步指出，"群体极化的定义极其简单：团队成员一开始即有某种偏向，在商议之后，人们朝偏向的方向继续移动，最后形成极端的观点"[2]。显然，该理论认为，群体讨论可以使群体中多数人的意见得到加强，使原来可能不是很强烈的意见取向变得强烈，甚至偏激，而原本群体所反对的意见，反对的倾向也更为明显。这正好印证了传播学经典理论"沉默的螺旋"、群盲心理理论，它们同样证明了作为群体成员的个人，在参与群体讨论时极易受到群体的感染和同化，最终导致个体成员"失明"，出现"群体极化"。[3] 该现象在网络社区中十分明显，最为典型的如近年来影响日益加剧的人肉搜索，网民通过对搜索对象真实信息的揭露来采取进一步的行动，借以表达某种意见、态度和情绪，但在群体极化过程中，网民情绪得到极大的膨胀，促使事件不断升级，最后形成道德审判、群体暴力。

网络群体行为失范是一种集体作为，造成的危害后果自然更为严重。而在网络管理上，因为管理对象的群体性更加难以处理。

三　网络组织行为失范

网络组织行为失范，是指法人，即具有民事权利主体资格的社会组织在网络中所进行的不正当行为。较之于网络个体和网络群体行为的失范，网络组织行为失范具有以下显著特征：

---

① 参见王筱字《人肉搜索：网络群体极化行为初探》，《青年记者》2008 年第 12 期。
② ［美］桑斯坦：《网络共和国：网络社会中的民主问题》，黄维民译，上海人民出版社 2003 年版，第 47 页。
③ 参见程亮亮《丁香小慧事件与网民的"群体极化"倾向》，《传媒观察》2007 年第 10 期。

（一）强大的经济利益驱动，铤而走险者前仆后继。网络的强大功能，企业很快从中嗅到了商机。一方面，传统企业最早纷纷上网，开辟自己新的营销场所，非营利机构也出于自身的需要紧跟上网潮流。另一方面，新兴的以网络为依托的营销组织如雨后春笋般发展兴盛，各种类型的电子商务、电子营销、电子交易充斥网络。互联网巨大的商业利益，传统商业形式通过互联网的延伸得到新生，新的网络赢利模式又不断被开发出来，其所带来的巨额利润是传统经营手段难以企及的。巨大的利益诱惑，加上网络营销管理的相对不足，因此，网络组织失范行为也就屡禁不止。最典型的如手机短信管理，手机垃圾信息泛滥使手机用户备受困扰，政府屡次下力整治，但每次整治的结果都不尽如人意，究其原因，巨大的利润诱惑，上亿的手机用户，信手拈来的消费群体，轻而易举的赢利形式，在利益链的各个环节，包括利益链顶端的移动公司，皆可从中获取暴利。

（二）广泛的规模效应，影响超出网络个体与群体行为失范。网络组织行为失范，是由专业组织有计划、有目的地实施，其行为能力势必远远高于网络个体和松散集结的网络群体。加上组织行为的集群效应，网络组织行为失范，无论是在影响范围，还是在影响程度上都要更加深远。

第四节　互联网问题的类目建构①

对互联网问题的探讨几乎伴随着互联网发展的始终，但是由于网络问题的复杂性，我们始终缺乏一个系统的类目建构。在前面对互联网问题进行不同维度的梳理之后，我们试图在这一分析框架之下尽可能搜罗互联网问题，并分门别类地建构其类目的层级系统，以条分缕析的方式帮助我们清晰地认识互联网问题，从而有效地解决互联网问题。理清互联网问题，显然不是一件轻而易举的事情。互联网上的信息内容极其庞杂，传播速度迅猛且难以掌控，网络行为者身份隐匿、复杂，网络行为方式因技术发展而不断更新。在

---

① 以上内容作为课题前期研究成果发表于《中国新媒体发展报告（2010）》，社会科学文献出版社2010年版。

这样一个复杂多变的网络环境下，对问题类目的设计，我们既要广泛借鉴传统问题管理的经验，同时也要充分考虑互联网自身发展的逻辑。

就现有研究而言，有关互联网问题分类的探讨多有分歧，不同学科的学者带着不同学科的背景，使最终的问题划分呈现出大相径庭的结果。如计算机科学领域，国际标准化组织把网络管理划分为五个功能领域，即网络的配置管理、性能管理、故障管理、安全管理和计费管理。[①] 再如法学领域的划分：网络空间中的知识产权问题、网络空间的商业和金融问题、网络空间的社会问题（具体包括隐私权、淫秽、名誉侵权、因特网与信息安全、因特网和计算机犯罪）、网络空间的国际性问题。[②] 还有网络社会学的划分：网络犯罪（具体包括网络盗窃、网络诈骗、数字故意破坏、网络洗钱等）、网络病毒、网络色情、网络黑客、网络沉溺（包括网络上瘾和网络孤独等）。[③] 这些分类各具特色，但却不免显得涵盖面不足。

尽可能穷尽互联网问题，是我们建构互联网问题类目的努力目标。事实上，互联网本身快速发展与变化，新生的问题也处在不断形成、发展与变化之中。所以我们所能作出的努力，就是尽可能在力所能及的范围内，对较为普遍的互联网问题以及典型的互联网问题进行概括式梳理，希望普遍问题能对后续产生的类似问题具有兼容性，典型问题能对后续产生的类似问题具有延展性。

在这一主导思想的指导下，我们将互联网问题划分为三级类目，其分类更多立足于人文社会的角度，特别关注互联网与人的相互关系，以及互联网对人与社会的作用与影响。因为这种关系与影响正是互联网问题产生的根源。具体而言，互联网问题的一级类目我们确定为：网络内容问题、网络行为问题、虚拟人及关系问题。在三个一级类目的框架之下，我们又根据相关法规，以及具体网络问题进行进一步的二级、三级分类。其结构关系如下：

---

① 齐德昱、胡铮主编：《网络与信息资源管理》，兵器工业出版社 2005 年版，第 28、29 页。

② 参见［美］格拉德·佛里拉等《网络法：课文和案例》，张楚等译，社会科学文献出版社 2004 年版，第 2—3 页。

③ 冯志鹏：《"数字化乐园"中的"阴影"：网络社会问题的面相与特征》，《自然辩证法通讯》1999 年第 5 期。

网络内容问题，是指在互联网上传播的各种明显有违常伦的有害信息。互联网是一个庞大的信息系统，作为一种超强功能的传媒介质，互联网负载人类无以数计的信息资源，巨大庞杂的网络信息资源，构成互联网管理最为首要的问题。网络信息内容问题的确定，主要参照《中华人民共和国宪法》、《互联网信息服务管理办法》、《中华人民共和国计算机信息系统安全保护条例》等国家相关法律法规。依据其危害的范围、程度，是否构成违法等进行进一步划分，得出该类目的二级分类，即反国家信息、违法信息、侵权信息、扰乱社会秩序信息。各二级类目之下，又有进一步的三级分类（具体详见图表）。

网络行为问题，是指针对网络，或以网络作为工具、手段、途径等，行使不正当行为。互联网作为一种被人类广泛使用的多功能工具，在造福人类的同时，也带来工具的滥用，从而导致许多网络工具使用不当的负面行为。该类目主要参照《中华人民共和国计算机信息网络国际联网管理暂行规定》、《中华人民共和国计算机信息系统安全保护条例》等相关法律法规。依据其行为内容和行为性质，我们进一步划分其二级类目，即未经授权的网络运营、未经许可的网络接入、非法入侵网络信息系统、非法破坏网络信息系统、利用网络实施不良行为。各二级类目之下，又有进一步的三级分类（具体详见表1-1）。

表1-1　　　　　　　　　　　　类目结构表

一级类目	二级类目	三级类目	级别
网络内容问题	反国家信息	危害国家安全，泄露国家机密，颠覆国家政权，破坏国家统一	危害程度（暂拟）：特别重大　重大　较大　一般　较弱
		损害国家荣誉和利益	
		煽动民族仇恨、民族歧视，破坏民族团结	
		破坏国家宗教政策，宣扬邪教和封建迷信	
		其他反国家信息	
	违法信息	违反宪法所确定的基本原则	
		违反法律、法规和其他政府明文禁止的内容	

续表

一级类目	二级类目	三级类目	级别
网络内容问题	侵权信息	侮辱、诽谤，侵害他人合法权益	
		未经同意擅自获取、更改、发布他人隐私信息	
		侵犯他人财产权	
		窃取、擅自发布商业秘密	
		剽窃、盗用他人知识产权	
		其他侵权信息	
	扰乱社会秩序信息	虚假信息	
		垃圾信息	
		淫秽、色情信息	
		暴力、恐怖信息	
		教唆犯罪信息	
		颓废信息	
		其他有违公序良俗，损害民族优秀文化传统的信息	
网络行为问题	未经授权的网络运营	未经授权进行互联网信息服务	危害程度（暂拟）：特别重大 重大 较大 一般 较弱
		未经许可的网吧经营	
		未经授权的网络运营及其他	
	未经许可的网络接入	自行建立或使用未经允许的信道进行国际联网	
		擅自连接国家禁止的境外网站	
		其他未经许可的网络接入	
	非法入侵网络信息系统	恶意攻击机密、重要网络信息系统	
		非法进入他人电脑系统	
		在出售的网络硬件或软件中设置后门	
		其他非法入侵网络信息系统行为	
	非法破坏网络信息系统	制作、散播各种网络病毒	
		制作、散播各种流氓软件	
		恶意传递信息耗费的程序和软件	
		破坏计算机信息系统功能	
		擅自中断计算机网络或者通信服务	
	利用网络实施不良行为	利用互联网实施诈骗、盗窃、贪污、赌博、洗钱、窃取国家机密或者其他相关犯罪	
		利用互联网实施欺骗、引诱、猥亵等各种不道德行为	
虚拟人及关系问题	人的异化	网络言行极端	
		网络成瘾	
		网络依赖导致心理与行为障碍	
	人际关系的异化	网络虚拟婚恋/性爱	
		网络信任危机	
		其他网络导致的人际关系恶化	

　　虚拟人及关系问题，指人在使用互联网过程中形成的行为变异，以及网络带来的人际关系变异。网络工具的双重性势必反作用于人类，导致人类对工具的过度依赖，从而形成网络环境下人及关系的异化。该类我们下分为两个二级类目，即人的异化与人际关系的异化。二级类目之下，又有进一步的三级分类（具体详见类目结构表）。

　　以上各级类目既相互独立，又彼此牵连。在这一类目结构中，多元复杂的互联网问题呈现出有序的关联性，同类问题的共性、不同问题的个性条分缕析。

第　二　章

网络传播中的主要问题

　　互联网问题复杂多样，但公认最为主要的问题有三类，即网络不良信息、网络隐私与网络安全。它们主要隶属于互联网问题类目结构中的"网络内容问题"，其中网络不良信息隶属第四类"扰乱社会秩序信息"，网络隐私隶属第三类"侵权信息"，网络安全因分别涉及国家与个人安全，所以分属第一类"反国家信息"和第三类"侵权信息"。同时，网络隐私与网络安全问题又涉及网络行为失当，所以结果又得依具体问题具体分析。

　　该内容基于 2008 年 12 月至 2009 年 4 月实施的一次问卷调查，调查基本情况如下：

　　调查方法及抽样原则：调查采用问卷调查的方法进行数据收集。抽样原则为配额抽样，参照 CNNIC 第 22 次调查报告中网民结构特征，根据性别和年龄的比例进行抽样，即女性 46.4%，男性 53.6%；＜18 岁 19.6%，18—30 岁 49%，31—40 岁 19.7%，41—50 岁 7.8%，＞50 岁 3.9%。

　　调查地及调查对象选择：调查在武汉市开展，调查对象为在武汉市居住一年以上的网民，网民的概念参照 CNNIC 的定义，即"过去半年使用过互联网 6 周及以上的中国公民"。

　　调查问卷回收情况：调查共发放问卷 520 份，采用街头拦截访问等方便抽样的方法，共回收问卷 508 份，问卷回收率 97.7%，其中经检验合格的有效问卷为 504 份，有效率为 99.2%。

　　调查对象的构成：最终进入统计的调查对象，其性别、年龄、学历、职业分布情况如下：

　　①性别分布：男性 278 人，占 55.2%；女性 226 人，占 44.8%。

②年龄构成：不到 18 岁 110 人，占 21.8%；18—30 岁 259 人，占 51.4%；31—40 岁 94 人，占 18.7%；41—50 岁 25 人，占 5.0%；50 岁以上 16 人，占 3.2%。

③学历分布：初中以下 67 人，占 13.4%；高中/中专 60 人，占 12.0%；大专 54 人，占 10.8%；大学本科 270 人，占 54.0%；硕士及以上 49 人，占 9.8%。

④职业分布：学生 310 人，占 61.8%；机关/事业单位行政人员 46 人，占 9.2%；企业管理人员 30 人，占 6.0%；企业职员/工人 53 人，占 10.6%；科研/教育/医生/律师等专业人员 40 人，占 8.0%；个体经营者 11 人，占 2.2%；离退休人员 4 人，占 0.8%；其他 8 人，占 1.6%。

调查的抽样结果符合设计要求，问卷实施过程中稍有偏差，但在统计分析时均进行了加权处理，所以结果对总体具有较好的代表性。

第一节　网络不良信息

一　网络不良信息的界定

在我国相关的法律法规中，对网络不良信息的界定有"有害数据"、"违法与有害信息"等表述，《计算机信息网络国际联网暂行规定》第 13 条规定，"从事国际联网业务的单位和个人，不得利用国际联网从事危害国家安全、泄露国家机密等违法犯罪活动，不得制作、查阅、复制和传播妨碍社会治安的信息和淫秽色情等信息"。《计算机信息网络国际联网安全保护管理办法》第 5 条指明 9 个方面的网络信息为不良信息：煽动抗拒、破坏宪法和法律、行政法规实施的；煽动颠覆国家政权、推翻社会主义制度的；煽动分裂国家、破坏国家统一的；煽动民族仇恨、民族歧视，破坏民族团结的；捏造或者歪曲事实，散布谣言，扰乱社会秩序的；宣扬封建迷信、淫秽、色情、赌博、暴力、凶杀、恐怖，教唆犯罪的；公然侮辱他人或者捏造事实诽谤他人的；损害国家机关信誉的；其他违反宪法和法律、行政法规的。这些规定与《宪法》、《刑法》等的相关规定相一致，但操作起来仍有含糊之处。

就学术研究而言,目前国内学术界对于网络不良信息的研究尚不尽如人意。中国知网 CNKI 的数据显示,以"网络不良信息"为主题的研究论文不过百篇,而专门研究"网络不良信息"的文章则更少之又少,不超过 20 篇,其中又有大多数的文章局限在探讨网络不良信息对青少年以及未成年人的影响。由此可见,专注于网络不良信息,以服务于互联网管理为目的的专门研究还有待加强。

明确定义网络不良信息,并对它进行分类,是方便网络监管的重要前提。我们综合现有管理与研究成果,将网络不良信息界定为:通过互联网传播的有违法律法规、公序良俗等,对他人、国家和社会造成伤害的网络信息。网络不良信息的探讨,宏观层面,依据网络信息的质量可以从真实性、健康性、有效性三个维度进行测量。微观层面,依据网络信息的内容可以划分为八大类进行研究,即虚假信息、色情信息、垃圾信息、反社会信息、颓废信息、攻击性信息、非法交易信息和其他。

二　网络不良信息调查发现

(一) 大多数调查对象对网络信息质量满意度不高

我们将网络信息质量划分成真实性、健康性、有效性三个维度,然后运用五级态度量表(即非常满意、满意、一般、不满意、非常不满意,并依次赋值 4、3、2、1、0),分别测量被调查对象对此的满意度。结果发现,调查对象对信息的有效性满意度最高,非常满意和满意的人达到了 45.8%,其满意度均值为 2.45。信息的健康性满意度最低,不满意和非常不满意的人共计 23.7%,超过了满意和非常满意的人(15.5%),其满意度均值为 1.92(参见表 2 - 1 和表 2 - 2)。

表 2 - 1 　　　　　　互联网信息质量满意度　单位:% (N = 493)

网络信息 质量指标	满意度指标				
	非常满意	满意	一般	不满意	非常不满意
信息真实性	3.6	18.4	64.6	12.0	1.4
信息健康性	2.4	13.1	60.7	21.7	2.0
信息有效性	7.4	38.4	46.7	6.5	1.0

表 2 - 2	互联网信息质量满意度均值（N = 493）		
	真实性	健康性	有效性
均值	2. 11	1. 92	2. 45
标准差	0. 70	0. 72	0. 77

▲网络不良信息泛滥，其中网络色情信息尤为突出

调查发现，100% 的调查对象都不同程度地遭遇过网络不良信息，35.0% 的调查对象经常甚至每次上网都会遇到不良信息（参见表 2 - 3）。

表 2 - 3	是否经常遇到网络不良信息　单位:%（N = 498）			
几乎每次	较多	一般	较少	从来没有
5. 6	29. 4	43. 5	21. 5	0

当被问及"您认为当前我国互联网中存在的最突出问题是什么"的时候，网络不良信息以 42.0% 的比重位列榜首。数据显示，网络不良信息无论其危害面，还是危害程度都非常突出（参见图 2 - 1）。

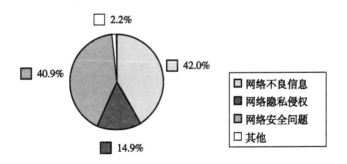

图 2 - 1　最为突出的互联网问题　单位:%（N = 492）

在八大类网络不良信息中，就其分布情况，位列前三的分别是：垃圾信息（84.6%，即 84.6% 的被访者都遇到过垃圾信息，下同）、虚假信息（73.7%）、色情信息（73.1%）（参见图 2 - 2）。

就各种网络不良信息的危害程度来看，调查对象认为色情信息最严重（43.9%），其次是虚假信息（40.4%），再次是垃圾信息（28.5%）（参见表 2 - 4）。

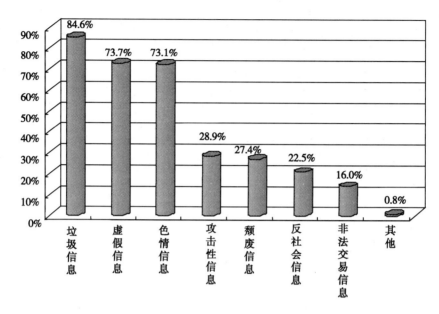

图 2-2 八大网络不良信息的分布 单位:% (N=500)

表 2-4 **网络不良信息危害程度** 单位:% (N=498)

色情信息	43.9	攻击性信息	11.6
虚假信息	40.4	反社会信息	8.6
垃圾信息	28.5	颓废信息	6.4
非法交易信息	14.8	其他	0.4

（二）随着网龄增长，调查对象对防范网络不良信息的信心递减

对网络不良信息的防范或规避，48.7%的调查对象认为难度很大或比较大，37.7%的调查对象认为难度一般，只有13.5%的调查对象认为比较容易或者非常容易。可见大多数调查对象对于防范网络不良信息都不是信心十足。

卡方检验表明，不同网龄的网民在防范网络不良信息能力上有显著差异（p=0.002 < 0.01），二者之间存在微弱的负相关关系（Gamma = -0.098），即随着网龄的增加，网民防范和规避网络不良信息的信心呈现出递减的趋势（参见表2-5）。

表 2 – 5	网龄与防范网络不良信息难易程度的关系				单位:%

防范网络 不良信息的 难易程度	网 龄					合计
	低于 2 年	2—4 年 （包括 4 年）	4—6 年 （包括 6 年）	6—8 年 （包括 8 年）	8 年以上	
非常难	13.0	8.1	15.9	11.7	17.0	13.1
较难	37.0	30.6	29.5	54.3	31.9	35.7
一般	44.4	44.4	38.6	22.3	39.4	37.8
较容易	1.9	10.5	11.4	10.6	11.7	10.0
非常容易	3.7	6.5	4.5	1.1	0.0	3.4
合计 （n）	100.0 (54)	100.0 (124)	100.0 (132)	100.0 (94)	100.0 (94)	100.0 (498)

$$x^2 = 37.020 \qquad df = 16 \qquad p = 0.002 \qquad Gamma = -0.098$$

（三）多数调查对象认为网络不良信息得以传播的首要原因是"网络服务商利欲熏心"

对于导致网络不良信息传播的原因，调查对象认为，首要的原因是"网络服务商利欲熏心"（63.6%），其次是"相关部门监管不力"（58.2%），再次是"缺乏立法保护"（49.8%）。另外也有40.8%的调查对象认为是"网络传播特性使然"，31.7%的调查对象认为这是由于网民素质差导致的（参见表2－6）。

表 2 – 6	网络不良信息得以传播的主要原因　单位:%（N = 500）
网络服务商利欲熏心	63.6
相关部门监管不力	58.2
缺乏立法保护	49.8
网络传播特性使然	40.8
网民素质差	31.7
其他	1.6

三　结论与启示

网络不良信息危害十分严重，特别是名列前茅的网络色情信息与网络虚假信息，它们严重影响了网络用户对网络信息的信任，其治理的难度众所周知（48.7%的网民认为网络不良信息难以规避），这是全世界政府管理面临的共同难题。究其原因，首推"网络服务商利欲熏心"（63.6%），其次是"相关部门监管不力"（58.2%），"缺乏立法保护"（49.8%）。因此，要解决这一问题首先就是要从根本上建立正常、合理、健康的网络市场秩序与管理秩序。

第二节　网络隐私

一　隐私与网络隐私界定

隐私，是指公民个人身体、日常生活中不愿向他人公开的情况。包含两层意思，一是与社会公共生活无关的私事；二是本人不愿为他人知悉或受他人干扰的事情。隐私的具体内容一般包括：（1）个人的健康状况、生理缺陷和残疾；（2）婚恋、家庭、财产状况、生活习惯；（3）私人日记、信函、录音等。

隐私权是指个人对与社会无关的个人生活与个人信息依法享有的自主决定的权利。它包含两个方面的内容：一个是对个人资料的积极主动的支配权；另一个是对个人生活消极被动的不被干扰的权利。隐私权的研究始于1890年，美国著名法学家萨缪尔·D. 沃伦和路易斯·D. 布兰迪斯在《哈佛法学评论》上发表《隐私权》一文，该文首次提出隐私权（the right to privacy）概念，在随后近百年的时间里，隐私权作为公民人格权中最基本、最重要的内容得到各国法律的确认和保护[1]。在我国，20世纪70年代末80年代初，隐私权和与之相关的一系列权利开始出现在我国的宪法和其他的法规中。

网络时代的隐私权又称数据隐私权，它主要是指"公民在网上享有的私人生活安宁与私人数据、信息不被他人非法侵犯、知悉、搜集、复制、公开和利用的一种精神性人格权；也指禁止在网上泄露某些与个人有关的

---

[1]　韦文广：《浅析网络隐私权的保护制度》，《河池师专学报》（社会科学版）2003年3月。

敏感的秘密的信息，包括事实、图像以及毁损的意见等的一种权利"①。具体而言，网络隐私权包括以下内容：（1）个人资料被收集的知情权。所谓个人资料，即指姓名、年龄、血型、种族、通信地址、健康状况等，还应包括个人的背景资料，如个人爱好、职业、交易程度、个人信用和财产状况等。（2）个人私事和个人领域的保护权，主要包括对个人计算机的个人资料的保护和对网上通信内容的保密，以及选择是否进行信息披露的最终决定权。（3）个人资料的安全请求权和信息浏览及更正权。包括保护权利主体不受网络的不当干扰、有权浏览自己的被收集的信息并对记录错误的内容进行更正。

二 网络隐私问题调查发现

（一）相当一部分调查对象对当前我国互联网的隐私保护状况不甚满意

33.5%的调查对象对当前我国互联网的隐私保护状况不满意，甚至非常不满意；55.1%的调查对象感觉一般，只有11.4%的调查对象感觉满意或者非常满意（参见图2-3）。

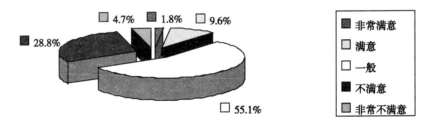

图2-3 互联网隐私保护状况的满意度 单位:% （N=503）

（二）大部分调查对象对网络隐私侵犯感觉不明显

51.9%的调查对象几乎很少或者从来没有遇到过侵犯隐私的情况，45.0%的调查对象偶尔或有时遇到隐私侵犯的情况，只有3.2%的调查对象反映经常遇到隐私被侵犯的情况（参见图2-4）。

---

① 殷丽娟：《专家谈履行网上合同及保护网上隐私权》，《检察日报》1999年5月26日。

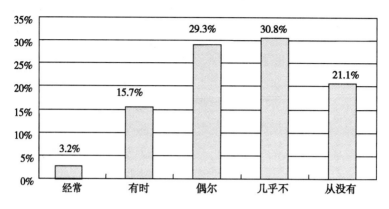

图 2-4　是否在网络上遭遇过隐私侵犯　单位:%（N = 502）

（三）最常见的网络隐私侵犯行为是"未经许可擅自收集或链接网上个人信息"

　　遭遇过网络隐私侵犯的调查对象反映，他们所遭遇的隐私侵犯行为最常见的是"未经许可擅自收集或链接网上个人信息"（43.5%），其次是"电脑数据被他人侵入或偷窥"（37.8%），再次是"未经许可擅自将网络联系方式或消费偏好出卖给其他网站或公司"（28.3%），最后，"未经许可擅自将个人信息在网络上公布"（26.9%）也有发生（参见表2-7）。

表 2-7　　　　　网络隐私侵犯遭遇　单位:%（N = 377）

未经许可擅自收集或链接网上个人信息	43.5
电脑数据被他人侵入或偷窥	37.8
未经许可擅自将网络联系方式或消费偏好出卖给其他网站或公司	28.3
未经许可擅自将个人信息在网络上公布	26.9
其他	4.3

　　（四）网络隐私侵犯最大的负面影响是对人们的正常生活

　　遭遇过网络隐私侵犯的调查对象反映，网络隐私侵犯首要影响到他们的生活（43.7%），其次是精神（43.0%），再次是数据上的损失（36.8%），9.0%的调查对象遭遇到经济损失（参见图2-5）。

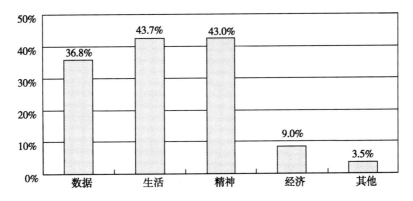

图 2 - 5　网络隐私侵犯受到哪些影响　单位：%（N = 376）

（五）半数调查对象认为导致网络隐私侵犯的首要原因是"相关部门监管不力"

对于导致网络隐私侵犯的原因，半数以上（51.4%）的调查对象认为，首要原因是"相关部门监管不力"，其次是"网络服务商利欲熏心"（50.7%），再次是"缺乏立法保护"（42.7%）和"网民隐私保护意识差"（35.6%）（参见表 2 - 8）。

表 2 - 8　　　　　导致网络隐私侵犯的主要原因　单位：%（N = 493）

相关部门监管不力	51.4
网络服务商利欲熏心	50.7
缺乏立法保护	42.7
网民隐私保护意识差	35.6
网络技术防不胜防	26.4
网络传播特性使然	22.8
网民素质太差	17.9
其他	0.8

（六）年龄越大的调查对象对保护个人隐私的能力越不自信

2.6%的调查对象认为自己完全没有能力保护个人隐私，25.7%的调查对象认为自己不太有能力，认为自己能力一般的有 40.1%，只有 31.6% 的调查对象对保护个人隐私的能力比较自信（参见图 2 - 6）。

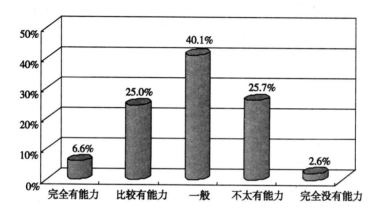

图 2 - 6　是否有能力保护个人网络隐私　单位:%　（N = 498）

　　卡方检验表明，不同年龄的网民在保护个人隐私能力上有显著差异（p = 0.003 ＜ 0.01），二者之间存在一定的正相关关系（Gamma = 0.207），即随着年龄的增加，网民保护个人隐私能力的信心呈现出递减的趋势（参见表 2 - 9）。

表 2 - 9　　　　　年龄与网民保护个人隐私能力的关系　单位:%

保护个人隐私能力	网龄					合计
	不到18 岁	18—30 岁	31—40 岁	41—50 岁	50 岁以上	
完全有能力	12.8	5.5	3.2	8.3	0.0	6.6
比较有能力	30.3	22.7	27.7	16.7	25.0	25.1
一般	36.7	45.7	30.9	45.8	18.8	40.1
不太有能力	20.2	24.2	33.0	20.8	50.0	25.7
完全没有能力	0.0	2.0	5.3	8.3	6.3	2.6
合计（n）	100.0（109）	100.0（256）	100.0（94）	100.0（24）	100.0（16）	100.0（499）

$x^2 = 35.588$　df = 16　p = 0.003　Gamma = 0.207

（七）半数以上的调查对象还没有主动采取措施保护个人隐私

58.3%的调查对象承认自己还没有针对网络隐私侵犯采取保护措施。究其原因，绝大多数（65.5%）是因为"不知道有什么办法"（参见表2－10）。

表2－10　是否采取措施保护个人网络隐私，为什么　单位：%（N＝494）

是否已采取措施	原因		百分比
已经采取措施	—		41.6
还没有采取措施	不知道有什么办法	65.5	58.4
	知道，但还没有开始行动	21.0	
	认为没有必要	10.5	
	其他	3.0	

（八）相当一部分调查对象承认有搜索别人信息的好奇心，并且付诸行动

超过80%的调查对象会有不同程度的搜索别人信息的好奇心，只有17.1%的调查对象说自己从来没有过这种好奇心。超过70%的调查对象承认自己曾经在网上搜索别人的信息（参见表2－11）。

表2－11　　搜索他人信息的好奇心和行为　单位：%

	经常	有时	偶尔	极少	从来没有	
是否有在网上查找某人信息的好奇心	6.3	23.3	31.7	21.5	17.1	N＝500
是否在网络上搜索过别人的信息	4.2	25.8	29.5	20.3	20.1	N＝498

三　结论与启示

对网络隐私侵犯的关注应该引起高度重视。网络隐私侵犯问题的严重性体现在，调查对象51.9%的人感觉自己从来没有或几乎很少遭遇到过网络隐私侵犯，而这与现实中个人隐私在网络上大量流失的情形大相径庭。究其原因，其一，我国网民对网络隐私侵犯缺乏应有的警觉意识，这与文化传统与现

实教育密切相关；其二，大多网络隐私侵犯，危害性具有一定的潜伏期，目前尚未显现出最终后果。网民明显缺乏网络隐私保护意识，同时也体现在主动防范网络隐私侵犯措施的缺乏，58.3%的调查对象没有采取任何防范措施，而且，超过70%的调查对象曾经在网络上搜索过别人的信息。基于以上问题的严重性，对网络隐私问题的管理，不仅要注意在行为层面上加强有效措施的防范，同时，更要在意识层面上提升网民对网络隐私侵犯的认识。

第三节　网络安全

一　网络安全的界定

网络安全包含两方面的含义：一是网络运行系统的安全，即网络系统的硬件、软件等的正常运转，网络服务不至于中断。二是网络信息内容的安全，包括国家信息安全和网络用户信息安全，网络中的信息不会因偶然的或者恶意的原因遭到破坏、更改、泄露与丢失等。我们称前者为网络技术安全，后者为网络信息安全。

网络技术安全，互联网融诸多高新技术于一体，技术无疑是网络安全最重要的保障，同时也是对网络安全造成巨大威胁的直接来源。网络技术安全最主要的威胁来自计算机病毒、黑客攻击、网络漏洞等几个方面。就计算机病毒而言，无论是慢性发作的良性病毒还是突然爆发的恶性病毒，都具有强大的破坏性、隐蔽性、传染性、潜伏性等特点，它们或抢占系统资源、占用磁盘空间，影响计算机正常运行；或直接毁坏计算机数据信息，给用户造成严重的心理压力与时间、金钱的浪费。就黑客攻击而言，黑客通过互联网侵入的后果至少有四种：一是窃取情报，即闯入系统窥视机密信息并复制；二是信息破坏，即删除或自主处理系统的信息；三是拒绝服务，即使系统中断工作；四是摧毁电子通信器件，彻底毁坏系统的信息处理功能[①]。就网络漏洞而言，在编程过程中

---

① ［英］尼尔·巴雷特：《数字化犯罪》，郝海洋译，辽宁教育出版社1998年版，第183—190、209页。

出现的逻辑错误；在使用过程中出现的系统错误都会形成网络漏洞，高危漏洞最易于被黑客利用。

网络信息安全，我们根据网络信息内容涉及的对象不同，简单划分为网络国家信息安全和网络用户信息安全。就网络国家信息安全而言，传统意义上的国家安全，包括国家独立、主权和领土完整，以及相关的国家政权、社会制度和国家机构的稳定，国家安全是社会制度生存与发展的基本保障。网络技术的发展，使国家安全的外延明显扩大，网络正在成为现代国家与社会的神经中枢，成为国家政治安全、军事安全、经济安全、社会安全的重要支撑。网络对国家安全的威胁，主要包括网络散布危害国家安全的言论、网络窃取与泄露国家机密、网络信息战等。就网络用户信息安全而言，网络时代的个人信息安全担忧主要来自以下方面：个人数字信息被过度收集；个人数字信息被不当使用。

二　网络安全问题调查发现

（一）调查对象对于当前我国互联网的安全状况满意度偏低

对于当前我国互联网的安全状况，只有8.4%的调查对象表示满意或非常满意，59.4%的调查对象满意度一般，32.1%的调查对象表示不满意甚至非常不满意（参见图2-7）。

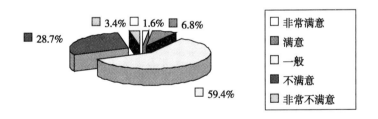

图2-7　网络安全满意度　单位:%（N=497）

（二）90%以上的调查对象都遭遇过网络安全问题

98.6%的调查对象都不同程度地遭遇过网络安全威胁，从来没有遇到过的只有1.4%（参见图2-8）。

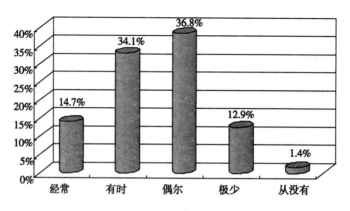

图 2-8 是否遇到网络安全问题 单位:%（N＝494）

（三）网络安全威胁最显著的是网络病毒

调查对象反映，他们遭遇的网络安全威胁最主要的是网络病毒（78.3%）的攻击，其次是计算机系统缺陷（15.0%），有5.3%的调查对象反映遭遇过黑客的攻击（参见下图）。

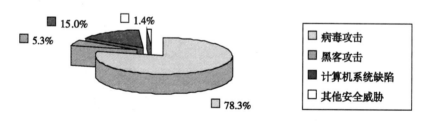

图 2-9 经常遇到的网络安全威胁类型 单位:%（N＝487）

（四）年龄越大的调查对象应对网络安全威胁的能力越差

2.3%的调查对象认为自己完全没有能力应对网络安全威胁，27.7%的调查对象认为自己不太有能力，认为自己能力一般的有39.6%，只有30.4%的调查对象对应对网络安全威胁能力比较自信（参见图2-10）。

卡方检验表明，不同年龄的网民应对网络安全威胁的能力有显著差异（p＝0.000 ＜ 0.01），二者之间存在一定的正相关关系（Gamma＝0.263），即随着年龄的增加，网民应对网络安全威胁能力的信心呈现出递减的趋势（参见表2-12）。

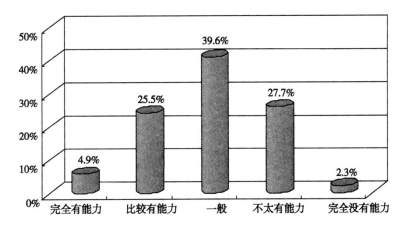

图 2 - 10 应对网络安全威胁的能力 单位:% (N = 486)

表 2 - 12　　　　　　年龄与网民应对网络安全威胁能力的关系　　单位:%

应对网络安全威胁的能力	网　龄					合计
	不到18 岁	18—30 岁	31—40 岁	41—50 岁	50 岁以上	
完全有能力	12.5	2.4	3.3	4.0	7.7	4.9
比较有能力	34.6	22.9	25.3	12.0	30.8	25.5
一般	42.3	40.3	36.3	40.0	23.1	39.5
不太有能力	10.6	32.0	33.0	32.0	38.5	27.8
完全没有能力	0.0	2.4	2.2	12.0	0.0	2.3
合计(N)	100.0 (104)	100.0 (253)	100.0 (91)	100.0 (25)	100.0 (13)	100.0 (486)

$x^2 = 50.936$　df = 16　p = 0.000　Gamma = 0.263

（五）60％以上的调查对象认为导致网络安全问题的主要原因是管理不到位

调查对象认为，导致网络安全问题的首要原因是"网络安全管理不到位"（61.7％），其次是"网络技术防不胜防"（47.5％），"网络安全立法滞后"（45.8％）位列第三（参见表 2 - 13）。

表 2 – 13   导致网络安全问题的主要原因   单位:% (N = 489)

网络安全管理不到位	61.7
网络技术防不胜防	47.5
网络安全立法滞后	45.8
网民高手的好奇心和表现欲	35.5
网民安全意识差	25.1
网络传播特性使然	22.2
网民素质太差	13.5
其他	1.6

(六) 网络安全问题带来的最大损失是时间, 其次是数据

针对网络安全问题的危害程度, 大多数调查对象 (63.6%) 认为首要的是时间损失, 其次是数据损失 (58.0%), 再次是精神损失 (39.2%), 15.9% 的调查对象遭遇过经济损失 (参见图 2 – 11)。

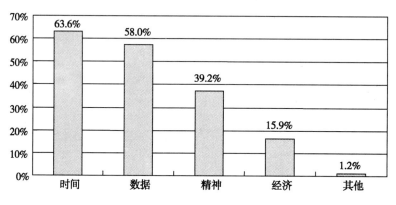

图 2 – 11   网络安全问题的危害程度   单位:% (N = 486)

(七) 超过 60% 的调查对象已经采取措施来抵御网络安全威胁

网络安全问题的防范, 大部分调查对象比较自信, 70.0% 的调查对象认为自己有或者很有能力来应付网络安全威胁。66.4% 的调查对象已经采取措施主动应对网络安全威胁。但是, 仍有 21.8% (64.9% × 33.6%) 的调查对象对于防范网络安全问题无计可施 (参见表 2 – 14)。

表 2－14　　　　　网络安全防范措施采纳　单位:%（N = 480）

是否已采取措施	原因		百分比
已经采取措施	—		66.4
还没有采取措施	不知道有什么办法	64.9	33.6
	知道，但还没有开始行动	25.7	
	认为没有必要	7.3	
	其他	2.2	

（八）半数以上调查对象对自己应对计算机病毒攻击的能力不太自信

对于最常见的网络安全威胁形式:计算机病毒攻击,半数以上的调查对象表示应对的能力有限。只有 4.6% 的调查对象认为自己完全有能力应对病毒攻击,45.2% 的调查对象认为自己只能解决一般性的病毒问题,19.2% 的调查对象认为自己没有太多办法甚至完全无计可施（参见表 2－15）。

表 2－15　　　　　应对网络病毒攻击的能力　单位:%（N = 492）

自己完全可以解决	大部分能自己解决	只能解决一般性的病毒	没有太多解决办法	完全无计可施
4.6	31.0	45.2	14.3	4.9

三　结论与启示

网民对于网络安全的认知主要来自自身的网络使用实践。98.6% 的调查对象都不同程度地遭遇过网络安全威胁,而他们遭遇最多的是来自网络病毒的攻击（78.3%）。面对网络安全威胁,70.0% 的调查对象认为自己有能力或者很有能力应付,而且 66.4% 的调查对象已经采取措施主动应对。但是通过对最常见的网络安全威胁形式——计算机病毒攻击的进一步调查发现,64.4% 的调查对象无能力或只能解决简单问题。因此,在网络安全的管理上,政府在加大防范宣传的同时,更应该加强防范工具的提供以及使用指导。

第 三 章

我国网络新闻可信度分析

网络新闻在网络信息传播中占据非常重要的地位，然而，各种网络乱象却在消释网络新闻的公信力及网民的信任度。网络新闻可信度是指网民对网络媒介上所发布和传播的各类新闻信息的信任程度。它是衡量网络传播效果的重要指标，是网络在媒介竞争中制胜的关键。

中国网络新闻可信度的现状如何？网民为何会对网络新闻存在不信任心理？影响网络新闻可信度的因素有哪些？在网络媒介迅猛发展、网络新闻事件风起云涌的今天，这些问题亟须研究者作出回应。

本章拟采用问卷调查法，对网络新闻可信度现状、网民不相信网络新闻理由的构成维度及指标、网络新闻可信度影响因素进行深入探析，以期为网络管理部门及从业者提供参考，同时也为学界后续研究提供借鉴。

问卷调查在湖北省武汉市的网民中展开。因为互联网的扩散和使用与经济发展密切相关，网民调查要求实施调查的城市经济水平有一定保证，同时又要具有代表性。湖北是公认的中部代表性省份，人口特征和经济发展水平都较为典型。2009 年湖北省互联网普及率在全国 31 个省份中排名第 18 位，处于中间位置[①]。湖北省会武汉市各类学校较多，也符合学生网民在网民总体中比重较大的实际情况。因此即便本研究的结果无法推及全国，也可以从某种程度上反映我国的平均水平。

调查主要采用配额抽样，样本量分配参照 CNNIC《第 26 次中国互联网络发展状况统计报告》所提供的网民性别、年龄、职业（配额时只简单区

---

① CNNIC 2010 年 7 月发布的《第 26 次中国互联网发展状况统计报告》。

分学生和社会人士）等指标。样本来源于两种途径：其一，以随机抽样法在武汉市的小学、中学、大学中各抽取 2 所学校，根据一定配额比例对学生及家长中的网民发放问卷，由此获得所有学生样本和部分社会人士样本；其二，以立意抽样法选择部分关系密切且人脉较广的朋友，提供大致的配额比例后，由他们以滚雪球的方式代为搜集部分样本。

调查时间从 2010 年 12 月 23 日至 2011 年 1 月 10 日，共发放问卷 1200 份，回收有效问卷 968 份，调查完成率为 80.7%。受访比例如下：性别：男 54.8%，女 45.2%；年龄：29 岁及以下 59.1%，30—39 岁 22.8%，40 岁及以上 18.1%；职业：学生 30.7%，社会人士 69.3%；学生：初中及以下 33.7%，高中/中专 42.9%，大专及以上 23.4%。

第一节 我国网络新闻可信度现状

一 网络新闻相对可信度

当国内的不同媒介对同一新闻事件说法有出入时，选择电视作为最信任媒介的网民超过一半（50.2%），远远高于其他媒介。其次是网络（18.9%），报纸紧随其后（16.7%），然后是广播（4.9%）、杂志（1.5%）、手机（1.4%）均不超过 1.5%（参见表 3 – 1）。

表 3 –1　　　　　　六大媒介新闻相对可信度评价情况

媒 介	频 次	百分比	排 名
报纸	161	16.7	3
杂志	15	1.5	5
广播	47	4.9	4
电视	486	50.2	1
网络	183	18.9	2
手机	14	1.4	6
缺失值	62	6.4	
总计	968	100.0	

二 网络新闻绝对可信度

在绝对可信度评分中，电视依然占据绝对优势，但其均值也只有7.4分，在五级量表上仅属于"比较可信"，并未达到"十分可信"的程度。以下是报纸（均值6.6）和广播（均值6.4），超过了6分的及格线。网络排名第4（均值5.86），与杂志（均值5.2）、手机（均值4.7）一起，均未及格。所有媒介评分的标准差都在2.0以上，说明不同网民对同一媒介的信任度存在相当大的差别。对网络新闻表示"非常不信任"者达到了6.6%，仅次于手机新闻（16.6%）和杂志新闻（9.1%），而对网络新闻"非常信任"者反而只有4.5%（参见表3-2）。上述比例反映了网民群体对网络新闻感受复杂，差异颇大，但总体上偏向不信任的心理状态。

表3-2　　　　　　　　　六大媒介新闻绝对可信度评价情况

媒介	样本数	绝对可信度得分（%）										均值	标准差	排名
		1	2	3	4	5	6	7	8	9	10			
报纸	967	3.8	3.5	4.4	5.2	9.6	20.0	13.3	17.9	11.5	10.6	6.60	2.336	2
杂志	967	9.1	6.6	9.9	8.5	17.8	20.0	11.6	10.1	4.5	1.8	5.16	2.293	5
广播	963	3.2	2.9	6.0	5.5	10.0	20.7	17.0	18.8	9.8	5.6	6.40	2.166	3
电视	966	2.2	1.9	3.2	5.1	5.2	12.4	11.5	20.9	21.1	16.5	7.40	2.223	1
网络	964	6.6	5.7	5.2	8.2	15.7	18.1	11.0	13.8	10.8	4.5	5.86	2.427	4
手机	967	16.6	7.6	9.8	8.6	15.6	17.4	8.1	9.3	4.4	2.5	4.74	2.537	6

注："绝对可信度得分"一栏中，1表示"非常不信任"，10表示"非常信任"，6表示"及格"。由于存在少量缺失值，故每一项比例总和略低于100%。

三 不同来源网络新闻的可信度

总体来看，网民对不同来源的网络新闻信任度并不太高，最多不超过3.4，只介于"一般"和"比较信任"之间，且标准差表明评价不够集中（参见表3-3）。"知名人士"、"专家学者"、"政府官员"署名首发于网络的新闻可信度位列前三，这表明具有一定"知名度"、"专业性"、"权威性"、来源较为明确的新闻比来源模糊、难以追溯发布者具体身份的新闻要给人更为可信之感，其中政府官员署名的新闻可信度又不及其余二者。尽管许多新闻事件是通过网络的传播才得以在社会上产生巨大影响的，但网民显然认为源自传统媒体的新闻比来自网络媒体的新闻更具可信度。

表 3 - 3 　　　　　　　　　不同来源网络新闻的可信度评价情况

测量题项	样本数	均值	标准差	排名
转载于传统媒体	967	3.04	0.894	4
网络媒体采写	964	2.92	0.860	5
普通网民爆料	968	2.50	1.003	6
专家/学者署名（首发于网络）	967	3.20	0.953	2
政府官员署名（首发于网络）	967	3.12	1.059	3
知名人士署名（首发于网络）	966	3.31	0.988	1

四　不同平台网络新闻的可信度

在八类不同的网络平台中，可信度均值在 3—4 分之间的有四类，其余四类都在 2—3 分之间（参见 3 - 4）。这意味着多数网络平台上的网络新闻可信度仅介于"不太信任"到"一般"之间。标准差表明网民的可信度评价是较为分散的。"教育科研机构网站"得分最高，接着是"政府网站"，这与"专家学者"、"政府官员"署名的新闻可信度较高形成呼应。商业门户网站新闻可信度高于传统媒体网站，这与目前大型商业网站总体实力、影响力大、较传统媒体网站对网民吸引力更大的现状是一致的。博客/微博/个人网站虽然目前风光无限，但新闻可信度却仅位列第六，可能网民更多是将其作为一种消遣娱乐的工具。网民对"境外网站"的信任度也不到一般水平。得分最低的是网络社区/论坛/聊天室/聊天工具（如 QQ、MSN 等），这又一次说明，网民"自产"的新闻最不被信任。

表 3 - 4 　　　　　　　　　不同平台网络新闻的可信度评价情况

测量题项	样本数	均值	标准差	排名
政府网站	968	3.46	1.093	2
商业门户网站	964	3.35	0.888	3
传统媒体网站	964	3.26	0.885	4
企业网站	964	2.92	0.942	5
教育科研机构网站	965	3.54	0.934	1

续表

测量题项	样本数	均值	标准差	排名
博客/微博/个人网站	965	2.88	0.995	6
网络社区/论坛/聊天室/聊天工具（如 QQ、MSN 等）	963	2.41	1.086	8
境外（港台/国外）网站	964	2.82	1.131	7

五　不同内容网络新闻的可信度

十一类不同内容的网络新闻中，有十类新闻的评分均值在"一般"和"比较信任"之间徘徊，娱乐综艺新闻评分则低于"一般"水平。排名前四位的"灾难事故新闻"、"体育新闻"、"国际新闻"、"公共安全新闻"都是政治敏感性相对较低的新闻，从第五名"国内政治新闻"到第九名"模范宣传/典型报道新闻"，要么具有较强的意识形态色彩，要么其内容敏感度较高。有趣的是，网民对批评揭露类的新闻和歌颂类的"模范宣传/典型报道新闻"这两类感情色彩浓重的新闻信任度评价都不太高且极为接近，就连评分的分散程度也很相似。娱乐综艺新闻评分最低，与媒体的煽情炒作之风盛行密不可分（参见表 3 - 5）。

表 3 - 5　　　　　　　不同内容网络新闻的可信度评价情况

测量题项	样本数	均值	标准差	排名
国际新闻	967	3.71	0.885	3
国内政治新闻	968	3.57	0.984	5
财经/证券/股票新闻	965	3.10	0.948	10
娱乐综艺新闻	967	2.79	0.991	11
体育新闻	968	3.72	0.858	2
灾难事故新闻	968	3.86	0.923	1
批评揭露新闻	967	3.36	1.011	8
社会问题新闻	968	3.47	0.954	6
政策解读新闻	967	3.43	0.960	7
模范宣传/典型报道新闻	966	3.27	1.038	9
公共安全新闻	967	3.65	0.965	4

第二节 网民不相信网络新闻的理由

一 网民对量表各题项的评价情况

偏度是用于描述数据分布对称与否的一项重要指标。当一个变量的数值分布符合正态分布时，偏度为0。偏度大于0时为正偏，小于0为负偏，偏度绝对值越大则偏离正态越严重。在本量表中，偏度大于0表示网民倾向于评低分，小于0代表网民倾向于评高分，偏度绝对值越大说明网民的意见越集中于某一端。如果将3分视为网民对题项同意与否的分界线，那么24个题项的得分均值都超过了3分，且几乎都在3.5以上，偏度也均为负数，即网民对于这些理由的评价总体上都是偏向于"同意"一端的。其中同意程度最高的是"广告新闻、软广告"，最低的是"错别字、不规范用语较多"。从偏度的绝对值来看，所有题项均符合Curan等（1996）建议的正态分布数据偏度值小于2的标准（参见表3-6）。

表3-6 "网民不相信网络新闻的理由"量表各题项评价情况

测量题项	样本数	均值	标准差	偏度	排名
网上谁都可以发言，来源难以分辨（RQNN1）	968	3.77	1.021	-0.761	9
新闻经多次转载后无法考证（RQNN2）	965	3.67	0.961	-0.602	15
规模小的网站所发布的新闻总让人不放心（RQNN3）	967	3.57	1.029	-0.451	20
知名度低的网站所发布的新闻质量难以保证（RQNN4）	963	3.57	1.023	-0.468	20
网站之间互相抄袭，缺乏独家新闻（RQNN5）	968	3.80	0.962	-0.651	5
错别字、不规范用语较多（RQNN6）	967	3.38	1.007	-0.204	24
假新闻多（RQNN7）	963	3.75	0.999	-0.532	11
报道不客观，含有报道者的偏见（RQNN8）	967	3.78	0.890	-0.430	7
对有争议的新闻事件，偏袒其中一方（RQNN9）	968	3.66	0.955	-0.440	17
不尊重他人隐私（RQNN10）	965	3.71	0.995	-0.517	13

续表

测量题项	样本数	均值	标准差	偏度	排名
低俗内容多（RQNN11）	968	3.70	1.035	-0.516	14
煽情炒作（RQNN12）	966	3.77	1.029	-0.717	9
一味追求点击率（RQNN13）	964	3.96	1.012	-0.969	3
广告新闻、软广告（表面看是新闻，实际是做广告）多（RQNN14）	964	4.02	0.975	-0.889	1
报道不完整，回避新闻中的一些重要事实（RQNN15）	966	3.80	0.990	-0.586	5
有所顾忌而不能充分反映群众意见（RQNN16）	967	3.78	1.043	-0.564	7
为政治经济势力代言，忽视普通民众利益（RQNN17）	964	3.60	1.057	-0.426	18
不敢报道真相（RQNN18）	963	3.67	1.113	-0.466	15
不敢监督、批评当权者（RQNN19）	967	3.75	1.136	-0.608	11
敏感新闻往往被封锁（RQNN20）	964	3.97	1.048	-0.920	2
内容受到监控（RQNN21）	965	3.82	1.026	-0.670	4
记者经常不负责任，胡编乱造（RQNN22）	965	3.56	1.021	-0.346	22
编辑把关不严（RQNN23）	967	3.51	0.982	-0.295	23
与传统媒体相比管理不规范（RQNN24）	967	3.60	1.008	-0.413	18

二　探索性因子分析

本研究用 SPSS 软件将 968 个样本随机分为两组，用第一组 487 个样本进行探索性因子分析，对网民不相信网络新闻理由量表的构成维度及指标进行探讨，用第二组 481 个样本进行验证性因子分析，对所得模型进一步验证。

探索性因子分析时对测量题项进行取舍的标准是：因子负荷值大于 0.5（表明因子负荷具有实用上的显著性），且在一个因子上的最大负荷值比在其余因子上的负荷值至少大 0.2（表示因子含义较明确）。

经过三次因子分析，删去不符合条件的"错别字、不规范用语较多"、"低俗内容多"、"报道不完整，回避新闻中的一些重要事实"三个题项，结果如表 3-7 所示。

表 3－7　　　　"网民不相信网络新闻的理由"量表因子分析最终结果

测量题项	因子1	因子2	因子3	因子4	因子5
RQNN1	0.086	0.692	0.239	0.184	−0.139
RQNN2	0.132	0.752	0.239	0.028	−0.114
RQNN3	0.036	0.761	0.030	0.085	0.262
RQNN4	0.058	0.755	0.061	0.097	0.346
RQNN5	0.196	0.587	0.170	0.129	0.161
RQNN7	0.082	0.253	0.654	0.206	0.144
RQNN8	0.146	0.186	0.749	0.232	0.080
RQNN9	0.229	0.122	0.755	0.084	0.148
RQNN10	0.138	0.124	0.647	0.105	0.239
RQNN12	0.242	0.192	0.310	0.739	0.175
RQNN13	0.266	0.198	0.188	0.811	0.156
RQNN14	0.234	0.099	0.157	0.767	0.160
RQNN16	0.703	0.146	0.235	0.141	0.206
RQNN17	0.775	0.084	0.272	−0.010	0.206
RQNN18	0.861	0.107	0.135	0.100	0.115
RQNN19	0.847	0.104	0.046	0.226	0.089
RQNN20	0.782	0.124	0.098	0.257	0.099
RQNN21	0.673	0.055	0.069	0.308	0.260
RQNN22	0.334	0.081	0.275	0.226	0.711
RQNN23	0.293	0.112	0.239	0.123	0.780
RQNN24	0.236	0.264	0.220	0.261	0.601
特征值	4.225	2.909	2.627	2.350	2.093
解释的方差比例（%）	20.118	13.850	12.508	11.189	9.967

由此得到了构成网民不相信网络新闻的理由的 5 个因子，分别将其命名为：不独立（解释力 20.118%）、来源不可靠（解释力 13.850%）、报道不专业（解释力 12.508%）、过度商业化（解释力 11.189%）、管理不规范（解释力 9.967%）。检验表明因子具有较好的信度（所有因子内部的 Cornbach α 值均大于 0.78）。

三　验证性因子分析

采用 Amos18.0 结构方程模型分析软件，对探索性因子分析所得出的因子结构进行验证。验证性因子分析的拟合优度指标中最常用的是拟合优度的卡方检验。但 x^2（卡方值）易受样本量的影响，当样本量较大时，x^2 也会相应变大，显著性概率值 P 会变小，容易出现假设模型被拒绝的情况。因此习惯上采用 x^2/df 来判断。模型检验结果见表 3 - 8。除了卡方值较大（$x^2 = 644.576$），P 值较小外，其他指标的拟合度均符合标准。总体看来，模型的拟合效果较好。量表的因子结构模型及路径系数如图 3 - 1 所示。

表 3 - 8　　"网民不相信网络新闻的理由"量表验证性因子分析的模型拟合度检验

拟合指数	建议标准	拟合结果	模型拟合度判断
x^2	较小的卡方值（P > 0.05）	644.576（P = 0.000）	否
x^2/df	< 5	3.601	是
GFI	> 0.8	0.881	是
AGFI	> 0.8	0.847	是
NFI	> 0.8	0.880	是
NNFI	> 0.8	0.894	是
CFI	> 0.8	0.910	是
IFI	> 0.8	0.910	是
RMSEA	< 0.1	0.074	是

第三节　我国网络新闻可信度影响因素

采用多元阶层回归方法，分别以网络新闻绝对可信度、政府官员署名的网络新闻可信度、政府网站新闻可信度、网络政治新闻可信度作为因变量，令人口学变量、信任状况和媒介素养三个自变量组（共 20 个自变量）依次进入回归方程进行回归，结果如表 3 - 9 所示。

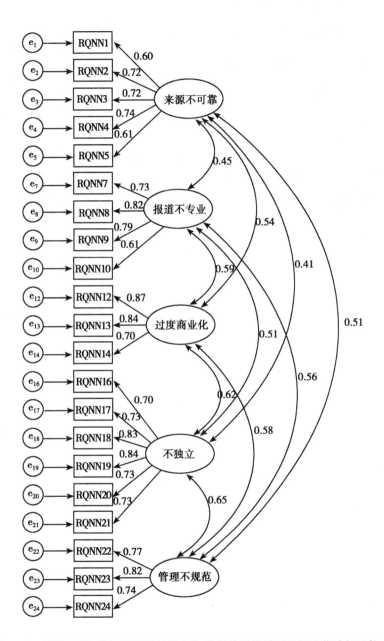

图3-1　"网民不相信网络新闻的理由"量表的结构模型及标准化路径系数

一　网络新闻绝对可信度的影响因素

表 3 – 9　　　　　　　　　　预测网络新闻绝对可信度的多元阶层回归分析

预测变量	B 值	标准化 Beta 值	t 值
第一阶层（人口学变量）			
性别（女 = 0）	− 0.023	− 0.005	− 0.132
年龄	− 0.053	− 0.237 ***	− 5.781
教育程度	− 0.153	− 0.094 *	− 2.454
个人月收入	6.05E − 005	0.046	1.117
党政机关/事业单位工作者（其他职业 = 0）	0.659	0.127 ***	3.268
R^2		0.053	
调整后的 R^2		0.047	
F 值		8.326 ***	
R^2 的增量		0.053	
F 值的增量		8.326 ***	
第二阶层（信任状况）			
人际信任	0.119	0.141 ***	3.746
政治信任	0.026	0.070	1.858
R^2		0.084	
调整后的 R^2		9.660 ***	
F 值		0.075 ***	
R^2 的增量		0.031	
F 值的增量		12.354 ***	
第三阶层（媒介素养）			
网龄	− 0.032	− 0.050	− 1.287
一周上网天数	0.156	0.133 **	− 3.074
每天上网小时数	− 0.001	− 0.001	− 0.035
网络依赖	0.139	0.156 ***	3.863
报纸依赖	− 0.093	− 0.040	− 0.864
杂志依赖	0.254	0.107 *	2.240
广播依赖	0.016	0.007	0.160
电视依赖	− 0.093	− 0.038	− 0.931
手机依赖	0.038	0.019	0.471
网络使用技能	0.074	0.072	1.824

续表

预测变量	B 值	标准化 Beta 值	t 值
网络信息辨别能力	0.145	0.127 **	3.012
网络信息批判能力	0.008	0.009	0.221
网络参与	0.031	0.048	1.219
R^2		0.161	
调整后的 R^2		0.138	
F 值		6.978 ***	
R^2 的增量		0.077	
F 值的增量		5.154 ***	

注：$* p < 0.05$；$** p < 0.01$；$*** p < 0.001$，下同。

调查发现，在 20 个自变量中，有 8 个自变量对因变量网络新闻绝对可信度具有显著影响（有显著影响的变量其 Beta 值以 * 标注），图 3 - 2 是剔除影响不显著的自变量后所绘制出的影响因素示意图。

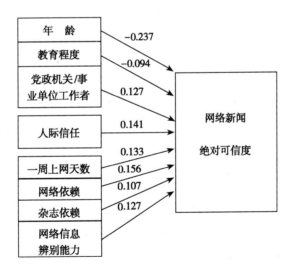

图 3 - 2　网络新闻绝对可信度影响因素示意图

根据 Beta 值判断，其影响力由大到小排列为：年龄、网络依赖、人际信任、一周上网天数、党政机关/事业单位工作者、网络信息辨别能力、杂志依赖、教育程度。其中，对网络新闻绝对可信度具有正向影响的是党政机关/事业单位工作者、人际信任、一周上网天数、网络依赖、杂志依赖、网络信息辨别能力。这意味着在党政机关及事业单位工作的网民比从事其他职业的网民更相信网络新闻;人际信任度越高,越信任网络新闻;一周上网天数越多、越依赖网络和杂志来获取信息,对网络新闻的信任度就越高;网络信息辨别能力越强,越相信网络新闻。对网络新闻绝对可信度具有负向影响的是年龄、教育程度。也就是说,年龄越大、教育程度越高的网民,对网络新闻的绝对可信度评价越低。

R^2 的增量可以说明各自变量组对因变量的解释力大小。从三个自变量阶层解释力的大小来看,对整体模型解释力最强的是媒介素养这一自变量组,其 R^2 的增量为 0.077,即对网络新闻可信度的解释力为 7.7%;人口学变量的总体解释力为 5.3%;信任状况变量组中两个变量的解释力仅为 3.1%。F 值的增量可以说明各自变量组对因变量的解释力是否达到统计上的显著水平。由 F 值的增量可知,三个自变量组的解释力都非常显著 ($p < 0.001$),所有自变量对因变量网络新闻绝对可信度的总体解释力为 16.1%,若以调整后的 R^2 来表示,则为 13.8%。

二 政府官员署名的网络新闻可信度影响因素

表 3 - 10　　　　预测政府官员署名的网络新闻可信度的多元阶层回归分析

预测变量	B 值	标准化 Beta 值	t 值
第一阶层(人口学变量)			
性别(女 =0)	-0.207	-0.099 **	-2.678
年龄	-0.004	-0.040	-0.966
教育程度	-0.080	-0.114 **	-2.912
个人月收入	5.25E-005	0.092	2.193
党政机关/事业单位工作者(其他职业 =0)	0.023	0.010	0.255
R^2	0.023		
调整后的 R^2	0.016		
F 值	3.498 **		
R^2 的增量	0.023		
F 值的增量	3.498 **		
第二阶层(信任状况)			
人际信任	0.033	0.090 **	2.758
政治信任	0.084	0.511 ***	15.604
R^2	0.314		
调整后的 R^2	0.307		

续表

预测变量	B 值	标准化 Beta 值	t 值
F 值	48.249 ***		
R² 的增量	0.291		
F 值的增量	156.456 ***		
第三阶层（媒介素养）			
网龄	− 0.024	− 0.085 *	− 2.481
一周上网天数	− 0.033	− 0.065	− 1.719
每天上网小时数	0.015	0.039	1.151
网络依赖	0.001	0.003	0.074
报纸依赖	0.015	0.015	0.365
杂志依赖	0.043	0.042	0.994
广播依赖	− 0.001	− 0.001	− 0.029
电视依赖	0.072	0.068	1.891
手机依赖	0.050	0.056	1.604
网络使用技能	− 0.012	− 0.027	− 0.777
网络信息辨别能力	0.008	0.015	0.408
网络信息批判能力	0.012	0.032	0.866
网络参与	0.022	0.080 *	2.283
R²	0.349		
调整后的 R²	0.331		
F 值	19.468 ***		
R² 的增量	0.035		
F 值的增量	3.038 ***		

对因变量政府官员署名的网络新闻可信度存在显著影响的自变量有六个。图 3－3 是剔除影响不显著的自变量后所绘制出的影响因素示意图。

该图中，影响最显著的是政治信任因素。政治信任程度越高，则越相信由政府官员署名的网络新闻。其次是教育程度，教育程度越高者，对此类网络新闻越发采取不信任的态度。再次是性别，女性较男性对此类新闻更为信任。其余三个自变量中，人际信任度、网络参与程度对因变量的影响力为正向，而网龄的影响力为负向，即上网越早的网民，越不相信以政府官员名义所发表的网络新闻。对于这一问题，可以这样理解：一方面，根据"数字鸿沟"理论，较早上网的人，往往是具有较高社会地位的人，社会地位又往往以教育程度作

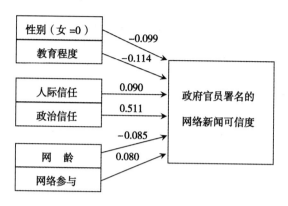

图 3 - 3　政府官员署名的网络新闻可信度影响因素示意图

为衡量指标。本次调查已经证明，教育程度对政府官员署名的网络新闻可信度
具有显著的负向作用，因而网龄也对其具有负向影响。另一方面，目前少数党
政干部贪污腐败、骄横跋扈的行径极大损害了党政干部群体的整体形象。较早
上网的人，也就是可能具有较高教育程度的网民，他们对这类行径可能有着比
一般人更为强烈的批判意识，他们不容易迷信权威，新闻的发布者是"政府
官员"并不会让他们轻易相信，反而可能起到反作用。

R^2 显示，各自变量组对因变量的总体解释力为 34.9%，调整的 R^2 为
33.1%，人口学变量、信任变量、媒介素养三组自变量对因变量的解释力分
别为 2.3%、29.1%、3.5%，均达到了统计上的显著水平。不难看出，信任
变量解释了总体变异量的绝大部分，特别是其中的政治信任变量贡献较大，
而人口学变量、媒介素养变量的解释力并不高。

三　政府网站新闻可信度的影响因素

表 3 - 11　　　　　预测政府网站新闻可信度的多元阶层回归分析

预测变量	B 值	标准化 Beta 值	t 值
第一阶层（人口学变量）			
性别（女 =0）	- 0.148	- 0.069	- 1.846
年龄	0.001	0.011	0.256
教育程度	- 0.070	- 0.096 *	- 2.449
个人月收入	1.71E - 006	0.003	0.069
党政机关/事业单位工作者（其他职业 =0）	0.064	0.028	0.698

续表

预测变量	B 值	标准化 Beta 值	t 值
R^2		0.014	
调整后的 R^2		0.007	
F 值		2.101	
R^2 的增量		0.014	
F 值的增量		2.101	
第二阶层（信任状况）			
人际信任	0.025	0.065 *	2.141
政治信任	0.102	0.604 ***	19.700
R^2		0.398	
调整后的 R^2		0.392	
F 值		69.721 ***	
R^2 的增量		0.384	
F 值的增量		235.447 ***	
第三阶层（媒介素养）			
网龄	0.000	0.001	0.037
一周上网天数	− 0.002	− 0.004	− 0.123
每天上网小时数	0.006	0.016	0.497
网络依赖	0.011	0.028	0.842
报纸依赖	0.087	0.084 *	2.179
杂志依赖	− 0.024	− 0.022	− 0.566
广播依赖	0.006	0.006	0.156
电视依赖	0.105	0.095 **	2.819
手机依赖	− 0.037	− 0.040	− 1.211
网络使用技能	− 0.022	− 0.048	− 1.458
网络信息辨别能力	0.031	0.061	1.743
网络信息批判能力	0.000	− 0.001	− 0.035
网络参与	0.003	0.010	0.298
R^2		0.421	
调整后的 R^2		0.405	
F 值		26.359 ***	
R^2 的增量		0.023	
F 值的增量		2.210 **	

　　有五个自变量对因变量有着明显的预测作用，影响因素示意图如图 3 - 4。

　　其中，政治信任对政府网站新闻可信度的预测力最为强烈，对于中国目前的政党和政府组织信任度越高的人，就越相信政府网站上的新闻。此外对因变量存在显著影响的自变量还有四个，按其影响力大小排列为：教育程

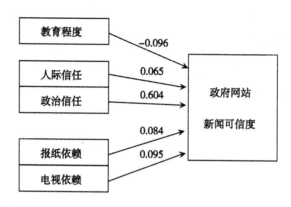

图 3 - 4　政府网站新闻可信度影响因素示意图

度、电视依赖、报纸依赖、人际信任。其中，教育程度的影响为负向，即教育程度越高的人，对政府网站上的新闻信任度越低。其余三个自变量的影响为正向，即越是依赖电视、报纸、人际信任度越高，就越相信政府网站上的新闻。

从 R^2 值来看，三组自变量能够有效解释因变量网络新闻可信度 42.1% 的变异量，以调整后的 R^2 来表示，仍有 40.5% 的解释力。显示出这些自变量整体对因变量的解释力很高。但 F 值的增量则显示，人口学变量组的解释力并没有达到统计上的显著水平，其解释力仅为 1.4%；信任状况和媒介素养变量组均在 0.001 的水平上达到显著，绝大部分解释力来自信任变量，占 39.8%，而媒介素养变量只解释了总变异量的 2.3%。这一结果说明，尽管模型总体解释力较高，但主要是信任变量，尤其是其中的政治信任变量在起作用。

四　网络政治新闻可信度的影响因素

表 3 - 12　　　　　预测网络政治新闻可信度的多元阶层回归分析

预测变量	B 值	标准化 Beta 值	t 值
第一阶层（人口学变量）			
性别（女 = 0）	- 0.194	- 0.100 **	- 2.741
年龄	- 9.21E - 005	- 0.001	- 0.025
教育程度	- 0.133	- 0.204 ***	- 5.307
个人月收入	4.24E - 005	0.080	1.938
党政机关/事业单位工作者（其他职业 = 0）	- 0.001	0.000	- 0.006

续表

预测变量	B 值	标准化 Beta 值	t 值
R^2		0.049	
调整后的 R^2		0.042	
F 值		7.606 ***	
R^2 的增量		0.049	
F 值的增量		7.606 ***	
第二阶层（信任状况）			
人际信任	0.030	0.088 **	2.796
政治信任	0.081	0.534 ***	16.940
R^2		0.363	
调整后的 R^2		0.357	
F 值		60.240 ***	
R^2 的增量		0.314	
F 值的增量		182.510 ***	
第三阶层（媒介素养）			
网龄	− 0.003	− 0.011	− 0.338
一周上网天数	− 0.011	− 0.022	− 0.613
每天上网小时数	− 0.009	− 0.024	− 0.735
网络依赖	0.007	0.020	0.587
报纸依赖	0.100	0.107 **	2.734
杂志依赖	− 0.026	− 0.027	− 0.684
广播依赖	0.016	0.017	0.476
电视依赖	0.139	0.140 ***	4.103
手机依赖	− 0.008	− 0.010	− 0.290
网络使用技能	− 0.009	− 0.022	− 0.675
网络信息辨别能力	0.038	0.082 *	2.314
网络信息批判能力	− 0.019	− 0.053	− 1.501
网络参与	0.014	0.054	1.625
R^2		0.406	
调整后的 R^2		0.390	
F 值		24.862 ***	
R^2 的增量		0.043	
F 值的增量		4.064 ***	

在所有自变量中，有七个自变量对网络政治新闻可信度有显著影响，其影响因素示意图如图 3 - 5：

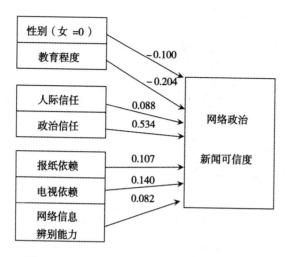

图 3-5 网络政治新闻可信度影响因素示意图

影响力最大的四个变量依次为政治信任、教育程度、电视依赖、报纸依赖。教育程度越高的网民，对网络政治新闻可信度的评价越低，而政治信任度越高、越依赖于从电视和报纸上获取信息的网民，其可信度评价越高。余下变量之中，就性别而言，女性比男性更容易相信网站上的政治新闻。与前面的分析相同，人际信任和网络信息辨别能力仍然与因变量呈正相关，即人际信任度越高，对网络信息分辨能力越高，越倾向于相信网上的政治新闻。

所有变量组共解释了因变量 40.6% 的变异量，调整后的 R^2 也达到了 39.0%，且三组自变量的解释力均在 0.001 的水平上显著，但它们对因变量的影响力并不相同。信任状况的解释力高达 36.3%，其中政治信任占据主导地位，而人口学变量和媒介素养变量的解释力相差不大，仅为 4.9% 和 4.3%。

第四节　基本结论与讨论

一　主要研究结论

对武汉市网民的问卷调查表明中国网络新闻可信度状况不容乐观。为考察其原因，本研究分析了网民不信任网络新闻的理由及构成指标、影响网络新闻可信度的因素。以下是本研究的三个主要发现：

1. 中国网络新闻的可信度状况并不理想；不同网络新闻的可信度存在一定差别，且有规可循。

虽然在与报纸、杂志、广播、电视、手机五种媒介的比较中，网络新闻相对可信度位居第二，但选择网络作为最信任新闻媒介的网民不超过20%，与排名第一的电视相距甚远。在绝对可信度的评价中，网络排名倒数第三，分数没有及格。在五点量表上，六类不同来源的网络新闻、八类不同平台的网络新闻、十一种不同内容网络新闻的可信度得分无一超过4分，即最多介于"一般"与"比较可信"之间。网络新闻可信度不高，与网络媒介自身有关，同时也是目前媒介可信度总体不高的反映，因为即便是绝对可信度最高的电视媒介，也只是刚刚达到"比较可信"的水平。

不同网络新闻的可信度存在一定差异。就来源而言，身份明确的社会公众人物（如知名人士、专家学者、政府官员）所发布的新闻比没有明确署名、难以辨识的新闻更为可信。此外，网络媒体采写的新闻可信度不及从传统媒体上转载的新闻，普通网民爆料的新闻最不可信，反映出网络原创新闻在可信度上的明显劣势；就平台而言，由线下实体机构所创办的网站更受网民信任。在排名前五位的网站中，除了商业门户网站外，其余四种网站分别是：教育科研机构网站、政府网站、传统媒体网站、企业网站。生于网络、长于网络的所谓"网络原生媒体"，如博客/微博、网络社区/论坛/聊天室/聊天工具等可信度较低；就内容而言，新闻的可信度与新闻内容的政治敏感度大致成反比（娱乐综艺新闻与财经/证券/股票新闻除外）。政治敏感度较低的灾难事故新闻、体育新闻、国际新闻等可信度较高，意识形态色彩浓重的模范宣传/典型报道新闻、批评揭露新闻、政策解读新闻等可信度较低。很明显，当新闻发布者（不论个体还是组织机构）在现实生活中很容易"对号入座"；当新闻以事实说话，并非充满宣传味儿或流于说教时，网络新闻的可信度便会大大提高。

研究所重点关注的包含政治因素的三种新闻中，若以在各自分类中的相对排名而言，政府网站新闻可信度相对较高，在八类新闻中排名第二，从访谈中可知，这主要得益于其发布机构的权威性和新闻品质有保障，政府官员署名的网络新闻在六类新闻中排名第三，低于知名人士和专家学者署名的新闻，但高于其余没有署名的新闻，这一方面可以说明来源的明确性对于网络新闻是非常重要的，另一方面它反映出政府官员在网民心目中的可信度其实是存在一定问题的。网络政治新闻在十一类新闻中排名第五，属于中等偏上，还有一定的上升空间。

　　2. 网民不相信中国网络新闻五个主要理由是：不独立、来源不可靠、报道不专业、过度商业化和管理不规范。

　　其中，最主要的理由是网络新闻"不独立"（解释的变异量超过了20%）。"不独立"是指网络新闻传播者受到各方势力的宰制和压迫，报道时往往有所顾忌，不能独立自由地表达观点。调查表明，在 24 项理由中，"敏感新闻往往被封锁"、"内容受到监控"、"有所顾忌而不能充分反映群众意见"的得分分别居第 2、4、7 位。网络媒介的相对自由并不能抹杀其被控制的局面，网民也开始意识到了这一点，一些人习惯于通过"翻墙"这样一种"游击"策略去寻找"真相"，或许正是对被控制的网络媒介生态一种无声的反抗。

　　"来源不可靠"（解释的变异量为 13.850%）是指网络新闻传播者来源混杂、难以辨识，或是缺乏权威性，以致所发布的新闻给人不可信、不可靠之感。"来源不可靠"之所以成为网民质疑网络新闻可信度的一个重要构成维度，与网络的媒体特性有关：网络中人人皆可发言、传播者门槛低、鱼龙混杂；网站新闻转载、抄袭成风；大大小小的网站数不胜数、信息超载、让人难以分辨……在此情形下，网民尤其在意新闻的来源出处，希望新闻能够提供较为权威可靠的"身份证明"。这与研究中所发现的社会公众人物、线下实体机构创办的网站可信度较高是互相呼应的。

　　"报道不专业"（解释的变异量为 12.508%）是指网络新闻不符合新闻专业主义的内在要求，它是网络新闻发布者专业素养欠缺的表现。在众声喧哗的网络世界，要实现新闻的真实、客观、公正无偏，比传统媒体上难度更大。在网上发布转载容易、影响巨大、隐匿性强，加之网络媒体为了时效性往往不惜牺牲真实性，不经过仔细审核便迅速发稿，使得网络几乎成为了假新闻的策源地和极端偏激思想的集散地。此外，在消费主义甚嚣尘上的今天，将他人隐私作为媒介商品随意贩卖和消费的行为是对被报道者的严重伤害，也是对新闻可信度的一种缓慢的扼杀。

"过度商业化"（解释的变异量为 11.189%）是指网络新闻传播者在商业化大潮中，将网络媒介作为赢利工具，为了经济利益忘却甚至损害社会利益。"过度商业化"并非网络媒介所特有，而是当下大众媒介的通病。这一维度三个题项的认同度非常高。"广告新闻、软广告（表面看是新闻，实际是做广告）多"是所有题项中唯一均值超过 4 分的，"一味追求点击率"和"煽情炒作"的评分分别排名第 3、9 位。目前数量庞大的"网络水军"（即受雇于网络公关公司，为客户发帖回帖造势的网络人员）正对网络上的商业化浪潮起着推波助澜的作用。他们在网络上大肆炒作有利于雇主的信息、抹黑竞争对手，使得网上乌烟瘴气，让网民真伪莫辨，无所适从。

"管理不规范"（解释的变异量为 9.967%）是指由网络管理体制不健全导致的管理混乱和从业者素质不过硬，主要是相对于传统媒介而言的。传统媒介在长期的发展过程中已经建立起一套相对合理完善的管理制度，而网络新媒体崛起迅猛，在中国发展历程不到 20 年，相应的管理体系和管理制度还未健全，这也一直是国家媒体管理中的一个难题。相对来说，这一维度的重要程度要低一些，"与传统媒体相比管理不规范"、"记者经常不负责任，胡编乱造"、"编辑把关不严"三个题项的排名分别为第 18、22、23 位，可能因为其属于媒介内部运作范畴，网民的直观感受不强烈。

3. 人口学变量、信任状况、媒介素养对不同网络新闻的可信度存在一定影响，但影响程度不同。

对网络新闻作出上述区分时，其影响因素存在很大区别，即便同一影响因素在不同回归模型中所发挥的作用也有很大的差异。总的来说，人口学变量（解释力为 5.3%）和媒介素养（解释力为 7.7%）对网络新闻绝对可信度的影响大于信任状况（解释力为 3.1%）；而信任状况特别是其中的政治信任在解释网络上包含政治因素的三类新闻之可信度时，占据了绝对主导地位（解释力分别为 38.4%、31.4%、29.1%）。

就人口学变量、信任状况、媒介素养三个变量组中所包含的单个变量而言，存在以下主要研究结论：

1) 对网络新闻绝对可信度、政府官员署名的网络新闻可信度、政府网站新闻可信度、网络政治新闻可信度均存在显著影响的变量有人际信任和教育。人际信任程度越高，对上述新闻可信度的评价越高；教育程度越高，对上述新闻可信度的评价越低。

2）年龄越大，对网络新闻绝对可信度评价越低。

3）跟男性相比，女性更加相信政府官员署名的网络新闻和网络政治新闻。

4）和其他职业的人相比，党政机关/事业单位工作者对网络新闻绝对可信度的评价较高①。

5）在影响政府官员署名的网络新闻可信度、政府网站新闻可信度、网络政治新闻可信度的各种因素中，政治信任占据绝对主导力。这一变量对网络新闻绝对可信度的影响力却并不显著。这表明政治信任变量非常适合解释包含政治因素的网站及其新闻的可信度，并不适合用来解释网络新闻可信度这一笼统概念。

6）媒介依赖比媒介使用对网络新闻可信度的预测作用更强。

7）网络信息辨别能力对网络新闻绝对可信度、网络政治新闻可信度均具有显著正向影响。具有较高信息辨别力的人往往较容易找到自己所需要的信息，同时规避虚假有害的信息，从而保证自己所浏览新闻的真实可信。

8）网络参与程度越高，越相信政府官员署名的网络新闻。

9）总的来说，媒介素养越高，对网络新闻可信度的评价越高。

二　提高网络新闻可信度的讨论

研究结论表明，欲提高网络新闻可信度，可以从社会信任环境、媒介及其传播的新闻内容、网民人口学属性及媒介素养三方面来努力：

改善社会宏观信任环境和网络信任环境是走出信任困境的前提和根本。这项长期的系统工程包括加快政治经济体制改革、缩小贫富差距，缓解社会

---

①　根据一般的逻辑，党政机关/事业单位工作者应该比其他人对与政治有关的新闻信任度更高，但本调查却并未支持这一观点。其原因很可能是在于在目前的中国，此类网站和新闻总是以正面报道为主，而党政机关/事业单位工作者作为国家的精英，对于社会政治生活中的一些负面信息和黑暗面有着比一般人更为敏锐的嗅觉和更深刻的洞察力，因而，以歌颂和赞扬为基调的政治类网站和新闻并不会增加他们的信任度。当然，这部分网民对网络新闻绝对可信度的评价明显比其他网民高（p < 0.001），说明他们比较信任作为总体概念的网络新闻，这可能和目前党和政府提倡"领导干部上网"、"网上问政"有关，也表明网络在国家政治生活中有着巨大的影响力。

不满与失衡心理；完善社会保障体系，增加安全感，抚慰紧张情绪；健全法制，保证交易中的公平，对欺诈行为予以惩处，逐步形成以制度信任为主的社会信任结构；加强网络管理，净化网络环境等，这需要整个社会的共同努力。

网络媒体及其从业者应坚守新闻专业主义理念，尽量摆脱政党、广告商或其他势力的干涉和控制，以服务公众利益为己任；强化从业者的专业技能和行业自律；加强对网络新闻的把关和管理。同时人口统计指标与网络新闻可信度之间的相关也表明，网站必须对转型期以社会分层为基础的网络分众准确"把脉"，根据不同网民的认知特点来制定相应的传播策略，如面向高学历精英人群的网站，应构建以新闻内容为主打的高质量信息平台，对于教育程度较低及年轻的网民而言，可以加大娱乐、时尚、社会新闻的比重，打造休闲娱乐社区。要注意到社会矛盾趋于激化的现状，及时曝光社会问题、疏导不良情绪、凸显对弱势群体的关怀，成为值得网民信赖的投诉渠道。

由于媒介素养总体上对网络新闻可信度具有正向影响，因此要加快网络基础设施建设，保证上网条件，让网民能够自由充分地接触互联网，才可能对网络产生熟悉、信任的感觉，传授有关网络的基本知识，包括网络的基本功能和作用、网络的各种操作技能和媒介制作技术，让网民明白合理使用各种网络应用能够为自己、为他人、为社会所带来的正面效应，培养其对网络的适度依赖和参与信息生产的兴趣，合理使用互联网；开展媒介素养教育，提高网民的信息辨别能力，尤其是辨别一些不可信的网址以及虚假信息的能力，尽量减少网民在网络世界遭遇谎言和欺骗的概率；提高解读媒介信息的能力，了解媒介信息生产的特点，短期内这可能会对网络媒介可信度造成一定影响，但从长远来看，则可能会对网络媒介有一种更为宽容的态度，所保留下来的对网络媒介的信任也可能是包含较多理性意识成分的高质量的信任。

第　四　章

我国主流媒体网站管理现状

　　"主流媒体网站"，是依据国务院新闻办公室、信息产业部 2005 年 9 月 25 日联合发布《互联网新闻信息服务管理规定》的第 5 条，"互联网新闻信息服务单位分为以下三类：（1）新闻单位设立的登载超出本单位已刊登播发的新闻信息、提供时政类电子公告服务、向公众发送时政类通讯信息的互联网新闻信息服务单位；（2）非新闻单位设立的转载新闻信息、提供时政类电子公告服务、向公众发送时政类通讯信息的互联网新闻信息服务单位；（3）新闻单位设立的登载本单位已刊登播发的新闻信息的互联网新闻信息服务单位"。依此规定，"主流媒体网站"实际上包括了两层含义：一是指党和政府认可和主导的网站。二是指具有发布或登载新闻资质的网站。因而，"主流媒体网站"的称谓具有特指性，其界定具有一定的行政色彩和中国特色。

　　主流媒体网站是网民活动空间、使用行为的关键节点。主流媒体网站自身的管理能力在一定的程度上体现了整个网络行业自我调控与发展的能力。主流媒体网站在积极引导网络舆论、建设中国特色网络文化、推动网络产业持续发展方面具有非常重要的影响。目前，国内学界对媒体网站研究的成果很多，但在全国范围内对网站高层管理者进行问卷和访谈的实证考察较为缺乏。媒体网站高管是互联网管理与中国特色网络文化建设的领头羊，他们所在的媒体网站在管理体制、员工管理、内容管理、经营管理等现状，及其他们对网站管理的认识状况，直接反映了当前我国互联网的管理现状。

　　2009 年 7—8 月，我们在全国范围内对主流媒体网站的高层管理者进行了抽样调查和访谈，调查涉及全国 16 个省市的 37 家主要网络媒体。通过对第一手材料的基本描述和分析，呈现出当前网站管理的主要取向、问题和趋势。

研究采用结构式问卷为主、半结构式访谈为辅相结合的方法。调查问卷共分为网站基本状况、网站员工管理状况、网站内容管理状况、网站经营管理状况，以及被调查者的个人基本信息部分。课题组验证了问卷设计的科学性，几乎没有出现选项残缺、重复或歧义等技术问题。半结构化访谈采取面访形式，研究者对访谈的结构具有一定的控制，同时也允许受访者积极参与，研究者事先备有访谈提纲，使受访者所提供的信息大致限定在访谈目的之内，且所有访谈录音被转录成文本，并加以分析和解释[①]。

第一节　主流媒体网站管理体制

网站管理体制，我们从四个方面来分析，即管理归属、管理目标、管理难题、政府支持。

一　管理归属

管理归属是针对网站管理主体，即网站管理所属对象或形式。我们把这些对象与形式分为：党政机关、传统媒体、传媒集团、传统媒体与传媒集团、党政机关与传统媒体、独立运营等。

在调查有利于网站的管理归属上，结果发现（见图 4-1），网站总体倾向于"独立运营"和"传统媒体集团"。有 30% 的网站选择"独立经营"，显示了自我发展的愿望，24% 的网站倾向于传统媒体集团的管理归属。而选择"传统媒体"和"党政机关"的比例均只为 3%。

经 Pearson 卡方检验（见表 4-1），不同性质的网站在管理归属上存在非常明显的差异（显著性概率为 0.007，小于 0.01）。商业网站倾向于独立经营，中央级新闻网站倾向于"传统媒体或传媒集团"，地方级新闻网站的

---

① 参见孟慧《研究性访谈及其应用现状和展望》，《心理科学》2004 年第 5 期，第 1202—1205 页。

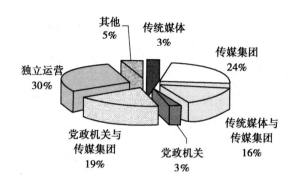

图 4 - 1　有利于网站的管理归属

选择倾向则介于两者之间。

表 4 - 1　　　　　　　不同性质的网站在管理归属上的差异

	传统媒体	传统集团	党政机关	传统媒体与传媒集团	党政机关与传媒集团	独立运营	其他，请指明	总计
中央级新闻网站	1	2	0	2	0	0	0	5
地方级新闻网站	0	6	0	4	7	4	1	22
商业网站	0	1	1	0	0	7	1	10
合计	1	9	1	6	7	11	2	37

卡方检验值：27.337　显著性概率：0.007

　　在访谈中，网站选择"传统媒体"和"党政机关"的比例很低，究其原因，一是国有体制带来的强力监管。"如有些属于灰色地带的图片、内容，商业网站可以上，新闻网站要求会严一些。"[①] 二是国有体制管理带来的形式弊端。不少地方级新闻网站高管坦承，新闻网站尽管外壳是有独立市场主体的公司，但实际上是母媒体的附属部门。三是国有体制管理带来的活力缺乏。"如当年各地电信公司兴盛的信息港，因为国有体制的原因，在 20 世纪

---

① 作者访谈，某网，2009 年 8 月 11 日上午。

90 年代末商业网站上市后都逐渐削弱了。"①

二 管理目标

我们将管理目标设定为舆论引导、提高点击率、传播信息、扩大网站知名度、赢利等。调查发现（见图 4 - 2），"进行舆论导向"的目标意识在各大网站普遍较强（81.10%），显示了传统媒体管理意识在网站中的延续。但网站并没有忘记自身"传播信息"的基本功能（59.50%）。"提高点击率"（40.50%）和"赢利"（59.50%）的高位比例，反映了在政治宣传功能、传播信息的基础上获取经济利益和提高影响力的强烈内在愿望。

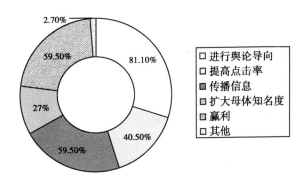

图 4 - 2 管理网站的主要目标

经 Pearson 卡方检验（见表 4 - 2），不同性质的网站在"进行舆论导向"（显著性概率为 0.012）、"提高网站点击率"（显著性概率为 0.019）、"赢利"（显著性概率为 0.016）的目标上均存在显著差异。其中地方级新闻网站在"进行舆论导向"、"提高网站点击率"的目标选择上更为显著，商业网站和中央级新闻网站则在"赢利"的目标选择上更为显著。

表 4 - 2   不同性质网站在管理目标中的显著性（%）（n = 37）

	进行舆论导向	提高网站点击率	赢利
中央级新闻网站	100%（n = 5）	20%（n = 1）	100%（n = 5）
地方级新闻网站	90.90%（n = 20）	50.09%（n = 13）	40.91（n = 9）

---

① 作者访谈，某网，2009 年 8 月 11 日上午。

续表

	进行舆论导向	提高网站点击率	赢利
商业网站	50%（n = 5）	10%（n = 1）	80%（n = 8）
卡方检验值	8.850	7.885	8.300
显著性概率	0.012	0.019	0.016

在舆论导向的目标选择上，主流媒体总体表现出高度的认同，都表示负有政治责任和社会责任，但商业网站目标相对比较淡薄。也有网站高管对当前舆论导向管理进行了理性的反思，提出了舆论导向管理的操作难度问题，比如说网络平台的复杂性（包括公域、私域）对管理方式的挑战，网民参与互动的开放性对管理成本的挑战。

三　管理难题

我们将管理难题预设为经费不足、管理经验不足、经营权不明确、管理规范不全、网站定位不清、员工多元化等。调查显示（见图 4 - 3），除了"经费不足"（51.40%）这个最大困难外，"经营权不明确"（10.80%）、"管理规范不全"（10.80%）仍然是管理体制的主要难题，由此也导致了"网站定位不清"（16.20%）。经 Pearson 卡方检验，不同性质的网站在面对管理困难的各个方面均不存在显著差异，表明这些主要的困难是各网站共同面对的问题。

经费不足在地方新闻网站中表现最为突出，不少高管为此表现出急迫而无奈的心情，"我们有好的项目，但缺少资金，上不了新设备"[1]。管理规范方面，网站高管也表现得束手无策，主要原因在于管理规范不清晰，不成熟，"管理最难的在于部门设置以及它和业务之间的关系。其次就是管理制度规范要达到的那个效果"[2]。

四　政府支持

我们将政府支持预设为经费投入、政策保护、人力支持、信息提供、市

---

[1]　作者访谈，某网，2009 年 7 月上旬。

[2]　作者访谈，某网，2009 年 7 月 3 日。

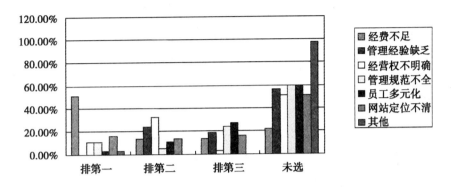

图 4-3 网站管理面对的困难程度排序

场化等。调查显示（见图 4-4），在需要得到政府支持的项目中，依重要程度，"投入经费支持"（64.90%）、"给予政策保护"（51.40%）、"提供信息资源"（40.50%）、"允许完全市场化"（35.10%）均受到网站的重视，这些需求与前面提到的"经费不足"、"管理体制不清"两大困难是相呼应的。

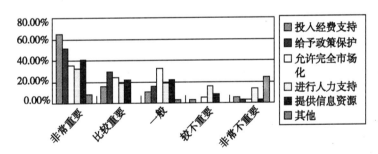

图 4-4 各项政府支持的重要程度

经 Pearson 卡方检验，不同性质的网站在"投入经费支持"方面存在非常明显的差异（显著性概率为 0.001）（见表 4-3）。地方级新闻网站对"投入经费支持"的愿望最为强烈，中央级新闻网站次之，商业网站的愿望相对比较均衡。

表 4 - 3   不同性质网站对"投入经费支持"倾向的显著性（n = 37）

	非常不重要	较不重要	一般	比较重要	非常重要	总计
中央级新闻网站	0	0	0	3	2	5
地方级新闻网站	0	1	0	2	19	22
商业网站	2	0	4	1	3	10
合计	2	1	4	6	24	37

卡方检验值：27.638   显著性概率：0.001

在政策保护方面，新闻网站最大的优势是拥有政策资源和新闻资源，拥有新闻采访权和新闻发布权是政策、体制赋予新闻网站的"尚方宝剑"，也是新闻网站与商业网站展开竞争的先天特权，而商业网站只有登载新闻的资质。当前新闻网站赢利主要来源于政策保护下的垄断资源，如依靠新闻采集发布权进行的版权交易、重大活动转播权、电子政府网站建设等。

在投入经费支持方面，和中央级新闻网站相比，地方级新闻网站显示出政府经费支持与市场化经营期待之间的利益矛盾。"我们想去走市场又走不了。应让我们做我们该做的事情，不做就没机会赚钱"，"但我们想在一些新产品上做好，和政府扶持是分不开的。政府管理部门应该给予资金支持。要想在国际上树立我们的声音，你没有投资是不行的"[1]。

第二节   主流媒体网站员工管理

关于网站员工管理，我们从以下几方面展开调研：年龄构成、员工流动、激励方式、招聘标准、人才培育与成长空间等。

一   年龄构成

调查显示（见图 4 - 5），81% 的网站员工处于 20—30 岁阶段，显示了鲜明的年轻化趋势。这与网络行业从业人员年龄低（平均年龄为 28 岁）

---

[1] 作者访谈，某网，2009 年 8 月 13 日上午。

（美世咨询报告，2006）的整体状况大体一致。经 Pearson 卡方检验，不同性质的网站在"员工年龄构成"不存在差异。

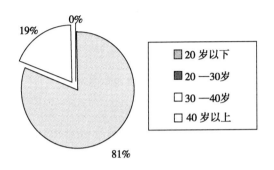

图 4－5　网站员工年龄构成

对于网站员工的基本构成，有网站高管概括得很精炼，"员工是 80 年代的，中层一般是 70 年代的，领导是 60 年代的"①。年轻化的主体结构使代沟成为员工管理的难点。如何建立合理有效的激励机制和培育企业文化认同感，适应 80 后甚至 90 后群体的现实状况，是各大媒体网站在人力资源管理上的重要议题。

二　员工流动

调查显示（见图 4－6），总体员工队伍不太稳定，每年"比较频繁"流动的比例高达 16%，"一般"流动达到 24%，员工稳定性总体并不算好。这种状况与互联网行业员工自愿离职率高达 15.9%（美世咨询报告，2006）相比大致相当。经 Pearson 卡方检验，不同性质的网站在"员工流动"方面均不存在差异。

在访谈中，我们了解到员工流动主要有以下原因：（1）"将员工分成 AB-CD 四类"②，不同类别的员工的职业归属感不同，发展预期和行为方式自然也会有较大区别。处于 C、D 层次的员工流动性较大。（2）机构改革和组织调整也导致了员工的流动性增加。（3）80 后、90 后的员工自我意识较强，对跟自己价值观不吻合的事物认可度偏低，不满意就走人的情况较常见。

---

① 作者访谈，天健网，2009 年 7 月 8 日。
② 作者访谈，某网，2009 年 7 月中旬。

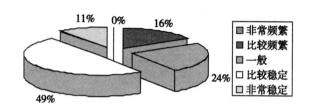

图4-6 网站员工每年流动情况

但也有网站高管从"流水不腐,户枢不蠹"的角度认为,适度的流动比例是有利的,甚至对所在网站3%的人员流动非常不满意,认为正常的企业人员流动应该在10%—15%[①]。

三 激励方式

调查显示,"培养网站认同感"(59.5%)成为激励员工的最重要方式,因而必须重视和加强富有凝聚力的网站文化建设。 "提高奖金水平"(35.10%)和"提高晋升机会" (27.00%)也是重要的激励方式(见图4-7)。经Pearson卡方检验,不同性质的网站在"激励方式"的各个方面不存在差异。

在激励机制方面,各网站在经营方面有比较明确的量化指标,但采编方面的业绩难以明确量化。与商业网站来比,新闻网站特别是地方性新闻网站的绩效考核相对薄弱。一是编辑部缺乏末位淘汰制度;二是考核量化指标过于简单;三是团队缺乏职业经理人的引入。在培养网站认同感方面,有网站高管认为,企业文化的创造需要和年轻人的价值实现结合起来。

在奖励和惩罚制度上,商业网站有比较严格的评价机制。一般的网站都有试用期,试用期内对新员工进行帮助和辅导,但如果通过不了就得离开。正式加入以后,也要经历比较严格的考核程序,如果连续几个月打分都低的话,会有倒扣奖金甚至是辞退的处罚。

四 招聘标准

调查显示(见图4-8),"政治敏感、新闻敏感"(81.1%)和"专业

---

① 作者访谈,某网,2009年7月中旬。

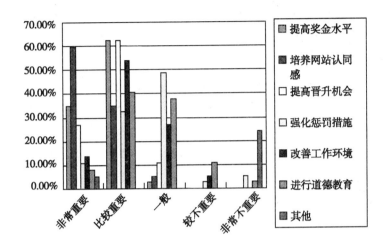

图 4 - 7 激励员工方式的重要程度

技能"（48.6%）是招聘网络编辑时非常重要的标准，显示了传统媒体的专业素质在网络媒体业务中的延续性。"工作经验"（24.30%）和"网络技术"（16.20%）也被认为是适应网络媒体环境的两个特殊、重要的要求。经 Pearson 卡方检验，不同性质的网站在"招聘标准"的各个方面不存在差异。

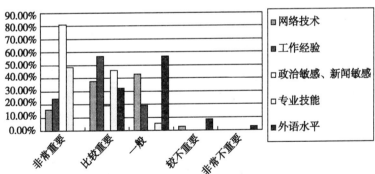

图 4 - 8 招聘网络编辑标准的重要程度

政治敏感、新闻敏感作为传统媒体人员的重要素质，在主流媒体网站中得到了高度重视。很多网站高管认为，网络编辑等同于"官方代言人"。只有高度的政治敏感，才能保证网络编辑在海量的信息中判断出哪些信息是违法违规的，才能在言论自由和信息安全之间找到一个平衡点。与此同时，专业素养，或者说新闻敏感性也是招聘网络编辑人员的重要指标。依靠新闻敏感快速选取网民真正感兴趣的新闻和热点，是对网络管理员的一个重要业务要求。

"工作经验"也是许多网站在招聘时较为看重的因素，部分网站认为高校专业教育应加强学生的实践动手能力，加强复合型人才的培养[1]。在"专业技能"方面，网站高管认为网络编辑比传统媒体有更高的要求，既要有丰富的从业经验又要有娴熟的网络技术[2]。与传统媒体网站不同的是，商业网站除了强调政治敏感外，还十分重视网络编辑的赢利意识。

五　人才培育与成长空间

"进行专业培训"（56.8%）是提高网站编辑素质的最重要方法。"提高奖励水准"（29.70%）和"委以重要岗位"（13.50%）位居其次，进一步说明人才培育机制和激励机制的建立和完善是提高网站编辑素质的重要举措（见图4-9）。经 Pearson 卡方检验，不同性质的网站在"人才培育"的各个方面不存在差异。

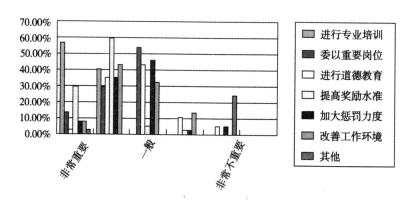

图4-9　提高网站编辑素质的方法重要性

主流网络媒体培训员工的主要方式有：一是网站内部针对新员工的上岗培训和对员工的常规培训，二是国新办和省新办每年定期举办的业务和政策

---

① 作者访谈，搜狐，2009年7月14日下午。
② 作者访谈，大洋网，2009年8月13日上午。

培训。培训内容一般分成两部分：一是公共知识培训，如怎样做一个合格的媒体工作者，包括一些基本业务素质培训；二是专业培训，比如网络编辑怎样做好专题，怎样排图片，广告人员如何做营销等①。

第三节　主流媒体网站内容管理

关于网站内容管理，我们从栏目设置、新闻栏目特色、内容版块、内容功能、管理手段、引导形式、影响网络舆论的因素、重大事件报道措施、互动措施等方面进行调查。

一　栏目设置

调查显示（见图 4 - 10），"受众需求"（67.6%）和"地域特色"（62.2%）是网站设置栏目时考虑的首要因素，表明了"受众中心意识"和"本土化战略"仍然是有效的竞争法宝。"扩大知名度"（48.6%）和"增加流量"（56.8%）是前两个首要因素的内在驱动因素。

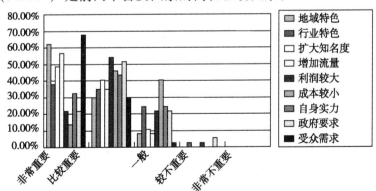

图 4 - 10　设置栏目考虑的重要因素

经 Pearson 卡方检验，不同性质的网站在考虑"地域特色"方面存在非常明显的差异（显著性概率为 0.000），在"行业特色"（显著性概率为

0.048）、"增加流量"（显著性概率为0.039）方面存在差异（见表4－4），地方级新闻网站对"地域特色"、"行业特色"、"增加流量"的强调更为强烈，中央级新闻网站和商业网站表现相对平淡。

表4－4　　　　　不同性质网站在管理目标中的显著性（N＝37）

	地域特色			行业特色				增加流量		
	一般	比较重要	非常重要	较不重要	一般	比较重要	非常重要	一般	比较重要	非常重要
中央级新闻网站	1	4	0	0	0	2	3	0	3	2
地方级新闻网站	1	1	20	1	6	4	11	0	6	16
商业网站	1	6	3	0	3	7	0	3	4	3
合计	3	11	23	1	9	13	14	3	13	21
卡方检验值	20.983			12.695				13.266		
显著性概率	0.000			0.048				0.039		

在访谈中我们了解到，地方新闻网站都想强调自己的本土化，通过多种方式来提升社区感。有高管谈到，"对于首页新闻的选择，优先考虑本地一些重要和可读性强的新闻"[1]；"本地的一些商家会在我们特定的版块做广告"[2]。

二　新闻栏目特色

调查显示（见图4－11），"地域特色"（27%）和"富有权威性"（21.6%）是网站新闻栏目最想突出的两大特色。但真正体现网络特性或网站竞争力的"时效性"和"原创性"并没有得到应有的重视，而"原创性"的缺乏直接导致了当前我国媒体网站在信息内容上的严重趋同。经Pearson卡方检验，不同性质网站在"新闻栏目最突出特色"的选择方面不存在明显差异。

关于新闻来源，所有高管均强调三个来源：国新办和省新办提供的可

---

[1]　作者访谈，大洋网，2009年8月13日上午。

[2]　作者访谈，武汉热线，2009年7月4日。

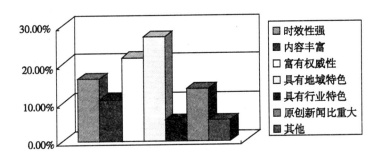

图 4-11　网站新闻栏目最突出的特色

以供转载新闻的媒体名单；政府部门网站；所在地区的重点新闻网站。可见政策限定对媒体网站新闻来源的重要影响，也由此导致了强调"地域性"、"权威性"的特色取向，而原创性和时效性的意识在政策规制下相对谨慎。

访谈了解到，新闻网站由于有母媒体作后盾，基本上也没有自己的原创性新闻。一是新闻网站被看作是附属于传统媒体的机构。二是原创新闻具有政治风险。三是追求原创内容成本相对较高。但也有新闻网站表达了升格成为采访中心来增加原创内容的愿望。商业网站由于只有刊载新闻的资质，一般通过购买、授权、互换等方式获取新闻信息，在原创性和时效性上基本是在政策框架内实施边缘突破策略，生活、娱乐方面的内容相对来说原创性更多，如大型商业活动、境外明星等的采访策划等，而对时事政治类事务一般比较谨慎。

三　内容版块

调查显示（见图 4-12），"新闻信息"是最受重视的内容版块，以大比例（78.4%）高居首位，表明新闻信息在作为媒体的网站中的主体核心地位。而其他版块则明显处于因新闻信息而带来的从属地位。经 Pearson 卡方检验，不同性质的网站在"最受重视的内容版块"选择方面不存在明显差异。

各大媒体网站普遍重视新闻信息的基础作用及其带来的黏附效应，强调新闻频道是重点开发的频道，认为新闻是打造权威性和公信力的途径。不少网站采取了一些重要措施，如"特地增加新闻协调部，这是很重要的

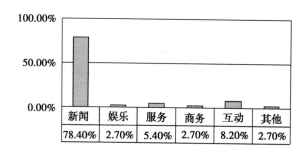

图 4 - 12　最受重视的内容版块

机制"①；"打造大新闻——财经、体育、娱乐"②。商业网站比较侧重娱乐、服务、商务、技术等。如搜狐"一直坚持核心技术战略，主营业务第一是游戏，第二是搜索引擎"③；腾讯"推出一站式互联网服务"，"希望是集新闻信息、互动社区、娱乐产品和基础用户为一体的一个门户型网站"④。

四　内容功能

调查显示（见图 4 - 13），"信息汇总"（67.6%）是最受重视的内容功能，这与前述的"新闻信息是最受重视的内容版块"是一致的，进一步突出了主流媒体网站在新闻信息传播方面的重要功能。但这种总体单一性也反映了其他内容功能还处于非常薄弱的阶段。经 Pearson 卡方检验，不同性质的网站在最受重视的内容功能之间不存在差异。

内容功能结构上的单一性，折射了当前大多数媒体网站还处于信息经营的初级阶段，导致信息栏目设置的严重同质化。内容同质化是目前网站发展中突出的现实，其原因是利益的驱使和网络空间的廉价以及优质内容的缺乏。某高管的回答也许能找到某种答案："很多重点新闻网站什么频道都有，比如房产频道只是在上面放了些图片，做得好不好是另一回事。放了这些图片，频道也没什么损失。没准哪一天我整个网站的品牌起来了以后，还可以

---

① 作者访谈，人民网，2009 年 7 月 18 日上午。
② 作者访谈，搜狐，2009 年 7 月 14 日下午。
③ 作者访谈，搜狐，2009 年 7 月 14 日下午。
④ 作者访谈，腾讯，2009 年 8 月 21 日上午。

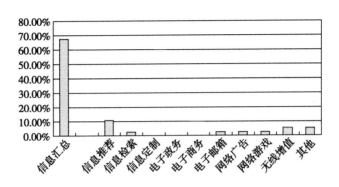

图 4 – 13　最受重视的内容功能

卖出个价。"①

　　当然不少媒体网站也在努力规避同质化，在信息的深度加工、开发利用方面不断尝试创新。一是立足于"媒介融合"的趋势，实施跨媒体发展策略。二是手机、iPad 等新媒体终端成为媒体网站今后重要的发展方向，尽管在开发利用过程中也存在不少制约因素。

五　管理手段

　　调查显示，"稍加疏导"（54.1%）和"疏导"（43.2%）被认为是最合适的内容管理手段（见图 4 – 14）。而"顺其自然"、"听从上级指示"和"封堵"这些简单、僵化、极端化的手段则完全不被看好。Pearson 卡方经验，不同性质的网站在管理手段的倾向上不存在差异。

　　在访谈中，对于违反国家明令禁止的 13 条规定的内容，各网站所采取的措施主要包括"删除"、"审核"、"过滤"、"查封"等方式。当前各大网站都实行了 24 小时的先审后发制度，建立了多重监管机制。对违反国家明文禁止的信息内容坚决删除。对于一些不属于国家明文禁止的信息内容但又比较敏感、不好把握的信息，有些网站出于风险成本的考虑也会采取"封堵"措施。

　　对网上各种不同的声音，有些网站在不违法的底线下会进行一定程度的疏导，一是恪守中立原则；二是及时提供事实真相；三是引导网民理性

---

① 作者访谈，某网，2009 年 7 月初。

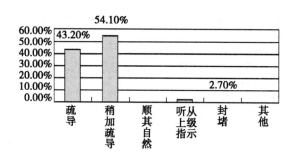

图 4 – 14　最合适的内容管理手段

思考。

对于当前网络内容的管理方式，一些网站高管也进行了具有启示意义的反思。一是认为管理应该符合网络传播规律。如在突发事件或群体性事件中，"以封、堵为主的传统宣传模式，会引发网民的反感"①；"我们网站一天平均接到两到三条禁令，大量的都是代表某些局部利益"②；因此，"在管理方式方法上，如何偏柔性一些，是一个重要课题"③。二是认识到过度介入管理影响网络媒体的发展。有高管认为，"如果完全封杀不同的言论的话，对于媒体的公信力来说是一种伤害。我们把握的这个度还是比较松的，但是红线是绝对不允许碰的"④；"你管得太严又没人说话，太松又不好。我们希望论坛整体的气氛是往比较温馨的方向去发展，而不是一上来就讨论社会、政治问题"⑤。

六　引导形式

"网站时评"（32.40%）、"论坛主帖"（21.60%）、"即时新闻"（24.30%）被认为是最重要的网络舆论引导形式（见图 4 – 15）。经 Pearson 卡方检验，不同性质的网站在网络舆论引导形式之间不存在差异。

大部分网站在实际工作中创造性运用各种引导方式，如"注意避免一边

---

① 作者访谈，某网，2009 年 7 月中旬。
② 作者访谈，某网，2009 年 8 月下旬。
③ 作者访谈，某网，2009 年 7 月中旬。
④ 作者访谈，某网，2009 年 8 月中旬。
⑤ 作者访谈，某网，2009 年 8 月中旬。

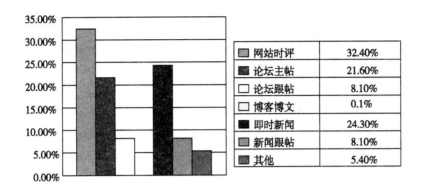

▨ 网站时评	32.40%
▧ 论坛主帖	21.60%
□ 论坛跟帖	8.10%
□ 博客博文	0.1%
■ 即时新闻	24.30%
▧ 新闻跟帖	8.10%
▨ 其他	5.40%

图 4 – 15   最重要的网络舆论引导形式

倒的言论立场","把博客、论坛中一些重要的帖子推荐到主页","重点推荐一些理性网友的分析","派记者核实和采访"等。强调即时新闻的重要性,认为缺乏时效性将带来舆论引导上的被动,并在突破时效性限制和加强评论员队伍方面做了一些探索。

也有网站提出了不重视网络时评的原因,一是难度大,二是害怕触碰禁区,三是担心曲高和寡。在实际引导过程中,一些网站高管表示政策尺度难以准确把握,时常处于左右为难的境地。一位高管表示,在发生热点事件后,"我们比较苦恼的一件事情是,到底是做还是不做,到底怎么做,这个尺度怎么把握,我们也把握不准"①。

七 影响网络舆论的因素

调查显示(见图 4 – 16),网络议程和引导手法(59.5%)是影响网络舆论的最重要因素。因而如何有效设置网络议程,创新引导手法,是网络舆论管理中的核心论题。经 Pearson 卡方检验,不同性质的网站在"影响网络舆论的因素"选择方面不存在差异。

各大媒体网站普遍重视设置议程,但对此引导方法,各网站有不同的理解和做法。一是概括网民意见中的热点加以引导;二是从网友角度,用网友语言来引导;三是利用归谬论证法并提供准确信息。

---

① 作者访谈,某网,2009 年 7 月初。

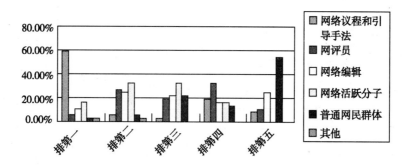

图4-16　影响网络舆论因素的大小

如何充分发挥网络意见领袖（活跃分子）的积极作用？一些网站在实践中逐渐积累了自己的一些经验。一是培养自己的意见领袖，使之成为一个喉舌化的群体。二是建立"舆论统一战线"，选择"接近现有体制但不能离体制太远了的人"①。在此基础上尽量发挥意见领袖的正面作用，并避免意见领袖的负面作用。

八　重大事件报道措施

调查显示（见图4-17），发生重大或突发事件时网站经常会强化新闻报道（94.60%）、引导互动版块（94.60%）、组织网评员文章（83.80%）。这些措施有助于在重大突发事件中，积极引导网络舆论，把握舆论主动权。

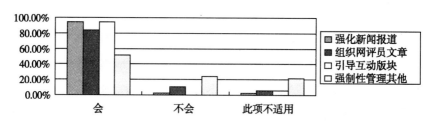

图4-17　发生重大事件时网站采取的措施

各大网站都重视新闻报道在发生重大或突发事件时的作用，如某高管所

---

① 作者访谈，某网，2009年8月下旬。

说，"你网站 6 个小时不发消息，网民自己会发消息。你如果 12 个小时没有正面声音的话，基本是谣言占据主流。'快'很重要，而且'快'的同时要给那个消息翅膀插上正确的舆论风向标。我们形成了非常深刻的共识——自己发比别人发好，主动发比被动发好，先发比晚发好"①。新闻网站一般会及时转发母媒体采写的报道。商业网站一般会在核实后转载。主要核实方式有"按照新闻办下发的白名单来核对"，"通过广播、电视等多渠道寻求真实性"，"通过百度和谷歌来了解这个事件的最新信息"。如果事实出入较大，一般以新华网、人民网等权威渠道为准，或等传统权威网站发布相关新闻后再发布。

经 Pearson 卡方检验（见表 4 - 5），不同性质的网站在"组织网评员写评论文章"方面存在显著差异（显著性概率为 0.017）。绝大多数新闻网站选择会"组织网评员写评论文章"，而商业网站对此做法不太重视。

表 4 - 5　不同性质网站在"组织网评员写评论文章"方面的显著性（n = 37）

	不会	此项不适用	会	总计
中央级新闻网站	0	0	5	5
地方级新闻网站	1	0	21	22
商业网站	3	2	5	10
总计	4	2	31	37

卡方检验值：12.022　显著性概率：0.017

九　互动措施

设置互动版块（73%）是增进与网民互动的最有效措施，和网民举办活动也达到 16.20%（见图 4 - 18）。经 Pearson 卡方检验，不同性质、不同地区的网站在"互动措施"的各选项上没有显著差异。

互动版块并不是停留在网民发帖和上传视频等传播行为，很多网站已经将线上线下结合起来，在活动策划中实现网民之间、网站与网民之间的互动。如"广州视窗"的互动版块运作，中国互联网协会官方数据（2009 年

———————————

① 作者访谈，某网，2009 年 8 月下旬。

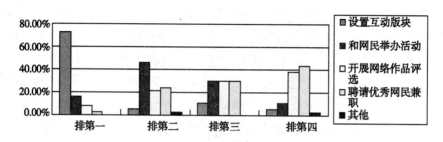

图4-18　增进与网民互动的措施有效程度

6月）显示其黏着率为94.7%。也有不少网站提出了互动版块管理还存在的一些障碍。一是人手不够；二是各种"绿色通道"干扰；三是微博、论坛、即时通信等传播渠道难以控制。

第四节　主流媒体网站经营管理

关于网站经营管理，我们从经费来源、收入来源、赢利方式、经营困难等方面进行考察。

一　经费来源

调查显示（见图4-19），总体来看网站经费来源相对狭窄，多元化不足。依靠母体单位投资（41%）是网站（主要是地方级新闻网站）运营经费的主要来源，其次是政府拨款（主要为新闻网站）（24%）和自主经营（主要为地方级和商业网站）（35%），社会股份及其他资本缺乏。经Pearson卡方检验，不同性质的网站在"经费来源"的各选项上没有显著差异。但仔细分析下页表，商业网站几乎没有得到政府的拨款，而在自主经营上的比例（60%）远高于新闻网站（中央级为20%，地方级为27.27%）（参见表4-6）。

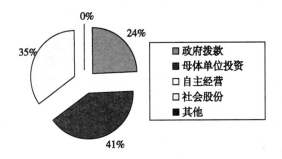

图 4 – 19 网站运营经费主要来源

表 4 – 6　　　　不同性质网站对"经费来源"倾向的差异（%）（n = 37）

	政府拨款	母体单位投资	自主经营	总计
中央级新闻网站	40%（n = 2）	40%（n = 2）	20%（n = 1）	100%（n = 5）
地方级新闻网站	31.82%（n = 7）	40.91%（n = 9）	27.27%（n = 6）	100%（n = 22）
商业网站	0（n = 0）	40%（n = 4）	60%（n = 6）	100%（n = 10）

　　国有资本背景的网站在收入来源上一般集中在政府拨款或母体单位投资。对于重点新闻网站，国家有关部门每年给予补贴，一般每年 3000 万元到 4000 万元，省级新闻网一年大约 70 万元[①]。

　　尽管国家目前正在推动新闻网站转企改制上市，但改制政策是在保证传统媒体控股的情况下，允许国有资本进入，对风险投资尚未开放[②]。当前改制背景的尴尬是，一方面想要政府政策、资金扶持，另一方面光靠政府的投入又不够，有了政策但没有保障风险投资和风险基金的机制[③]。

二　收入来源

　　调查显示（见图 4 – 20），网站收入来源相对单一，广告收入高居首位（91.43%），增值业务（如会员定制）有所增加（占 31.43%），交易收入（如电子商务、信息内容销售占 14.29%）和其他收入来源仍处于起步探索

---

① 作者访谈，某网，2009 年 7 月初。

② 作者访谈，某网，2009 年 7 月中旬。

③ 作者访谈，某网，2009 年 7 月上旬。

期。经 Pearson 卡方检验，不同性质、不同地区的网站在"收入来源"的各选项上没有显著差异。但在实际访谈中，商业网站的收入来源普遍要比新闻网站更为广泛。

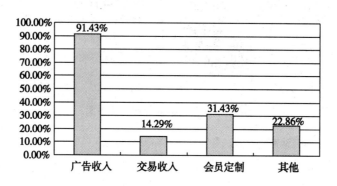

图 4 – 20　网站经营收入主要来源

新闻网站以广告为主的收入结构非常鲜明，但应看到，多数新闻网站在努力走向市场化，以摆脱拨款不足的尴尬现状。新闻网站拓宽收入渠道大致有三招：一是丰富本地特色的内容；二是提供本地商家信息，为用户提供便民购物信息；三是对商家收费[①]。少数地方新闻网站由于有母媒体和政府拨款，市场意识不强，甚至有网站直接说："因为我们不是商业性网站，也谈不到经营，所以这个（收入来源问题）没办法回答。"[②]

商业网站在收入结构上则更为多样。有些网站的增值收入、游戏收入远远超过广告收入。如21CN 网收入构成的多元化水平，就明显高于传统媒体或政府背景的新闻网站[③]（见下页图）。腾讯的"广告收入占整体收入比较低，增值业务是最核心的赢利模式。收入来源中 40% 是游戏，13% 来自广告，其他的是我们的增值收入，收入大概占百分之八十"[④]。

三　赢利方式

数据显示（见图 4 – 21），出现在第一位的赢利方式主要有"在线广告"

---

① 作者访谈，呼和浩特信息港，2009 年 7 月下旬。
② 作者访谈，某网，2009 年 7 月下旬。
③ 作者访谈，21CN 提供的 PPT。
④ 作者访谈，腾讯网，2009 年 8 月 21 日上午。

（64.9%），可谓"一枝独秀"，出现在第二位的主要为"企业信息化服务"（29.7%），其次是"移动增值"（24.3%）和"内容、产品销售"（16.2%），其他赢利方式贡献率相对较低（见图 4-22）。经 Pearson 卡方检验，不同性质的网站在赢利方式的各选项上没有显著差异，趋同性较强。

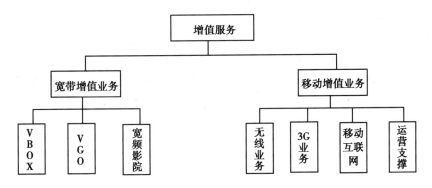

图 4-21　21CN 增值服务构成

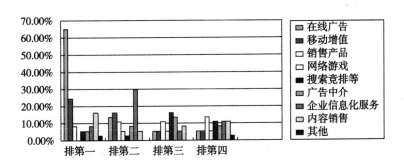

图 4-22　赢利方式的重要性排序

　　实际访谈中了解到，商业网站的赢利方式要比新闻网站更为多样也更成熟。新闻网站特别是地方新闻网站总体很尴尬，正如某高管所言，赢利方式"是关键问题，也是个难题，目前我们还处在寻找阶段，但尚无具体创新"[①]。从当前来看，很多赢利模式都是依靠政策垄断资源带来的赢利。

　　商业网站如腾讯、网易在赢利方式方面呈现了立体化的布局，特别是网络游戏赢利已经进入相对成熟阶段。如网易，2008 年收入 30 亿元，网

---

　①　作者访谈，呼和浩特信息港，2009 年 7 月下旬。

络游戏占了 25 亿元①。而后起的腾讯，游戏业务发展也很迅速，2008 年第三季度已超过网易②。但也有网站管理者担忧，商业网站过分倚重网络游戏的赢利模式给社会特别是青少年带来的危害，认为这是"一种带血的暴力模式"③。

四　经营困境

数据显示（见图 4 – 23），"经费不足"成网站经营的最大困难。"经费不足"在经营困难中占据首位（54.1%），其次为"管理体制不清"（24.3%），两大困难也反映了"政策控制多"和"市场化不充分"的问题。经 Pearson 卡方检验，不同性质、不同地区的网站在"经营困难"的各选项上没有显著差异。

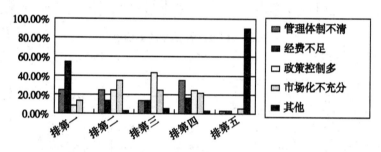

图 4 – 23　网站经营中碰到的困难程度排序

在实际访谈中，国有体制下的媒体网站在经营中碰到的困难程度要比商业网站大。除了我们在前面反复提到的"经费不足"问题外，"管理体制不清"也是束缚媒体网站发展壮大的主要障碍。"管理体制不清"主要表现在两方面：一是网站作为媒体还是技术推广平台定位不清④；二是网站作为事业单位还是企业的身份不明⑤。

---

①　作者访谈，网易，2009 年 8 月 14 日下午。
②　作者访谈，腾讯，2009 年 8 月 21 日上午。
③　作者访谈，某网，2009 年 7 月中旬。
④　作者访谈，某网，2009 年 8 月中旬。
⑤　作者访谈，某网，2009 年 8 月中旬。

第五节　基本结论与对策建议

一　基本结论

通过对问卷和访谈的深度分析，我们发现当前我国媒体网站管理现状尚存在一些亟须解决的问题：

1. 管理体制：在管理归属上，目前大多数新闻网站还依附于传统媒体或集团甚至党政机关，"独立自主经营"的管理归属相对缺乏；在管理目标上，地方级新闻网站的"赢利"意识、市场导向不显著，商业网站在"舆论导向"意识上不显著；在管理难题上，"经费不足"、"经营权不明确"、"管理规范不健全"是大多数网站共同面对的主要问题。

2. 员工管理：员工队伍上，年轻化特色鲜明，流动性偏高，员工队伍总体不稳定；人才招聘上，缺乏传统媒体经验和网络媒体技能的复合型人才；人才培育和激励方式上，缺乏合理有效的、可操作性的考核评价机制。

3. 内容管理：在新闻栏目上，真正体现网络特性或网站竞争力的"时效性"和"原创性"并没有得到应有的重视；在内容功能上，"信息汇总"功能的总体单一性，也反映了其他内容功能还处于非常薄弱的阶段；在舆论引导上，特别是在发生重大或突发事件时，如何把握尺度和政策界限，如何防止管制过度介入，成为网络内容管理的棘手难题。

4. 经营管理：经费来源单一，由于政府对新闻网站的资本来源、构成有明确限制，"自我造血"功能严重不足；收入来源上，过分依赖广告收入，其他收入来源仍处于起步探索期；在经营困难上，"经费不足"成网站经营的最大困难，"管理体制不清"也导致了"政策控制多"和"市场化不充分"的问题，严重限制了网站的可持续发展。

二　对策建议

1. 管理体制上，加快推进新闻网站的转企改制上市，强化商业网站的舆论引导意识。

加快推进新闻网站转企改制的步伐。促进产权制度改革，实施股份制改造，完善法人治理结构和资本运作机制。按照现代企业制度的组织框架和经营模式对新闻网站进行改制，理顺政府、母体、网站之间权、责、利之间的关系，真正摆脱体制性怪圈，在逐步退出政府资助的基础上鼓励新闻网站参与市场竞争。

加强商业网站的舆论引导意识。商业网站应增强社会责任感，在追求经济利润时应强化经济伦理和社会公德建设。目前大多数有影响力的网络社区由商业网站创办，它们在网络舆论的生发上具有重要的影响力。政府可通过政策扶持、经济奖励等多元手段，推动商业网站增加正面的舆论引导意识和能力。

2. 员工管理上，健全合理的人才培育激励机制，建立多元化的考核评价机制。

加大对员工的专业培训，特别是重视对复合型专业人才的培育。为员工进行职业规划，鼓励员工积极参加国家职业能力考核，制定全面、科学的培训体系，增强员工可持续发展的能力。充分考虑网络媒体从业者年轻化的现实，从80后、90后新一代青年的心理和个性出发，营造适合青年群体的工作氛围，注重企业文化内部建设，进一步"提高奖金水平"和"培养企业认同感"。

实行全员聘任制，制定可操作性的考核评价机制。通过竞争上岗、双向选择，形成能上能下、能进能出、合理流动、优胜劣汰的用人机制；在人员考核评价机制方面，新闻网站应该多向有市场经验的商业网站取经。PV（页面浏览量）、UV（独立访客）、流量，并非考量业绩的唯一对象，很多商业网站建立了比较全面立体的评价机制。

3. 内容管理上，应强调差异化定位和原创内容，全面权衡信息自由而安全地流动。

强调差异化定位和原创内容。新闻网站应坚持新闻和服务并举、网上与网下相结合的发展思路，要善于依托权威性、及时性新闻信息，整合网民资源、信息资源和政府资源，积极进行信息服务的相关开发。决策部门应考虑赋予商业媒体一定范围内的采访新闻信息权利，并对其义务和责任进行明确的界定，以便更主动、及时地把握舆论导向。中国新闻奖的评选在确保舆论导向的基础上，应考虑将商业网站纳入进来。在评选项目上可参照国外网站评优的标准，进行中国特色的本土化改造。每年的中国网络新闻奖的评审，把商业网站排除在外面，事实上并不利于掌握舆论引导上的主导权和推动网络产业的健康发展。

全面权衡信息自由而安全地流动。在内容管理上应符合网络传播与发展规律，改变传统的宣传主导型模式。在强调信息安全流动的前提下确保信息自由流动是网络内容管理的关键。政府在内容管理上的主要任务是制定规则和强化监管，加强全面细致的规制分析，任何网络管理规制的目的、手段、结果、成本、收益、程度和范围等都需要进一步考察。

4. 经营管理上，通过多种渠道拓展资金来源，积极寻求适合自身发展的赢利模式。

通过多种渠道拓宽资金来源。随着新闻网站的实力增强，在确保主办单位控股的前提下，资本来源应由"国有战略投资者"向民营资本、私人资本、国外资本逐步放开。可以尝试上市融资、股权转让、收购兼并等方式，以整合和配置资源，扩大网站发展规模，实现网站的跨越式发展。

积极寻求适合自身发展的赢利模式。新闻网站应积极"构建赢利模式，增强赢利能力，努力将网站打造成为具有强大竞争力的新型互联网企业"。在确保党和国家的重要舆论工具功能的同时，积极依托自身独特的核心资源，改变现有依靠广告生存的单一模式，在信息有偿使用、电子商务、电子政务和手机媒体等增值业务方面开拓更大空间。当前，新闻网站面对的难题将是在正确舆论引导下如何尽快地实行有效的商业化运作[①]。

---

① 该部分内容作为课题前期研究成果发表于《新闻与传播研究》2012 年第 1 期。

第　五　章

我国网络媒体从业者基本状况

　　参照媒体从业者的界定①，我们将网络媒体从业者界定为，与网络媒体建立了人事或劳动关系的，以互联网为工作平台，对网络新闻和信息进行采集、整理、加工、发布和经营，以及提供网络信息产品服务的人员，包括网络编辑员、网络技术工程师、网络经营管理者等。简言之，就是指在有新闻信息发布权的网站中从事新闻信息的采集、整理、加工、发布和经营等的工作人员。其工作具有公共服务性、自主性、知识密集性三大主要特征。

　　本部分考察网络媒体从业者，采用问卷调查法，2009 年 7—12 月，"互联网管理与中国特色网络文化建设研究"（07&ZD040）课题组运用判断抽样与方便抽样相结合的方法，从全国 190 家网络媒体中选取了 48 家网站，累计发放问卷 625 份，回收 519 份，回收率为 83.04%，其中有效问卷 493 份，占 94.99%，即生成样本量为 493。

　　问卷分布情况具体如表 5 – 1：

表 5 – 1　　　　　　　　　　　调查问卷分布表

（括号内数字分别为：所占样本量比重及样本数量分布）

新闻单位的网络媒体（66.3%）	中央级新闻网站（15.0%）	新华网（10）、人民网（9）、央视国际（10）、中国网（10）、中国经济网（9）、中国台湾网（1）、光明网（10）、中国广播网（10）、环球网（5）
	地方级新闻网站（51.3%）	东方网（29）、西部网（11）、北方网（5）、东北网（10）、红网（15）、中国江苏网（5）、东北新闻网（10）、内蒙新闻（13）、大众网（1）、华龙网（1）、荆楚网（10）、南方网（10）、北国网（2）、金羊网（10）、烟台胶东在线（9）、大连天健网（28）、武汉长江网（10）、奥一网（9）、京华时报网（10）、新京报网（20）、吉林电视网（2）、新华报业网（3）、大洋网（10）、深圳新闻网（9）、济南舜网（1）、哈尔滨新闻网（10）

---

　　①　李丹林：《论中国媒体从业人员的权利保障》，《廊坊师范学院学报》2005 年第 9 期。

续表

非新闻单位 的网络媒体 （33.7%）	大型综合门户网站 （17.7%）	新浪（14）、腾讯（20）、搜狐（21）、网易（22）、21CN（10）
	垂直门户网站 （2.8%）	和讯网（14）
	地方综合门户网站 （13.2%）	商都网（15）、武汉热线（10）、广州视窗（10）、黑龙江信息港（10）、沈阳网（10）、长春信息港（5）、呼和浩特信息港（5）

调查数据采用 SPSS 16.0 进行处理。在录入和查错清理中，对于定类变量和定序变量的错误或缺失数据，采用众数来替换；对于定距和定比变量的错误或缺失数据，采用平均值来代替。

第一节　网络媒体从业者基本状况

考察网络媒体从业者的基本状况，具体针对受访者年龄、性别、学历、工作年限、职位类别以及月收入六个变量进行考察。

一　受访者年龄

年轻化是网络媒体从业者的共同特征。网络群体，无论是用户还是从业者，都是充满活力的年轻群体。他们朝气蓬勃，具有很强的可塑性和很大的发展潜力。无疑他们也会把这种气质带到网络文化中来。

如图 5-1 所示，超过 97% 的网络媒体从业受访者为 40 岁以下的中青年。其中，77.3% 的受访者年龄处于 20—30 岁之间，即我们通常所称的"80 后"。年龄最小者 20 岁，最大者 48 岁，平均年龄 28 岁。网络媒体从业者显然年轻人居多。

二　受访者性别

根据中国互联网络信息中心（CNNIC）每年发布的调研报告，网络使用群体的性别差异虽然有所缩小，但整体而言，男性群体总是略高于女性群体。这一现象在网络从业者中同样有所体现。

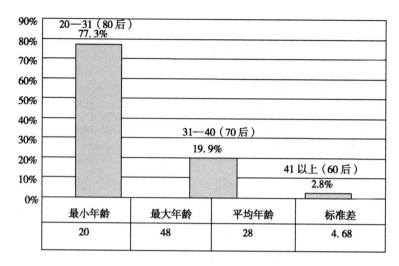

图 5-1   网络媒体从业者年龄分布 （N=493）

图 5-2 显示，接受问卷调查的 493 位网络媒体从业人员中，男性占 53.1%，女性占 46.9%，男性比例略高于女性。

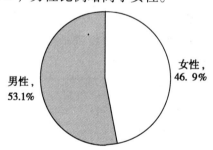

图 5-2   网络媒体从业者性别分布 （N=493）

三   受访者学历

网络媒体在开办新闻业务的审批中就对从业者素质提出了具体要求，即要求有"5 名以上在新闻单位从事新闻工作 3 年以上的专职新闻编辑人员"，对非新闻单位开办新闻业务则要求 10 名（《互联网新闻信息服务管理规定》2005 年 9 月）。这使网络媒体从业者成为一个具有较高学历的从业群体。

如图 5-3 所示，受访的网络媒体从业者中，本科及以上学历接近 90%，而高中或中专学历仅占 1.0%。其中本科比例高达 76.7%，研究生占

12.8%。可见，大学本科毕业生是网络媒体从业者中一个数量最庞大的基础群体。

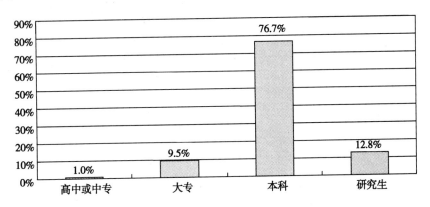

图5-3　网络媒体从业者学历分布（N=493）

四　受访者工作年限

网络行业是一个朝阳产业，人才需求量大，不断吸引年轻人介入。同时，互联网行业又是一个开放的行业，员工流动较为频繁。这一点在受访者工作年限中有所表现。

受访者中，进入网络媒体工作在4年以上的仅有34.3%，4年及4年以下的占据了65.7%，将近2/3。从业者工作年限短，直接反馈出他们的工作经验相对缺乏，但另外也可以推断出他们的工作热情和创造力会比较高。

五　受访者职位类别

根据网络媒体实际从业状况，我们将其职位类别划分为六大主要类型：内容编辑、技术研发、市场营销、客户服务、职能支持、产品运营。

受访者职位类别分布显示，网络编辑人员最多，为67.1%，占到近七成；技术研发类员工其次，占12.4%；其余四类——市场营销（6.9%）、职能支持（4.9%）、产品运营（4.7%）、客户服务（4.1%），其员工比例较为相近。

显然，网络编辑是媒体网站从业者的核心群体。早在2006年，有专家估算我国网络编辑从业人员在300万人以上，且需求呈上升趋势，总增长量

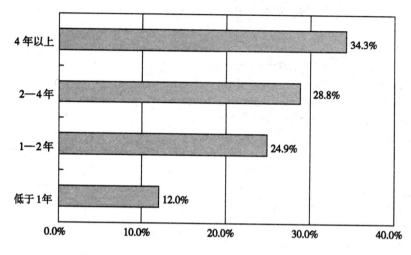

图 5 - 4　网络媒体从业者工作年限分布（N = 493）

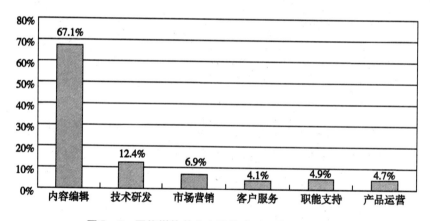

图 5 - 5　网络媒体从业者职位类别分布（N = 493）

将超过 26%，比其他各类职位的平均增长量还要高①。比较我国传统媒体编辑记者的总量近 100 万，网络媒体编辑人员已经从规模上远远超过传统媒体。

　　2005 年 3 月 31 日，劳动和社会保障部正式向社会公布了 10 种新的职业，网络编辑就为其中之一。

---

① 谭云明：《网络编辑：引领新媒体大发展》，《网络传播》2010 年第 4 期。

　　调查还显示，网络媒体从业者的职业类别与性别存在着一定的相关性。从表5－2可见，技术研发和客户服务两种职业类别的男女比例差距最大。从事技术研发的男性是女性的3倍多，而从事客户服务的女性则是男性的3倍多。卡方检验也表明，性别的职业类别有显著差异（p＝0.000）。

表5－2　　　　　　　　网络媒体从业者性别与职位类别的关系（%）

职位类别	性别		合计
	男	女	
内容编辑	62.2	72.7	67.1
技术研发	18.3	5.6	12.4
市场营销	7.3	6.5	6.9
客户服务	1.9	6.5	4.1
职能支持	6.1	3.5	4.9
产品运营	4.2	5.2	4.7
合计	100.0	100.0	100.0
(n)	(262)	(231)	(493)

$x^2 = 26.494$　df＝5　p＝0.000　$\tau = 0.014$

六　受访者月收入

　　本调查受访者中，月收入最低500元，最高20000元，平均月收入3607.2元。收入在3001—5000元之间的人最多，占到37.5%；2001—3000元之间的为22.7%，而2000元以下的也达到了24.6%；5000元以上高收入群体为数较少，占15.2%（见图5－6）。

　　这与之前的预测有所出入。2008年《财富时报》撰文预测2010年最赚钱的十大职业中，网络媒体人才名列第三，平均年收入在10万元至12万元之间，即月收入应该是在8000—10000元之间。而调查结果显示，中国互联网行业的平均薪酬并没有预想的高，但高于社会职工平均工资水平。国家统计局2009年8月7日发布的《关于上半年城镇单位职工平均工资的说明》，2009年上半年全国城镇单位在岗职工月平均工资为2440元，而网络媒体从业者收入在2000—5000元之间最为普遍。

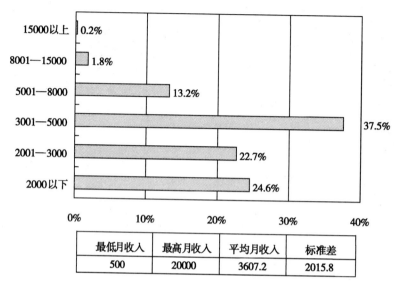

最低月收入	最高月收入	平均月收入	标准差
500	20000	3607.2	2015.8

图5-6　网络媒体从业者月收入分布（N=493）　单位：元

七　小结

本次调查的受访者是网络媒体从业者的典型代表，其基本状况显示：网络从业者普遍年轻化、高学历；其职位以内容编辑占主导；其性别以男性略占优势，技术与管理职位则更为突出；大多收入水平中等偏上。这是一个朝气蓬勃、充满活力、潜力无限的从业者群体。

第二节　网络媒体从业者工作状况

对网络媒体从业者工作状况的了解，我们从其岗位职权和能力发挥、工作回报、工作压力、工作环境以及从业者对自身工作的感知与评价几个方面来调查。

一　网络媒体从业者岗位职权和能力发挥

从业者工作岗位的责权是否清楚，岗位对其能力的发挥是否充分，直接影响到从业者的工作态度，进而影响到网站的工作绩效。我们对此从从业者对就职岗位的设置与职责划分的满意度、从业者对自身工作职权与能力发挥的认可度两个方面进行考察。

关于从业者对就职岗位的设置与职责划分的满意度，调查显示，55.7%网络媒体从业者对自己的岗位设置和职责分工持"比较满意"与"非常满意"的态度，占调查总数的一半以上，只有8.2%调查对象表示非常不满意与较不满意（见表5-3）。

关于从业者对自身工作职权与能力发挥的认可度，调查显示，61.8%的被访者"比较同意"或"非常同意"自己的工作职责与权力很明确（见表5-4）；51.5%的被访者"比较同意"或"非常同意"自己在岗位上才能得到了充分发挥（见表5-4）。仅有分别为10.3%与13.4%的调查对象表示"较不同意"与"非常不同意"（见表5-4）。

表5-3 网络媒体从业者对就职网站岗位设置和职责分工的满意度（%）（N=493）

网站岗位设置和职责 分工的满意度	百分比	累积百分比
非常满意	10.1	10.1
比较满意	45.6	55.7
一般满意	36.1	91.8
较不满意	6.5	98.3
非常不满意	1.7	100
总计	100	

表5-4 网络媒体从业者对自身工作职权及能力发挥的认可度（%）（N=493）

	非常同意	比较同意	一般	较不同意	非常不同意	总计
您的工作职责与 权利很明确	16.8	45.0	27.9	8.3	2.0	100
您的才能得到充 分发挥	12.4	39.1	35.1	11.4	2.0	100

我们对不同岗位的职能满意度进行比较，将它们从高到低分别赋值5—1运算，又发现，从事产品运营工作的被访者对自己的工作职权和能力

发挥的认可度最高，均值分别达到了4.13和4.04，高于其他职业类别的各项认可度均值。从事职能支持工作的被访者对工作职责与权利的认可度最低，为3.38，这应该与他们的工作性质时常需要跨部门工作有关。从事技术研发的被访者对才能发挥的认可度最低，为3.36（见表5-5）。整体而言，网络媒体从业者中技术研发类人员更多认为自己的能力没有得到充分的发挥，这触发我们思考，媒体网站的技术创新仍有较多上升的空间。

表5-5　　　　网络媒体从业者对工作职权及能力发挥的认可度均值比较

	内容编辑（n=331）	技术研发（n=61）	市场营销（n=34）	客户服务（n=20）	职能支持（n=24）	产品运营（n=23）
对工作职责与权利的认可度均值	3.67	3.51	3.79	3.65	3.38	4.13
对才能充分发挥的认可度均值	3.46	3.36	3.53	3.60	3.46	4.04

二　网络媒体从业者的工作回报

工作回报包括薪酬与福利、学习与培训、个人发展与价值实现等项内容，我们分别对它们进行考察。

关于薪酬与福利，这是激励员工最为重要的手段。调查显示，35.5%的被访者对就职网站的薪酬体系"比较满意"与"非常满意"，43.4%被访者对就职网站的福利待遇"比较满意"与"非常满意"。对两者"较不满意"与"非常不满意"的分别都占到20.5%（见表5-6）。虽然非常满意与基本满意的人数大于非常不满意与基本不满意的人数，但是总数远在一半以下。涉及自己的薪金待遇和工作付出的相符性时，不满意的比例更有所上升，达到了27.2%（见图5-7）。网站员工薪酬与福利的改善显然应该引起关注。

表5-6　　网络媒体从业者对薪酬体系和福利待遇的满意度（%）（N=493）

	非常不满意	较不满意	一般	比较满意	非常满意	总计
对薪酬体系的满意度	6.1	14.4	44.0	28.2	7.3	100
对福利待遇的满意度	5.7	14.8	36.1	33.1	10.3	100

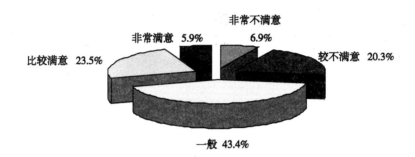

图5－7　网络媒体从业者对薪金待遇和工作付出相符性的满意程度（N＝493）

关于学习与培训，这是保证企业与员工竞争力的重要手段，也是保障网站争先领先的重要基础，互联网是个快速发展变化的朝阳行业，学习与培训的意义尤为重要。调查显示，被访者对网站学习与培训的认可度相对较高，将近一半，即47.7%的被访者对就职网站岗位培训持"非常认可"与"比较认可"的态度，更有一大半，即64.3%的被访者认为自己在工作中学到了很多新知识。对两者持否认态度的分别占17.1%与7.5%（见表5－7）。

表5－7　网络媒体从业者对岗位培训和从工作中获取新知的认可度（%）（N＝493）

	非常同意	比较同意	一般	较不同意	非常不同意	总计
您被提供了必要的岗位培训	10.8	36.9	35.3	11.4	5.7	100
您在工作中学到了很多新知识	18.7	45.6	28.2	5.9	1.6	100

关于个人发展与价值实现，调查显示，60.1%的调查对象"非常同意"与"比较同意"自己的工作得到了尊重和重视；63.3%的调查对象"非常同意"与"比较同意"自己的工作成果得到了上级的认可；47.7%的调查对象"非常同意"与"比较同意"自己很清楚自己职业发展方向（见表5－8）。

表5－8　网络媒体从业者对个人价值实现和发展空间的认可度（%）（N＝493）

	非常同意	比较同意	一般	较不同意	非常不同意	总计
您的工作受到了尊重和重视	11.0	49.1	29.8	8.1	2.0	100
您的工作成果得到了上级认可	11.8	51.5	28.4	7.3	1.0	100
您很清楚未来的职业发展机会和方向	11.0	36.7	33.7	15.2	3.4	100

进一步对工作回报的各项指标进行比较，测量被访者对薪酬福利、提高能力和晋升空间三项指标的重视程度，从非常重要到非常不重要分别赋值5—1，计算其均值，发现被访者最重视的是提高能力，其次是薪酬福利，再次才是晋升空间（见表5-9）。这说明，网络媒体从业者大多数具有较强的上进心，十分重视自身能力的提高。网站管理者应该在这方面给予足够的重视。

表5-9　　　　　　　**网络媒体从业者对薪酬福利、提高能力和晋升空间的重视程度比较**（N=493）

	提高能力	薪酬福利	晋升空间
均值	4.45	4.36	4.20
标准差	0.73	0.73	0.86

三　网络媒体从业者的工作压力

接受调查的网络媒体从业者大多感觉工作压力较大。调查显示，一半以上的员工，即51.3%从业者感觉工作压力非常大（8.5%）或比较大（44.8%）。感觉工作压力较小或者比较小的不足10%，仅占7.7%（见表5-10）。

表5-10　　　　**网络媒体从业者对工作压力的感知**（%）（N=493）

您的工作压力	百分比	累积百分比
非常大	8.5	8.5
比较大	44.8	53.3
中等	38.9	92.3
比较小	4.9	97.2
非常小	2.8	100
总计	100	

比较不同职位类别的工作压力，我们将工作压力从非常大到非常小分别赋值5—1，比较其均值，结果发现，不同职位类别的从业者工作压力有所不同。产品运营类的被访者工作压力最小，均值为3.09；其次是内容编辑类的被访者，压力均值为3.49；其他依次为职能支持类、客户服务类、技

术研发类；压力最大的是从事市场营销类工作的被访者，其压力均值达到
3.82（见表5－11）。

表5－11　　　不同职业类别的网络媒体从业者工作压力比较（N＝493）

	内容编辑 （n＝331）	技术研发 （n＝61）	市场营销 （n＝34）	客户服务 （n＝20）	职能支持 （n＝24）	产品运营 （n＝23）
工作压力均值	3.49	3.62	3.82	3.55	3.54	3.09
总体均值	3.51					

进一步对工作压力来源进行调查，将他们设置为：工作难度、同行竞
争、社会环境、工作强度以及其他，结果发现：工作强度是最大的压力来
源，占37.3%；其次是社会环境，占23.9%；再次是同行竞争占16.4%，
工作难度占15.4%；其他，包括自我要求、人际关系、个人发展、工作任
务、经济条件等，共占6.9%（见图5－8）。

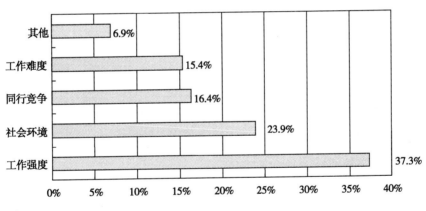

图5－8　网络媒体从业者工作压力来源（%）（N＝493）

四　网络媒体从业者的工作环境

工作环境具体来讲，包括办公硬件环境、工作中信息沟通、工作配合情
况等。我们分别对它们进行考察。

关于办公硬件环境的满意度，调查显示，62.3%的被访者对办公设备是
满意与比较满意的，59.5%的被访者对办公室条件是满意与比较满意的，即

一半以上的被访者对自己的工作硬件环境表示满意，仅 12.7% 与 11.5% 表示较不满意与非常不满意（见表 5 - 12）。

表 5 - 12　　　网络媒体从业者对办公硬件环境的满意度（%）（N = 493）

	非常满意	比较满意	一般	较不满意	非常不满意	总计
对办公设备的满意度	13.0	49.3	25.0	9.9	2.8	100
对办公室条件的满意度	19.1	40.4	29.0	9.3	2.2	100

关于工作中的信息沟通情况，调查中被访者给予了较高的评价。无论是下情上达，上情下达，还是相互沟通都较为满意，其好评率（包括"非常同意"和"比较同意"的比率）分别为：65.5%、62.7%、55.8%（见表 5 - 13）。

表 5 - 13　　网络媒体从业者对工作中信息沟通情况的认可度（%）（N = 493）

	非常同意	比较同意	一般	较不同意	非常不同意	总计
您可以和上级进行任何工作问题讨论	19.9	45.6	27.6	5.3	1.6	100
网站在传达重要信息方面具有效率	18.7	44.0	27.2	7.7	2.4	100
网站内部沟通能得到及时反馈	16.2	39.6	34.5	8.3	1.4	100

关于工作配合情况，我们从从业者自身的工作配合、从业者与同事与部门工作配合、从业者对上级工作的认可三方面来考察。

首先，从业者自身的工作配合情况。75.9% 的被访者表示自己能较好地完成上级指派的任务，80% 的被访者表示会较为主动向上级汇报工作情况，57% 的被访者还能积极地向上级提出好的参考方案，80.3% 的被访者对自己处理人际关系的能力评价较高（见表 5 - 14）。可见大多数网络媒体从业者对自身的评价较高，认为不仅能够很配合地完成本职工作，还能积极献言献策。

表5-14　　　　网络媒体从业者自身的工作配合情况（%）（N=493）

	非常同意	比较同意	一般	较不同意	非常不同意	总计
您能不折不扣地完成上级指派的任务	25.8	50.1	20.1	3.7	0.4	100
您能主动地向上级汇报工作情况	25.8	54.2	16.8	2.8	0.4	100
您总是能向上级提出好的参考方案	14.2	42.8	38.1	4.5	0.4	100
您在工作中人际关系处理得很好	22.1	58.2	17.4	1.4	0.8	100

其次，同事和部门之间的配合情况。调查显示，79.5%的被访者比较或非常认可自己与同事之间的配合，58.4%的被访者比较或非常认可部门之间的配合（见表5-15）。

表5-15　网络媒体从业者对同事和部门工作配合情况的认可度（%）（N=493）

	非常同意	比较同意	一般	较不同意	非常不同意	总计
您的同事能与您紧密合作	23.5	56.0	18.7	1.0	0.8	100
其他部门能够与您所在部门良好配合	14.2	44.2	30.2	8.9	2.4	100

再次，从业者对上级工作的认可，大多数被访者对上级的工作予以了好评。对上级的工作能力（指导和协调）好评率最高，为74.6%；对上级的激励能力（鼓励下级的工作热情）好评次之，为70.4%；对上级的权责平衡能力好评率再次之，为65.9%（见表5-16）。

表5-16　　　　网络媒体从业者对上级工作的认可度（%）（N=493）

	非常同意	比较同意	一般	较不同意	非常不同意	总计
您的上级会给您必要的指导和协调	21.7	52.9	21.3	3.4	0.6	100
您的上级会注意协调下级权责的平衡	19.7	46.2	27.6	5.5	1.0	100
您的上级会鼓励下级的工作热情	23.1	47.3	22.7	5.1	1.8	100

五 网络媒体从业者对自身工作的感知和评价

"对工作的感知和评价",指从业者对自己工作的总体认识和评估,这会直接影响到工作热情与忠诚。我们将这种感知和评价细分成以下几个维度:工作成就感、企业文化认同、长期效力的意愿等,用五级量表分别进行测量。

关于工作成就感,数据显示,52.1%的被访者工作成就感较强(取值为4及以上),其均值为3.51(见表5-17)。

表 5-17　　　　　网络媒体从业者的工作成就感 (N=493)

	非常强(高)→非常弱(低)(分值由高到低)					总计	均值	标准差
	5	4	3	2	1			
工作成就感	15.0%	37.1%	35.9%	7.9%	4.1%	100%	3.51	0.98

关于企业文化认同和长期效力的意愿。93.1%的被访者对企业文化的认同打分在3及以上,均值为3.79;91.3%的被访者对长期留在本网站工作的意愿打分在3及以上,均值达到了3.85(见表5-18)。可见,大多数网络媒体从业者对自己就职的网站持较高的认同感,并且忠诚度较高。

表 5-18　　　网络媒体从业者的企业文化认同和长期效力意愿 (N=493)

	非常强(高)→非常弱(低)(分值由高到低)					总计	均值	标准差
	5	4	3	2	1			
对企业文化的认同	18.3%	52.9%	21.9%	3.4%	3.4%	100%	3.79	0.90
长期留在本网站工作的意愿	23.3%	49.1%	18.9%	6.5%	2.2%	100%	3.85	0.93

第三节　基本结论与对策建议

一 结论与建议

1. 网络媒体从业者较为年轻,且普遍工作年限较短,加强培训尤为重要。

网络媒体从业者的年轻化，体现在从业者年龄的低龄化。77.3%的受访者为"80后"，年龄最小者仅为20岁，最大者也只有48岁，平均年龄28岁。较之传统媒体从业者，平均年龄34.7岁，最小年龄20岁，最大年龄63岁[①]，网络媒体从业者显然年轻很多。网络媒体从业者的年轻化必然导致工作年限较短。被访者工作年资在4年及4年以下的占据了65.7%，将近2/3。年轻与工作年限较低，一方面给网站带来活力，另一方面也造成工作经验较为缺乏，因此，网络媒体在从业者队伍建设上，需要有意识加强各方面知识培训，特别是加强思想与道德教育。

2. 网络媒体从业者工作压力较大，对工作岗位发挥其能力的认可度有待提升。

网络媒体从业者的工作状况整体评价良好，但工作压力普遍感觉较大。51.3%的从业者感到工作压力很大或较大，而且这种压力主要来自工作强度。对工作岗位发挥其能力的认可度为51.5%，对网站不同岗位实现其能力的状况进行比较，结果是技术研发类人员的认可度较低，因此媒体网站在注意给员工适当减压的同时，要努力做到人尽其才。

3. 网络媒体从业者对工作环境较为满意，但对酬薪与福利满意度不够高，对岗位能提升其能力最为看重。

从业者对其工作环境评价较高，对网站硬件设置、人际关系都较为满意，但对网站酬薪与福利满意度不够高，认为非常满意与比较满意的人数不足一半，分别为35.5%与43.4%。在各类工作回报中，网站员工最为看重的是能力的提高。因此网站在调动员工的积极性方面，重点要放在提高待遇与更多创造提高员工工作能力的机会。

4. 网络媒体的工作重点仍在"内容"。

"内容为王"的竞争法则在当今网络媒体时代依然适用。网络媒体从业者中数量最大的就是内容编辑，比重达到了67.1%。而且互联网未来发展对内容编辑的需求有增无减，据调查，全国人才的缺口近100万，其中网络

---

① 陆晔、俞卫：《社会转型过程中传媒人职业状况——上海新闻从业者调查报告之一》，《新闻记者》2003年第1期。

媒体的人才缺口为 3 万—5 万人①。而网络编辑的职业化使该职业的重要性更为凸显。

二　本研究的不足

1. 本调查采用的是非随机抽样，所以最终的结论不具有总体的推论性，只能是在一定程度上反映总体的某些突出特征。

2. 本调查重点在于对网络媒体从业者基本状况的把握与描述，对于原因、影响等解释性问题未做过多深入研究，今后的调研会在这些领域进行拓展②。

---

① 周海英：《我国网络新闻专业教育现状的思考》，《琼州学院学报》2009 年第 3 期。
② 以上内容作为课题前期研究成果发表于《中国新媒体发展报告 2011》，社会科学文献出版社 2011 年版。

第　六　章

我国主要网站发展现状与问题

　　网站类型至今没有一个统一的分类标准。就目前情形来看，对网络内容影响最大的，当属商业门户网站与新闻网站。近年视频网站的兴起，也逐渐成为众所瞩目的焦点。我们对这三类网站的现状进行分析，并指出他们目前各自面临的首要问题，尽可能提供可供参考的解决方案。

第一节　商业门户网站现状与问题

　　DCCI（互联网数据中心）公布的 2010 年中国互联网调查数据显示，我国网民使用最多的网络应用为综合门户，所占比重为 70.9%①，这一比重比前两年 DCCI 公布的数据更有所升高，说明综合门户仍是广大网民获取日常信息的主要来源。在中国互联网网民规模达到 4.85 亿、互联网普及率攀升至 36.2% 的今天②，综合门户网站早已是一个不容小觑的媒体产业。我国的商业综合门户网站经过十余年的发展，市场格局几经变化，不断上演老将出局、新人登场的悲喜剧，可谓几家欢乐几家愁。

一　商业门户网站再认识

　　对于门户网站，一个广为接受的定义是：通向某类综合性互联网信息资

---

　　①　DCCI 互联网数据中心：2010—2011 年度中国互联网市场数据发布，http：//www.dcci.com.cn/media/download/63334e892554b9ad3bb824f8c99b69bfa0a9.pdf。

　　②　据中国互联网信息中心（CNNIC）公布的《第 28 次中国互联网络发展状况统计报告》。

源并提供有关信息服务的应用系统。但这无疑是一个比较抽象甚至有点模糊的定义，而且"应用系统"一词也有过于技术化的痕迹。

科技资讯网 2007 年曾经对所谓"新门户"作出过界定，其标准有三个方面：一是足够大的人群浏览量（每日每百万到达人次达 4 万以上）；二是赢利模式在广告、付费搜索、电子商务这几方面都有（游戏的收费可看为电子商务的一种）；三是所提供的功能性应用需尽量全面[①]。

事实上，随着网络技术环境及上网方便程度的改变，门户网站的内涵与外延一直在演变之中，我们今天所谈论的门户与当初雅虎（yahoo）初创时所说的门户已经有很大的不同。那个曾经以提供搜索服务为主，引导网民登堂入室的"门户"角色，早已几经转变而面目全非了。从搜索到新闻，又从新闻到游戏、即时聊天、博客和微博、微信，门户的主业一直在转移，而且日渐分化，中间的差异几乎无法用一个词语来概括。比如今天的网易早已走出了当年"新浪搜狐网易"并称的门户格局，有人甚至将其视作网游公司；携即时聊天工具 QQ 之利而崛起的腾讯，就更是颠覆了传统的门户模式。更何况，门户网站内部还有了综合与垂直的分野。

如今的门户可谓是一个提供网络信息及应用服务的综合平台，其信息内容及应用功能几乎无所不包，从第一代的以新闻为主，到第二代的重视发展博客、播客、游戏和电子商务，到第三代的 SNS、微博、微信方兴未艾，而且新旧业务与功能之间并非取代和颠覆，而是整合和叠加，这就使得现在的门户网站成为一个个新媒体巨无霸，但这也自然给它们的经营与发展带来许多的问题与挑战。

二　四大商业门户网站的经营状况

近几年来，中国门户网站的格局一直在变动之中，以往网民习惯意识中的新浪、搜狐、网易三大门户并称的格局早已打破，腾讯作为综合门户网站崛起以后迅速跻身强者行列，而中华网、TOM 等传统门户网站的市场份额和影响力却一再下滑。根据国际排名情况来看，目前国内门户网站的前四强是腾讯、新浪、网易和搜狐。其基本状况如下：

---

① http：//www. cnetnews. com. cn/news/net/lend.

四大商业门户网站的排名及市场份额：

据美国互联网实验室 2011 年 8 月初公布的数据，中国四大门户网站的国内及国际的流量排名如表 6 - 1：

表 6 - 1　　　　　　　　　四大门户网站的国内国际流量排名

网站名称	国内排名	国际排名
腾讯	2	10
新浪	3	15
网易	6	27
搜狐	9	41

数据来源：美国互联网实验室网站（alexa.com）2011 年 8 月初公布的排名。

从上表中可看出，腾讯的流量后来居上，成了国内门户网站的领头羊，搜狐则被甩到了第四位，而且一直跟新浪争夺综合门户头把交椅的搜狐在国内和国际的总排名中也被另外三家逐渐拉开距离。根据美国互联网实验室的数据，流量紧随其后的第五名是凤凰网，其赶超搜狐的架势已十分明显（在国内和国际上分列第 11 位和第 52 位）。而且，从该实验室官方网站（www. Alexa. com）提供的 Pageviews 和 Pageviews/User 这两个指标来看，凤凰网在中国的五大门户网中排在了第 2 位和第 1 位[1]，表明凤凰网的用户黏度明显高于其他四大门户网站。这也至少从一个角度说明，目前的门户网站格局并不稳定，未来的变化难以预测。

排名只是表征特定时间内的流量大小，当然也说明了市场的认可情况，而市场份额则是更为直接的指标。中国的互联网实验室以往也定期公布不同类别网站的市场份额情况，但自 2009 年 3 月后，这一数据却暂停公布了。笔者仅以该组织官方网站（www. chinalabs. com）所公布的最近一期数据来略作说明。

---

① 站长之家：《五大门户网站的现状与未来趋势分析》，http：//www. chinaz. com/news/2011/0805/203452. shtml。

表6-2　　　　　　　　　　四大门户的人气指数与市场份额

排名	网站名称	人气值	市场份额（%）	上一期份额（%）
1	腾讯	1588.47	31.93	33.97
2	新浪	1310.12	26.34	26.27
3	网易	724.19	14.56	13.76
4	搜狐	485.74	9.76	9.52

数据来源：中国互联网实验室《2009年3月中国门户网站市场份额统计报告》①。

从表6-2可看出，我国四大门户网站的市场份额与流量排名高度相关，而且位居前两位的腾讯和新浪已将排名靠后的网易和搜狐远远甩开。但四家门户网站的市场总份额达82.59%，这说明我国门户网站行业已实现了高度集中和垄断。

四大商业门户网站的营业收入及赢利情况：

通过流量排名和市场份额可大体看出不同门户网站的经营状况，但仍不免有些粗略。具体而实际的经营则要根据经济指标来衡量，其中最重要的是净营收和净利润两项指标。查询四家门户网站历年的财务报表（新浪、网易、搜狐可查到2000年以来，腾讯可查到2004年以来。另外，腾讯2003年的财务数据可根据2004年报表推算出来），根据四家网站公布的财务报表制作了2003—2010年四家门户网站的净营收及净利润的比较图如下：

从下页图可看出，自2006年起至今，腾讯的营收水平就已大大超过其余三家门户网站，并且差距随着时间推移越拉越大（2010年腾讯的净营收为29.665亿美元，新浪、搜狐和网易分别为4.026亿、6.128亿和8.58亿美元）；网易和搜狐的净营收也分别在2005年和2008年超过新浪。可见新浪的流量和市场份额未能保证更高的营收水平，说明人气和真金白银之间的转化还有着更为微妙且复杂的过程。

从四家商业门户网站的净利润比较图可看出，利润情况与营收极为类似：腾讯的赢利水平在2006年后便后来居上并一路大步向前，大大超过其余三家（腾讯2010年的净利润为12.254亿美元，新浪、搜狐和网易分别为1.139亿、1.982亿和3.39亿美元）；网易和搜狐的净利润额也分别在2005

---

① http://www.chinalabs.com/html/shichangpinggu_wenzhang/2009/0506/28849.html.

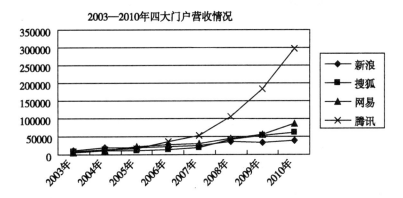

图 6 – 1　四大门户 2003—2010 年净营收比较　单位：万美元

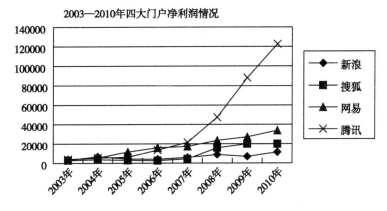

图 6 – 2　四大门户 2003—2010 年净利润比较　单位：万美元

年和 2008 年超过新浪，并保持优势至今。这些数据的对比无疑也给人气和影响力长期居前列的新浪提了个醒，如何拓宽营收渠道并提升赢利水平是新浪网接下来要着重解决的问题，否则就是干了用大本钱赚吆喝的买卖。

　　为什么腾讯的大流量带来了营收和利润上的高回报，但新浪超过搜狐和网易的流量和排名却并未带来收入与利润的优势？答案便在于门户网站的收入来源及收入结构上的差异，这也是差异化竞争的结果。

三　四大商业门户网站的差异化竞争

　　我国商业门户网站目前形成的差异化竞争特色是几经较量的结果。三大门户网站皆创办于 20 世纪 90 年代中后期，它们共同营造了中国互联网发展史上的第一次繁荣。在其创办之初，由于受众对网络的崇拜以及对信息的渴求，三大门户网站皆以海量的中文资讯内容提供商定位，然而，利用内容聚集网民的同质竞争难以一劳永逸，于是，三大门户网站在竞争中又不断调整自己的目标定位，坚持不懈地努力追求各自在市场竞争中的支配地位。然而，对于门户网站而言，流量始终是根本，也是赢利的保证。所以，增加并保持较大的流量，同时提升网站内容和服务的用户黏度，就成为门户网站经营的直接目标。而当前的四大门户，则是通过不同的主营业务来实现这两大目标的，这也体现在它们在长期的生存竞争中采用的差异化战略。而这种差异化的直观结果，就是不同的收入构成。

四大商业门户网站的收入构成比较：下面四幅图是对四家门户网站 2003—2010 年八年间的收入构成变化进行比较，具体数据均来源于各公司对外公布的财务报表。

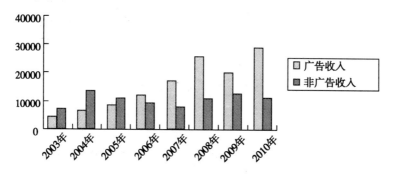

图 6-3　新浪 2003—2010 年的收入构成　单位：万美元

下面四张图清晰地显示了四家商业门户网站的收入来源及构成情况，大致可以从中归纳出以下几点：

其一，新浪和搜狐的收入来源较为相近，这两家重视新闻内容生产的网站对在线广告的依赖度相对较高。但 2003—2010 年的八年间，这两家经营方针和赢利模式相似的网站在网络广告的争夺上胜负明显。自 2003 年网络经济复苏至今，新浪网的广告收入占总营收的比重呈逐年上升的趋势，广告收入总额在四家门户网站中也一直排在榜首；而其直接竞争者搜狐的网络广告收入比例则呈现出一条由高转低的曲线。广告营收占总营收比例的变化一

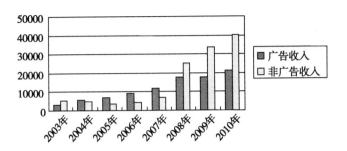

图 6 - 4　搜狐 2003—2010 年的收入构成　单位：万美元

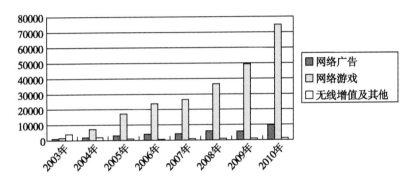

图 6 - 5　网易 2003—2010 年的收入构成　单位：万美元

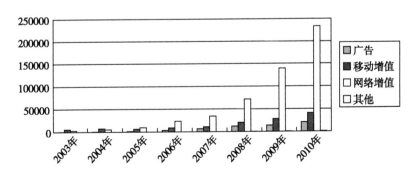

图 6 - 6　腾讯 2003—2010 年的收入构成　单位：万美元

方面表明两家网站在广告营销上的成效有别，另一方面也暗示着新浪和搜狐两家传统门户在新闻内容的影响力正在逐渐拉开距离。

其二，网易和腾讯则走出了较为独特的门户网站发展道路，尽管 2003

年以来两家网站的网络广告收入也处在上升通道之中，但网络收入占总营收的比例则逐年下降。前者以网络游戏为主营业务（占80%左右的比例），后者则以网络增值（IM相关业务）和无线增值业务为主（占90%左右的比例）。

其三，有一点也值得特别注意，腾讯虽然对网络广告的依赖度较低，但近几年腾讯的网络广告增长幅度在四家门户中居前列，而且，经过这几年的迅猛发展，其广告年收入总额已日渐逼近搜狐和新浪两家素以新闻和广告见长的老门户。表6-3是2010年四家门户网的广告营收比较，其中的数据便能很好地说明这一情况。数据的对比表明：腾讯网的新闻及资讯的生产能力及影响力有了大幅提升；另外，其依靠与QQ聊天工具捆绑的弹窗广告营销效果不可小视；再者，腾讯的地方化战略已初见成效，并已迅速在网络广告中体现出来。

表6-3　　　　　　　　　四大门户2010年总营收及广告营收比较

四大商业门户网2010年总营收及广告营收比较（单位：亿美元）				
	总净营收	广告营收	广告营收占比（%）	广告较上年增幅（%）
新浪	4.026	2.908	72.23	28
搜狐	6.128	2.118	34.56	20
网易	8.58	0.959	11.18	64.8
腾讯	29.665	2.072	6.98	42.6

四　四大商业门户网站的商业模式

在商业门户网站的发展过程中，激烈竞争使得四大门户网站不愿放弃任何一块领地。网络新闻、搜索引擎、通信工具、电子商务、网络游戏、博客、播客、SNS、微博、微信等，都成为门户网站的必争之地。这样一来，虽然四大门户的产品与功能各有侧重，但仍不免有同质化的倾向，如新浪与搜狐在新闻领域的竞争及其内容的相似性、几年前新浪与网易对博客用户的争夺、2010年下半年以来新浪与腾讯之间对于微博的白热化竞争等，都无非表明门户网站可打的牌不多，也说明支撑门户网站生存与发展的商业模式走向成熟尚需时日。

管理学大师彼得·德鲁克说："当前企业之间的竞争，不是产品之间的竞争，而是商业模式之间的竞争。"当然这是指企业超越生存压力和低水平竞争后的情况，因为模式的生命力与市场价值是远高于具体产品及服务的，但产品与服务形态却是商业模式的具体表现形式。

有研究者对四大门户网站的商业模式类型进行了分类概括，将新浪和搜狐称为"内容型"，将网易和腾讯分别概括为"产品型"和"用户型"。并从成本投入、营销模式、收入模式等方面进行了分解说明，如表6-4所示①。

表6-4　　　　　　　　　　四大门户网站商业模式比较

	战略目标	成本投入	营销模式	收入模式	商业模式
新浪	为全球华人提供新闻与内容服务	新闻采编	海量新闻内容报道	广告	内容型
搜狐	打造中文社群传媒帝国	新闻采编	重要活动内容提供	广告	内容型
网易	集内容、社区、电子商务的在线服务	产品研发	以产品吸引人气	收费网游和邮箱	产品型
腾讯	为用户提供一站式服务	电信运营	围绕"即时通信"展开	网民支付	用户型

具体而言，新浪网及时、大量和全方位的新闻报道吸引了大量网民，其主要收入也来源于首页或新闻频道上的广告。同样，搜狐也主打新闻，它的总收入中广告收入占大部分。网易的营收由网络游戏、在线广告和无线增值三部分组成，并且收入结构非常稳定。其中，网易的游戏营收占总营收比例自2005年以来一直维持在80%以上。腾讯则以用户为中心，满足了受众一站式的在线体验。从QQ聊天工具到QQ秀，再到QQ空间，受众的体验和持续体验的意愿，都成为腾讯营收不断攀升的重要保障。

网络广告是门户网站最为传统的一个赢利来源，也是门户网站最具有大众媒体属性的表现之一。在当前的网络经济环境中，我国的网络广告仍有较大的上升空间（2010年中国网络广告总营收达256.6亿元，占中国广告市

① 陈丽洁等：《四大门户网站商业模式的规范分析》，《湛江师范学院学报》2010年4月。

场规模比例为 11.2%①，低于全球 14.4% 的比例②），但搜索引擎类网站占据了网络广告的大头，其余在全国不同类别网站之间分配，大家的广告收益其实有限，尤其是就门户网站总体而言，在网络广告的争夺上已不具备明显的优势了。所以，门户网站除了通过流量推动在线广告收入继续增长外，开发其他的赢利途径与模式也势在必行，比如新浪近年对于 SNS 和微博的大力开发与推广，未来从中发现赢利点并培养出成熟的商业模式也并非没有可能。

　　但对门户网站的商业模式问题应该全面而辩证地看待。即便是以产品和用户为核心的网易、腾讯目前的赢利能力超出了以内容为核心的新浪和搜狐，但我们也不能轻易否定新浪、搜狐以内容生产为核心的商业模式，并简单地断言网游和即时通信工具的价值胜过新闻内容的生产。一种现实存在的商业模式应该是适应市场需要的产物，随着时间推移和环境变化，商业模式自然也会有修正与变革的需要与可能。在一个宏观的市场环境中，商业模式更多地具有互补性和兼容性，而不是排他性和独占性。所以，我们通过四大门户网站的经营情况来分析其商业模式问题，其意义也许不在评判优劣，而在于探讨模式革新的必要，或在传统商业模式中挖掘新的赢利模式的可能。单纯以商业价值来判断模式的优劣自然是片面的，何况门户网站在我国的媒介环境中承担了极为重要的大众媒体功能，其社会价值远非一时的经济利益可以衡量。

五　商业网站市场竞争面临的最大问题

　　商业网站市场竞争面临的最大问题是商业模式危机与制度缺失。2010年爆发的3Q大战是典型案例。腾讯 QQ 和奇虎360 是目前国内最大的两个客户端软件，根据官方统计数据，QQ 的活跃账户数达 6.125 亿，大大超过中国的网民总数；360 用户数量也已超过 3 亿，覆盖了 75% 以上的中国互联

---

①　DCCI：《2010 年中国网络广告总体市场格局数据报告》，http://www.199it.com/archives/201101126786.html。

②　艾瑞视点：《2011 年全球广告支出规模将达 4941 亿美元在线广告占比逐年提高》，http://a.iresearch.cn/29/20110620/142311.shtml。

网用户①。QQ 和 360，前者主营即时聊天（IM），后者致力于网络安全，本可各行其道相安无事，却爆发了互联网业界最为令人震惊的 3Q 大战。

(一) 案例回顾

3Q 大战的起因，以即时聊天为主的腾讯公司在 2010 年上半年推出与奇虎的主打产品"360 安全卫士"功能相近的"QQ 医生"（后升级为"QQ 电脑管家"），为维护自己的领地，奇虎 360 在 9 月份发布直接针对 QQ 的"隐私保护器"（后更名为"360 扣扣保镖"），并暗示 QQ 偷窥用户个人隐私文件和数据，腾讯公司随即反击并指出 360 存在"后门"，持续近两个月的 3Q 大战就此拉开帷幕。更具戏剧意味的是，此次 3Q 大战的战线并不限于奇虎和腾讯两公司之间，国内一些互联网公司迅速卷入，纷纷站队并形成两大阵营。金山、百度、傲游、可牛等公司跟腾讯联合起来，发表了《反对 360 不正当竞争及加强行业自律的联合声明》。而新浪、搜狐、网易等传统门户网站则站在了同情 360 或委婉批评腾讯公司的立场上。战斗的胜负未能立马见分晓，双方所共同拥有的用户资源随即被当作杀手锏祭出。11 月 3 日，腾讯发出公开信宣称，将在装有 360 软件的电脑上停止运行 QQ 软件，逼迫用户做出"二选一"的抉择。作为回应，奇虎公司也在当晚发出公开信"呼吁用户停用 QQ 三天"。至此，这场商战开始变味儿，无辜的互联网用户不幸成为交战双方裹胁的对象和筹码，成了丧失自主权而任人宰割的工具。此举引发了业界震动和广大网友的愤怒，争端升级并最终导致工信部的介入。

尽管腾讯和奇虎公司在 3Q 大战过程中多次利用公开信的形式指责对方行为的非法和不道德，并将自己描绘成悲情的受害者、网络正义的维护者和用户的守护神，但冷静的旁观者可以清楚地看出，这次 3Q 大战本质是一场客户端争夺战，客户端意味着市场份额和现实利益。

(二) 客户端恶性争夺凸显互联网商业模式危机

在互联网行业有这样一个说法："做流量不如做联盟，做联盟不如做导

---

① 刘佳、吕文龙：《360 与 QQ 客户端一哥之争》，《互联网周刊》2010 年 11 月 5 日。

航，做导航不如做搜索，做搜索不如做客户端。"① 这句话虽然不尽符合事
实，但也大体概括了中国互联网发展的几个阶段，说明客户端仍是重要的网
络产品形态。客户端不仅意味着流量，更意味着黏度。而有黏度的流量才是
网络服务商实现"二次售卖"和服务增值的坚实基础。

　　客户端是指与服务器相对应，为客户提供本地服务的程序。从传统的
IE 浏览器到邮件管理软件，再到即时通信、杀毒工具、影音播放器和输入
法等都是服务内容各异的客户端。QQ 聊天工具和 360 安全卫士虽然在表现
形式上分别是 IM 和杀毒工具，但在本质上也都是客户端。客户端软件就意
味着对用户电脑桌面的占领与分割，其发展目标就是装机量的最大化及用户
的高依存度。

　　在中国当前的互联网环境中，客户端的生存和发展是基于"免费 + 增
值"的商业模式，QQ 和 360 更是这一模式驾轻就熟的使用者。3Q 大战的惨
烈不仅没有终结"免费 + 增值"模式，而且导致它愈演愈烈，如大战爆发
后，传统杀毒软件公司金山与卡巴斯基迅速宣布免费，以争夺那些不得不卸
载 360 的用户②。其实还不仅是客户端，目前几乎所有的互联网公司都在试
图复制"免费 + 增值"模式，只是表现形式各不相同。"免费"策略或模式
的确造就了一批成功的互联网企业，但反观 3Q 大战及互联网产业的发展过
程，这一模式面临的危机显而易见。

　　其一，这一模式加剧了企业的危机感并必然导致同行恶性竞争。

　　快速发展的互联网产业，技术门槛已大大降低。雷同的商业模式致使绝
大多数公司之间都存在直接或间接的竞争关系，尤其是以客户端为核心的网
络服务商，因为平台免费，而增值的空间又与免费用户规模直接相关。发展
并维护装机量和客户规模就变成了生死攸关的头等大事，但技术门槛的降低
已使得客户端的替代性增强和用户迁移成本低廉。所以，即使是已有 6 亿多
活跃用户的腾讯 QQ，面对用户量不及自己一半的奇虎 360 的竞争行为仍会
如临大敌。

　　其二，如何实现由"免费"向"增值"的顺利过渡始终是一个难题。

---

① 马晓芳：《人人争做客户端"免费 + 增值"天下无敌?》，《第一财经日报》2010 年 11 月 11 日。
② 董军：《3Q 大战推动杀毒软件提前进入免费时代》，《中国经营报》2010 年 11 月 14 日。

在"免费+增值"模式中，"免费"并非完全意义上的"免"，否则公司将失去生存发展的可能。从免费策略中大获成功的周鸿祎说："免费模式把旧的价值链条打断之后，必须创造新的价值链，要实现价值链的转移，要想到新的增值服务模式，这是未来的发展方向。"[1] 尽管"免费+增值"是否可代表未来的发展方向仍未可知，但对于当前走免费之路的互联网企业，如何开发出适合用户需要又能赚到真金白银的产品和服务形态，应该是许多或主动或被迫实施"免费"战略的互联网公司必须解决的现实问题。

其三，"免费"带来的生存压力会催生商业投机行为并压制小企业的创新动力。

从理论上讲，平台和基础服务免费自然意味着在增值服务领域的创新，这样一来，免费模式应该会成为推动互联网创新的功臣。但现实情况是，中国互联网的增值服务形态并不丰富，产品形态的模仿与复制之风盛行，广告赢利模式也较为单一。究其原因：一是免费策略给互联网企业施加了过大的生存压力，让许多企业无法从容地进行技术和产品创新；二是网络广告尽管增速较大，但总体规模仍然偏小，这就使众多互联网企业的赢利空间较为狭窄。尤其对于客户端软件而言，收费的高端用户回报有限，广告收入仍是营收的主要内容。如此一来，为争夺有限的广告份额，许多公司就不太顾及用户的体验与感受，如腾讯 QQ 广遭诟病的弹窗广告，百度把收费的广告结果与自然搜索结果混在一起呈现给用户等。

（三）3Q 大战凸显我国互联网领域的制度供给不足

在 QQ 和 360 大战犹酣之际，《南方周末》有文章称"腾讯有无侵犯用户隐私，不兼容举动究竟有无涉嫌违法？这不仅普通用户想知道，很多法律界人士也为此争论不休"[2]。而令 3Q 大战最终偃旗息鼓的也不是法律而是行政力量，这些现象无疑凸显了我国互联网领域的相关法律及制度设计的滞后。

有关法律媒体在"3Q 大战"进程中邀请法律界人士座谈，并指出此次

---

①　周鸿祎：《免费之路》，《21 世纪商业评论》2008 年第 5 期。
②　李梦堃：《3Q 大战谁违法》，《南方周末》2010 年 11 月 11 日。

争端暴露出中国互联网行业存在的四大法律问题①：

其一，对网络垄断行为的认定与处罚困难。一方面是由于法律本身有缺陷。我国反垄断法律体系还在起步阶段，其条款大多是框架性的，缺乏具体实施的指导细则，可操作性不强；而且豁免条款较多。另外，《反垄断法》对网络垄断行为很少涉及。这都导致《反垄断法》很难在实施过程中有效打击互联网领域的垄断行为。另一方面是执法主体问题。在国外，反垄断机构通常都是单一的独立机构，而在我国，工商局、发改委、商务部共同承担反垄断的执法权力，相互之间权力又有交叉。这不利于具体的反垄断执法，可能造成有利时执法机构抢着执法，无利时执法部门毫无动静的情况。

其二，对不正当竞争行为缺乏有效约束。法律专家认为，在3Q大战中，交战双方都存在不正当竞争行为，如360的"扣扣保镖"以保护QQ用户的姿态来干扰QQ软件的正常运行，腾讯则强迫用户作出"二选一"的决定，这都是忽视用户利益和社会责任的不正当竞争行为。但我国现有的法律体系在反不正当竞争行为的认定与打击上效力不足。一方面，我国的反不正当竞争立法大多规定的是民事责任和行政责任，采取罚款、停止违法行为之类的处罚手段。这种主动司法在执法主体上存在问题，比如碰到3Q大战这种全国性事件，就少有执法部门第一时间出来监管。这时，交战双方就容易采取法律之外的手段来应对不正当竞争，比如以牙还牙。另外，在腾讯和360大打口水战时，一直没有第三方机构来做评判，直至双方作出侵害消费者自主权的行为。这也可以看到行业监管机构和行业协会在管理上的缺失，无法对行业内部产生自律性影响，未能及时调整和处理内部的关系，缺乏有效的调解机制。

其三，对网络消费主体的权益保护不力。3Q大战中，腾讯单方面宣布在装有360软件的电脑上停止运行QQ软件，这一行为于理于法都有问题。我国的《消费者权益保护法》以下简称《消保法》规定，经营者不得以格式合同、通知、声明、店堂告示等方式作出对消费者不公平、不合理的规定，或者减轻、免除其损害消费者合法权益应当承担的民事责任。由此可

---

① 陶琪：《"3Q大战"突显四大法律问题》，《新法制报》2010年11月10日。

见，腾讯的条款在法律上是无效的。但在 QQ 作出有损用户权益的行为并引起公愤后，虽然很多用户表示抗议，但真正采取诉讼途径维权的很少。究其原因，一方面，可能民众对网络行为的维权意识不足。另一方面，这种权利不可衡量，造成的伤害程度和损失大小都难以界定。在侵权后果难以衡量的情况下，搜集证据难度加大，维权成本自然被抬高。这无疑凸显了《消保法》在保护网络用户权益上的不足。

其四，互联网监管制度的缺失。3Q 大战反映出目前我国的网络环境还有待进一步的规范，需要制定一些类似《反不正当竞争法》、《反垄断法》的规范互联网经营行为的法规，对互联网企业的行为进行约束。另外，目前我国对于互联网的监管还存在明显的不足，比如对软件、信息库的保护等，互联网信息活动有待法律进一步规范。还有法律专家认为，桌面客户端软件已成为第六大媒体，应强化监管。其理由是，在以"云计算"为代表的新技术的推动下，装机量动辄数亿的桌面客户端软件的商业运营，早已实现了中央指令、全面覆盖、任意时空实施的运行特点，实际已具备了成为继报刊、广播、电视、互联网及手机后的"第六大媒体"的所有技术与运行的可能性。一旦该软件的最高管理权限被不良势力攻击、利用或劫持，则可能给我国互联网安全乃至国家利益带来重大威胁。因此，该专家主张，在市场主要的互联网桌面客户端软件中，强制设置"超级管理权限"，并内嵌"网上 110"模块、"网上 315"模块①。

第二节　新闻网站现状与问题

新闻网站，根据《互联网新闻信息服务管理规定》（2005 年 9 月 25 日）第二章第 5 条规定，包括三类：新闻单位设立的登载超出本单位已刊登播发的新闻信息、提供时政类电子公告服务、向公众发送时政类通讯信息的互联网新闻信息服务单位；非新闻单位设立的转载新闻信息、提供时政类电子公

---

① 黄朝钦在：《网易科技报道：博客网举办中国互联网垄断问题研讨会》，http://tech.163.com/10/1117/18/6LN9RR43000915BF.html，2010 年 11 月 17 日。

告服务、向公众发送时政类通讯信息的互联网新闻信息服务单位；新闻单位设立的登载本单位已刊登播发的新闻信息的互联网新闻信息服务单位。简而言之，就是新闻单位设立的新闻网站与具有新闻资质的商业网站。

世界上最早的新闻网站可以追溯到 1987 年，美国《圣何塞信使报》（SanJose Mercury News）的上网。在我国，新闻网站的建设一直备受政府重视。早在 20 世纪 90 年代中期，中国实现了与 Internet 的全功能连接，向社会提供网络接入服务。这期间中国第一批互联网站诞生。如 1995 年 1 月 12 日，国家教委主办的《神州学人》杂志上网，成为中国第一份电子杂志。1995 年 4 月，中国新闻社网站开通；1995 年 10 月 20 日，《中国贸易报》上网；1995 年 12 月，《中国日报》（英文）开办电子版。在我国互联网发展初始阶段，我国重要的新闻网站乘上互联网发展的头班车，纷纷上网。

在互联网的发展历程中，中国政府自始至终地重视对主流媒体网站的建设，特别是对重点新闻网站大力扶持，这一举措产生的深远影响，使中国的网络主流舆论基本处于可控制状态，可以称作我国网络舆论管理的有效举措。

一　网络主流媒体的形成

2000 年以前，中国互联网迅猛发展，中国政府以开放的姿态面对网络发展，并有意识利用互联网对外宣传介绍中国。

在网络内容管理上，基本处于放任状态。最早的网络创办者，大多是留学生与计算机网络专业人员，政治敏感性方面相对欠缺。不少网站自办新闻类栏目，许多海外信息，甚至与我们主流思想相违背的内容都会赫然出现在互联网上。政府及时发现了问题的严重性，着手进行规范管理。

经过一段时间的准备，2000 年 11 月 7 日，国务院新闻办公室、信息产业部联合发布《互联网站从事登载新闻业务管理暂行规定》，规定网站登载新闻实行资质许可审批制度。审查条件是：1. 有符合法律、法规规定的从事登载新闻业务的宗旨及规章制度；2. 有必要的新闻编辑机构、资金、设备及场所；3. 有具有相关新闻工作经验和中级以上新闻专业技术职务资格的专职新闻编辑负责人，并有相应数量的具有中级以上新闻专业技术职务资格的专职新闻编辑人员；4. 有符合规定的新闻信息来源。在操作中，进一步简化为：具有一定的规模，买得起新闻；具有一定的资金、技术、从业人员（2 名中级以上专业职称的新闻编辑）；具有正规的体制，尽量不考虑民营网站，外资背景的网站基本不考虑。经过这一重新审查，截至 2001 年中旬，不够条件的网站全部关闭新闻栏目，上海市只剩下 5 家网站可以刊登新闻[①]。

政府对网络新闻资质的审批要求越来越严格。到 2005 年，《暂行规定》运行 5 年之后，国务院新闻办公室、信息产业部于 2005 年 9 月 25 日联合发布《互联网新闻信息服务管理规定》，在进一步明确网络新闻、网络新闻服务概念的同时，对网络新闻资质的审批条件有所提高，即，（1）有健全的互联网新闻信息服务管理规章制度；（2）有 5 名以上在新闻单位从事新闻工作 3 年以上的专职新闻编辑人员；（3）有必要的场所、设备和资金，资金来源应当合法。

获取资质开办新闻栏目的网站被称作网络主流媒体。截至 2008 年中旬，这类网站达到 190 余家。

与此同时，自 2000 年始，政府开始实施重点新闻网站建设工程，即在具有新闻资质的网站中确定一批重点新闻网站，给予更多的扶持。第一批被认定的重点新闻网站有 32 家，其中中央级新闻网站 9 家，地方级新闻网站 23 家，之后陆续有所增加。目前所知的中央级重点新闻网站，如：人民网、新华网、中国网、国际在线、中国日报、央视国际、中青网、中国经济网、中国台湾网。地方级新闻网站，如：千龙网、北方网、东方网、华龙网、东北网（黑）、中国吉林网、东北新闻网、天健网（大连）、长城在线（河北）、山西新闻网、大众网（山东）、青岛新闻网、中国江苏网、中安在线（安徽）、浙江在线、中国江西网、荆楚网、长江网、红网、南方新闻网、大洋网、广西新闻网、南海网、宁夏新闻网、中国甘肃网、青海新闻网、天山网、中国西藏网、四川新闻网、云网、金黔在线（贵州）。

重点新闻网站，除了如同一般新闻网站可以登载传统媒体新闻外，还具有自主发布新闻的权利。而且政府每年给予一定的财力支持。中央级媒体每

---

① 上海市网络新闻办访谈。

年数千万，地方级媒体每年数十万①。

这批重点新闻网站成为主流新闻网站的旗帜，在舆论引导方面发挥重要的先锋作用。

二 网络主流媒体的发展

20 世纪 90 年代是中国互联网发展的第一次高峰。20 世纪 90 年代末，我国网络用户已达 890 万，上网计算机 350 万，3W 站点数达 15153。在 20 世纪 90 年代开通的主流新闻网站，依次有：1995 年 4 月，中国新闻社网站开通；1995 年 10 月 20 日，《中国贸易报》上网；1995 年 12 月，《中国日报》（英文）开办电子版；中华网科技公司创办的中华网，1995 年；和讯网，1996 年；湖南信息港，1996 年 8 月；上海热线，1996 年 9 月 22 日；人民日报网络版，1997 年 1 月 1 日；黑龙江信息港，1997 年 4 月；网易，1997年 6 月；江西热线，1997 年 5 月 17 日；天津热线，1997 年 7 月；源于河南生门户网站商都信息港的商都网，1997 年 10 月 25 日；新华通讯社网站，1997 年 11 月 7 日，2000 年 3 月改为新华网；齐鲁在线，1997 年 12 月 16日；中国网，1997 年；山东新闻网，1997 年；福建热线，1997 年；中国黄金网，1997 年；光明日报网络版，1998 年 1 月 1 日；百灵信息网，1998 年 5月 15 日；山西新闻网，1998 年 5 月 18 日；扬子晚报网，1998 年 6 月；中国广播网，1998 年 8 月；源于天津日报电子版的天津日报网，1998 年 8 月；大河网，1998 年 9 月；中原网，1998 年 10 月；中青在线，1998 年 10 月 7日；人民邮电报业集团主办的中国信息产业网，创办于 1998 年 10 月 29 日；腾讯，1998 年 11 月；国际在线，1998 年 12 月 26 日；新浪网，1998 年 12月；搜狐，1998 年 12 月；源于《检察日报》电子版的正义网，1999 年 1 月1 日；21CN 网，1999 年 2 月；源于贵阳晚报电子版的金阳时讯，1999 年 4月；中青网，1999 年 5 月 4 日；河北新闻网，1999 年 7 月 1 日；中国台湾网，1999 年 7 月；中国经济网，1999 年 9 月；源于厦门日报电子版的厦门网，1999 年 10 月；乌鲁木齐信息港，1999 年 10 月；法制日报社主办的法制网，1999 年；大洋网，1999 年 12 月；云网，1999 年 12 月；每日甘肃，

---

① 网站高管论坛。

1999 年，等等。

这批网络主流媒体，有传统媒体或其主管部门开办的新闻网站，其中一部分是中央级新闻网站，一部分是地方级新闻网站。中央级新闻网站，如人民网、新华网、中国网、国际在线、央视国际、中青网、中国经济网。地方级新闻网站，如千龙网、北方网、东方网、东北网、红网、荆楚网、南方新闻网。有完全商业化运作的媒体网站，它们经过政府审批具有开办新闻栏目的资质，如新浪、搜狐、网易、百度、和讯、天天在线等。

主流网站在管理归属上较为多元，有传统媒体主办的，有各级宣传部、外宣办主办的，还有多元主体合作的方式主办的。因此在发展过程中，产权归属、管理体制、信息资源等问题日益突出。

在新闻网站的发展过程中，产权归属、管理体制、信息资源等陆续成为网站发展的重要阻碍。因此，新闻网站，特别是地方新闻网站的重新调整组合，在 2004 年以后，成为新闻网站进一步发展的必然选择。

湖北的荆楚网在全国率先开始整合。

2004 年年初，湖北省新闻网站的整合在全国率先展开，即荆楚在线与荆楚新闻整合为现在的荆楚新闻网。湖北省政府新闻办公室提出《湖北省新闻网站重组方案》，《重组方案》对网站的基本定位、管理体制、主要功能、信息资源、资本构成、内部管理、责任目标、主办权竞价等逐一提出具体要求。省委外宣办制定《湖北省新闻网站重建标准》和《湖北省新闻网站竞标评标实施方案》，印发给申请竞标的单位。根据要求只有省直主要媒体才有竞标权，因此竞标单位只有湖北省广电局和湖北日报报业集团。竞标单位根据《湖北省新闻网站重建标准》制定各自的竞标方案，于规定日期送至省委外宣办，由公证人员查验、密封后，置保密柜存放。

评标会于 2004 年 2 月 11 日在东湖宾馆举行。湖北省委宣传部常务副部长袁焱舫主持会议。参加者包括：IT 行业、新闻、经济管理等方面的专家组成评标小组；省委宣传部领导、省发展改革委、省信息产业厅有关负责人；竞标单位领导 1—2 人、答辩人员 2 人；湖北省公证处派出公证小组 2 人。竞标会议严格按程序进行。其程序是：1. 主持人宣布竞标会议开始。在公证人员监督下，开封竞标资料，交专家组各成员；2. 专家组组长介绍竞标评标办法及注意事项；3. 竞标单位抽签决定答辩顺序（同为现场考察顺序）；4. 竞标单位答辩人员说明本单位竞标方案（两单位各 30 分钟），并接受专家提问（两单位各 30 分钟）。第一单位答辩时，第二单位答辩人员退出会场回避。专家提问期间，省委宣传部领导可提问；5. 公证人对竞标过程进行公证；6. 主持人宣布竞标会议结束。结果湖北日报报业集团以略高一分的成绩胜出。

2005 年，全国地方新闻网站的整合进入高潮。2005 年 11 月，千龙网被北青传媒并购；2005 年 11 月，湖南省委、省政府主办的红网移交省出版集团与潇湘晨报社管理；2005 年 12 月，广西壮族自治区委宣传部主办的桂龙网与广西日报报业集团的新桂网合二为一；2006 年 1 月，中安网并入安徽日报报业集团成为现在的中安在线等。在这一整合过程中，最明显的特征是，地方新闻网站的管理权大多由宣传部等党政部门管理转而为传统媒体集团管理。

三　网络新闻内容的管理

网络新闻原本指各类网站的新闻栏目。具体而言，指国家网络新闻管理部门所规定的三类新闻，即国际国内时政新闻；国内外社会新闻；不含娱乐的文化新闻。2005 年 9 月出台的《互联网新闻信息服务管理规定》对网络新闻的定义有了新的拓展，即通过互联网登载新闻信息、提供时政类电子公告服务、向公众发送时政类通讯信息。政府管理部门将时政类网络新闻栏目、BBS、短信等都列入了网络新闻的管理范围。

在我国，由于党管新闻的一贯传统，政府对网络新闻同样特别加强管理。除了对其管理对象尽量全面具体之外，还对网站登载新闻业务进行严格的审批，对网站开办新闻栏目设置较高的准入门槛，对网络新闻信息源进行严格的控制，等等。

（一）网站登载新闻业务要进行严格的审批

互联网站申请从事登载新闻业务，首先要填写并提交国务院新闻办公室统一制发的《互联网站从事登载新闻业务申请表》。在审批过程中，对新闻单位的网站与非新闻单位的网站进行分类管理。

对新闻单位的网站，即中央新闻单位、中央国家机关各部门新闻单位以及省、自治区、直辖市和省、自治区人民政府所在地的市直属新闻单位依法建立的互联网站，经批准可以从事登载超出本单位所刊发的新闻信息业务。如果只是登载本单位已经刊发的新闻信息，则到当地政府新闻办公室办理备案手续即可。

对非新闻单位的网站，经批准可以从事登载中央新闻单位、中央国家机关各部门新闻单位以及省、自治区、直辖市直属新闻单位发布的新闻的业务，但不得登载自行采写的新闻和其他来源的新闻。

其审批程序是：中央新闻单位建立新闻网站从事登载新闻业务，报国务院新闻办公室审核批准；中央国家机关各部门新闻单位建立新闻网站从事登载新闻业务，经主管部门审核同意，报国务院新闻办公室批准；省、自治区、直辖市和省、自治区人民政府所在地的市直属新闻单位建立新闻网站从事登载新闻业务，经所在地省、自治区、直辖市人民政府新闻办公室审核同意，报国务院新闻办公室批准；省、自治区、直辖市以下新闻单位在中央新闻单位或者省、自治区、直辖市直属新闻单位的新闻网站建立新闻网页从事登载新闻业务，报所在地省、自治区、直辖市人民政府新闻办公室审核批准，并报国务院新闻办公室备案。非新闻单位建立的综合性互联网站审批程序是，经主办单位所在地省、自治区、直辖市人民政府新闻办公室审核同意，报国务院新闻办公室批准。

（二）对网站开办新闻栏目设置较高的准入门槛

在 20 世纪 90 年代，互联网在中国迅猛发展，到 20 世纪 90 年代末，进入发展的高峰，网络内容呈现出完全的无政府状态，不同类型的网站都踊跃开办新闻栏目。政府管理部门在发现问题的严重性后，开始对网站开办新闻栏目进行严格的资格审查。其审查条件包括经营实力、人员配备、组织结构、资金来源等诸多方面。

新闻单位的网站开办登载新闻业务，有传统媒体做其后盾，其管理方针可以一以贯之。新闻单位的网站需要开办采编新闻业务的，其必备条件有三：有健全的互联网新闻信息服务管理规章；有 5 名以上在新闻单位从事新闻工作 3 年以上的专职新闻编辑人员；有必要的场所、设备和资金，资金来源应该合法。

对非新闻单位开办新闻业务，设置的准入门槛则更高。其条件是在新闻单位网站开办采编业务的基础上，进一步要求有 10 名以上专职新闻编辑人员，并且，在新闻单位从事新闻工作 3 年以上的编辑人员不得少于 5 名。

此外，对民营资本与外资进入网络新闻业务进行严格的限制，任何组织不得设立中外合资、中外合作、外资经营的新闻网站，有关合作要申报国务院新闻办公室进行安全评估。这主要是对新闻网站内容导向的考虑，资金上的主导地位决定了对新闻网站的控制权。目前国内新闻网站的资金来源主要是，财政拨款、传统媒体资金投入、国有企业资金投入三种。如国家五大重点新闻网站的日常运营费用全部来自国家财政，像东方网、千龙网则由几家传统媒体投资组建，红网则由国有企业注入资金。政府明确规定，新闻单位与非新闻单位合作开办网络新闻业务的，新闻单位拥有的股权不得低于51％，否则视为非新闻单位开办的网站。

（三）对网络新闻源进行严格的控制

《互联网站从事登载新闻业务管理暂行规定》专门对"登载新闻"作了具体阐释，即"指通过互联网发布和转载新闻"。虽然操作中其发布权仅仅针对新闻网站，非新闻网站经审批同意开办新闻业务之后也仅仅只有转载权，但理解的时候总是显得有点含糊其辞。在 2005 年出台的《互联网新闻信息管理规定》中对这一问题则进行了完全的澄清，非新闻单位的网站只有转载权，新闻单位的网站经申请可以获得采编权。

对非媒体网站转载新闻的管理，该网站必须同有关新闻单位签订协议，并将协议副本报主办单位所在地省、自治区、直辖市人民政府新闻办公室备案。在新闻发布的时候，要求必须注明新闻的来源和日期。这一要求保证了在我国的正规网站发布的网络新闻都经过传统媒体新闻发布程序的把关。

对境外新闻的管理，管理部门要求，"互联网站链接境外新闻网站，登载境外新闻媒体和互联网站发布的新闻，必须另行报国务院新闻办公室批准"[1]。"经批准通过信息网络传播的广播电视新闻类节目（包括新闻与新闻

---

① 《互联网从事登载新闻业务管理暂行规定》第 14 条。

类专题），必须是境内广播电台、电视台制作、播放的节目"①。

在对网络新闻发布进行严格控制的同时，对违规发布网络新闻者进行严格的制裁，或警告，或撤销其登载新闻业务的资格。其违规者主要指：未取得从事登载新闻业务资格，擅自登载新闻的；综合性非新闻单位网站登载自行采写的新闻或者登载不符合规定来源的新闻的，或者未注明新闻来源的；综合性非新闻单位网站未与中央新闻单位、中央国家机关各部门新闻单位以及省、自治区、直辖市直属新闻单位签订协议擅自登载其发布的新闻，或者签订的协议未履行备案手续的；未经批准，擅自链接境外新闻网站，登载境外新闻媒体和互联网站发布的新闻的。

四　新闻网站市场化之路

2010 年，国家"圈定"10 家重点新闻网站转企改制，这 10 家新闻网站分别是：央视网、人民网、新华网、千龙网、东方网、北方网、大众网、华声在线、浙江在线和四川在线，并要求确保至少有 1—2 家能够成功上市。这成为新闻网站市场化之路长期徘徊的重大一击，指明了新闻网站的发展方向。跟随而来的舆论关注点是"整体上市"，"而不是局限于过去将报纸的采编业务与广告等商业经营剥离开来的做法"。有学者称此举是"我国传媒业从不完全企业向完全企业迈进的破冰之举"②、"中国对新闻管理模式进行改革的一种探索"③。

经过两年多的筹备，人民网率先上市，被称为"官网上市第一股"，但面临的一系列问题仍有待时间的考验。

（一）如何在商业逻辑下坚守宣传导向和公共利益？

政府充分意识到互联网在意识形态上的重要性，因此着力打造互联网的"国家队"。政府积极推动重点新闻网站上市，一方面希望通过市场化手段

---

① 《关于加强通过信息网络向公众传播广播电影电视类节目管理的通知》（国家广播电影电视总局 1999 年 10 月 1 日）第 229 页；《互联网等信息网络传播视听节目管理办法》（2003 年 2 月 10 日国家广播电影电视总局）第 18 条。

② 黄瑚：《我国传媒业的破冰之举》，《人民日报》2010 年 6 月 8 日。

③ 史安斌：《重点新闻网站改制是中国新闻管理模式改革的探索》，国际在线 2010 年 5 月 20 日。

来解决自身体制和资金匮乏问题，另一方面是希望增强活力，壮大实力，提高网上的影响力和引导力，抢占在互联网世界中的舆论高地。新闻网站整体上市，将采编等内容资产打包进入市场，新闻网站能否继续承担宣传导向的任务而不陷入商业逻辑的槽模，新闻网站如何改制为公共企业维护公共利益，传统新闻理念、新闻尺度在商业环境下是否逐步发生转变，编辑方针、管理层任命将由政府决定还是由董事会决定？如何在政治性、公共性、商业化性之间寻求合理的边界，这是新闻网站转企、改制、上市的关键难题。

我国的新闻网站具有很特殊的身份：既有事业性质，要坚持正确的舆论导向，又是企业单位，面临激烈的市场竞争。它的双重身份与双重职能，决定要完全市场化独立运作和全面接轨市场机制具有相当的难度。

（二）新闻内容的核心竞争力还能保持多久？

依据 2000 年 11 月 7 日发布的《互联网站从事登载新闻业务管理暂行规定》第五条和第七条规定，新闻网站最大的优势是拥有政府的政策资源和传统媒体的新闻资源，拥有新闻采访权和新闻发布权是政策、体制赋予新闻网站的"尚方宝剑"，也是新闻网站与商业网站展开竞争的先天特权，而商业网站只有转载新闻的资质。短期内，特别是在新闻网站上市的前几年，政府不会轻易改变当前新闻资源分配的格局。在新闻网站整体上市的背景下，商业网站和新闻网站进行全面竞争，仍然是在不对等的新闻资源占有权下的竞争。但是拥有新闻发布权，不等于能够拥有不可替代的核心竞争力。随着市场机制的日益完善，一旦有关部门在某些领域将新闻发布权下放给商业网站，那么市场竞争将会全面激活，新闻网站的新闻垄断优势将被有限打破，新闻网站在新闻内容上的核心竞争力将被削弱。这应该是未来我们需要关注的重要走向。

当前新闻网站作为母媒体的一个部门，可以用母媒体采制的新闻内容和商业网站进行有偿交易或资源互换。新闻网站一旦整体上市后，作为各自独立运作的网站企业和母媒体在新闻资源资产方面将发生转变。作为独立法人的新闻网站和它的主办单位之间，如何处理新闻内容版权的有偿交易或资源互换，也是新闻网站整体上市后面对的重要问题。一旦两者存在新闻内容版权上的协议，这将进一步动摇新闻网站在新闻内容上的核心竞争力。

（三）资本扩大后如何有效利用？

"列入改革试点的新闻网站可以尝试通过多种渠道拓展资金来源，引进国有战略投资者，在确保主办单位控股的前提下，建立现代企业制度，组建股份公司，条件成熟时在国内上市"。由于新闻网站的媒体属性所限，一定程度上并不能完全实行资本化运作，在融资环境和融资政策方面依然受到诸多限制。资本来源仅限于"国有战略投资者"，并没有对民营资本、私人资本、国外资本放开；控股方仅限于"主办单位"（即政府或所属母媒体），股份结构总体上并没有得到多大改观，从性质上看均来自国有资本。应该看到，资本来源仅限于"国有战略投资者"，是当前政府对投资主体的阶段性限制。随着新闻网站的实力增强到一定程度，在确保主办单位控股的前提下，资本来源应由"国有战略投资者"向民营资本、私人资本、国外资本逐步放开。

通过资本市场筹集到的大量资金在一定程度上能解决新闻网站长期以来资金来源单一、生存压力较大的难题，但怎样合理使用这笔"从天而降"的资金，资金注入后是否会对新闻网站的发展起到推动作用？新闻网站公司如何避免母媒体对公司的投资方向进行过多的干预？这些问题都尚待解决。

（四）赢利能力能否提供生存发展的源泉？

政府要求新闻网站"构建赢利模式，增强赢利能力，努力将网站打造成为具有强大竞争力的新型互联网企业"。在新闻网站的内在动力和行政意志的外在推力下，新闻网站转企改制并最终上市，目前的赢利能力也许不会成为主要的障碍。但上市后是否具备能够提供持续发展的赢利能力是个关键问题。当前新闻网站赢利主要来源于政策保护下的垄断资源，如依靠新闻采集发布权进行的版权交易、重大活动转播权、电子政府网站建设等，持续赢利能力有待观察。赢利模式单一，大多依靠提供纯新闻来获得广告收入。特别是地方新闻网站，虽拥有新闻资讯、无线增值、宽带内容、技术服务、电子政务等核心业务，可是从服务内容到广告收益，都无法与新浪、搜狐等门户网站数亿的浏览量相比，对于广告商的吸引力显然较小。

新闻网站如果还坚持依靠纯新闻拉广告的现有操作模式，将难以获得可持续发展的赢利能力。在网络广告、信息出售、电子商务和手机短信等方面，留给新闻网站的市场空间有限。新闻网站需要以信息传播生产与经营为主，积极开展多种经营，不拘一格尝试新的商业模式，寻找新的赢利增长点。

总之，新闻网站转企改制上市还需要做细致而繁杂的工作。如产权关系复杂、赢利模式不清、财务制度不规范、独立性不强等。但无论怎样，"转企改制上市"对于新闻网站来说是非常积极的信号，无疑具有重大的意义。

第三节　视频网站现状与问题

视频网站是指在完善的技术平台支持下，让互联网用户在线流畅发布、浏览和分享视频作品的网站[①]，著名的如土豆、优酷、酷六、爱奇艺等。近年来，P2P 直播网站，BT 下载网站，本地视频播放软件，影视点播等都是各类网络视频运营商争夺的要地。

一　视频网站的形成及影响

2001 年，Userland 创立者、RSS 作者 Dave Winer 将 RSS 与声讯技术结合起来，推出 Radio Userland 软件，该软件可将影音文件上传到播客。2004年，电台节目主持人 Christopher Lydon 将此技术制作 2004 美国大选专访，以mp3 文件格式传到 Berkman Weblog，引起广泛注意。2005 年，美国知名在线支付网站 PayPal 的三个员工查德·赫尔利（Chad Hurley）、陈士骏（Steve Chen）和贾德·卡林姆（Jawed Karim）希望把自己聚会时的录像与好友通过互联网一起分享，但苦于互联网上没有快捷便利的共享平台，从而创建了YouTube 网站。YouTube 网站建立初衷是提供给用户上传、搜索、观看视频文件的平台，使每个用户与全世界分享他们的经历与知识。YouTube 靠提供各种视频短片的共享和搜索迅速走红，在短时间内成为了世界上最庞大的视频分享平台，每天的视频点播量已经突破了 1 亿大关。2006 年 10 月，谷歌

---

① http：//baike. baidu. com/view/1557113. htm.

以 16.5 亿美元的天价收购了 YouTube。YouTube 神话般的成功也刺激了中国视频网站的飞速发展。

在中国，视频分享网站行业 2005 年诞生。2005 年年初，第一家播客网站土豆网（www. tudou. com）开通。之后，反波网（www. antiwave. net）等跟进，很快，门户网站感觉到商机开始高调介入。2006 年已经形成爆炸性发展，这一年国内的视频网站从 30 多家暴增到 300 多家，因此该年被称作网络视频发展元年。到 2007 年，更是飞速发展到 400 多家。到 2009 年年底，我国网络视频用户规模达到 2.4 亿，其中近 4000 万用户只在网上看视频，成为网络视频独占用户，每天都能接触到网络视频的用户占到了 47.9%[①]。根据 iAdTracker 最新监测数据显示，各行业 2009 年在视频网站的投放费用都有较大增幅，食品饮料、鞋服、化妆品等行业的投放费用比例都在上升[②]。视频分享网站正在成为网络主流媒体而影响着更多的受众。

视频分享网站是脱胎于论坛（BBS）的一种社交网站，网络用户通过注册，即可以以一个创建者的身份上线，凭此身份共享或者发布视频，浏览其他用户视频节目，发表对节目的意见，添加好友，订阅感兴趣的频道和节目，该类网站大多将用户上传的视频再次编码压缩，通过 Flash 播放器以 FLV 格式在网页上播放。在视频网站上，用户之间的多向交流以及用户的双向选择使之形成一个可操纵的良性互动圈[③]。

可以说，视频分享网站是基于 Web 2.0 技术、以用户为中心的理念而建立的网络视频交流平台，用户可以通过该信息平台进行视频分享，包括上传、观看、评论等互动活动，其突出特点是网站本身并不提供视频内容，而是以用户为核心，用户产生内容，并与其他用户分享内容[④]。视频分享网站属于提供信息存储空间，并实现信息共享的网站。

目前视频网站的类型，或以播放方式分，或以内容制作特色分，或以平

---

① 中国互联网络信息中心：《2009 中国网民网络视频应用研究报告》，http://www.cnnic.cn/index.htm，2010 年 6 月 14 日。

② 《奇艺正式上线拿下第一单百度"铁树开花"进军视频》，摘自中国新闻网，http://www.chinanews.com.cn/it/it-itxw/news/2010/04-29/2254605.shtml，2010 年 4 月 29 日。

③ 傅蕾：《我国视频分享网站现状与前景分析——以土豆网为例》，中国传媒大学硕士学位论文，2008 年。

④ 宋菊倩：《视频分享网站用户研究》，华东师范大学硕士学位论文，2008 年。

台运营商分，各有不同。从网户使用的角度来看，主要可以分为视频分享和视频直播两种形式，视频直播的内容多来自专业内容制作机构，包括电视媒体、影视制作、音乐制作、体育组织等，视频分享的内容则多来自网民原创、转载和二次加工，如视频分享类的土豆网、六间房等皆是如此。

伴随着 Web 2.0 应用的深入，视频网站成为最具冲击力的网站类型。其极具吸引力的显著优势是：制作成本低廉，视频网站的关键技术，最初是借助 iPodder 软件与一些便携播放器结合而成。之后，支持各种音视频格式，如 MP3、WMA、avi，录音笔、手机、相机等音视频等；更加注重互动与分享，网民提供并分享自制的网络视频，打破了专业视听制作播出机构主导内容制作的传统格局。更具动态性，之前的网络信息获取，大多以文字的形式呈现，网络视频带来生动多元的多媒体传播方式，使信息获取具有更多的娱乐成分。

视频网站的影响日益凸显，这些影响既有正面的，也有负面的。如 2008年 3 月，中国网民因为西方媒体在西藏事件上的不公正报道以及 CNN 主持在节目中的辱华言论而群情激奋，很快一首名叫《做人别太 CNN》的歌曲视频节目在中国网络上广为流传。这首歌的作者和演唱者自称"慕容萱"，歌曲配有视频的内容是西方媒体的失实报道片段。网民制作的这段视频通过 YouTube网站以中英文版在国外广泛传播，获得数十万的点击率，其引发的强大社会舆论迫使当事人道歉，更重要的是成功地向全球反映了中国的民意和声音，这甚至是中国传统媒体对外传播中无法做到的。就负面影响而言，网络视频传播带来的知识产权侵犯问题最为突出。CNNIC 发布的 2008 年调查结果显示，电影和电视剧是视频网站最受欢迎的内容，高达 86.3%。为了加大网站流量，网站盗播电视剧、电影等现象非常严重，因此产生的版权纠纷层出不穷。如2008 年 5 月，上海第一中级法院判决土豆网侵犯电影《疯狂的石头》著作权，要求其删除侵权电影，并赔偿人民币 5 万元。2008 年 6 月 16 日，"六间房"网站上传《金婚》招致起诉。之后，酷六网上传《士兵突击》也遭到起诉。2007 年、2008 年网站视频节目版权官司猛增。

二 网络视频与网络恶搞

2005 年岁末，陈凯歌导演耗时三年、耗资过三亿的贺岁大片《无极》，被一个普通青年胡戈以 5 天构思、5 天制作，快速改编成网络搞笑短片《一个馒头引发的血案》，短片一经网上传播，在年轻人中爆炸般蹿红，胡戈一夜成名，短片影响远在贺岁片《无极》之上，由此带来网络恶搞高潮。

（一）网络恶搞流行的现状

网络恶搞之源，多有文章认为是来自日文 KUSO，经由我国台湾、香港传入内地。网络恶搞的始作俑者胡戈并未论及过自己作品与港台日的渊源，因此网络恶搞就其结果来看，更像是网络技术与本土文化结合孽生的产物。

"网络恶搞"已经成为一个约定俗成的网络用语，其所对应的意思多为网上搞笑、搞怪、搞恶作剧等。"搞"在汉语中含义十分宽泛，大凡动作都可以用"搞"字来涵盖，落实到网络恶搞上，则有搞视频、搞音频、搞图像、搞文字等，因此网上恶搞的形式多种多样。就恶搞内容而言，恶搞之"恶"，本义是贬义词，但现在活用为滑稽、搞笑之义就带上了中性的色彩。

目前最为典型的网络恶搞有以下五类：

一是恶搞知名作品，既包括当代知名作家不同形式的作品，也包括中外历史经典。如胡戈的《一个馒头引发的血案》对陈凯歌执导大片《无极》的改编，《晚饭》对冯小刚执导大片《夜宴》的改编，卓别林的电影配上方言，格林童话中的白雪公主恶搞成与父王乱伦遭毒手，《红楼梦》中多愁善感的林黛玉恶搞成风尘女子，当代作家赵丽华诗歌风格被恶意模仿与嘲讽等。就连奥运吉祥物"福娃"、歌曲《吉祥三宝》、舞蹈《千手观音》等都未能幸免。2008 年奥运会吉祥物"福娃"刚面世不久，旋即被改头换面成北奥福娃战队、葫芦兄弟版、超女五人组、无间道福娃海报、圣斗士五福娃等。《吉祥三宝》脍炙人口，恶搞版很快出台数十个，影响大的如"馒头无极版"、"养猪版"、"小偷版"等。2005 年春晚节目《千手观音》一炮打红，摆出类似造型的滑稽搞怪照片网上到处张贴。

二是恶搞名人、红人，名人是针对不同类型的社会名流，红人是信息时代突然一夜成名的普通人。如对中央电视台体育解说评论员黄健翔世界杯解说词的恶搞，各地方言版、手机彩玲版、机关枪版等争先产生，最终导致黄健翔不堪压力辞职。娱乐明星被恶搞的不胜枚举，如葛优、赵本山、巩俐、周星驰、王姬等，像木子美、芙蓉姐姐、李宇春这样的网络明星更是首当其冲，木子美征婚成了"我也要从良"的怪图，《芙蓉姐姐的传奇一生》的恶搞视频短片借文涛拍案夸张丑化"芙蓉姐姐"的成名经历，李宇春演唱的中性风格被恶搞成与 2006 年"加油好男儿"选手向鼎的连体图。

三是恶搞红色经典，包括凝聚民族精神、体现社会主流价值、社会认可度极高的不同形式的艺术作品。如胡倒戈将《闪闪的红星》改编成《闪闪红星之潘冬子参赛记》，小英雄潘冬子恶搞成了整日做明星梦希望挣大钱的"富家子弟"，父亲变成"地产大鳄"，母亲一心想参加"非常 6 + 1"。依《铁道游击队》改编的《"铁道游击队"之"青歌赛总动员"》，英勇的铁道游击队员成为带着脏话标签的参赛选手。在长沙某饭店，油画《开国大典》成为"同志们大饭锅成立了"的广告牌流传于网络。

四是恶搞民族英雄、典型人物，这些人物早已转化为一个民族优秀代表的象征符号，其榜样价值远远超出个体本身。如雷锋、黄继光、董存瑞等，结果是，雷锋助人为乐被恶搞成帮人太多过劳死，黄继光英勇献身被恶搞成摔倒顺便堵上枪眼，董存瑞炸碉堡被恶搞成被炸药包的两面胶粘住了跑不掉。连历史人物也成恶搞对象，清廉的包公被恶搞成垂涎青楼女子美貌的"淫棍"、爱国诗人屈原成为饲料、农药商标。

五是恶搞普通人（包括自己）、普通事，将日常生活中随意有兴趣的瞬间进行夸张。木子美、芙蓉姐姐皆因自己恶搞自己而出名。其他别人恶搞的，如被称作恶搞鼻祖的百变小胖，主人翁本来只是上海某中学的普通学生，某好事者将其照片上网后，他的面部被合成到机器猫、阿里巴巴、怪物史莱克、蒙娜丽莎、自由女神，甚至裸女、光屁股小孩上。猥琐男，则将一男子的好色、猥琐态传上网进行恶搞。后舍男生视频，后舍男生是广州美术学院的两名男生，创造性假唱流行歌曲，用独特夸张古灵精怪的表演手法，令人捧腹大笑。

网络恶搞的对象几乎应有尽有，只要想象所及，恶搞就能所及。其形式迎合了年轻人，不仅受到热捧，而且还吸引大量年轻人积极参与，许多网站都开有相应的栏目来吸引眼球。如恶搞妙文、恶搞贴图、歌曲歪唱、影视恶搞工作室、全民乱搞、搞笑论坛等网上随处可见。即便号称反恶搞的网站也带着恶搞的风格。如网易的反恶搞联盟，其口号是："一人恶搞，全家断网！结恶搞的扎，上文明的环！恶搞不改，牢底坐穿！养儿爱恶搞，不如养盆草！养女爱恶搞，就像养雀鸟！聚众恶搞违纪、私下恶搞可耻！"

（二）网络恶搞流行的原因

恶搞在互联网上突然蹿红，甚至在《无极》导演陈凯歌对《一个馒头引发的血案》的恶搞者胡戈的谴责声中，胡戈的恶搞短片得到了95%的网民认同①，支持声倒向恶搞者，以致最后事情不了了之。网络恶搞如此迎合网民，究其原因不外有二：一是其夸张的发泄形式迎合了网络青年的心理需求；二是宽松的社会环境对娱乐化的纵容以及网络媒介的技术支持为网络恶搞提供了孳生土壤。

其夸张的发泄形式迎合了网络青年的心理需求。网络恶搞其实是以一种极度夸张的方式表达与发泄个人情感，这种情感发泄对步入社会不久、面对社会竞争尚未完全适应的年轻人无疑成为一种极具吸引力的放松途径。

如同世界大多数国家的网民构成以年轻人为主一样，我国网民年龄也主要集中在18—24岁。CNNIC 最新发布的网民人数为12300万，其中18—24岁的网民占到网民总数的38.9%②。这是一个极富创造力与想象力的年龄段，他们出生于20世纪80年代后，其成长期的20年正是中国社会对外开放，世界经济一体化，网络传播全球化的特殊时代。开放的互联网带来多元文化的冲击，加上中国经济快速发展带来的秩序调整，中小学应试教育给年轻人造成巨大的心理压力，使他们在对主流价值的认识、传统文化的认同、多元文化的甄别上产生不同程度的困惑。互联网上相对宽松的表达环境，成为他们张扬自我、叩问社会、发泄叛逆的理想场所。

美国作家唐·台普斯科特在其研究网络新生代的著作《数字化成长：网络世代的生活主张》中谈到网络世代的意识形态，"网络世代的未来充满了不确定性，即使他们满怀着自信与自尊，而且有数字媒体的推波助澜，但还是必须为未来担忧，这些都是他们无法控制的。外在的成人世界及缺乏尝试的机会，使他们不信任政府与精英"。"（他们）极度强调自己的权利：独处的权利、隐私权、拥有及其表达他们自己观点的权利。""拥有相当强烈的

---

① 姜奇平：《当"恶搞"遇上"胡搞"》，《互联网周刊》2006年第2期。
② 中国互联网信息中心第18次《中国互联网络发展状况统计报告》。

共同归属感和集体的社会意识。"① 这些基本特征在我国年轻网民身上都有明显的体现，也正是这样一些共同的心理机制，致使网络恶搞成为他们群体发泄与表达的共同选择。

宽松的社会环境对娱乐化的纵容以及网络媒介的技术支持为网络恶搞提供了孳生土壤。中国社会的发展，经过 20 多年的改革开放以后，人们经济生活水平得到快速提高，在物质生活达到一定水平之后，对精神生活的需求自然也会随之提升，因此不同形式的娱乐成了人们工作之余放松精神的主要渠道，随之而来的娱乐产业成为现代社会经济的重要支柱产业。

网络恶搞作为一种娱乐文化的极端发展并非始于网络媒体，早期的滑稽剧、喜剧电影等所呈现的搞笑风格皆蕴含着恶搞的潜质。其实以善意搞笑为目的的娱乐节目在电视频道中早已极为普遍，网络媒体的互动性、大众参与性更扩张了传统媒体的娱乐功能，将搞笑的主动权延及独立的个体。而且在技术处理上，只要拥有基本的设备与操作技能，如电脑、数码相机、相关编辑软件等，无论是视频、音频、文字、图片的制作，对现代年轻人来说都轻而易举。

网络恶搞以自娱自乐、自我发泄为主要目的，因此表现手法极尽夸张，表达语言极尽诙谐，情感发泄淋漓尽致。在网易科技频道网络科技栏目的《中国网络恶搞视频终极排行榜》中，排名前十的是：《一个馒头引发的血案》、《后舍男孩处女作》、《春运帝国》、《分家在十月》、《闪闪的红星》、《中国队勇夺世界杯》、《方言配音卓别林系列剧》、《阻神传说》、《乌龙山剿匪记》、《芙蓉姐姐传奇的一生》，它们皆以表现出"网友们无穷的想象力和创意"荣登榜单②。

（三）网络恶搞面临的管制困境

网络恶搞在各网站推动下大为流行，受到网络青年的热捧，成为网站吸引眼球的新途径。而且恶搞内容已经从一般性的搞笑发展到对红色经典、英雄模范、传统文化的嘲弄。在管理上面临的主要问题有二：一是网络恶搞的

① ［美］唐·台普斯科特：《数字化生存：网络时代的生活主张》，陈小开、袁世佩译，东北财经大学出版社 2003 年版，第 394 页。

② http：//tech.163.com/special/000915RB/egao.html。

道德底线何在；二是网络恶搞是否构成侵权、是否合法。

关于网络恶搞的道德底线，在评论界一直有两种不同的声音，特别是在网络恶搞之初，支持网络恶搞者的声音远远大于反对恶搞者的声音。在我国现有媒体管理政策之下，互联网是最为自由开放的舆论市场，互联网自然成为人们自由表达与情绪发泄的理想场所，特别是对话语权相对有限的年轻人。代表性的观点如，"《无极》与《馒头》真正的矛盾，是两代人对人性看法的冲突，是现代价值观与后现代价值观的冲突。陈凯歌那代人，是崇尚英雄、精英的一代，胡戈这代人是崇尚小人物和普通人的一代"①。"生活需要娱乐，恶搞是一种发泄方式，是一种对现有主流文化的背叛与颠覆。""（恶搞）是纯粹来自民间的娱乐，我们最擅长的就是用不规则的，电视上、媒体上看不到的话语方式，用逗笑的方式让大家高兴。""任何公众都有权对文化产品作出自己的评价，而网络的虚拟性则激发了恶搞者的创造力、想象力和幽默感"，等等②。

甚至在政府试图出台网络视频管理新规对网络恶搞进行管理的情况下，质疑之声也多指向政府管理。关于网络视频管理新规的内容大家较为关注的是，个人传播视频内容需要领取许可证。因此批评之声如："设立视频许可证的懒政思维必定会伤害中国正在成长的开放社会与公共空间，而那些多是自娱自乐的恶搞视频，更没有发展到威胁公共安全与经济发展的程度。""新规定意味着网上冲浪遭遇了疯狂的石头。""网上恶搞并不限于视频，还有图片与文字，显然，没有谁会同意自己每传送一张图片或张贴一个帖子都要经过相关部门的审查。"③

恶搞将搞笑之手伸向红色经典、民族英雄，其道德底线问题不容置疑地凸显出来。2006 年 8 月，《中国青年报》社会调查中心与新浪网新闻管理中心联合展开了一项调查，调查对象近千人，调查内容包括：你认为哪些内容不应该被恶搞？选项有红色经典、传统文化、道德伦理、信仰信念、他人人格、他人形象、名著名篇、时政新闻、其他等，结果是，大家普遍认为不应该成为恶搞对象的内容依次为：道德伦理（84.6%）、传统文化（73.1%）、

---

① 姜奇平：《当"恶搞"遇上"胡搞"》，《互联网周刊》2006 年第 2 期。

② 《网络恶搞应该有底线》，《视听界》2006 年第 5 期。

③ 婴雄：《网络视频许可证恶搞乐谁？》，《南风窗》2006 年第 6 期。

他人人格（67.9%）、信仰信念（63.3%）、红色经典（63.3%）。《中国青年报》社会调查中心与腾讯网新闻中心在当年 5 月份也展开过一个类似调查，调查对象有六千多人，结果 89.9% 的人认为恶搞应该有道德底线。据此，网络恶搞应该具有道德底线应该说具有基本的共识。《中国青年报》社会调查中心与新浪网新闻中心联合调查的另一问题，你觉得怎样才能促进适合青少年的善搞佳作取代恶搞佳作？选项有政府引导、民间人士推动、文化媒体界人士推动、青少年自身努力、借鉴西方文化、发掘传统文化等，结果是，文化、媒体界的推动居首（76.8%），发掘传统文化其次（71.0%）。据此，对网络恶搞现象的改善，媒体与教育责任重大。

关于网络恶搞是否构成侵权，是否合法。网络恶搞构成的侵权包括侵犯著作权、名誉权、隐私权、肖像权等，其中讨论更多的是著作权与名誉权问题。一般来说，民事侵权有四个条件：损害事实客观存在；致害行为具有违法性；致害行为与损害事实之间有因果关系；致害人主观上有过错。但由于网络行为的特殊性，使人们对网络恶搞侵权行为的判断显得更为复杂。

认为网络恶搞构成侵权的观点如，"对于仍在著作财产权保护期限内的作品，即便仅仅是改编也应当经过著作权人的同意。有些恶搞作品会注明恶搞中的素材出处，尽管如此，其行为仍然构成侵权。因为，恶搞作品一般侵犯著作权中的修改权和保护作品完整权，注明素材的出处，并不能解决上述侵权问题"。对于歪曲英雄人物形象的恶搞侵权，"其本身并不是针对某一具体作品，而是针对英雄人物在公众心中的正面形象。这种情况虽然不会侵犯著作权，但有可能构成侵犯英雄人物或者其后人的名誉权，也可能违反相关的行政法规"①。

认为网络恶搞并不构成侵权的观点，主要是认为网络恶搞只是借鉴了他人的一些图画等素材，在思想和表达的意义上完全不同，如针对胡戈《馒头》一案，一法学家认为，"如果改编中未使用侮辱、谩骂、诋毁、诽谤等语句或形象，未以书面、口头形式宣扬他人隐私，未捏造事实公然丑化他人人格，造成一定影响，则这种不利倾向还不至于上升到侵犯名誉权的高

---

① 何红峰：《网络恶搞涉及侵权问题》，http：//news. nankai. edu. cn/nkzs/system/2006/10/10/000001903. shtml。

度"①。更为折中的看法是,《馒头》具有原创成分,即便侵权,情节也极为轻微,结果也只会公开道歉而已。胡戈自己的辩护则更加不以为然,他说:"根据著作权法第二章第四节第一条的规定,就好比影视专业学生对成名片子进行修改,只是我的作品被人传出去了。"

网络恶搞是否合法,是指是否遵守了国家广电总局、文化部、信息产业部等管理部门的相关管理法规,如广播电影电视总局的《互联网等信息网络传播视听节目管理办法》、文化部的《互联网文化管理暂行规定》、信息产业部的《电信条例》、《互联网信息服务管理办法》等。而政府管理部门正试图出台的网络视频管理新规则会具有更强的针对性。

三　视频网站的管理

视频网站的飞速发展,使管理者措手不及。2008 年,政府开始对视频网站进行大力整顿。

早在 2003 年 2 月,国家广电总局发布了《互联网等信息网络传播视听节目管理办法》(15 号令),允许持《网上传播视听节目许可证》的可以向公众传播视听节目,许可证实行年检制度,有效期为 3 年。其中第七条规定,开办视听节目网络传播业务,应当同时具备以下基本条件:(一)符合通过信息网络向公众传播视听节目的规划、技术标准和管理要求;(二)有与业务规模相适应的自有资金、设备及场所等。文件未对视频网站的主体性质明确约束,打破了传统电信业务和广电业务相互不渗透的政策壁垒,为互联网站的发展提供了政策支持。随后,中国电信和中国网通获证,分别打造了"互联星空"、"天天在线"这两个宽频网站。

2004 年 10 月,国家广电总局又发布了《互联网等信息网络传播视听节目管理办法》(39 号令),新办法废止了原来的《网上传播视听节目许可证》制度,规定通过信息网络传播视听节目应取得《信息网络传播视听节目许可证》。其中第七条出现变化,对视频网站的主体作出了约束性规定:"外商独资、中外合资、中外合作机构,不得从事信息网络传播视听节目业务。"这项规定出台后,一些民营网站通过引进国外风险投资的方式(外企

---

① 王晓雁:《恶搞短片是否侵权观点碰撞激烈》,《法制日报》2006 年 2 月 16 日。

业到中国设立一家外商独资企业，一般是广告公司，与中国负责经营的内资企业两块牌子，一套人马。境外设立公司将资金注入到国内的外商独资企业，并以此支持内资企业的发展），成功规避了新的管理规定，同时也使视频网站的发展与外国的企业管理合拍，带动了视频网站产业化发展。国家对视频网站的管理依旧是从信息产业发展的角度制订的。

2007 年 12 月，国家广电总局与信息产业部又发布《互联网视听节目服务管理规定》（56 号令），其中第三条"国务院广播电影电视主管部门作为互联网视听节目服务的行业主管部门，负责对互联网视听节目服务实施监督管理，统筹互联网视听节目服务的产业发展、行业管理、内容建设和安全监管。国务院信息产业主管部门作为互联网行业主管部门，依据电信行业管理职责对互联网视听节目服务实施相应的监督管理"。明确提出了视频网站的行业管理归属主要是国家广电总局，这标志着中国视频网站的管理由互联网管理向大众媒介管理的倾斜。文件同时规定申请互联网视听节目服务的企业，必须"具有法人资格，为国家独资或国家控股单位"。而此前快速发展的中国视频网站带有明显的产业属性，而且已经形成民营视频网站渐成规模的局面，文件规定的"国有制"无疑对它们影响巨大。

2008 年 2 月 3 日政府出台《互联网视听节目服务管理规定》的解释细则，对于最引人关注的"国资成分"，《规定》发布之前依法开办、无违法违规行为的可重新登记并继续从业。而《规定》发布之后，申请从事互联网视听节目服务的，必须符合《规定》第八条所列的条件。这意味着国家政策对民营资本视频网站合法身份的正式肯定。

四　视频网站的著作权之争①

我国视频分享网站自 2005 年发展至今，一直面临著作权问题的困扰，有关视频分享网站的著作权诉讼有增无减，2008 年，仅北京海淀法院就受理了 100 余件视频网站侵权案件，比 2007 年增长了 5 倍。2009 年，仅 1—4 月，海淀法院受理案件 153 件，这一数字已超过 2008 年全年的受理总

---

① 牛静参与了该部分内容研究。

和①。视频分享网站建立的初衷是让网络用户传播自己原创的视频节目，供网友分享。然而，在视频分享网站发展过程中，逐步摆脱了通过传播原创视频作品以分享原创知识的初衷。网络用户向视频分享网站除了上传自己原创的视频外，还往往上传自己收集的受著作权保护的影视剧、电视节目等。目前视频分享网站充斥着大量未经著作权人及邻接权人许可的视频内容（包括影视及以类似摄制电影的方法创作的作品和录像制品等）。视频分享网站由于为他人提供侵权作品的传播空间而陷入著作权纠纷。

1. 视频网站的侵犯著作权的界定及其类型。

视频分享网站为用户提供信息存储空间服务，主要涉及的是著作权人的信息网络传播权。信息网络传播权是随着信息和通信技术的发展和交汇而产生的一种专有权，是一种具有排他性质的作品财产权。根据我国 2001 年修订的《中华人民共和国著作权法》（以下简称《著作权法》）第十条第一款第十二项和 2006 年 5 月国务院颁布的《信息网络传播权保护条例》第二十六条有关规定，"信息网络传播权，是指以有线或无线方式向公众提供作品、表演或者录音录像制品，使公众可以在其个人选定的时间和地点获得作品、表演或者录音录像制品的权利"。由此肯定了网络传播是作品的一种使用方式，信息网络传播权属于著作权内一项独立的权能，具有网络传输、复制权、发行权、表演权等权利交叉的特点②。著作权人享有以该种方式使用、许可他人使用，并由此获得报酬的权利。若未经著作权人许可而以网络方式传播其作品，则构成对其信息网络传播权的侵害。

视频分享网站按照用户的指示接受信息，本身并不组织、筛选所传输的内容，网站上存储的涉嫌侵权视频是由网络用户提供的。可以说，网站本身并没有真正实施参与侵犯著作权的行为。但越来越多的视频分享网站卷入著作权侵权纠纷中，被指控为"侵犯信息网络传播权"。以土豆网为例，在 2007—2010 年，上海全土豆网络科技有限公司就被起诉几十次，其涉嫌侵权的作品几十部，其起诉理由都是因为影视公司等拥有影视作品的信息网络传播权，而土豆网在未经许可的情况下，为公众提供该剧的在线播放，侵犯

---

① 夏欣：《视频分享网站侵权激增知识产权产业化举步维艰》，《中国经营报》2009 年 5 月 2 日。

② 何悦：《网络著作权侵权责任研究》，吉林大学博士学位论文，2009 年。

了影视公司等著作权方的信息网络传播权。视频分享网站虽然没有直接实施著作权侵权行为，但其提供的服务在客观上确实"帮助"他人达到了实施侵权行为的目的，使著作权侵权作品得以在未经权利人许可的情况下在网络空间向公众传播，所以，视频分享网站在他人实施的侵权行为中自觉或不自觉地扮演了某种角色，从而侵犯了作品的信息网络传播权[①]。

视频分享网站著作权侵权行为大致有两类：网络用户的侵权行为、网站运营商的侵权行为。网络用户的侵权行为是指，网络用户未经著作权人许可，上传影视等视频作品，侵犯著作权下的专有权利——信息网络传播权。实施上传行为的用户存在身份难以辨别、取证较为困难并且不具备足够的赔偿能力等问题，因此将矛头指向视频分享网站；网站运营商的侵权行为是指，视频分享网站本身侵犯了信息网络传播权与视频分享网站为网络用户的侵权行为提供了帮助或便利作用，被侵权人无法查找到直接侵权人时，将矛头指向了视频分享网站运营商。

2. 视频网站侵犯著作权的解决方案。

首先，完善我国著作权法的相关条款。如，建立网络服务提供商间接侵权责任制度。间接侵权已成为现代社会侵犯著作权的普遍形式，在网络环境下，间接侵权责任的认定不仅关系着著作权人的利益是否可以得到有效保护，也关系着社会公众获得信息的正当权利是否可以实现。在判例法系国家，间接侵权制度不断地演进，侵权责任认定标准的法定化，使间接侵权制度越来越完善。我国现有的涉及信息存储空间网络服务提供商的法律法规，如《民法通则》、《著作权法》、《信息网络传播权保护条例》以及部分司法解释，至今尚未规定任何可操作的判断标准。在司法实践中，法官根据自己的解释极有可能作出不同的判决，使该制度的利益平衡机能无法实现，也与法律的公正、公平性相违背。再如，完善我国著作权间接侵权制度。我国是成文法系，制定的法律条文往往比较原则、抽象，"共同侵权"、"连带责任"、"帮助侵权"等模糊用语，缺乏具体的法律规定，法院判案大量依靠"自由裁量"，各地的法院对同类型著作权纠纷案的判决结果往往不一致。应当在《著作权法》或相关司法解释中引入对"间接侵权责任"的具体规

---

① 薛虹：《网络时代的知识产权法》，法律出版社 2000 年版。

定，以专门的条款列举常见的网络服务提供者著作权间接侵权行为，并规定其构成要件。如关于帮助侵权责任，行为人要对直接侵权人的行为承担法律责任，必须符合以下三个条件：（1）直接侵权行为的存在；（2）行为人必须对直接侵权行为提供了实质性的帮助；（3）行为人知道或有合理的理由知道正在发生的具体侵权行为。还可借鉴美国版权间接侵权制度，行为人的行为若符合以下两个要件，则应承当替代侵权责任：（1）行为人行使最大的监控权利和能力可以制止侵权人通过其产品和服务进行的侵权行为，但却没有制止该行为而放任其发生；（2）行为人因其提供的产品或服务被用于侵权而获得直接的实际的经济利益。

其次，采取技术措施防止著作权侵权。技术措施主要有两类：其一是著作权人或其他著作权相关的权利人，可以为保护著作权等相关权利而实施技术保护措施。《信息网络传播权保护条例》中指出："技术措施，是指用于防止、限制未经权利人许可浏览、欣赏作品、表演、录音录像制品的或者通过信息网络向公众提供作品、表演、录音录像制品的有效技术、装置或者部件。"这就是著作权人的数字权利管理，包括访问控制和使用控制措施，具体包括设置登录密码和访问权限，或者在作品中加入显性或隐性水印[①]。美国联邦通讯委员会要求在 2005 年 7 月 1 日以后，所有的数字电视接收装置以及其他能够接收数字电视广播信号的设备必须要包含能够识别"广播旗"的技术装置。"广播旗"是植入数字电视广播信号中的一种数字编码，相关权利人可以通过设置"广播旗"控制节目的再传播[②]。其二是视频分享网站可以采用相应的技术措施对视频内容进行著作权识别。如国内的视频分享网站开始引进先进的视频音频"指纹识别"技术对网站上的内容进行过滤。这种技术可以识别拥有著作权的视频文件，从而将盗版视频从网站的服务器上清除[③]。该行为也被视为履行"注意义务"而可能会免于侵权责任。

最后，规范视频分享网站的商业合作模式。为了解决著作权困扰，许多视频分享网站基于共赢的目的，纷纷开拓新的合作模式，通过签署合作协议，共享视频著作权内容，分享广告商业利益。2008 年国内的优酷网、土

---

① 张茹、杨榆、张啸：《数字版权管理》，北京邮电大学出版社 2008 年版，第 11—13 页。
② 孙雷：《版权领域内技术措施与相关设备产业的关系》，《知识产权》2008 年第 1 期。
③ 周春慧：《视频分享网站版权之痛》，《电子知识产权》2009 年第 4 期。

豆网等六家网站与美国电影协会及六家成员公司达到"保护性协议",网站同意"在三个工作日删除相关侵权内容","并愿意谈论如何更富效率地移除侵权影片"、"同意过滤侵权影片的技术进行探讨",这为著作权侵权纠纷的非法律解决途径提供了一个良好的开始。

此外,多家视频网站已经与版权方建立了各种各样的合作关系,越来越多的经过授权的正版视频内容开始在视频网站上出现。2008年9月,土豆网推出了黑豆高清版频道,一举大规模地引入了上万部影视作品,所有作品都是通过版权合作方式获得了网络播放权的正版内容。目前主要存在视频分享网站与影视媒体的合作、门户网站与视频分享网站的合作、搜索网站与视频分享网站的合作等几种合作模式①。

除了和享有视频著作权的媒体进行合作之外,视频分享网站与广泛寻求其他著作权合作模式。2009年10月,德云社、优酷与支付宝的合作即可视为一例。郭德纲希望借助网络平台将传统的民间艺术更广泛地进行传播和推广,因而与优酷网达成著作权协议;费用支付通过支付宝(中国)网络技术有限公司进行。这样,作为用户,只需通过支付宝支付10元钱,即可在优酷网上观看郭德纲的《济公传》②。这一合作模式有望解决困扰著作权人和视频分享网站多年的著作权纠纷问题。

虽然视频分享网站可以通过购买的方式获得正版视频,但这样的成本毕竟过于高昂,所以也可以通过其他手段来避开著作权问题所产生的风险。面对激烈的市场竞争,视频分享网站和传统电视台一样,最终决定胜负的还是内容本身。2009年,视频分享网站开始强调"分享不是视频网站的全部",开始在垂直行业频道全视频化方面寻求突破。如激动网建立汽车垂直频道,网站作为创作者拍摄车展花絮、彩排视频报道等,使视频分享网站呈现媒体化趋势。此外,一些视频网站自己拍摄影片,制作视频来充实视频网站的内容。如为了鼓励内容独创,土豆网开始投资视频创作团队,从短小的视频到大型真人秀不一而足;而乐视网甚至两次涉足大电影的制作;优酷开始介入互动直播等一系列尝试。这些努力都是视频分享网站在著作权纠纷不断的环

①　包宇:《视频分享网站合作经营的版权问题研究》,《电子知识产权》2009年第4期。
②　邹韧:《版权合作新模式为视频网站摘去盗播帽子》,《中国新闻出版报》2009年10月27日。

境下寻求新的生存之路的尝试。

中国互联网络信息中心（CNNIC）发布的《2009 中国网民网络视频应用研究报告》调查显示，电影、电视剧是网络视频用户最为喜爱的内容类型，分别以 77% 和 70.5% 的比例位居用户选择的网络视频内容前列。在用户使用网络视频服务的方式中，使用浏览器观看的用户占到 61.3%，是目前视频网民接受程度最高的使用方式。越来越多的网民将娱乐载体从传统的电影和电视转向网络视频。视频分享网站的发展前景还是值得乐观的，但是借助于他人侵权行为获得赢利的商业经营模式是不可能稳定的。尽可能避免著作权侵权，转变经营模式，是我国视频分享网站走向成熟的必由之路。

第二卷

网络舆论及意见领袖

第　七　章

网络舆论的流变及其规律

在《数字麦克卢汉——信息化新纪元指南》中，保罗·莱文森明确指出："因特网是一切媒介的媒介"、"因特网摆出了这样一副姿态：它要把过去一切的媒介'解放'出来，当做自己的手段来使用，要把一切媒介变成内容，要把这一切变成自己的内容。"① 网络媒介这种"兼容并包"的特性，为网络舆论提供了最为适宜的土壤。本章分析网络舆论的流变及其规律，对1998—2013 年的重大网络舆论案例进行系统分析，然后对网络传播的主要平台及功能、典型的网络表达行为及效果等进行探讨。

第一节　重大网络舆论事件的传播规律

网络传播的巨大威力已经有目共睹，其挖掘事实的监督功能、其聚集人气的集合功能、其煽动情绪的动员功能等远远超过传统媒体，然而从现有的网络舆论研究看，多从个案出发、停留于感觉层面，缺乏系统、全面的案例剖析，在广度与深度上都不足以揭示网络舆论发展的本质与规律。本研究力求对有史以来重大的网络舆论案例进行系统分析，以求在更宏大范围探求网络舆论的发展脉络。案例选择标准有二：1. 谷歌与百度两大搜索引擎上出现相关报道超过 1 万条；2. 在大范围内引起社会广泛关注。最终选定我国1998 年年初至 2013 年年底重大网络舆论事件 320 起，对这些案例的关键要

---

① ［美］保罗·莱文森：《数字麦克卢汉——信息化新纪元指南》，何道宽译，社会科学文献出版社 2001 年版，第 7 页。

素，如时间、地点、群体、类型、传播途径与影响效果等进行逐一分析，以全面、系统、翔实的数据揭示我国网络舆论事件形成与发展的基本特征，力图对我国网络舆论管理，特别是网络舆论的引导方式提供有效参照。

一　重大网络舆论事件的时空特征

1. 重大网络舆论事件的时间分布

我国最早的网络舆论事件，虽有学者认为是 1998 年的印尼排华事件，但事实上，早在 1998 年 1 月发生的克林顿拉链门事件，中国网络舆论已经十分活跃。因此，我们选取网络舆论事件以此为先，时间跨度正好从 1998 年年初到 2013 年年底。对我国重大网络舆论事件发生的时间频率进行统计，结果如图 7 – 1 所示：

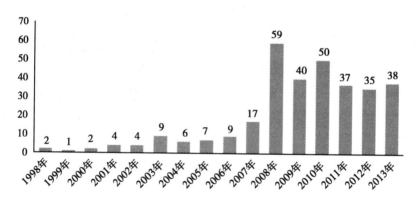

图 7 - 1　重大网络舆论事件的时间频率　（单位：个）（N = 320）

由图可见，中国重大网络舆论事件，在时间上呈波浪状不断上扬且渐趋平稳的发展态势，在时间分布上呈现鲜明的阶段性，以 2003 年、2007 年、2008 年、2010 年为显著界限，这正印证了通常所说的：2003 年是网络舆论年，2007 年是网络民意年，2008 年是网络舆论监督年，2010 年是微博元年。这些具有标志性的年份，在网络舆论事件的数量上皆有明显表现，在 320 起重大网络舆论事件中，发生在 2003 年的有 9 起，2007 年的有 17 起，2008 年 59 起，2010 年 50 起。而且，社会化媒体盛行以后，重大网络舆论事件的发生处于较高的稳定状态。

网络舆论事件逐渐趋多的原因，最为主要的有三：其一，网络技术本身的发展。2003 年之前,互联网还处在 web 1.0 阶段,web 1.0 是以网站提供信息为主,因此,以民意为主导的网络舆论事件在中国尚不常见。2003 年以后,互联网进入以博客、RSS、P2P、社会网(SNS)、即时通信(IM)等为主导的 web 2.0 阶段,用户成为网络信息的主要提供者,互动、共享的网络传播理念及其相关技术的使用,为网络舆论兴盛准备了技术条件。其二,网民数量的急剧增长。网络使用在中国各个领域快速普及,据中国互联网络信息中心发布的报告,在 1997 年 10 月,我国网络用户仅为 62 万,而到了 2013 年 6 月,网民规模达 5.91 亿,互联网普及率为 44.1%,巨大的网络使用群体形成了强大的网络舆论主体。其三,中国社会民主化建设的加强。随着中国社会民主进程的不断推进,政府致力于推行信息公开,特别重视网络言论,网络媒体的舆论监督作用得以充分展现。

网络舆论事件从形成、发展、高峰峭立,到有所回落,也显示出政府网络舆论管理水平的提升。

2. 重大网络舆论事件的空间分布

我们根据现实中的地域概念将网络空间进行划分,为了方便统计,我们选取方位角度、大小角度。从方位角度,我们通常以方位不同将地域分为东部、中部、西部三个部分。从大小角度,我们通常以人口数量、经济属性、消费水平等将地域分为大城市、中小城市以及农村偏远地区。

对我国重大网络舆论事件发生的地域进行统计,结果如下:源自东部地区的重大网络舆论事件有 158 起,占 49%,中部地区 68 起,占 21%,西部地区 58 起,占 18%,全国范围内的网络舆论事件(如 SARS 事件、雾霾事件、涉外关系类舆论事件)共 36 起,占 12%,如表 7-1 所示:

表 7-1　　　　　　　　我国重大网络舆论事件发生的地域分布

地域	案例数	所占比例
东部地区	158	49%
中部地区	68	21%
西部地区	58	18%
全国范围	36	12%

通过对重大网络舆论事件发生的城市比例进行统计,发现源自大城市的

重大网络舆论事件有 170 起，占 53%；中小城市 86 起，占 27%；农村偏远地区 28 起，占 9%；全国范围 36 起，占 11%，如表 7-2 所示：

表 7-2　　　　　　　　　我国重大网络舆论事件发生的城市比例

地域	案例数	所占比例
大城市	170	53%
中小城市	86	27%
农村偏远地区	28	9%
全国范围	36	11%

　　两组数据非常合乎逻辑得契合一致。由此可见，重大网络舆论事件更为频发的地域以东部地区与大城市为最，而且，城市越发达，受网络舆论关注的程度越高。以方位而言，频发顺序是：东部、中部、西部；以发达程度而言，频发顺序是：大城市、中小城市、农村偏远地区。在东部及大城市中，北京、广州、上海、深圳最为突出，其中北京占所属区域的 27%，广州占 7.5%，上海占 6%，深圳占 5%。显而易见的原因不外是，北京为全国政治文化中心，上海为经济贸易中心，广州、深圳为东部沿海最为发达的地区。在中部地区，网络舆论事件分布以湖北、河南、湖南、山西四省偏多，其中，湖北占 29%，河南占 24%，湖南占 19%、山西占 19%。并主要集中在武汉、郑州两城市，所占比例均为 8%。山西的网络舆论事件中，多数为矿难事件，占到其总数的 75%。西部各地，以重庆、陕西、四川偏多，四川、重庆各占 22%，陕西占 19%，而且多集中在成都、重庆与西安三个城市，其中成都占 16%，重庆占 9%，西安占 6%。这也正好是西部较为发达的三个城市。

　　由于网络传播超越空间，一些网络舆论事件跨区域特征十分明显。这其中一部分是因为事件本身就是全国性事件，如 SARS 事件、雾霾事件等；一部分事件是因为备受关注而扩散到其他区域，如印尼排华事件、棱镜门事件等。这种跨地域性的网络舆论事件占到整个 320 起网络舆论事件的 11%。

　　对重大网络舆论事件的空间分析过程中，我们同时能感觉到事件发生地域的迁移。基本呈现出：初期阶段（1998—1999 年），网络舆论事件多源起于国外，如克林顿拉链门事件、印尼排华事件、中国大使馆被炸事件；2000年前后，网络舆论事件重心转移到国内中西部地区，如胡长清案、广西南丹矿难、繁峙矿难；2003 年以后，东部发达地区成为关注的焦点，如孙志刚案、珠海买春事件、上海社保案等。

二　重大网络舆论事件所涉群体与类型

1. 重大网络舆论事件所涉群体

重大网络舆论事件所涉群体，参照《当代中国社会阶层研究报告》，"以职业分类为基础，以组织资源、经济资源、文化资源占有状况，作为划分社会阶层的标准"，最终划分出中国当代社会十大阶层，即国家与社会管理者阶层、经理人员阶层、私营企业主阶层、专业技术人员阶层、办事人员阶层、个体工商户阶层、商业服务业人员阶层、产业工人阶层、农业劳动者阶层、城乡无业失业半失业阶层。① 我们对十大阶层在重大网络舆论事件中出现的频率进行统计，结果如图 7 - 2 所示。

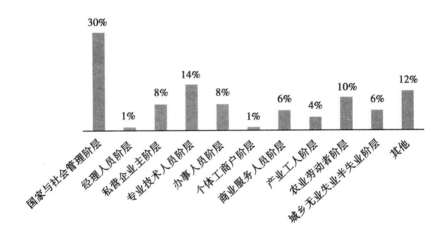

图 7 - 2　重大网络舆论所涉社会阶层分布　（单位:%）（N = 320）

由图可见，在十大社会阶层中，以国家与社会管理者阶层首当其冲，相关案例共 97 起，占 30%。其次为专业技术人员阶层，相关案例 45 起，占 14%，位列其三的是农业劳动者阶层，案例 28 起，占 10%。私营企业主阶

① 中国社会科学院社会学研究所:《当代中国社会阶层研究报告》简略版本，http: // gongzi53861 blog11631com/blog/static/275603052008518828215730/，2008 年 6 月 18 日。

层、办事人员阶层相关案例均为 26 起，占 8%，商业服务人员阶层、城乡无业失业半失业阶层相关案例均为 20 起，占 6%，产业工人阶层相关案例 12 起，占 4%，位列最后的是经理人员阶层、个体工商户阶层，各 4 起，仅占整体的 2%。值得关注的是，重大网络舆论事件所涉阶层日渐多元化，有 37 起案例（12%）涉及群体至少包括 2 个以上社会阶层，如全国性舆论事件（雾霾事件）、涉外关系舆论事件（棱镜门事件）所涉阶层多元化，且有超越中国社会阶层范畴的趋势。

国家与社会管理者阶层，是党政事业和社会团体机关单位中行使实际行政管理职权的领导干部，是整个社会阶层结构中的主导性阶层，他们在整个社会阶层结构中所占比例仅为 2%，但却拥有并控制着整个社会最重要的组织资源，对社会发展具有决定性的影响作用。[1] 因此，构成网络舆论事件的焦点，网民极度关注他们的道德品质、管理能力、工作作风等。如 2007 年的华南虎事件，不断作假的村民周正龙受到舆论指责，但更为强烈的网络舆论矛头是直指陕西省林业厅，网民关注的是政府诚信。2009 年绿坝事件，网民质疑的是工信部的工作方式，工信部没有充分论证就仓促安装过滤软件，以致抵制之声四起。2009 年，郑州某副局长质疑记者"替党说话还是替老百姓说话"，引发人们对干部工作作风的思考；全国最年轻市长迅速蹿红网络，则引发人们对年轻干部工作能力的深思。

位列其二的专业技术人员阶层，他们是在各类机构中从事专业性工作、科技工作的专业人员，是我国社会中层的主要群体，在社会阶层结构中所占比例约为 18%，他们拥有社会文化（技术）资源。有研究显示，拥有文化资源的重要性在中国特定社会结构中越来越凸显，甚至超过对经济资源的拥有。[2] 网络舆论对该类阶层的关注正好契合这一结论。如 2008 年阎崇年事件，著名学者阎崇年无锡签名售书，网友认为其观点有汉奸之嫌，遭掌掴，引起网上对其学术观点的大讨论。2008 年奥运会中美女排赛，执教美国队的郎平成为网络舆论评论的焦点。其他如 2001 年赵薇着装事件、2007 年黄健翔"解说门"事件、2009 年方静间谍门事件等皆如此。

---

[1] 中国社会科学院社会学研究所：《当代中国社会阶层研究报告》简略版本，http：//gongzi53861 blog11631com/blog/sta tic/27560305200851882821573/，2008 年 6 月 18 日。

[2] 同上。

位列其三的是农业劳动者阶层，他们所拥有的政治资源、经济资源和文化资源是所有社会阶层中最低的，农业劳动者阶层逐渐成为利益受损阶层，而随着近几年我国城镇化的不断推进，与农业劳动者阶层密切相关的土地资源成为社会关注的焦点，由此产生的相关舆论事件呈高发状态。如 2005 年的河北定州征地血案、2010 年的湖北武汉农民自制土炮抗强拆事件等。

总之，网络舆论对社会阶层的关注度，明显呈现出如下特点：对社会资源占有越多，被关注度越高；对社会资源拥有越少，被关注度越低。

2. 重大网络舆论事件所涉类型

网络舆论事件的类型是针对网络舆论事件的议题与性质。网络舆论事件所涉内容很广，我们对 320 起网络舆论案例进行分类，凡同类案例有 5 个以上的，即归为一类，结果共归纳出 13 个类别，对其频次进行统计，结果如图 7 - 3 所示：

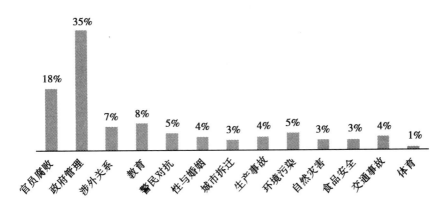

图 7 - 3　重大网络舆论事件类型分布　（单位：%）（N = 320）

网络舆论事件关注的类型较为广泛，但主要集中在政治与民生方面。政治方面，政府管理与官员腐败密切相关，共占整个案例的 53%，显示出网民对政治生活的关注。

网民一方面积极关注政府的管理绩效，一方面积极监督管理中的腐败问题。前者如，2008 年胡锦涛强国论坛对话网民、网民对科技部网站留言的热议、网民对中国政府大部制改革的关注，2009 年薄熙来重庆打击黑社会保护伞等，都受到网民的热烈追捧。后者如，2007 年上海社保案、2009 年躲猫猫事件、湖北邓玉娇案等，极大发挥了网络舆论的监督作用。2009 年腾讯网对目前举报方式的调查显示，网络曝光占 35.8%，居目前举报形式之首，其他依次为传统媒体曝光（31.3%）、向纪委举报（17.2%）、向检察院举报（11.4%）、向上级政府机关举报（3.3%）、向公安部门举报（0.5%）。[①] 2008 年 5 月 1 日，国务院签发《中华人民共和国政府信息公开条例》，鼓励政府与官员信息公开。2009 年，从中央部委到地方政府，建立网络快速应急机制，及时回应网民。[②] 网民对政府官员的关注，显示了国家政治民主的进步。

警民对抗问题，因案例较多，占到总数的 5%，所以单列一类，事实上这类案例反映的也是网民对政府行政执法的监督。随着社会民主法治的加强，人们对公平正义的要求越来越高。政法机关的执法行为，特别是执法中的不公不廉问题成为网络舆论监督的焦点。如 2008 年上海袭警案、哈尔滨警察打死人事件，2009 年的浙江南浔两协警临时性强奸事件、2009 年七十码事件等，都引起网络舆论的轩然大波，对政府倡导的阳光执法起到很好的助推作用。

对民生问题的密切关注，是网络舆论事件关注的又一大热点。民生问题是与普通百姓生活密切相关的问题，如教育、医疗、城市拆迁、环境污染、食品安全等，这类案例共 61 起，占到总体数量的 19%。这些内容最易于触发网民的敏感神经，引起网民共鸣，快速形成网络舆论热潮，并引发人们对体制缺陷的探讨。如 2009 年罗彩霞冒名顶替上大学事件、2009 年南京婴儿徐宝宝医院死亡事件、2007 年重庆最牛钉子户事件、2005 年松花江水污染事件、2007 年"太湖蓝藻"事件、2007 年厦门 PX 事件、2005 年苏丹红事件、2008 年三鹿奶粉事件等皆如此。

涉外关系问题，案例 21 起，占到整体的 7%。随着中国经济的崛起，国际交往越来越频繁，由此引发的网络舆论事件也渐趋增多。这类案例主要表现为爱国热情与民族情节的纠集，如 1999 年中国驻南斯拉夫大使馆被炸、2001 年赵薇军旗装事件、2003 年日本人珠海嫖妓事件、2004 年民间反日入常事件、2008 年抵制家乐福事件、2008 年莎朗斯通"辱华"事件等。这种

---

① 祝华新、单学刚、胡江春：《2009 年中国互联网舆情分析报告》，人民网舆情检测室，http：//yq. people. com. cn/htmlArt/Art392. htm，2009 年 12 月 22 日。

② 同上。

情绪引导得当便是一种强大的爱国力量，如 2008 年西藏"3·14"事件，2008 年奥运火炬巴黎遭袭事件，网民对国外媒体歪曲与不实报道进行了有力的反驳与谴责，为国家赢得了尊严。

　　性与婚姻问题也是网络舆论关注的焦点，这类案例共 13 起，占到整体的 4%。现实社会的道德滑坡使网民特别关注体现人类基本道德的性与婚姻问题。这类问题总是与名人隐私、高官情妇、插足小三、家庭责任等联系在一起。如 2006 年铜须门事件的主人翁铜须，因被网友爆料与一有夫之妇发生婚外情，惨遭网络人肉搜索；2009 年艾滋女事件，一名自称艾滋女的博主在博客上公布了 279 名与自己发生性关系的男性手机号码，导致公安部门介入。其他诸如"一夫二妻"区委书记事件、姜岩死亡博客事件、艳照门事件等皆如此。

　　总之，对政治与民生生活的关注，构成重大网络舆论事件议题的焦点。

三　网络舆论事件的信源与传播路径

　　目前，大众传播的媒体主要有三：传统媒体（包括广播、电视、报纸、杂志等）、网络媒体和手机媒体。我们对 320 起案例的信源与传播途径进行考察，以探寻网络舆论事件在各媒体间形成、扩散与传播的基本规律。

　　1. 网络舆论事件的信源

　　考察网络舆论事件的信息来源，我们通过多种渠道进行追溯：追溯谷歌、百度、搜狗、有道等搜索引擎；追溯门户网站以及社区论坛自带的检索系统；也通过电子期刊库进行文献追溯。通过对 320 个网络舆论案例的信息源的考察，我们发现：46% 的网络舆论事件由传统媒体率先报道，44% 源自网络媒体，2% 源自手机媒体，8% 各类媒体同时报道，难以分辨先后，如表 7－3 所示：

表 7－3　　　　　　　　　　　　　重大网络舆论事件的信源

媒体源头	传统媒体	网络媒体	手机媒体	多种媒体
最先报道数	147	140	7	26
所占比例（%）	46	44	2	8

　　结果显示，重大网络舆论事件的信息源，可查证的大多来自传统媒体，

这与我们通常所感觉的网络媒体已经成为最为重要的信息源有所出入，但却十分吻合我们对门户网站信息源的分析，在门户网站的海量信息中，除体育与娱乐信息原创率居高外，其他信息多转自传统媒体或新闻网站（新闻网站的信息多源自其母媒体）。究其原因：其一，与我国媒体管理政策密切相关。根据政府 2000 年、2005 年出台的《互联网站从事登载新闻业务管理暂行规定》、《互联网新闻信息管理规定》，只有传统媒体创办的网站，经过申请、审批才有新闻首发权，其他网站皆不具备采访与首发新闻的权力，其新闻只能转载传统媒体或新闻网站。然而，低成本的转载与复制，快速形成新闻聚合的强势，同样也能吸引受众眼球。其二，传统媒体的组织结构与品牌优势，使他们在信源获取上仍具优势。传统媒体具有分布合理的信息网络，具有训练有素的专业采编队伍，在网络时代，也在不断的通过各种途径提升自身的竞争力。而网络媒体，绝大多数尚不具备这样的组织构架，分散的信息渠道，良莠不齐的信息内容，系统开发、甄别信源上仍需努力。

然而，对性质敏感、发生地偏远的事件，网络媒体的挖掘功能却有独到之处。如 2002 年 SARS 事件，在管理部门未作指示之前，传统媒体难以报道，但网络论坛上四处传播。2008 年温州出国考察门事件，一张遗失的公务员出国考察账单，在事情没有核实之前，传统媒体难以报道，但网络论坛四处张贴。2008 年山西娄烦矿难，几十条人命，当地政府封闭消息，传统媒体难以报道，记者孙春龙却将事件发表在自己的博客上。诸如此类，举不胜举。

网络信息发布平台众多，最为主要的集中在网络论坛、QQ 群、贴吧、博客、邮件列表、新闻网站上。我们对源自网络的 140 起重大网络舆论事件进行考察，结果发现：源自网络论坛的居首，其次是博客、微博，之后新闻网站、贴吧、邮件列表、QQ。具体如表 7 - 4 所示：

表 7 - 4　　　　　　　　　　重大网络舆论事件的信源

网络源头	案例数	百分比（%）
论坛	64	46
博客、微博	62	44
贴吧	4	3

续表

网络源头	案例数	百分比（%）
邮件列表	2	1.5
QQ	1	0.5
新闻网站	7	5

网络媒体发掘信源的能力将会越来越强势，其无以数记的信息源头，其四通八达的信息渠道，特别是随着3G普及，移动网络的广泛使用，网络媒体的优势会更加明显。

2. 网络舆论事件的传播路径

对320起重大网络舆论事件的媒体传播路径进行考察，我们发现其传播路径基本如下：一是从手机媒体到网络媒体或传统媒体，占2%；二是从网络媒体到传统媒体或手机媒体，占38%；三是从网络媒体到网络媒体，占3%；四是从传统媒体到网络媒体或手机媒体，占35%；五是各媒体同时关注，占22%。事实上，网络舆论事件的形成，大多是多种媒体互为传播的结果。

对网络舆论事件的传播路径进行整体考察，发现其扩散过程基本呈现出葫芦状模型。最初，某媒体发掘信源；然后，各媒体分头传播；之后，多媒体共鸣；最后，舆论事件形成，并向社会各方扩散影响。如图7-4所示：

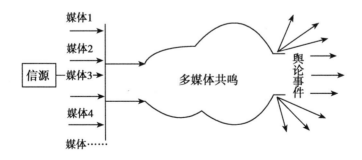

图7-4 重大网络舆论事件的传播模型

网络舆论形成的途径较为多元。在事件发展中，网络媒体的推波助澜作用尤为突出。网络媒体彻底消解了传统媒体的话语霸权，广大网民都可以发出自己的声音，探讨问题、形成观点、引导舆论。在网络舆论事件中，意见领袖的作用值得关注，因为起关键作用的观点往往来自非常有限的几个活跃分子。

值得一提的是，5%的重大网络舆论事件，在网络上沸沸扬扬，持续升温，传统媒体却较为漠然，如赵薇着装事件、一个馒头引发的血案、铜须门事件、贾君鹏事件等。这典型地反映出不同媒体间截然不同的价值取向，这种取向会随着媒体的多元发展更趋明显。

四 网络舆论事件的影响与效果

网络舆论不同于司法审判，它主要是通过"舆论场"形成强大的舆论压力对事件各方施加影响，从而左右事件进程。该部分探讨网络舆论事件的影响与效果，主要是从两个方面展开：一是探讨网络舆论对事件解决的多向作用；二是探讨网络舆论事件媒体影响力比较。

1. 网络舆论对事件解决的多向作用

网络舆论对事件解决的多向作用，是指网络舆论在促进原始事件解决过程中的正面或负面影响。传播学先驱勒温在研究群体的社会行为时建立了一个力场分析图，图中，他将促进事物变革的力量分为作用力与反作用力，当作用力大于反作用力时，事物将会发生变革；当作用力小于反作用力时，事物将会走向变革的反面；当作用力与反作用力相持不下时，事物会处于均衡状态。[①]

受此启发，我们将事件进程中网络舆论作用划分为三种：正向、负向与中性。网络舆论对促进事件的发展具有明显的正面效果的我们称为正向；网络舆论在促进事件解决上产生负面消极作用的我们称为负向；网络舆论的多方观点势均力敌，对促进事件的解决效果不甚明显的我们称为中性。

我们对320起重大网络舆论事件解析，通过各种检索工具、追踪事件发展过程以及最终解决结果，发现网络舆论在推进事件发展中作用多向。其中，起正向作用的案例有237起，比例高达74%，起中性作用的案例为61起，比例为19%，起负向作用的案例有22起，比例为7%，如图7–5所示：

---

① ［美］勒温：力场分析法，MBA智库百科，http：//wiki.mbalib.com/wiki/%E5%8D%A2%E5%9B%A0%E7%9A%84%E5%8A%9B%E5%9C%BA%E5%88%86%E6%9E%90%E6%B3%95。

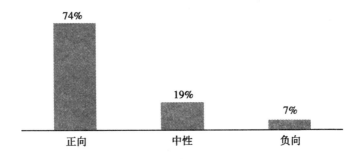

图 7-5 网络舆论对事件发展的影响 （单位:%）（N = 320）

数据显示，起正向作用的网络舆论占绝大多数，其正面的积极的意义十分明显。如 2003 年孙志刚事件，从传统媒体引发到网络媒体，形成强大的舆论压力，温家宝总理亲自召开国务院常务会议，最终废止 1982 年 5 月国务院发布的《城市流浪人员乞讨收容遣送办法》。2008 年山西襄汾溃坝事件，事故发生后网络舆论反响强烈，很快掀起问责风暴，涉及各级官员 100 多名，省长孟学农引咎辞职，副省长张建民免职。其他，2007 年厦门 PX 事件、2009 年番禺垃圾焚烧事件等，都因网络舆论强烈抵制，最终迫使地方政府修改决议。

起中性作用的网络舆论，对促进事件解决的作用不甚明显，但却起到了很好的广开言路的作用，虽然这些言论不免会良莠不齐。如 2008 年农民工胡小燕当选人大代表，网上舆论纷纷，有的嘲笑现行人大代表选举制度，有的积极肯定社会民主的进步，莫衷一是。2009 年全国最年轻市长事件，全国最年轻市长周森峰被媒体报道后，引起网民强烈兴趣，有的赞扬中国干部年轻化制度，有的对其背景产生怀疑，舆论纷争。2008 年的杨师群教授反革命风波，有的批评学生的告密行为，有的质疑杨教授的授课行为，相持难下。在诸如以上的网络舆论事件中，虽然没有传统媒体的强势导向，然而在网民的多元观点呈现中，人们开阔了思路，政府了解了民意。

起负面作用的网络舆论所占比例较小。网络舆论的情绪化、鼓动性、不负责任等特点，也易于引起网络暴力、网络侵权等问题。如 2006 年铜须门事件、2007 年姜岩事件，当事人在网上受到网络舆论的强烈抨击，生活隐私遭到网民的人肉搜索，生活安宁受到极大干扰。也有网民不辨是非，如

2008 年上海杨佳袭警案，杨佳为泄小愤，刺杀 6 名警察，却有网民对其行为大加赞赏，称其为"沪上刀客"。对这类案例的引导如果不能及时引起重视，就会造成负面的消极影响。

2. 网络舆论事件中媒体影响力比较

比较网络舆论事件中各媒介的影响力，我们将事件进程与主要媒体报道联系在一起，对不同媒体报道对事件发展的影响作用进行考察。结果发现，在重大网络舆论事件中，多种媒体共同影响舆论发展成为最主要表征。其中，多种媒体（主要表现为网络媒体与传统媒体的联合）主导网络舆论发展的案例有 169 起，占 53%，网络媒体站主导作用的 133 起，占 42%，传统媒体起主导作用的 18 起，占 5%，手机媒体主导网络舆论发展的作用尚不明显（参见表 7 - 5）。

表 7 - 5　　　　　　　　网络舆论事件中媒体影响力比较

媒体	网络媒体	传统媒体	手机媒体	多种媒体
案例数	133	18	0	169
所占比例	42%	5%	0%	53%

数据显示，不同媒体对舆论事件进程的影响力，网络媒体首屈一指。虽然网络媒体在信源挖掘上尚不及传统媒体，但网络媒体最具人气、最具开放性的特点使其影响力远在传统媒体之上。许多传统媒体无法解决的问题，网络媒体皆因网民的自觉参与，挖掘真相，伸张正义，最终形成势不可当的网络舆论气势，管理者不得不重新审视问题。如 2009 年杭州的七十码事件、2009 年云南的躲猫猫事件、2009 年河南跨省追捕王帅案等，皆因执法者没有秉公执法，网民穷追不舍，最后施暴者受到严惩，受害者获得赔偿。

网络时代传统媒体受到的冲击已经迫使传统媒体不得不重新寻找出路。虽然目前在信源获取上仍有政策保护，但对重大舆论事件的影响力，已经无法与网络媒体相比。然而，在我国特定的媒体框架下，传统媒体的功能仍然不容忽视。如 2004 年的湖南嘉禾拆迁事件、2004 年深圳妞妞事件、2006 年富士康事件等，皆因传统媒体，特别是中央级媒体的介入，事件最后都得以圆满解决。到目前为止，传统媒体的权威性仍然难以被超越。

手机媒体，其媒体功能开发较晚，在舆论事件中的影响力难以考察，但其独特的便捷性、移动性，皆是其他媒体无法比拟的。如2007年厦门PX事件，在网络媒体传播受阻后，手机媒体仍在推动事件发展。2008年汶川地震，当传统媒体与网络媒体陷入瘫痪时，手机媒体仍在向外界传递信息。手机媒体巨大的潜力将会越来越凸显。

在全信息时代，多种媒体共同关注重大事件，共同影响事件发展，这将成为媒介发展的必然趋势。媒介融合现象已经成为学界、业界关注的热点。媒体实践早已起步，如美国"9·11"事件、中美撞机事件、中国奥运会开幕式、金融危机等，理论研究正在紧跟其后。

五　结论与启示

对网络盛行后15年间320起重大网络舆论事件进行分析，结论与启示如下：

第一，网络舆论事件上升趋势明显，特别是2008年以后，网络舆论监督成为一种社会常态。因此，政府对网络舆论的管理任重道远。第二，网络舆论事件频发点：地域上，多集中在东部发达地区；群体上，多集中在政治、文化、经济资源占有更多的群体。政府在进行网络管理的同时，也应该对这些地域的社会秩序、群体道德进行监管。第三，网络舆论事件最关注的问题，是政府官员的执政与民生问题。这些问题关涉到普通百姓最敏感的神经，稍有不公，易于群情激愤，形成网络暴力。因此，政府行政执法的公正性，网民道德水平的提升，都应受到高度重视。第四，网络媒体的影响力已经越来越大，不仅在网络舆论事件发展中起到重要的主导作用，在推进事件圆满解决方面正向作用也十分突出，因此，如何有效利用网络媒体，是我们还得继续研究的课题。

第二节　网络舆论传播主要平台及其功能

从传播渠道看，网络舆论主要传播平台有下几种：网络新闻与新闻跟帖，BBS论坛与贴吧，博客、播客、维客与微博，电子邮件、邮件列表与新闻组，即时通信，网络签名、网络投票及社交网站的网络言论。在国外，

Twitter、新闻讨论组与维基百科是人们交流信息、发表言论的重要渠道，但在我国，在平台选择上显然有自己的特点。

一　网络舆论传播的主要平台

（一）网络新闻与新闻跟帖

1. 网络新闻

目前，人们普遍认为网络新闻跟帖、BBS、博客和微博为网络舆论表现的主要形式，网络新闻在网络舆论生发过程中的重要性反而被人忽视了。

网络新闻的重要作用体现在其为网络舆论生成提供了源头，离开网络新闻，网络舆论会成为无源之水。近年来网络新闻已经成为网民获取消息的主要来源，也为网络舆论点燃了所关注的议题与对象。2008 年，据中国互联网信息中心发布的《第 22 次中国互联网络发展状况统计报告》显示，在2.53 亿网民中，网络新闻使用率达 81.5%，用户规模达到 2.06 亿人，在网络应用中排名跃升至第二位。2008 年网络舆论大事不断，网络新闻的报道是动因。中国网民密切关注时事，是网络舆论兴旺的前提。具有海量信息的互联网，正在成为社会舆论赖以生成的主要信息源。[1] 2009 年，据中国互联网信息中心统计，网络新闻使用率保持稳定，占比 78.7%，在 2008 年年末水平略微上升。由于互联网即时、便利的特性，网络新闻一直是网民最常使用的网络应用之一，其传播的深度和速度都领先于传统媒体。2009 年 7 月初《纽约时报》宣布将许可与其合作的网络媒体将时报新闻内容首先发布在网络上，包括新闻、照片等内容。这种趋势将使网络媒体在信息传播的速度、深度和权威性上得到加强。同时，用户生成内容（UGC）、互动产生的关系传播等成为网络媒体发展的新特色，共同助推网络媒体快速发展。[2]2008 年和 2009 年，中国互联网信息中心对网络新闻用户的分析参见表 7 - 6。

---

[1]　参见祝华新、单学刚、胡江春《人民网舆情监测室推出 2008 年中国互联网舆情报告》，http：//yq. people. com. cn/htmlArt/Art28. htm，2008 年 4 月 2 日。

[2]　参见中国互联网络信息中心《第 24 次中国互联网络发展状况统计报告》，中国互联网络信息中心网，http：//www. cnnic. net. cn/index. htm。

表 7 - 6　　　　　　2008 年 12 月—2009 年 6 月网络新闻用户对比

	2008 年年底		2009 年年中		半年变化	
	使用率	网民规模（万人）	使用率	网民规模（万人）	增长量（万人）	增长率
网络新闻	78.5%	23400	78.7%	26601	3201	13.7%

资料来源：中国互联网信息中心：《第 24 次中国互联网发展状况统计报告》。

网络新闻的作用就在于其本身直接构成网络舆论的组成部分。一件事不管是被传统媒体最先披露还是新闻网站首先报道，都代表一种对事件的态度与看法。如果事件被各网站普遍转载刊发，至少说明此事件为各网络媒体广泛关注，或为广大网民所关注，这种普遍刊发本身就代表一种态度与倾向。如果某事件引不起网络媒体兴趣，各网站对与之相关的新闻不予转载，同样说明此类事件对媒体与网民都普遍缺乏吸引力。

2. 网络新闻跟帖

与网络新闻相对应，网络新闻跟帖在网络舆论中的作用更为人们广泛关注。网络新闻跟帖这一形式首先出现在商业网站，据查，新浪网于 2000 年 6 月最早开设这一互动功能。网络新闻与网络新闻跟帖合在一起，可以看做是网络互动新闻的一种表现。因为网络新闻跟帖依附于网络新闻后面，是众多网友针对新闻内容发表短小精悍评价的一种表现。这种评价一般是网友内心情感与想法的自然流露，比较真实地反映了网民对新闻事件的看法，新闻跟帖的数量与质量是衡量网络舆论的重要指标。

网络新闻跟帖在舆论的最初形成中起到简单的情绪表达作用。不同的网民对相同新闻的解读通常是不一样的，这是一个解码的过程，霍尔把编码解码分为三种：主导霸权式、协调式与对抗式。网民在对网络新闻解读时也大体分为三种，有的完全赞成新闻所言，有的部分赞成部分否定，有的则完全从与新闻报道立场相反的层面进行解读。网络新闻跟帖为网民看完新闻后发泄情绪、抒发胸臆提供了便利的窗口。而在这种情绪感染中，网络舆论也渐渐萌芽。网络新闻跟帖也能够为网络新闻提供必要的补充，一条新闻播发后，很多当事网民会通过新闻跟帖的形式进行补充，这种补充会使原来的新闻更加清晰丰满，有时这些补充甚至会完全颠覆原新闻的报道。

众多的网络新闻跟帖形成"盖楼"现象，即后面网友的帖子会自动置于前者的留言之上，各个帖子累积在一起，形成一层层叠加的"楼房"。如果一则新闻或一个观点得到网友普遍赞成，网友会把"楼"盖得很高。但新闻跟帖也存在此种情况，虽然有时跟帖很多，动辄几万几十万条，但很多有价值的帖子却被掩埋在帖子的海洋中；有时帖子很多，但都是同义反复，真正有价值的帖子不多；有时跟帖会出现霸位效应，即对同一个热门跟帖，众多人都去"顶"它，在表述上实际只有态度没有观点，从客观上看都是一种霸位效应，对言论的质量并无多大帮助。有时，霸位效应的延伸形成网上的"托"现象，这种网络新闻跟帖严格讲，并不能真正反映民意，因为它是人为操作的结果。例如网上一则新闻跟帖，几百个帖子基本上都是一个观点，没有一条反对意见，这些跟帖明眼人一看就是"托"，让人产生恶劣印象。

当然，网络新闻跟帖虽然不能达到我们所要求的理想效果，可是它毕竟为我们迅速了解民情民意提供了一个窗口，况且某些网络舆论事件中网民参与的人数众多，这种"众口铄金"的效果是单凭霸位或"托"操作达不到的，因此它也基本上反映了广泛的民意。

(二) BBS 论坛发言与贴吧讨论

1. BBS 论坛发言

网络论坛也称 BBS，全称 Bulletin Board System。产生之初，只有公告板的功能，用于发布股价信息。随着功能的逐渐扩大，BBS 成为大众讨论的园地，因而被称为"论坛"。BBS 现在已经成为人们发表言论、进行思想沟通的重要场所。BBS 与新闻跟帖相似，为人们思想交流提供了重要阵地。

BBS 由于发言的匿名性、交流的平等性及充分的话语权，作为言论集散地的优势非常明显。长期以来我国媒体的话语权掌握在各类精英手中，BBS为民意提供了一个畅达的通道。学者闵大洪认为，以往只有权势阶层和知识精英拥有话语权，而网络论坛这类互联网功能，则使普通公众包括弱势群体、边缘群体也拥有了某种话语权。[①] 美国社会学家米尔斯认为，民意最重

---

① 李凌凌：《网络传播理论与实务》，郑州大学出版社 2004 年版，第 138 页。

要的特征就是其作为辩论的自由。BBS 为民众的思想交锋提供了理想的角斗场。BBS 一般设有"浅水区"与"深水区"。"浅水区"中网民的发言较短，一句话几句话不等；"深水区"发言较长，有的帖子动辄几千字甚至几十万字。

中国的各种类型 BBS 大体分为两类：一类是传统媒体或官方、半官方网站主办的 BBS；另一类是商业网站主办的 BBS。前者如人民网的"强国论坛"、人民网的"发展论坛"、清华大学的"水木清华"、华中科技大学的"白云黄鹤"等；后者如天涯社区的"天涯杂谈"、猫扑社区的"猫眼看人"等。这两类不同类型的 BBS 对言论管理都采取"先审后发"的措施，在尺度标准上各有不同。前者对网友的言论发表较为严格，除设置关键词过滤之外，论坛管理员即版主一般由专职人员担任，这些版主在讨论前常常会抛出既定的议题，引导网友围绕设定的话题进行讨论，遇到网友"过激"言论，还时常会发出善意的"提醒"与"警告"，并负责删除违法言论。

商业网站举办的 BBS 在言论把关上尺度相对较松，只要言论不违犯国家法律，网民可以就某个话题或不同话题展开充分的探讨。商业网站 BBS 版主一般请那些在论坛中有较大影响的网友担任，有的论坛会给这些兼职的业余版主一定的报酬，有些则不给报酬，版主在此时被视为一种荣耀。为了追求在线人数与发帖量，商业网站的 BBS 经常会鼓励网友发帖，甚至是某些"出格"的言论，以这种打"擦边球"的形式吸引网民眼球。这也带来很多问题，如话题不集中，言论极端化等，以至有许多人认为 BBS 是"公厕言论"与"清谈之地"。但总体来看，中国 BBS 对实现网民的言论自由起到重要作用，因为人人可以发言，因此真理与理性就可以在充分的辩论中自然呈现，故许多人非常看好中国网民的 BBS 帖子发言，认为这是中国公共领域形成的雏形，对中国的民主自由会产生积极作用。

2. 贴吧讨论

贴吧是 BBS 的延展，是一种搜索加 BBS 模式。与传统网络论坛相比，百度贴吧在贴吧的建立与发帖方面更加快捷与便利。贴吧最早来源于百度公司首席执行官李彦宏的创意，成立于 2003 年 11 月 26 日。与 BBS 相比，贴吧的自由度更高，任何人都能轻松的申请当版主，建立自己的论坛，任何一个贴吧都可以是一个社区、一个村落、一个论坛，它可以通过任意关键词就能把有相同兴趣的人集中在一起，从而方便网友的交流。利用贴吧，社会上几乎所有的敏感话题与事件，都可以在这里迅速形成讨论，并产生新的思想、新的主张。

目前，百度贴吧的模式被许多网站竞相模仿，出现了中搜贴吧、sougou说吧、一搜部落等不同的形式。与一般网络论坛比，网络贴吧的受众能够自动分类，具有更强的区域性与针对性；贴吧的出现也改变了人们对信息的关注与表达习惯；贴吧能短时间聚集起相同兴趣和爱好的群体，就共同关注的话题进行讨论，进而通过扩散产生强大的舆论，进而对社会产生影响。然而贴吧的自主创建与自由发言，有时难免会出现一些问题，如帖子可信度存在问题，内容凌乱、垃圾信息多，帖子言论过激、产生不文明的谩骂言论等。一般情形下，贴吧会有管理员进行管理，如果管理员稍不注意，就有可能让帖子引来麻烦。如发生在 2008 年的"中国首例贴吧案"便是如此。当事人息县吧吧主"我最丑"于 2005 年经申请成为百度息县吧吧主。2008 年"因未及时删除辱骂息县女县长的帖子，遭警方传审"。

（三）博客、播客与微博

1. 博客

如同论坛最初作用是公告牌，博客最初是罗列网址的链接集合。博客是英文 blog 的音译，blog 是 Weblog 的简称，译为网志、部落格、部落客等，因个体主导采编发布，又被称为"自媒体"，也被视为网络出版（Web Publishing）。博客最重要的特征在于能够使个人在网上充分体现自己的存在，张扬自我社会价值、拓展个人视野、自由交流沟通。因此，博客一进入中国就在新闻传播领域展示出引领舆论的强大力量。

博客的产生让网络进入人人写作的时代，其自由的表达为网络舆论注入了新的活力。观点独特的博客往往能吸引大量受众，在网上产生广泛的舆论影响，逐渐形成重要的网络舆论场域。据 CNNIC 发布的调查显示，网民开建博客的目的（可复选），83.5% 为了"记述自己的心情"，但同时也有60.2% 为了"表达自己的观点"。博客已经成为网民上网习惯的组成部分。新浪网各频道中 Page View 数量第一的就是博客。个人网站虽然内容比标准模板的博客丰富得多，占到中国全部网站的 21.9%，但其对互联网舆论的影响力还是要逊于博客。① 2006 年 2 月 15 日人民网强国博客开通，短短几个月就形成了博客精粹、博客关注、博客辩论、时政、杂谈等多个版块，对许多社会热点展开热烈讨论，形成较大的社会反响与强大的舆论态势。2008 年汶川地震后，5 月 12—16 日，仅新浪网博客就发表博文 2310 万篇，表达了网友的震惊、悲恸和血浓于水的同胞情谊。②

博客舆论看起来同网络论坛相似，都是网民在网上自发评论，但二者实质却相差很远。因为二者在网络技术上有很大不同，博客主要采用的是 RSS 技术，网民通过此技术可以自由订阅想看的博客，了解特定博客的最新变化状况。相对于论坛发言，大部分的博客系统都支持自动生成 RSS 的功能，这能让发布在博客上言论更容易被计算机程序理解并摘要，也能更好地及时更新自己的博客信息。一般来讲，博客会事先设定好一个议题，许多人围绕此议题进行探讨；而论坛则是许多人围绕一个感兴趣的话题进行交流与沟通。论坛往往会按专题分类，而博客则是按照不同的个人来划分。相对于论坛而言，博客更容易形成一个公共领域。因为网络论坛更像一个意见的公共广场，只要对某个议题感兴趣，任何人都可以参与进来进行讨论。由于网络论坛的匿名性与讨论的松散型，议题相对发散、不容易长时间集中，许多网民的言论不负责任也不理智。而博客却恰好弥补了这一点，许多博主都是某领域专家或某方面的消息灵通人士，对所发表的议题有独到深入的看法和见解，因此显得更加理性与负责，同时参与讨论的网民也比论坛中的随意发言更加认真，所有这些更接近公共领域的形成。

2. 播客

播客是继博客之后又一新的网络传播形式，是英文 Podcasting 的音译。它主要是利用数字广播技术并借助 iPodder 软件与一些便携播放器相结合的网络传播形式。它允许任何人在网上获得一个播客空间，并把制作好的视频、音频节目上传到网站上与别人分享，也可以订阅和下载别人的节目。

播客 2004 年在中国迅速流行，2005 年在国内迅猛发展，2006 年被称为

---

① 转引自祝华新、单学刚、胡江春《2007 年中国互联网舆情分析报告》，http：//www.china.com.cn/aboutchina/zhuanti/08zgshxs/2008－04/02/content_ 14098960_ 4.htm，2008 年 4 月 2 日。

② 参见祝华新、单学刚、胡江春《人民网舆情监测室推出 2008 年中国互联网舆情报告》，http：//yq.people.com.cn/htmlArt/Art28.htm，2008 年 12 月 27 日。

"中国大陆网上的新焦点"。目前，国内的"播客"站点主要有5家，分别为"播客"天下、土豆"播客"、中国"播客"网、反波"播客"及博客中国——播客频道。现在，已有数十万"播客"活跃在这些站点上。① 播客已经成为网络舆论的一个主要集散地。

博客是把自己的思想观点主要通过文字图片的方式在互联网上发布，而播客则是把自己的所思、所想、所见通过音频、视频的形式在互联网上传播。与博客相比，播客更能展示个性、传播更加生动传神。如今，越来越多的播客聚集在网上，将自己的观点制作成各种音频、视频节目，供他人下载。也有很多播客网站，提供音、视频文件，如新闻、评论、娱乐等，供人浏览。

播客是一个自主的注册空间，网民在播客上发布文件具有很大的主动性。播客以音视频节目传播为主，因此更加真实、生动、客观，对视觉也更具冲击力。特别是进入3G时代，具有拍摄功能和上网功能的手机在运用上的普及，再加上越来越微型化的DV运用，播客成为发布新闻、引发舆论的一个重要渠道与工具。如2007年12月31日，央视著名体育节目主持人张斌正在中国农大体育馆举行奥运频道启动仪式，其妻胡紫薇突然冲上台谴责张斌有婚外情。这一过程正好被现场来宾拍到，迅即被传到播客网站"土豆网"上，引发很大的社会争议。2009年央视新建大楼配楼发生火灾，就是一网友最先用手机拍到后发布在网上的。

3. 微博

微博源于英文单词micro – blogging，微博客的简称。它是博客的一种变体，是一个基于用户关系的信息分享、传播以及获取平台，用户可以通过WEB、WAP以及各种客户端组件个人社区，以140字的文字更新信息，并实现即时分享。

最早、最著名的微博是美国的Twitter。创始人为伊万·威廉姆斯、比孜·斯通和杰克·多西尔。2000年始有初步想法，2006年搭建Twitter原型，2007年年初，便以其快速便捷社会化的巨大魅力成为增长最猛的社交网络之一，2008年、2009年，经历全球爆炸型增长，成为全球著名的媒体明星。

---

① 传媒日报：《播客时代：自由人的天下》，世界媒体实验室（ICXO.COM），2005年10月31日。

在中国，2007 年 5 月，王兴的微博网站饭否开始运营，之后，叽歪、嘀咕、做啥等微博上线，2009 年中旬，第一批中文微博停止服务，较之以后的门户微博，这些微博称为独立微博网站。2009 年 8 月，中国最大的门户网站新浪网推出"新浪微博"内测版，成为门户网站第一家提供微博服务的网站。2010 年，网易微博、搜狐微博、人民网微博、腾讯微博纷纷上线，百度、人人网、开心网等提供微博类服务。

微博发展至今，在舆论集结方面比博客、播客更具人气。与博客、播客相比，微博的优势主要体现在以下几点：

信息流通上更加开放，微博开创了真正意义上的"公民记者"时代。之前的任何一种媒体，都不可能像微博一样在世界上拥有如此众多的"新闻记者。正如 Twitter 创始人埃文·威廉姆斯所说，利用微博每个人都形成了一个"自媒体"，每个人都是信息的生产者与消费者。如 2008 年，中国汶川地震发生后，Twitter 在约 14 时 35 分 33 秒披露了这一震撼性的消息。2009年 6 月 13 日，德黑兰大选后的骚乱消息在 Twitter 上广为传播，而 Twitter 一度成为伊朗人了解相关信息的主要渠道。

信息发布更加便捷、快速。利用网络微博，手机、IM、DV 都是通信工具，突发事件的亲历者或目击者都有可能成为新的报道者，大大加快了新闻的传播速度。在微博大行其道的今天，很多传统媒体在报道反应速度上根本无法同微博相比，很多媒体开始大量引用微博报道。如 2009 年 11 月 7 日北京大雪，首都机场旅客滞留机场。前谷歌副总裁李开复利用笔记本和手机上网，在新浪微博上展开了一场别开生面的"现场直播"。由于微博在信息传播上的优势，成为议题设置的重要来源。微博所关注的议题五花八门，微博用户关注最多的话题往往会成为传统媒体和众多网络媒体议程设置的来源。

2009 年以来，微博逐渐成为网络舆论的重要载体。很多人通过微博成为"意见领袖"，"跟从者"动辄过万，对网民具有极大的煽动性与号召力。很多网友通过微博的跟从"链接"形成微博群落，组成了一个小型的施政论坛或新闻平台。微博在舆论方面的巨大影响力，已引起各国政府的重视。如在美国，Twitter 的崛起便引来奥巴马、希拉里等众多政客的加入。在中国，微博更成为政府公开信息、引导舆论的重要手段。

（四）即时通信

即时通信，简称 IM（Instant Message），它是互联网上用来进行实时通信的系统服务，并允许多人使用即时通信软件对文字信息、文档、语音以及视频等信息流进行实时传递。随着网络技术的发展，各种即时通信软件的功能日益齐全，除最基本的通信功能外，还逐渐集电子邮件、博客、电视和搜索等多种功能于一体，形成具有聊天、交流、娱乐、客户服务等特性的综合信息平台。

目前中国的即时通信工具主要分为四类：综合类即时通信工具、跨平台即时通信工具、跨网络即时通信工具、垂直即时通信工具。即时通信作为网络舆论的重要通道主要体现在三个方面，即用户群体、用户规模与应用目的。CNNIC 2009 年《中国即时通信用户调研报告》显示，截至 2009 年年底，我国即时通信产品用户规模已经突破 2.77 亿人。用户年龄主要集中在 20—29 岁之间，语音聊天、视频聊天、文件传输等方面应用比例均在 50% 以上。CNNIC 第 29 次《中国互联网络发展状况统计报告》调查显示，2011 年中国网民即时通信使用率上升较快，增至 80.9%，成为位居第一的网络应用形式。目前即时通信作为网络舆论的主要载体主要集中在 QQ、手机及一些垂直通信工具。

在综合类即时通信工具中，开发于 1998 年的腾讯 QQ 一家独大。传播方式上，QQ 有多种选择，既可以匿名传播也可实名传播，既可即时传播也可延时传播，既可隐性传播也可显性传播。在网络舆论的众多载体中，QQ 的独特性主要表现在其人际传播功能与私密传播功能上。QQ 上彼此相连的群体通常是同学、亲戚与朋友，一个个 QQ 相连，形成的是中国独具特色的"熟人"社会。因此通过 QQ 传播的消息，一般公信力比较高。很多社会事件都是在 QQ 上先通过点对点的人际传播向 QQ 群组织传播，再在更大范围内向不同的 QQ 群发散进而形成大众传播的。QQ 兼具大众传播与人际传播的特性，因此在许多事件的动员与讨论中发挥重要作用。如厦门 PX 事件中，"还我厦门碧水蓝天" QQ 群所发挥的组织动员作用；2008 年汶川大地震中，QQ 群在传递爱心、捐助灾区中所发挥的独特作用等。

（五）电子邮件

作为社交与通信工具，电子邮件与QQ、MSN等即时通信工具一样，既可点对点的私人交流，也可以通过"群"的方式实现大众交流。不同点在于，它一般是延时交流，在时效与互动性上与即时通信工具相比稍显不如。

一般电子邮件的发送都是"一对一"或"一对多"，而邮件列表则可以实现"多对多"的通信。即电子邮件一般是点对点的人际传播，邮件列表则实现组织传播或大众传播。任何人都可以创建邮件列表，也可以加入任何一个邮件列表。邮件列表一般有两种类型：公告型与讨论型。公告型邮件列表一般只有管理者才可以向小组中的所有成员发布信息，讨论型邮件列表中的所有成员都可以向组里成员发布信息，也可形成讨论。

在网络舆论形成过程中，信息通过电子邮件或邮件列表迅速传递，从而形成滚雪球效应。如2006年4月7日，发生在中国的"史上最牛女秘书"就是在电子邮件传播中走红的。EMC大中华区总裁李纯如晚上回办公室取东西发现忘带钥匙，而秘书已经下班，于是给秘书发了封措词严厉的"谴责信"，秘书瑞贝卡也针锋相对写了封"顶撞"邮件向顶头上司"发飙"，还把这封信连同总裁的原信抄送给了EMC中国区的所有员工。在近一周之内，邮件被数千外企白领接收和转发，半个月内，包括微软、通用、三星、诺基亚、惠普等众多知名外企员工都读了这封邮件，还填上自己的评论转发，结果邮件传播像"雪球"一样越滚越大，引发广泛的舆论关注。

（六）社交网站

社交网站简称SNS，英文全称为Social Networking Services，即社会性网络服务。它主要通过"熟人的熟人"来拓展网络社交，目前社交网站主要在于帮助人们建立社会性网络应用服务。SNS网站架构并非新技术，其之所以在国内外蓬勃发展，是由于其采取了新颖的社区模式吸引用户。

社交网站在国外发展较早，在中国直到2008年才得到蓬勃发展，2009年发展更为迅速，仅一年时间，社交网站发展到千余家，相关网民达到

1.24 亿,用户规模已接近网民总数的 1/3。[①] 但与国外相比,中国的社交网站产生发展仍然相对较慢,目前其在网络舆论传播与合成中的威力尚不明显,但随着不断发展,它在网络舆论领域必会显示出强势作用。社交网站广泛的社会联系沟通能力与人际传播亲和力,加之与众多传统媒体融合后形成的"共振"效应,在未来的舆论传播中必会形成令人生威的力量。

二　网络舆论平台的功能分析

网络舆论平台虽然形式多样,但我们可以将它们归为三类:讨论性平台、意见性平台、流通性平台。

讨论性平台,以事实性议题为主,如 BBS 论坛、新闻组跟帖、掘客类网站(digg)等,其主要特征是发言围绕中心事实展开、凸显和扩散议题。意见性平台,以富有争议的议题为主,个体意见性强,侧重表达不同的观点,如博客、网络评论等,其主要特征是围绕议题或意见展开言论,使分散的意见汇拢,并进一步扩散。流通性平台,既联络关系,又传递信息,如 IM 即时通信、SNS 分享、电子邮件、微博等,最主要的功能是链接、黏合、筛选议题,流通性平台侧重信息的传递和交流作用,注重应用本身对信息流通的促进。

三类平台在功能上既各有侧重又互有交叉,其功能关系如图 7 - 6。

三类平台因功能侧重不同,体现出的影响力与作用力也不尽相同。通过对三类网络舆论平台功能的分析,我们发现,虽然互联网上舆论产生的方式各不相同,但是其主要规律依然清晰。显然,讨论性平台,引发舆论的功能更高,其 BBS 论坛、跟帖等形式便于广集议题,广结受众,造成讨论热潮,但意见过于零散,且比较分散;意见性平台,舆论导向的作用突出,如博客、网络评论等观点鲜明,立场清晰,表达有力度,具有强大的说服力量;而流通性平台,动员能力更强,其 IM 即时通信、RSS 订阅、SNS 分享等,传播形式多样,成员较为稳定,主要基于社交关系的传播模式,易于煽动情绪,便于快速沟通、扩散信息、集结人气。

---

① 《社交网站正向中国式网络社交模式转变·我要玩游戏》,中新网,http://www.51wan.com/zix-un/yejie/20100303/10565529211shtml,2010 年 3 月 3 日。

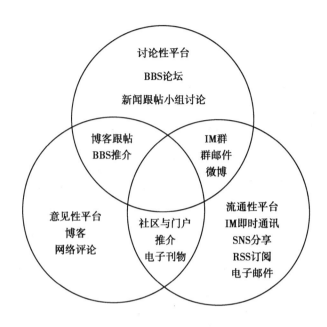

图 7 - 6　三类平台功能权重示意图

　　三类网络舆论平台，在互联网上实现了公民的基本权利。讨论性平台表达了公民的言论与集会自由，意见性平台表达了公民的言论与出版自由，流通性平台表达了公民的通信与结社自由。

　　三类网络舆论平台的不同功能与作用如表 7 - 7 所示：

表 7 - 7　　　　　　　　三类网络舆论平台的功能和作用

	代表性应用	突出功能	实现网民权利
讨论性平台	BBS 论坛　新闻组跟帖小组讨论	集纳初步扩散	言论集会
意见性平台	博客　网络评论	意见引领扩散	言论出版
流通性平台	IM 即时通信　SNS 分享 RSS 订阅　电子邮件　微博	联络流通扩散	通信结社

　　事实上，一个网络事件发生后，往往会因事件发展阶段的不同，从一类网络舆论平台过渡到另一类网络舆论平台。如"抵制家乐福"事件，抵制想法首先在 IM 群体讨论中产生，然后在论坛中正式发表、汇聚起各方声音

和力量，扩大传播效果，之后，各地成立 QQ 群，事件又重回 IM 群。

第三节　网络舆论表达的极端行为

网络舆论表达行为表现多样，为便于分析，本文分为两类：一类是以常规形态出现的网络舆论行为；另一类是非常规形态出现的网络舆论行为。网络舆论大多以常规行为方式出现，它是网民在网上表情达意的自发行为，一般没有人为操纵的结果；它也是网络民意的真实反映，没有虚假的成分掺合其中；在行为表达方面显得相对理性，通常处在法律与道德允许的范围之内。而非常规形态网络舆论行为则恰好相反，网民在网络舆论表达时或弄虚作假、或幕后操纵、或行为极端，常常在司法与传统伦理道德上引起非议。这种非常规形态出现的网络舆论极端行为主要有：黑客行为、网络签名、网络调查、网络谣言、网络暴力、网络推手等。因其表现极端具有典型性，我们分别分析如下：

一　黑客行为

黑客最初是指那些在电脑编程等技术领域有很深造诣的人员，是一个褒义词。如今，黑客的含义已经发生变化。成为带有违法行为的贬义词。"黑客行为"则主要指黑客在网络中游荡并破除其前进障碍，或破译网络用户网页密码获取信息，或编制某种程序输入网络使网站拒绝服务，或改写用户网页、消除用户网页存储信息的行为。[①]

很多人通过黑客行为表达自己的愤怒情绪与观点看法，他们有的是职业黑客，有的是电脑高手。网络黑客行为并非完全出于恶意，他们的观点与情绪有时代表群体的想法，只是行动相当"出格"，形成网络舆论表达上的一种极端形态。如 1998 年的印尼骚乱、1999 年的美国轰炸南联盟中国大使馆、2001 年的中美撞机事件，中国黑客都对外发起过洪水般的进攻。在这种极端网络舆论形态中，许多黑客行为表达了国人的愤怒与对外的不满，显示了

---

　①　黄建伟：《"黑客行为"的法律思考》，《黑龙江省政法干部管理学院学报》2000 年第 3 期。

国人高涨的民族情怀。

随着网络的普及与网民素质的提高，目前在计算机领域具有高超黑客技术的人越来越多，黑客的平均年龄也越来越年轻。在日常生活中通过黑客行为表达思想感情与意见想法的人也越来越多。如少林寺方丈释永信在任期内热衷商业活动，有关其准备推动少林寺上市的消息在网上引起很大争议，网民对此非常反感，认为这是"文化被金钱强奸"。2009年10月左右，少林寺官网被一黑客篡改，在其新闻与公告页上贴上"本寺特此公示释永信大和尚悔过书"一文。10月5日，少林寺官网又遭到第二波攻击，面对此事，众多网友津津乐道，对黑客的行为深表赞赏。2010年春晚过后，央视网也同样被黑客占领长达两个小时，主页被换为欧洲裸露美女图片，而这被认为是黑客对央视春晚节目过度植入广告不满的发泄。可见，这些黑客的行为有时能代表了部分民间舆论。

目前，通过黑客行为表达意见观点的行为并非主流，但这种渐趋多见的舆论极端表达行为，仍值得注意与研究。

二　网络签名

网络签名是近来发展很快的一种网络现象，主要分为三种类型。一类是数字签名，它是对电子形式的信息进行签名的一种方法，签名消息能在网络通信中传输。一类是个性签名，很多聊天工具与论坛允许网民在后面加入个性化的介绍内容，QQ签名与很多BBS签名皆属如此。第三类是在网页或BBS中为表达某一观点、或响应某一号召而进行的网络签名活动，这种签名是一种支持的表现。作为网络舆论的表现，通常指的是第三种网络签名。

网络签名是一种相对强烈的网络舆论行为，由于对IP地址进行控制，每个IP地址只能投一次票，因此可信度较高。同时，网络签名相对成本较低、效率很高，在短时间内能聚集众多社会能量，因此是具有相当可信度的民情采集与民意表达方式。

网络签名从深层次看，是网民利用网络手段实现的"自我呈现"。自我呈现理论认为，社会交往中的人会设想自己扮演他人角色或处于他人位置时的情况，想象他人对不同行为的反应，从而选取相应的举措，以形成或改变他人对自己的印象。当然，作为网络舆论的一种表现手段，网络签名不仅限于对自己的印象与承认，而是在更高层面上希望社会对自己所代表的群体想法予以承认，即对舆论表达的承认。如 2005 年反对日本"入常"的网络签名就是如此，是中国广大民众憎恶日本、民族主义高涨的一次集中体现。2008 年北京奥运圣火在希腊传递时，遭"藏独"分子破坏与西方媒体歪曲报道，网络签名再次爆发爱国热情。

从中国近年来众多网络事件可以看出，凡是能被激起网络签名的事情，大多都是公众意见特别强烈、民众情绪特别高涨、支持者众多及主流民意已经形成的事件。如反对日本"入常"事件、"红心中国"签名事件及 2003 年的孙志刚事件等。因此如何及时采集网络签名活动所表现出的民意并引导好这股民意，值得思考。

三　网络调查

网络调查是指以互联网为沟通平台，受访者在某个设定站点或通过 E-mail 的方式填写问卷并发送给调查机构的一种调查方法。[①] 网络调查按不同的标准可分为三类：按使用的技术手段分类，可分为电子邮件方式的网络调查；网页（Web）方式的网络调查。按调查取样方法分类，可分为开放式网络调查、筛选式网络调查、征募式网络调查。根据是否给予被调查者酬劳分类，可分为非付费式网络调查、抽奖式网络调查。[②]

大多数网络调查是利用网页形式进行，但也出现了专门的网络调查网站和网络调查专栏。与其他的社会调查相比，网络调查的速度更快，所需的社会成本也更低。网络调查大多只需要在网上点几下鼠标就可完成，对调查者与被调查者都比较轻松。网络调查还具有保密性与隐匿性，便于处理问卷中的敏感问题，互动性也好，问卷回收率较高。网络调查还可与传统媒体互动，在网络舆论的表达过程中发挥媒体"共振"效应。如传统媒体中的热门话题，通过网络调查的方式延伸到网络；网络调查中的热点议题，也可成为传统媒体议题设置的重点。

网络调查现在已经成为社会采集舆情和民众表达民意的一项重要手段。

---

① 温淑春：《国外民意调查发展研究综述》，《理论与现代化》2007 年第 1 期。
② 曾五一、林飞：《网络时代话网络调查》，《统计方略》2002 年第 5 期。

很多社会问题，民众不愿意当面表露看法，但在网络调查上都可一吐"真言"。人民网的一项调查显示，在网络调查中有92.5%的受访者认为大部分网民都能认真表达自己的想法和意见。2008年全国"两会"前，人民网推出调查"您最关心的十大热点问题是什么"、"十大话题，您最关心什么"，到开幕前夕就吸引了50万余万网友参与调查并留言近1.6万条，加上"有话网上说"、"我有问题问总理"、"我给总理支一招"、"听民意答民情"等多个栏目累计100多万网友参加。①

很多涉及别人的隐私问题或敏感问题，在网络调查上也会得到很好表现，并且通常以网络投票的形式进行。如果通过投票，某项观点获得网民一致的支持，往往会形成巨大的舆论压力。如2009年湖北邓玉娇事件发生后，联合早报网2009年6月17日对此进行了网上调查，共有13352名网民参与此调查，结果如图7-7：

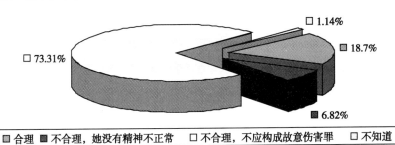

图7-7　邓玉娇事件网络调查

迫于网络舆论的巨大压力，邓玉娇最后在审理中被断无罪释放。同样的情况发生在2009年的绿坝事件，工信部在5月19日发出通知后，一些门户网站进行网上在线调查，结果显示超过80%的网友反对强行安装这款软件，最后工信部也以民意为主，取消了此款软件的强制安装。

现在很多网络调查已经从网上走向网下，昭示了公民意识的觉醒。2007年华南虎事件中，网上"挺虎派"与"打虎派"争论不休，许多网民通过各种手段寻找证据，并不辞辛苦前往农村和集贸市场寻找"虎照年画"。最后迫使虎照假事件真相大白。2009年5月7日，杭州七十码事件发生后，许

① 何位军：《网络民调代表性与可靠性的平衡》，《新闻实践》2009年第2期。

多网民认为 70 码的速度与目击者观测到的"受害者被撞飞 5 米高、20 多米远"的描述反差较大,就亲往现场测试,并把调查结果发到各网络论坛上,最终杭州警方正式向社会道歉,认为 70 码的说法有误。同样的事还有云南的躲猫猫事件、山西的黑砖窑事件和重庆的最牛钉子户事件等。由于网民的调查参与,很多事件真相得以披露,从而激发巨大的网络舆论浪潮。这也说明,随着社会进步,利用网络工具进行公民调查,俨然成为许多网民追求社会公平正义、实行社会监督的一种重要手段。

四　网络造谣

网络上的谣言行为是一种舆论的畸变形态。1951 年,美国学者彼得逊和盖斯特在《谣言与舆论》一文中,认为谣言是在人们之间私下流传的,对公众感兴趣的事物、事件或问题的未经证实的阐述或诠释。法国学者卡普费雷认为:"谣言就是在社会中出现并流传的未经官方公开证实或者已经被官方所辟谣的信息。"① 这两个定义都强调谣言的两个特点,即私下流传与未经证实。由于时代的发展,网络谣言已经同过去的谣言有很大不同。网络谣言同样未经证实,但由于网络的开放性与交互性,在传播方式上,网络谣言已经告别"私下",而是能利用网络媒体在大众传播方面"大摇大摆"、"登堂入室"。

社会上的谣言通常以口语传播方式进行,传播效果与范围有一定的限制。网络谣言具有跨国、跨语言、跨种族的特点,传播范围广、传播速度快,加上网络谣言通常是凭空捏造或与事实出入很大,因此由网络谣言产生的舆论比口传谣言破坏力更大、杀伤力更强。如 2003 年,非典大面积爆发时,各种传言通过网络和手机短信四处散播,先是从广州向珠三角地区蔓延,随后又向海南、福建、广西、香港地区传播,其他省市亦有传闻。在广大的农村,放鞭炮、喝绿豆汤能防治非典的谣传也波及甚广。有些人连"和病人打个照面就能死人"和"缺米缺盐缺水"这样的谣言都相信②。这在当时无疑加剧了危机形成的恐慌气氛。

---

① 〔法〕卡普费雷:《谣言》,郑若麟、边芹译,上海人民出版社 1991 年版。
② 张立新:《"非典"事件引发的深层思考——从"非典"事件看网络时代政府的行为责任》,《中国党政干部论坛》2003 年第 5 期。

同口传谣言相比，网络谣言具有重要性、模糊性、反常性等特点。很大一部分谣言的传播，都同谣言的传播者与接收者的利益直接或间接相关，加上谣言传播之初，澄清信息的模糊与滞后，通常这些谣言都能够煽动起他们的恐慌情绪。如2008年的四川广元柑橘事件、2009年的河南杞县"钴60引发群众恐慌外逃"事件，皆同广大民众的利益及健康安全相关。同口口相传比，网民经常在网上浏览大量信息，早已养成了思维惰性，非常容易偏听偏信、批判力低下，因此很多时候，网民即使接触到真相，也有可能会选择相信谣言。

网络谣言之所以能在舆论方面激起阵阵涟漪，有其特点，即新闻性、匿名性和夸张性、重复性和舆论量大。网络谣言经常会以新闻的面孔包装出现，通过许多网络媒体与传统媒体的转载广为传播。通常社会中的谣言传播是人际传播，以亲戚、朋友、熟人的方式口口相传。而网络谣言则是在网上以匿名方式传播，其传播源头更加无迹可寻。网络谣言的另一特点是夸张性。如2009年艾滋女事件，就是网络舆论谣言造成的恶果。谣言舆论在网络上广为传播，与网络的重复性与舆论量有关。俗话说，谎言重复一千遍即变成真理，网络上的谣言通过数以万计的网民转发、转帖、转寄、转载、链接，大量重复传播，使谣言的渗透力无孔不入。

在研究谣言形成舆论的过程时，勒莫的研究颇具启发意义。他在《黑寡妇》一书中指出，"谣言"（rumeur）这一词处在 Remen（反刍）和 Rumex（酸模，有欺骗别人、让人相信的意思）之间是十分合适的。认为当谣言尚未被人们听到时，它要先进入胃袋中，即经历一段思索、酝酿的阶段，然后进入大众的嘴巴里。这也就是幼虫——蛹——成虫三段式的演变过程。[①] 在网络谣言形成舆论的过程中，奥尔波特和波斯特曼通过试验确立的三条规则更为实用，即 levelling（水平化）、sharpening（强调化）、assimilation（同化）[②]。网络谣言最初传播时，既简单又具体，形成水平化发展。随后在传播中，不同的接受者只记住谣言印象最深的部分，并更加夸张的传播，形成强调。最后，谣言的不同传播者与接收者根据自己的文化和舆论背景对谣言

①　[法]弗朗索瓦丝·勒莫：《黑寡妇——谣言的示意及传播》，商务印书馆1999年版，第22、15页。
②　[美]奥尔波特等：《谣言心理学》，辽宁教育出版社2003年版，第24页。

进行解读，实现同化。如艾滋女事件、贵州瓮安事件、四川广元柑橘事件中的网络谣言，在传播中就明显呈现出奥尔波特及波斯特曼所说的三个特征。

蝴蝶在热带轻轻扇动一下翅膀，遥远的国家就可能造成一场飓风。小小一条网络谣言，同样可以在网络舆论上产生一场飓风。

五　网络恶搞

"恶搞"原为网络流行语，来源于日文"くそ"，意味"烂"的意思。这一口头语经台湾到香港最后传入内陆。其词义也演变为通过各种技术手段，在网络上以爆笑、搞怪、恶作剧等为主要特征的另类"创作"行为。网络恶搞手法多样，从最初的简单文字、文本"改编"，向视频、音频等多媒体技术发展。如脍炙人口的《吉祥三宝》，被恶搞的音频版本达 20 多个；贾君鹏事件，也被恶搞成多种版本的动漫与 MTV。在我国，许多针对重大历史事件、社会现象或人物进行的恶搞，给社会价值观念和伦理道德带来严重的负面影响，对网络舆论引导也带来极大挑战。

从传播学角度看，网络恶搞也是一种另类网络舆论形态，只不过其表现方式更加引人瞩目。从受众接受的角度看，当"社会舆论被赋予新的、奇的内容则最容易为人接受与传播"[1]。作为言论自由的体现，许多诙谐、幽默、新颖和搞笑的恶搞，是另类网络舆论表达的一种方式，如《一个馒头引发的血案》就代表了很多人对电影《无极》的失望与不满情绪。但恶搞如果不分对象，不讲界限，则会颠覆传统美德与主流社会价值观。如在 2008 年汶川地震中，当举国上下都在为无数逝去的灵魂悲哀时，网上出现了以下恶搞："外交部发言人杨洁篪申明：中国政府于 2008 年 5 月 12 日 14 时 30 分在罗布坡地下核基地成功试爆了一枚高爆小型核武器，使得全国各个地区普遍觉察到了震感，在此中国政府严正申明：此项核试验，不针对任何国家和地区。中国只在提高自己的国防实力，对他国不构成任何威胁。"[2] 这种漠视生命、极度冷血的恶搞，让广大网民非常愤怒。

---

①　杨张乔：《声张自我的艺术——舆论社会学》，中国国际广播出版社 1988 年版，第 115 页。

②　王石川：《有一种恶搞叫丧尽天良》，人民网观点频道，http://opinion.people.com.cn/GB/7256805.html，2008 年 5 月 18 日。

六　人肉搜索

顾名思义，人肉搜索就是利用现代信息科技，变传统的网络信息搜索为人找人、人问人、人碰人、人挤人、人挨人的关系型网络社区活动，变枯燥乏味的查询过程为一人提问、八方回应、一石激起千层浪、一声呼唤惊醒万颗真心的人性化搜索体验。人肉搜索不仅可以在最短时间内揭露某某门背后的真相，为某三某七找到大众认可的道德定位，还可以在网络无法触及的地方，探寻并发现最美丽的丛林少女，最感人的高山牧民，最神秘的荒漠洞窟，最浪漫的终极邂逅……人肉搜索追求的最高目标是：不求最好，但求最肉①。

"人肉搜索"一词最早于 2007 年 6 月出现在中国华讯互联旗下的网趣，并在猫扑论坛上盛行，进而流行起来。古代"人肉"追杀会有赏金，网络上的"人肉搜索"也有赏金，猫扑有种虚拟货币叫做 Mp，挣取 Mp 的人叫赏金猎人。为了"邀功"与虚拟的"赏金"，网络搜索这台庞大的机器很快就能运行起来。

追溯理论渊源，人肉搜索源于六度分隔理论和"150 定律"。1967 年，哈佛大学心理学教授米尔格伦将精心准备的 160 封信发给堪萨斯州的 160 个人，信中写了一个波士顿股票经纪人的名字，信中要求收到信的每个人将这封信转寄给自己认为最接近那个经纪人的朋友，朋友收到信后也如此类推。最后，在完成的 42 封信中，米尔格伦发现平均每封信只需 5.5 个人就可到达那个经纪人，四舍五入，六度分隔理论就此横空出世。即世界上任何两个陌生人之间，最多通过 6 个人就能彼此认识。150 定律由英国牛津大学人类学家罗宾·邓巴提出。邓巴根据猿猴智力和社交网络推断，人类智力允许稳定交往的社交人数是 148 人，四舍五入后是 150 人。通过 6 个人的人际关系数是 150 的 6 次方，即 11390625000000，超过了人类历史人数之和。150 定律从数理层面验证了六度分隔理论的可行性。现在很多人肉搜索工具，如人立方、谷歌人肉搜索等，都是在六度分隔理论上建立运行，并以人物关系搜索为目的。

---

① 《关于人肉搜索》，谷歌，http：//www. google. cn/intl/zh – CN/renrou。

人肉搜索是一把双刃剑，一方面，它确实对很多公众人物、公众事务起到一定的监督作用。另一方面，人肉搜索庞大的网络舆论力量，会让事件的当事人受到严重伤害。如女子虐猫事件、铜须门事件、功夫少女情色图片、史上最毒后妈事件、流氓外教事件、华南虎事件、3377事件、张殊凡事件、姜岩死亡博客事件，无一不是在人肉搜索的助推下，激起网络舆论的声浪。一则"网民颂"就很能说明人肉搜索激起的网络舆论力量，"咱们网民有力量，一石能激千层浪。道德底线莫逾越，否则天涯无处藏。人肉搜搜转，三天逮回乡。痛哭流涕晚，只恨当初犯"。只是如何引导这股网络舆论力量，是一个亟须深思的命题。

七 网络推手

网络舆论推手则是通过幕后策划、包装等各种手段，在网上推广或制造已经存在或并不存在事件与话题，吸引网民注意，营造舆论态势。网络舆论推手的目的是通过幕后策划、推广行为，误导人们的正常认知并通过引发网上舆论关注来实现的。网络舆论推手行为最早始于2005年的"天仙妹妹"，此后在铜须门事件、史上最毒后妈事件、王老吉捐款事件、香水女生事件、贾君鹏事件、艾滋女事件中有突出表现。

网络舆论推手既可以是个人，如浪兄、陈墨、立二、小百度、阿任等，也可以是团体机构，如尔玛、大时代传媒、伊人推手俱乐部等。网络舆论推手在营造舆论的过程中，同中国武术中的太极推手很像，其过程甚至达到神似地步。练拳的人都知道，在太极推手中讲究三步劲，第一步是化劲，即棚捋挤按，是吴式太极推手中攻、守、进、化的四正推手；第二步是内劲，即绵延浑厚的内部凝聚力量；第三步是意劲，意劲只可意会不可言传，是能达到四两拨千斤的境地。

成功的网络舆论推手，在营造与推介网络舆论时也需要三步劲。第一步化劲，需要做好三点，议题点、创意点与争议点。第二步内劲，需要高科技、网络舆论推介人群和丰富的网络资源。第三步意劲，要了解传统文化与时代精神，了解网络传播规律，了解网民心理。

网络舆论推手行为第一步是确定一个议题，并进行议题设置。网络媒体的私人化与个性化特性及传播权利的分化与开放特点，让原本私人化的议题得以在网络平台广为流传。如果议题得到更多网民注意，为了扩大点击率，很多网站就会转载、转帖，传统媒体也会介入进来，网络舆论推手的私人化议题很快就会转变为社会热点事件，受到媒体与社会的广泛关注。议题设置后，在舆论推介过程中还需要创意点，这个创意点需要足够新奇、反常或夸张、有趣等，总之是要能拨动网民的心弦，激起网民情绪的波澜。一般来说，网友兴趣与热议行为很难持久，网络舆论推手经常在事件传播过程中不断制造热门话题或争议话题，吸引网民注意。在网上，有争议性的帖子，才是潜力帖。争议点不怕被拍砖，只要准备了足够的回拍力量。因为，观点意见在交流、博弈后会形成更为强大的舆论力量。网络舆论推手们，经常会抛出争议话题，甚至双方故意产生意见分歧而对骂，通过炒作吸引网民的注意与参与，从而形成主流民意。

网络舆论推手的第二步是内劲。单个人的力量总是有限的，增强内劲的方式最好还是以群体的力量出现。目前网络舆论推手会通过扩大网络舆论推介人群、高科技和丰富的网络人脉资源，来增强内劲，让自己的力量最大化。现在很多网络推手都是一个集团，而且他们会在网络论坛、QQ群等网络领域招募大量兼职推手，在舆论形成的过程中推波助澜。高科技手段"发帖机"也经常披挂上阵，发帖机是一种伪装身份的发送信息软件，它采用黑客技术，在很短时间内就可以发送千万条帖子。据了解，现在很多发帖机可以分析简单的语气，做到内容不重复，因此即使网站编辑也很难识别。大量发帖机所发的帖子，经常在网上被误为民意的选择。最后，许多网络推手会和网站上众多论坛的"斑竹"与编辑信息相通，互为配合，在网络舆论散发过程中，掀起舆论大波。

第三步是意劲。就像独孤九剑，单凭意会、没有招式。这是区分网络舆论推手高低的标杆。达到这一步的网络舆论推手必须了解传统文化与时代精神，了解网络传播规律，了解网民心理。首先，要了解中国的时代精神与传统文化，如"天仙妹妹"事件中，浪兄充分了解现代人身处闹市，对田园美好生活的追求，如是，一个大山中羌族姑娘被包装策划后，迅速在网上蹿红，因为她勾起了人们追求清新自然的美好情感。铜须门事件、史上最毒后妈事件也是因为打动中国人古老的传统伦理神经，从而在网上引起哗然。其次，需要了解网络规律，善于利用网络的开放、快速、复制等特点，形成病毒式传播。最后，最重要的是要有网感，即了解网民心理。网民一般有追求新奇、反常、正义、传统美德、从众等心理。只有了解网民这些心理，网络舆论推手行为才可以达到围棋中的九段境界，从而在网络舆论推介行为中唯我独尊、东方不败。

网络舆论推手行为是一把双刃的倚天剑，如果网络舆论推手能在现实生活中发现民意并顺应民意，利用自己的能力实时推进民意最终让社会了解民众心声，这无疑是网络舆论之福。但现实中，很多网络舆论推手行为是为了一己之私而操纵民意，如艾滋女事件中的网络推手是"艾滋女"闫德利的前男友，他炮制"艾滋女"事件纯粹是为了向闫德利打击报复。史上最毒后妈事件中的网络推手是为了募捐，香水女生事件是为了出名等。在这里，网络舆论推手制造的网络舆论"强奸"了民意。最使人担忧的是网络舆论推手有走向职业化之势。通过网络舆论推手行为操控网络舆论，已经成为一桩赚钱的"生意"，民意成为"鱼肉"，被越来越多的网络舆论推手瓜分。久而久之，就会造成网民对网络媒体的不信任，同时也给正确反映社会舆情带来困难，扰乱了正常的民意表达渠道。

以上是主观网络舆论推手行为，这也是网络舆论的非正常表达行为。其实，从更广义上看，也存在客观上的网络舆论推手行为。这种网络舆论推手行为是一种人为的自发行为，没有主观策划、操控民意的意图存在。如一个网络舆论事件中自然而然形成的意见领袖，一个社会中的政治、经济、文化和民族心理特点等，都在客观上成为网络舆论的"推手"，并成为网络舆论行为的注脚。

第 八 章

网络舆论行为的心理图式

美国小说家赫尔曼·梅尔维尔曾说："我们的生活由无数不可见的细线串联在一起。"网络舆论的心理场也是如此，心理场对个体网络舆论行为的影响，也由无数心理细线组成，我们试图抽出其中最显著者加以剖析解读。

传播学先驱勒温认为，人的任何一种行动都是场的产物，可用公式 B = f（PE）表示。此 B 表示行为（Behavior），P 表示个人（Person），E 表示心理环境（Environment），f 表示函数（function）。该公式表明个人的一切行为都随着个体和环境的变化而变化。从勒温的场理论可以看出，场的作用就在于使置身其中的个体既保持个体的心理特点，又深受场的压力。个体不同，对事物的看法也不同。如面对同一个物理环境，对儿童与成人来说，心理环境各不相同。不同的个体聚合在一起形成群体，群体特征、群体的心理、群体情境会对个体心理产生巨大的压力，形成场效应。

勒温的场论对从心理角度研究网络舆论行为带来直接启示，网络舆论受网民个体心理指导，但更多地受到网络群体压力。网络舆论心理场不仅单指由个体形成的个体心理场，还指群体之间、群体与环境之间形成的群体心理场。在群体心理场中，群体情境不同，网民网络舆论行为也各不相同。这样，网民、群体、网络三者融为一体，面对不同的事件，形成不同的心理场，从而也产生不同的网络舆论行为。因此，对网络舆论心理场的研究，需要从群体的形成、群体的特征、群体的心理、个体心理等不同方面进行分析。

第一节 网络舆论与网民个体心理

网络舆论行为有两种心理类型：个体心理与群体心理。个体心理是单个网民面对社会事件形成的心理，群体心理则是众多态度、观点、看法相似的网民共同持有的心理。在网络舆论心理场中，个体心理与群体心理是紧密相连的。然而不管是个体心理还是群体心理，都与网民的特征有关。

传播学先驱勒温把日常生活中与人相连的事件都看成是为人所知觉的心理事件，认为通常人的心理各区域都处于相对平衡的紧张状态，一旦受到外界刺激，心理就会失衡，并由于紧张而产生张力，为了消除张力恢复平衡，人们就会在心理环境中寻求能满足需要的目标及释放能量发动行为去达到目标①。勒温的这一理论，正如著名传播学者 E. M. 罗杰斯所言，在传播中表现为"认识既是传播的结果，又是传播的起源。在你心中的业已是获得的传播的结果，你告诉其他人的东西是来自同一心灵的内容——这些内容正经历变化，并相互发生作用"②。

一 网民个体心理的失衡

勒温的心理场论对网络舆论行为中的网民心理互动研究的重要性多有论述，在此我们需要具体弄清楚的是：在网络舆论行为中，哪些是网民原本的心理均衡状态，网民心理均衡状态受外界刺激大致会出现何种失衡及如何恢复心理均衡。

美国社会心理学家费斯廷格认为：人们常常暗示，有时也明确指出，个体追求自身的内在一致性。对一个人来说，发生了新情况或知道了新信息，它们同已有的知识、观点，或与行为有关的认知产生了至少暂时的失调。即使不出现新的、不可预见的事件或信息，日常生活中，失调的存在也是显而

① [美] 勒温：《力场分析法》，MBA 智库百科，http：//wiki.mbalib.com/wiki/%E5%8D%A2%E5%9B%A0%E7%9A%84%E5%8A%9B%E5%9C%BA%E5%88%86%E6%9E%90%E6%B3%95。

② [美] E. M. 罗杰斯：《传播学史》，殷晓蓉译，上海译文出版社 2002 年版，第 338 页。

易见的。① 出现心理失调后，一般人会通过相应的行为或态度改变来恢复心理的平衡。如果心理经常处在失衡状态，生活就会脱离正常轨迹，极度失衡而不能恢复则有可能让人"了此残生"。

费斯廷格的认知不和谐理论同角色理论有颇多相似之处，角色理论家认为，就像演员在舞台上扮演不同的角色一样，人在实际生活中也扮演各种不同的角色。人的各种行为深受社会环境、社会规范、他人对自己的角色期望以及自身对角色要求与理解等影响。当自己的角色行为与社会对自己的角色期望一致时，个人会感到愉悦并强化这一角色行为；当与社会的角色不相符时，自己会产生消极角色行为。自我价值同角色扮演在内涵上一脉相承，个人通过自我价值定性与角色扮演来确立自己在社会中的生存身份，自我价值内隐于人体，角色扮演外显于行为，两者融合表现出个人的社会身份。当个人的身份受到威胁，或者个人社会身份地位低微而难以彰显时，个人心理会显在、潜在地失去平衡，会通过相应的措施来寻找自我身份认同以获取心理安慰，以便恢复心理平衡。在网络舆论事件中，很多网民恢复心理平衡的主要方式是通过发表评论与观点，形成舆论力量，来平息自己的心理失衡。

在网络舆论行为中，绝大多数网络舆论事件并不和众多的网民直接相连，但当事件发生时网民依然会产生心理失衡。这种失衡分为三类：第一类是网民产生自我价值冲突与角色冲突，即个体的社会身份面临威胁而心理失衡。通过移情与联想，网民很容易把网络舆论事件同自己曾经或正在面临的身份威胁相关联，从而产生心理失衡，因此需要在网上发泄情绪、宣泄观点，通过掀起的舆论风潮来弥补心理的不和谐。第二类是由网民的各种需要难以得到满足引起的，同样需要在网上通过舆论行为来达到满足。第三类是网民在社会生活中的认知偏差造成的，进而把这种偏差通过言论的形式延伸到网络上，从而爆发舆论行为。

研究网络舆论行为中网民的心理失衡状态，皮特·布克给我们提供了可资借鉴的恰当模型。同勒温的心理场论相似，布克在其身份控制模型中强调自我的内部动力机制对行为的影响作用。布克认为个体对自己的身份控制包

---

① ［美］利昂·费斯廷格：《认知失调理论》，郑全全译，浙江教育出版社1999年版，第1、3—4页。

括四个重要成分：（1）身份标准；（2）知觉输入；（3）比较机制；（4）行为输出。其身份控制模型如图 8 - 1[①] 所示。

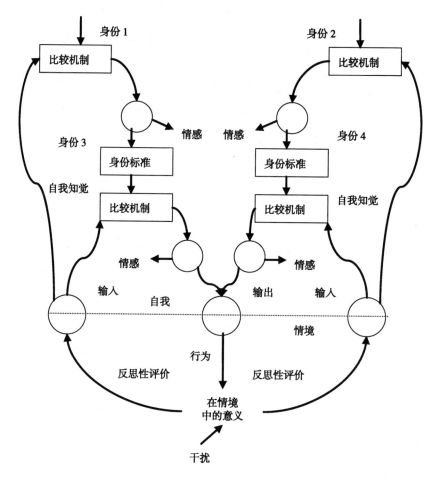

图 8 - 1　布克的身份控制模型

从布克的身份控制理论可以看出，身份对人的行为通过内部心理动力机制调节。人总是在一定的社会背景与情境中行动，并且都是社会相应位置与角色的占据者，在彼此的互动交往中保持自己的价值认同与身份标准。知觉输入指人们在日常生活中经常审视自己，感知别人对自己的评价与看法。并

---

　　① ［美］乔纳森·特纳、简·斯戴兹：《情感社会学》，孙俊才译，上海人民出版社 2007 年版，第 101、102 页。

把感知的信息同自己的身份标准进行比较，通过比较机制，如果知觉和自己的身份标准协调一致，身份标准就会得到认同；当知觉与身份不协调，身份确认过程被干扰时，就会发生费斯廷格所说的认知不协调情况，认知不协调必然会出现心理失衡，人们会立即注意情境。为了恢复心理失衡，人们将会采取相应的行为或改变对情境的看法来恢复心理均衡。

外界事物对人心理的刺激，对身份确认的威胁，布克用"干扰"一词来界定。这种干扰表现为以下几种：其一是，在个人行为输出时，别人忽略了自己行为的意义，或误解了行为的本义，让个体心理感受刺激；其二，由于人在社会上有多种身份与价值标准，有时在行为上必须牺牲一种身份或标准来拯救另一种身份或标准，此时，人在心理上多少会产生不快与失衡，如中国自古所谓的"忠孝不能两全"、"大义灭亲"皆是如此；其三是个人对自己的身份控制异常严格，特别在乎自己的身份地位与形象尊严，在社会交往中，稍有不如意，便会导致其心理的剧烈反应；其四是情节性的身份控制，在不同的情节与场合，会面对不同的情况，导致心理不断地从失衡到均衡调节，如演讲者在不同的场合面对不同的观众演讲，虽然演讲的内容相同，但听众的反应必然各异，对演讲者的心理刺激也必然不同。

个人行为受到外界干扰，身份确认遭到威胁心理失衡时，必然会产生心理张力，这种张力有时难以立即发泄，但必然会潜伏下来，在合适的时机与情境中得到释放。网络为这种释放提供了天然的平台，网络上传播的各种事件成为人们评论发泄的靶子，人们会通过"移情"作用，把自己日常行为中遭受的"委屈"与刺激转移到网络舆论事件中来，这样，网络舆论事件中的人和事成为人们释放社会压力、发泄情绪的"替代物"，通过网上言论所形成的巨大舆论力量，人们心理在某种程度上获得补偿。即使人们日常的心理失衡得到了及时的弥补与恢复，网络上不同类型的事件也会唤起人们相似的经验回忆，人们也会在网上不吝发表"高论"，这也是对自己身份维护的一种下意识使然。

在没有受到外界直接刺激下，与个人身份遭到威胁无关时，人的心理也会产生失衡，这种失衡是由人的需要引起的。美国心理学家马斯洛认为人类的需要是有层次的。人类从低到高依次有五种基本需要：生理的需要，包括人的衣、食、睡眠等；安全的需要，人们生活寻求安全、避免危险，以维持自我生存需要；爱与归属的需要，人是社会的产物，有亲情、友情与爱情，感情要有寄托，需要爱人也需要爱己；尊重的需要，尊重是希望自己的身份、地位与品行等能得到别人承认；自我实现的需要，这是最高层次需要。

马斯洛的五种需要依次从低到高，虽然人们只有在低层次需要满足后，才会追求更高层次的需要，但在机会来临时并非不追求这些需要，网络的自由言论平台就为表达这种需要提供了很好的机会。很多网民在现实生活中面临的多种需要，通过"移情"与"共情"作用被转移到网络上来，通过对不同网络舆论事件的评价反应，从而在有意识无意识间让自己的各种社会需要彰显无遗。在论述网络舆论事件的类型时，很多事件在网上引起连天浪潮，这些事件或多或少都会让网民感受到社会生活中需要的遗缺，或让他们感到自己的某种社会需要受到威胁。如食品安全、自然灾害、环境污染等事件让人们直接感到自己最低层次的需要——生理需要受到威胁，因此苏丹红事件、三鹿毒奶粉事件、南方雪灾、无锡蓝藻污染事件等都会受到网络舆论的一致批评与监督。各种交通事故、生产事故则让人们在生命安全需要受到威胁方面感同身受，如宝马撞人事件、七十码事件、襄汾溃坝事件等，皆受到网民强烈质疑。史上最毒后妈虐童事件，则让众多网民移情联想到爱与被爱的重要。还有官员腐败、政府管理方面的舆论监督，更多的体现网民作为社会公民实现监督社会的需要。

网络舆论行为中网民心理失衡表现的个体自我服务偏见，与前两种心理失衡相比，这种心理失衡更多表现在网络舆论当事人身上，而且这类人一般社会政治、经济地位良好，如官员、富有阶层等。但偏见的倾向过大，会造成自己心理与客观事实之间的偏差，从而引发矛盾。这是一个连锁反应，因为具有自我偏见倾向的人很多属于社会公众人物或上流阶层，其行为立马会引发网络普遍关注，进而造成公众的心理失衡，许多网络舆论就此产生。

自我服务偏见严重者会造成心理变态扭曲现象，呈现妄想状态。从变态心理学角度而言，典型的妄想有三个特征：一是它不接受事实和理性的纠正，是不可动摇和不可纠正的。二是妄想是高度自我卷入的，是以当事人的自我为中心的饱含着个人极为重要的感受。三是妄想是个人独特的，也就是说，妄想是某一个人所独有的信念，而不是任何群体所共有的信念。综合上述三个特征，可以将妄想定义为：妄想是一种个人独特的和自我有切身关系的坚信，他不接受事实和理性的纠正。① 许多网络舆论事件中的当事官员，都典型地患有这种妄想症。2008 年，辽宁西丰县县委书记张志国因不满对自己的报道，直接派警察进京抓记者，在网上引起轩然大波，事后张志国被免职。张志国之所以敢如此猖狂，就因为自己是一方父母官，上管天下管地中间还可以管空气，在巨大的权力带来的自由面前，形成了妄想心理，认为自己干什么都是对的，有半点儿对自己批评的声音便是诽谤，可以把批评者"绳之以法"，没想到作为社会管理者和社会公众人物，自己有接受批评与监督的义务。

此后不断发生的相似事件，更证明了此类人的妄想变态心理所在。2009年 3 月河南灵宝的跨省追捕事件同样如此，当事人王帅在网上发帖批评自己家乡河南灵宝的地方官员，被当地警察跨省追捕，最后在网络舆论的巨大压力下，河南省公安厅厅长都亲自出面道歉。可见此前那么大的西丰警察进京抓记者事件，并未给当地官员造成多大影响与震撼，事件牵扯到自身，河南当地官员照样"该出手时就出手"。2010 年"两会"上，温家宝总理说要创造条件让人民监督，言犹在耳，湖北省郧西县就又出现"跨地追捕"事件，郧西公民陈永刚批评当地官员搞形象工程，被县委书记与副县长以诽谤罪报案，陈随即被郧西警方在十堰抓捕。后迫于舆论压力，陈在拘留期间被提前释放。官员在抓人时总是妄想自己被诽谤，因此抓人是依法行事，因此根本没想到自己作为官员与普通人的名誉权不能等同的事实。对此，《新京报》上的一篇评论说：从执法公平的角度看，本案是由县委书记、副县长向公安局报案，公安局又是官员的下级，如此执法，公信难免受到质疑。而且本案中公安机关居然"迫于网上的压力"，提前释放了陈。陈又迫于公安的压力，在网上发帖认错、道歉，表示对被拘捕"没有异议"。"一捉一放"之间，看不见法律的影子。② 同样的事件屡屡发生，可见不是法律问题，而更

① 转引自章辉美《社会转型与社会问题》，湖南大学出版社 2004 年版，第 158 页。
② 参见《"跨县追捕"案看不见法律的影子》，网易新闻，http://news.163.com/10/0311/06/61FNTBSQ00012Q9L.html。

多的是官员心理妄想在作祟。

二 网民个体的心理均衡

网民通过网络舆论来恢复心理均衡通过两种方式：一是通过网络媒介的使用，二是寻求他人的认同。

通过 BBS、博客、微博、即时通信等工具发表言论，形成舆论，个体网民的压力得到释放与缓解、自我展示得到实现，是网民恢复心理平衡的一种常用方式。网络舆论的频繁发生与影响后果，让网络媒介潜在的为网民提供了他们基于以往经验所期望的报偿，即媒介满足。对此，帕姆格林和雷伯恩提出了一个"期望价值"模型，如图 8-2 所示：

图 8-2 "期望价值"模型

资料来源：丹尼斯·麦奎尔：《受众分析》。

模型中各变量关系如下：

$$GS_i = b_i e_i$$

其中，GS_i 从某一媒介对象 X（媒介、节目、内容类型）中寻求的第 i 个满足。

b_i = 信念（主观可能性）：相信 X 具有某种特质，或者与 X 有关的行为将会带来特定的结果。

e_i = 对某一特质和结果的感性评价[1]。

这个模型很好地解释了网络舆论事件此起彼伏及网民偏爱在网络舆论事件中发表言论的原因：首先网民相信利用网络媒介在网上发表言论，会释放自己的社会压力或获得某种程度的满足，如果言论能在网上形成共鸣，进而

---

① ［美］丹尼斯·麦奎尔：《受众分析》，刘燕南、李颖、杨振荣译，中国人民大学出版社 2006 年版，第 93 页。

引起社会的注意，对促进事件的解决有帮助作用，就更能增强自我的满足感。最后网民自我会对自己的网上言论作总体的感性评价，如果总体评价表明，通过网络发表言论形成舆论效果明显，网民的满意度会相应增加，心理失衡与心理期望也会得到恰当的恢复与弥补，网民在今后会更积极参与到网络舆论中来。如果评价显示网络舆论效果一般，网络媒介对自己的心理弥补没有多大帮助，将会产生消极情感，网民在今后的网络舆论事件中更倾向于不作为。

从我们对网络舆论的影响与结果看，网络舆论的正向效应无疑更有利于助长网民的舆论行为。通过对历年来重大网络舆论事件统计显示，我国网络舆论在推进事件的发展中，起正向作用的高达66%；其中网络媒体主导事件发展的比例占到50%。可见从期望和满意两方面看，网民利用网络媒介的舆论行为总能获得更多的鼓励。

此外，网民在网上发表言论，如果能获得其他网民的鼓励与支持，网民会产生巨大的荣誉感，心理也会获得巨大满足。即便是普通的观点，获得他人的认同，网民也会从中寻到满足。网络舆论一般会有一个巨大的参与群体，置身其中的网民也往往会感受规模所带来的庞大力量，并视同为自己的力量，在这种心理感受中，网民会获得一种心理补偿，特别是深受社会挫折的人们。

三　网民的个体心理表现

网民在个体心理上，除了由于身份、需要、偏见等带来的失衡，还有许多常见的心理因素，这些因素也会导致网民倾向于在网上发表评论，产生网络舆论行为。

焦虑心理。美国心理学家罗洛·梅认为："焦虑就是由于人的存在感及基本价值受到威胁所致，它体现了人的存在与非存在的矛盾。"① 社会的快速发展与转型，给人们带来空前的焦虑压力，经济问题、住房问题、食品安全问题、环境问题等给人们的生存安全带来巨大隐患，如果这种压力无法通

---

① 杨韶刚：《寻找存在的真谛——罗洛·梅的存在主义心理学》，湖北教育出版社1999年版，第81页。

过正常渠道得到有效释放，传统的主流媒体在信息传播与引导上又封闭自守，人们便通过网络交流来缓解压力。交流如同镇静剂，通过交流，慢慢会形成舆论，从而为焦虑找到一个释放的空间。很多网络舆论谣言事件，如SARS事件、地震谣言、"蛆虫柑橘"事件、河南杞县"钴60引发群众恐慌外逃"事件等皆是如此。

好奇心理。好奇是人的天性，婴儿经常对世界充满好奇，觉得外界任何事都充满神奇的力量。对人类来说，好奇是一种内在动力，并促进世界不断进步。牛顿因为对苹果落地好奇，发现了万有引力定律；瓦特对水壶上的蒸汽好奇，发现了蒸汽机。虽然爱迪生对母鸡孵蛋好奇，最终并没真正孵出蛋来，但也说明好奇是人的本性。正是因为好奇心，不断发生的社会事件才会被人曝光在网上，同样抱着好奇心，越来越多的人在网上关注社会事件，并参与进去使得网络舆论一发而不可收拾。人们对新鲜或奇特事物有一种了解和探索的本能，越是神秘，人们的好奇心越强。云南"躲猫猫"事件后，网民自发组成调查团；湖北邓玉娇事件发生后，也有网民志愿做邓玉娇律师，到现场勘查等，都说明网民的好奇心理。

逆反心理。《心理学大词典》对逆反心理的定义是："'逆反心理'（psychological inversion）是客观环境与主体需要不相符合时产生的一种心理活动，具有强烈的情绪色彩，即带有强烈的抵触情绪。"[①] 郑兴东教授在《受众心理与传媒引导》一书中把大众传播中逆反心理分为以下三种：一是评价逆反，即受众对传播的事实判断或价值判断，与传播者所持的判断呈相反性趋向；二是情感逆反，即传播者在传播中所蕴含和表现的情绪或情感，不仅未被受众所接受，而且激起受众的反感；三是行为逆反，即传播者企盼受众采取某一种行为，受众却反其道而行之。[②] 中国政府过去在消息发布上处于不透明或半透明状态，而媒体又是党和政府的传声筒，传播方式八股陈旧，造成很多民众对政府和媒体发布的信息持不信任甚至逆反的心理。如2009年的绿坝事件，工信部本意是保证网络信息安全，但网民却反向解读为国家控制言论自由、侵犯个人隐私。网上众多被政府与媒体聘请的舆论引

---

① 朱智贤：《心理学大词典》，北京师范大学出版社2004年版，第457页。

② 郑兴东：《受众心理与传媒引导》，新华出版社1999年版，第300页。

导员，也被网民称为"五毛党"，"五毛党"一经发现，往往会造成网民的逆反心理，形成与引导相反的效果。

同情心理。坎迪斯·克拉克依据实验研究的结果认为，同情的基本含义是为他人感到悲伤和怜悯。克拉克认为同情是人际关系中的一种关键情感，是人类社会的基础①。这种同情在网民的网络舆论行为中经常泛滥，如史上最毒后妈虐童事件、铜须门事件中的主人公都得到网民的一片同情，后妈与铜须都遭到舆论一致声讨，但事后却证明这两起事件都是假的。社会心理学认为，同情发展到一定程度会形成共情，所谓的共情，即当别人流泪时我们也跟着流泪，别人痛苦时我们也会跟着痛苦。当我们在为他人感到悲伤和怜悯时，我们就不会更多地关心自己的痛苦而更多地会去关心别人。如汶川地震发生后，网上舆论一边倒地支持捐钱捐物，地产大佬王石就是由于在地震中发表了不当言论，被网友当头痛批。

克拉克在同情理论中讲到了"同情的信誉边界"，即同情有额度限制，它同信誉一样，存在一个边界。个体能够获得多大同情，依赖于他（她）自身的品质、在困境中的性质等。一般弱势群体、善良的人、身处逆境却不断奋斗的人会得到更多的同情。俗话说"可怜之人必有可恨之处"，一旦可怜之人的可恨之处被发现，则他所能获得的同情便会降到最低。在中国的网络舆论事件中，一般受到同情的对象在获得同情的额度上基本没有克拉克所说的信誉边界限制，因为中国民众普遍认为那些弱势群体与同情对象所处的逆境，很大程度上并非由于其自身原因造成，而是社会体制造成。如贫穷不是个人原因，而是分配体制与相关政策形成的后果。因此在网络舆论行为中，获得同情的对象一般能得到网民无限同情。

第二节　网络舆论与网民群体心理

一　网络舆论群体概念

物以类聚、人以群分。网络舆论的力量在于群体的力量。群体动力学家

---

① ［美］特纳、斯戴兹：《情感社会学》，孙俊才、文军译，上海人民出版社2007年版，第47页。

肖认为所有的群体都有一个共同点：群体成员间存在互动。因此，他把群体定义为两个或更多互动并相互影响的人。[①] 肖的定义抓住了群体的实质"互动"，这也是网络舆论群体形成的重要条件，依照肖的观点，同一个机房上网却互不联系的人并不是群体，而不同机房或地方通过网络互相沟通的人才是群体。

美国社会学家布鲁默（Blumer）从社会互动论的理论出发，将社会群体划分为三种形态：聚众（crowd）、公众（public）、大众（mass）。他认为，这三种群体形态是可以区别的。"聚众"是很多个体受某一共同事物（如街边斗殴）吸引而形成的临时群体，个体间互不认识，相互没有理性的传播只有情绪的感染。群体内没有任何组织，吸引他们的临时性事物一消失这个群体也就消失了。"公众"是指这样一个群体：①他们共同面临一个议题；②他们对如何处理这个议题有争议；③他们就议题之解决展开讨论。这种讨论是相对理性的，是舆论形成的核心。"大众"则又不同，它是由很多差异很大、相互匿名、很少交往、分散在一个比较广大的地域内的个体的集合，它内部没有什么组织纽带，也不具备采取集体行动的能力。[②] 显然，网络舆论群体的划分难以套用布鲁默关于群体的三种划分模式，因为网络既有布鲁默眼中聚众的特征，也有公众与大众的特征，网络舆论群体有时理性有时粗暴，具有易受感染、匿名等特征，它们之间虽差异很大，但却交往频繁，有时甚至形成组织、采取网下行动。

中国互联网络信息中心《第 23 次中国互联网络发展状况统计报告》经过统计，把网络群体划分为网络社交群体、非主流网游群、网络依赖群体、基础应用群体、自我展示群体、网络商务群体、网络浅尝者七大类。考察这七大群体的特征指数，发现网络依赖群、网络社交群、自我展示群、基础应用群发表网络舆论的可能性最大，因为它们在访问论坛/BBS、拥有博客、搜索引擎使用方面的群体特征指数均大于 100，大于 100 就意味在这一应用

① ［美］戴维·迈尔斯：《社会心理学》，张智勇、乐国安、侯玉波等译，人民邮电出版社 2006 年版，第 209 页。

② 潘忠党：《舆论研究的新起点》（新闻与传播评论：2001 卷），武汉大学出版社 2002 年版，第 89 页。

行为上具有明显特征。① 而网络论坛/BBS、博客和搜索引擎皆是发表与获取网络舆论的重要渠道。

中国互联网络信息中心对群体的定义分析，并不适用于网络舆论群体，因为它主要是以市场应用为主进行分类的。对此，研究者赵坤认为："网络群体是根源于网络的虚拟空间而产生的与传统意义的群体相对应的一个概念。它是指以网络为中介、网络空间为基础、网际交往和虚拟生活为主要内容的一种全新的社会群体。网络群体的特征包括：具有更强的开放性；个体身份虚拟化、符号化；交往以间接交流为主；缺乏相应的群体规范。"② 这种分析明显与社会群体相区隔，更加接近网络群体特征。

综合以上分析，我们认为，网络舆论群体是指以网络媒体为中介，通过网上互动交流发表对现实或虚拟生活事件看法的群体。围绕对事件的观点看法，网络舆论群体可以分为正面意见群体、反面意见群体和中立意见群体；也可分为意见发表群体与意见接受群体。

二　网络舆论群体的形成

如果把群体视作一个整体，亚里士多德的先验图示能带给我们许多启示。亚里士多德指出：宇宙间的万物都是由两个部分组成，一部分是被动可变的物质，另一部分是主动不变的形式。比如一张桌子或一支弓箭，它们的构造既有物质（木材或铜），也有形式（圆的或尖的）。同样，群体也由物质和形式两部分组成，两者的统一是由人类团体，比如议会、政党等这些具体的组织来实现的。③ 在网络舆论群体中，不变的物质是网民的特征，如性别和高矮等，可变的物质是网民的态度与观点。二者的统一不像社会中的群体有专门的组织，而是通过媒介与网民互相寻求，并通过互动交流的方式形成。

1. 媒体与个人的群体追求

在社会群体形成中，人们往往会在某一时间、某一地点聚集在一起，互

---

① 参见中国互联网络信息中心《第 23 次中国互联网络发展状况统计报告》，http://www.cnnic.net.cn/uploadfiles/pdf/2009/1/13/92458.pdf，2009 年 1 月。

② 赵坤：《大力促进网络群体的发展》，《新西部》（下半月）2009 年第 1 期。

③ ［法］塞奇·莫斯科维奇：《群氓的时代》，许列民、薛丹云、李继红译，江苏人民出版社 2003 年版，第 140 页。

相交流并相互模仿。大众媒体出现后，把信息流通渗透到每一个家庭，并竭力寻找到个人，让它们加入不同的群体当中。塞奇·莫斯科维奇在《群氓的时代》中认为，在印刷技术发明后，报纸把"公众"变成"群体"的替代品，它用一个分散但却相互联系的社会群体取代了一个半无纸化的社会群体。这一进程教会了人们如何从个体变为群体，并把无数个单独的个体从家庭中挑选出来组成不同的群体。而广播电视在使人们从个体变为群体的过程中更为有力，随着广播电视媒介的发展，媒体的竞争日益激化，带来的后果是受众的日益细化。不同的媒体会选择不同的受众，同一媒体，如广播电视，也会制作不同的节目内容来满足不同的受众，在此过程中，受众群体不断细化并得到巩固。网络媒体出现后，给受众观念带来强烈冲击，因为网民不但是受者也是传者。然而与传统媒体相比，网络便捷的信息发布渠道让作为受众或传者身份的网民得到更进一步细分，让"志同道合"者在网络上加速形成不同的群体。在浩瀚的人海中寻找个体，并把他们组合成不同的群体方面，网络媒体无疑比传统媒体更有优势。

个体的群体追求。人是群居动物，人对某种群体往往会孜孜不倦地追求。澳大利亚社会心理学家约翰·特纳通过观察认为，人们会经常将自己归类，以寻求安全与舒适感。在自我介绍时，人们会很自然地用群体属性描述自己，如男性，中共党员，华中科技大学研究生等。通过群体归类，个体从中寻找自豪感，还往往与其他群体比较，视比较结果而更加偏爱或疏离自己的群体。如果人们在个体特征方面没有突出的优势，就会通过加入并突出自己的群体，来获得自尊与快感。如在纷纭的网络舆论情势中，网上众多的草根群体有的会加入表征为爱国主义的群体，有的会加入表征为正义的群体，通过群体认同与加入，为自己寻求群体特征方面的安慰与快感。

2. 交流在群体形成中的桥梁作用

媒体与个体都有寻求群体的动机与冲动，而在个体形成网络舆论群体的过程中，媒介主要扮演桥梁的作用，形成的主要手段则是互动与交流。网络舆论的一个重要特点是形成意见的合流，在网络虚拟时空中，只有语言与信息交流才能改变与形成不同的观点。法国群体心理学的开创者塔德阐述了交谈与观点改变之间的紧密联系："在交谈的作用与观点的改变之间有一条紧密联系的纽带，权力的变化正是依靠这条纽带。如果观点的变化很小、很慢或者说几乎保持不变，那么交谈肯定是不经常的、有保留的，或交谈的话题只局限在一个很窄的范围内。如果观点的变化很大，关于观点的辩论很激烈，或从一个极端走向另一个极端，那么交谈肯定是经常进行的，交谈的内容大胆而不受束缚。"①

在个体走向群体过程中，交流的方式不同，群体的发展与表现也不同。群体交流最初从广场开始，到16世纪，法国人与意大利的富人及中产阶级开始举办群体交流沙龙，到了现代，大众媒体诸如报纸、广播、电视的出现，媒体成为社会舆论的源泉与发声器。而网络出现后，舆论群体才真正出现，因为任何个体都可以通过网络展示自我，通过彼此观点交换，组成不同的舆论群体。这种平等自由的交流方式，让人们能够缓解忧虑、凸显自我，网络也成为真正意义上的"意见广场"。如BBS版聚、社会背景相同或博文主题相近的博客圈、各种户外运动类网站组成的"驴友"社群等，在突发的网络舆论事件中经常同声相应、同气相求。

3. 网民个性的消失与网络舆论群体的形成

勒庞认为："自觉的个性的消失，以及感情和思想转向一个不同的方向，是就要变成组织化群体的人所表现出的首要特征……"② 群体的基本特点就是将单独的个体融入其中，模糊个体的差异与智力水平。群体就像宇宙空间中的黑洞一样，拥有巨大的能量并将靠近它的个体吞噬进去，又像一个熔铸炉，将个体彼此间不同的个性轻轻抹去，锻造出相同的情感与心理。加入群体的人，无论文化程度如何高低、地位如何悬殊，都一样，在心理上都没有多大差别。所不同者，主要是表现方式上的差别。如网络舆论行为中持相同观点的网民，面对同一事件，有的出语幽默、有的出语庸俗、有的尖刻、有的温和、有的高雅、有的粗鲁，但他们的观点是一致的，情感也是相通的，因为他们在态度意见上都属于一个舆论群体。

网络舆论群体形成的另一个显著标志就是个体理性的丧失与智力的低

---

① 转引自［法］塞奇·莫斯科维奇《群氓的时代》，许列民、薛丹云、李继红译，江苏人民出版社2003年版，第241页。

② ［法］古斯塔夫·勒庞：《乌合之众——大众心理研究》，冯克利译，广西师范大学出版社2007年版，第46页。

下，勒庞在研究大众心理学时始终认为，加入群体后的个体，在理性与智力水平上明显低于个体的平均水平。很多非理性行为与愚蠢的行为都是群体干出来的，而独处的个体肯定不会出现这种现象。如在 1967 年的美国，200 名俄克拉荷马大学学生聚集在一起围观一个声称要从塔顶跳下来的同学。下面的人起劲儿地同声呼喊着："跳！跳！……"最后那个学生真的就跳下来了，当场身亡。① 也许那个学生并非真心想死，但群体最终成了他死亡的帮手。这在任何单独个体在场时都不会发生的行为，但在群体中却经常失控。

互联网是一个虚拟的世界，其隐匿特征更有助于网络舆论群体退掉个性成分。1973 年，美国心理学家菲利浦·津巴尔多（P. C. Zimerberdo）曾经做过一个著名的"模拟监狱"实验。② 实验将 24 名心理正常的大学生随机分成"犯人组"和"看守组"，将"逮捕"后的"犯人"戴上手铐关进斯坦福大学地下室的一个"监狱"里。津巴尔多观察发现，在"看守组"审讯犯人组时，那些在实验室中穿着白色外套并戴着头套的女性，比穿着普通衣服、佩戴写有本人姓名与身份的被试者，会对"犯人组"的"犯人"实施更残暴的电击与虐待。同上述实验一样，网络的虚拟性如同给众多网民穿上了一件"匿名制服"，使网民在现实社会中不敢说的话、不敢讲的事，都可以在网络上无所顾忌、畅所欲言。同时，加入网上规模庞大的舆论群体，每个身穿"匿名制服"的网民更有一种安全感，法不责众的心理与自我表达的愿望，会让网民个体在网络舆论群体中更加失去自我，陷入群体的"舆论狂欢"。

三　网络舆论的群体心理表现

1. 网络舆论的群体情境

从以上论述我们知道，不同的网民通过交流和丧失个性，最后形成网络舆论群体。网络舆论群体形成后，会形成网络舆论的群体情境，置身其中的

---

① ［美］戴维·迈尔斯：《社会心理学》，张智勇、乐国安、侯玉波等译，人民邮电出版社 2006 年版，第 217 页。

② P. Zimbardo, Interpersonal Dynamics in a simulated, International Journal of Criminology and Penology, 1973：69 - 97.

网民个体都会受到群体情境的影响。这里的群体情境就是勒温所讲的心理环境，不过它是一种群体心理环境，群体中个体行为无形中会受到群体情境的影响，群体情境会对群体中的个体造成极大压力。

童话故事灰姑娘就是最能证明群体情境压力的古老传说。传说很久以前，有个人娶了第二个妻子，这个女人非常虚荣自私并且有两个同样虚荣自私的女儿。但这个男人却有个非常可爱善良的女儿，她就是灰姑娘。灰姑娘的继母和两个姐姐很不"待见"她，而她也只有忍气吞声、默默承受。后来，在仙女的帮助下，灰姑娘才得以脱离困境，去参加了一个隆重的舞会，舞会上风情万种的灰姑娘引起了王子的注意。再后来，坠入爱河的王子离开王宫去寻找这个可爱的姑娘，然而在灰姑娘那个破破烂烂的房间中，王子竟然没有认出她。可见情境对个体有多么大的魔力。在盛气凌人与趾高气扬的继母与姐姐面前，灰姑娘不得不战战兢兢、亦步亦趋，而在晚会上却神采奕奕、风采照人。在具体的网络舆论行为中，网民结成的舆论群体在规模与声势上无与伦比，由此形成的群体情境对网民也就具有更大的形塑作用。

网络舆论情境对网民个体的影响与压力主要是通过暗示产生，通过暗示，群体情境实现对网民个体意识的驾驭与控制。身处某舆论情境中的网民个体，会情不自禁地受到群体情境暗示的感情与行为影响，丝毫不会考虑到对错和理由。对于网络群体情境暗示作用的影响，弗洛伊德的话恰当地揭示了其现象与本质："我应该提出一个观点，来区分暗示和其他的心理影响，比如一条命令，或者是发出一条信息或指令。它们的区别是，就暗示而言，当一种想法在另一个人的头脑中被唤起时，它随即就被接受了，好像他是从自己头脑中自发产生的，而对它的起源却没有予以检查"[1]。

在论述暗示作用时，塞奇·莫斯科维奇把群体暗示的影响同个人神经症相提并论，认为两者都偏爱既定或回避思维逻辑。在群体暗示中，群体急切地屈服于群体或者领袖的权威，顺从于他们的言行与指点。其间，个体在心理上也许会有挣扎与抗争，但在群体情境的巨大魔力下，个体大多会成为群体观点暗示的"羔羊"。网络舆论中的很多案例都佐证了群体情境的威力。

---

① 转引自［法］塞奇·莫斯科维奇《群氓的时代》，许列民、薛丹云、李继红译，江苏人民出版社2003年版，第23页。

以最近发生的冬奥会冠军周洋为例，周洋冬奥夺冠后第一时间发表感言"让我爸我妈生活得更好一点"，此话感动了很多人，但有媒体报道国家体育总局副局长于再清在"两会"讨论发言时批评周洋没有先说感谢国家。于再清的言论在网上激起热烈反响，舆论一边倒支持周洋，批评于再清。在众多网络舆论群体中，虽然网民的言论风格迥异，但在相同的群体情境中受到的暗示都是一样的：于再清虚假、官僚、愚蠢、不称职。这里选取百度贴吧白山吧中的前20名网友的帖子如下，可以看出暗示对网民影响作用的威力：

1. 老梅虬枝，76位粉丝，1楼，2010-3-8　09：20

"感谢你爹你妈没问题，首先还是要感谢国家。"昨日上午，国家体育总局副局长、国际奥委会副主席于再清参加全国政协体育界别分组讨论，谈起有运动员夺冠后感谢父母，于再清说："小孩儿有些心里话没有表述出来"，运动员得奖感言"说孝敬父母感谢父母都对，心里面也要有国家，要把国家放在前面，别光说父母就完了，这个要把它提出来。"他表示，要加强对运动员的德育。此前，周洋在冬奥会上夺冠后说"让我爸我妈生活得更好一点"，感动了很多人。

昨晚10点半，南都"两会""说吧"互动平台照例在微博发布今日征求网友意见题目，于再清的言论激起最热烈的反响，截至记者发稿时，微博转发过千次，评论500多条。网友一边倒地支持周洋，于再清副局长的"先谢国家"说法遭强烈质疑。

网友陈丹伶评论说："你是冠军，祖国妈妈拥抱你。不是冠军，只有亲妈拥抱你。"

2. 122.138.187.＊，2楼，2010-3-8　09：35

是一个没有人性的冷血动物。不配当体育局官员。

3. bsjames，5位粉丝，3楼，2010-3-8　09：40

周洋感谢父母，只能说明她是一个朴实的人，不能证明她不爱国。中华文化重人伦，轻自然，重集体，轻个人。而现代文化重视个人价值，这只是中华固有文化与现代文化的一次碰撞。

4. pier_ love，155位粉丝，4楼，2010-3-8　09：51

中国人好极端，要么就是哪怕不说爱国都恨不得砍头要么就是只要谁说爱国绝对让别人当××看待，你想着爱国行，说出来，就显得做作了。周洋爱国吗？肯定爱。否则他也不会泪流满面的，和着音乐唱国歌。但是她为什么不说出来呢？这个才是值得人们去探讨的，不信我们去别的贴吧，就发帖子说我们自己多么多么爱国，我敢保证绝对辱骂、调侃你的人不比你说你想移民的多，所谓的网络文化啊，国之幸？国之哀？

5. 崇尚大海的人，13 位粉丝，5 楼，2010 - 3 - 8　10：03

运动员获奖感言，先感谢父母亲是无可非议的，谁要是反对这么说，是毫无道理的，岂不恰好说明其缺乏起码的孝敬父母之心？

当然，也应该感谢国家以及教练员的培养，这也是不应该忘记的。

然而，即使当运动员正在非常激动时，只说出感谢父母，没有来得及感谢国家时，也不能"上纲上线"，就提高到"德育"的高度来指责。这位高官的言论，似乎还遗留"文革"的"遗风"。

6. 122.138.142.＊，6 楼，2010 - 3 - 8　13：14

家是一小国　国是千万家！

7. 122.140.90.＊，7 楼，2010 - 3 - 8　13：40

我不得不承认：领导绝大多数是事儿比。

8. 61.180.143.＊，8 楼，2010 - 3 - 8　13：56

他的原意是让周扬感谢党。

9. 58.245.197.＊，9 楼，2010 - 3 - 8　14：36

今天在接受采访时都已经丢人了，这个副局长还出来丢人。中国体育总局怎么了，袁伟明公开在书里写，为了申办 2000 年北京奥运会拉票要走人情，而且对何振梁严重不满，这都什么人啊，体育总局真是个官僚窝！

10. 211.141.79.＊，10 楼，2010 - 3 - 8　14：39

你说得很对，是"文革"遗风。他怎么就这样的水平呢？难怪中国足球搞不上去呢？

11. 58.245.197.＊，11 楼，2010 - 3 - 8　14：43

回复：8 楼

更具体的是让周洋感谢他！

12. 揭英铭，4 位粉丝，12 楼，2010 - 3 - 8　15：31

你是冠军，祖国妈妈拥抱你。不是冠军，只有亲妈拥抱你。

13. 越野越野，2 位粉丝，13 楼，2010 - 3 - 8　15：39

有荣誉了都靠前说话了，没荣誉谁都不知道你，帮衬作秀。

14. 揭英铭，4 位粉丝，14 楼，2010 - 3 - 8　15：42

毕竟人太多了……

15. 211.137.211. ＊，15 楼，2010 - 3 - 8　15：50

萎大的猪锅阿，您怎么饲养了这等人渣来恶心大家！超台奈奈的！

16. 220.231.5. ＊，16 楼，2010 - 3 - 8　18：30

于再清，这种人就是中国政治裹足不前的超级屎渣……

17. 121.22.196. ＊，17 楼，2010 - 3 - 8　19：04

难道他是石头缝里蹦出来滴？

18. 真实32，2 位粉丝，18 楼，2010 - 3 - 8　19：08

把简单的弄复杂了，就是领导。听听海外的华裔都说感谢祖国，可没一个放弃绿卡（国籍）。

19. 218.82.101. ＊，19 楼，2010 - 3 - 8　19：14

支持周洋！好女孩！得金牌是对祖国最大的回报，说不说感谢祖国不是主要！国家体育总局尽出来出洋相，看来领导们没用心准备好开会啊～～～～该说什么不该说什么自己都没弄清，凭什么要周洋说这说那～～～～～

20. 125.39.117. ＊，20 楼，2010 - 3 - 8　19：32

回复：4 楼

嗯你定的这个调调可以①。

以上网友话语的风格各异，但反映的意思都如出一辙，都认为周洋率直可爱，于再清官僚、愚蠢和不称职。可见在网络舆论心理场中，群体情境对置身其中的网民个体会形成潜移默化的影响。

---

① 参见《听听这个领导对冬奥会冠军周洋的指责》，百度贴吧之白山吧，吧主：70 后的老大、汰菏芝僳、头发长了嫁给你，http://tieba.baidu.com/f? kz = 725720958。

网络舆论群体中的个体受群体情境影响，受暗示的催眠感染作用，在此后的网络舆论行为中会形成群体思维。所谓"群体思维"，指的是一种群体决策时的倾向性思维。例如上述百度贴吧中关于周洋夺冠挨批的帖子，自始至终大多都是批评于再清、褒扬周洋，因为前 20 个帖子形成的一致意见，已经让白山吧形成了"批于褒周"的群体思维，参与其中的群体很难摆脱这一群体思维的影响。

网络舆论群体思维的前提是网络舆论事件要具有轰动性，而且事件要是非黑白分明。如此，网络舆论群体方认为他们自己所站的立场无懈可击，并且是道义的。陷入网络舆论群体思维中的网民对其对手有一种刻板影响，并会阻止其群体成员发表与群体相反的意见。很多大型网络舆论事件中，如果某群体中成员发表与群体相悖或明显倾向于政府的言论，往往会被冠以"五毛党"的称谓，轻者其观点会被其他更多不同的群体意见淹没，重者还会受到群体其他成员的声讨甚至是人身攻击。在打压异己观点、形成和维护群体思维后，针对不同的网络舆论事件，网络舆论群体往往会产生群体想象乃至群体幻觉。如华南虎事件、林嘉祥猥亵女童案、石首事件等，通过媒体的图片、视频、文字报道，网民群体往往会形成群体想象力：事件背后必有不可告人的勾当与秘密。在想象力的指引下网络舆论群体形成幻觉，即坚信自我群体的立场与观点的正义与完美性。当然这种幻觉有时是对的，有时也有可能是错误的。

就我国的网络舆论而言，这种群体思维及群体思维下的群体想象与集体幻觉，更多时候产生的是一种积极效果。因为群体想象、群体幻觉有助于凝结网民热情，从而产生巨大舆论压力并对社会监督与社会民主进步起促进作用。当然在群体思维下也会产生网络舆论暴力等消极作用，但总体看目前中国网络舆论形象相当正面。

在网络舆论群体情境下，网民表现最突出的两种群体心理是从众心理和群体激化心理，以及由此产生的从众行为与极端行为等。

2. 网络舆论的从众心理

网络舆论事件中的从众心理，是网民在群体情境下受暗示影响所表现出的特征，而网络舆论群体的从众心理与从众行为表现得最为明显。在传统媒体时代，由报纸、广播、电视所引起的网络舆论，普通民众只是"舆论镜像"中的参与者。传统媒体只是一个"镜像",而网络媒体既是"镜像"又是"舞台",任何人都可以在上面与别人互动并发表演讲,并且能随时看到自己和他人的一颦一动及舆论态势,并因此受情绪感染导致从众心理倾向更为明显。传统记者的作用在网络媒体中日渐式微,因为网络媒体省掉了传统媒体对舆论的二次转发。

对于网络舆论中网民从众心理的原因,德国社会学家伊丽莎白·诺尔·诺依曼的"沉默的螺旋"理论阐述得非常清楚。1974年,诺依曼在《传播学刊》上发表《沉默的螺旋:一种舆论学理论》一文,认为舆论群体中的从众心理主要由三个命题构成:第一,个人意见的表明是一个社会心理过程。第二,意见的表明和"沉默"的扩散是一个螺旋式的社会传播过程。也就是说,一方的"沉默"造成另一方意见的增势,使"优势"意见显得更加强大,这种强大反过来又迫使更多的持不同意见者转向"沉默"。如此循环,便形成了一个"一方越来越大声疾呼,而另一方越来越沉默下去的螺旋式过程"。第三,大众传播通过营造"意见环境"来影响和制约舆论。[①]沉默的螺旋理论的假设前提是社会中的人都害怕孤立与孤独,意见的少数派因惧怕被孤立而更多倾向于选择沉默,这使持主流意见的群体越滚越大,在舆论形成上产生马太效应。

然而也有很多学者认为沉默的螺旋理论在网络舆论中并不适用。因为网络是一个匿名的世界,网络言论中的网民基本都隐去了现实社会中的身份,因此在网络群体中能毫不畏惧地表达自己的不同观点。当然,在网络舆论事件中确实存在这种同群体主流意见"扭"着干的网民个体,其原因很复杂,此个体要么确有真知灼见,要么是舆论监督的涉事方人员。除此之外,由沉默的螺旋所造成的从众心理与从众行为在网络舆论事件中更为普遍。因为网络世界中的虚拟并不是"跳出三界外、不在五行中"的"虚拟",网络舆论事件中群体同现实世界仍然存在千丝万缕的联系。首先是身份的联系,现在很多网民都愿意以真实身份在网络上发表言论,特别是名人博客。这些以真名实姓出现在网络中的网民,在发表言论时更加谨慎,同时也更能觉察到群体情境的压力。对于在网络中虚名出现的网络群体,对网络舆论事件的关

① 郭庆光:《传播学教程》,中国人民大学出版社1999年版,第220页。

注，更多的则是精神与情感的投入。这种脱离现实举止的接触，让网民在心理上更敏感于他人对自己言论的反应，因此在舆论表现行为上从众行为更明显。有些网络群体还有特定的规范与要求，在讨论中有一个围绕主题的核心价值。如果参与其中的个体在言论上太过"出格儿"，违背了群体意愿就有可能被孤立、被冷落甚至被攻击、被封杀。可见在网络舆论事件中，沉默的螺旋依然在疯狂地旋转，群体情境的压力不是弱化而是加强。

网络舆论的从众心理在行为上表现为认同与模仿，认同又分对自己认同和对别人认同。在网络舆论行为中，网民个体如果发现别人的观点同自己相似，或者别人积极符合自己的观点，便会产生对自己的高度认同心理，这种认同会给自己带来莫名的喜悦。对别人的认同则比较复杂，网络舆论行为中个体因为群体心理情境的压力会采取对主流观点的认同，在沉默的螺旋的威力下，这种认同是为了得到群体奖励或避免惩罚。对他人的真心赞誉也会产生认同，产生这种心理认同的网民是网络舆论群体意见的核心群体。在态度上产生认同的网民，在网络舆论接下来的活动中会实施模仿行为，这种模仿行为也叫从众行为。模仿的方式并非亦步亦趋，有时网民的言论尖刻、有时幽默、有时正话反说、有时反话正说，不一而足，但核心意思都大同小异。

3. 网络舆论的群体极化心理

与网络舆论群体的从众心理相比，群体极化也是其心理的一种通常表现。群体极化概念由桑斯坦在《网络共和国——网络社会中的民主问题》中提出，他认为"群体极化的定义极其简单：团体成员一开始即有某些偏向，在商议后人们朝偏向的方向继续移动，最后形成极端的观点"。他注意到："在网络和新的传播技术的领域里，志同道合的团体会彼此进行沟通讨论，到最后他们的想法和原先一样，只是形式上变得更极端了。"[1] 网络舆论事件中，网络的便捷性会让天南海北各种具有相同感情与观点的人迅速聚拢在一起，通过互动交流产生群体心理，进而产生群体极化行为。很多网络事件中，网民对当事人极尽辱骂之能事，甚至在网下结伴到当事人住地从事威胁、恐吓等活动，这些都是群体极化行为的一种表现。

① ［美］凯斯·桑斯坦：《网络共和国——网络社会中的民主问题》，上海出版集团2003年版，第47页。

　　很多社会学家，如斯梅尔赛、罗伯特·帕克等将群体极化定义为积聚行为或集体行为，认为是社会互动的结果。而心理学家则更多从群体心理角度来解读这一群体行为，如欧美的很多心理学家在验证 1961 年斯托纳（James Stoner）关于群体决策的结论时意外发现："如果一开始群体内成员的意见比较保守的话，经过群体讨论后，决策就会变得更加保守；相反，如果个人意见趋向于冒险的话，群体讨论后得到的决策就会更加有风险。也就是说，群体讨论会得到更加极端的决策。这种现象被称作群体极化现象（group polarization）。"① 而我国社会心理学学者从另一角度认为"集群行为具有自发性、不稳定性和无组织性"。② 网络舆论中的群体极化行为也充分验证了这些心理学家分析的特点，在行为上表现为冲动、偏执与暴力。

　　冲动是魔鬼，在网络舆论群体中，这个魔鬼表现起来更加肆无忌惮。在去个性化群体情境作用下，网民缺乏思考与理智，一个很小的事件或与自己无关的事件，在群体极化心理下，也会形成轰动性的舆论事件。2006 年的虐猫事件便是如此，在哈尔滨某医院工作的女子虐猫图片于网上曝光后，引起无数网友激愤，最后发动强大的人肉搜索，搜出当事人的详细信息并逼得当事人单位停发其工资、当事人在网上公开道歉，才算了事。这是典型的网民冲动结果，很多杀人犯被公布在网上，也未看到有如此庞大的谴责，而一虐猫举动竟致如此。还有史上最毒后妈事件，此事经电视台报道后，网上的舆论群体丝毫没有怀疑就立刻掀起网络声讨大行动，并把事件中的后妈冠名为"史上最毒后妈"，可见冲动正是网络舆论群体激化行为的本色。

　　网络舆论群体极化行为的第二个表现是偏执。陷入群体思维与群体想象中的群体非常专横、保守，容不得半点儿不同意见。网络舆论事件中受到批判的当事人若有反驳之举，会招致网民更加疯狂的反扑与围攻。如 2008 年的王千源事件，在美国留学的青岛女子王千源发表挺藏独言论引起网上一片骂声，王千源为自己辩驳的言论不但没有得到网友的谅解，反而又招来网友更大的反弹，网友直指其为汉奸并结伴到其父母住地进行辱骂，而对王千源关于事发当初的原本陈述已经没有网友愿意去理性地辨别与思考了。王千源

---

① ［美］泰勒等：《社会心理学》，北京大学出版社 2004 年版。
② 周晓虹：《集群行为：理性与非理性之辨》，《社会科学研究》1994 年第 5 期。

汉奸言论固然不对，但是她说话的机会还是应该给的，然而在网络群体极化思维下，这显然很难做到。

网络舆论群体极化行为往往演化为暴力行为，网民于是演化为暴民。2007 年《中国青年报》开展了一项在线调查（3226 人参与），问题是："您认为下面哪些是'网络暴民'的典型特征？"显示结果如表 8-1 所示①：

表 8-1　　　　　　　　　　　网络暴民特征

内　容	比例（%）
主观上有恶意制裁别人的倾向	62.6
出口成"脏"	57.4
不经当事人允许就擅自公开其隐私	56.8
威胁当事人的人身安全	54.3
动不动就质疑当事人的道德品质	48.2
盲目跟随别人的意见	44.8

网民之所以会出现上表的诸多特征，是因为处在群体极化中的网民，会产生心理学中的所谓虚假普遍性，即认为更多人会像自己一样思考问题。因此在群体行动中会表现得比单个人时更加无畏和勇敢，过激行为也往往在这种情景下发生，而且会产生不可估量的后果。

---

① 谢小亮：《六成多网友认同主观恶意是网络暴民首要特征》，《中国青年报》2006 年 9 月 18 日。

第　九　章
网络舆论的影响因素

如同市场经济背后隐匿着一只看不见的手一样，中国各式各样的网络舆论背后也有一只看不见的手。这只手就是由中国社会转型所带来的政治、经济、文化现象。从布尔迪厄的场域理论我们知道，社会场域是有许多不可化约的社会小场域组成的。由于资本的不同，不同的场域在社会空间中的位置是不相等的。其中政治场、经济场、文化场占有较多的资本，从而成为社会中的"元场"，其他任何一个场域说到底都会受到这些元场的影响。从网络舆论事件的发生来看，新媒介场特性与心理场动因是其发生的直接因素，循此脉迹，我们可以清晰地看到社会场中政治、经济、文化等元场作用的影子。当代是中国社会急剧转型时期，因此社会在某些方面处于失衡状态，多发的网络舆论正是对此状态的反映。

社会转型是导致中国政治、经济、文化变迁的主要原因，社会学家郑杭生认为："社会转型"是一个有特定含义的社会学术语，意指社会从传统型向现代型的转变，或者说由传统型社会向现代型社会转型的过程，说得纤细一点，就是从农业的、乡村的、封闭的半封闭的传统社会，向工业的、城镇的、开放的现代型社会的转型。当我们说"社会转型"时，着重强调的是社会结构的转型。在这个意义上，"社会转型"和"社会现代化"是重合的，几乎是同义的。[1]

中国近现代社会转型经历了几个阶段，我们所讨论的社会转型，主要指1978年改革开放以来所经历的种种变革。此次社会转型，是中国真正从自

---

[1]　转引自章辉美《社会转型与社会问题》，湖南大学出版社2004年版，第4页。

然经济社会、农业社会、乡村社会向市场经济社会、工业社会和城市社会转型时期，转型的广度与难度世所罕见，因此变革深具中国特性。而这些变革中的独有特征，也正是造成中国网络舆论勃兴的深层原因。

纵观史上任何国家与民族的社会转型，都不仅仅是社会经济转型或政治转型，而是一个包含政治、经济、文化在内的整体转变。中国也是如此，以1978 年改革开放为界，改革开放前，中国是一个总体性社会，社会的政治中心、经济中心、文化中心高度重合。社会结构整齐划一，都是按相同的模式建构运行。改革开放后，中国开始向分化性社会转变，转变体现在三个方面：政治上，中国民主法治不断进步，中国社会开放程度不断提高；经济上，中国逐渐从农业社会向工业社会跃进，由计划经济向市场经济转型；文化上，多元文化流行，人们在伦理道德、价值观念上呈现不同的表现和追求。

从 1978 年至今，中国社会转型正处于不断分化组合阶段，转型过程远未完成，由此造成众多社会利益纠葛和矛盾产生，社会本身的弹性机制会对利益与矛盾压力形成某种程度反抗，而网络舆论就是话语抗争的表现。在西方，民众的抗争运动是合法的，工会交涉、游行示威等非常普遍，而中国基本缺乏此类抗争渠道，因此不满情绪受到很大压抑。加之，中国传统媒体由于受到严格控制，在许多民意表达场合处于失声状态。因此，在其他表达渠道相对阻塞的情况下，网络媒体的出现，为中国民意的表达提供了天然渠道，这也造成了网络舆论的畸形发展。在中国，从传达舆情民意角度看，网络舆论起到"留声机"与"传声筒"的作用。

第一节　网络舆论流变的政治因素

梁启超认为，舆论是政治、政体的基础，他在 1910 年 2 月 20 日发表的《国风报序列》中写道，"立宪政治者，质言之则舆论政治而已。地方自治诸机关以及谘议局、资政院，乃至将来安全独立之国会，凡其所讨论设施，无一非舆论之返照"[①]。今天看来，梁公所言虽有夸大之处，但就此我们也

---

① 《梁启超选集》，上海人民出版社 1984 年版，第 559 页。

可以看出舆论背后潜藏着深厚的政治现实。

网络媒体的多向传播、弱控制与灵活性，使网络舆论得以成为反映社会现实的一面哈哈镜，其中政治表现尤为明显，主要包括政治的灵魂（意识形态），具体的政治制度及政治执行的代言人（各级政府官员）等。

一　政治意识形态的多元影响

在谈及网络舆论的政治背景时，不能不谈到政治意识形态，因为它是制定与执行政治制度的灵魂。劳伦斯·迈耶等人认为，政治系统是"那些通过公认的权威来决定由谁以及在多大程度上获得人民所珍视之物的结构和过程"①。这里"公认的权威"即为政治意识形态，它是"系统地、自觉地、直接地反映社会政治现象的思想体系"。互动百科在解释政治意识形态时认为，"政治意识形态有鲜明的阶级性"；是"统治者力图通过本阶级的政治意识形态将其政治影响力转换为人们心理上的政治权威，并且使它成为公共舆论衡量人们政治行为的价值标准和尺度，从而使它在社会的实际政治活动中，持久地起着政治强制手段所不能起到的作用"②。

政治意识形态对社会行为的影响与规范是潜在的、柔性的，因为统治阶级总会通过文化教化、媒介传播等手段，使其政治意识形态内化为个体的政治态度，从而完成政治意识形态的社会化过程。有人把政治意识形态看成文化范畴，正是把统治阶级的意识形态的文化教化过程看成了文化表现，这是只见树木、不见森林的表现，没有看清现象的本质。

1978 年改革前后，我国虽依然遵从马克思主义的一元指导，但在政治意识形态的内涵与外延上已有显著不同。这些变化已经在网络上有明显的展示，如目前普遍热议的网络公共空间或网络公共领域即为明证。乐媛、杨伯溆通过对强国、猫眼两大 BBS 论坛抽样分析，认为中国网民具有明显的意识形态与政治派别；其实，中国很多网络舆论事件的爆发，都可以从中国政治意识形态的变化中找到原因。

---

① 〔美〕劳伦斯·迈耶等：《比较政治学——变化世界中的国家和理论》，罗飞等译，华夏出版社 2001 年版，第 12 页。

② 参见互动百科《政治意识形态》，http：// www. hudong. com/wiki/% E6% 94% BF% E6% B2% BB% E6% 84% 8F% E8% AF% 86% E5% BD% A2% E6% 80% 81。

　　新中国成立后至改革开放前的相当长一段时间内，我国政治意识形态都带有"左"倾色彩，过分强调与帝国主义斗争及阶级斗争，因此存在与客观实际脱离的倾向。特别是"文化大革命"时期，盲目排外、盲目地搞社会运动，让政治意识形态成为人们日常生活的主体内容，并导致政治意识形态建设成为一个封闭系统，极大干扰了社会正常发展与运行。具体表现为以阶级斗争为纲，盲目拒斥一切西方思想与文化，把许多有价值、值得社会主义借鉴的东西一概当成腐朽的东西加以批判。其次，对中国几千年来的文明成果视为封建主义的糟粕加以拒斥，用政治实用的态度去批判历史事件与历史人物。再次，在政治意识社会化过程中，不是采取科学的宣传、教化，而是利用各种集会、运动、媒体、授课等，采取"自上而下"、千篇一律的灌输。通过"封、管、堵、压"的办法统一民众思想认识，既遏制了对世界先进文明成果的吸收，也让国家的政治思想意识形态丧失了正确指导社会实践的能力。

　　改革开放后，我国的工作中心转到社会主义经济建设上来，与此对应，政治意识形态也做了适当调整。首先是共产党对意识形态做了创造性的解释，形成了具有中国特色社会主义意识形态话语体系。这种调整的结果是：一方面它保持了对以往意识形态的继承与延续，保证了党新时期执政的合法性；另一方面又实现了对新时期政治、路线、方针、政策的理解、动员与凝聚性。随着改革开放的发展，中国政治意识形态不断把各阶层社会群体的正当利益与正当政治诉求纳入意识形态中，并创造性地提出了"三个代表"和"科学发展观"，成为现阶段指导社会发展的一面旗帜。

　　然而，中国虽然在新时期政治意识形态建设方面取得了重大成绩，由于社会转型的复杂性，它也遭遇到许多挑战。经济基础决定上层建筑，中国当前正处于市场经济建立阶段，因此对民众的意识形态必有所影响。具体表现为民众更加注重物质利益追求，在精神生活上注重当下的享受与狂欢，产生了对政治活动、政治目标与政治意识形态的"三信危机"（信仰危机、信心危机、信任危机）。民众对主流政治意识形态的相对冷淡，为其他形式的意识形态乘虚而入打开了方便之门。现阶段，许多互网络舆论事件就是对这些变化的反映。

　　社会转型与对世界经济的深度融入，西方意识形态对我国部分民众的示范作用不可避免，主要表现为新自由主义和新保守主义，这也是目前西方占主导地位的两大民主主义意识形态。新自由主义意识形态自 19 世纪以来形成，代表人物是 L. D. 布兰代斯、J. 杜威、F. D. 罗斯福、J. 罗尔斯等。他们均强调把经济自由作为政治自由的前提，强调和谐竞争代替自由竞争，并把自由作为民主的中心目的和伦理依据。新保守主义形成于"二战"之后，代表人物有美国的 D. 贝尔、密尔顿·弗里德曼、M. 戴蒙德、塞缪尔·亨廷顿等。新保守主义强调政府的权力必须分散、权力范围必须限定，提倡在机会平等的基础上理解自由，并认为民主过剩，主张实行适度民主。

受多种意识形态影响，我国除马克思主义正统意识形态之外，新出现的政治意识成分包涵自由主义、"左"倾意识以及传统意识形态延续下来的权威主义。伴随自由主义经济学在中国的发展，中国自由主义意识形态也取得一定市场。中国的自由主义强调个人的权力和自由，强调市场经济与法制作用，并赞成对政府权力的监督与制衡。近期许多网络事件，虽说某种程度上与政府的权力滥用有关，但同这种思潮的泛起不无关系。如 2008 年的出国考察门事件，网友"魑魅魍魉 2009"捡到一张出国考察清单，立即把它曝光在网上，从而引发轩然大波。一个普通网民，能有如此敏锐意识，可以说已经达到一般记者高度，而其又并未受过专业训练，说明新社会意识形态对其起到潜移默化的作用。还有 2009 年的绿坝事件，工信部要求安装绿坝的决定一出台，就遭到网民的一片反对与质疑。众多草根百姓，能有意愿对部级规定置言臧否，这在以前不可想象。而且从网络舆论事件来看，类似此举的政府监督行为举不胜举。当然，我们不能完全归之于自由主义意识形态的影响，因为我们是以马克思主义作为最高指导的国家，但自由主义中的某些理论与观念不可避免地渗进民众意识中。

在中国的政治谱系中，"左"倾是较为典型的一种意识形态。他们一部分主要由正统的马列毛为理论资源的知识分子组成，强调对国家体制的忠诚。一部分较多吸纳了西方马克思主义的理论渊源，着重在全球化视野中审视中国问题，并强调重新检视中国寻求现代化的历史背景与方式。共同之处是，他们都对当下的社会现实有所关注，在对历年网络舆论案例分析中，我们发现中国所有重大网络舆论案例，牵扯涉外关系的，在整体案例中占到 8.5%。而且这些涉外案例基本上都同爱国主义与民族情绪有关。

如 1998 年的印尼排华骚乱、1999 年中国驻南斯拉夫大使馆被炸、2001 年赵薇军旗装事件、2003 年日本人珠海嫖妓事件、2004 年民间反日"入常"事件、2008 年抵制家乐福事件、2008 年莎朗斯通"辱华"事件等，都有"左"倾意识形态的流露。

传统意识形态中的人治思想、特权思想以及权威保守观念，在我国某些民众特别是少数官员身上延续得比较明显。作为后现代与正在转型的国家，一个高效廉洁的政党领导尤为关键，但是我国个别官员在意识形态转型上显然落后于社会转型，改革开放前传统政治意识形态中不良的东西在他们身上遗留较多，这不免有损中共的形象与权威。如 2009 年郑州规划局副局长质问中央台记者："你是准备替党说话，还是准备替老百姓说话？"还有南京江宁区房产管理局原局长周久耕替房产商说话事件等。这些事件的发生绝非偶然，而是传统意识形态中权威思想在官员身上作祟，否则，不会在网络舆论强烈关注彭水诗案后，还会接二连三出现警察进京抓记者、跨省追捕、跨地追捕等事件。

二 民主法治理解的传统束缚

同政治意识形态的影响一样，中国改革开放以来民主法治进步、民众维权意识增强，是网络舆论频发的重要因素。

与西方"天赋人权"、"主权在民"的思想不同，中国自古强调"君权神授"，君王的指示即是国家的法律，因此中国具有"人治"的传统。这种传统在 1949 年新中国成立后并没有得到足够的重视。新中国成立之初，国家领导人的权威是在革命战争中树立起来的，而革命斗争的结果又破坏了既定的法则，加之中国几千年来封建"人治"思想的影响，极个别领导人在内心深处会有一种不太重视"法"的意识。他们片面认为"法"是用来对付被统治阶级的，只要自己全心全意为人民服务，就不需要再制定出一整套法律来束缚自己。这颇似汉初，儒生陆贾在刘邦面前言必称《诗》、《书》，刘邦听后不耐烦地破口大骂："老子我在马背上打天下，哪里用得上《诗》、《书》"一样。

对新中国成立后的法治淡薄，邓小平曾这样说过："旧中国留给我们的，封建专制传统比较多，民主法制传统很少。解放以后，我们也没有自觉地、系统地建立保障人民民主权利的各项制度，法制很不完备，也很不受重视。"① 民主人士梁漱溟先生在 1978 年对此做过尖锐的发言，他说："宪法在中国，常常是一纸空文，治理国家主要靠人治，而不是法制。在旧中国，蒋介石就主要靠人治，一切问题由他一个人主宰。进了新中国，按说有了人民的宪法，应该搞法制了吧。毛泽东后来换了一个形式，主要也是靠人治。"② 这种人治的结果是，截至新中国成立 30 周年即改革开放前，我国还没有一个比较完整的法律体系，国家政治生活权威主义盛行，"权力崇拜"、"个人崇拜"严重。在法律受到蔑视与践踏、人治盛行时，人民往往成为官方的"应声虫"，而没有自己的独立意识与思想，因此在民众舆论表达上必然是一个灰暗的时代。

改革开放后，我国民主法治建设逐步走上正轨，并得到党和国家领导人的高度重视。如江泽民就再三强调："依法治国，就是广大人民群众在党的领导下，按照宪法和法律规定，通过各种途径和形式管理国家事务，管理经济文化事务，管理社会事务，保证国家各项工作都依法进行，逐步实现社会主义民主的制度化、法律化，使这种制度和法律不因领导人的改变而改变，不因领导人看法和注意力的改变而改变。"③ 胡锦涛在纪念党的十一届三中全会召开 30 周年大会上也提出："把人民拥护不拥护、赞成不赞成、高兴不高兴、答应不答应作为制定各项方针政策的出发点和落脚点"，要"问政于民、问需于民、问计于民"。

改革开放 30 年来，由于党和国家重视，我国民主法治建设逐步发展完善，人民的民主法治观念也逐步增强，这种状况在网络舆论上得到充分展示。如 2003 年，湖北大学生孙志刚在广州收容站被殴打致死，在网络上引起巨大反响，网民纷纷发表评论，批评现行的收容遣送制度。在强大民意关注之下，国务院废止了 1982 年颁布的《城市流浪人员乞讨收容遣送办法》。通过此次事件，可以看出民众维权意识在网络上的集体觉醒。2007 年的厦门 PX 事件、重庆最牛钉子户事件，2008 年上海部分市民反对磁悬浮工程事件，2009 年广东番禺垃圾焚烧事件等所引发的网络舆论关注，都是民众集体维权引发的结果。虽然说网络舆论兴起有多种因素，但是民主法治的进

---

① 《邓小平文选》第 2 卷，人民出版社 1991 年版，第 332 页。
② 殷晓虎：《新中国宪政之路》，上海交通大学出版社 2000 年版，第 138 页。
③ 《江泽民论有中国特色社会主义（专题摘编）》，中央文献出版社 2002 年版，第 326—327 页。

步、民众法律维权意识的增强，无疑是其深层原因。因为在过去权威统治之下，民众根本没有诉求的欲望，民意只能处于潜意识状态。

政治场作为元场对媒介的制衡作用，在我国体现得尤其充分。我国民主法治的进步也表现在党和国家对传媒政策的变化。新中国成立后很长一段时间，我国为防范国内外剥削阶级的侵蚀，确立了党对传播系统的一元领导。这种一元封闭传播系统，是一种单向沟通，造成传播的严重失衡，具体表现为上情下达迅速有效，而下情上达却极为闭塞，民意表达成为空谈。

改革开放前，大众媒介作为党的"喉舌"，它的主要功能是作为党和国家的舆论工具而存在。正如舒尔曼所指出的，官方控制传播的"封闭"效应不仅是保守秘密或书报检查制度，而且要求传播以官方意识形态的语言进行。具有特殊意识形态意义的概念和用语成为大众传播的一个独立的话语系统；它为"讲"这些话的人提供了一种统一的联系机制，而同时把不讲这些话的人或在其中没有地位的概念排除在外。正如所有语言一样，使用这种语言不仅要运用某些词，而且要赋予这些词以明确的意义。其结果是，通过了这一传播系统的许多东西首先是给这些意识形态精英和亚精英看的，他们能够理解这些东西，并有责任通过恰当的解释并参照本地的情况来向一般民众传播它们。① 在媒介为政治精英所掌握情况下，其展现的是精英的话语霸权，而民众所能做的只能是对上级决策的正面回应。

改革开放后，随着民主法治的进步，媒介自身的传播规律逐渐受到国家重视，媒介监督政府、监察社会、信息传播、娱乐教育等功能得到承认，加上网络媒体的异军突起，为舆情民意的表达打开了一个新的天地。2008 年 5 月 1 日，中国正式开始施行《政府信息公开条例》；2009 年温家宝在"两会"报告上，公开宣称要创造条件让人民监督政府等，都是民主法治进步的体现。

政治控制的松动、传播系统的开放，让网络媒体的作用凸显。网络媒体作为新兴媒介场，虽然照样受社会元场制约，但它毕竟为民众提供了相对自由的言论空间。网络媒体的开放性也部分消解了传统政治精英的话语霸权，

① ［美］詹姆斯・R. 汤森：《中国政治》，顾速译，江苏人民出版社 2004 年版，第 151—152 页。

从而带动传统媒体信息把关的松动，从而形成传统媒介与网络媒介之间舆论互动与对流的局面。在我们对1998—2013年重大网络舆论案例考察中，就发现46%的网络舆论事件首先由传统媒体报道，由传统媒体同网络媒体互动共同产生舆论作用的案例占到8%。

从以上分析可以看出，网络舆论的蓬勃兴起，网络新媒介场的作用固然重要，但更重要的则是民主法治的进步和人民维权意识的觉醒。

三　官僚腐败的历史轨迹

我们通过对1998—2013年的320起重大网络舆论事件进行分析，发现有关政府管理与官员腐败的舆论事件名列前茅。地方政府"与民争利"，社会公共管理职能弱化成为网络舆论关注的焦点。

地方政府官僚化倾向表现为政府行为市场化、企业化。过去几十年来，政府机构精简与人员缩编持续进行，但实际情况是政府机构与政府人员却在持续膨胀。许多政府机构人浮于事，应该由政府负责的公共职能如教育、卫生、科研等受到漠视，而本不该由政府参与的市场经济行为，却得到政府热捧。例如，过去在农村，地方基层政府对农民乱征收、乱摊派现象非常严重，胡温当政后不久即取消了农民农业税，但很多地方政府与地产商合作，在征地方面与农民产生新的纠纷。在很多地方政府的参与下，目前中国的房价愈涨愈高。上海政法学院社会学系教授吴鹏森认为中国楼市已经成为一种社会剥夺机制，这种剥夺不仅是强势群体对弱势群体的剥夺，富裕群体对中低收入者的剥夺，同时也是上代人对下代人、原居民对新移民的一种社会剥夺。最近几年来，房价楼市一直是网络关注的热点，一有风吹草动，网络舆论便汹涌澎湃，但地方政府与房产商利益的纠葛，让楼市总是"牛气冲天"，连中央出台的遏制政策都难见效用。

许多地方政府热衷商业行为、忽视某些公共管理职能，使得政府的信用在民众心中已经大打折扣。政府是社会秩序的调节器，政府信用丧失，意味调节器的故障与失灵，从而会产生很多社会紊乱现象。如黑社会势力的形成与发展，当民众不再信任政府时，黑社会势力便会乘虚而入。还有科技、教育、卫生问题，这些都是民生问题，但却常常遭到政府忽视。2010年3月17日，《中国经济时报》报道山西疫苗致近百名儿童死亡或伤残，山西官方却回应称报道基本不实,后经查是北京某公司从山西省疾控中心获得"排他性的经营权",这明显是权力改造市场和扭曲市场的结果。人命关天,这些本应由政府严格把关负责的公共行为,却任由私营企业施为,结果闯下弥天大祸,也自然成为网络舆论关注的重心与焦点。

政府信用丧失有时也会成为点燃网络舆论的引信,如贵州瓮安事件、躲猫猫事件、七十码事件、邓玉娇事件等都是由于公众对政府的不信任所引发的结果,而这些事件最后复查的结论,也大多证实了民众的猜测,从而更加重了民众对政府的不信任。由于对政府的某些不信任,在很多网络舆论事件中经常出现无直接利益冲突现象,即事件爆发与一般民众无关,但他们也会积极参与和声援。如邓玉娇事件中,网民"屠夫"就在凯迪网募捐,得到资助后,亲自前往邓玉娇被羁押的精神病院探望,并在北京聘请律师为其辩护。

新时期我国官员的腐败问题,也成为网络舆论关注的重要来源。腐败行为是"公共权力的非公共运用",有学者指出:"当近十几年来腐败在中国泛滥时,它已构成了一种'非正式的政治制度',如果忽视这种情况,就可能会对中国的政治经济有一种严重的误解。"① 官员腐败在当前已经成为一个严重的社会问题,据报道,中国在 2009 年共法办 26226 名贪官庸官,比上年稍提高 2%,其中包括省部级高官 8 人。②

通过对网络舆论事件分析,发现与腐败现象相关的事件多表现在官员的金钱和性、"官二代"及平庸无能上。权利、金钱与性自古就相互纠缠,而且古今中外概莫能外。如《性史》第一卷强调的重点就是权力谱系学,对福柯而言,性是"权力关系尤其强烈的转移点"。掌权者越来越把他们的凝视集中在性上。然而,从凝视的不断增长中产生出来的不是压制,而是权力和性快感的相互纠缠。实际上,福柯用非常色情的词语描绘了权力拥有者处理性问题的方式:"这样,掌管性意识的权力有责任接触身体,用研究爱抚它们,强化敏感区域,刺激它们的表情至兴奋,是烦恼的时刻戏剧化。它把性的肉体拥入自己的怀抱。在权力与快感之间出现了一种辩证法:'快感蔓延到折磨它的权力至上;权力则把握住他所揭示的快感。'……权力与快感

---

① 《中国评论》,香港中文大学出版社 1997 年版,第 30 页。

② 参见韩咏红《中国去年查处 2 万 6226 名贪腐犯》,联合早报网,http://www.zaobao.com/special/npc/pages3/npc100312.shtml。

的联合确保了更多的性的存在，而且有更多的官员对它加以凝视。"① 官员利用权力交换金钱与性，在网络舆论关注上也同样得到凸显。如胡长清案、成克杰案、陈良宇案、林嘉祥猥亵女童案、贵州习水幼女案、重庆打黑中的文强案、邓玉娇案、临时性强奸案等，如此众多的网络舆论事件，无一不是同官员的性与金钱有关。

官员腐败还表现在平庸无能与官二代上。官员平庸无能不一定就腐败，但一个平庸无能的人能当上官员，就一定和腐败有关。官员平庸无能会造成社会管理、交易成本的增加，造成社会更多政治、经济资源的空耗，这也是平庸官员在网上饱受舆论质疑的原因所在。如2003年"非典"爆发时，卫生部长张文康就因舆论压力而被免职；2008年，山西襄汾溃坝事件中，孟学龙也因网络舆论压力引咎辞职。当下，官员腐败已有新的表现，从财产转移过渡到官职转移，产生所谓的"官二代"现象，这也成为网络舆论监督的新表现。如近日，有网帖称，山东省新泰市新提拔的副局级干部中，竟有6名20世纪80年代以后出生，其中最年轻者只有23岁。此番爆料不管真假，只要官员腐败不除、社会公正不彰，诸如此类的网络舆论现象今后必不少见。

第二节　网络舆论流变的经济影响

相对于政治影响，中国的经济变革对网络舆论的影响作用更加直接。1978年中国经济体制改革开始，经济体制改革的本质就是人们彼此之间各种利益的变动与调整，这种调整带来社会阶层的迅速分化。

不同阶层的出现、利益的分化以及经济发展过程中产生的矛盾，让目前中国的利益阶层大致分为四类：特殊收益阶层，他们大多是新富阶层，是经济改革中的最大受益者；普通收益阶层，这些阶层构成成分复杂，有工人、农民、知识分子等；相对剥夺阶层，这个阶层改革开放以来也享受到了经济发展成果，只不过利益增长不如其他阶层明显，因此有一种被剥削感；绝对被剥削阶层，此阶层大部分生活在绝对贫困线以下，主要为一些偏远山区的

---

① ［美］乔治·瑞泽尔：《后现代社会理论》，谢立中等译，华夏出版社2003年版，第86、87页。

贫苦农民。① 从历年的网络舆论案例看，在网络舆论上发表不平之鸣的主要是相对剥夺阶层，这个阶层目前是中国最大的群体，在经济发展中由于分配不公，贫富差距拉大，他们始终有种被剥削感。而绝对被剥削阶层由于物质、精神资源过于贫乏，因此在网络上根本没有发声的机会。利益纠葛、贫富差距让绝大多数民众在情感上有种剥削感，心理便会产生落差，于是，网络舆论就成为众多网民表情达意、情绪发泄最便利的通道。

一　贫富矛盾的凸显

1. 贫富差距的扩大

美国著名经济学家库兹涅茨于1955年提出"倒U形"收入分配曲线假说，也称"库兹涅茨曲线"（Kuznets curve）假说，如图9-1所示：

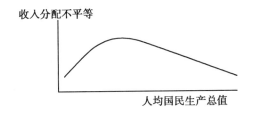

图9-1　库兹涅茨曲线②

图中Y轴代表基尼系数或分配状况，X轴代表时间或收入状况。倒U曲线表明，一个国家在经济发展起步阶段，收入差距会越来越大；但随着经济的不断发展，较大的收入差距会逐步改善，最后达到一个比较公平阶段，呈现颠倒过来的倒U形状。经济学家钱纳里等人通过实证发现，一个国家人均GDP达到1000美元时，社会收入差距会开始逐步缩小，出现库兹涅茨所谓的倒U曲线。

然而从我国的实际情况，库兹涅茨的倒U曲线完全失灵。我国在2003年人均GDP开始达到1000美元，然而经济的迅速发展并没有带来收入差距的缩小，反而呈现差距扩大的趋势。如我国基尼系数已从改革开放初的

---

① 参见孙立平《转型与断裂——改革以来中国社会结构的变迁》，清华大学出版社2004年版，第42—43页。

② 参见《库兹涅茨曲线》，百度百科，http：//baike. baidu. com/view/549769. html? goodTagLemma。

0.28 上升到 2007 年的 0.48，近两年不断上升，实际已超过了 0.5。[①] 早已超过基尼系数 0.4 的国际预警线。同样，在区域经济发展差距、环境污染等方面同样没有出现倒 U 曲线现象。

中国社会收入没有出现倒 U 曲线原因复杂，有中国本身国情的特别因素。发达国家在经济起飞阶段，资本技术相对短缺，人力资源充足，因此劳动力价格较为低廉，收入差距拉大；在经济发展到一定阶段后，资本与技术资本充足，而人力资源则相对短缺，因此社会必须以提高劳动力报酬形式来弥补人力资源的不足，社会大批中产阶层从而诞生，社会收入差距也相应急剧缩小。中国状况与此不同，中国迄今为止有 13 亿人口，这还是政府严格实行计划生育的结果，否则人口数量难以想象。庞大的人口为社会发展提供了无穷无尽的人力资源。所以企业发展从来没有劳动力缺乏的忧虑，如东部较为发达地区的农民工，十几年来工资也未见多少增长。2010 年新年伊始，东南沿海等地普遍出现所谓的"务工荒"，就是这种低廉工酬的反映。其实东南沿海缺的不是"工"，而是"工资"。广东等省采取措施，在略微提高最低工资标准后，农民工照样大量涌入，因为离开土地的农民数量太过庞大，激烈的"岗位竞争"让他们在抗争"剥削"上声音微弱。

中国贫富差距表现在不同群体、行业部门之间。在很大程度上，中国庞大的群体差别是由中国改革制度形成的，如农民工群体、下岗工人群体等，都是经济体制造成的后果。由于我国现行的改革过程远没完成，分配制度也不完善，因此不同行业部门之间出现巨大的收入差距。许多国有企业凭借国家权力资源形成垄断，攫取高额利润。垄断企业员工收入与社会普通人员通常相差数倍。最近国家发改委正在制订收入分配改革方案，然而方案尚未出台，就遭到舆论质疑。《中国青年报》发文认为，官方出台的收入分配改革方案不过是企图绕开既得利益集团的妥协方案，此举无疑是扬汤止沸。

中国贫富差距也表现在不同区域之间。经济体制改革之后，由于中央给

---

① 丛亚平、李长久：《中国基尼系数已超 0.5 或致动乱》，济南新闻网，http：//news. e23. cn/Content/2010 - 05 - 22/201052200024. html，2010 年 5 月 22 日。

予各地的政策不同，加上各地地区条件与历史遗产的差别，不同区域之间的发展差别逐渐拉大，形成梯度发展格局。广东、上海、浙江、江苏等东部地区成为经济发展的领头羊，成为较为发达地区，中部省份成为相对发达地区，而西部省份则成为不发达地区。改革开放 30 多年来，大量统计资料显示，这种区域差距有继续扩大的趋势。西部地区民众收入普遍低于中东部地区，因此贫富差距感更加强烈，很多受网络舆论关注的群体事件都是发生在那些贫困落后地区，如贵州瓮安事件、云南孟连事件、甘肃陇南事件等。而东部地区，由于经济相对发达，民众收入较高，民众发生群体事件的比率远低于中西部地区。

社会贫富差距如果是由于分配体制所致，会让民众产生社会不公正意识，从而导致许多社会风险。人们通常将公正理解为公平，或者说付出与获得之间要成比例。如果一个人的付出小于所得，往往会心存不满，产生被剥夺感觉。如果一个人的付出小于所得，自己却往往欣然接受。我们经常用公平原则定义公正，但公平的标准莫衷一是。例如在同一企业单位中，年纪大者倾向以工龄来衡量工资绩效，而年轻者可能更倾向以能力作为衡量标准。最后制定的标准必然掌握在拥有更多权利资源的一方，这种现象通常被心理学家称为"黄金定律"，即规则总是由拥有黄金的人制定。

我国收入分配制度也同样由那些拥有较多社会资源的阶层所定，中国现阶段经济改革特权收益群体力量过大，使得他们能够通过各种关系了解甚至把控收入改革，这也是近期国家收入改革方案尚未出台，就遭质疑的原因。社会不公正一般会让不同群体形成不同感觉，获得大于付出者（在我国主要表现为特权收益群体）通常会产生内疚感，产生内疚就会采取补偿措施，如很多国外企业家会把大批个人财产以捐赠的方式回馈社会；而国内很多企业家却经常忘本，把大批财富留赠子女，产生大批所谓的"富二代"，对社会公共服务漠然视之。

2. 贫富差距对网络舆论激化

付出与收获比例失衡，广大民众会明显意识到社会不公，从而产生相对剥夺感。这轻者会招致民众愤慨，重者会导致极端报复行为，因为民众会认为自身的困顿并非自身因素引起，而是社会不公所致。网络舆论事件中很多仇富、仇官现象就是这种心理的反映。如 2003 年宝马撞人案、2009 年杭州七十码事件、"最牛团长夫人"打人事件，网络舆论都在第一时间迅速关注，并表现出对事件弱势方的普遍同情和对强势方一致谴责。巨大差距也会让一些人产生极端报复行为，如 2008 年，杨佳在上海一口气刺杀 6 名警察，引起全国震惊。起因是杨佳报复此前警察对自己的不合理处罚。许多深受网络舆论关注的群体事件也是如此，如云南孟连事件、贵州瓮安事件、湖北石首事件等群体事件，事件的聚众通常会伴随打、砸、抢等暴力行为。这些事件反映在网上，也同样会产生网络舆论暴力情绪，如在许多群体事件中，网民舆论汹汹、对政府或当事一方"群起围攻"，从而达到自己的感情宣泄。社会学者夏学銮批评这种发泄时指出："有的人对事物的判断往往牵扯一些个人的私事，把他们搅在一起了变成了一个宣泄的工具，在网络上寻找替罪羊。把平时生活积累的一些愤怒、不满转移、漂移到网络上来了，转移到别人身上，随便找了一个替罪羊抓来进行发泄。我觉得这失去了网络批评的意义，变味了。"①

二 社会缓冲带的消失

社会缓冲带思想最初由英国社会学家帕金（Parkin）提出，他所用的概念是"社会文化缓冲带"（a social and cultural buffer zone）。帕金论证了"社会文化缓冲带"对社会紧张与社会不适应的缓解，并说明这是西方社会得以稳定的重要原因。30 年来，中国处于社会转型期，社会分化所带来的矛盾和冲突十分明显。但是中国经济仍然高速发展，并且大体上还是稳步发展。对此，我国社会学家李强认为，这是中国社会基层组织"缓冲带"、传统单位体制"缓冲带"、政治身份群体"缓冲带"、新社会保障机制"缓冲带"等"社会缓冲带"机制发挥作用的结果。② 从经济角度看，李强的观点无疑是正确的，但从社会矛盾形成的角度看，我们认为，改革开放 30 多年来中国社会的缓冲带正在逐步消失，如中产阶级还没形成就已经开始陷落，与经济改革相比，政治体制改革滞后、社会保障制度不健全等，而网络舆论正是社会缓冲带消失后众多矛盾产生的反映。

---

① 转引自石长峰《"网络暴民"是怎样诞生的》，《中国社会导刊》2006 年第 17 期。
② 参见李强《中国社会变迁》，社会科学文献出版社 2008 年版，第 53 页。

中产阶级是社会的缓冲带是世界共识，由于中国国情复杂，迄今并未出现库兹涅茨所说的倒 U 形曲线，反而出现"M 型社会"，中产阶级并未真正形成。在论述什么是中产阶级时，日本学者大前研一在《M 型社会》封面上写道："你自认为是中产阶级吗？请自问三个问题：一、房贷造成你很大的生活压力吗？二、你是否不敢结婚、或是不打算生儿育女？三、孩子未来的教育费用让你忧心忡忡吗？如果有任何一个答案为是，你就不是'中产阶级'！"按照大前研一的划分标准，中国到目前为止还缺乏庞大的中产阶层，因为在目前房价畸高、贫富差距拉大的情况下，许多人不敢结婚而采取"裸婚"，很多人成为房奴、孩奴。"奴"字当头，中国形成的不是中产阶级，而是大前研一所说的"M 型社会"。

所谓"M 型社会"，是指全球化趋势下，富者愈富、穷者愈穷。随着资源的重新分配，中产阶级因竞争力的丧失渐渐沦落为中下阶层，整个社会在财富分配上，中间忽然形成巨大缺口，成"M"状。整个社会分成了三部分，左边的穷人越来越多，右边的富人也越来越多，唯独中间的中产阶级却逐渐塌陷，最后消失不见。

中国目前是典型的"M 型社会"，与大前研一所说不同，中国迄今为止并未形成真正的中产阶级，而只有孙立平先生所说的"类中产阶级"。类中产阶级是中产阶级的替代，在社会中的作用同中产阶级相似。孙立平先生认为新中国成立后至改革开放前，城市居民作为类中产阶级，对社会的稳定起到很大作用。中国从 20 世纪 50 年代起，建立起严格的户籍制度，形成城市农村二元社会，城市居民在地位上明显高于农民，成为"类中产阶级"，对当时的社会稳定起到很大作用。改革开放后施行经济体制改革，由于国有经济不景气，大批国企职工下岗失业，沦为社会弱势群体。同时大量农民进城务工，特别是"80 后"农民，进城后大多不愿返家，成为城市新兴群体。这样，原有的城乡二元社会被逐步打断，类中产阶级也逐步消散。然而随着改革的深入，中国也未形成真正的中产阶级。许多人在改革初期分享到的改革成果，在教育、居房、医疗三座"大山"压迫下迅速"灰飞烟灭"。少数富人却占有本应属于中产阶层的成果，导致富人愈富、穷人愈穷，形成大前研一所谓的"M 型社会"，而非中产阶级起缓冲作用的"橄榄形社会"。

康豪瑟（Kornhauser）在 1959 年发表的《大众社会政治》一书中，提出一个正常的社会结构应该是三层的：政治精英—中层组织—民众。他认为，中层组织的主要功能在于：保护民众免受政治精英的操纵和控制；防止政治精英的决策直接为大众压力所左右；对精英政治进行组织化和民主化控制；提供交往和讨论的平台从而使民众对现实的感知更为真切；中层组织的多样性导致利益和认同感的多样化，从而降低民众被大量动员到一个运动中去的可能。因而，在中层组织薄弱的社会，民众有可能受到精英的直接操纵，但也有可能通过民粹主义直接控制精英，这就是大众社会。① 中国社会由于缺乏中层阶级，是典型的两级社会。但中国目前一个很有意思的现象是，两级社会所形成的矛盾会通过网络舆论的形式反映出来，而网民也通过网络舆论的形式与政治精英实现对话，从而部分降低了社会运动的可能。

中产阶级的缓冲作用主要体现在其能经常成为社会高层与低层之间的缓冲层，当中产阶级成为社会主体时就会成为高层与低层沟通的桥梁。新中国成立后高层与低层间一直没有很好的沟通渠道，如改革开放前，最底层农民同政府管理高层之间的沟通主要靠媒体单向灌输宣传，媒体是官方喉舌，民众不可能通过它为自己发声。改革开放后直到现在，农民依然是弱势群体，缺乏与高层沟通的有效渠道。我们在对历年来重大网络舆论案例研究中发现，网络舆论事件最受关注的地方依然是经济最发达地区，最受关注的群体是国家与社会管理者阶层同经理人员阶层，农民阶层受到的关注依然很少。可见，即使互联网广泛应用的今天，农民受自身条件（主要是经济因素、文化因素）所限，依然缺乏与高层有效的沟通渠道。

值得庆幸的是，如今绝大多数网民虽非中产阶级，但在沟通渠道上却部分地实现了中产阶级的调节作用。由于他们同农民和城市贫民联系密切，他们通常能代表农民及自己在网上发声，对当局者形成舆论压力，从而使网络舆论成为社会底层民众同高层"讨价还价"的最便捷通道。如 2007 年 11 月 9—15 日，在"五一"节等国家节假日调整之前，国家假日调整小组就在新浪网、人民网等网站就调整方案做网络调查，从而引发关于节假日调整的网络热点讨论；温家宝总理为了直接了解民意，在"两会"期间也多次同网民互动。网络舆论在这里成为高层政策执行之前的"决策气球"。通过网络

① 参见赵鼎新《社会与政治运动讲义》，社会科学文献出版社 2006 年版，第 30—31 页。

舆论的沟通与监督，政府精英同社会中下层实现了一定的互动沟通。这既避免了民众受政治精英的愚弄控制，也防止了政治精英的决策直接为大众压力所左右，自然也降低了民众被大量动员到一个运动中去的可能。可见，在中国，网络舆论既是社会问题的反映，也产生了类似中产阶级的社会缓冲作用。

在思想意识上，中产阶级大多比较保守。中产阶级的缺失，很容易形成社会底层与高层的直接对决，从而产生极端思想与群体事件。面对此情况，网络媒体都会在第一时间对这些事件进行反映，受平民意识影响，多数会形成同情弱势群体一方的强大舆论。这些舆论对强势方多少会形成一定的压力，让强势方在事件处理上相对妥协并作出让步，从而使事态得到缓和。在此，网络舆论也起到了中产阶级所起的社会润滑剂作用。如贵州瓮安事件爆发后，当地政府最初在消息公布上"支支吾吾"，后来面对网络舆论的强烈质疑，贵州省委书记亲自出面道歉，并坦承事件背后的深层原因，才平息社会愤怒。湖北石首事件同样如此，事件发生之初，当地政府严密封锁消息，后在网络舆论干涉下，才对事件作出严肃认真处理。

当前社会缓冲带的消失，还表现在社会保障制度的缺乏。改革开放之前，中国虽然很穷，但是居房、医疗、教育等问题全部由政府包干。改革开放之后，经济体制由计划走向市场，居房、医疗、教育等问题也被政府同时抛向市场，加上社会缺乏公正的收入分配体制，贫富差距逐渐增大，民众的生活压力也普遍增加。这也是房价、医疗、教育等问题一有风吹草动，就会在网上引发广泛舆论关注的原因。

总之，在中国，中产阶级的缺失是网络舆论形成的重要原因。中产阶级的缺失、社会结构的失衡，必然会产生很多问题。而网络舆论则会对这些社会问题产生反应，并通过舆论压力促进问题解决，对社会紧张情绪起到一定缓解作用。

三 经济模式粗放增长的压力

尽管我国在"九五"期间就制订了经济增长方式从粗放型向集约型的转变的规划，但到目前为止，经济增长方式仍然是以粗放型为主。粗放型经济增长方式主要指在生产要素质量、结构、使用效率和技术水平不变的情况下，依靠生产要素的大量投入和扩张实现的经济增长。这种经济增长方式的实质是以数量的增长速度为核心。这种方式实现经济增长，消耗较高，成本较高，产品质量难以提高，经济效益较低。[①]

1. 我国经济增长方式现状

从世界范围看，工业化从粗放型增长方式起步是大多数国家经济发展的共有现象，高投入、高消耗、追求增长与规模是这个阶段的显著特征。然而我国经过改革开放30年的发展，以"高投入、高消耗、高排放、难循环、低效率"为特征的粗放型增长方式还没有根本转变。我国主要污染物排放量多年位居世界第一，近3/4的城市空气遭到不同程度污染，1/3的国土受到酸雨影响，固体垃圾堆积如山，2006年10月世界卫生组织公布全球污染最严重的20个大城市中，中国大陆就占16个。对于中国这种发展现象，马来西亚一位经济学者写道："中国政府不衡量GDP增长的代价。为了GDP增长，中国成为世界上单位GDP创造能耗最高的国家之一。"[②] 粗放型经济增长方式在工业初期资本积累阶段尚可，在经济发展一定阶段后如果还不转变，将难以为继。在我国，环境污染严重、自然灾害频繁、生产安全事故多发、食品安全与医疗卫生问题严重，都是经济粗放增长直接或间接带来的结果。

中国粗放的经济增长方式转变缓慢，除其本身惯性延续外，有中国自身的复杂国情，也有复杂利益纠葛的原因。从国情上看，中国人口众多，国土面积广大，各地历史地理条件均不相同，因此经济发展也有很大差别。在经济增长方式上，也有一个逐步转变过程，广东、浙江等较为发达地区会把粗放型经济方式向中西部地区转移，因此经济增长方式会有一个从东到中再到西逐步推进的过程。东部地区经济发展之初受中央政策大力支持，经济增长方式虽粗放，但社会尚能支撑。但是到现在，中国环境问题日益恶化，人民维权意识普遍高涨，在东部地区粗放型经济方式向中西部地区转移过程中，由于当地政府往往"最大限度利用不可流动的要素（降低价格）去吸纳可

---

① 参见《粗放型经济增长方式》，百度百科，http://baike.baidu.com/view/1301492.htm? fr = ala0_1_1。

② 参见刘学艺、何纪力、石勇《经济增长方式和环境保护的战略转变》，《环境保护》2007年第6期。

流动要素"。如用减税优惠、低地价、低价资源、低劳动保障、低环保标准等去换取资本、企业家、技术等,从而在环境、利益等诸多方面与当地居民发生冲突,并引发广泛的网络舆论关注。如河南杞县"钴60引发群众恐慌外逃"事件、陕西凤翔铅中毒事件等,都是如此。

2. 粗放增长的网络舆论影响

很多网络舆论关注的群体事件,也是如此。云南孟连事件、贵州瓮安事件、甘肃陇南事件等,都是当地在发展粗放型经济过程中,由于侵占当地居民的利益,从而引起群体冲突。从发生的众多网络舆论案例看,中国的群体冲突事件多半发生在这些相对封闭落后地区。这些地方在交通、信息流通方面相对落后,生产、生活方式及思想观念受到外来因素冲击较少,因此在产生矛盾时,地方民众更多求助于内部交流,故观念相对一致且更加团结。当他们感到自身利益明显受到外来势力侵占时,由于缺乏足够的求助沟通渠道,因此倾向于采取极端方式来捍卫自己的利益。云南孟连事件就是因为当地胶农同橡胶公司之间利益纠纷引起;贵州瓮安事件深层原因也是"积案过多"、"积怨过深"所致;甘肃陇南事件也因为在拆迁过程中发生利益纠纷,从而引发群体冲突。这些群体事件经过网络舆论关注,会产生放大效应,给人印象似乎很多事件是由网络媒体报道引起,但真实原因则是群体希望通过群体聚集行为引起当局的关注和妥协,其实质是群体同企业和当地政府的一种利益博弈。在粗放型经济增长方式中,政府在经济发展过程中会扮演更加积极的角色。政府很多经济政策都会导致社会资源在社会群体和利益集团中再分配,分配不公会产生各种社会矛盾。如果政府政策是腐败性或掠夺性的,加之粗放型经济产生的资源、环境、薪酬等压力,矛盾将进一步激化。很多网络舆论事件,表面看是偶然事件,但其背后往往潜藏复杂的利益纠纷。如2010年3月22日发生的一起网络舆论事件:河南同乡魏堤口村村民用乡长茶杯喝水被乡长拘留。这事看似乡长骄横所致,其实际是"茶杯门"背后的基层利益失衡所致。"茶杯门"背后的真正根源是"征地门",事发前魏堤口村超过一半土地被强征,且一直没有批文,拘留事件就是包括魏克兴在内的农民强烈反抗并持续上访,导致与乡长蒋友军矛盾激化,"杯具"只是点燃矛盾的导火线。而如网络舆论所反映的山西襄汾溃坝事件、山西娄烦矿难事件、山西王家岭矿难事件等生产安全事故,也都是粗放经济方式造成的后果。很多自然灾害事件，空气污染、洪水、雪灾、坍塌等，背后都有掠夺性经济开发的原因；许多食品安全事件，如苏丹红事件、三鹿奶粉事件等，表面看是企业无德追求利益所致，但实质则是当地政府过于注重经济利益，而疏于监管的结果。

从以上分析可以看出，环境污染、自然灾害、食品安全等网络舆论事件，看似偶然因素所致，但实质上是其背后经济利益博弈的结果，是粗放型经济增长过程中各种积怨与矛盾的总爆发。

第三节　网络舆论流变的文化喧嚣

我们说政治场、经济场是元场，是潜藏在网络舆论行为背后的手，是其发生的深层原因；同样，文化场在社会场中作为与政治场、经济场并列的元场，也是潜藏在网络舆论行为背后的手，是其发生的深层原因；而且是更深层原因、更无形的手。因为它总是通过文化积淀，在潜意识中不知不觉地影响人的网络舆论行为。

司怀特认为："文化就是社会礼仪、符号、故事和世界观的集合，它是人们指导其建构自己行为策略的工具包。"① 在网络舆论行为中，文化扮演的正是这种具有策略指导作用的"工具包"角色。网民与文化的关系，就是工具包主人同工具箱之间的关系。网络舆论行为是网民在文化这个工具包中寻找不同的理想工具，并将其运用于网络舆论实践的过程。也有许多学者把文化看做是文本，认为人的行为是由文本的内容决定的，这和把文化视为工具包的理论实质相同，都认为人类行为背后深具文化背景。

诚如马克斯·韦伯所言，"人类是一种悬挂在由他自己编织的意义之网上的动物。我们把文化看做是这些意义之网，因此，对文化的分析不是寻找规律的实验科学，而是寻求意义的一种阐释性科学。我追求的是阐释、阐释表面神秘莫测的社会表达。"② 我们研究文化场对我国网络舆论行为的影响，

---

① 转引自赵鼎新《社会与政治运动讲义》，社会科学文献出版社 2006 年版，第 210 页。

② 转引自郭建斌《理解与表达：对凯利传播仪式观的解读》，中华传媒网，http：//academic. medi-achina. net/article. php？id＝5090，2006 年 8 月 31 日。

也是在文化这个网或工具包中，追求其对网络舆论行为的阐释，具体包括传统文化的影响、符号仪式的规范及后现代文化的作用。

一　传统文化的魅影

1. 传统文化的传承与发酵

在文化文本对网络舆论行为的影响中，中国传统文化无疑是最浓墨重彩的一笔。在我国发展史上，中华传统文化曾遭过几次冲击，如1919年的"五四"新文化运动、新中国成立后的"文化大革命"，但中华文化几千年的沉淀，并非一两次运动所能涤荡殆尽，它已经内化于每个炎黄子女的血脉之中成为共同的价值观与信念，时时影响着每个人的行动。

中华文化博大精深，包括儒释道三家，三家合而为一，基本精神都是相通的。最核心部分包括"仁"的原理、"礼"的原则，以及"天下为公"、"为政以德"、"天人合一"、"善"、"修身、齐家、治国、平天下"等思想。"仁"是儒家的基本思想，从"仁"开始，孔子提出"君子喻于义、小人喻于利"，取义舍利便成为几千年来规范中国人行为的基本道德观。"仁"的内涵还包括"忠恕"、"孝悌"等行为，形成了一整套"仁、义、礼、智、信"价值体系，与理智、正义、节制、勇敢的"希腊四德"相比照，体现了我国不同的民族道德情怀。这些传统文化、伦理道德经漫长的流传教化，早已融化于我国国民的潜意识当中。在个人行为时，潜意识中的传统文化、伦理道德就会跳出来指导人的行动，如果有众多他人在场，这些传统文化、伦理道德会形成一种集体无意识，指导群体的行动。特别是在我国，一些公共知识分子身上具有"以天下为己任"和"为民请命"的思想，网络舆论事件发生时，他们不是心理失衡，在他们身上更多体现的是儒家的思想与社会良心。

瑞士心理学家荣格认为，集体无意识是由遗传保留的无数同类经验在心理最深层积淀的人类最普遍的精神。集体无意识的内容是原始的，包括本能和原型。它自身存在又不依赖于个体的经历，以一种不明确的记忆形式积淀在人的大脑组织结构中，在一定条件下能被唤起、被激活。[①] 荣格的集体无

---

① 转引自何新华《网络暴力事件中的受众心理机制》，《新闻爱好者》2008年第10期。

意识，其实就是在共同文化背景上产生的相似价值观念，这些相似的价值观念成为人们产生共同行为的纽带。例如面对同一社会事件，不同的网民会求助于自己所受的文化教育背景，在众多文化文本内容中寻找到最恰当的一种，来指导自己对当前事件的初步看法。在这些文化文本内容中，总有一种会成为众多网民的共同选择，譬如我们以上论述的"义"、"孝悌"、"天下为公"等，它们会成为这些网民共同的价值观念。这些共同的价值观念如同市场交换中的货币一样，成为人们交换彼此"态度"、"情感"、"观点"的中转媒介，通过共同价值观念媒介的交换，人们会获得他人与自己存在相同"情感"、"观点"、"态度"的认同，从而在接下来的网络舆论行为中产生一致的意见与行动。网络媒体其实也是一种媒介，这种媒介更像是一种渠道，是网民集结与意见表达的渠道。其与共同价值观念之间的关系，正如商业行为中市场同货币之间的关系。

2. 网络舆论传播中的文化因子

当下众多网络舆论案例，正是传统伦理文化作为共同价值观念，指导网络舆论行为的体现。政府管理与官员腐败作为网络舆论监督的主要对象，是与我国文化教化中"天下为公"、"为政以德"思想分不开的。孟子说："尧舜之道，不以仁政，不能平治天下。"又说："善政民畏之，善教民爱之。善政得民财，善教得民心。"我国改革开放以后，学校教育中，"天下为公"、"人民公仆"等思想教育深入民心；但在现实另一面，许多地方政府出台的政策经常与民争利、许多官员官僚腐败，使得"善教"与"善政"之间存在巨大鸿沟与落差。因此，在许多社会事件中，网民常常以这些共同的传统文化伦理价值观念作为媒介而凝结起来，并以此作为批评政府与官员的武器。如胡长清案、成克杰案、政府采购价格门事件、绥德校长追县长签字被拘、周久耕香烟门、逯军替谁说话事件、陕西横山官煤勾结事件、上海钓鱼执法事件等，皆是网民利用传统"善治"武器批评监督政府及官员的反映。

其他网络舆论事件同样如此，如网络舆论中的仇官现象，是我国自古舍利取义传统的表现。孟子曰："万钟则不辩礼义而受之，万钟于我何加焉！"我国改革开放后，物质与利益逐渐得到重视，社会上也逐步形成一股"拜金主义"，很多富人"为富不仁"、奸商形象不改，很多"富二代"奢靡炫富、飞扬跋扈，很多被誉为"仇富"的网络舆论现象即是此情形的反映。如宝马撞人案、七十码事件等，只要牵扯富人，就会拨动网民的情感神经。网络舆论中的民族主义情绪，是我国民族大一统及爱国精神的体现。网络反对日本"入常"事件、奥运圣火传递事件、王千源事件、莎朗狠抛"报应论"，网民在网上激情澎湃，巨大民族情感搅起的网络舆论给当事人与当事国家造成巨大压力。还有，如网络舆论对环境的敏感与监督，是我国传统文化中"天人合一"观念的体现；网络舆论关注的教育事件是我国注重"师德"、"师表"的体现。

　　我国传统文化文本内容作用于网民的网络舆论行为，有时会出现矫枉过正的表现。特别是我国经历"文化大革命"的文化浩劫之后，许多优秀传统伦理文化遭到抛弃与打击，人与人之间充斥钩心斗角、尔虞我诈，缺乏最起码的道德与诚信。改革开放后，受市场竞争影响，物质利益又渐成社会新的坐标，现实社会中婚外情现象、见死不救现象、玩忽职守现象屡见不鲜。因此，一旦诸如此类社会事件在网上公布，便会立即成为网络舆论挞伐的对象，网民对此类现象的批评围剿不遗余力。如铜须门事件、长江"人链"事件、南京"徐宝宝"事件等，便是如此。网民在舆论上对此类事件的过激反应，如经常出现的辱骂当事人、人肉并曝光当事人隐私、网下威胁当事人等，正是现代社会人们对传统伦理道德集体失落的一种焦虑反应。在集体施行网络舆论暴力行为时，网民实现了情感的升华，他们把对弱势的同情升华为自己的道德理想，因此即使虑及违法却也并不顾忌，因为他们已经把自己视为道义的化身和侠义的代表。中国自古有侠义精神，孟子说过"生，亦我所欲也，义，亦我所欲也。二者不可得兼，舍生而取义者也。"近者，梁羽生、金庸的小说也一直在向人们述说"侠之大者，为国为民"的情怀。李普曼说过，"舆论基本上就是对一些事实从道德上加以解释和经过整理的一些看法"[①]。可见网民在道德方面的舆论过激行为，仍然是中国传统道德文章、侠义文化的表现。

　　此外网络舆论的威力与活力也可从传统文化中寻到影子。如，中国传统文化讲求集体主义，因此在网络舆论行为中，网民更容易疏于思考、盲信权威，从而产生从众行为，从众正是庞大舆论声势的来源。中国文化讲求"面

---

① ［美］李普曼：《舆论学》，华夏出版社1989年版，第82页。

子", 和外国人不同, 中国人一般不会当面批评熟人、朋友甚至陌生人, 然而在虚拟的互联网上, 却可以任意匿名发泄, 因此网络舆论非常兴盛。

二 后现代文化的影响

后现代文化, 又称后工业社会文化、信息社会文化或后资本主义文化等。[①] 它起源于 20 世纪 50 年代的美国与法国, 20 世纪 70、80 年代在欧美达到顶峰并风靡于全世界。后现代文化特征多样, 主要包括反权威主义、多元化、非理性、平面化及思维的否定性与权力话语的消解性等。在文化文本内容里, 后现代文化同传统文化一样, 也成为影响网民网络舆论行为的重要文化来源。

1. 后现代文化在网络舆论中的表现

网络舆论行为中的后现代文化因素, 既有舆论主体方面原因也有科技方面的作用。从 CNNIC 的历次数据统计看, 中国网民以 35 岁以下年轻人为主, 这部分网民也构成了中国网络舆论的主体。他们大多出生于 20 世纪 70 年代中后期或 80 年代, 而这个时代正好处于中国改革开放后的时代。这个时代是一个物质与文化渐趋多元的时代, 在这个时代中成长起来的年轻人, 既受到学校传统文化的影响, 也受到从 20 世纪 80 年代起就逐步传入中国的后现代文化的熏陶, 因此在他们身上镌刻着传统文化与后现代文化印记。

从科技方面看, 后现代文化与网络媒体具有天然之缘。当网络将其触觉在社会各个角落伸展开来, 它同时伸展开的也是一张后现代之网。从时间上看, 因特网及其文化是后起的要素, 它活跃在后现代主义文化的背景下。但反过来看, 后现代主义本身又是在后工业社会或信息社会中孕育的, 并且只有在作为信息技术之重要领域的因特网产生之后才得以发育完善。若强调生产方式的基础意义, 可以说因特网具有天生的后现代主义品格, 它的产生与发展强化了当代文化的后现代主义特征。[②]

2. 后现代文化对网络舆论的影响

尼葛洛庞帝认为, 我们所处的时代正处于"沙皇退位, 个人抬头"以

---

① 张桥英、杨劲松:《论后现代文化特征及其影响》,《牡丹江教育学院学报》2009 年第 4 期。

② 陈喜辉、付丽:《因特网的后现代主义文化特征》,《文艺评论》2004 年第 4 期。

及"消解中心主义"的时代。

网络媒体天生的后现代特征，使中国网民的网络舆论行为明显具有后现代倾向。反权威主义、反中心主义，在网络舆论行为上随处可见。对艺术权威的否定，主要体现在网络舆论恶搞事件，这些事件表面以搞笑娱乐面孔出现，但在娱乐搞笑的幌子下，潜藏的是对权威主义的嘲讽与蔑视。如胡戈《一个馒头引发的血案》就是通过拼凑、剪贴、移植等手法，体现了草根阶层对大导演陈凯歌电影《无极》的嘲讽与不满；《红星闪闪》、《铁道游击队参赛记》等一批恶搞传统经典影视剧的短片，则体现了网民对人类终极价值信仰的游移和后现代主义的虚无。对政治权威的否定，则主要体现在网民对政府与官员的质疑上，如绿坝事件，网民质疑政府干涉信息自由；躲猫猫事件，网民质疑躲猫猫的可信性；七十码事件，网民质疑官方的数据不实；出国考察门事件，网民质疑官员背后的腐败。虽然这些针对政府与官员的网络舆论事件，背后有政治、经济、传统文化等原因，但改革开放以来，受后现代文化影响，网民通过网络对政治权威的消解，无疑是其中因素之一。对理性权威的否定，集中在教育与知识上。尊师重教、尊重知识是中国优良传统，1949年新中国成立后，知识分子曾遭几次冲击，特别是"文化大革命"期间，许多专家被关押在牛棚中，教师被贬为"臭老九"；改革开放后，拜物教盛行，"脑体倒挂"现象让大多知识分子不断向社会中下层移动，经济社会地位不高，加上一些知识分子的不当言论与行为，让社会一般民众对当下的教师、专家、学者等知识分子从骨子里多了一份轻侮与蔑视。如2009年北大教师孙东东称大部分上访户都是精神病患者，引起很大轰动，被网民批为"脑残"。许多学术造假事件，如院士谢安华论文争议事件、中山门剽窃事件、杨师群教授的"反革命"风波案，以及最近发生的师生"接吻门"事件等，一方面固然有教师、学者等作为知识分子的行为不端，另一方面也折射出网络舆论背后网民对知识理性的轻蔑与否定。

法国思想家福柯《何谓"启蒙"》一文指出了现代主义与后现代主义在基本态度上的差异：前者面对自我和世界的矛盾和不可知深感痛苦焦灼，但仍然坚持努力探求；而后现代主义则安于知识与文化的困境，因而只关注于现在，既不怀旧也不前瞻。① 这种既不怀旧也不前瞻的后现代文化，在网络舆论行为上表现为网民追求言论的当下快感，对网络舆论采取消费与娱乐倾向。社会节奏加快，人面临越来越多的社会压力，上班族在工作之余没有更多精力对生命历程中的现在与过往做深刻思考，因此在许多网络舆论事件中，网民呈现出米哈伊尔·巴赫金所说的广场狂欢景象。如面对众多高官纷纷落马，网民兴高采烈、像过年一样；面对"拉链门"、"艳照门"、"兽兽门"等事件，网民根本不去探究伦理道德归因，感觉像看电影一样；面对恶搞事件，网民心领神会，感觉像看海派清口周立波的表演一样。在网络舆论狂欢中，不单初传者体会到文本传播的乐趣，其后接受者在文本阅读中也同样体味到参与的快乐。这种网络舆论中传受双方狂欢局面，正如约翰·费斯克在以电视为例分析文化商品时认为，在流行文化消费过程中，除了媒介机构通过媒介文本实现商业利益的进程之外，还存在着大众生产意义，获取快感的进程。大众对媒介文本的解读，并不是对于媒介文本意识形态的屈从（如法兰克福学派所论述的），而是能够逃避文本的控制，生产出自己的意义，从而获得愉悦。②

在决定网民网络舆论行为的文本内容中，后现代文化更多具有舶来特征，具有时代压力；中国传统文化则更具有绵厚性及时空穿透力。相较于后现代文化，传统文化对网络舆论行为的影响更为潜在与深远。

三 网络舆论的仪式景观

在人类学家看来，"仪式是一种文化建构起来的象征交流系统。它由一系列模式和序列化的言语和行为组成，往往是借助多重媒介表现出来，其内容和排列特征在不同程度上表现出礼仪性（习俗），具有立体的特性（刚性），凝聚的（熔和）和累赘的（重复）特征"。③ 从语义学来说，仪式是"一系列正式的、具有可重复模式、表达共同价值、意义

---

① 童庆炳主编：《文学概论》，北京大学出版社 2007 年版，第 497 页。
② ［美］约翰·费斯克：《理解大众文化》，中央编译出版社 2001 年版，第 32 页。
③ ［英］菲奥纳·鲍伊：《宗教人类学》，金泽、何其敏译，中国人民大学出版社 2004 年版，第 178 页。

和信念的活动"。①

1. 媒介仪式的形成

把仪式同媒介结合衍生出媒介仪式是美国传播学家詹姆斯·凯瑞（J. M. Carey）的杰作，他完全打破了沿袭已久的拉斯韦尔研究模式，宣称传播的最高表现并不在于信息在自然空间内的传送，而是通过符号的处理和创造，参与传播的人们构筑和维持的、有意义的、成为人的活动的制约和空间的文化世界。在他看来，传播活动是人们交往的一种仪式，其作用在于通过符号的处理和创作，定义人们活动的空间和人们在这一空间扮演的角色，使得人们参与这一符号的活动，并在此活动中确认社会的关系和秩序，确认与他人共享的观念和信念。②

一般来说，媒介仪式包括三种主要的类型，分别是媒介所报道的仪式性内容，媒介报道该内容时的仪式化方式，以及媒介本身成为了一种仪式或集体庆典。③在研究网络舆论的社会动因时，我们发现媒介仪式在网络舆论行为中的作用主要体现在后两种，即媒介通过对社会事件的仪式化报道和网民把媒介的运用视作一种仪式。很多社会事件，特别是突发事件，未经媒体报道之前原本微不足道，后经媒体仪式性报道，即成为影响很大的网络舆论事件。如 2009 年逯军替谁说话事件、湖北石首事件、邓玉娇事件等皆是如此。如果未经媒体仪式化放大，这些事件肯定风平浪静、水波不兴，但一经媒体介入，转眼便成为媒介事件，继而又有可能"被成为"社会重大突发事件。

2. 媒介仪式的舆论表现

自广播、电视等偏向空间的媒介出现后，媒介作为仪式的作用正式加强。因为媒介能将事件从时空中"剥离"出来，鲜活地呈现在人们面前并极大刺激人的感官，造成一种仪式效果。媒介一般通过对事件的广泛介入，用固定的报道模式赋予事件固定的意义，同时用各种方式反复传播以唤醒人们某种潜藏的感情，从而形成广泛的舆论效果。如 2010 年 3 月，中国两邻近省份山西、河南各发生一场矿难：山西王家岭矿难与河南伊川矿难，但由

---

① Edgar, A. & P. Sedgwick（eds.）, *Cultural Theory: The Key Concepts*, London and New York: Routledge, 2003, p.340.

② 单波、石义彬:《20 世纪西方新闻与大众传播理论改观》,《国外社会科学》2000 年第 4 期。

③ Couldry, N. Media Rituals, *A Critical Approach*, London and New York: Routledge, 2003, p.57.

于媒介仪式的效果，民众对这两场矿难的感受也各不相同。近年来中国矿难事故频发，死伤动辄几十、几百人，因此对于此类事故报道，民众在感情上早已淡漠。这两次矿难报道，民众最初在感情也是如此。但是媒介的仪式性介入，让民众在反应上明显不同。对于河南伊川矿难，媒体仅给予一般礼节性关注，而对于山西王家岭矿难却投入重兵。全国媒体纷纷赴事故地点采访，矿工救援大行动几乎 24 小时不间断向外播放，现场指挥高官满面忧伤、救援职工身形疲倦、受困矿工家属悲痛欲绝，所有这些通过声音、文字、图片、视频等方式反复播出，民众目光一下子被吸引到了矿难现场，久违的感情瞬间被唤醒与激发，民众随着媒介报道的发展继而感动、继而欣慰、继而难过，这种共情效应在几十年前《为了六十一个阶级兄弟》中有过，仿佛正在进行的是一场具有高尚人道主义的生死救援接力赛，人们根本不会多想悲惨事故背后的原因，即使网上有一些质疑声音，也像"七八个星天外，两三点雨山前"，很快被淹没在媒介仪式所营造的"悲情"、"人道主义援救"浪潮中。对于几乎同时发生的河南伊川矿难，媒体不着力报道，民众也观者寥寥，似乎不曾发生或被丢弃在遗忘的角落。其实，河南伊川矿难死伤人数更多，但基于媒介仪式化报道在参与上的不同，民众所产生的舆论与情感效果却有天壤之别。

通过以上分析我们可以看出，媒介仪式的重要作用在于其能"唤起和重申社会的基本价值并提供共同的关注焦点"，"为人们提供一种民族的，有时是世界的'事件感'，使某些核心价值感或集体记忆醒目起来"。[①] 媒介仪式的这种情感唤醒能够达到"去异趋同"的调节作用，极易形成普遍一致的社会舆论。网络媒体出现后，网络舆论事件倍增，就是因为媒介仪式效果在网络媒体上更容易产生，而且力量更加威猛。网络媒体不仅是媒体而且更是一个容器，一个集纳此前所有媒体的容器。任何社会事件发生、任何媒体报道都可以在网络上得到集中展示，能真正起到"放大器"与"扩音机"的作用。

我们知道，任何仪式都是与符号紧密相连的，涂尔干强调赋予文化符号

---

① ［美］丹尼尔·戴扬、伊莱休·卡茨：《媒介事件》，麻争旗译，北京广播学院出版社 2000 年版，第 3 页。

神圣力量的重要意义，认为仪式指向由外在客体符号化的成分，唤醒情感，从而使人们更有可能体验到团结感。[①] 媒介符号形式多样，有字母、图像、视频，也有词汇、短语与观念。相较于传统媒体，网络媒体在媒介仪式效果方面，能让一般民众适时参与仪式进程之中，允许民众在媒介之外自己创造媒介符号，赋予事件不同于媒体界定的意义，从而产生具有轰动效应的网络舆论。如很黄很暴力、范跑跑、躲猫猫、俯卧撑、七十码等网络流行语就是网民自造的网络符号，这些符号或嘲讽或隐语，搭乘媒介仪式"翅膀"风一般传播，实现网民对事件的草根解读。再如贾君鹏事件，事件的始末都是一个虚拟的符号，但这个符号却承载了一般网民的无聊与寂寞，展现的是年轻网民空虚躁动的情怀，其从头至尾都是一次纯粹的媒介仪式，一场媒介文化狂欢，很难讲事件本身所具有的实质意义，但却掀起社会对网络虚无主义的关注与讨论。

要言之，网络媒体是各媒体的容器，在媒介仪式化报道中，作用最为显著；网络媒体中集传者、受者于一身的网民共同在场，能让网民在互动观察中凝聚关注的焦点，并经媒介符号唤醒而产生共同情感与价值观念。媒介仪式的放大与网民共同价值观的形成，最终使社会事件成为媒介事件，使网民言论成为网络舆论。在整个网络舆论事件中，媒介仪式更多体现的是一种网络媒介文化特色。

---

① ［美］乔纳森·特纳、简斯·戴兹：《情感社会学》，孙俊才、文军译，上海人民出版社 2007 年版，第 60 页。

第　十　章

网络意见领袖及其识别

对网络群体的研究，网络活跃分子颇受关注，而网络活跃分子中，网络意见领袖又尤为令人瞩目。对这一群体的关注，最初关注点主要集中在网络论坛，随着网络技术的发展，即时通信、博客、微博、微信等逐渐成为关注的重点。这些网络活跃群体，往往花费大量的时间和精力投入网络，或是辛勤于发起话题，或是积极参与网络辩论，他们在营造网络氛围、构建网络社会影响力中发挥着不可替代的作用。

第一节　网络意见领袖的内涵

网络活跃分子是一个较为笼统的概念，泛指众多网络参与者中一个较为积极踊跃的群体。网络活跃分子作为网络行为积极的参与者，被国内外许多研究学者所关注。学者们发现，尽管网络一直被视为平等参与的代表，但网民们的参与程度并不平均。网络论坛的公众参与显示出高度的集中倾向，参与的不平等性是网络论坛的一个共同特征[1]，网络论坛中存在着沉默者、中间层和活跃者三类人群[2]，活跃者指较多从事发帖行为的使用者，这一群体的意见充斥在网络平台上，能较多地为其他使用者所

---

① 吴玫:《测定非正式公众领域:中国互联网政治论坛量化分析》,《中国网络传播研究》第 2 卷第 1 辑,浙江大学出版社 2008 年版,第 17 页。
② 崔倩、周葆华、刘芊芊:《网络上的沉默者和活跃者——以复旦大学计算机系局域网 (8net) BBS 使用者为例》,http://academic.mediachina.net/article.php? id=557。

感知。

网络活跃分子主要是相对于网络沉默者而言，事实上，活跃分子本身依其活跃程度的不同，又可以细分为不同的类型，如靶子类、焦点类、议题扩散类和舆论领袖类的划分①。目前研究关注度最高的当属网络意见领袖群体。

一　网络意见领袖的概念

意见领袖的思想最初来源于沃尔特·李普曼的《公众舆论》，正式概念形成于 1944 年拉扎斯菲尔德的《人民选择》一书，意指那些在信息传播中具有特殊影响力的人，他们拥有改变个人或团体思想和行为的力量。意见领袖一般为人们信赖，能在某个领域有专长与独到见解并能为人们提供信息、建议与解释。意见领袖并非行政任命，主要通过改变人的心理态度来影响别人，因此有时比大众传媒的作用更大。用之于网络传播，网络意见领袖是指网络舆论行为中，在信息传播与意见表达方面，能影响别人并发挥重要力量的人。网络意见领袖在网络舆论行为中同一般网民有明显不同，在消息传递方面更灵通，往往会传递一些独家信息与新闻。网络意见领袖熟悉媒体特性，能熟练运用媒体参与网络舆论行为。网络意见领袖隐藏在网络群体中，同网络群体联系紧密，他们通过与网民频繁地互动接触来影响他人。

网络意见领袖可以分为广义与狭义两种理解。狭义网络意见领袖，是指没有特殊的目的，在网络舆论行为过程中自然形成，通过自己的意见与建议，对他人的观点与行为有巨大影响的人。广义的网络意见领袖，则兼指具有明显的政治目的或商业目的的网民，如网络评论员、网络舆论推手等。

狭义网络意见领袖引领网络舆论的目的十分明确，如网络评论员的目的在于表达政府主张、引导网络舆论同政府意见一致。他们来源于主流媒体工作者、网络编辑、各种论坛版主、社会上被政府聘用人员；网络推手的舆论

---

① 余红：《网络时政论坛舆论领袖研究——以强国社区中日论坛为例》，博士学位论文，华中科技大学，2007 年。

行为则在更大程度上为了商业利益或一己私利，更多来源于网络公关策划团体。狭义网络意见领袖来源广泛，各种目的都有可能。

总之，网络意见领袖，是指在网络平台中热衷于传播消息和表达意见，具有较大影响力并具有较高声望、被广泛认可的行为活跃的参与者。其活跃行为主要表现在大量发布帖子以及积极参与讨论，他们不仅是群体中的活跃分子，而且是群体中的焦点人物和意见导向。

二　网络意见领袖的来源

网络意见领袖主要产生于以下群体：

1. 网络版主

网络平台的版主作为网络参与者与经营者之间的中介角色，在设置议题和控制信息方面具有一定的权力和影响。各网络版主同普通网民比，具有把关权限。网络版主同传统媒体的编辑一样，对信息具有甄别把关的权力，通过删帖、封号等手段负责栏目规章的执行，维护平台的正常规范，对网络意见言论有一个把关引导作用。而且许多版主会亲自操刀在网上发表言论，同时配合自己的把关权力控制与引导舆论，因此版主在网上成为意见领袖具有天然的优势。尽管网络平台的版主常常是因为其在网络社区中的不俗表现而被其他人推举产生，但能否保持他的领袖地位仍需要版主的持续笔耕。代表体制强权的版主职位有时甚至会成为被成员认可的绊脚石。

2. 现实社会名人

网络意见领袖也部分来自一些社会名人，某些社会学者、明星、政客本身带有许多粉丝，他们经常会造成现实社会平台同网络平台的无缝衔接，他们在网络实名发言，从而吸引众多眼球，并成为舆论引领的核心。虽然互联网上的人际互动具有一定的虚拟性，但虚拟场景、虚拟身份的背后仍然是一个个鲜活的现实主体。一些著名学者、社会名流以及大众明星等现实名人本身就拥有许多粉丝，他们通过在网络实名发言，将现实的社会影响力扩散到网络世界，产生较大的个人影响力。现实社会的名人以实名的方式在互联网上发表的文章和传播的观点常常备受关注，吸引着人们的眼球，这些现实社会中的名人所拥有的现实影响力使他们有成为网络意见领袖的潜力。

3. 知识分子

知识分子大多受过良好教育，有些甚至是某领域的专家，他们观点敏锐、写作能力强、反应迅速，对各自擅长的领域有比较深刻的认识与独到的见解，有独立的思考与审视精神，在网络舆论行为过程中，在群体中会自然形成网络意见领袖的地位。借助互联网所给予的自由发表平台，现实生活中默默无闻的普通知识分子能够将自己的观点展示出来，在某一群体或事件中充当网络意见领袖的角色。

4. 草根活跃写手

网络草根活跃写手在现实生活中只是芸芸众生中的一员，他们分布于社会的各个阶层，从事着不同的职业，然而在互联网这一虚拟空间中却都表现得非常积极。他们在各自感兴趣的领域，靠辛勤的笔耕以及自己独特的思想和见地赢得较高的声望。他们往往通过幽默、犀利和富有感染力的语言来展示自己的个人魅力，拥有较强的洞察力，能够对某类问题或事件进行深层次的分析，靠笔耕不辍成为网络风云人物。他们属于网络草根群体中具有人格魅力，能透过信息表象看出其深层价值与内涵的网民。网络是虚拟接触，那些具有人格魅力的人不是通过肢体有声语言展示，而是通过其幽默、犀利、富有感染力的思想和语言来赢得更多的拥趸。网络意见领袖能对正在传播的信息与事件做出更深层次分析，能看到信息背后隐藏的诸多玄机，为他人提供独到的信息解读。网络意见领袖的这种洞悉力相对一般群体来说，是一种更高的信息掌控能力。

三　网络意见领袖的类型

在较为隐匿的网络社会，网络人际互动及形成的网络人际关系处于一种较为松散的状态。网络意见领袖的表现形态较之于现实社会也有很大的不同。为了便于理解，我们可以从不同的角度对其类型进行划分。

1. 依据影响力的不同分类

依据个人影响力辐射范围的不同，网络意见领袖可以划分为两类：事件型意见领袖与社群型意见领袖。

（1）事件型意见领袖

事件型意见领袖，是指仅在某特定事件或议题讨论中发挥舆论引导作用的网络参与者。这类意见领袖往往只在某一特定社会事件中发挥其个人影响力，通过传播的信息与观点来左右其他参与者的看法，引导舆论。事件过后，这类网民的意见领袖地位也随之消失。事件型网络意见领袖之所以成为意见领袖可能仅仅因为对某一特殊事件或问题有深刻感悟和参与，或者掌握着第一手信息来源。

（2）社群型意见领袖

社群型意见领袖，是指在某一虚拟群体（如网络社区）中较为固定的意见领袖。尽管网络世界的人际交往具有一定的虚拟性，人与人之间的联系不似现实社会紧密，但多数网络社区中，仍然存在着成员认可的社群意见领袖。这类意见领袖往往专注于某一兴趣领域，对某类话题的熟悉程度以及有效解决问题的能力受到网络群体的认可。社群型意见领袖的价值取向总是和该社群的主流规范相一致，他们未必是社群的正式权威者，但却是社群成员主观认定和尊崇的高影响力者，其个人影响力辐射到某类社群的所有话题。

2. 依据个人行为目的不同分类

依据行为目的的不同，网络意见领袖可以划分为三类。

（1）个人兴趣型意见领袖

个人兴趣型意见领袖是指基于个人兴趣爱好而积极参与网络互动，踊跃发表言论与观点，并成功施加个人影响力的网民。这类意见领袖在现实生活中只是芸芸众生中的一员，他们分布于社会各个阶层，从事着不同的职业，在各自感兴趣的领域，靠辛勤的笔耕以及自己独特的思想和见地赢得较高的声望。他们的网络行为不受任何经济利益或政治利益的驱动。

（2）经济取向型意见领袖

经济取向型意见领袖是指受经济利益驱动而积极参与网络互动，踊跃发表言论与观点，并成功施加个人影响力的网民。这类意见领袖按其身份背景又可细分为两种不同的类型：一是受雇于某些网络公关策划团体，在网络中通过事件策划和舆论引导手法让他人知晓和关注某些特定信息，从而达到宣传人物、品牌或产品目的的那些人；二是想借助网络社会影响力满足其赢利目的的活跃个体，如借助网络广泛的社会关注度来推销个人文学作品的活跃分子。经济取向型意见领袖的传播行为都是为了商业利益或一己私利。尽管如此，由于互联网环境的虚拟性与开放性，加之经济取向型意见领袖往往熟知网民心理，懂得网络推广策略并能熟练应用，他们的公关策划行为往往不易被普通网民察觉。当然，随着网民鉴别能力的增强，普通网民对这类网络推手行为越来越敏感和警惕。

（3）政治取向型意见领袖

政治取向型意见领袖是指有着官方性质，受雇于各地政府部门，以各种身份参与网络互动，肩负着表达政府主张、引导网络舆论的重任，并成功施加个人影响力的那类网民。由于肩负着引导舆论的重任，这类意见领袖在许多社会热点问题上能够凭借其出色的写作功底以及敏锐的洞察力及时发帖表明观点，正确引导社会舆论。为了更好地引导舆论，其网络行为往往是匿名隐身的，一旦真实身份被察觉，其言论和观点很容易被网民曲解。

第二节　网络意见领袖的识别方法

网络社会人际交往线索隐匿、网络群体流动性大，网络意见领袖因话题不同而更替频繁较为普遍，准确识别网络意见领袖成为较为棘手的问题。归纳现有研究，常用的网络意见领袖的识别方法主要如下：

1. 主观判断法

此种方法在归纳推理的基础上，通过主观认定的方式将某类型网民直接确定为意见领袖。如有研究者将论坛版主作为天然的意见领袖对其特征进行调查。[①] 周裕琼（2005）认为综合网民推选和专家评审的"半民主"选举是目前用来甄别网络意见领袖的最佳方式，以强国论坛评选的"十大网友"作为研究样本，考察网络意见领袖的特征及其影响的机制与流程。[②] 很显然，借助主观判断法识别出的意见领袖也许并非网民心中认定的意见领袖。就论坛版主而言，在网民眼中他们也许更多地代表着体制强权，崇尚自由平等的网民们对这种由职位所赋予的权威并不买账。即使有些版主

---

① 紫金网：《BBS版主的构成研究》，www.zijin.net/njunews01/liuyang/text/xuexi5.htm.

② 周裕琼：《网络世界中的意见领袖——以强国论坛"十大网友"为例》，《当代传播》2006年第3期。

是因为在论坛内有较高声望而被推举出来的，版主也仅构成意见领袖的一小部分。

2. 自我报告法

自我报告法通常使用意见领袖量表来让受访者进行自我判断和回答，然后按一定比例将受访者分为意见领袖及其跟随者。林建邦、Barbara Lyons 和 Sohn Youngju 等学者都将这种方法运用到网络意见领袖的测量上。例如，林建邦（2004）在以病毒行销的观点探讨电子邮件的传播功能时，通过网上问卷调查，参考 Childers（1986）意见领袖量表，取总分前 30% 作为意见领袖。[①] 而 Barbara Lyons 等（2005）通过网下问卷调查方式，使用 Childers（1986）量表将得分等于或高于平均值（3.07）的受访者确定为意见领袖。[②] 自我报告法具有操作方便、容易实现的优点，然而它最大的问题就是回答的主观性，心理学研究表明个人一般比其他人更积极地评价自己，个人可能过高地估计自己对他人的影响，这样就可能导致一些自认为是意见领袖的人实际并不是意见领袖；此外，自我报告法依赖调查问卷获取数据，网络传播的匿名性使问卷回答的真实性也受到质疑；再者，自我报告法在识别意见领袖过程中采用简单的二分法来分离意见领袖及其追随者，这种方法并不能真实地反映网络社会复杂的成员结构。

3. 基于意见领袖特征的简单统计测量方法

这种方法往往在分析网络意见领袖基本属性的基础上建立属性指标，然后根据指标数据对参与者进行简单的统计分析，以此实现筛选目的。如 Rhee,J. 等（2007）根据注意力和影响力两个属性来识别在线意见领袖，将讯息的浏览量作为注意力的指标，用讯息获得的积极反应数量与消极反应数量之差来衡量影响力的大小。[③] 胡勇等（2008）利用参与者的辩论能力、影响力、自我坚持力和活跃程度四个指标建立参与者的属性矩阵，通

---

① 林建邦：《打个喷嚏大家都感冒——以病毒营销观点探讨电子邮件之散播》，硕士学位论文，（台北）静宜大学，2004 年。

② Barbara Lyons et al., "Opinion Leadership in a Computer—Mediated Environment", Journal of Consumer Behaviour, Iss. 5, 2005, pp. 319 – 330.

③ Rhee, J. et al., Exploring Online Opinion Leadership: *A Validity Test of the Concept in the Digital Age*, Paper presented at the annual meeting of the International Communication Association, TBA, San Francisco, CA, 2007.

过对所有属性值的加权平均来发现意见领袖。[1] 简单统计测量方法操作简单，从参与者基本属性出发进行分析具有一定说服力，但这种方法在指定属性指标以及统计指标数据的过程中往往体现出较强的主观性。例如仅仅将讯息的浏览量作为衡量发帖者受关注的指标，在考察参与者辩论能力以及自我坚持力时仅仅依靠专家评分，这些操作都将可能影响筛选结果的准确性。

4. 网络分析方法

网络分析是基于社会关系的一种定量分析方法，首先需要收集基于关系的二元属性数据，目前所采用的方法主要有两种：调查法和内容分析法。调查法是通过调查方法（如调查问卷）询问成员间的关系，如询问"你和谁来往最密切？""你认为谁最有威望？"等问题，让被调查群体中的每个成员都填写问卷，然后计算每个人被选择的次数以及选择他人的次数，得出关系属性数据。内容分析法是直接利用网络交往过程中存储的信息（如发帖、回帖数量、强度等）来构建成员间的关系属性数据，然后通过计算成员的外向程度中心性、内向程度中心性和中介性等指标来识别意见领袖。例如高俊波、杨静（2007）以在线论坛为研究对象，建构一个以论坛作者为节点，他们之间的回复关系为边的社群网络，通过比较有无第 i 个节点的社群网络的平均路径长度之差来找到代表意见领袖的关键节点。[2] 王陆、马如霞（2009）通过测量网络限制指标（Constraint）和网络有效大小指标（Effect Size）来观测结构洞的位置，通过测量网络行动者拥有结构洞的数量，来确定拥有较多结构洞的行动者为网络中的意见领袖。[3] 利用网络分析方法识别舆论领袖具有独特的优势。首先，网络分析方法保留了个体间互动模式的完整性，能够从原本的社会关系结构中分析出个体所处的结构位置、关系以及互动模式；另外，网络分析方法的数据不是由样本的随机选择获得，而是通过最大甚至是全部的群体成员获得，因此能够提供更准确和更真实的分析。

---

① 胡勇等：《网络舆论形成过程中意见领袖形成模型研究》，《四川大学学报》（自然科学版）2008 年第 2 期。

② 高俊波、杨静：《在线论坛中的意见领袖分析》，《电子科技大学学报》2007 年第 6 期。

③ 王陆、马如霞：《意见领袖在虚拟学习社区社会网络中的作用》，《电话教育研究》2009 年第 1 期。

然而，网络分析方法最大的问题就是基于社会关系的这种定量分析方法往往忽视成员间信息交流的内容。

5. 基于词语相关性的识别方法

这种方法的典型代表是由日本学者 Naohiro Matsumura 等（2002）提出的影响力扩散模型（Influence Diffusion Model），该模型认为在基于文本的计算机中介交流环境中，人们通过发帖来表达观点，词语是组成帖子的基本单位，也是影响力传递的基本标志，因此从网络论坛帖子立体结构和内容相关性两个维度来筛选意见领袖。如图 10 - 1 所示，实线箭头代表跟帖，虚线箭头代表影响力传递。在这个对话链中，C1 帖被 C2 帖和 C3 帖回复，而 C2 帖又被 C4 帖回复。C1 帖包含 A、B、C 三个词语，C2 帖包含 A、C、D 三个词语，C3 帖包含 B、F 两个词语，C4 帖包含了 C、F 两个词语。该模型对帖子影响力的具体算法是：如果 C_y 回复 C_x，则认为 C_x 影响 C_y，影响力通过对话由 C_x 传递给 C_y，将 C_x 对 C_y 的影响用字母 $i_{x,y}$ 表示，$i_{x,y} = |\, w_x \cap w_y \,| \,/\, |\, w_y \,|$。假设 C_y 回复 C_x，C_z 回复 C_y，那么，C_x 对 C_z 的影响力用 $i_{x,z}$ 表示，$i_{x,z} = (\, |\, w_x \cap w_y \cap w_z \,| \,/\, |\, w_z \,| \,) \times i_{x,y}$。因此，C1 对 C2 帖的影响力为 C1、C2 帖词语交集个数与 C2 帖词语总个数的比值，即 2/3；同理，可计算出 C1 对 C3 的影响力为 1/2，C2 对 C4 的影响力为 1/2，而 C1 对 C4 帖的影响力是通过 C2 的间接影响，因此其影响力为 1/2 × 2/3 = 1/3。在此对话链中，C1 帖的总影响力是对 C2、C3、C4 所有帖影响力的累加，而论坛参与者的影响力则计算为该参与者在论坛中所发帖子产生的影响力之和。[1]该模型提出之后被许多学者引用，如 Joo Young Lee 等（2004）将该模型应用到韩国一个信息资源分享社区用来识别意见领袖并探讨其特征。[2] 余红（2007）在针对网络时政论坛意见领袖进行研究时，利用影响力扩散模型识别出论坛活跃分子，然后根据声望值的高低从活跃分子中筛选出意见领袖。[3] 总的来说，影响力扩散模型重视互联网交流的文本特征，采用严格定量的方式筛选意见领袖，具有一定的科学性，然而这种方法也存在

① Naohiro Matsumura, Yukio Ohsawa and Mitsuru Ishizuka（2002）, *Influence Diffusion Model in Text - Based Communication*, The Eleventh International World Wide Web Conference, 2002.

② Joo Young Lee et al., Spotting and Characterizing Opinion Leaders in Cyber Communities, http://www.vrsj.org/ic - at/papers/2004/Poster_ Session/P - 049. pdf.

③ 余红：《网络时政论坛舆论领袖研究》，博士学位论文，华中科技大学，2007 年。

一定的弊端。首先，模型的有效性值得商榷，由于模型中影响力的测量依赖词语的交集，因此一旦对话链中词语交集不存在，原帖对其后所有跟帖的影响力将计算为0。而最重要的是，该模型在中文互联网环境中的应用并不具有普适性，中文环境中的发帖行为，词语运用非常丰富，回帖字数有多有少，很多情况下，简单量化计算词语传递的多少很难真正反映帖子影响力传递的大小。

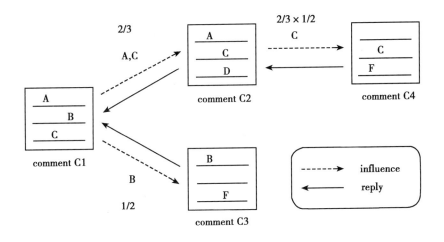

图10－1 对话链影响力扩散过程模型（Naohiro Matsumura et al. 2002）①

6. 运用 PageRank 思想的识别方法

PageRank 是一种由搜索引擎根据网页之间相互的超链接计算的网页排名技术，以 Google 公司创办人拉里·佩奇之姓来命名。Google 把从 A 页面到 B 页面的链接解释为 A 页面给 B 页面的投票，在实际计算 PageRank 值时，除了考虑网页得票数之外，还分析为其投票的网页的重要性。一个网页本身的 PageRank 值越高，则它对其链出网页的推荐能力就越强。同时一个网页的链出网页越少，那么它对其中一个链出网页的推荐程度就越高。目前已有学者将 PageRank 思想运用到识别网络意见领袖的研究中。如 Song, X. 等（2007）为了识别博客圈中的意见领袖，通过博客在网络中的重要性以及博客信息的新颖度来分类博客。在评定博客的影响力时运用了 PageRank 思想，

---

① Naohiro Matsumura, Yukio Ohsawa and Mitsuru Ishizuka, *Influence Diffusion Model in Text - Based Communication*, The Eleventh International World Wide Web Conference, 2002.

考虑了被博客吸引的那些其他博客自身的影响力水平。Zhongwu Zhai 等
（2008）在识别 BBS 中的意见领袖时，首先提出了两种将用户聚类到不同兴
趣领域的算法：基于版块的算法和基于文章链的算法，然后将 GlobalPR 算
法应用到每个领域，GlobalPR 实际上就是一个加权的 PageRank。运用 Page-
eRank 思想的识别方法最大的特点是在识别意见领袖时，不仅考虑意见领袖
在社会网络中被关注的程度，同时也考虑关注者在网络中自身影响力的大
小。另外，这种识别方法还强调关注者在社会网络中注意力的分布，因为每
个人的精力有限，一个人关注的人和事过多，分配给其中之一的关注度也必
然大打折扣。然而，这种方法过多地关注参与者之间回复或链接的互动行
为，却没有考虑到文章或帖子的具体内容。

7. 基于聚类分析的识别方法

聚类分析是将一批样本数据根据其诸多特征，在没有任何事先类别信息
的情况下，依据原始数据将它们分类，使同一类别内的个体具有尽可能高的
同质性，而类别之间具有尽可能高的异质性。聚类分析简单直观，在实践中
被研究者广泛使用。毛波、尤雯雯（2006）通过对虚拟社区成员所发文章
的分析总结，利用聚类分析方法提出了知识共享型虚拟社区的成员分类模
型，从中识别出领袖类成员。[①] 虽然目前已有学者将聚类分析方法运用到网
络论坛成员分类研究中，但是不同的研究目的和研究对象会导致所选用的分
类变量不同，而不同的分类变量将会带来完全不同的聚类结果。现有利用聚
类分析所作的分类研究中，多是从市场营销、创新扩散角度出发对论坛成员
进行考察，研究对象多锁定在一些产品讨论、知识分享型论坛，其所筛选出
的并非新闻学、政治学意义上的意见领袖。[②]

第三节　识别网络意见领袖的基本原则

识别网络意见领袖应基于以下几项基本原则：

[①]　毛波、尤雯雯：《虚拟社区成员分类模型》，《清华大学学报》（自然科学版）2006 年第 12 期。
[②]　以上内容作为课题前期研究成果发表于《当代传播》2010 年第 2 期，陈然：《网络论坛舆论领
袖的识别与筛选》。

1. 应根据网络平台的不同类型选择合适的识别方法

网络社区是社区意见领袖生存的土壤，不同的土壤环境会吸引和培育出不同特质的社区意见领袖，根植于不同网络社区的意见领袖将表现出不同的参与特征。不同隶属关系的网络社区在社区管理方面会产生很大的不同，而管理的松紧将直接影响整个社区的讨论氛围，同时网络社区的隶属关系代表着论坛的身份，这将影响网民对社区本身的选择。不同隶属关系的网络社区给予意见领袖的生存环境是不一样的，因此，在选择具体的意见领袖识别方法时，应根据网络平台的不同类型选择合适而正确的筛选方法。

2. 依照"网络参与者→网络活跃分子→网络意见领袖"的筛选逻辑

网络意见领袖仅指那些在网络中热衷于传播消息和表达意见，并具有较高影响力、被其他参与者广泛认可的活跃分子。活跃分子在网络中的影响力并不一致，网络活跃分子只是具有成为网络意见领袖的某种潜质。因此，在甄别网络意见领袖时，应该依照"网络参与者→网络活跃分子→网络意见领袖"的筛选思路，不仅考虑参与者的活跃性，还要考虑他在特定网络社区的影响力和声望。

3. 注重参与者的受关注程度和主动性

识别网络意见领袖事实上就是从众多参与者中筛选出有影响力的网络活跃分子。在网络中，由于大量社会线索缺失，网络参与者的影响力主要来自其文本表现和发帖质量。另外，网络海量的信息以及按时间顺序排列的特点使得许多主帖回复不多，甚至无人问津。因此，成为意见领袖的首要条件是参与者发表的言论能否被关注，而网络参与者受关注程度可以从参与者主帖浏览数以及收到的回帖数两个方面进行考察。此外，意见领袖要对其他人施加影响，仅仅发表主帖而不参与互动交流是无法影响到人们的观点和意见以至于改变人们的态度的，因此识别意见领袖还需要考察参与者的主动性，具体说来，可以从发表主帖数、回应他发帖数以及回应自发帖数三个方面进行测量。

4. 注意考虑回帖者的影响力大小和褒贬态度

正如 PageRank 算法所强调的，在识别意见领袖时，不仅要考虑每个参与者在社会网络中被关注的程度，而且也应该考虑回帖者自身在网络中的影响力大小，因为一个具有高影响力的回帖者将拥有更大的号召力和传播能力，能够将被他关注的参与者的观点和意见扩散到自己的交往网络，从而间接扩大该参与者的影响力。回帖并不一定代表支持，回复帖中也可能存在许多反对的声音，识别意见领袖需要考察回帖具体的内容和态度，仅仅那些支持的回帖才能表明受到了发帖作者的影响。因此，在筛选指标上，应该结合参与者收到的回帖总数，考察回帖者的褒贬态度，将其收到的支持票和反对票分别作为识别意见领袖的两个指标。

第十一章

典型网络社区意见领袖举例

　　网络意见领袖的分析，在不同的网络舆论事件、不同的网络传播平台中皆有不同，为了分析的深入，在这里，我们选取两类典型的网络空间进行分析。这两类典型的网络空间分别是：民生类商业网络社区与时政类官方网络社区，前者以凯迪社区、天涯杂谈为个案，后者以强国社区中日论坛为个案。

第一节　民生类商业网络社区意见领袖举例

　　商业性网络社区隶属于商业企业，商业企业设立网络社区往往出于几种目的：聚集人气、追求利益以及吸引和便利用户。隶属商业企业的背景使得商业性网络社区往往采取相对开放的管理，讨论尺度较为宽松，吸引较为广泛的社会成员的参与。论坛讨论气氛活跃，能够较好地反映网络民众的真实想法。另外，追求利益的最终目的和宽松的讨论环境使得商业性网络社区的言论表现出更多的情绪化、表面化和粗俗化的特征。

一　民生类商业网络社区意见领袖的识别方法

　　大多网络空间都存在事件型和社群型两类意见领袖，相比于其他类型网络空间，商业性网络社区中意见领袖的地位更难维持。相对松散的言论管理，加之参与网民的复杂性，这类空间中意见领袖更多时候是在特定事件中发挥作用。鉴于民生类商业网络社区的环境特征，本部分将从"事件"和

"社群"两个层面来分析意见领袖。

1. 事件型意见领袖识别方法

民生类商业网络社区中，意见领袖主要以事件型存在，在特定事件中发挥短暂的意见引导作用。从事件层面识别社区中的意见领袖，就是将研究对象锁定在网络社区的特定舆论事件上，从该事件的参与者中筛选出事件型意见领袖。

网络社区中的事件型意见领袖，作为特定议题讨论过程中发挥意见引导作用的参与者，其个人影响力的范围仅局限在特定的网络社区环境与话题讨论空间内。因此，对事件型意见领袖进行识别，首先需要将网络社区划分为不同的话题空间，然后在某一话题空间内对意见领袖进行筛选。筛选思路如下：在某特定话题讨论空间内，利用参与者的行为数据，采用聚类分析方法，从受关注度、主动性以及认可度三个方面选择适当的分类变量，科学量化地将社区参与者划分为不同类别。关键指标如下：

（1）ID 受关注度

研究对象是在特定话题讨论过程中对他人施加个人影响力的事件型意见领袖，因此，对 ID 受关注程度的考察上，仅包含 ID 针对特定话题所发表主帖的受关注程度。具体而言，是 ID 的主帖浏览数以及收到的回帖数两个维度。

（2）ID 主动性

社区参与者要对其他人施加影响离不开人际交流，主动发帖和积极参与互动有助于参与者观点的扩散，因此将参与者的主动性作为识别意见领袖的一个指标。具体而言，通过特定话题讨论空间内 ID 发表主帖数、回应他发帖数以及回应自发帖数三个变量来测量某 ID 的主动性。

（3）ID 支持数和 ID 反对数

网络社区中的回帖并不一定代表支持，回帖的态度可能是支持、中立甚至反对，识别意见领袖需要考察回帖具体的内容和态度，将 ID 支持数定义为某 ID 收到的持支持态度的回帖数，该指标可考察 ID 在特定话题讨论中被参与者认可的程度；ID 反对数定义为某 ID 收到的持反对意见的回帖数。

2. 社群型意见领袖识别方法

从社区层面考察事件型意见领袖，也就是将网络社区中所有事件型意见领袖作为整体展开研究。民生类商业网络社区中缺乏地位稳定的社群型意见领袖，参与者更多时候仅在单项事件中发挥舆论引导作用，个人影响力常常昙花一现，但无数个事件型意见领袖的集合作用却实在地影响着此类网络社区的意见流，而这些看似独立的事件型意见领袖都源自一个共同的群体——社群活跃分子。因此，从社区层面把握所有的事件型意见领袖，可将社群活跃分子作为研究对象，对这一潜在意见领袖群体予以考察。

基于民生类商业网络社区的环境特征，识别社群活跃分子的方法如下：

首先，由于网络社群的真实参与者与发帖者数量之间存在很大的差距，因此应根据 ID 是否发帖将其分为潜水型参与者和发帖型参与者；

其次，社群参与者在发表主帖行为强度与回帖行为强度上存在区别，有必要对发帖型参与者在两类指标上的综合表现进行考察，以对其作进一步细分；

最后，社群参与者的活跃回帖行为在持续时间上存在差别，有必要利用 ID 的回帖行为持续频繁程度对活跃回帖者作进一步细分。

涉及的测量指标包括：

（1）ID 发表主帖频率：一段时间内，ID 在特定网络社区发表主题帖的具体数量。

（2）主帖行为类型：根据 ID 在网络社区发表主帖的频率，可将社区参与者发表主帖的行为分为四种类型：无发表主帖行为（发表主帖数 = 0）、少量发表主帖（1 ≤ 发表主帖数 ≤ 23）、中等发表主帖（23 < 发表主帖数 ≤ 100）以及积极发表主帖（发表主帖数 > 100）。

（3）ID 发表回帖频率：一段时间内，ID 在特定网络社区发表回帖的具体数量。

（4）回帖行为类型：根据 ID 在网络社区发表回帖的频率，可将社区参与者发表回帖的行为分为四种类型：无回帖行为（回帖数 = 0）、少量回帖（1 ≤ 回帖数 ≤ 100）、中等回帖（100 < 回帖数 ≤ 1000）以及积极回帖（回帖数 > 1000）。

（5）ID 持续频繁回帖系数：单月回帖数超过 30 帖的月份数/注册总月数。

（6）持续频繁回帖行为类型：根据 ID 持续频繁回帖系数的具体情况，

将网络社区发帖者的持续频繁回帖行为分为三类：长期持续频繁回帖（ID
持续频繁回帖系数 = 1）、间歇持续频繁回帖（0 < ID 持续频繁回帖系数 < 1）
以及无持续频繁回帖（ID 持续频繁回帖系数 = 0）。

二　事件型网络意见领袖举例，以凯迪社区为个案

1. 食盐加碘事件意见领袖的筛选

民生类商业网络社区中较少出现社群型意见领袖，事件型意见领袖的更
替属于常态，所以本部分将以凯迪社区为个案对事件型意见领袖进行考察。

通过凯迪社区的搜索功能，对 2009 年 8 月 1 日—8 月 31 日的帖子进行
搜索，得到主帖 90 个，参与讨论 ID 1101 个。"食盐加碘"是焦点话题。

对 1101 个参与者的发表主帖数、主帖浏览数（主帖被他人点击的数
量）、收到的回帖数（所发主帖被他人回复的帖子数量）、支持数（收到的
持支持态度的回帖数）、反对数（收到的持反对意见的回帖数）、回应自发
帖数（参与自发主帖互动时发表的回帖数）以及回应他发帖数（参与他人
所发主帖互动时发表的回帖数）七个变量进行基本描述性分析，具体统计结
果见表 11 - 1。

表 11 - 1　　　　　　　　　　1101 个 ID 的描述性统计分析

	N	极小值	极大值	均值	标准差	偏度		峰度	
	统计量	统计量	统计量	统计量	统计量	统计量	标准误差	统计量	标准误差
发表主帖数	1101	0	6	0.08	0.429	8.632	0.074	94.814	0.147
主帖浏览数	1101	0	140965	358.51	5474.3	22.850	0.074	543.046	0.147
收到的回帖数	1101	0	1374	3.30	44.141	27.796	0.074	849.822	0.147
支持数	1101	0	1320	2.64	41.900	28.782	0.074	893.059	0.147
反对数	1101	0	189	0.41	6.157	27.216	0.074	810.055	0.147
回应自发帖数	1101	0	70	0.32	3.219	16.483	0.074	310.001	0.147
回应他发帖数	1101	0	114	2.44	6.244	12.293	0.074	189.416	0.147

从表 11 - 1 中可以看出，在 1101 个 ID 中，围绕"食盐加碘"的话题，
ID 的发表主帖数、收到的回帖数以及主帖浏览数等各项变量均存在分布不
均衡的现象，样本各变量偏度值和峰度值都大于 0，呈现明显右偏和尖峰分

布。由此可知，在有关"食盐加碘"的话题讨论中，社区参与者的行为存在明显的差异，样本的差异性从一个角度说明了对其进行聚类分析的可行性。

采用 Q 型系统聚类法对网络社区参与者进行聚类分析。将发主帖数为 0 且对外回帖数小于或等于 9 的 ID 剔除，最终得到 95 个 ID 样本。选取收到的回帖数、支持数、反对数和发帖总数（发帖总数 = 发表主帖数 + 回应自发帖数 + 回应他发帖数）作为分类变量，最终根据研究目的选择聚类数为 5 的分类结果。

五个类别是：

第一个类别，85 个 ID，收到的回帖数和支持数均值是四类中最低，属于该话题讨论中不被关注和认可的一类参与者，称为一般参与者。

第二个类别包含 2 个 ID，此类 ID 在有关"食盐加碘"的讨论中无发表主帖行为，仅积极参与话题讨论，可称为积极呼应者。

第三个类别包括 6 个 ID，在整个话题讨论中具有较强的主动性和较高的被关注度和认可度，在其他人对问题的认知和态度方面发挥着较大的影响力，可称为普通意见领袖。

第四类和第五类参与者都仅包含 1 个 ID，但主帖浏览数、收到的回帖数以及支持数均遥遥领先于其他参与者，都拥有超强的人气和影响力，可称为中心意见领袖。

聚类分析有效地将社区参与者按影响力大小进行分类，成功筛选出凯迪社区中有关"食盐加碘"话题讨论中的事件型意见领袖，即普通意见领袖与中心意见领袖，共 8 名。

2. 食盐加碘事件意见领袖的特征

通过对筛选出的 8 名事件型意见领袖的网络行为进行细致分析发现（参见图 11 - 1）：

（1）事件型意见领袖个人影响力与其行为活跃程度无必然联系

尽管在某一特定话题讨论中，事件型意见领袖的发帖行为相对较为活跃，但通过对"食盐加碘"话题中意见领袖的具体参与行为的考察发现，活跃的发帖行为将有助于参与者影响力的扩散，但事件型意见领袖的个人影响力与其行为活跃程度并无必然联系。通过筛选模型识别出的 8 名意见

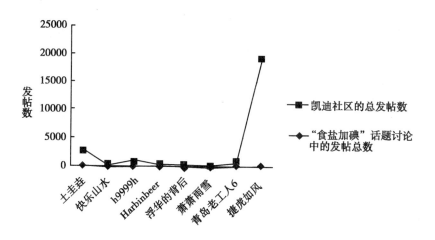

图 11 - 1 凯迪社区"食盐加碘"话题讨论中意见领袖的发帖情况

领袖中，ID"浮华的背后"尽管只发表了 1 个主帖和 1 个回帖，但其主帖却获得了相当可观的浏览量和回复量。另外，即使是特定话题讨论中的活跃者，事件型意见领袖也并非网络社区中的活跃分子。通过对事件型意见领袖的社区总体参与程度加以考察发现，在"食盐加碘"话题讨论中行为最为活跃的 ID"土圭垚"，在凯迪社区的总发帖数却并非遥遥领先，而在该话题讨论中仅发 9 个帖子的 ID"捷虎如风"却属于凯迪社区的活跃分子。

（2）事件型意见领袖个人影响力仅局限在特定话题讨论空间

事件型意见领袖在特定话题讨论中之所以能够发挥个人影响力，可能仅仅因为对某一特殊事件或问题有深刻感悟和体会，或者掌握着第一手信息来源。离开特定的话题讨论，其参与的兴趣以及个人魅力都将大打折扣。因此，事件型意见领袖的个人影响力仅局限在特定话题讨论空间，长期来看，其并不必然是整个网络社区中的高影响力者。通过对筛选出的 8 名事件型意见领袖的社区数据进行考察发现，8 名意见领袖中，仅有 2 名意见领袖在凯迪社区拥有较高追随者，8 名意见领袖的具体追随者情况如图 11 - 2 所示。

（3）事件型意见领袖参与的话题多与其切身利益有直接或间接联系

对筛选出的 8 名事件型意见领袖的参与行为与发帖文本的观察发现，事

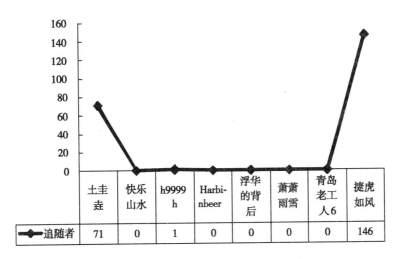

	土圭 垚	快乐 山水	h9999 h	Harbi- nbeer	浮华 的背 后	萧萧 雨雪	青岛 老工 人6	捷虎 如风
━●━ 追随者	71	0	1	0	0	0	0	146

图 11-2　事件型意见领袖的社区追随者情况

件型意见领袖作为某特定话题讨论中的高影响力者，其个人影响力的发挥或是因为对话题积极踊跃地参与，或是源于深刻独到的见解，但其参与的话题多与切身利益有直接或间接的联系。如 ID "青岛老工人6" 的踊跃参与就源于对食盐加碘可能对其身体造成的危害的担忧，具体帖文材料如下：

猫眼人看看吧：关于碘盐和甲亢

青岛老工人6 于 2009-08-05，22：19：51 发布在凯迪社区 > 猫眼看人

去年毒奶粉的时候看过一个帖子知道了碘盐的危害，当时也是半信半疑的，专门问了一个当医院院长的朋友，她说，这几年的甲亢病人确实增多了，还说了几个我认识的同事邻居。不知道的时候真的以为碘盐才是好的，知道以后就很害怕。好在住佳世客附近，那里就有卖无碘盐的，可能是知道的人越来越多，就不好买了。佳世客可以说是青岛最大的超市之一，每个月盐业局只给他们五箱的量，每箱是五十斤。买不到的时候就把碘盐用铁锅炒半个小时再用。后来不知道为什么，今年佳世客就没有卖的了。问他们营业员，他们说是盐业局不让他们卖了，已经取消了他们卖碘盐的资格。就问盐业局，他们说利群、大富源和易初莲花有卖的资格。就到利群却还是断货，到了大富源终于买到了。这个只

能解决我们退休在家的吃盐问题。上班的上学的，中午那顿饭还是要吃碘盐的。今天看到个帖子，说的是碘盐过量得甲亢的。感觉有必要呼吁一下！

　　……

　　猫眼是个很正义的论坛，猫眼有很多有良心的中国人。

　　如果通过猫眼人的努力，能让全国百姓在吃盐问题上得到改善，就是拯救了我们的子孙万代。

　　希望大家努力顶起来引起有关部门的注意，改变我们自己和儿孙们的命运！

　　来源：凯迪社区（http：//www1. kdnet. net/）。

　　可见，事件型意见领袖的热心参与更多时候是受话题的刺激而非网络社区本身的魅力，一旦关注的问题得到有力解决或主流媒体信息通畅，其活跃参与所隐含的非理性因素将消失。

　　（4）事件型意见领袖善于运用策略来扩大话题影响力

　　研究发现，事件型意见领袖在话题讨论中会利用许多手段来提升主帖的社区影响力。手段之一就是通过自回帖提升主帖的关注度。由于网络社区的主帖都是按更新时间排列，一些主帖如果无人问津很快就会石沉大海，发帖作者的自回帖不仅能够适时地增加主帖的曝光率，而且通过与其他响应者的积极互动能够将话题讨论引向深入。如该个案中享有最高浏览数和回帖数的两名中心意见领袖就都有极强的自回帖行为，其中，ID "土圭垚" 和 "快乐山水" 的自回帖数分别为58帖和70帖。可见，尽管影响力与行为活跃程度无必然联系，但积极的互动交流仍然是扩大其社区影响力的有效途径。此外，将所发主帖同时发表在不同的社区版块以及在对他人的回复中粘贴自己主帖的信息和链接，也是事件型意见领袖常用的提升主帖关注度的方法。

三　社群型网络意见领袖举例，以天涯杂谈为个案

1. 天涯杂谈个案研究方法说明

本个案研究，选取天涯社区天涯杂谈子论坛作为对象，将2010年4月

19 日—4 月 25 日一周时间内在天涯杂谈版块有发帖行为的所有 ID 作为抽样总体，共获得 45528 个发帖 ID。由于天涯社区参与者众多，研究将 ID 一周内的发帖数作为分层标准，采用不按比例分层抽样方法抽取样本，最终获得 100 个发帖行为存在差异的论坛参与者样本 ID。

利用回帖行为类型与主帖行为类型的交叉列联表，对 ID 发帖行为的主要特征进行分析发现，100 个样本 ID 在发表主帖强度和回帖强度上均表现出较大差异，且因动机和习惯的不同，发表主帖行为和回帖行为的综合表现也显示出各自的偏重。

整体来看，样本 ID 的发帖行为可分为以下几种类型：积极交互型，发表主帖行为和回帖行为都属积极类；积极回帖型，回帖行为属于积极类，但发表主帖行为不属于积极类；自我型，发表主帖行为积极，但无回帖行为；一般发帖型，发表主帖方面表现不积极，回帖也仅属中等回帖类型；消极发帖型，发表主帖少或根本不发表主帖，回帖行为也属少量回帖类型。

对积极回帖型 ID 回帖行为的持续频繁程度作进一步考察发现，21 个积极回帖型 ID 中，仅有 7 个属于长期持续频繁回帖类型，其余 14 个频繁回帖行为不具有持续性，属于间歇持续频繁回帖类型。

至此，在筛选模型的指导下，本研究根据 100 个论坛参与者样本 ID 的发帖行为表现，筛选出其中的网络社区活跃分子，共 24 个样本 ID，占比 24%，符合已有研究对网络论坛高度使用者比例的估计。[①]

24 个社区活跃样本 ID 又可细分为三类：

（1）积极交互型参与者

网络社区中最为活跃的一类参与者，频繁访问社区，在发表主帖和回帖行为上表现都很积极，不仅愿意耗费时间和精力发起话题，而且也热心参与其他人的话题互动，是社区内容的积极生产者与贡献者。同时，此类参与者非常看重自身在社区的影响力，常借助精心设计的签名档和个人介绍来塑造自己的网络身份形象。

---

① 美国麻省理工大学 Steven M. Schneider 研究证明网络论坛的高度使用者占论坛用户总量的 10%—20%。

表 11 - 2　　　　　　　　　　回帖类型和发表主帖行为类型交叉列联表

			发表主帖行为类型				Total
			无发表主帖行为（发表主帖数=0）	少量发表主帖（1≤发表主帖数≤23）	中等发表主帖（23 < 发表主帖数 ≤ 100）	积极发表主帖（发表主帖数 > 100）	
回帖类型	无回帖行为（回帖数 = 0）	Count	0	0	0	1	1
		% within 回帖类型	0%	0%	0%	100.0%	100.0%
		% within 发表主帖行为类别	0%	0%	0%	25.0%	1.0%
		% of Total	0%	0%	0%	1.0%	1.0%
	少量回帖（1 ≤ 回帖数 ≤ 100）	Count	23	15	0	0	38
		% within 回帖类型	60.5%	39.5%	0%	0%	100.0%
		% within 发表主帖行为类别	60.5%	30.6%	0%	0%	38.0%
		% of Total	23.0%	15.0%	0%	0%	38.0%
	中等回帖（100 < 回帖数≤ 1000）	Count	11	22	4	0	37
		% within 回帖类型	29.7%	59.5%	10.8%	0%	100.0%
		% within 发表主帖行为类别	28.9%	44.9%	44.4%	0%	37.0%
		% of Total	11.0%	22.0%	4.0%	0%	37.0%
	积极回帖（回帖数 > 1000）	Count	4	12	5	3	24
		% within 回帖类型	16.7%	50.0%	20.8%	12.5%	100.0%
		% within 发表主帖行为类别	10.5%	24.5%	55.6%	75.0%	24.0%
		% of Total	4.0%	12.0%	5.0%	3.0%	24.0%
总计		Count	38	49	9	4	100
		% within 回帖类型	38.0%	49.0%	9.0%	4.0%	100.0%
		% within 发表主帖行为类别	100.0%	100.0%	100.0%	100.0%	100.0%
		% of Total	38.0%	49.0%	9.0%	4.0%	100.0%

表 11 – 3　　　　　　　　　　　**100 个样本 ID 的具体类别**

社区 活跃 分子	积极交互型	秀才江湖、诗人小郑、广州龙太子
	持续积极回帖型	胡说一句封杀十年、glmctyg1、专拍公务车、1 号幽灵、我比肥仔聪胖、被违法、meiyuanhua
	间歇积极回帖型	yagqin、jacky_ 2049、月黑鸟飞高、lacsj3111、lyrrrj、粉帅地马甲、老六是你大、xh22qq、CCAV 总是放屁、大海 8899、meishengkai、女人步美丽、ncwll、fdhwangwei
社区 非活 跃分 子	自我型参与者	wanghuayuan
	一般发帖型	天朝星星党、从从 823、macera88、艳阳天 8900、大马甲 2011、人民法官爱人民、hong9533、zdf4301、lhch197888、ananbaobei616、星光 ZH、公用黄马褂、chihhhh、神顶峰、jysk2008、西安王阳虎、孤拐伸过来、诗魂剑胆琴心、stanleywxd、小鑫 09、M 如宝 M、联邦革命委员会、傻不垃圾的、最爱伊人 1、wo 断肠人、yifantv、Miumiu龙、dearcygigi、肖侃侃、厚天黄土、冰血好人、aidenli、昔作一水鱼、hesupinga、豆子 99love、china1234567110、念子藤
	消极发帖型	麦迪 669177、melodea、helen220、太空番茄、侏罗纪公园 2010、修炼本领、mop_ tableau、人面场面情面、唐人李太白、老子是穷人、扭曲虚空之刃、风韵犹存 275、黯然销魂磺、majiangshuiguo、百年梦想 2049、经纬人生 1、某咩 2010、我是义乌、此骚非比寻、王心仙 1988、众目睽睽之下、jan1984、混沌 2009、居士东篱、崖壁草、菲主流 mm_ 、一剑在手问马甲、乱世佳女、sdy2002、干涸的汉江、pdsyaowei、单身汉打工经历、jinmi12、念小漠、爱管闲事的老头子、wenxin1995、GotAway、beatles_ van

（2）持续积极回帖型参与者

这类参与者对网络社区具有较强的归属感，对参与社区互动拥有持续的热情，注册以来每月回帖数均在 30 个以上，是促进社区话题深入讨论的积极推动者。而在发表主帖方面，此类 ID 表现并不积极，发表主帖数占总发帖数比例很小，甚至完全不发表主帖，与制造话题相比，此类 ID 更乐意依循别人设置的议题来展开讨论。

（3）间歇积极回帖型参与者

这类 ID 在参与社区的过程中，发表主帖不积极，回帖兴趣主要集中在积极参与他人主帖互动方面，且因参与动机和行为习惯等因素的影响，参与社区互动的行为并不具有持续性，仅在某些月份回帖频繁。

2. 社群活跃分子发帖行为分析

网民在网络社群中的发帖行为主要有发表主帖和回帖两种形式。其中，发表主帖需要耗费发帖者更多的时间和精力，而回帖操作简单，往往是 ID 浏览主帖后参与话题讨论的结果，有些 ID 的回帖行为甚至纯粹是为了获取论坛积分或粘贴广告。

本研究从发表主帖和回帖两个层面来考察社区活跃分子的发帖行为特征。

（1）社群活跃分子主帖行为特征

主帖作为能一步步产生阶梯状回复的帖子，相对于回帖而言，通常包含更多资讯并提供讨论议题，是主要的资讯源和辩论的发起者。

本研究采用内容分析法，考察网络社区活跃分子的主帖行为特征。分析样本为 24 个社区活跃分子 ID 自注册之日起在天涯杂谈版块发表的所有主帖，由 722 个主帖组成。

本研究根据研究对象和目的构建以下分析类目：

A. 主帖表现方式：感性宣泄（宣泄感情）；理性分析（较冷静分析问题、表达观点）；客观叙述（仅仅描述事实或感受，无感情宣泄，也无理性分析）；讲故事、调侃；文学创作；没有实质内容。

B. 主帖来源：原创内容；转载信息。

C. 主帖议题：社会问题（教育、社会治安、住房、征地搬迁、环保、人口问题、腐败、生态环境问题、劳动就业问题、青少年犯罪问题和老龄问题等）；文化和科学；个人生活工作经历；娱乐体育；低级趣味（色情、暴力等）；政府政策；时事政治；求助；其他。

研究者将需要分析的主帖收录后，依据两位编码员的登录结果，进行数据的整理与浓缩。编码员的相互同意度为 81.05%，信度为 89.53%，符合 Kassarjian（1977）所要求的信度水平。

积极交互型 ID 的主帖行为特征

3 个积极交互型 ID 的主帖表现方式均以理性分析为主，其中 ID"秀才江湖"发表的主帖中，67.9% 采用了理性分析，99.8% 为原创内容，主帖讨论的议题 86.2% 为社会问题。ID"诗人小郑"发表的主帖中，61.4% 采取了理性分析的表现方式，主帖来源 100% 为原创，主帖议题 60.8% 涉及社会问题。而 ID "广州龙太子" 发表的主帖，56.9% 采取理性分析，76.9% 的主帖内容为原创，83.1% 的帖子议题为社会问题（参见表 11 - 4）。

　　积极交互型 ID 在天涯杂谈版块发布的主帖具有共性特点：议题多关注社会治安、住房、征地搬迁、人口问题、腐败等与社会大环境和时事有关的社会问题，多数采取理性分析的表现方式，内容大多为原创。

表 11 - 4　　　　　　　　积极交互型 ID 的主帖内容分析结果

ID	天涯杂谈主帖数	帖子表现方式	主帖来源	帖子议题
秀才江湖	405	感性宣泄（15.3%）、理性分析（67.9%）、客观叙述（9.1%）、讲故事、调侃（7.4%）、文学创作（0.2%）	原创（99.8%）、转载（0.2%）	社会问题（86.2%）、文化和科学（0.7%）、个人生活工作经历（3.5%）、娱乐体育（4.9%）、求助（2.7%）、其他（2.0%）
诗人小郑	166	感性宣泄（10.2%）、理性分析（61.4%）、客观叙事、调侃（10.2%）、文学创作（1.2%）、没有实质内容（1.2%）	原创（100%）	社会问题（60.8%）、文化和科学（14.5%）、个人生活工作经历（12.7%）、娱乐体育（6.6%）、低级趣味（色情、暴力等）（0.6%）、时事政治（0.6%）、求助（0.6%）、其他（3.6%）
广州龙太子	65	感情宣泄（1.5%）、理性分析（56.9%）、客观叙述（40.0%）、文学创作（1.5%）	原创（76.9%）、转载（23.1%）	社会问题（83.1%）、文化和科学（3.1%）、个人生活工作经历（4.6%）、娱乐体育（6.2%）、其他（3.1%）

持续积极回帖型 ID 的主帖行为特征

　　持续积极回帖型 ID 在帖子表现方式上多以客观叙述为主，8 个主帖中唯一采用理性分析的主帖来源也显示为转载。此外，ID "meiyuanhua" 和 "专拍公务车" 所发主帖均为原创，主帖议题也全部围绕自己的亲身经历，而 ID "被违法" 所发的 3 个主帖虽然有两个为转载，并且主帖议题为社会问题，但细究其主帖内容发现，转载的两个主帖涉及的社会问题与其发表的唯一原创帖所讲述的自身经历有关，均为房屋拆迁问题。

　　持续积极回帖型 ID 的主帖行为特征表现为：没有太大的发表主帖的兴趣，所发主帖更多围绕与自身经历有关的议题展开，主帖表现方式多采用客观叙述，主帖来源更多倾向原创。

表 11 - 5 持续积极回帖型 ID 的主帖内容分析结果

ID	天涯杂谈发表主帖数	帖子表现方式	主帖来源	帖子议题
meiyuanhua	3	客观叙述（100%）	原创（100%）	个人生活工作经历（100%）
被违法	3	客观叙述（2 帖/66.7%）、理性分析（1 帖/33.3%）	转载(2 帖/66.7%)、原创(1 帖/33.3%)	社会问题（2 帖/66.7%）、个人生活工作经历（1 帖/33.3%）
专拍公务车	2	客观叙述（100%）	原创（100%）	个人生活工作经历（100%）

间歇积极回帖型 ID 主帖行为特征

间歇积极回帖型 ID 发布的 78 个主帖，理性分析和客观叙述分别占 48.7% 和 35.9%，主帖来源 89.7% 为原创，主帖议题 61.5% 集中在社会问题上。从整体数据看，此类参与者的主帖内容仍然表现出侧重理性分析、原创内容和关注社会问题的特点。需要注意的是，ID "lyrrrj" 虽然发表了 11 个主帖，但其中 10 个主帖都是围绕同一个与个人利益有关的话题。可见，对于此 ID 而言，发表主帖仅仅是其达到个人目的的一种手段。

表 11 - 6 间歇积极回帖型 ID 的主帖内容分析结果

ID	天涯杂谈主帖数	帖子表现方式	主帖来源	帖子议题
yagqin	29	感性宣泄（6.9%）、理性分析（62.1%）、客观叙述（31%）	原创（100%）	社会问题（75.9%）、个人生活工作经历（24.1%）
jacky_ 2049	7	理性分析（57.1%）、客观叙述（42.9%）	原创（57.1%）、转载（42.9%）	社会问题（71.4%）、个人生活工作经历（14.3%）、其他（14.3%）
月黑鸟飞高	17	感情宣泄（29.4%）、理性分析（58.8%）、客观叙述（5.9%）、讲故事、调侃（5.9%）	原创（100%）	社会问题（70.6%）、文化和科学（5.9%）、个人生活工作经历（5.9%）、娱乐体育（5.9%）、其他（11.8%）
lyrrrj	11	感情宣泄（18.2%）、客观叙述（81.8%）	原创（90.9%）、转载（9.1%）	个人生活工作经历（90.9%）、娱乐体育（9.1%）
粉帅地马甲	1	感情宣泄（100%）	原创（100%）	社会问题（100%）

续表

ID	天涯杂谈主帖数	帖子表现方式	主帖来源	帖子议题
老六是你大	6	理性分析（33.3%）、客观叙述（66.7%）	原创（66.7%）、转载（33.3%）	社会问题（66.7%）、个人生活工作经历（16.7%）、其他（16.7%）
xh22qq	3	理性分析（66.7%）、客观叙述（33.3%）	原创（100%）	社会问题（66.7%）、文化和科学（33.3%）
大海8899	2	客观叙述（100%）	转载（100%）	社会问题（50%）、文化和科学（50%）
meishengkai	1	理性分析（100%）	原创（100%）	社会问题（100%）
女人步美丽	1	感情宣泄（100%）	原创（100%）	个人生活工作经历（100%）

基于活跃分子 ID 主帖议题、来源及其表现方式的内容分析结果，结合研究者对天涯杂谈的长期观察，网络社区活跃分子主帖行为的基本特征如下：

第一，主帖议题多为社会热点话题，且与社区定位相符。

社区活跃分子样本 ID 的主帖议题更多集中在社会治安、住房、征地搬迁、环保、腐败等有关社会民生的问题，而这恰恰就是天涯杂谈所倡导的话题范围。这一现象说明，社区活跃分子由于长期扎根在特定的网络社区，非常熟悉该社区的规范与潜规则，所发主帖一般会与所设定的讨论主题相符。此外，希望获得关注与认可的心理也促使其做出符合社区规范以及迎合社区大多数参与者需求的行为。

第二，主帖成为发帖者精心打造的作品，其行为蕴含获取回报的心理期待。

研究发现，与一般社区参与者相比，网络社区活跃分子在发表主帖时更加注重发表原创作品，且更加注重自己的发帖风格，往往采用固定的行为模式，最为常见的就是简单描述 + 理性分析；同时，为了加深阅读者对其主帖的印象，活跃分子非常注重主帖标题的选择；此外，活跃分子还会采用一些其他的手段来突显自己的社区形象，如在每篇文章的开始部分加注"某某专题"或"作者：某某"这样醒目的字眼，或是在文章结尾处粘贴自己其他文章的链接。

社区活跃分子的上述行为表现蕴含着获取回报的一种心理期待。作为一种广义的知识分享行为，网络社区活跃分子发表原创作品会受代价最小化和收益最大化的追求驱动，而这一追求直接带来回报的心理期待，这种回报或是希望用文本质量来换取其他参与者的关注与认可，提升自己在网络社区的影响力，或是为了获得他人的称赞或友谊，或是为了提升自我价值感等。

（2）社群活跃分子回帖行为特征

"回帖行为"指网络社区参与者在主帖之后，以跟帖形式发表评论或意见的行为。网民的网络社区回帖行为依据回帖对象的差异，可区分为回应自发帖和回应他发帖两种类型。其中，回应自发帖行为是指网络社区参与者参与自发主帖互动的行为；而回应他发帖行为是指网络社区参与者对他人发表的主帖进行回复的行为。

网络社群活跃分子的回帖行为具有以下几方面的特征：

第一，社区活跃分子均有积极回复他人主帖的习惯。

通过对 24 个活跃分子样本 ID 的回帖行为及其文本内容的分析发现，网络社区活跃分子均有积极回复他人主帖的习惯。积极的回应他发帖行为主要出于以下几个目的：

目的一，为了建立自己的社区关系网络，提升网络人气。美国学者帕特·华莱士（Patricia Wallace）曾指出，"正面对待与正面响应螺旋"是网络人际吸引的影响因素，那些积极回应他人帖子的社区用户更容易获得其他参与者的支持。

目的二，源于对特定领域相关话题的关注。由于被特定话题吸引而参与互动，此类回帖行为的内容往往具有一定的实质性和深度，有助于话题讨论的深入。

目的三，基于共同身份的群组依恋。社会认同理论曾指出，个人会对自己的群体产生认同，当个人对某一群体有较高认同感时，会更愿意彼此互相交流与互动（Tajfel，1978）。针对虚拟社区的相关研究业已表明，基于共同身份的群组依恋会使虚拟社区的参与者更愿意参加群体讨论以及为社区作贡献（楼天阳、陆雄文，2009）。

目的四，赚取积分，提升社区级别。根据天涯社区积分规则，回帖 1 次可获得 3 个积分，而积分不仅在某种程度上代表着 ID 的社区资历与地位，而且常常能够为用户带来实质性的好处，如增值功能的使用。因此，天涯社区中经常可以看到"三分"、"三分走人"的回帖，这些内容并无实质意义，对议题的深入无益，但却在客观上提升了主帖的社会影响力。

第二，社区活跃分子的回应自发帖行为源于期待主帖获得他人关注的心理。

对三类网络社区活跃分子参与自发主帖互动情况的考察显示：尽管并非每个活跃分子都有回应自发帖行为，但由于这一行为既有助于扩大自发主帖的影响力，又有利于培养忠诚的主帖跟随者，积极发表主帖的社区活跃分子大多热衷于此类行为，尤其那些借助社区平台发布原创文学作品的发帖者。通过考察社区活跃 ID 所发主帖与回应自发帖内容的关系发现，网络社区活跃分子回应自发帖行为的目的主要有二：其一，希望借助与其他跟贴者的互动，促进话题讨论的深入；其二，利用回帖方式持续发表与主帖有关的内容，在延续主帖话题的同时，也增加了主帖的人气。可见，无论出于何种目的，网络社区活跃分子的回应自发帖行为都体现出他们渴望主帖获得他人关注的心理。下表显示了样本 ID 中积极发表主帖（即主帖行为属于积极发表主帖类型）的 6 名社区活跃分子在天涯杂谈的自回帖情况。

表 11 - 7　　　样本 ID 中积极发表主帖的社区活跃分子在天涯杂谈的回应自发帖

ID	总回应自发帖数	主帖数	平均回应自发帖数
广州龙太子	1518	65	23
诗人小郑	1610	166	10
秀才江湖	2347	405	6
专拍公务车	842	2	421
被违法	193	3	64
meiyuanhua	1743	3	581

3. 活跃分子的社区忠诚度状况

社区忠诚度是行为忠诚和态度忠诚的有机统一。网民对某网络社区的行为忠诚度可通过一系列行为指标来衡量。本研究主要通过社区参与者的平均登录次数以及个人信息公开程度来考察社区活跃分子对网络社区的行为忠诚度。

(1) 平均登录次数

ID 的登录次数代表其访问天涯社区的频率，通过对登录次数的统计和比较可以从一个侧面反映出 ID 对天涯社区的忠诚度和参与程度。由于每个 ID 的注册时间不一，不能仅凭登录次数来衡量其对社区的忠诚度，因此，本研究引入一个"平均登录次数"变量作为衡量 ID 社区忠诚度的指标。其中，平均登录次数 = ID 社区的登录总次数/ID 注册天数。

依据平均登录次数可将 ID 的社区忠诚度分为三个层次：1 = 高度忠诚（平均登录次数≥0.5，即 ID 平均至少每两天登陆天涯社区 1 次）；2 = 中等忠诚（0.1≤平均登录次数 <0.5）；3 = 低度忠诚（平均登录次数 <0.1，即 ID 平均登陆天涯社区的次数小于每 10 天 1 次）。

对 24 个社区活跃 ID 的平均登录次数进行描述性统计分析，结果显示，3 个积极交互型样本 ID 的平均上网次数分别为 2.5、1.75 和 0.76，平均值为 1.67，积极交互型参与者非常频繁地登录该社区，对天涯社区拥有高度忠诚；两类积极回帖型参与者中，持续积极回帖型参与者的忠诚度均为高度忠诚，7 个 ID 的平均登录次数远远高于 0.5，平均值达到 1.4，对于持续积极回帖型参与者而言，参与社区已经成为其每天生活的一部分，对社区极高的忠诚度引发了他们高度的互动热情，驱使其做出持续频繁的回帖行为。而间歇积极回帖型参与者对天涯社区的忠诚度不如持续积极回帖型，14 个 ID 的平均登录次数均值为 0.37，大部分属于中度忠诚者。下表显示了 3 类社区活跃 ID 天涯社区的平均登录次数以及社区忠诚度情况。

表 11 –8 社区活跃样本 ID 平均登录次数的描述性统计

社区活跃分子类型	N	Minimum	Maximum	Mean	Std. Deviation
积极交互型	3	0.76	2.50	1.6700	0.87209
持续积极回帖型	7	0.88	2.26	1.4071	0.47080
间歇积极回帖型	14	0.06	0.90	0.3720	0.25522

表 11 - 9   社区活跃样本 ID 的忠诚度分布情况

社区活跃分子类型	忠诚度类型	Frequency	Percent	Valid Percent	Cumulative Percent
积极交互型	高度忠诚	3	100.0	100.0	100.0
持续积极回帖型	高度忠诚	7	100.0	100.0	100.0
间歇积极回帖型	高度忠诚	3	21.4	21.4	21.4
	中等忠诚	9	64.3	64.3	85.7
	低度忠诚	2	14.3	14.3	100.0

（2）个人信息公开程度

本研究认为社区参与者是否愿意公开性别、年龄、居住地等基本身份信息也能从一个侧面反映出参与者对该网络社区的忠诚度。通过对活跃样本 ID 的用户基本信息的统计发现：尽管是否公开个人信息属于社区参与者的自愿行为，但积极交互型参与者和两类积极回帖型参与者都选择了公开自己的基本身份信息。对于网络社区活跃分子来说，天涯社区具有某种亲切感，是他们交流思想、联络感情的场所，较完整的个人资料的介绍将有利于他们塑造和维持良好的社区形象，积极融入社区互动。而一般发帖型参与者以及消极发帖型参与者中，选择隐藏基本身份信息的 ID 较多，这一方面可能由于某些 ID 非常看重网络的匿名性，不愿意过多暴露个人信息；另一方面也体现出两类参与者的社区忠诚度不高，对社区缺乏信任，存在一定的戒心。

综上所述，从平均登录次数以及个人信息公开程度两个层面考察社区活跃分子的忠诚度，结果显示：社区活跃分子均拥有较高的行为忠诚度，而行为忠诚是态度忠诚的基础和前提，对某网络社区的行为忠诚度一定程度上代表了参与者对该社区的态度忠诚度。

4. 社群活跃分子的社会资本状况

网络社区作为典型的互动交流平台，是参与者争夺社会资本的场域。参与其中的网民以网络社区为媒介，通过与其他参与者建立社会关系以及自身在网络社区中所占有的结构位置，来获取社区中的社会资本。网络社区参与者所拥有的社会资本的数量，既取决于他可以有效加以运用的联系网络规模的大小，也取决于和他有联系的参与者所占有的资本数量的多少。

本研究认为,对活跃分子的社区社会资本占有情况的分析属于个体层次的社会资本研究,尽管网络社区中的社会联系主要以文本形式存在,但与以帖子主题为目标的偶然回复关系相比,以参与 ID 为目标的社区联系更能体现参与者的社区社会关系以及通过社会关系获得的社区社会资本。

因此,本研究将利用天涯社区提供的 ID 关注数、粉丝数这类参与者关系数据,从网络规模、外向程度中心性、内向程度中心性以及关系人在网络社区中的地位四个维度,对样本 ID 中的社区活跃分子所拥有的社会资本进行考察与比较。

具体来说,本研究利用 ID 在天涯社区的粉丝数来衡量该 ID 的内向程度中心性,即其他节点承认对某一节点有关系数量的总和;用关注数来衡量该 ID 的外向程度中心性,即一个节点承认对外关系数量的总和;用关注数和粉丝数的总和来衡量该 ID 在该社区所拥有的网络规模。[①] 此外,本研究认为,一个有地位的社区关系人将拥有较强的社区号召力和影响力,能够将被他关注的参与者的讨论话题和意见扩散到自己的社交网络,从而间接地扩大该被关注者的影响力。因此,采用关系人在网络社区中的地位来衡量 ID 的社区社会资本,此处所指的"地位"主要是参与者凭借社交网络所获取的社区影响力,本研究主要通过粉丝数来衡量 ID 的社区地位,某 ID 的关系人在网络社区中的地位等于某 ID 的所有粉丝自身所拥有的粉丝数的总和。

依据上述测量方法,对活跃分子样本 ID 的社会资本占有情况进行分析,研究结果显示:

---

① 天涯社区为其注册用户提供了加关注和加好友等社区联系的服务功能,其中,关注是一种单向、无须对方确认的关系,只要用户喜欢就可以关注对方,添加关注后,系统会被关注者在天涯社区发表的所有内容,立刻显示在参与者的个人主页上,使参与者可以及时了解对方的动态。一旦加了"关注",参与者也就成了被关注者的粉丝。而对于参与者的"粉丝"来说,他们也会在第一时间看到该参与者在天涯社区发表的全部内容,包括论坛帖子、微博和博客等。此处没有将好友数作为衡量论坛社会资本的指标,是因为天涯社区中某参与者的好友情况仅为个人所见,且好友多数就是该参与者的关注或粉丝。

社区活跃 ID 的外向程度中心性的均值为 20.1，这一数据意味着社区活跃分子平均每人关注 20 个 ID，社区活跃分子的外向程度中心性反映出网络社区中的活跃分子的读帖行为往往具有某种程度的针对性，会有意地关注社区中的某些发帖者。社区活跃 ID 的内向程度中心性的均值为 2392.7，这意味着每名社区活跃分子平均被 2393 个 ID 关注。其中，ID"秀才江湖"和"诗人小郑"的内向程度中心性分别为 11784 和 11326，这说明这 2 名社区活跃 ID 分别吸引了 11784 名和 11326 名其他参与者的关注，他们发表的帖子能够第一时间被这些粉丝所了解。社区活跃分子的网络规模平均值为 2412.8，其中最大值为 11866。这一数据表明，网络社区活跃分子在网络社区中普遍拥有较大的社交网络，社交面很广。而社区活跃分子的关系人自身在网络社区中的地位也不容小视，从统计的数据看到，社区活跃分子的粉丝自身所拥有的粉丝数平均值达到 140851.8，其中最大值为 ID"秀才江湖"的 453605。这一数据代表，ID"秀才江湖"在天涯社区所发布的任何内容不仅能够实时地显示在其 11784 名粉丝的主页上，而且通过这些粉丝的社交网络，其影响力有可能被扩散到 453605 名 ID。

由此可知，与其他类型的社区参与者相比，网络社区活跃分子，尤其是其中的积极交互型活跃分子，通过发表主帖与回帖行为，与其他参与者建立较密切的社会联系，并通过自身积极的参与行为占据着网络社区中的最佳结构位置，是网络社区中获取社区社会资本最多的一类参与者，也是网络社区最易充当意见领袖的一类参与者。

5. 社群活跃分子的行为动机

该部分是在建构网络社区参与者动机量表的基础上，采用主观抽样的方法，直接以天涯社区用户作为调查对象，利用问卷调查法，结合深度访谈，解析社区活跃分子参与动机方面的特征。具体发送填答邀请 450 个，最终获得有效问卷 310 份，问卷有效回收率为 68.9%。

本研究需要对样本中的社区活跃分子进行筛选。根据此前对天涯社区活跃分子行为特征的把握，依据样本的周平均发表主帖数以及周平均回帖数对样本进行活跃区分，将周平均发表主帖数超过 3（大于或等于 4）或者周平均回帖数超过34（大于或等于35）的社区参与者确定为活跃分子。共获得活跃分子样本68个，占总样本的21.9%。

（1）社群活跃分子参与动机的基本类型

利用样本数据对受访者动机量表各题项进行因子分析，确保每个动机变量题项的单维度性以及变量间的区别有效性，并计算各动机变量的因子得分。在因子分析的基础上，利用层次聚类法（Hierarehical Cluster Analysis）中的变量聚类，对受访者中的活跃分子的参与动机进行聚类分析，以归类活跃分子参与网络社区的主要动机类型。

具体采用凝聚法进行聚类分析，个体距离采用平方欧式距离，类别距离采用 Furthest Neighbor 方法，聚类数目确定为2—3类。聚类结果如下表所示。

表 11 – 10　　　　　　　　**Cluster Membership**

Case	3 Clusters	2 Clusters
尊重动机	1	1
逃避现实动机	2	2
娱乐性动机	1	1
工具性动机	2	2
匿名性动机	3	1

考虑到各参与动机的实际意义，本研究将聚类结果确定为两类。尊重动机、娱乐性动机以及匿名性动机为一类，命名为内在动机；逃避现实动机以及工具性动机为一类，命名为外在动机。内在动机强调行为的过程而不是行为的结果，指网民对参与网络社区这一活动本身感兴趣，参与行为能使人获得满足，是对自己的一种奖励与报酬，无须外力作用的推动；外在动机是由活动以外的刺激对人们诱发而产生的推动力，由外在动机驱动的社区参与行为只是将参与网络社区作为达成某种有价值结果的手段。如图 11 – 3 所示，网络社区活跃分子的参与动机类型包括：

其中，尊重动机指社区参与者希望通过网络社区中的发帖行为，获得其他人的尊重、信任和赞赏，在特定网络社区确立自己的地位和声望，甚至获

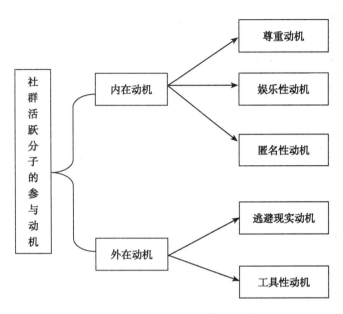

图11-3 网络社区活跃分子的参与动机类型

得控制和改变他人想法或行为的影响力。娱乐性动机是指通过浏览社区信息或与社区中的其他人交流互动而获得愉悦的动机。匿名性动机，是指网民为了享受社区匿名性所带来的畅所欲言的机会，展示现实生活中无法显露的一面而参与网络社区的动机。逃避现实动机，指通过参与网络社区来逃避某些特定的现实活动或忘却某些现实烦恼的动机。工具性动机是指网民将网络社区当作一种工具，为了完成特定的任务而参与其中，包括解决某个难题、产生新的想法、做出某个决定等。

（2）社群活跃分子参与动机的基本特征

对68个天涯社区活跃分子参与动机的问卷调查结果显示：

第一，社群活跃分子具有更强的参与动机，但内部差异较大。

社群活跃样本与非活跃样本在参与动机各题项得分的均值比较结果表明，与非活跃参与者相比，网络社群活跃分子具有更强的参与动机。社群活跃分子对各参与动机的评价均值大部分都在3分以上，且参与动机各题项的平均得分均值都大于3，而非活跃参与者所有动机题项的得分均值都低于活跃分子。此外，作为主动的媒介使用者，活跃分子是基于各自特定的需求而"使用"网络社区，尽管行为的活跃程度相似，但其背后的动机有着较大的不同。网络社区活跃分子各参与动机平均得分的描述性统计分析数据显示，五个参与动机平均得分的标准差都超过了0.9，说明社群活跃分子对参与动机的评价存在较大差异。

表 11-11　　　　　社群活跃分子与非活跃分子的参与动机均值比较

	活跃分子	非活跃分子		活跃分子	非活跃分子
B1	3.28	2.89	E1	3.01	2.81
B2	3.19	2.94	E2	3.12	3.00
B3	3.72	3.67	E	3.0662	2.9091
B4	3.60	3.37	F1	3.13	2.79
B	3.4485	3.2190	F2	3.32	2.74
C1	3.49	3.34	F3	2.79	2.30
C2	3.41	3.40	F4	2.72	2.23
C3	3.53	3.45	F5	2.93	2.40
C4	3.26	3.11	F6	3.21	2.76
C	3.4228	3.3275	F7	3.01	2.61
D1	3.04	2.90	F	3.0168	2.5484
D2	3.01	2.79			
D3	3.03	2.79			
D	3.0294	2.8292			

表 11-12　　　　　社区活跃分子参与动机得分的描述性统计

	工具性动机	娱乐性动机	逃避现实动机	匿名性动机	尊重动机
最小值	1.00	1.00	1.00	1.00	1.00
最大值	5.00	5.00	5.00	5.00	5.00
均值	3.4485	3.4228	3.0294	3.0662	3.0168
标准差	1.06115	0.92766	0.94058	1.04704	0.93646

第二，工具性和娱乐性动机是社群活跃分子的普遍参与动机。

对活跃分子的参与动机组合类型进行考察，当动机评价得分大于3分时，受访者被认为受该动机驱使。表11-13为网络社区活跃分子参与动机组合类型的频数分布表。从该表中可知，工具性动机和娱乐性动机是大多数社区活跃分子的基本参与动机。68名受访者中，50名受访者承认自己为了获取信息、解决某类难题、产生新的想法和观点、做出决定而参与网络社区，即73.5%的受访者的社区参与行为受工具性动机的驱使。此外，频数分布表还显示：68 名受访者中，有 40 名对娱乐性参与动机各题项的评价得分均值大于 3，也就是说，活跃样本中有 58.8% 的受访者认为网络社区能够满足其愉悦心情的需求，娱乐性动机是促使其积极参与网络社区的原因之一。

表 11 - 13　　　　　网络社区活跃分子的参与动机类型的频数分布表

		频数 （Frequency）	百分比 （Percent）	有效百分比 （Valid Percent）	累积百分比 （Cumulative Percent）
Valid	0	9	13.2	13.2	13.2
	B	6	8.8	8.8	22.1
	BC	6	8.8	8.8	30.9
	BCD	4	5.9	5.9	36.8
	BCDE	4	5.9	5.9	42.6
	BCDEF	12	17.6	17.6	60.3
	BCDF	2	2.9	2.9	63.2
	BCE	2	2.9	2.9	66.2
	BCEF	7	10.3	10.3	76.5
	BE	1	1.5	1.5	77.9
	BEF	2	2.9	2.9	80.9
	BF	4	5.9	5.9	86.8
	C	1	1.5	1.5	88.2
	CD	2	2.9	2.9	91.2
	CDEF	2	2.9	2.9	94.1
	CE	1	1.5	1.5	95.6
	CF	1	1.5	1.5	97.1
	DEF	1	1.5	1.5	98.5
	F	1	1.5	1.5	100.0
	Total	68	100.0	100.0	

说明：B = 工具性动机，C = 娱乐性动机，D = 逃避现实动机，E = 匿名性动机，F = 尊重动机。

第三，获取地位和尊重并非活跃分子的普遍参与动机，却是部分活跃分子积极参与社区的主要原因。

从网络社区活跃分子参与动机组合类型的频数分布表中可以看出，68 个活跃样本中，32 名受访者对尊重动机各题项的评价得分均值超过 3，说明 32 名受访者承认尊重动机是其积极参与网络社区的主要动因。对 68 名受访者的具体填答情况进行分析发现，尊重动机并非活跃分子的普遍参与动机，不是所有社区活跃分子的发帖行为都带有这种较强的功利性，但对于部分社区活跃分子而言，获取社区地位以及他人的尊重与追随是其积极参与的主要动因。如，活跃样本中，有 1 名受访者的五类参与动机评价中，仅尊重动机的评价得分均值超过 3 分。事实上，通过后期对部分社区活跃分子的访谈发现：一些活跃写手频繁参与各大网络社区，正是看中其超高的网络人气以及广泛的社会影响力，这部分社区活跃分子希望通过在社区中的发言赢得别人的赞誉，提升自己的社会地位。

第四，频繁的发帖行为是部分社群活跃分子日常工作的一部分。

68 名网络社区活跃分子中，有 9 名受访者对五类参与动机的评价均不认同，即这 9 名社区活跃分子的参与动因并不包含在五类普通的社区参与动机之列。在后期通过 QQ 聊天方式对部分天涯社区活跃分子的深度访谈中，研究者发现，对于部分社区活跃分子而言，频繁的发帖行为只是其日常工作的一部分。如有些社区活跃分子提到："我发帖并没有什么高尚的目的，每天发 N 多帖仅仅为了混口饭吃。"尽管该受访者并不愿意进一步透露其具体的信息，但从其言辞中不难推测，此社区参与者可能为一名网络推手。网络推手活跃于各大社区已经成为众所周知的事实，这些推手大多受聘于某些网络公关策划团体，其对社区的内容贡献并非一种利他行为，而是将网络社区作为获取商业利益和满足一己私利的平台，因此，其活跃的社区参与行为与上述五类一般参与动机无关。

第二节　时政类官方网络社区意见领袖举例

时政类网络社区属于官方网络社区，这类社区包括政府网站设立的网络社区以及传统媒体网站设立的网络社区。其母体网站一般由政府牵头建设，承担鲜明的政治宣传和舆论导向功能。相比于其他网络社区，官方网络社区具有更为严格的审核制度，这种严格的审核制度使得社区垃圾帖较少，讨论较理性，用语较礼貌，讨论的信息更为丰富。另外，严格的社区管理制度也可能限制一部分话题内容。①

---

① 该部分内容作为课题前期研究成果发表于《新媒体蓝皮书：中国新媒体发展报告 2010》。

一 时政类官方网络社区意见领袖的识别方法

较之娱乐、旅游、情感类网络社区，以时政话题作为主要议题的网络社区，讨论气氛更为严肃，交流话题更为集中，参与者忠诚度相对较高。基于时政类官方网络社区的环境特征，识别其意见领袖的方法如下：首先，借鉴日本学者松村直弘、恩泽幸雄、石塚满（Naohiro Matsumura，Yukio Ohsawa，and Mitsuru Ishizuka）提出的"影响力扩散模型"（Influence Diffusion Model），采用数据挖掘方法，从社区帖子的立体结构和内容相关性两个维度来测量用户的活跃程度，筛选出社区中的活跃分子；然后，再以"声望"作为分类指标对活跃分子进行聚类分析，从中筛选出社区型意见领袖。影响力扩散模型以及网络社区中社区型意见领袖的筛选模型如图 11 - 4 所示。

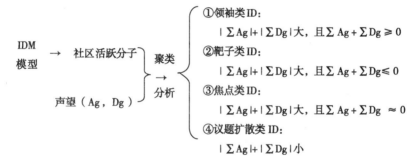

图 11 - 4 网络社区型意见领袖筛选模型

涉及的测量指标包括：

（1）ID 影响力：在一段时期内，ID 所发帖对论坛内容所产生的影响。测量方法为该 ID 所发全部帖子（主帖或回帖）的影响力之和。

（2）帖子影响力：在一个讨论串中，某帖对其下游所有跟帖的讨论内容所产生的影响。测量方法借用"影响力扩散模型"：先计算该帖分别对于下游每一个跟帖（包括间接回复）的影响度，然后再将所有影响度值累加。

（3）声望：他人评价。在论坛声望越高，则得到他人认可的程度越高。广泛认可指帖子观点得到明确支持的程度高。声望测量使用"认同值"、"响应值"、"正响应值"和"负响应值"。

（4）正响应值：某个 ID 在一定时间内在论坛所获得的支持票数总值。用公式表示为：$\sum Ag$。

（5）负响应值：某个 ID 在一定时间内在论坛所获得的反对票数总值。用公式表示为：$\sum Dg$。

（6）认同值：发言者从其他参与者那里得到认可的程度。计算为：正响应值与负响应值之数学和。用公式表示为：$\sum Ag + \sum Dg$。

（7）响应值：某个 ID 在一定时间内在论坛所获得的支持和反对票数总值。包括正向响应值（赞成）和负向响应值（反对）两个部分。用公式表示为：$|\sum Ag| + |\sum Dg|$。

二　中日论坛个案研究方法说明

本部分采取个案研究法，选取强国社区中日论坛进行历时跟踪研究。采用分层多阶段抽样方法，抽取 2006 年下半年中日论坛 488 个讨论串作为研究样本。采用黄伯荣、廖序东对《现代汉语》实、虚词的划分标准，根据国家颁布的 GB/T 13715—92《信息处理用现代汉语分词规范》进行分词，分词由 6 个编码员彼此之间独立完成编码。

2006 年半年的样本由 182 个论坛参与者（ID）组成。通过对发帖量、回帖量、正响应和负响应几个变量的描述性统计，发现论坛参与者的参与行为存在明显差异，论坛 ID 影响力差异极大。影响力最大值为 61.16，最小值为 0。56 个（30.8%）ID 的影响力为 0，116 个 ID 影响力大于 0，其中 62 个（34%）ID 影响力值在 0 和 1 之间，其余 64 个 ID 影响力在 1 以上，约占论坛参与者的 35%。也就是说影响力值 0 和 1 将论坛参与者分为三部分：低影响力 ID（影响力 = 0）、中度影响力 ID（0 < 影响力 < 1）和高度影响力 ID（影响力 > 1）。因此，在研究中，将影响力值高于 1 的 64 个 ID 定义为"高影响力" ID,[1] 将 64 个 ID 的相关数据纳入聚类分析过程。

将声望作为聚类分析变量，对中日论坛 64 个活跃 ID 进行类别划分。聚

---

① 根据美国麻省理工大学 Steven M. Schneider（1997）的博士论文，他认为一般论坛的高度使用者占论坛用户总量的 10%—20%，本书适度扩大了这个比例。

类结果分为 4 个类别。第一个类别由 34 个 ID 组成。回溯原始数据，第一类 ID 的共同特点是正响应值高于负响应值，因此命名为意见领袖类 ID。第二个类别由 28 个 ID 组成，此类 ID 在声望方面的共性为负响应值高于正响应值，因此命名为靶子类 ID。第三类有 1 个 ID，原始数据显示其特点是得到的正、负响应的票数总和即响应值不高，因此命名为议题扩散者。第四类也只有 1 个 ID，原始数据显示该 ID 具有一定响应度，但正、负响应的票数几乎持平，因此命名为焦点类人物。

方差分析结果表明：4 类论坛活跃分子在发帖数量和影响力方面没有显著性区别，只有在认同值上存在显著性差别。意见领袖类认同值的均值最高，靶子型人物最低，焦点人物和议题扩散类人物认同值均值皆为 0。说明了聚类分析成功地将影响力高的活跃分子根据声望的高低进行了有效划分，将论坛意见领袖从中分离出来，聚类分析比较成功。

网络论坛里绝大多数 ID 是用绰号或笔名进行互动交流，因此绰号或者笔名成为网上身份的表现形式。比较论坛不同类型参与者的笔名和签名档，可以从另外一个方面证实网络论坛角色划分模型的效度。

将意见领袖类 ID 的笔名与靶子类 ID 比较，可以发现：靶子类 ID 的笔名或者像日本人名，或容易引起有关日本的回忆，或者体现对日本的亲善友好，如：大丰战友、米酒一、驻日老友、中日关系蜜月中、鬼子孙、客居平冢、李定湘 123。而意见领袖类 ID 的笔名则提醒国人不忘历史，如：抗日的目的、918 网老吴、Zuashetou、历史规律、百年追惩叛国者、汉语 1840。其次是签名档。签名档是论坛 ID 刻意经营的身份，很多 ID 利用论坛提供的这个功能展示自己独特的个人魅力。意见领袖类 ID 签名档流露出的信息有强烈的强国愿望。因此，从中日论坛用户笔名和签名档来看，网络时政论坛意见领袖划分模型筛选出的领袖类 ID 体现了较为强烈的爱国情怀，而靶子类 ID 表现了亲日倾向。在中日论坛这个现象符合常理，因此从另一个方面佐证了筛选结果的有效性。

三　中日论坛意见领袖地位稳定性状况

成为传统意见领袖需要具备相当"资质"，如：较高的社会地位和经济收入、信息渠道广泛、消息灵通、强大的社会交往网络、交往能力以及人格魅力。除了"系出名门"的先赋性地位取得外，现实社会中领袖地位取得大多通过自致性努力，才能获得上述"资质"，这是一个不断积累的长期过程。换句话说，在现实世界，可以从个人知识、能力、魅力、社会地位、教育程度、收入、年龄、性别等方面衡量是否具有意见领袖的特质，但网络虚拟社会则不然。基于文本的网络论坛交流缺乏面对面互动拥有的丰富信息。"在网上没人知道你是一条狗"这句话道出在网络世界"社会地位"、"教育程度"、"收入"、"年龄"、"性别"等社会特征的隐匿。从这个层面上而言，似乎互联网给任何人都提供了"成名"的可能性，任何活跃的网络论坛参与者逻辑上都具有成为意见领袖的可能性。但是，从海量、匿名、漂移的网络用户群体中诞生的网络意见领袖缺乏使其地位牢固的物质基础，也缺乏与他人面对面交流、展示风采魅力的机会。基于文本交流的网络论坛由于环境的虚拟性，促使行动者的身体不在场，只能依靠有限的符号手段（帖子）来取得和维持网络意见领袖地位。因此，与传统意见领袖相比，网络论坛意见领袖的身份地位某种程度上具有天生的脆弱性。加之网络论坛用户海量、内容刷新快速、网民群体复杂化等特征，在网络论坛维持牢固的领袖地位似乎难度重重。那么，网络论坛意见领袖是否呈现频繁更换场景——"你方唱罢我登场"，"城头变幻大王旗"？论坛意见领袖地位更替是杂乱无章还是有规律可循？倘若风云变幻的网络论坛依然存在地位稳固的意见领袖，那么促成其地位稳定的根本原因是什么？回答上述问题需要对数据进行深入解析。

本研究将从一个较长的时间跨度上考察网络论坛意见领袖地位更替现象，对数据进行纵向历时态分析。研究思路是抽取中日论坛2006年下半年6个自然周样本，以每个自然周为时间单位，筛选每段时期的论坛意见领袖。比对不同时期论坛意见领袖变动情况，剖析论坛意见领袖更替现象，探索网络论坛领袖地位稳定性，挖掘网络论坛意见领袖地位取得的关键因素。

采用网络论坛意见领袖筛选模型依次对6周样本进行分析，记录每周样本论坛活跃ID的角色类型。将2006年下半年筛选的论坛意见领袖名单与2006年7月、8月、9月、10月、11月、12月的意见领袖名单比较，发现：2006年7—12月期间，论坛意见领袖的更替呈现不同图景（见表

11-14）：有的能够一直盘踞在领袖的位置，风光无限；有的曾在某个时期暂时丧失领袖的宝座，但伺机就会东山再起；有的领袖地位动荡起伏，稳定性较差；有的领袖地位十分脆弱，虽曾崭露头角，但不过昙花一现，迅速被他人取代。

表 11-14　2006 年下半年中日论坛重要 ID 角色类型变更情况

ID　　　　时间	7月	8月	9月	10月	11月	12月	半年
稳定的意见领袖							
历史规律	—	—	领袖	领袖	领袖	—	领袖
918 网老吴	—	—	领袖	—	领袖	—	领袖
Zxhm	—	领袖	—	领袖	—	—	领袖
加洲用户	领袖	—	领袖	领袖	领袖	—	领袖
周定迪	领袖	领袖	—	—	领袖	—	领袖
莺美知音	—	领袖	—	—	领袖	—	领袖
张楮同心	—	—	—	领袖	—	—	领袖
大坏弹	—	领袖	—	—	—	—	领袖
朱卫华	—	领袖	—	—	—	—	领袖
Zhenghong	—	领袖	—	—	—	—	领袖
铁凤696	领袖	—	—	—	—	—	领袖
小城故事	领袖	—	领袖	领袖	领袖	—	领袖
高群书	—	—	领袖	—	—	—	领袖
比较稳定的意见领袖							
幸福爱躲藏猫猫	领袖	议题扩散	领袖	—	—	—	领袖
爱你一~~万~~年~~~	—	领袖	议题扩散	—	—	议题扩散	领袖
抗日的目的	—	—	议题扩散	—	领袖	—	领袖
未敢斋主人	议题扩散	领袖	—	—	—	—	领袖
小李飞针	—	议题扩散	—	—	领袖	—	领袖
动荡的意见领袖							
加洲用户	靶子	靶子	领袖	—	领袖	—	领袖

续表

时间 ID	7月	8月	9月	10月	11月	12月	半年
抬杠门四门主	焦点	靶子	领袖	焦点	焦点	议题 扩散	领袖
汉语1840	议题 扩散	领袖	领袖	—	—	—	领袖
荔枝	靶子	领袖	领袖	靶子	靶子	靶子	领袖
星月掩映意朦胧	焦点	靶子	领袖	靶子	—	—	领袖
柴春泽网站	—	—	—	议题 扩散	领袖	靶子	领袖
宁可台湾不长草不让台湾跑	焦点	—	领袖	—	—	—	领袖
看看而矣	—	焦点	领袖	靶子	—	—	领袖
灯塔海滩	领袖	靶子	领袖	议题 扩散	—	—	领袖
说说容易	靶子	领袖	焦点	—	—	—	领袖
寂寞飞花	领袖	—	焦点	议题 扩散	—	—	领袖
！糊涂	领袖	靶子	—	—	—	—	领袖
Zuashetou	—	焦点		议题 扩散	领袖	议题 扩散	领袖
昙花一现的意见领袖							
钱塘潮	靶子	—	领袖	—	—	—	焦点
老Q插队在苏州	靶子	靶子	领袖	靶子	—	靶子	靶子
小圈子	靶子	靶子	领袖	—	—	—	靶子
米酒一	领袖	靶子	领袖	—	—	—	靶子
张才旺	—	靶子	领袖	—	—	议题 扩散	边缘ID
普通人好	—	—	—	—	领袖	—	边缘ID
炖不？	—	—	—	领袖	—	—	边缘ID
乡间一茅屋	—	—	—	领袖	—	—	边缘ID
杨联康	—	—	—	领袖	—	—	边缘ID
留言非语	—	—	—	领袖	—	—	边缘ID
欢迎否	—	—	—	领袖	—	—	边缘ID
郑华淦	—	—	领袖	—	—	—	边缘ID
淘汰狼	—	—	领袖	—	—	—	边缘ID
孤独求爱	—	—	领袖	—	—	—	边缘ID

续表

时间 ID	7月	8月	9月	10月	11月	12月	半年
青松在泰山顶上	—	—	领袖	议题 扩散	—	—	边缘ID
真不明白	—	领袖	—	—	—	—	边缘ID
梁栋	—	—	领袖	—	—	—	边缘ID
文彤	—	—	领袖	靶子	—	—	边缘ID
你的网上邻居	—	—	领袖	—	—	—	边缘ID
大方仙人	—	领袖	—	—	—	—	边缘ID
注册注意事项	—	领袖	—	—	—	—	边缘ID
李金蔚	—	领袖	—	—	—	—	边缘ID
凉冻	—	领袖	—	—	—	—	边缘ID
名侦探江户川柯南	领袖	—	—	—	—	—	边缘ID
Forever	—	—	领袖	—	—	—	边缘ID
日本友人	—	—	领袖	—	—	—	边缘ID

　　具体来说，依据论坛ID不同角色的转换，意见领袖变迁分为4类情况。第一种情况——稳定的论坛意见领袖：6周样本中ID角色类型始终只被归为意见领袖一种类型，半年的数据也显示属于领袖类ID。第二种情况——比较稳定的论坛意见领袖：6周数据中，ID角色在意见领袖和议题扩散者之间转换，没有被划分为有争议的焦点类ID和被批判的靶子类别。半年的数据也显示属于领袖类ID。第三种情况——动荡的论坛意见领袖：论坛发言观点引起多元化反响，角色类型不稳定，经常变更，角色类型在领袖、议题扩散、焦点人物甚至靶子人物之间转换，但在半年数据中能够最终成为意见领袖。第四种情况——昙花一现的领袖：曾经短暂登上论坛领袖宝座，但很快城池失守，在半年数据中最终成为其他类型人物。

　　1. 稳定的论坛意见领袖

　　这类ID同时名列2006年下半年论坛意见领袖和2006年7月、8月、9月、10月、11月领袖名单。在半年一相样本和分解的二相样本里，这类ID发帖内容能够比较稳定获得大家认可，没有被激烈抨击过，一直稳居论坛意见领袖地位。

　　领袖地位稳定的ID不介意暴露自己真实身份，如918网老吴、周定迪、高群书、zhenghong 都是实名注册、发帖和交流。除了电影《南京大屠杀》导演高群书作为公众人物短暂参与中日论坛活动以外，其余的领袖类 ID 长期在论坛中活动，发帖数量比较可观，能够在较长一段时间保持论坛意见领袖地位。这类 ID 大多都有自己的博客网站，如历史规律、918 网老吴、Zx-hm、周定迪、朱卫华、铁风 696。除了周定迪的博客内容聚焦收藏物，其余博客（网站）内容都是有关时政的综合性内容，内容丰富，随时更新；且问题分析深刻，逻辑论证严密，写作态度认真，很多帖子为字数 800 字以上的评论，显著有别于发泄、灌水的帖子。可以说，爱国的热情、负责的态度、清晰的表达奠定这类 ID 在论坛中稳定的领袖地位。

2. 较为稳定的论坛意见领袖

这类 ID 发帖勤奋，发帖内容居于叫座和平实之间，角色在意见领袖和议题扩散者之间转换。当发言未能够引起大家的广泛关注时，他们不过只是不断向论坛发布信息或话题的扩散者；但一旦所说话题吸引大家视线，则成功成为意见领袖。在 6 周样本中，这类 ID 也从未发布引起观点争议或招致激烈批评的帖子。地位较为稳定的论坛意见领袖在中日论坛属于比较活跃的分子，但在论坛的影响力明显低于地位牢固的意见领袖类 ID。之所以论坛影响力不高主要由于这些 ID 发帖数量没有上述 ID 多，光顾论坛频率也明显低于地位牢固的意见领袖类 ID。从注册时间来看，这些 ID 比起强国老资格 ID 而言，相对要资格"嫩"些，因此，经验值和访问量不及资深用户。但由于论坛大量用户来去匆匆，以边缘方式（发言很少或者潜水）参与论坛活动，因此这些发帖绝对数量虽然不高，但言之有物、有较高质量的帖文还是能够吸引网友的点击和回复，从而奠定在论坛的影响力。例如 ID 未敢斋主人在 2006 年 7 月 19 日发表原创 1934 字的长帖"为什么要再提日本军国主义"引起网友热烈讨论，当天点击数就达 3386 人次，跟帖 13 个。

3. 动荡的论坛意见领袖

这种类型 ID 在论坛的发言引起多元化反响：有喝彩和支持，也有讥讽和反对；角色类型在领袖、议题扩散、焦点人物甚至靶子人物之间转换，呈现不稳定状态。但之所以在半年数据中能够最终成为意见领袖，主要在于这些 ID 有时能够发布非常精彩和叫座的帖子，引起人们的高度共鸣，从而冲淡、稀释了别人的批评，在半年数据中成为领袖人物。这是网络时政论坛里最常有的意见领袖类型，所占比例较高，但他们的领袖地位不稳定。

造成角色变化的主要原因在于发帖内容激起不同反应。在某种程度上与这些 ID 帖子风格有关。一方面，此类 ID 发帖多原创，较少转帖或援引媒体消息，发帖观点直白不加修饰；另一方面，这类 ID 时而运用调侃、讥讽或者说反话方式，不似稳定性高的意见领袖类 ID，发帖风格正统、端庄，采用正式的政论形式。如 ID "抬杠门四门主"绰号所标示，该 ID 发言有时正统、有时调侃，喜爱抬杠。"汉语 1840"是中日论坛的活跃 ID，他发言特点是率性而为，用词遣句未经仔细雕琢，所发帖文感性成分很浓，故容易招致不同看法。

4. 昙花一现的领袖

第四种情况是某些 ID 曾经短暂登上意见领袖的宝座，但好景不长，很快城池失守，最终也未能东山再起，未进入 2006 年下半年中日论坛意见领袖名单。从所占比例来看，昙花一现的领袖占据网络论坛最大比例，显示出网络论坛领袖地位呈现较大不稳定性。回溯原始数据，造成这个现象原因有两个：发帖数量和发帖风格。

某些 ID 虽然一度发帖引起人们好评，但由于发帖绝对数量较少，论坛影响力不高，在论坛整体社交网络中处于边缘位置，因此很快就沉寂无声，迅速被他人取代。这是网络论坛普遍现象：网络论坛中出风头容易，保持优势难。领袖地位的维持需要不断发帖，而且帖子要被网友点击、回复、给予赞扬。写帖需要时间和精力；大量 ID 由于现实工作、学习、生活的原因，光顾论坛的频率、停留时间有限，故造成论坛中很多 ID 不过昙花一现。中日论坛相当多的 ID 属于这种情况，如：普通人好、炖不？、乡间一茅屋、杨联康、留言非语、欢迎否、郑华淦、淘汰狼、孤独求爱、青松在泰山顶上、阿喀琉斯转世、梁栋、文彤、你的网上邻居、大方仙人、注册注意事项、李金蔚、凉冻、名侦探江户川柯南、forever、日本友人、真不明白。

第二种情况不是由于发帖绝对数量少，而是他们的发帖风格和习惯。清晰、有逻辑的表达观点有利于确立马甲在论坛的地位；反之，不知所云的帖子易让网友恼火。昙花一现类意见领袖 ID "小圈子"是个中文表达不太流畅的港澳青年，但喜欢在论坛发言（跟帖居多），很多时候网友难以忍受他晦涩的表达而按捺不住拍砖。小圈子被中日论坛网友列举有"三大罪状"：一是写错别人名字，二是逻辑不通，三是帖子晦涩难懂。同样，有网友这样评价昙花一现类 ID "老

Q 插队在苏州"："看来看去你的文风最差！比我都差！但很有勇气！"

造成领袖地位昙花一现的原因还与 ID 帖子过于强烈甚至偏激的民族主义情绪，特别是不理性、情绪化的表达方式有关。此类 ID 发帖缺乏内容，而仅是简单、强硬的情绪化表达，如 ID "张才旺"的帖子大量使用感叹号以加强语气。检索其在中日论坛所发主帖，从 2006 年 7 月—2008 年 1 月，共发 54 个主帖，其中 50 个帖子标题都采用感叹号，余下的 4 个帖子中 2 个标题使用反义疑问句，以问号结尾来加强语气。该 ID 多发 0 字节帖子（只有标题没有实质性内容的帖子），没有长篇论述，这种缺乏实质性内容和理性论述的帖子往往只能表达一时情绪，但难有持久的地位，甚至受到"亲日派"的讽刺和嘲笑。

综上所述，网络论坛意见领袖存在较为频繁更替现象，ID 角色类型转换普遍。网络论坛意见领袖群体中，比例最大为动荡类意见领袖和昙花一现的意见领袖；说明网络论坛意见领袖较之传统意见领袖有不同特点：兴业容易、败亦容易。网络论坛进入门槛低，不似传统意见领袖需要具备权力、声望、人格魅力等诸多条件，能够发帖即可；倘若发言话题引起广泛关注，很快可以成为论坛明星，甚至论坛领袖。但是领袖地位的维持则需要源源不断有妙帖、热帖、好帖支撑，于是一些曾经的领袖或"败走麦城"辉煌不再，或沉沦消逝，淹没于人才辈出、海量的论坛用户中。但貌似风云变幻的网络时政论坛依然存在地位稳定的意见领袖，他们能够较长时期盘踞领袖宝座，在论坛具有很高影响力。

究其原因，造成意见领袖地位更替、变迁原因在于发帖数量和质量。发帖勤奋为前提必要条件，但不是最重要条件。帖子质量为关键因素。写作认真、态度负责、条理清晰、论证严密、言之有物的帖子能够吸引网友点击和回复，是确立论坛领袖地位的关键因素。

四 中日论坛意见领袖议题特征

1. 信息来源多样化，不拘泥传统媒体

根据多级传播理论，传统意见领袖在大众传媒和受众之间充当了"二传手"角色，通对大众媒体信息的"二次生产"，意见领袖在信息扩散过程中施加了他们的影响力。可以说大众媒体决定了传统意见领袖"说什么"，但传统意见领袖在"如何说"方面具有较大能动性。网络意见领袖则不然，他们在"说什么"和"如何说"两个方面都有巨大能动性。网络意见领袖一方面继续担当信息"二传手"角色，同时也直接参与信息生产，原创帖文。对中日论坛意见领袖议题来源的统计分析表明：意见领袖类 ID 原创帖子占其发帖总量的 33.3%，转载国内其他媒体的文章（31.1%）紧居其次。调查显示领袖类 ID 广泛接触各类媒体，尤其偏好使用搜索引擎，大量阅读，消息灵通，能广泛吸纳、综合不同的意见。[①]

对比分析中日论坛与《人民日报》相关报道，可以发现中日论坛的议题并不是《人民日报》的简单翻版，一些未被《人民日报》包含在内的观点与声音得以通过中日论坛承载。论坛领袖类 ID 的帖子内容侧重关注《人民日报》2006 年下半年较少涉及的战争历史问题与靖国神社问题这两大敏感主题，凸显理性反日基调，帖子较多运用反省历史和批判质疑框架，体现出思考的独立性。[②]

陶文昭在《中国网上的"言论特区"——强国论坛》指出网络论坛发言的特征之一就是言论的真实性。"网络言论的意义，不仅在于有比较自由的意见表达，而且在于这些意见是真实性很强的。这一点，包括论坛管理者也认同。《人民日报》网络版负责人曾说，强国论坛的注册者 95% 使用的是假名，但所说的 100% 是心里话。大多数网民费钱费时费精力参与论坛，就是要说心里话。如果说违心的假话，就不必花钱受罪。"[③] 匿名的网络环境释放了种种现实社会关系的约束，解除了言论自由的羁绊。所以，网上言论的观点，比其他媒体上的观点要真实得多，更贴近于民意。

2. 内容直击热点社会问题

从议题分布来看，网络意见领袖最关注的话题除了传统的政治、经济等国家大事以外，还有和老百姓息息相关的民生问题，一些突发性事件也常常成为网络热点问题。"他们快速地在网上发言，抢占舆论的先机。由于他们

---

① 余红、叶雨婷：《网络论坛不同类型 ID 的议题框架——以人民网强国社区中日论坛为例》，《华中科技大学学报》（社会科学版）2008 年第 2 期。

② 肖芸：《人民日报与人民网中日论坛日常议题之相关性研究》，硕士学位论文，华中科技大学，2008 年。

③ 陶文昭：《中国网上的"言论特区"——强国论坛》，http://bbs.ce.cn/bbs/viewthread.php? tid=61020，2004 年 9 月 29 日。

富有鼓动性，他们高举舆论监督的大旗，对政府、企业和社会机构直言不讳。在讨论台海形势和国际时局的时候，他们往往慷慨激昂，先入为主的观点对网民产生巨大的影响。"[1] 强国论坛有一些经常性排在前列的主题：民主问题、民族主义问题、台湾问题、腐败问题、中美关系、中日关系、中俄关系、中国与周边国家的关系、如何评价毛泽东、如何看待"文化大革命"和改革等，还有一些主题是围绕新近发生事件展开的。总体上，强国论坛的讨论主题以民主主义和民族主义为主线。

网络意见领袖不回避重大敏感议题。正是由于议题的重要性和敏感性，才引起网民极大兴趣，使得网络意见领袖聚焦热点问题的帖子成为点击率最高的"热帖"和回复最多的"热议"。肖芸曾对 2006 年下半年期间中日论坛和《人民日报》涉日报道文章做过内容分析，依据《人民日报》与中日论坛各自的次级议题所占百分比进行重要性排序后发现：中日论坛与《人民日报》在报道主题方面存在一定程度上的差异。2006 年是中日两国关系由冷转暖的"破冰"时期，在此期间《人民日报》较少触及战争历史问题和靖国神社问题。中日论坛则不然，几乎所有战争历史问题和靖国神社问题这些较敏感话题的帖子都是意见领袖类 ID 所发。虽然"中日当前政治外交关系"为《人民日报》和中日论坛共同关注的焦点主题，但是两者在新闻处理方式上存在明显不同：《人民日报》62% 的报道都只是关于我国领导人或政府官员会见日本客人的短消息，仅交代出时间、地点、人物、事件等客观要素，缺乏详细、深入报道分析。[2]

表 11-15　　　　　　《人民日报》与中日论坛议题重要性排序

序位	《人民日报》	中日论坛
1	中日当前政治外交关系	中日当前政治外交关系
2	日本与他国外交关系	中日文化交流
3	日本国内动态	日本国内动态
4	中日经济发展与合作	战争历史问题
5	中日文化交流	靖国神社问题

---

① 陶文昭：《重视互联网的意见领袖》，《中国党政干部论坛》2007 年第 10 期。
② 肖芸：《人民日报与人民网中日论坛日常议题之相关性研究》，硕士学位论文，华中科技大学，2008 年。

3. 领袖议题框架具有民族主义色彩

网络意见领袖的议题框架具有民族主义色彩，一些虚拟社区显然存在"抗日"和"恶韩"的情绪。对中日论坛2006年下半年帖子内容分析表明：在对日态度方面，16%领袖类ID帖子感性反日，31%理性反日。二者相加意味着中日论坛领袖类ID一半的帖子都是持"抗日"态度，领袖类ID中反日态度的帖子比例远远高于靶子类ID（参见表11－16）。①

表11－16　　　　　　中日论坛ID类型与对日态度交互分类（%）

楼主类型	感性反日	理性反日	中立	理性亲日	感性亲日
领袖类	16	31	37	13	3
靶子类	14	8	66	11	2
合计	15	17	55	11	2

在帖子的信息来源上，论坛领袖更喜欢原创和援引来自中国媒体消息，很少引用日本媒体消息。领袖类ID关注历史题材，关注战争历史问题、中日关系与外交，两国政府的作为。主张对日态度友好、学习日本先进文化和技术的论坛活跃分子则在论坛成为口诛笔伐的靶子人物。中日论坛的激烈辩论主要在领袖类ID和靶子类ID之间展开。在领袖类ID看来，解决领土争端和反省"二战"历史是发展良好中日关系的最重要基础，上述两个问题未能解决的主要责任在于日本政府某些要员和极右势力企图否认历史，推卸战争责任。只有在认真反省历史基础上，中日关系才能云开雾散，继往开来。而靶子类ID则认为目前中日关系"政冷"、"经热"现象说明中日友好不可阻挡，这是两国人民的共同愿望。抛开分歧，寻找共识，淡化历史、放眼未来，以务实态度处理中日关系为靶子类ID帖子框架。领袖框架强调历史，靶子重视现实；领袖反省过去，靶子放眼未来；领袖着重批判，靶子呼吁友好。这两个框架可以调和的空间非常有限，某种程度上互相排斥。因此，如同某些网友所言，中日论坛的火药味儿很重。

---

① 余红、叶雨婷：《网络论坛不同类型ID的议题框架——以人民网强国社区中日论坛为例》，《华中科技大学学报》（社会科学版）2008年第2期。

五　中日论坛意见领袖表达特征

1. 勤奋、认真、务实态度

网络意见领袖靠帖文的数量和质量来取得领袖的地位。数量是前提，质量是关键。因此，他们是一群发帖勤奋的群体，不仅有较高的发帖量，而且帖子多为内容翔实的百字以上长帖，材料丰富，逻辑性强，明显有别于大多数网民只有标题没有内容的 0 字节帖子或者单纯"顶"、"好"、"胡说"之类灌水帖。靶子类 ID 所发的主帖往往篇幅也比较长，但是逻辑性不强，常常被其他 ID 指出有悖论或是其他不正确的地方。中日论坛地位稳固的领袖类 ID 大多都有自己的博客网站，内容大多都是有关时政的综合性内容，信息丰富，随时更新；且问题分析深刻，逻辑论证严密，写作态度认真，很多帖子为字数 800 字以上的评论，显著有别于发泄、灌水的帖子。可以说，爱国的热情、负责的态度，勤奋的书写，以及清晰的表达，奠定这类 ID 在论坛中稳固的领袖地位。

2. 表达的精确与理性

网络时政论坛由于政治旨趣和立场的差异，辩论过程中容易出现言语激烈、论战火药味儿浓的局面。但情绪偏激、表达感性的帖子不利于领袖地位的维系；表达理性、用词精确、言之有物的帖子才能够巩固在论坛的领袖地位。

3. 平民化作风

网络论坛本身的特征即是屏蔽诸多社会线索，凸显平等的传播特征。因此网络意见领袖一个突出特点就是其平民性、草根化特征。即便一些以真实身份参与中日论坛讨论的公众人物如高群书、柴泽春、老吴、周定迪等，在论坛交流中都以普通网民自居，不显摆现实生活中地位身份，其发言风格平等亲和，不以势压人；正是这种亲和力为他们赢得尊重和支持。

六　中日论坛意见领袖身份特征

结合对中日论坛意见领袖帖子的内容分析[①]和中日论坛用户调查，[②] 可

---

① 余红、叶雨婷：《网络论坛不同类型 ID 的议题框架——以人民网强国社区中日论坛为例》，《华中科技大学学报》（社会科学版）2008 年第 2 期。

② 笔者于 2007 年 7 月 16 日下午 2 点 9 分 39 秒开始中日论坛网上问卷调查。

以归纳出地位稳定的中日论坛意见领袖类 ID 的某些特征：

（1）中日论坛意见领袖多为中年人，大学以上文化程度，信息渠道广泛，在论坛活动时间较长，对论坛有较高黏着度。领袖类 ID 一般有两年以上坛龄，有的从中日论坛创立之初一直坚持到现在，每次停留时间在 1 个小时以内。

（2）中日论坛意见领袖类 ID 具有强烈爱国情怀。在整理调查、访谈资料、检索论坛意见领袖文献过程中，笔者深深被他们那种"位卑未敢忘国"情怀所感动。他们或实名，或匿名发表观点，体现草根百姓关心国是、参政议政的热情。

（3）意见领袖类 ID 是一个具有强烈表达欲望的群体。网上调查问卷中，设计了信息、表达、发泄、说服、认同、交友 6 种动机，除了表达观点这个动机不存在分歧外，领袖类 ID 对其他 5 种动机的重要性认识不同。也就是说参与调查的意见领袖类 ID 都同意表达观点是上中日论坛的重要原因，可见领袖类 ID 的表达欲望非常强烈。

（4）网络意见领袖在现实社会中属于中下阶层。借用陆学艺研究员主持的"当代中国社会结构变迁研究"课题组中承担的"中国中间阶层研究"专题报告中对中间阶层的界定，中日论坛意见领袖的大体素描为：占有一定的专业知识资本及职业声望资本，以从事脑力劳动为主，主要靠工资及薪金谋生，具有谋取一份较高收入、较好工作环境及条件的职业就业能力，对其劳动、工作对象拥有一定的支配权，具有维持中等生活水平的家庭消费能力及相应的闲暇生活质量，以其具有的专业知识，对社会公共事务形成权威评价，并具有一定社会影响力的社会地位分层群体。

总结起来，强国社区中日论坛意见领袖是一群具有一定知识水平，信息渠道较广，收入中等偏下，具有忧国情怀，表达欲望强烈但在现实社会缺乏有效表达渠道的中年男性。

第 十 二 章

网络意见领袖的引导

本章分析制约网络意见领袖影响力扩散的主要因素，通过案例分析发现网络意见领袖的影响技巧，进一步探寻科学合理的网络意见领袖的引导方法。

第一节　制约意见领袖影响力扩散的主要因素

一　内部因素

内部因素主要是指网络意见领袖所具备的一些个人特质会直接影响所在社区中发布的信息的扩散度与影响力。这些因素可以归结如下：

1. 活跃度

与自说自话或经常沉默的网络参与者相比，平时积极参与网络互动的 ID 所发表的主帖更容易被其他参与者关注。华莱士在其《互联网心理学》的著作中提到，接近性是网络上人际吸引的影响因素之一。"正面对待与正面响应螺旋"作为网络上人际吸引的影响因素，是指有人喜欢你，你就会倾向喜欢那个人，这一特点影响着网络社区中的人际交往和互动。尽管网络交往中人们彼此并未谋面，但以文字等符号的互动仍然能够使论坛参与者之间产生一种相互熟悉的感觉，熟悉 ID 所发表的主帖更容易激起参与者的访问和回复的兴趣。那些积极参与他人话题互动的 ID 所发表的主帖也相应更易得到他人关注和互动。因此，我们在网络论坛的回帖中，经常可以看到，一些参与者在还未认真阅读主帖，就会因为发帖作者资深的影响力而回帖、顶帖。即使参与者在某起事件，或某段时间内暂时扮演了意见领袖的角色，但长期来看，网络交往的活跃度是制约网络影响力的关键因素。

2. 发帖者对网络社区的熟悉度

网络活跃分子非常熟悉特定网络平台的发帖规则，更易发表符合该网络平台参与者要求的文章。尽管网络平台成千上万，但每个网络平台都有自己的管理规范和发帖习惯，同一篇文章发表在不同的网络平台很可能会收到完全不同的反响。尤其是那些发展比较成熟的人气栏目，经常参与的 ID 之间已经形成了一些约定俗成的表达方式。熟悉网络发帖规则的 ID 所发表的主帖更易发表符合该平台参与者要求的文章，获取他人关注和响应。

3. 参与者的个性品质

良好的个性品质是一种内在的特质，可以从网络意见领袖的态度、行为迹象中反映出来，并且通过这种无形的力量影响、感召其他人，使他们产生认同和共鸣。良好的个性品质是促进网络人际吸引的重要条件。网络上的人际吸引与现实世界有相同点也有不同点，由于社会线索的部分缺失，网络人际互动中主要依靠内在的吸引力。尽管主帖仅仅用文字表达，但也从一个侧面反映出发帖者的个人品质。那些真诚、热情、可信和幽默的发帖者所发表的主帖更容易被其他参与者所关注和认同。

4. 沟通能力

任何参与网络活动的网民都必须通过交流来发挥个人影响力，交流过程中的沟通能力对他们能否成为"网络意见领袖"起着至关重要的作用。首先，网络意见领袖的言论能否引起广大网民的反响，依赖其文字沟通与交流；其次，面对其他参与者的质疑与诘难，参与者是否能有效化解，也依赖其优秀的辩驳能力；再者，参与者能否通过有效沟通，与群体中的其他核心成员结成同盟，相互支持，并借同盟者的力量扩散其影响力或实现预期目标，也直接制约着其影响力的扩散。

二　外部因素

1. 话题

网络意见领袖论述的话题本身是影响其所发表的主帖在网络社区中是否受关注的一个重要的因素。实际上，网民参与网络社区的行为主要出于两种目的：将网络当作工具，为了某种目的而参与社区互动，如利用社区来获取信息、扩展知识，甚至消磨时间；另一种是把网络沟通本身当作目的，在网络沟通的过程中享受愉悦和充实。对于以获取信息、扩展知识和消磨时间为目的的参与者来说，主帖话题是否有吸引力，是影响他们是否受到关注和响应帖子的关键；而对于以网络沟通为目的的参与者，尽管重在享受互动沟通的快乐，但面对成千上万的主帖，也只有那些能够引起共鸣的话题和内容才能给予他们互动和沟通的快乐。

2. 把关机制

网络平台中各种管理规章、制度、条例，以及这些规章制度实施者制约着网络意见领袖的影响力传播。如，一方面，版主、管理员等"把关人"具有推荐热帖、给帖子"加精"、"置顶"等职权，并可以通过社区中的一些机制和制度，将帖子推上社区"首页"。另一方面，版主、管理员也拥有删帖、限制回复，甚至禁止发言的权力。特定网络平台中的把关机制不仅可能影响网络意见领袖的意见扩散，甚至可能危及网络意见领袖地位的稳定。

3. 外部社会环境

社会环境的制约因素广泛存在于政治、经济、文化等各个方面，但是其最主要的影响因素还是长期以来形成的社会观念。

对网络社会虚拟性的理解，人们的认识越来越理性，隐藏在 ID 背后的个体，无一不是生活在现实生活中的实体，随着网络实名制的不断推进，现实社会环境的制约因素将会越来越明显。

第二节　网络意见领袖引导技巧

网络意见领袖在网络舆论行为中"呼风唤雨"，他们的权力之源究竟何在？塞奇·莫斯科维奇认为是源于他们作为远距离催眠师的才能，还源于他们对公众直观和博学的知识。[①] 更进一步说，网络意见领袖的真正权力之源

---

① 〔法〕塞奇·莫斯科维奇：《群氓的时代》，许列民、薛丹云、李继红译，江苏人民出版社 2003 年版，第 267 页。

在于他们对网民心理的深刻了解上。抓住网民心理，实施以技巧，从而制造源源不断的舆论事件。

一　王老吉捐赈：网络意见领袖的幕后杰作

以王老吉捐赈为例，揭示其中网络意见领袖对网民的心理影响及其说服技巧，可以帮助我们窥见一斑。

1. 事件回放

2008 年 5 月 18 日晚，由央视和多个部委联合举办的赈灾晚会上，王老吉所在的加多宝集团捐出一笔巨款：1 亿元。加多宝当即成为国内单笔捐款最高的企业，其善举行为顿时成为国人关注的焦点。

第二天一早，在很多网站的论坛上，不断地疯传着一篇名为《封杀王老吉》的帖子："王老吉，你够狠！捐一个亿，胆敢是王石的 200 倍！为了整治这个嚣张的企业，买光超市的王老吉！上一罐买一罐！不买的就不要顶这个帖子啦！"一时，此帖被各大网站论坛纷纷转载。百度趋势显示，关于"王老吉"的关键词搜索在 5 月 18 日之后直线飙升，其流量曲线同《封杀王老吉》的流量曲线旗鼓相当。在短短 3 个小时内，百度贴吧关于王老吉的发帖即超过 14 万，猫扑、天涯、奇虎等论坛的发帖也随之跟进。

接下来，网上不断出现关于王老吉在许多地方热卖断销的新闻，王老吉霎时成为网上最热门名词，许多人在网上呼吁把王老吉买断货，王老吉出现前所未有的热销场面。

2. 事件分析

王老吉赈灾在网上引起浩大的舆论声势，也给王老吉带来极大的美誉和销路，但实际上，这一切的背后隐藏着不为人见的舆论推手，据北京网络推手圈内人士提供信息，汶川地震发生后，王老吉就请来网名为立二拆四的推手做宣传，每月付出的费用是 38 万元。这些网络舆论推手在充分了解与利用网民心理基础上，对网络意见领袖的作用做了一次完美展示。

勒温认为人受外界刺激后会产生心理张力，这个张力需要得到发泄的满足；费斯廷格认为当人的认识与外界现实不相符时，会产生心理不协调，也需要及时调整达到心理满足；卡茨在《个人对大众传播的使用》中认为，人对媒介的使用也是为了一种满足，这后来发展成为专门的使用与满足理论。王老吉赈灾事件之所以成为轰动一时的网络舆论事件，正是在网络意见领袖推动下对多方心理需求的成功满足。

首先是满足了网民的心理需求，汶川地震后，面对百年不遇的自然灾害，几万人瞬间失去生命，使中国普通民众陷入巨大震惊中，继而是对灾区人民的深切同情。好人有好报，王老吉一捐就是一个亿，其善意举动确实打动了网民，契合了广大网民的同情心理。在网络意见领袖打出"要捐就捐一个亿，要喝就喝王老吉"的口号宣传下，网络舆论纷纷跟进，对王老吉的善举大加赞赏。网民通过对王老吉的热捧行为，也间接表达了自己对灾区人民的关心，满足了自己的同情心理。

其次是满足了商家成名与逐利心理，王老吉背后加多宝集团的捐赈，无疑显现了一个企业的爱心与功德良心，但是作为商家成名逐利心理依然存在，当然也无可厚非。网络营销业内人士称，自2007年始，王老吉便重视网络品牌传播效果。王老吉捐款赈灾后的网络宣传，也确实请来推手立二拆四等网络宣传高手来策划，发布引人注目的帖子，用一群高效有力的推手充当网络意见领袖和"水军"，从而推动对一个企业的网络舆论高潮。只不过这种舆论高潮是正面的，其结果是让王老吉这一品牌获得无数企业都梦寐以求的社会美誉。

最后是网络意见领袖自我心理的满足。对于网络舆论推手来说，每成功操作一个网络舆论案例，会为其本人带来莫名的自豪与成就感。和狭义的网络意见领袖不同，网络舆论推手作为网络意见领袖，其最大的目的是自我私利，包括金钱的利益与自我荣誉。成功的网络舆论推介，也会为网络意见领袖带来可观的金钱物质收益上的满足。

3. 技巧分析

在王老吉赈灾后引发的网络舆论过程中，充分体现了网络意见领袖的高超引导技术，利用网民心理制造互动的轨迹。

此案例中，网络意见领袖首先利用网民的好奇心理制造舆论悬念：王老吉刚刚捐款一个亿，网络上竟然出现要求封杀王老吉的帖子，立即激起网民强烈的好奇心理。继而观看，才发觉是正话反说。然此帖却深合众多网民的心理，觉得王老吉的善举确实值得称赞。如是乎，众多网民由于相同的感受，开始形成群体心理：王老吉是有功德良心的企业，我们今后应该喝王老吉。继而，网络意见领袖又集中火力猛攻一点："要捐就捐一个亿，要喝就喝王老吉。"这种简单明了的断言，立马使刚刚形成的群体共鸣得到加强，网络舆论开始产生从众心理，王老吉的美誉度在其忠实用户心中得到进一步加强。

然而人们某段心理现象与热情持续的时间会有一定的限度，为此，网络意见领袖让"买光超市的王老吉，上一罐买一罐""今年夏天不喝水，要喝就喝王老吉""加多宝捐了一亿，我们要买光它的产品，让它赚十亿"等正话反说的帖子通过各种渠道反复传播，并引发无数公众的跟帖留言，形成力挺王老吉的强烈舆论气氛。

在网络舆论热议期间，炒作王老吉的意见领袖为了加深公众印象，还很好树立了一个反面靶子，即王石的赈灾言论，王石认为理性企业一次捐款上限最好在 200 万元，此言被网络意见领袖拿来同王老吉一同炒作，给观众形成鲜明对比，对万科企业形象是个很大打击，但对王老吉来说，确实是个树立舆论形象的绝佳机会。在传播的过程中，网络意见领袖也故意制造一些争议性的帖子，引发网民的争论和注意，从而达到强化网民的心理认同。如在舆论大赞王老吉同时，也有帖子称王老吉恶俗，不该利用地震进行炒作。此举立即遭到网民铺天盖地的"板砖"拍砸，并被骂作"可乐"的枪手。通过这些有争议的"潜力帖"，网民对王老吉的群体认同心理得到进一步强化，同时网民的情感张力也得到一定程度释放。

二　网络意见领袖的说服技巧

1. 利用权威身份

通过王老吉捐赠案例的分析可知，网络意见领袖对网民的影响方法主要是利用自己的权威身份。

说服学认为，说服者本身的威望是说服成功的关键要素。网络意见领袖作为说服者，本身的权威身份非常重要。诺依曼在《民意——沉默螺旋的发现之旅》一书中曾以狼为例论述意见领袖的作用："对狼而言，其他狼的嚎叫声，会强烈引发自己开始嚎叫……但并非所有的嚎叫都能导致狼群共嚎。位阶低的狼嚎，较位阶高的狼嚎不易引发群狼共嚎……所有被压迫、被逐出狼群、被淘汰的狼是不加入嚎叫行为的，这些狼的地位和位阶低的狼类似。"①

对权威人士的崇拜是中国网民的普遍情结，他们相信社会上权威人士为自己所作出的信息解读，并且准备毫不犹豫的接收它。这些在网络舆论事件中，充当意见领袖的权威人士包括某领域的资深专家、明星、权威机构发言人和政府高层人士等。这些权威人士因为自己的社会身份与地位，利用民众的崇拜心情，有意无意间会充当意见领袖的角色。网民对权威人士具有崇拜心理，加之融入网络群体后失去应有的智力与思考能力，因此对权威人士的观点建议更加盲信盲从，并且经常因为权威人士的观点意见同自己相同而产生喜悦感与力量感。例如在一片声讨于再清批评周洋风潮中，央视名嘴白岩松与名导冯小刚也加入抨击行列，这让网民倍感兴奋，更加觉得自己的立场主张的庄严与正义。

2. 极尽煽动的手法

如果意见领袖本身不具备权威身份，即便具有权威身份，同时也有必要在传播技巧上加以助力。这些技巧具体包括断言、重复与传染。

（1）断言

断言就是用简洁明了的语言阐述自己的意见与态度，网络意见领袖总是能够聚拢网众，就是因为他们能用充满幻想力的简单语言，回答和满足群体的幻想与疑问。如"很黄很暴力"、"躲猫猫"、"俯卧撑"、"七十码"等网络流行语经网络意见领袖"点播"后，迅速在网上蹿红，并掀起一浪浪网络舆论高潮。这些简单明了的语言一方面勾起网民的好奇，另一方面激发了网民的想象力与热情。

断言有时是客观的，有时是武断的，对于网络意见领袖来说可以无论对错，因为其仅仅是影响网民心理变化的一个手段。而网民对网络意见领袖断言的方式通常会欣然接受，因为网民往往会有一种群体偏见，总认为自己的群体比别的群体优秀，即使有理性观点出现，在感情的驱使下，他们也宁愿相信自己意见领袖的观点，而排斥与意见领袖或群体不同的观点。这在经济学上被称为劣币驱逐良币现象，这种现象在网络舆论事件中极为常见。如在

---

① ［德］伊丽莎白·诺尔·诺依曼：《民意——沉默螺旋的发现之旅》，（台北）远流出版社1994 年版，第137—138 页。

家乐福事件中，网民把呼吁理性行动的人斥为汉奸，或把同政府观点偶然相近的人称为"五毛党"等，这些都是偏见的表现。

（2）重复

塔德对重复作用看得很清，他说："至于争论，最好的一个仍是最普通的一个：不断地重复相同的观点、相同的诽谤和相同的幻想。"[①] 希特勒的宣传部长戈贝尔也说"谎言重复一千遍就是真理"。

相比较人际传播和传统媒体的大众传播，网络媒体在重复方面更具威力，因为网络媒体有网络新闻、博客、BBS、QQ、微博、微信等众多传播渠道，有网络链接、网络复制等不同传播手法，当众多内容相同的消息从不同渠道、不同人群蜂拥而至时，个体往往会被淹没在同一信息的海洋中，成为某种观点的"奴隶"。

（3）传染

传染经常是水到渠成的结果。网络意见领袖做好断言、重复等重要工作后，传染便会在网络群体情境中自动生成。在断言与无休止的重复传播之后，网络意见领袖对网民心理起到的实际是一种唤醒作用。

当众多他人在场时，会形成群体压力。苏联领导人赫鲁晓夫在台上大肆批判斯大林时，收到会场中递过来的一张纸条，纸条上质问赫鲁晓夫作为政治局常委，在斯大林当政时为何对其错误只字不提，而在其过世后大提特提；赫鲁晓夫首先仔细念了一遍纸条内容，然后大声问是谁写的，会场顿时鸦雀无声，没有一个人承认。见此状况，赫鲁晓夫说：斯大林在世时他之所以不敢提，正同今天会场中无人敢于承认自己写了纸条时的情景非常相似。赫鲁晓夫睿智的反应，也从反面说明众多他人在场时所造成的心理压力。当然，在网络舆论行为中，网民心理更加复杂，有类似赫鲁晓夫提问一样的群体心理压力，有自己对事件价值判断模糊而难以表达的原因，也有在发言上等待观望的原因。而网络意见领袖的出现，则让网民产生了群体释放效应。如果上例中，当赫鲁晓夫大声问是谁写的纸条时，有人应声而起，那么也许就会有第二个、第三个乃至更多的人站起来质问赫鲁晓夫。网络意见领袖就

[①] 参见［法］塞奇·莫斯科维奇《群氓的时代》，许列民、薛丹云、李继红译，江苏人民出版社2003年版，第268页。

相当于这第一个站起来的人，他在对网络舆论行为的心理影响中，发挥"领头羊"作用。

通过对制约网络意见领袖影响力扩散因素及其引导方法的分析，我们可以构建出如下网络意见领袖影响力扩散模型（参见图 12-1）：

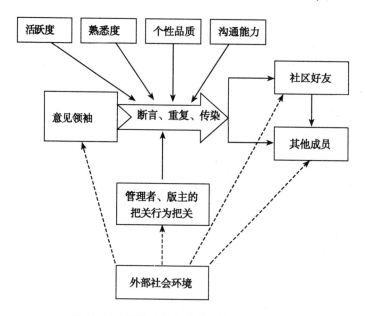

图 12-1　网络意见领袖的影响力扩散模型

第三节　网络意见领袖引导策略

中国社会阶层的分化、民众教育程度和公民素质的提升、自我维权意识的觉醒、传统媒体的局限以及新媒体的传播特征，使得互联网成为不同社会利益群体寻求信息、表达意见、参与公共事务决策的重要渠道。因此，某种程度上，网络舆论是中国社会舆情的晴雨表，是构建和谐社会不可忽视的、具有建设性作用的参照物。然而，舆论的影响并非总是积极的。网络舆论表现出的偏激和非理性、盲从与冲动也会给客体带来一定程度的伤害，影响公众认识和政府决策。和谐社会需要和谐的舆论，构建和谐网络舆论早已成为政府、运营商和网民的迫切期待，对网络意见领袖的引导成为构建和谐网络舆论的关键环节。

一　尊重意见种群生态位规律，直面意见领袖的呼声

用生态学的观点和原理来考察网络舆论，是尝试对网络舆论现象作一个隐喻性的转化和类似生命体的话语建构。作为公众发表的集合性意见，网络舆论是各种意见相互影响而趋同的结果，它根源于公众意见，但又不等同于公众意见。某种意义上来说，网络舆论实际上包含于网络公众意见之中。生态学原理中，种群是由一定数量的同种个体所组成，是生物群落的基本组成单位。群落，则是种群的集合，群落内的各种生物由于紧密联系、相互影响和对环境共同反应，构成了一个具有内在生态联系的有机整体。用生态学的隐喻来理解网络空间的意见流动，网络意见群落可理解为网络空间中存在的许多意见种群所组成的有一定结构和功能的有机整体。按照意见主体所处的不同社会阶层，可以划分出三大意见群落：政府意见、公众意见以及媒体意见。生态位，又称小生境，生态位是一个物种所处的环境以及其本身生活习性的总称。每个物种都有自己独特的生态位，借以跟其他物种做出区别。用生态学中生态位规律的观点看，处于网络意见群落中的任何一种意见种群都必然有其特殊的生存与发展的土壤和条件，以及它在这一状态下的特有行为和作用。构建和谐网络舆论应该尊重意见种群的生态位规律，切不可为了追求表面的和谐，而人为破坏任何一种意见种群的生存。必须认识到，真正有生命力的舆论必然是在多种意见互动过程中形成、强化和发展的，它也需要不同方面的意见给予不断的修正和监督。没有差异和对立就没有"和"，"和"是在差异和对立中存在的，也是在差异和对立中发展的。基于生态互动理论，我们应该尊重差异，保持各意见种群共存共生、分工互助、互惠互利。网络舆论不是洪水猛兽，网络意见领袖也不仅是"添乱"，他们有些是中国某些被忽视的社会群体的利益代言人，是生产网络舆论的"产婆"。中日论坛网上调查显示领袖类 ID 广泛接触各类媒体，尤其偏好使用搜索引擎收集关注的信息，消息灵通大量阅读，能广泛吸纳、综合不同的意见。有些时候，意见领袖在某种程度上扮演"产婆"的角色，用自己的知识、经验和对事件的洞察力将公众对社会事件的意见以个性化和夸张的方式表达出来，"助"公众"生产"出意见，在功能上实践了苏格拉底所言的"精神助

产术"。在众口纷纭、感性理性交织的网络社区，"意见助产"是形成网络舆论的重要环节。因此，厘清问题，直面意见领袖的呼声，进行协商式沟通，是解决问题的基本途径，也是社会文明进步的标志。

二　政府职能部门与意见领袖开展建制性、协商式沟通

活跃在虚拟社区的个体虽然暂时剥离现实社会的外衣，但是其网络行为不可能完全脱离现实社会。更何况，诸多的网络舆论事件最后都是在现实社会中解决。一些网络意见领袖也愿意从隐匿的虚拟空间走到网下，实名参与社会互动。因此，当下中国网络舆论是各类社会利益群体利用新媒体来表达诉求、谋求权益的必然结果；发生在虚拟世界的问题，药方子需要在现实社会谋求。现在有些地方、有些部门出现政府网络发言人，直接与网民沟通，这是很好的方法。但要注意沟通方式。要平等待人，而不以势压人；要平等双向交流，而不是强硬的观点灌输；要直面问题实质，而不是玩弄语言游戏。如果政府职能部门，特别是关系到百姓民生、切实利益的相关政府职能部门能够网上、网下与意见领袖进行建制性、协商式沟通，利用好意见领袖的影响力则会有助于舒缓社会怨气、构建和谐社会。

三　主流新闻媒体报道"到位"，形成媒介共鸣效应

历史经验教训告诉我们：权威主流媒体在一些突发事件报导中的"缺席"、"不到位"促成了网络舆论和网络意见领袖的红火态势，主流媒体僵化生硬的报道方式凸显了网络意见领袖写作文本的亲和性。网络意见领袖的帖文无论从主题还是文风方面，更符合"贴近生活、贴近群众、贴近实际"的"三贴近"原则。倘若我们的主流新闻媒体报道到位，读者自然会从权威报道中寻求信息。媒体间议程设置理论告诉我们：一般情况下，信息总是从权威媒体流向其他媒体、从大媒体流向小媒体、从旧媒体流向新媒体，媒介传播体系中也存在领袖类媒介。这些由主流媒体引起，从而在媒介系统之中形成一连串的报道连锁反应的现象，就称为"媒介共鸣"效应。但是一旦某个反对性议题能在特别的对象媒介建立起滩头堡，就能产生议题的溢散效果，将议题推向一般对象媒介信道，因此媒介议题同样可以从另类媒体或弱势媒体流向主流媒体。对于权威主流媒体而言，媒介共鸣效果当然是追求

的目标。

近年来我国新闻媒体报道中，成功形成媒介共鸣效应的案例当属2007年雪灾报导和2008年汶川地震报道。在这两起突发事件中，权威主流媒体与网络媒体形成良性互动，促成民众众志成城共同抗击自然灾害的良好氛围。反观2003年"非典"事件，当民众迫切需要了解神秘病毒信息的时候，权威媒体报道议题却出现议题断裂和错位现象。权威媒体的缺席和失声使得另类媒体抢占信息滩头堡，各种信息包括谣言从非主流媒体弥漫溢散开来。在中央政府果断采取措施，权威主流媒体及时到位报道后，民众对非典的恐慌情绪才得以遏制，社会秩序也逐渐恢复正常，最终取得抗击非典战役的胜利。因此，权威媒体及时、准确、到位的报道，取得信息首发权，抢占信息滩头堡，形成与网络媒体"共鸣"的合力，是有效进行舆论引导的重中之重。

四　建立相应数据库，加强网络意见领袖的监管与培养

由于网络意见领袖往往具有独立性和自主性，有着特定的思想和个性，难被其他人左右，因此，对网络意见领袖的引导应从传统的"打压"、"封堵"等"硬控制"方式改变为以开放和疏导为主的"软控制"方式。具体说来，针对互联网上热门的舆论聚集地，政府相关部门应在判别出意见领袖之后，建立相应的意见领袖数据库，对典型的意见领袖进行长期的跟踪与观察，把握意见领袖的言论动向。在此基础上，对既有的网络意见领袖，只要基本立场没有问题，就应当鼓励他们积极建言，利用自身的影响力传播主流价值观。真理总是越辩越明，当互联网能够为社会不同阶层提供"意见的自由市场"时，凭借网络舆论的自我净化机制，那些不符合社会发展趋势的言论自然会淡出言论阵地，那些符合大多数人利益的言论则能得到更好的强调与认同。而对于网络意见领袖的偏激言论，一方面，政府应当抱着宽容的心态，勿须将其妖魔化，要相信互联网时代的公众所具有的判断能力；另一方面，则应该建立起切实可行的舆情监测机制，避免其言论变质后造成的负面影响。此外，还应该通过长期的沟通和融合，积极培养符合主流价值的意见领袖。努力挖掘和培养思想健康、积极向上的网络意见领袖，并提高其沟通能力以及引导网络舆论的技巧与水平，成为新时代引导网民态度与观点，建

构和谐网络舆论的可行之道。如果能引导和培养认同国家主流意识形态的人成为意见领袖，互联网思想舆论建设就能达到事半功倍的效果。值得注意的是，不同类型的网络平台提供的言论环境存在差异，应根据不同类型的网络平台培养差异化的网络意见领袖。

第三卷

网站功能与传播效果

第 十 三 章
新闻网站传播功能及评价标准

本部分内容对新闻网站的传播功能与评价标准进行探讨，特别注重中外新闻网站的比较，以期在更为开阔的背景下加深对我国新闻网站的理解。

第一节　新闻网站的主要类型

新闻网站的界定，本研究仍以《互联网新闻新闻信息服务管理规定》（2005 年 9 月 25 日）的规定为重要参照。

一般来说，新闻网站，是指以发布新闻信息为主的互联网信息服务平台。其内涵就是运用网络进行新闻传播及其相关业务活动，这类网站主要指传统媒体主办的新闻网站，也泛指以新闻信息传播服务为核心业务的商业网站（或新闻性频道）。因此，很多时候它们又被统而笼之称为媒体网站。

与传统书报刊只具有单纯的刊载信息不同，互联网技术的应用，新闻网站除了登载文字和音频、视频的新闻信息外，还可以编辑网络专题，开展网络在线访谈、网络新闻即时评论、网络论坛、电子邮箱、博客、微博等多种互联网服务。新闻网站具有信息发布即时、传播快速、跨时空、信息海量、互动性强、反馈及时、用户规模庞大、传播功能多样等诸多特点。

关于新闻网站的类型的划分，除《互联网新闻信息服务管理规定》根据登载新闻的方式不同进行的划分外，还有学者根据网站性质不同将它们分为传统新闻媒体网站、综合性商业网站、专业新闻网站三种类型①。其传统新闻媒体网站，是由传统新闻媒体如报刊、广播电视、通讯社等创办的网站，比如人民网、纽约时报网等。传统媒体主办新闻网站也有多家媒体共同主办的情形，如千龙新闻网、上海东方网、四川新闻网等。综合性商业网站（如新浪、腾讯、网易、搜狐等）以迅速、丰富、全面地整合传统媒体新闻信息著称，拥有大量忠实新闻受众。新闻发布形式多为转载，偶尔也有少量原创新闻。专业新闻网站，认识较为分歧。有学者认为专业新闻网站是媒介整合的产物，甚至将以某几家传统媒体为依托而建立的半商业化新闻网站划分为专业新闻网站②。事实上，这种划分专业新闻网站的方法不能反映专业新闻网站的内容和功能特征，专业新闻网站还是应该依据网络内容和服务的专业化程度来判别。

为了分析的多项，我们将新闻网站以内容整合方式的不同划分为综合性新闻网站和专业性新闻网站两类。综合性新闻网站，指传统综合性新闻媒体（如报刊、广播电视、通讯社等）创办的新闻网站。同时，综合性门户商业网站的新闻传播服务具有很强的综合性，也可以纳入综合性新闻网站进行研究。专业性新闻网站，即指以发布某专门领域或者特定行业的新闻资讯为主的网站。当某新闻网站关于某专业（或者行业）领域的信息成为本网站的主要新闻报道内容时，可将其视为专业新闻网站。专业性新闻网站内容分布甚广，覆盖了政党和政府、军事国防、经济、科技、文化、教育、体育、娱乐等行业或专业，因此有了经济新闻网站、科技新闻网站、国防新闻网站、教育新闻网站、政府网站等类型的专业性新闻网站。专业性新闻网站虽然内容针对具体专业或者行业，但其社会影响大多广泛而深远。

此外，我国业界和管理部门也会根据网站所属主体的行政级别和隶属关系对网站进行纵向划分，将它们分为：中央级新闻网站、地方级新闻网站，这是为了管理的方便。

在国外，美国学界和业界对新闻网站的分类多为三类，一是由传统的传媒机构建立的新闻网站，包括以传媒机构为主联手信息行业等相关行业公司

---

① 王蕾：《我国新闻网站发展解析》，《新闻界》2001 年第 4 期。

② 同上。

合作建立的网站，如 Cnn. com、Cbs. com；二是参与发布或转发新闻的商业门户网站 Yahoo 新闻、Google 新闻、微软暨美国广播公司新闻；三是由公民自发建立的新闻网站，如德拉吉报道网站、掘客网站 www. digg. com 等，这是由"用户驱动（driven）的社会新闻网站"。

美国新闻网站分类中有一种类型特别值得我们注意，就是公民新闻网站。公民新闻网站以及与此相关的公民新闻概念一度十分火热，它标志新闻传播领域草根群体的崛起，有学者更以此推断公民新闻时代的到来。这类网站的新闻信息发布主体就是普通身份的网民，如博客、微博、SNS 网站等。由于本部分主要研究中外新闻网站，而这类网站在国外的新闻网站中占有重要地位，因此也纳入我们研究的范围。这类网站典型的如，美国的 Dig 网站、韩国的 Ohmynews 网站，等等。

国外这些公民新闻网站在内容类型、新闻采集及网站运营模式方面较我国的新闻网站差别较大。他们有的以原创新闻报道为主，有的以集纳其他媒体新闻为主。即使其他网站，公民参与的成分也在逐渐加大，如社交网站和视频分享网站中的新闻内容越来越多，传统新闻网站中的公民参与的互动板块也有发展成独立新闻网站的。[①]

公民新闻网站在国外发展火热，在我国也备受关注。但就目前情况来看，基本还停留在学术探讨阶段，政府管理部门尚未将这类网站作为正式的媒体类型来加以管理，甚至门户网站也还未作为正式的新闻媒体来运营。其未来发展，有待进一步观望。

第二节　新闻网站的传播功能

一　新闻网站传播功能的界定

首先，我们必须了解什么是传播功能？所谓传播功能是指人类的传播活动所具有的目的、意义及其对社会所产生的各种影响和作用。在新闻传播学

---

① 刘学义、王一丽：《美国的公民新闻网站与公民媒体》，《国际新闻界》2009 年 8 月（上）。

研究中，对传播功能的关注逐渐成为重要的研究领域。

　　"功能"一词在英文韦氏词典的解释为"一个人或一个事物特别适合于或应用于某种情况或一个事物之所以存在的特别原因"。《现代汉语词典》的解释是"事物或方法所发挥的有利的作用、功效"。根据这两项解释，我们不难发现，"传播功能"作为一个传播学要研究的重要概念，"原因"和"作用"分别成为传播功能定义中两个值得我们关注的层面。传播功能首先体现的是人类传播活动中的"原因"，也就是需求。任何人或组织在进行传播活动时，都是具有一定的目的性，或者为了收集信息，或者为了交流观点，或者为了获取知识，或者为了解决问题，人类的传播活动都是具有一定目的、原因和意义的，否则人类的传播活动就没有进行的必要；同时，传播功能也是人类传播活动所产生的实际"作用"：人类所进行的传播活动对周围环境会产生一定的作用和影响。尤其是借助大众传播媒介而进行的传播活动，给我们社会的经济、政治、文化，甚至是人类的价值观念，思维模式都带来了极大的影响。媒介所发挥的作用及其对社会所产生的各种影响也是传播功能要关注的领域。

　　基于上述两个层面，新闻传播活动的原因和作用成为我们必须了解的知识点。"人类社会为什么需要传播？""传播给我们带来了什么？"成为传播功能研究中不能不思考的问题。很多学者在这方面提出了自己的见解，例如社会学家罗伯特·默顿（Robert K. Merton）从结构功能主义理论出发，提出"功能分析范式"；哈罗德·拉斯韦尔（Harold D. Lasswell）从政治学的角度分析，提出"传播的三功能说"；还有美国学者马尔科姆·麦库姆斯（Maxwell McCombs）和唐纳德·肖（Donald Shaw）从实证研究的角度，提出传播的"议程设置功能""功能"与"效果"研究，体现了从不同的角度、不同的层面来观照、审视传播活动现象。如果研究者从社会角度和受传者层面来看待新闻传播活动所产生的作用和媒介所释放的能量，则属于"功能"研究；如果研究者从传播者和媒介自身的角度来认识传播活动所造成的最后结果以及受众的反应，则属于"效果"研究。随着人的价值和受众地位的提高，人们会越来越重视传播的功能研究。

二 新闻网站传播功能的相关理论

在社会发展的不同历史时期，传播功能会有不同的变化。人们对它的认识，也会呈现出多样性。早期的研究从个人心理层面出发，如瑞士心理学家让·皮亚热从研究儿童的传播心理归纳出简单的两项传播功能：社交功能和内传功能；美国心理学家爱德华·托尔曼提出传播"工具说"；心理学家威廉·斯蒂芬森提出了传播的满足功能和快乐功能。这些解释，显然过于简单，并未涉及传播与组织和社会的层面之间的关系。后期的研究则相对成熟许多。美国政治学家、传播学的先驱哈罗德·拉斯韦尔在《传播的社会结构与功能》（1948）一文中从大处着眼归纳了传播的三种社会功能：监视社会环境、协调社会关系和传衍社会遗产。换句话说，传播媒介应是环境的瞭望者、政策的塑造者、知识的传播者。后来，社会学家查尔斯·赖特在《大众传播：功能的探讨》（1959）一书中，在上述三个功能之外补充了一个功能：提供娱乐。也是在1948年，美国社会学家拉扎斯菲尔德在《大众传播的社会作用》一文中提出，大众传播有三种主要功能：①授予地位；②促进社会准则的实行；③麻醉受众神经。前两种为正功能；后一种为负功能。

威尔伯·施拉姆曾先后两次对传播的功能进行探讨和总结，在《传播学概论》（1982）一书中，他将传播功能定为：雷达功能、控制功能、教育功能、娱乐功能，同时又分为外向功能和内向功能。国际传播问题研究委员会在《多种声音，一个世界》（1981）以全球眼光归纳了八种传播功能：获得消息情报、社会化、动力、辩论和讨论、教育、发展文化、娱乐、一体化。英国传播学家沃森和希尔（Werson and Hill）显然对上述传播功能的划分和描述都不满意，而试图作出更为全面、科学的归纳和分析。在他们编撰的《传播学和媒介研究词典》（1984）一书中，他们从较广泛的意义上提出了传播的八项功能：①工具功能，即实现某事或获得某物；②控制功能，即劝导某人按一定的方式行动；③报道功能，就是认识或解释某事物；④表达功能，即表示感情，或通过某种方式使自己为他人所理解；⑤社会联系功能，即参与社会交际；⑥减轻忧虑功能，即处理好某一问题，减少对某事物的忧虑；⑦刺激功能，就是对感兴趣的事物作出反应；⑧明确角色功能，是指由于情况需要而扮演某种角色。

三 新闻网站传播功能特征

从功能呈现的方式来看，新闻传播者需要认识到网站传播的显性功能和隐性功能。显性功能是人们可以明显看出或感觉到的作用或效能，而隐性功能则是人们不易察觉的作用效应。

美国社会学家罗伯特·默顿（R. Melton）在《明显的和潜在的功能》（1947）一文中，把显性功能解释为有意图的、有意识的预想的功能效果，把隐性功能叫做无意图的、无意识的、未能预想的功能效应。前者是传播者为实现传播目标而明确提出来的，有助于调节或适应各种社会关系的任务和使命，并且容易受到人们的理解和欢迎；后者是隐藏在传播活动的过程之中，为传播者所始料不及的、突然或很长时间才反映或显示出来的效能，通常被人们看作是额外任务而不被欢迎和理解。例如，某大城市曾出现过一次流行性甲型肝炎，新闻网站立即投入了预防甲型肝炎的报道和宣传。大规模传播活动的明显作用是，事件引起了各级领导和卫生部门的高度重视，受到了社会的广泛注意并迅速采取了相应的预防措施。但是，未能预想到的消极作用是，不少人放弃或推迟去该市做生意或旅游，而本市则有不少人由于害怕传染而在家装病或擅自离开工作岗位远走他乡避难，给该市经济造成了很大损失。

显然，从功能释放的效应来看，网站传播存在正功能和负功能。正功能是信息传播的正常效果，也是传播者所预期和追求的。只要传播者在事前对整个过程逐项精心组织，巧妙安排，通常都能实现。负功能则是传播者在传播活动中不愿见到和力求避免的令人不愉快的负效应，比如，虚假信息，信息泛滥，信息污染，麻痹大众，垄断意见等。负功能对正功能的影响力具有干扰性，其消极作用明显。而正功能的有效发挥，也有助于抑制负功能的产生。在一定条件下，传播的正功能可能会转化为负功能。

就新闻网站的信息传播而言，其显性功能与隐性功能、正功能与负功能往往交织在一起，新闻传播者在利用网站这一媒介时应充分了解这些作用和效能，有效运用传播手段去拓展正面功能。

四 新闻网站具体传播功能分析

综合现有学术研究成果，结合当下新闻网站的运营特点，我们将新闻网站主要传播功能归纳如下（表 13 - 1）：

表 13 - 1　　　　　　　新闻网站的正功能和负功能一览表

正功能（基本功能）	负功能（消极功能）
信息沟通功能 　政治信息的沟通 　经济信息的沟通 　人类日常生活信息的沟通	跨文化传播的不对等 　信息传播的不对等 　各国家/民族之间的文明冲突 　文化霸权
社会整合功能 　促进人类文明发展 　增强社会凝聚力 　平衡社会系统	麻醉作用 　容器人 　减少社会实践 　对社会现实漠不关心
教育功能 　进行社会教育 　培养社会角色	虚假信息的散播 　制造假新闻，歪曲、偏见和炒作 　破坏正常、健康的传播秩序
娱乐功能 　放松、享受休闲时刻	泛"娱乐化" 　逃避现实、引导文化低俗化

下面对它们逐一进行介绍：

第一，信息沟通功能。

作为新闻网站最基本也是最直接的功能之一，信息沟通是最首要的功能。无论是传播者还是受众借助网络媒介的最根本目的就是进行信息传播，都是为了完成一个信息传递的过程。离开了这一功能，新闻网站也将毫无意义。施拉姆在《传播学概论》中这样论述："我们是传播的动物；传播渗透到我们所做的一切事情中。它是形成人类关系的材料。"人们通过网络发布信息，协商民生问题，交流情感，展开社会活动，都是在通过沟通的方式，将各类信息传递给彼此，将我们联系在一起。

在政治领域，新闻网站最为常见的表现形式就是传达政策方针，反映领导人的政治思想，通过媒介渠道来实现政治信息的沟通。在许多国家，政府和政党机关都积极通过新闻网站来宣传自己的政策、路线和主张。总的来说，新闻网站在政治信息沟通方面具有两个主要作用：一方面，起到自上而下传递政治信息的作用，它及时地将政府和领导人的方针告知社会成员，促进政策等信息的充分流通；另一方面，新闻网站也起到自下而上反馈民意的作用，通过 BBS 和论坛等设置，它把百姓的态度、意见和建议都再次传达给政府和领导人，在双向、平等的信息流动的基础上，让政策得到良好实施，维护系统运作和社会稳定。因此，从媒介服务于政府而言，新闻网站可以帮助政府收集信息，解释信息；传播政策，执行政策；宣传法律，传递规范；稳定社会秩序；协调社会行动。从媒介服务于百姓而言，新闻网站可以帮助百姓了解政府功能，监督从政人员；表达民情民意，影响政府决策。

在经济领域，新闻网站同样起到重要的桥梁作用。人类进行各类经济活动，例如进行商业活动，了解经济政策，管理金融市场，规范经济行为，都与新闻网站的信息传播紧密相关。一方面，传受双方通过网站将各种有关经济的信息和资源进行传递，为社会提供进行经济行为的依据和基础。这包括我们常见的股市和房市的新闻报道，为我们提供大量而丰富的最新市场消息。另一方面，传受双方还通过了解和掌握有关经济的信息和资料，对经济行为进行干预和调控。例如我们在了解股市和房市信息之后，决定买入还是出售的行为。此外，人们通过经济信息的沟通，还采取各种行为推动经济的发展，最常见的就是广告促销，广告商采取各类劝服性的传播方式，在网站插入广告，诱发消费者的购买欲望，对受众的经济行为进行引导。总之，新闻网站可以为经济发展、社会变革创造所需合适的气氛和环境，进而引起人们观念的更新和生产技术的提高。所以，充分使用新闻网站这一功能，可以使经济和社会发展更加有序。

在日常生活领域，新闻网站起到的作用也是非常重要的。一方面，我们通过新闻内容来了解周围的环境和适应环境，学会与他人相处与融入社会的技巧；另一方面，我们还通过新闻报道来交换知识和经验，了解周遭的最新发展。此外，我们还通过网络传播来进行感情交流，丰富我们的生活。例如，网民通过网络聊天的方式，认识素未谋面但却志同道合的朋友。总之，新闻网站在我们的日常生活中无处不在，它让我们了解周围，适应环境，学习知识，提升经验，交流情感，丰富生活。

第二，社会整合功能。

新闻网站的传播活动具有社会属性，对于人们所处的社会系统来说，意义十分重大。"就表面来看，传播不过是社会的一种现象而已，但实质上，传播实乃形成社会与文化的要件，更为一切社会行动的动力。社会中各种成员，必赖传播而建立联系，由互通声气而结合在一起，进而使整个社会间的各个分子，产生共同的信念，接受共同的社会法则，产生和谐的社会关系。"① 在现代社会系统中，新闻传播则为社会整合起到了十分重要的作用。具体来说，社会整合功能表现在以下三个方面：

一是促进文化统一。自人类创造社会以来，人类在劳动与学习等一系列传播活动中产生了大量的文化成果。人类文明通过人类的传播活动得到积累和传承，修正和发展，这就使得我们能在建立一定的文化认同基础上，形成社会和国家。而且文化还会不断向四周扩散开来，与不同的文化之间相互渗透和融合，这也加速了人类社会的统一和向前推进。正如中国的文化是一个在黄河流域发展起来以后，逐渐地与周围的文明彼此借鉴、吸收、认同并最终合而为一的过程一样。随着媒体科技的快速发展，各民族的文化之间更是进入了无论是在时间上还是在空间上的"融合"时代。无论你身处何地，都可以轻易地通过网络了解世界范围的文化信息。在全球化的今天，东西方文化的相互了解、交流和合作，更促成了全新的世界文明和价值观念。例如国际社会常常提及的"国际惯例"和"国际标准"即为一种全球文化相互融合的体现。正如控制论的创始人诺伯特·维纳所说，大众传播是社会的黏合剂。

二是增强社会凝聚力。新闻网站的传播活动对社会的稳定和凝聚力也起到十分重要的作用。我们往往按照一定的利益和目的，逐渐形成各种组织和团体，这些组织和团体为了能够让其成员团结在一起，会形成并制定一套规范和制度来约束其成员的行为，并让他们在价值和观念上保持认同，在行为上保持一致。一个社会往往通过对大众媒介的运作与控制，形成一定的道德文化规范，把人们的行为约束在一定的社会秩序里，以保证社会系统有序运行。同时，通过对政治法律思想的有力传播，建立相应的政治法律制度，控制并调解社会行为，保证社会内部的和谐统一。

三是平衡社会系统。在现代社会，大众传播对社会的整合起到了非常重要的作用。一个社会系统若要稳定运行，各个组成部分就需要共同合作，协调一致，不能发生错位和不协调的问题。大众传播就起到一种"润滑剂"的作用。首先，一个社会内部需要良好的信息沟通，例如在传递国家政策、

① 刘学义、王一丽：《美国的公民新闻网站与公民媒体》，《国际新闻界》2009 年 8 月（上）。

经济动态和文化知识等方面，大众传播起到的沟通作用是十分重要的。传统媒介有效地把信息传递到每个社会角落，网络的诞生更使得信息的传递转向一种双向和平等的模式。无论是国家层面的政策制定还是个人的情感交流，大众传播为人类进行有效地信息沟通作出了巨大贡献。其次，一个社会内部的稳定运行还需要有效的信息协调。大众传播不仅传递信息，而且还起到信息协调的作用。在复杂的社会关系中，会产生很多分歧和误会，有的是源于利益的冲突，有的是源于文化的障碍。小到邻里关系，大到国际关系，矛盾的产生和协调都离不开传播活动。在全球化时代，各国之间积极开展外交活动，通过谈判来处理贸易摩擦，正是传播在发挥协调功能方面的一种体现。最后，一个社会内部的稳定还需要有效的监督体制，大众传播监督方面的作用极其强大。例如新闻网站曝光一些违背社会常理的行为，激起民众的谴责，形成强大的社会舆论，进行社会控制。因此大众传播不仅向上反馈民意，同时也监测社会环境，发现矛盾，协调处理，并最终平衡社会系统的有序运行。

第三，教育功能。

新闻网站等大众传播媒介的教育功能，首先，表现为大众传播媒介拥有巨大的教育平台，可以从许多方面起到等同于学校功能的作用；其次，它可以创造一种重视教育、具有强烈教育意识的社会环境，使社会大众争相吸收和分享文化知识；同时，它能通过持续不断的信息传播逐步夹带和积聚知识；还有，就是直接传播知识。用贝尔纳·瓦耶纳的话说："小学和中学是传授已构成的知识，高等学校教授正在构成的知识，而新闻（媒介）的任务是传播处于萌芽时期的知识。"同时，"真正的教育也离不开新闻（媒介）。因为大众传播工具是一种扩大器，可以使教育者的作用超越一般传统的对象"。正是因为大众传播媒介有着如此强大的教育功能，才推动教育系统逐步放弃对教育的垄断，并开始思考如何合理而科学地运用大众传播媒介辅助教育传播。也许正是这一原因，传播工具被人们看做是"文化工具"，传播对文化与教育的影响又被当作对整个社会的影响。

在现代信息社会里，人们每天都在接触新闻媒介，看电视、读报纸、上网等都是在接收各种新闻信息，丰富的知识就蕴含在这海洋般的信息中，人们通过长期接触这些信息，在潜移默化的过程中接受着新闻媒介的教育。今天，新闻媒介已经和家庭、学校一样，成为人们的主要"教育者"。传统的家庭和学校的"指令性"教育方式，是告诉你该做什么，不该做什么；而新闻媒介的教育方式则是一种"浸润"式的，不直接，但却渗入到人们生活的点点滴滴当中。此外，新闻媒介的教育功能还表现在为人们提供"社会模特"，供受众"模仿"。新闻媒介"向受众提供的'社会模特'，既有典型人，也有典型事，以期待受众获得与'模特'一致的价值观念，并在行为上向其靠拢"。

第四，娱乐功能。

大众传播的娱乐功能越来越受到学者的重视。以前，学者们更多地强调新闻媒介的"社会教化功能"，因为媒介控制属于少数人，很少拥有娱乐化功能。但是当大众媒介普及到百姓人家的今天，传播的内容则趋向大众化、浅显化、易懂化，人人皆可娱乐的观点越来越受到关注。传播学者克拉帕（Klapper）曾说，传播的娱乐内容可使受众忘掉忧虑焦急的问题而在心灵上获得舒解。波兹曼（Postman）在《娱乐至死》中提到美国社会在 20 世纪媒介的主要节目内容和形式就是娱乐，从音乐、游戏、竞技体育、肥皂剧到各式娱乐节目占据了美国家庭中的绝大部分休闲时间。尤其是在全球化的今天，媒介的娱乐功能更是将媒介的商品特性提高到了前所未有的高度，将此视为媒体市场竞争的利器。

第五，跨文化传播的不对等。

随着信息技术的快速发展，我们的社会也加速迈进全球化时代。但世界范围内的新闻流通，给彼此的价值观世界观带来了冲突和矛盾。以美国为代表的西方国家拥有实力雄厚的新闻产业，在全球范围内的新闻报道中占据话语权的优势。由于在"软实力"方面的巨大悬殊，目前我国的国家形象饱受西方媒介的误解、偏见与恶意扭曲，我国新闻网站的国际话语权相对缺乏。新闻媒介在创造和强化国家意识方面扮演着重要的角色，如果一个国家、民族的本土新闻媒介受到外界的强烈冲击，甚至被市场排挤，那这个国家、民族的政治文化传统和社会稳定性都将受到强烈的冲击。塞缪尔·亨廷顿（Samuel Huntington）在 1996 年《文明的冲突》中也指出，未来世界格局的矛盾将集中在文化的冲突，建立一个有利于全球化环境的新闻媒介，提升其影响力与传播力将是我国新闻网站未来必须面对的议题。

第六，麻醉作用。

1948 年，拉扎斯菲尔德和默顿合著的《大众传播的社会作用》一书，是最早对传播的负功能进行研究的著作。他们认为大众媒介虽然具有"社会地位赋予"等方面的正功能，但同时也产生了对人的"麻醉作用"。人们通过媒介接受信息了解社会。但是如果信息过量，人们就无从选择，反而迷失在海量的信息沙漠里，失去了判断能力。近年来，学者提出"容器人"、"宅男"、"宅女"这样的新词汇，就是指那些把闲暇时间都用在大众媒介上，却无法应付现实世界的人。这样的人由于接触网络过多，减少了与现实社会的交往，就像一个罐装的容器，封闭而孤独，但他们对于网络媒介又有着极强的依赖性。由此可以看出，新闻网站的传播功能和影响是一把双刃剑。

第七，虚假信息的散播。

媒介可以为善服务，也可能会为恶操纵。如果被居心叵测的人所掌控，后果将是十分严重。历史学家丹尼尔·波尔斯丁提出的"伪事件"（pseudo - events），很好地说明了这一现象。他发现有一些公关部门会故意制造一些"事件"，通过媒介报道，成功地塑造企业及其产品的虚假形象，塑造某些个人在公众心目中的虚假人格。并形成产业链，以达到其商业与政治目的。例如在 2008 年中国北京奥运会期间，一些西方新闻媒体故意歪曲新闻事件，从偏激的角度来解读中国政府的行为，"法新社"在奥运前夕对拉萨"3·14"暴力事件的造假新闻，《纽约时报》对中国政府在奥运期间实施的临时措施进行歪曲解读等，对中国的国家形象造成不利影响。此外，一些娱乐公司也会故意"包装"旗下的明星，塑造其虚假的一面，甚至还编造和利用一些事件来"炒作"他们的人气，这些散播"伪信息"的传播行为，极大程度地破坏了社会传播的正常秩序，也错误地引导受众对社会现象的认知和判断能力。

第八，泛"娱乐化"。

在当今社会，我们会发现有一种过度娱乐化的现象。泛"娱乐化"指的是新闻传播媒介在单纯追求经济效益的过程中，对低俗化、平庸化的娱乐文化的盲目追求，从而导致媒介过于强调娱乐的作用，而忽视其对社会的责任感和教育功能。美国文化传播学者波兹曼在《娱乐至死》中说到，"一切公众话语日渐以娱乐的方式出现，并成为一种文化精神。我们的政治、宗教、新闻、体育、教育和商业都心甘情愿地成为娱乐的附庸，毫无怨言，甚至无声无息，其结果是我们成了一个娱乐至死的物种。"波兹曼给沉醉在泛娱乐化中的人们敲响了警钟。现在各类新闻网站，特别是商业性的新闻网站，充斥着暴力和色情的娱乐性内容，大量的负面信息潜移默化地影响着受众，尤其是那些正在成长中的青少年，这些负面的信息诱发受众偏离社会的主流价值观念和道德传统，从而采取违背社会规范的偏激行为。

第三节　新闻网站的评价标准

新闻网站的核心是网络新闻。网络新闻，中西国家因社会背景不同而有不同的理解。在我国，较为宽泛的理解，网络新闻是指媒体网站上新闻频道所涵盖的所有栏目的内容。狭义的理解，则是仅指互联网上发布的时政类新闻信息。在西方国家，网络新闻因对源头信息没有严格的限制，因此所有类型的网站，不论个体还是组织，只要信息本身具有一定的新闻价值，就可以称之为网络新闻。

在国内，网站获取新闻资质是其进入网络信息主流的标志之一。网络新闻因其巨大的吸引力，在历届网民行为调查中，上网阅读新闻信息是网民使用最多的行为，占网民规模 23400 万人的 78.5%[①]，新闻可以为网站带来巨大的流量，流量带来广告，广告带来收入。因此，媒体网站，出于更多赢利的目的，致力于推出有品质的新闻作品。政府，出于主流文化建设的需要，更是极力维护网络媒体的舆论主导地位。在这种多重聚焦之下的网络新闻，如何建构其价值判断的共识标准？如何运用完善的评价体系推动其内容与形式的创意与创新？这成为网络媒体进一步发展的关键所在。本部分内容将借鉴国外网络新闻评优标准，结合我国网络新闻评优实际，对这一问题进行系统梳理与探讨。

---

① CNNIC 第 23 次报告（2009/1）。

一 我国网络新闻的分类及其评优

1. 我国网络新闻的一般分类

整体而言，网络媒体的内容可以划归三大类：信息类、互动类、服务类。信息类包括搜索、资讯、图片、视频、广播等；互动类包括论坛、播客、视客、推客、淘客、游戏等；服务类包括电子商务、黄页、问答、咨询、百科等。网络新闻，集中体现在信息类资讯内容的新闻频道上。探讨网络新闻，新闻网站的人民网和新华网、商业网站的新浪网和搜狐网的新闻频道最具代表性。我们对这四家网站新闻频道的栏目进行分析，发现其分类是从内容与形式的双重角度进行的划分。

以其内容划分，其类别重合率超过二分之一的栏目有：

表 13-2　　　　　　　类别重合率较高的栏目（从内容上划分）

分类　网站	新浪	搜狐	人民	新华
国内	国内	国内	时政	时政
国际	国际	国际	国际	国际
社会	社会	社会	社会	社会
军事	军事	军事	军事	军事
财经	财经	经济	经济	
体育	体育	体育	体育	
科技	科技	IT	科技、IT	
娱乐	娱乐	娱乐	娱乐	
地方			地方	地方
健康	健康	健康		
汽车		汽车	汽车	
教育		教育	教育	
公益	公益	公益		
环保		绿色	环保	
文化		文化	文化	
台湾			台湾	台湾

以其形式划分，其类别重合率超过二分之一的栏目有：

表 13 - 3 　　　　　　　　**类别重合率较高的栏目（从形式上划分）**

网站　分类	新浪	搜狐	人民	新华
滚动	滚动	滚动	滚动	
评论	评论	评论	（观点频道 有人民时评）	评论
视频	视频	视觉联盟		
图片	图片		图片	
专题	专题	专题	专题总汇	（另有专题频道）
RSS		RSS	RSS	

这些重合率较高的新闻栏目，构成网络媒体新闻频道的主体。当然，差异化发展依然是网站的追求。从内容角度的分类，各网站会根据自身的特色与优势进行个性化的延伸。从形式角度的分类，网站同样会另设频道或在新闻频道下增加特色栏目以吸引受众。

2. 中国新闻奖对网络新闻的分类

评优，是一种以价值为核心的判断过程，即评价者对评价对象根据一定的标准与方法进行选择的过程。在这一过程中，对评选对象类别的科学分类极其重要。原则上，网络新闻奖的类别划分应该依网络新闻的类别划分为依据，然而，由于网络新闻发展的动态性，以及传统新闻奖的延续性，现有类别划分是在网络新闻形式类别的基础上，综合各种因素，如与传统类目的对应、该类目本身的影响力、成熟度等来进行的。目前，最具代表性的是中华全国新闻工作者协会（记协）举办中国新闻奖网络新闻评选的类别划分。

创办于 1991 年的中国新闻奖，是中央宣传部批准的全国性年度优秀新闻作品最高奖，其所针对的对象原本只是国家认可的正规的报纸、通讯社、广播电台、电视台等提供的作品，自 2006 年第 16 届中国新闻奖开始，网络媒体的新闻作品开始纳入该奖项的评奖范围，并且从最初设立的网络新闻评论、网络新闻专题 2 项，很快扩展出新闻网页设计、网络新闻专栏、网络新闻访谈 3 项，而且，网络媒体上登载的新闻摄影、新闻漫画作品还可以参加综合评选类摄影、漫画等奖项的评审。[①]

————————————

① 参见《关于举办第 19 届中国新闻奖网络新闻作品初评的通知》，中华全国记协国内工作部 2009 年。

中国记协将网络新闻划分为五大类，即网络新闻评论、网络新闻专题、新闻网页设计、网络新闻专栏、网络新闻访谈，这既体现了举办方对网络新闻的理解，同时也反映了目前我国网络新闻发展的实际。这一划分显然是以网络新闻的表达形式为主要依据，并沿袭中国新闻奖对传统新闻类别的划分。以 2009 年第十九届中国新闻奖传统奖项的设立来看，报纸、通信社类设有消息、评论、通信、系列报道、报纸版面、报纸副刊 6 项，广播、电视类设有消息、评论、新闻专题、系列报道、新闻访谈节目、新闻现场直播、新闻节目编排各 7 项。① 多是依报道形式进行的划分，网络新闻作为传统新闻的扩展，这种沿袭非常便于操作。

3. 我国网络新闻的评优标准

科学的评优标准本身符合价值，对评价对象具有极大的认识与导向功能。对已有网络新闻类目的评优，中华全国新闻工作者协会积累了多年的经验，总结出一套切实可行的操作标准。

关于新闻评论：观点鲜明，立论正确、有新意，论据准确，分析深刻，论述精辟，论证有力，有鲜明的网络特色。关于新闻专题：主题得当，特色鲜明；容量大、采集广、更新快；交互性强、表现形式多样；页面结构清晰、逻辑分明、布局合理，页面设计新颖美观，富有特色，达到内容与形式完美统一。关于新闻访谈：主题恰当，时效性强；嘉宾选择有代表性、权威性；谈话主题集中，脉络清晰，结构完整；语言简洁生动流畅准确；主持人提问、转乘自然得当，对现场节奏把握适度。背景资料运用得当。关于新闻网页设计：主题鲜明，风格独特；能够完美、准确展示新闻内容、体现网站（新闻频道）首页功能性；布局合理、富有创新；细节精致、色彩协调；符合读者阅读习惯，体现新闻性、艺术性和网络特点的完美统一。关于新闻专栏：选题重要，信息量大，交互性强，图文音像并茂，编排制作精良，社会影响较大，有比较固定的位置。②

这套标准在实践中逐年完善，已经成为我国网络新闻评优的指导性原则。

---

① http：//www. xinhuanet. com/zgjx/jiang/zgxwj. htm.
② 参见《关于举办第 19 届中国新闻奖网络新闻作品初评的通知》，中华全国记协国内工作部2009 年。

二 欧美主要网络新闻奖及其评奖标准

（一）欧美主要网络新闻奖

欧美国家网络新闻奖项设立大多源自 20 世纪 90 年代末与 21 世纪初。评选对象往往不限于一个国家，有针对全球网站的，有针对英文网站的，如英国 BBC 的在线新闻在欧美国家都有获奖。

较为重要的网络新闻奖主要有：①Eppy 新闻奖（The Eppy Awards，又称 Eppies），Editor and Publisher and Mediaweek 举办；②Edgie 数字新闻奖（The Digital Edgie Awards），美国在线报纸协会（Newspaper Association of America's Digital Edge）举办；③在线新闻奖（The Online Journalism A-wards），在线报纸协会和南加利福尼亚大学 Annenberg 传播学院（Online Newspaper Association and the USC Annenberg School for Communication）举办；④Batten 新闻创新奖（The Batten Awards for Innovation in Journalism），互动新闻学会（The Institute for Interactive Journalism）举办；⑤Webby 新闻奖（The Webby Awards），美国国际数字艺术与科学学会（The International A-cademy of Digital Arts and Sciences）举办；⑥欧洲在线新闻奖（The European Online Journalism Awards-Netmedia）。①

（二）欧美主要网络新闻奖类目及标准举例

欧美网络新闻奖因举办方与举办目的的不同，在类目设立与评选标准上各有侧重，而且在发展过程中不断调整与完善。但整体而言，其价值取向是基本趋同的。

Edgie 数字新闻奖，该奖在 1996 年设立之初只有三个类别：最优在线报纸奖、最优公共服务奖、最优交互特征奖。2004 年扩展到九个类别，最全新闻奖、最具创新多媒体表达奖、最具创新受众参与奖、最佳设计奖、最佳分类创新奖、最佳交互媒体使用奖、最佳广告奖、最佳地方购物和地址目录

---

① Hans beyers, what contitutes a good online news site? A comparative analysis of American and European awards, *Communications 31* (2006), pp. 215 – 240 (Communication and mass media complete in missouri university).

策划奖、最佳地方或娱乐点导游奖。[①] 考察标准：多媒体使用率、创新性使用数字技术、链接先前发表的材料、互动制图、支持不同文本格式的阅读、受众交流。

在线新闻奖，该奖针对英语新闻网站，发起于 2000 年，2008 年该奖项设立类型如下：骑士公共服务奖、在线新闻奖、非英语新闻奖、突发新闻奖、专业网站新闻奖、调查新闻奖、多媒体特色展示奖、在线主题报道奖、在线评论奖、杰出数字技术使用奖、视频新闻奖、学生新闻奖。[②] 各奖项皆有自己的考察重点，但整体而言，基本标准是：呈现新闻内容的精彩度、数字技术及工具的使用率、有效的社会影响。

欧洲在线新闻奖，奖项分为 20 类，较重要的如，优秀新闻奖、优秀网络突发新闻奖、优秀新闻设计与导航奖、优秀新闻表达奖、最佳网络新闻创意奖、最全新闻服务奖等。评价标准：数字工具（听、视、图表等）与网络技术（超链接、互动等）的创新性使用、传统新闻的价值元素与新媒体的技术优势的创造性融合等。其他考虑因素有：故事的力度、写作的质量、实时性、媒介效果（适当的链接、多媒体插入）、多媒体插入的质量、创新性、结构和导航、互动及链接、视觉设计及功能。

其他奖项，Eppy 新闻奖，主要针对媒介产业的网站，评选专家由网络产业、媒介行业以及学术界专家组成。主要从以下方面考察：设计的质量，是否易于使用，内容的全面性与及时性，特别注重网络互动特点产生的附加价值。Batten 新闻创新奖，针对在内容与形式上具有明显创意与创新的新闻作品。其考察标准：利用新技术、新思想，创新性展现报道对象，激发受众想象并激励其积极参与，刺激网民互动并产生相应的社区效果。Webby 新闻奖，31 类，判断标准有六：内容、结构与导航、视觉设计、功能性、互动性、全体验等。

（三）欧美网络新闻标准的探讨

欧美国家由于技术的发达，对网络新闻的研究更早。早在 21 世纪初，

---

① http://www.naa.org/blog/digitaledge/1/2007/01/Digital-Edge-Award-Winners.cfm.

② http://journalists.org.

西方学者就将新闻网站的首要特征归结为四：多媒体（multimedia）、互动（interactivity）、超文本（hypertext）、即时（immediacy），[①] 这些特征基于网络媒体的技术优势，自然也是衡量网络作品的首要标准。

关于评价标准的探讨。2001 年，Jankowski 和 Van Selm 提出 8 条标准，即①扩展新闻资源的超链接、②新闻服务的有效性、③传统媒体新闻的消融、④在线用户的讨论群、⑤用户反馈、⑥多媒体表达、⑦线上线下新闻服务的融合、⑧新闻信息的即时更新。之后，又有 Robinson 的 16 条标准，即①图片库，网站是否拥有丰富的图片；②图片制作，网站通过技术使用大量图片，如 flash；③音频，以音频文档呈现相关内容，如访谈、音乐；④视屏，以视频文档呈现相关内容，如访谈、讲座；⑤交互式图表，以生动、交互的视觉形式，呈现数据、对象、观点、过程，可能情况下附带声音；⑥讨论版、聊天室，充分有效互动；⑦民意测验，组织在线投票，用户参与并实时显示结果；⑧游戏与问答，仅针对娱乐，如填字；⑨搜索功能，提供在线搜索服务；⑩SMS 服务，用户可以对其标题或突发新闻订阅 SMS 服务；⑪WAP/GPRS，内容能有效地在移动手机上阅读；⑫PDA 版本，即个人数字助手；⑬PDF 文本，识别简易的文件形式或类似的编辑；⑭使用内在的与外在的超链接，以此链接相关的文章，提供更多信息；⑮邮件，是否有用户为其标题与突发新闻订阅 E-mail 服务；⑯突发新闻，热点新闻发生时，不停地更新内容。[②]

以上这些标准的确立，基于对大量优秀新闻作品的分析，体现了欧美网络新闻的价值追求。就其具体标准而言，在内容与形式并重的同时，特别强调网络技术与工具的创造性使用，特别强调用户的感受与反馈，充分凸显了对网络媒体特色与优势的尊崇。

[①] De Waal, E., Are online newspapers threatening civic participation? Toward a theory about the differential impact of print and online newspapers on the public agenda, Paper presented at Etmaal van de Communicatiewetenschap, Utrecht, 5—6 November 2002.

[②] Hans beyers, what contitutes a good online news site? A comparative analysis of American and European awards, *Communications 31* (2006), pp. 215 - 240 (Communication and mass media complete in missouri university).

三 中西网络新闻奖的比较与借鉴

（一）中西网络新闻奖所设类目的比较

在我国，目前网络新闻奖设有五类，已如前所述。其中评论、专题、专栏、访谈皆根据新闻的形式特征，明显沿袭传统新闻奖项的设立。网页设计更多考虑到网络技术的独特性，但仍带有"报纸版面"项设立的痕迹。这一类目划分，使网络新闻作品在形式上非常易于区分，如网络新闻评论，2000字以内的原创评论；网络新闻专题，依多媒体手段与多种新闻体裁报道同一新闻事件或主题的作品；网页设计，网站首页、新闻频道首页或新闻专题首页；网络新闻专栏，时间一年以上，有固定位置，发布具有共性特征的新闻版块；网络新闻访谈，主持人与嘉宾就新闻话题现场交流的网络作品。[①] 而且，这些类目基本提炼了我国网络新闻中较为成熟的作品形式，尊重了网络的技术逻辑，凸显了我国媒体传统的对内容重大性的关注。同时，这一划分也明显体现出我国媒体管理的特点，即以网络媒体为主体，充分尊重网络媒体，特别是新闻网站自身的价值。

西方新闻奖的类目设立，如前所述有9、12、20、31类不等，但总的来说类目设置都更多更细。仅以在线新闻奖的12类设置为例，公共服务奖，是用来表彰通过报道重大社会事件履行公共服务职能的数字新闻；在线新闻奖，是授予出色完成编辑任务、有效服务受众、最佳利用网站特色、体现最高新闻标准的网站；非英语在线新闻奖，是颁给优秀的非英语语言的网站；突发新闻奖，奖励事件第一时间的直击者；专业网站新闻奖，授予聚焦某一单个主题的小型网站；调查新闻奖，奖励网络记者独家调查，并有力度的分析和解释的作品；多媒体特色展示奖，授予创造性使用多媒体技术展现新闻的作品；在线主题报道奖，授予个体或团队进行的主题报道；在线评论奖，授予网站发表的观点独特、有影响力的原创新闻评论；杰出数字技术使用奖，授予成功使用数字技术呈现新闻、提供社区服务的网站；在线视频新闻奖，授予网站优秀的原创视频新闻；学生新闻奖，授予学生或者学生团队的

---

① 参见《关于举办第19届中国新闻奖网络新闻作品初评的通知》，中华全国记协国内工作部2009。

优秀数字新闻。① 显然，其类目的划分具有更加多重的标准，有依新闻形式的划分、有依网络特点的划分、有依网络作者的划分、有依网络内容的划分、有依使用语言的划分、有依网站类型的划分，这些划分尽可能关照到不同特色、不同群体、不同语言、不同形式的个性，尊重网络的多样性，特别是对不同创新者、不同创新细节的关照。

（二）中西网络新闻奖评价标准的比较

在我国，网络新闻的评优标准虽依具体类目不同而有不同要求，但其共性基本可以概括如下：政治性、艺术性与网络特色。首先是作品内容的正确性、鲜明性，其次是作品表现形式的完美性、丰富性，最后，网络特色的充分展现是网络作品凸显价值的关键要素。这一评优标准的确立，既尊重我国新闻媒体的基本性质，又充分考虑了网络新闻的功能特征，对我国网络新闻的发展有很好的导向作用，符合我国新闻的管理与运作规律。

西方国家的网络新闻评价标准，因其类目较多，标准也较为多元。以在线新闻奖为例，公共服务奖，强调推动市民生活的提高；杰出数字技术奖，强调创造性使用网络技术，如 widget（插件）、互动数据库、mashups（混搭程式）、数字工具，以及转换平台等；视频新闻奖，强调原创性使用多媒体技术；学生新闻奖，强调在校生原创的发表在个人或学校网站的作品。虽然，不同奖项具体要求各有侧重，但对多媒体技术及工具的创造性使用是其最为首要的要求，在内容要求上以"精彩"为上。总之，内容创意，技术创新，是其评价体系中贯穿始终的价值核心。

（三）借鉴与启示

在所有价值导向手段中，评优是最具力度、最为直接的导向手段之一。任何行业范围内的评优，都是一个行业价值体系的综合体现，评优标准无疑是行业价值观的最高体现。

较之西方网络新闻奖的评选经历了十余年的积累，我国大型网络新闻奖的评选始于 2006 年，因此，借鉴西方国家已有的经验教训，根据我国网络

① http：//journalists. org.

新闻发展实际，对现有评优体系进行进一步优化，可以更好地引导我国网络新闻事业的进一步发展。

就目前我国网络新闻评优方式来看，中国新闻奖的评选主要是从省级记者协会，到国家记者协会，逐级上升。一些行业内的评选，也是由下而上地进行。事实上可以将参评作品完全搁置在网上，让专家通过网络直接评选，同时鼓励网民积极参与，将网络评优变成一种网民互动，使评优方式更加开放与多元，综合性网络新闻的评优活动可以进一步扩大范围，从现有新闻网站扩大到商业网站，甚至个人网站也可以进入某些特别奖项的评选。

就目前我国网络新闻评优奖项设立来看，五类奖项的设置显然偏少。网络新闻作品较之于传统新闻作品，它们包含更加丰富的制作元素，很多时候难以用一以贯之的标准统一衡量，所以增加一些特色奖项，如多媒体技术创意奖、最佳互动奖等，可以激励网络媒体某些重要特色的创新。

就目前评优标准来看，由于设置的类目较为宽泛（除新闻评论外），评价标准难以逐项落实，难以建构细致的量化指标，这样会造成判断中主观成分偏重，优化对象难以集中的弊端。因此，在细化类目的前提下细化评价标准，可以使评选效果更加客观、公正，从而调动更大的积极性。

第十四章
中外典型新闻网站比较

　　该部分内容对中外典型的综合新闻网站、专业新闻网站，以及颇具网络特色的公民新闻网站分别进行介绍与分析，从具体案例中探寻不同类型新闻网站的运营与特色，从中寻求有益的启示。

第一节　典型综合新闻网站比较

　　综合新闻网站，国内主要是以人民网、新华网、央视网等为代表，在国外以美国有线电视新闻网（CNN. com）、纽约时报网、路透社网等为典型。也包括具有综合性新闻服务的大型门户性商业网站，比如中国的新浪网、美国 Yahoo 新闻等。

一　典型综合新闻网站举例

　　选取国内外主要传统媒体举办的综合性新闻网站，如表 14 - 1 所示：

表 14 - 1　　　　　　　　国内外典型综合新闻网站概要对照表

网站名称		上线时间	流量排名		相关媒体	主要特点
			本国	国际		
国内	央视网（cntv. cn）	1996 年 8 月上线取名为央视国际网（cctv. com），2009 年与 cntv. com 合并	73	436	cctv. com、中国广播网	建有亚洲最大视频数据库，包括 CNTV 历年 50 万小时的镜像，有 41 个上星卫视新增加的视频资源，拥有 90% 的视频资源的网络转播和直播权。

续表

网站名称		上线时间	流量排名		相关媒体	主要特点
			本国	国际		
国内	人民网（People. com. cn）	1997 年 1 月	34	222	人民日报、环球网、中国共产党新闻网	品牌栏目强国论坛、强国社区，具有高度官方权威性。
	新华网（news. cn）	1997 年 11 月	29	160	新华社、新华日报、半月谈	拥有官方通信社资源，在海内外具有重大影响力。
国外	美国有线电视新闻网（cnn. com）	1995 年 8 月	16	53	美国有线电视新闻网（CNN）	被称作是互联网上第一个新闻网站，可以做到每天二十四小时的全球直播新闻报道。
	纽约时报网（nytimes. com）	1996 年 1 月	28	83	《纽约时报》、波士顿环球网（www. Boston. com）	编辑方针沿袭《纽约时报》所谓"客观、公正、全面、独立的超党派立场"方针，报道权威性较高、网页较庄重。
	路透社网（reuters. com）	2000 年左右	171	214	路透社	除提供新闻，还提供工具和平台，90% 收入来自金融服务业。

注：本表的流量排名是按照 alexa. com 网站 2011 年排名数据整理。

表 14 - 1 显示，虽然我国在报刊、电视、通信社等媒体发展上，起步较欧美发达国家较晚，但新闻网站起步并不太晚于欧美发达国家，但在流量排名上较后，国际影响力较弱。

美国作为互联网和新闻网站诞生最早的国家，新闻网站发展至今已经形成成熟、稳定的特点。而在这些特点的背后，反映的是美国社会市场经济的发达，管理制度的健全。

二 CNN 网与 CNTV 网比较

1. CNN. com 与 CNTV. com（CCTV. cn）简介

（1）CNN. com 简介

CNN 原本是美国有线电视新闻网 Cable News Network 的英文缩写，于 1980 年创办，目前为时代华纳所有，公司总部和播报室位于美国佐治亚州亚特兰大。1986 年它成功地现场报道了美国航天飞机挑战者号失事的实况，1989 年它广泛报道了苏联和东欧的政局动荡，1991 年海湾战争中，迅速、及时、详尽地报道了多国部队在伊拉克的"沙漠风暴"行动，成为各国首脑和舆论界了解实际战况的主要渠道，从此奠定了作为世界性新闻电视网的地位。

CNN 已经发展为拥有 15 个有线和卫星电视频道网络（如 CNN 头条新闻和 CNN 财经），12 个网站，两个当地电视网络（如 CNN 机场网络）和两个广播网络。CNN 在全球还拥有多个地区和外语频道。早在 2002 年前后，CNN. com 每月平均有 5000 万个新闻视频节目，每月有平均 2400 万人次的访问量，成为仅次于 MSNBC 的三家访问量最大的有线新闻网站之一[①]。据国际网站排名机构 ALEXA 的数据，目前，CNN 的网站全球日点击量在千万以上。[②] CNN 网站经过十几年的发展，一直牢牢占据电视媒体网站前十名的位置。

（2）CNTV. com（CCTV. cn）简介

CNTV. cn 是中国网络电视台（CNTV），由央视网（CCTV. com）演变而来。

中国中央电视台是中国重要的新闻舆论机构，也是当今中国最具竞争力的主流媒体之一。CCTV 具有传播新闻、社会教育、文化娱乐、信息服务等多种功能，是全国公众获取信息的主要渠道，也是中国了解世界、世界了解中国的重要窗口，在国际上的影响正日益增强。

1996 年 12 月，CCTV 建立自己的网站——央视网，域名为 CCTV. com，是中国最早发布中文信息的网站之一，拥有新闻采访、报道和评论的权利。为实现融合"电视"与"网络"的双重特性[③]，中国网络电视台（CNTV）于 2009 年 12 月 28 日开播，域名为 www. cntv. cn。2010 年 7 月，央视网全面并入中国网络电视台，CNTV. cn 与 CCTV. com 当年 5 月合并，两个域名将同时指向 CNTV. cn，而央视网成为 CNTV 的一个子品牌。

目前，CNTV. com 已建成亚洲最大的视频数据库，包括历年 50 万小时的镜像，还有现在 41 个上星卫视新增加的视频资源，90% 的视频资源它都

---

① 高振强：《全球著名媒体经典案例剖析》，中国国际广播出版社 2002 年版。

② 刘笑盈：《国际电视的开创者——美国有线新闻网（CNN）》，《对外传播》2009 年第 7 期。

③ 《央视操办国家网络电视台：实行台网捆绑模式》，《中广网》2009 年 10 月 12 日。

拥有网络的转播和直播权。[①] 该网站以视听互动为核心、融网络特色与电视特色于一体的全球化、多语种、多终端的公共服务平台。将充分发挥电视平台和网络平台的双平台的优势，对国际国内重大政治、经济、社会、文化、体育等活动和事件以网络视听的形式进行快速、真实的报道和传播；同时着力为全球用户提供包括视频直播、点播、上传、搜索、分享等在内的、方便快捷的"全功能"服务，成为深受用户喜爱的公共信息娱乐网络视频平台。

2. CNN. com 与 CNTV. com 网站比较

（1）CNN. com 与 CNTV. com 定位比较

CNN. com 在开办之时，就十分明确首批受众主要是政治家、企业家和中产阶级。[②] 具体而言，"与网络的紧密结合、新闻的及时性、事件的深度报道"[③] 是该网站鲜明的定位以及借以标榜自己的传播优势。

该网站像 CNN 电视新闻一样能够更加有效与快速地实现其宣扬政府政策、为政府制造和引导舆论的传播功能，同时还体现在总体信息框架上的综合性、政治性。CNN. com 在全球网站访问量中居第 54 位，在全美新闻网站中访问量和影响力列于首位[④]，与《纽约时报》、《华尔街日报》、《华盛顿邮报》等报社网站相比，其网站首页的功能定位更加明确，新闻意识也更加清晰。

CNTV. cn 以中国的央视强大资源为依托，集新闻、信息、娱乐、服务为一体，打造具有视听、互动特色的综合网络媒体。[⑤] CNTV. com 的定位很明确，"传播中国，了解世界"。中国作为正在崛起的最大的发展中国家，随着经济各方面全球化程度的不断加深，中国人对于世界的了解与认识需要越发迫切。同时，在与世界各国经济政治诸多方面的碰撞与融合中，摩擦难免，世界也需要从政治、经济、文化各方面，看清一个真实、客观、全面的中国。CNTV. com 无疑正在朝着这些目标实现其传播功能。

（2）CNN. com 与 CNTV. com 信息架构比较

网站信息构架主要从首页导航系统、首页内容布局来考查。

---

① 百度百科：http: //baike. baidu. com/view/28226. htm。
② 邓涛：《CNN 的媒体运作之道》，《现代视听》2008 年第 11 期。
③ 杨凯：《CNN 定位策略分析》，《电视研究》2001 年第 9 期。
④ 施晓岚：《新闻网站首页导航与导向性的个案分析》，《新闻传播》2009 年 8 月，第 84 页。
⑤ 百度百科：http: //baike. baidu. com/view/3116625. htm。

　　CNN 网站的导航设计简约，视觉上满足了受众的心理审美需求，内容分 14 大类，突出政治、国际、视频、网民报道。而 CNTV. cn 的导航则比较均衡，内容主题设 12 个大分类，导航设计上以红色字体标示。具体对比如表 14 - 2 所示：

表 14 - 2　　　　　CNN. com 网站与 CNTV. cn 的导航设计对比

网站	导航设计	政治综合导航信息	科技经济类导航信息	生活类导航信息	其他	网民互动
CNN	简约，红白	美国、世界、政治、司法	科技、货币	娱乐、健康、生活、旅游、体育	视频、新闻脉搏、观点	我报道
CNTV	多层，黑灰红	新闻（经济、评论、法制、军事）	科教、财经	剧场、赛事、游戏、综艺	电视（含直播点播、时间表、导视）	博客、社区

　　首页内容分布对比发现，CNN 网站首页的新闻比重高于 CNTV 网站，显示了 CNN 具有更多的新闻性，如表 14 - 3 所示：

表 14 - 3　　　　　CNN 网站首页信息框架和导航栏示意图

CNN（LOGO）（还包括版本、登录、注册等信息）			
导航条（首页、视频、新闻脉搏、美国、世界、政治、司法、娱乐、科技、健康、生活、旅游、观点、"我报道"、货币、体育）（14 个）			
今日头条	图片新闻	广告、服务专栏（Facebook 热点、当日天气和新闻、新闻脉搏、体育资讯、市场动态）	
其他最新新闻	Featured 专栏（配图片）		
CNN 视频节目 "From our shows"			
U. S.（美国）	World（世界）	Business（商业）	快速投票区 "Quick vote"
Politics（司法）	Entertainment（娱乐）	Health（健康）	
Tech（科技）	Living and Eatocracy（生活）	Opinion（观点）	热点话题排行 "Hot topics"（热点链接）
Sports（体育）	Entertainment Weekly（娱乐）	Travel（旅游）	
CNN 电视节目预告 "CNN TV"			
CNN 活动宣传、栏目推荐或广告展示			
底部导航区、版本、分类广告入口			

图 14 – 1　CNN. com 部分页面截图

如图 14 – 1 所示，CNN 网站在设计上凸显了网站的高度新闻性。CNN. com 网站首页内容板块按照导航条上的分类划分整齐，除部分电视节目配有图片外，其他新闻版块里都没有配图，使页面简单明了，清晰自然。首页页面下端链接的大多是和分类主题相关的新闻信息。CNN 网站如此设计，充分体现了网站高度的新闻性，使其新闻传播效力无孔不入。

观察"CNN. com 首页版块设计及信息架构示意图"，可以看出，CNN 网站首页基本被黄色和灰色字版块所占据，而这些版块提供的内容都是相关主题的新闻链接。这当然和 CNN 的定位分不开，CNN 创始人特纳在创办 CNN 之初，就宣称要办一家"预报时代风云"的公司，新闻是 CNN 的唯一主打内容。

与 CNN. com 相比，CNTV 网站新闻性内容的比重相对要少。CNTV 网站首页除了有专门的"新闻"板块以及新闻性不够强的滚动图片区之外，首页的大部分区域被电视剧、纪录片、展播资讯、体育赛事、动漫游戏等新闻性不高的内容所占据。同时。CNTV 首页罗列栏目过多，各栏目内容链接烦琐，各栏目图片数量过多，导致网站首页页面过于丰富（远远大于 CNN 网站页面），重点内容难以突出。如图 14 – 2、图 14 – 3 所示：

（3）CNN. com 与 CNTV. cn 内容特色比较

第一，CNN 网站以新闻报道为重点，CNTV 网站则新闻与信息服务

图 14－2　CNTV. com 首页导航截图

图 14－3　CNTV. com 部分页面截图

均衡。

　　CNN. com 首页突出最新的资讯，强调突发新闻，每日更新一个"头条报道"，例如，2011 年 7 月 26 日更新的网页头条关注的是"美国债务谈判"国内政治事件；位于导航栏中间上方的是一张大号图片附加简介文字即"图片新闻"，点进去是图片新闻或视频新闻，如图 14 - 4、表 14 - 4 所示：

图 14 - 4　CNN 网站首页截图

表 14 - 4　　　CNN. com 首页一周图片新闻、头条报道标题和主题

日期	图片新闻		头条报道	
	标题	主题	标题	主题
2011 - 07 - 27	Breast ironing targeted in cameroon	国际	House vote on Republican debt plan set for	国内政治
2011 - 07 - 29	Libyan rape accuser arrives in U. S.	国际	Vote stalls on GOP debt plan	国内政治
2011 - 07 - 31	Obama：we have a deal	国内政治	Congress must still weigh in	国内政治
2011 - 08 - 02	Gifford casts first vote since shooting	国内政治	House OKs debt ceiling bill	国内政治
2011 - 08 - 04	Partonsorryfor Dollywood incident	国内娱乐	Congress doesn't care, 'says jobless FAA employee	国内政治
2011 - 08 - 06	Dry economic numbers mean real human plan	国内经济	London crowds burn cars, buildings to protest slaying	国际安全
2011 - 08 - 08	Crash highlights U. S. special forces	国际	Asian stocks dip after U. S. credit downgrade	国际经济

说明：本表的资料数据取自 2011 年 7 月 27 日—8 月 8 日（共 7 天）期间的 CNN 网站。

导航栏周围则是和用户相关性较高对于大多数用户都有价值的信息，如广告、股票、天气、最受欢迎的内容以及 Facebook 上面最新消息的链接。总之，CNN 网站页面首页的设计比较注意用户与内容之间的联系。

CNN 网站头条新闻报道和重点图片新闻报道主题是国际、国内并重，这与美国高度发达的市场经济、比较成熟的选举政治和政党体制有关。

CNTV 网站，从栏目布局来看，紧挨着导航条的两侧分别是当天精选的10 个特色节目或新闻专题预告栏，以图片滚动形式展示，以及最新热点新闻专题的提示及链接，以及热播电视剧的介绍及链接（如下图所示）。由此可以看出，CNTV 网站的内容和服务更加均衡。

就新闻报道而言，连续考查 CNTV 一周的图片头条、新闻区头条，如表14 - 5 所示：

表 14 - 5　　　　　CNTV. cn 首页一周图片头条、新闻头条标题与主题

日期	图片区头条		新闻区头条	
	标题	主题	标题	主题
2011 - 07 - 27	富士康：未来 3 年增百万台机器取代人工劳动力	企业	住建部官员：限购令年内不取消调控从严	房地产
2011 - 07 - 29	东盟海军司令聚焦越南谈南海	国际军事	国土资源部：违建高尔夫球场问题向全国蔓延	社会
2011 - 07 - 31	王毅访美主动出击谈对台军售	军事	红十字会总会捐赠信息平台上线运行，不能实时查询	公益
2011 - 08 - 02	红十字会：信息全部公开需时间	公益	铁道部：京沪高铁开通首月平均上座率107%	交通
2011 - 08 - 04	穆巴拉克铁笼内受审，否认指控	国际	国防部：日防卫白皮书渲染"中国威胁论"别有用心	外交
2011 - 08 - 06	台风梅花加速靠近山东半岛沿海	气象预警	央视批红会：借慈善行销售保险之实	公益监督
2011 - 08 - 08	柴静专访姚晨：一颗温暖的卤蛋	人物访谈	台风"梅花"加速靠近山东半岛沿海恐致百座水库超限	气象

说明：本表的资料数据取自 2011 年 7 月 27 日—8 月 8 日（共 7 天）期间的 CNTV 网站

较之 CNN 网站在版面重要位置更多关注国际国内政治经济问题，并且配有精美图片，CNTV 网站滚动图片区头条及新闻版块头条关注面比较广，有房产、公益、交通、气象，并且都没有相关配图（如图 14 - 5 所示）。

图 14 – 5　CNTV. com 部分页面截图

第二，CNN 网站报道范围宽、国际化程度高，CNTV 以国内报道为重。

不同的媒体，其编辑方针和报道视野是不同的，反应报道内容和主题上，存在很大的差距，当然，其中也有技术条件、媒体运营能力的因素。新闻网站也不例外，CNN. com 重点新闻版块关注的内容中，7 天 14 条新闻中有 5 条涉及国际，达到 35. 5% 的比重。可见，CNN. com 在立足国内新闻的基础上，其报道的全球视野很明显。但作为美国的传媒，某种程度上来说，即使是国际报道，也不可避免地会有"本土倾向"，或者说有着其自身的受众群定位。

传播学者麦克鲁汉曾提出"地球村"的概念，预言信息时代的到来。有人说，CNN 是真正把麦克鲁汉的地球村理论落到了实处的媒体。[①] 除国际新闻、重大新闻事件、头条新闻涵盖了世界各国的新闻外，其他新闻版块，如政治、娱乐等，都还是会以美国为主，或是以西方少数国家如英、美、法等为主。但其 CNN 作为一个成功的全球知名的新闻网站，相对于其他新闻网站来说，其新闻涵盖范围还是比较广泛和全球化的。

CNTV. cn 重点新闻版块所关注的内容中，就我们连续考查的 7 天 14 条

---

① 刘笑盈：《国际电视的开创者：美国有线新闻网（CNN）》，《对外传播》2009 年 7 月。

新闻中，有 2 条涉及国际，所谓"本土新闻情结"在我国新闻网站上体现得很明显。再如，CNTV"新闻"版块，2011 年 8 月 1 日上午关于"奥巴马宣布两党就提高债务上限达成一致"的一条新闻，排在中间链接新闻的第十位。而当日新闻版块的主要新闻链接，共有 56 条，国际新闻有 3 条。约占 5.4%。

第三，较之 CNTV，CNN 网站编排简洁、导航服务便捷、主题连接丰富。

CNN 网站版块分明、页面设计简洁，而导航栏目的链接内容丰富、形式多样。每个版块链接的网页中，新闻版块的设计风格与首页大同小异，只是内容分类不同。新闻网站上的新闻，往往是文字、图像和视频相结合。进行多媒体的报道。如图 14 – 6 娱乐栏目所示。

图 14 – 6　CNN "Entertainment" 频道部分截图

同主题新闻链接多、网民可获信息量大。以深度报道为例，CNN 网站深度报道特色主要有两方面：首先是深度报道新闻的数量多，其次是从不同的角度对一起重大事件进行分析，在整体上多维度、多侧面地报道新闻。CNN 网站专门设有 Specials 专栏，对社会焦点问题进行特别报道。而且，在报道新闻的过程中，网页上会配有精心选取的图片，让人更深刻地了解新闻背后的真相。许多新闻提供了大量的相关链接，让受众自己选择查阅，更全面地知道新闻，思考新闻事件。

第四，较之 CNTV，CNN 网站公民参与性强，互动性高，具有公民新闻网站的特点。

CNN 网站多处开设受众参与栏目。导航栏中"ireport"专栏，主要内容来源于网民，充分体现了新闻报道的公众参与性。"ireport"专栏主要包括三种形式，分别为"share"、"discuss"、"be heard"，如图 14 - 7 所示：

What is iReport?

Share
Tell a story, offer an opinion, say what's important to you.

Discuss
Join the conversation on the day's big issues.

Be heard
The best iReports get vetted and used on CNN platforms.

iReport is a user-generated section of CNN.com. The stories here come from users. CNN has vetted only the stories marked with the "CNN" badge. MORE...

图 14 - 7　CNN 网站 ireport 部分页面截图

Share 就是说出你的故事，提出你的观点以及它对你的重要性。Discuss 就是就一件事情进行讨论。Be heard 就是将选中的精彩内容展现在 CNN 平台上。

网民可以利用"ireport"的发布功能将内容上传到网站，可以是视频，也可以是音频、图片和文字以及故事和经验。所以，ireport 具有突出的公民新闻特点，充分显示了 CNN 高度重视与受众的互动。

网站与网民之间、网民与网民之间互动突出。导航栏"评论"栏目及"Opinion"的二级页面呈现的新闻评论条数平均在 80 条以上，接近"美国"版块的新闻信息数量。具体见表 14 - 6：

表 14 - 6　CNN 网站首页导航栏目新闻信息数量统计示例　（单位：条）

首页导航栏目	内容	9 日	10 日	11 日
首页	各栏目信息精选	134	145	141
美国	将美国划分成东北部、南部、中西部、西部等板块呈现新闻信息	85	86	89
世界	世界各地新闻，划分有亚洲、美洲、欧洲、中东、非洲等板块	76	71	80

续表

首页导航栏目	内容	9日	10日	11日
政治	以国内政治新闻为主	72	65	70
司法	重大案件破获审理等新闻	78	75	75
娱乐	音乐、电影等娱乐新闻资讯	83	85	88
评论	最新的新闻评论信息	78	81	83
ireport	网民上传的自制视频短片	56	53	51
财富 "CNNMoney"	经济、理财等方面的新闻资讯	43	40	46

注：本表系根据 CNN 网站导航栏 2011 年 8 月 9 日、10 日、11 日三日信息资料数据统计的。

　　CNN 网站的"评论"栏目有自己的评论队伍，评论范围覆盖政治、经济、文化艺术，卫生保健、全球视野等众多方面。而且，针对每一条新闻报道，网民读完整篇报道后，可以留言，当然是需要经过注册，同时提供推特（twitter）、分享（share）、邮件传递等，也可以保存或者打印。CNN 网站首页右边栏下方，还有一个"Quick vote"小版块，是一个针对某一热点事件的投票区。

　　CNN 网站体现了较强的服务互动，如"新闻脉冲"（Newspulse）栏目，网民可以根据自己感兴趣的新闻主题，搜索出该主题下不同新闻的受欢迎程度，还可以看到该新闻被评论和分享的次数。这些版块的设置为受众与传播者之间交流搭建了很好的桥梁。受众在阅读新闻的同时，可以发表自己的观点，看各方对于新闻事件的看法，可以说是在互动中升华了对新闻事件的理解和思考。具体如图 14 - 8 所示：

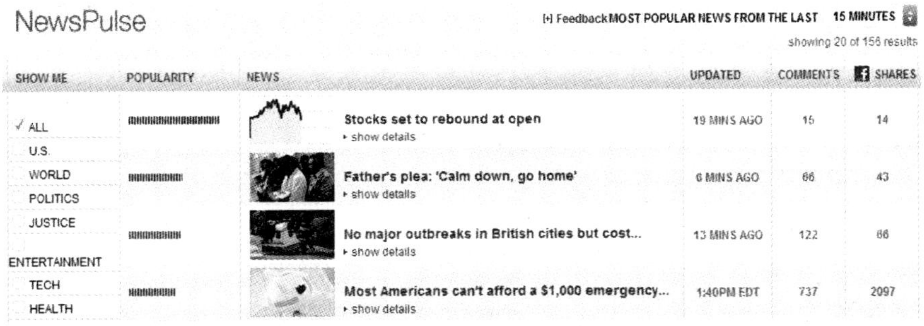

图 14 - 8　Newspulse 页面部分截图

第二节　典型专业新闻网站分析

专业新闻网站，指主要提供某一专门领域或者行业性新闻、资讯及服务的网站。专业新闻网站源于对专业新闻的报道，专业新闻报道是以遵循新闻采访报道的一般规律为前提，针对具体行业、专门领域的特殊情况、特殊现象、特殊要求，进行专业化的采访报道的新闻传播活动。一般认为，当某新闻网站对某一专业领域的报道超过本网站新闻报道量的60%，即可将视为专业新闻网站。

专业新闻网站因其专业不同分布领域广泛，最为常见的有以下几类：（1）经济类新闻网站，如美国华尔街日报在线、英国经济学人网站等。（2）政府官方网站，这类网站中外差别比较大，一般兼具门户网站和新闻网站特性，美国政府官方网站强调的主要是电子政务功能，我国则多以政府官方新闻发布为主，包括国家政府机构、政府动态、政策法规、公文公报等内容。（3）生活文化类专业网站，包括体育新闻网、时尚类新闻网、汽车新闻网、旅游新闻网、美食网等。（4）其他专业类新闻网站，主要指以上领域之外的专业性新闻网站，这类网站一般针对于小众群体，专攻某一领域。

一　典型专业新闻网站举例

1. 经济类新闻网站

经济类新闻网站相对于其他专业新闻网站发展势头较为强劲，世界著名的财经类媒体如 BLOOMBERG、《华尔街日报》、《经济学人》等均开有自己的官方网站。具体见表14-7：

表 14-7　　　　　　　　　　　境外主要经济类新闻网站举例

网站名称	所属国家及相关媒体	Alexa 全球排名	基本概述和特点
"华尔街日报"在线（WSJ. com）	美国《华尔街日报》	211	1996 年推出，目前，付费订户已超过百万。在《华尔街日报》和道琼斯通信社全球报道资源的支持下，具备了不间断更新以及全面覆盖全球商业新闻的特点，用户可随时查阅各类最新商业新闻和分析报道。除此之外，华尔街日报在线还提供独特的服务，诸如定制个性化界面和突发新闻邮件，以及为读者提供跟踪个人投资组合信息的功能

续表

网站名称	所属国家及相关媒体	Alexa 全球排名	基本概述和特点
BLOOMBERG 官网（bloomberg. com）	美国彭博资讯公司	426	全球领先的数据、新闻和分析的供应商，新闻服务及媒体服务整合在一个平台上为全球各地的公司、新闻机构、金融和法律专业人士提供实时行情、金融市场历史数据、价格、交易信息、新闻和通信工具
经济学人网（economist. com）	英国《经济学人》	1466	经济学人网站2004年创办，是《经济学人》纸媒的数字化和网络延伸，主要提供关注政治和商业方面的新闻，坚守超党派的立场，大多数文章写得机智、幽默，有力度

2. 政府官方网站

尽管政府官方网站发布的新闻信息量不大，但新闻信息依然是政府官方网站的主要业务，并且权威性很高。因而，研究新闻网站不能缺少对政府网站的分析。

随着网络传播力量的发展和受众阅读习惯的转变，各国政府都开始政府网络化构建，纷纷开办各国的政府官方网站。但由于定位和受众的差异，各国政府官方网站的建设模式和目标大有异同，访问数量也差异巨大。如美国政府网站，建设成为了在线电子政务平台，政府门户网站已经成为电子政务发展的一种基本形式，即通过一个门户网站可以进入政府的所有部门，或者可以进入任何一个由政府向用户所提供的服务项目①。我国政府网站倾向于新闻发布作用的门户网站。

表 14－8　　　　　　　境外部分国家/政府官方网站基本概况一览表

网站名称	所属国家	Alexa 全球排名	基本概述和特点
美国政府官网（usa. gov）	美国	7291	美国政府官方网站2000年开通，起初使用firstgov. gov域名，2007年1月更名为usa. gov，旨在打造利民的电子政务平台，针对不同的受众打造不同的栏目和服务
英国政府官网（Directgov）	英国	1359	2007年改版后成为英国政府两大门户网站之一，在该网站上可以找到所有的政府部门的信息和各种公共服务项目

---

① http：//www. alexa. com/siteinfo.

续表

网站名称	所属国家	Alexa 全球排名	基本概述和特点
加拿大联邦政府网 （canada. gc. ca）	加拿大	517	加拿大联邦政府官方网站，包含查阅部门、项目，提供服务等多方面内容，网站提供英语和法语版本
新加坡政府网站 （gov. sg）	新加坡	190448	新加坡政府门户网站力求打造以顾客为导向的服务型政府网站，主打电子政务，新加坡从1981 年开始发展电子政务，是开展电子政务较早的国家。目前，其电子政务的发达程度已备受世人瞩目

资料来源：2011 年 8 月 Alexa 网站数据。

3. 生活文化类专业网站

生活文化类网站涵盖范围广，特色鲜明，包含体育、汽车、旅游、时尚等多个方面，同时，如体育又包含足球、篮球等，每个方面都有其突出的网站。在此不逐一展开。

二　《华尔街日报》网个案分析

1.《华尔街日报》网站简介

《华尔街日报》在线（WSJ. com）以《华尔街日报》实体为依托，整合道琼斯通信社其他的重要商业、金融和科技等方面的资源，为用户提供专业全面，与商业或商业消费者相关的资讯。报道范围从工商领域扩展到商业、经济、消费者事务以及影响商业活动的"多少与谋生有关的一切方面"，"使日报成为商业、政府、法律、教育与政治人士，人人要看、想看与喜欢看的报纸，不管他们是经理、老板、小业主或中产阶级人士，只要看了日报都能受益良多，并兼得娱乐效果"①。

《华尔街日报》网于 1993 年正式启动。1996 年推出第一个栏目"金融与投资"，之后创建"网络听闻"频道，随后逐渐开始涵盖《华尔街日报》纸媒的所有版面——美国、欧洲和亚洲——的全部内容，以及道琼斯通信社实时新闻的大量内容。

网站拥有 1600 多名采编人员每天提供 1000 多篇稿件支持《华尔街日

---

① ［美］弗郎西斯·迪利：《华尔街日报》，张连康译，企业管理出版社 1998 年版，第 50 页。

报》网络版，使其在内容的深度和广度上远远超出竞争对手。该网站还提供数千家公司的深层次背景介绍以及大量特写，每天 24 小时更新。1996 年 8 月起《华尔街日报》网络版的订户每年需交纳 49 美元的订阅费。2002 年《华尔街日报》中文网络版正式与华文读者见面。2003 年 5 月，网络版第二个行业专栏"媒体和市场版"出台，专门面向广告、市场、娱乐和媒体行业的专业人士。两个专栏的订户可以浏览《华尔街日报》网络版的所有内容。2006 年 3 月 14 日《华尔街日报》网站再一次进行了全面改版。① 目前，《华尔街日报》在线（The Wall Street Journal Online at ）、《华尔街日报》中文网络版（The Wall Street Journal Chinese Online Edition）、《亚洲华尔街日报》（The Wall Street Journal Asia）网络版、《华尔街日报欧洲版》（The Wall Street Journal Europe）网络版②，与 MarketWatch. com、Barrons. com、Smart-Money. com、AllThingsD. com、FiLife. com、BigCharts. com、Virtual Stock Exchange 等构成《华尔街日报》数字大家庭，包含英语、中文、葡萄牙语、西班牙语、日语等多语种，针对不同区域特色发行，面向世界受众。

　　《华尔街日报》的编辑方针是，既要面向传统的工商读者，又要兼顾普通读者。作为一家严肃的报纸网络财经媒体，《华尔街日报》在线不仅继承了纸质版的优良传统，既不墨守成规，也不一本正经，兼顾报道的广泛性和可读性。在写作风格上，一直力求用简洁但绝非简单的语言，来说明复杂的问题，其中一个体现是以口语化的方式进行深度报道和分析，在内容上既大众化，又保持专业水准，而不媚俗。③ 同时，该网站还注意坚持加强多媒体形态的整合以及在线服务提供，专业突出，特色鲜明。

　　1996 年年底，《华尔街日报》网站的注册用户已达到 5 万人，1997 年年底，这一数量猛涨到 20 万。2000 年年底这一数字变成 40 万，2001 年年底则达至 60 万，2004 年第四季度中这一数字突破 73 万大关。到 2005 年上半年，付费订户已超过 76 万，成为全球最成功的付费新闻网站。

　　该网站目前世界排名第 210 位，在美国排名第 73 位，影响力大，覆盖

---

　　① 新华网：《〈华尔街日报〉网络版成功的背后》，http：//news. xinhuanet. com/newmedia/2006 - 06/09/content_ 4670407. htm，2006 年 6 月 9 日。

　　② 百度网：《华尔街日报》，http：//baike. baidu. com/view/144268. htm。

　　③ 明安香：《国外著名经济类报纸的成功经验及其主要启示》，《城市党报研究》2002 年第 2 期。

范围广。① 《华尔街日报》在线用户群主要集中在高学历、高收入的商业人士市场。②

2. 《华尔街日报》在线内容特色

（1）《华尔街日报》在线信息构架分析

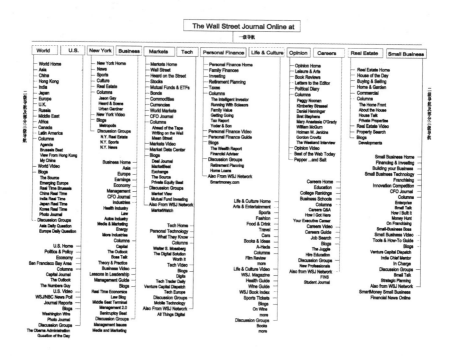

图 14 - 9　华尔街日报在线信息架构图

注：该图根据《华尔街日报》在线导航框架绘制，博客、专栏、讨论组下属子话题略有省略。

图 14 - 10　《华尔街日报》在线导航截图

---

① 信息来源于 Alexa 网站。

② 新华社：《〈华尔街日报〉的办报理念》，http：//news. xinhuanet. com/newmedia/2006 - 06/14/content_ 4696355. htm，2006 年 6 月 14 日。

第一，《华尔街日报》在线专业性强

包含了 World、U. S.、New York、Business、Markets、Tech、Personal Finance、Life and Culture、Opinion、Careers、Real Estate、Small Business 等 12 大类栏目，100 多个二级分类栏目，其中一级导航中的六大栏目与财经直接关联，其他栏目均包含财经信息，没有融入游戏、娱乐、聊天等多种功能，具有极强的专业性。

第二，重视国际化信息

《华尔街日报》在线设有国际专栏，除了关注国际时事之外，还设有世界市场子栏目，关注国际金融动态，引导和监督国际金融市场。国际版块包含 Asia、China、Hong Kong、Japan、India、Europe、U. K.、Russia、Middle East、Africa、Canada、Latin America、World Markets 等 13 个子导航，覆盖世界的各大洲以及主要国家和地区。洲际版块以财经新闻为主打（Business、Finance & political News），国家版块以本国的实时报道，不同国家和地区略有差异。以 China 与 Russia 子页面为例，中国子页面着重于中国本土新闻，2011 年 7 月下旬的头条持续关注中国温州动车相撞事件；而 Russia 子页面则将商业与金融信息及新闻置于首要地位，本土新闻次之。

第三，受众规模最大化

除了金融、财经商业新闻信息外，还包括房地产、科技、生活休闲、文化等，包含商业、经济、消费者事务以及影响商业活动的"多少与谋生有关的一切方面"①，通过全面的信息覆盖更多的受众群体。还通过 MarketWatch. com、Barrons. com、SmartMoney. com、AllThingsD. com、FiLife. com、BigCharts. com、Virtual Stock Exchange 等版块组合，构成"网中有网"体系，进一步扩大受众群体，使受众规模最大化。

第四，公众参与度高

《华尔街日报》在线在所有栏目下均设有博客（blogs）、专栏（columns）和讨论组（disgussion groups），并且数量从几个到十几个不同，据统计，一级导航下直接连接的博客话题数达 42 个，专栏数达 66 个，讨论组达

①　［美］弗郎西斯·迪利:《华尔街日报》，张连康译，企业管理出版社 1998 年版，第 50 页。

21 个，受众具有高度得发言权和参与度。具体见表 14 - 9：

表 14 - 9　　《华尔街日报》在线导航下属博客、专栏、讨论组数据统计表

栏目	博客话题数	专栏数	讨论组话题数	总计
World	8	5	2	15
U. S	2	3	2	7
New York	1	3	3	7
Business	5	4	2	11
Markets	5	4	2	11
Tech	4	4	1	9
Personal Finance	2	7	2	11
Life&culture	9	14	4	27
Opinion	0	9	0	9
Careers	2	3	1	6
Real Estate	1	4	0	5
Small Business	3	6	2	11
合计	42	66	21	129

第五，注重网站用户的使用满足感

在内容上，《华尔街日报》在线涵盖了包含商业、经济、消费者事务以及影响商业活动的"多少与谋生有关的一切方面"① 内容，首页涵盖所有栏目版块，并且设置了今日头条、今日要闻以及当日重要的金融数据动态，最大限度满足《华尔街日报》在线主要受众的内容需求。

在功能上，《华尔街日报》在线提供了用户注册及订阅功能，提供搜索操作，还为用户提供聚合信息服务（RSS），除此之外，该网站还为注册用户提供独特的服务，诸如定制个性化界面和突发新闻邮件，以及为读者提供跟踪个人投资组合信息的功能等，满足用户主要功能需求，同时通过首页今日要闻、编辑推荐、最受欢迎专区等版块帮助用户进行议程设置。

---

① ［美］弗朗西斯·迪利：《华尔街日报》，张连康译，企业管理出版社 1998 年版，第 50 页。

在视觉上,《华尔街日报》在线的首页布局采用了上中下,中分左右框架,在内容的分布上采用了经典的"F"型结构,着重于用户体验,结构契合人的阅读习惯,给人们带来视觉和心理上的愉悦效用。美国著名的网站设计工程师杰柯伯·尼尔森发布《眼睛轨迹的研讨》报告中指出人们大多不由自主呈现一"F"字母形状模式浏览网页。《华尔街日报》在线将日报的标识(logo)及今日头条放在了左上角的位置,加上导航组成了"F"的第一条横线,同时将重要的信息放在整体页面偏上方的,紧接导航的位置,如市场数据版块,这是"F"的第二条横线;页面左侧包含除头条之外的网站的全部一级导航版块,契合了"F"竖线形状。同时,沿袭母报灰色主调,搭配橘红装饰色以及深蓝字体色,整体严谨、大方而不单调。

(2)《华尔街日报》在线内容版块分析

《华尔街日报》在线实施受众细分策略,根据地理因素、专业统计、心理动机等,设置国际、美国、纽约、金融、科技等十二个栏目,并在每个版块里设置衍生专题,进行信息的二次归类、整合,实现信息的准确投放。

表14-10　《华尔街日报》版块分类及基本要素统计表(2011年8月8日)

按消息性质分类	版块名称(中英文)	主要的内容主题	日更新量	报道最多的内容
新闻类	国际版块(world)	洲际财经新闻、他国实时报导、国际金融市场动态(提供国际金融市场数据查询服务)	约200条	各国重大时事及金融信息
	美国版块(U.S.)	美国境内重大新闻,涉及政治、经济、文化等多个领域	约150条	奥巴马与经济相关活动,境内政治
	纽约版块(New York)	以报道纽约市际新闻为主,兼顾体育、文化、房地产、食品等多方面信息	约120条	体育文化新闻以及纽约市新闻
	商务专栏(Business)	包含各行业商业信息、法律以及国际金融信息	约50条	商业投资、风险等
	金融市场(Markets)	提供权威、专业的金融市场数据,同时与其他网站链接,打造网中网格局	约100条	国际金融信息及金融市场数据
	生活与文化板块(Life & Culture)	涵盖生活文化的诸多方面,例如旅游、文艺、食品、时尚等	约80条	体育与文化
	观点(Opinion)	包括 Leisure & Arts、Book Reviews 等五个版块,主打评论和名家专栏	15—20条	关于AAA及美国降级

续表

按消息 性质分类	版块名称 （中英文）	主要的内容主题	日更新量	报道最多的内容
服务类	科技版块 （Tech）	商业科技，包含个人科技，提供相关科技教学服务等	约30条	高新科技及高科技公司动态
	个人理财 （Personal Finance）	为注册用户提供独特个人投资组合信息的功能及相关理财信息	约10条	个人理财投资信息
	职业生涯 （Careers）	包含新闻、教育、管理等多个方面信息，同时提供就业信息查询功能	约10条	教育
	房地产（不动产） （Real Estate）	世界地产新闻、世界及美国房屋的出售、出租、拍卖等信息的搜索功能	约20条	世界顶级豪宅信息
	中小型企业 （Small Business）	含相关新闻，小型企业或者业务的融资投资、构建、技术等多方面信息，提供业务买卖、商业机会搜索等功能	约30条	投资、组建策略等

表 14-10 显示，《华尔街日报》在线新闻类版块的更新量明显高于服务版块，国际新闻及金融信息更新量大，注重财经媒体专业性的同时注重国际性打造。主题分布情况是，《华尔街日报》在线网站财经内容占绝对主导地位。在 12 个一级版块中，国际、国内经济类居首，占 11 个；其次是文化类，有 7 个相关页面；政治为 5 个。二级版块中，财经类占 46 个，文化相关的 36 个，除生活与文化一级版块下的子页面与文化的关联大过财经类之外，其余均以财经信息为主，政治只有 18 个。从新闻更新量来看，国际版块的新闻报道更新量达 200 条，居各个版块之首。

《华尔街日报》在线网站绝对以财经内容为主导，强调专业性和国际性，与《华尔街日报》在线网站定位于国际权威性、专业性财经性信息与新闻集合网高度统一。

3.《华尔街日报》在线报道特色（以日本地震报道为例）

（1）《华尔街日报》在线的财经报道类型：

信息发布类：《华尔街日报》在线每日发布道琼斯公司编发的股票指数，包括美国地区股票指数、货币市场、外汇汇率以及美国以外地区的股票指数、银行间汇率和交叉汇率。它是反映美国金融市场变化的最敏感的晴雨表，也是观察全球市场变动、进行投资活动的最重要的参照系。除提供此类信息外，《华尔街日报》在线还发布当日重要财经新闻，包括美国及国外金融市场信息、跨国企业动态、高科技股的走势，等等。

分析评述类：面对诡谲多变的金融市场，《华尔街日报》在线记者总能以特有的职业嗅觉抓取那些人们普遍关心并亟待解决的问题做文章。这些量大质优的信息不但告诉人们发生了什么，同时也提出了一种参考，提供了一种选择。它在很大程度上起到释疑解惑的作用，有助于消除决策中的不确定因素。

深度发掘类：当某一金融事件尚处于萌芽状态时，《华尔街日报》在线记者不但能够以高度的新闻敏感将其披露出来，进行跟踪报道，而且能够深入现象背后，挖掘深层原因，对肇事企业的弊端以及政府在财政金融监管中的疏漏进行鞭辟入里的分析。

全球纵览类：《华尔街日报》在线不但对国内金融市场保持着高度的敏感性，而且网站设栏目专门（如 World Markets）对全球范围内的资本流动给予了极大的关注。[1]

（2）《华尔街日报》在线日本大地震报道

日本大地震报道概述：

北京时间 2011 年 3 月 11 日 13 时 46 分，日本东北部宫城县以东的太平洋海域发生里氏 9.0 级大地震，震源深度为 10 公里，之后 3 日内引发 168 次 5 级以上余震，并引发了海啸、核电站辐射危机，形成了巨大的灾难。在此次灾难中，已确认 14704 人遇难，10969 人失踪。大地震引发核电站事故，福岛核电站 1、2、3、4 号机组接连发生事故后，日本各地均监测出超出本地标准值的辐射量。

此次大地震为日本百年难遇，引起了全世界媒体的关注，《华尔街日报》在线在 3 月 11—25 日两周内发布的关于日本大地震的新闻多达六百多篇。

报道体现经济新闻网站的专业性

《华尔街日报》在线报道主要以日本灾难受害者作为报道主体，兼顾日本经济及其带给世界经济的影响。灾难发生第一天报道数量最大，二三日开

---

[1]　程曼丽：《从〈华尔街日报〉电子版看美国媒体对金融市场的监督引导作用》，《中国记者》2002 年。

始持平，经济视角的报道比重最大。

3月11日，大地震发生，《华尔街日报》在线第一时间发简讯，实时报道地震情况。在简要报道地震情况与日本政府应对措施后（1小时以后），马上转入地震对油价、股市及未来经济影响等话题。随后五天网站头版，每天整版报道日本地震。《福岛县被疏散民众生活条件恶化》，直击日本地震的现状，给读者带来很强的现场画面感。《日元周一或将进一步走高》，预测日本经济对日元的影响。《日本地震对全球股市意味着什么?》，继续从经济角度分析日本地震的影响。随后报道《日本核电站危机加剧》，使日本地震报道进入新的报道高潮。随后报道《香港母亲的震后回家路》，对个体的人文关怀，直击在日本的外国人撤离情况。接着报道《爱犬海啸求生记》一文，在这么沉痛的灾难面前，还能关注到一个小动物的生命，让读者感受到别样的温情，而不单单是灾难的悲壮。《华尔街日报》在线在本次重大事件报道中体现了独特的编辑方针策略。

报道形式丰富多样，注重人文关怀

《华尔街日报》在线报道形式多种多样，不但有消息，还有通信、特写、速写、记者手记、解释性报道等，更有深度的评论和分析，如3月11日的报道"Analysis：What the Japan Earthquake Means for Insurance Markets"，配有较多的新闻背景资料，现场视频等，对于了解整个地震很有帮助。再如《日本大地震：东京音乐停止的刹那》，以一个歌手在东京巡演时的亲身经历为线索，讲述地震时人们的反应和心理，通过小人物的描写展示大地震对日本人民的影响。

对于灾难性事件的报道，《华尔街日报》在线不仅以人文关怀的高度来予以同情、关切式的报道，同时以专业的财经角度从日本大地震对于股市、世界金融影响等进行了深入的分析和挖掘，更注重从"How"和"Why"方面来阐述新闻事件，使得报道显得更好看或更具有深度，从而更能引起读者的兴趣。[1]

---

[1]　凯迪社区：《〈人民日报〉和〈华尔街日报〉的对比分析》，http：//club. kdnet. net/dispbbs. asp? boardid = 24&id = 7517266&page = 1&1 = 1JHJ7517266。

三　启示与建议

1. 把握好专业定位，做好专业性和综合性的有机结合，提高内容质量，增强新闻传播价值导向性

在打造网络时代财经竞争力方面，"《华尔街日报》在线"非常重视发挥公信力强、内容定位准、采写编排精、内容含金量高的优势，把竞争重心引向新闻价值、参考价值、可信度、可读性等方面，通过高质量信息吸引受众群，稳固受众群，增强新闻传播的价值导向性、权威性，从而影响社会经济领域的意识形态。

对于国内财经网站而言，具体有以下几点值得借鉴：

一是坚定"内容为王"的信念，把增强"独家性"、"不可替代性"作为内容建设的根本方向，尽量避免在"快"和"全"上与互联网竞争，而是着力提供有深度、有见地的差异化的内容，以报道的"含金量"和"发现力"来体现价值。一方面，要把基于过硬的财经专业能力的精到解读和透彻分析，作为增强"不可替代性"的"常规武器"；另一方面，要恪尽社会"看门狗"的职责，从促进市场公平、透明和高效的角度出发，大力捕捉监督性题材，挖掘调查性新闻，以此作为突显"独家性"、扩大影响力的"核武器"。

二是始终以用户为中心，把提高可读性作为内容建设的永恒追求之一。财经新闻应尽量做到报道内容的专业与写作语言的通俗相结合。新闻要实在，要"硬"；写法则要活泼，要"软"。新闻即人闻，商业财经新闻的写作要力避"围着数字转"、"见事不见人"。要让新闻因人而生动起来。要以有细节的故事去吸引读者，以不囿于常规的写法去打动读者。记者要成为读者的代理人，代表他们去看、去听、去接触、去记录，要以理性的头脑和感性的笔触，去让读者既"身临其境"又"旁观者清"[1]。

2. 加强"报网互动"建设，扩大受众群，发挥好经济领域的社会监督和引导作用

"报网互动"不是"网＋报"的简单组合，而是静态新闻向动态新闻的

---

[1]　秦新安：《网络时代的财经报纸——华尔街日报的启示》，《新闻大学》2010 年第 3 期，第 112—142 页。

转化，文字新闻与视频新闻的融合。其实质是通过不同的渠道相互配合、相互补充，覆盖更多的受众群体，使得同样的信息可以分散到不同的受众群，从而使得受众容易对某个经济现象达成统一社会共识，加强"报网互动"有利于加强媒体本社的传播力量，强化传播效果。《华尔街日报》"相互嵌入，互为延伸"的报网互动带动了整个报媒的发展，使得传统报纸的竞争由报摊市场转向网络市场，对世界经济体系发挥更重要的监督和引导作用，对我国的报网互动具有重要的借鉴意义。

一是以内容为核心，报网一体，实现报网互补、报网互动。一方面，由于读者结构的老年化以及互联网的冲击，传统的报纸正在以越来越快的速度失去年轻的读者，这是传统报纸面临的巨大难题。报纸的"网络出版"则有望彻底改变这一被动局面，网络版为报纸吸引和稳定大批年轻读者，同传统报纸形成优势互补，扩大受众群体。另一方面，数字化报业是一个以内容提供者作为立身之本的强大数字化信息平台。内容的采集、核实、归类、分析，都是传统报业的优势所在，特别是在中国政治环境中，传统媒体在内容的采集上具有绝对的排他权利，有利于以报纸为依托的网站内容的独家性，从而吸引更多读者。

二是内容应成为"报网互动"中的主导力量，而非技术。"《华尔街日报》在线"其内容已远远超过其纸质母报的容量，而且报纸开办的网站也增加了许多超越传统报纸功能的信息和服务项目，都是报纸信息传输功能的扩展，使报纸实现其朝综合信息产业集团方向发展的目标。传媒产业讲究"内容为王"，而非"技术至上"，当前日益成熟的网络阅读技术，完全可以为我国报纸的数字化建设提供可取的传输途径，关键是报纸要用自身的信息内容优势去驾驭它，而不能被技术牵着自己的鼻子走，使内容反而成了技术的"附庸"①。

3. 加强 RSS 聚合信息服务建设，打造多维信息传播渠道，深化栏目品牌

RSS 服务具备来源多样的个性化"聚合"特性，信息发布及时、低成本、无"垃圾"信息、便利的本地内容管理等特性，是目前使用最广泛的

---

① 杨容、何宏颖：《〈华尔街日报〉的报网互动研究》，《域外》2010 年第 11 期，第 126—127 页。

资源共享应用，被称为资源共享模式的延伸，因此其实质是通过 RSS 服务，使得已有的资源更加高效、快捷、低成本地覆盖更多受众，聚合人气，有利于具备 RSS 服务信息以自身品牌形象传播，以及社会共识的达成。

中国网络新闻媒体内容同质化严重，而 RSS 技术可以自动浏览和监视指定网站的内容，将这些网站的内容定时传送给用户。用户利用 RSS 阅读器就可以方便地读到送上门来的新闻，而无须到各家网站逐一浏览。在做深入、透彻的金融财经专业报道这方面，"《华尔街日报》在线"不惜人力、不惜工本、不惜篇幅，力求从各个方面、各个角度深入报道、分析金融财经领域，充分满足读者的需要。比如，可以在"企业/公司聚焦"栏目中，每天一个案例，一个公司一个行业地深度报道和分析业界竞争态势和公司战略，探讨其问题所在和成功途径。由此我们可以看到，加强 RSS 信息聚合服务，有利于打造新闻板块核心竞争力。[①]

4. 加强专业新闻网站的用户体验设计，注重受众参与，强化传播效果

一是加强专业新闻网站本身的动态体验、页面设计以及架构设计。保证网站界面的友好性，内容布局的合理性，符合人们的阅读习惯。如《华尔街日报》采用了经典的"F"结构布局。保证每个页面都能点击，包括网页的动画或者所有该具备链接的地方，让用户知道自己身处何处，避免用户因无法点击引发不良情绪。经济类网站由于其专业性，注意页面的简洁和庄重，不宜分类过多，内容过杂地堆砌。加强内容的多媒体显示，如加入交互性强的图表或者图片、动画等，注意图片或者动画选择与文章的关联性，使用户获得视觉满足感。

二是加强受众参与。打造多受众的参与渠道或平台，例如设置博客、微博、评论、留言板、投票功能等，尽量简化注册程序，或者不注册，让来网站的用户都能够轻松地留下想要说的话，表达自己的观点或者意愿，形成良好的互动，使用户在内容满足的同时，获得参与满足。

---

① 刘策：《〈华尔街日报〉信息聚合服务成功实践分析》，《电子商务》2007 年 7 月，第 53—57 页。

第三节　公民新闻网站分析

一　公民新闻网站概述

"公民新闻"来自英文 Citizen Journalism①，也指一种新型的新闻网站。概念产生于 20 世纪 90 年代的美国，至今尚未有一个权威的定义。根据《维基百科》②的解释："公民新闻"也称为"参与式新闻"，它是公民"在搜集、报道、分析和散布新闻和信息的过程中发挥积极作用"的行为。这里的"公民"，主要指一般的网民，即非媒体专业人员。也就是网站的主要内容不是由经过培训的专业记者采写，而是由普通的大众网民担任记者来提供，每个公民记者都可以提供网站内容，甚至参与编辑，同时新闻报道的文体也极具灵活性，网站内容由专门的网站编辑人员进行把关以保证新闻的质量。

全球第一家成功的公民新闻网出现在韩国，即"韩国公民新闻网"（ohmynews. com），该网站创办于 2000 年。著名的德拉吉报告（drudgereport. com）也是"公民新闻"。2006 年 12 月，雅虎网站与路透社合作推出一个称作 YouWitnessNews（你目击的新闻）的栏目，可以让新闻目击者上传照片或者视频短片，由路透社负责对公众提交的新闻进行选择、编辑，并提供给其他新闻媒体。以该事件为标志，网络巨头与老牌传统媒体开始携手涉足"公民新闻"这个全新领域。

美国新闻记者麦克拉伊认为，"公民新闻"优势在于人们是从内部而不是从外部来了解事物，因此人们就得到了一个完全不同的视角。在很多情况下，人们还可以从亲身经历事件的人那里得到现场照片和视频。这和专业摄像师从外

---

① Citizen Journalism 这个英文名词，学界目前尚无一致的中文译名，如译为"国民新闻学""公民新闻""市民新闻"等。大多数学者主张将 Citizen 译为"公民"："国民"是个总体的概念，而"公民"则是个性化的概念，"市民"则无法涵盖"村民""农民"等，因此"公民"更符合 Citizen Journalism "草根新闻"的精髓，"公民"亦较"国民""市民"更准确地反映了 Citizen 的法律内涵。Citizen Journalism 可直译为"公民新闻"。

② 《维基百科》是以维基技术为基础的新型的网上百科全书。参见《对外大传播》杂志 2005 年第 10 期《网络传媒的新天地》一文。

部得到的画面是完全不一样的。但是，西敏斯特大学的新闻专业教师莎利·菲尔德曼认为这一说法有些言过其实。她认为："这是在新技术的帮助下产生的演变，但是新闻的角色肯定没有发生变化，只不过有了一个新的资源而已。"公民新闻只是业余新闻报道的一种新说法。职业记者必须处理那些来自网络的文章和照片，综合相关材料，使之清晰明了，但这并不否认公民新闻的存在。

在我国，通信员、自由撰稿人等也具备了一定的公民新闻形态[①]。我国"公民记者"的雏形可以追溯到新闻线人。通信员和自由撰稿人都需要一定的政治水平和文化水平，在一定程度上，还是一种精英行为，而新闻线人则真正开启了普通民众参与新闻报道的大门。稍有一点新闻敏感，加上较强的传播意识，就可以成为一名新闻线人或报料人。20世纪90年代末，《羊城晚报》等传媒开始向社会征集"猛料"、开通"报料热线"，并对报料人付以薪酬。此后，开通新闻热线、通过线人有偿征集新闻线索，从而扩大新闻来源，扩大社会新闻的报道面，是全国都市报、晚报和电视台的流行做法[②]。比如，北京电视台借助奥运宣传的契机，于2005年举办了"看北京、游北京、拍北京"百名DV使者北京行大型采访活动，让老百姓用手中的DV拍摄下身边的事情，定期在《身边》栏目播出。时至今日，新闻线人已经发展成为一种新兴的职业，有的地方甚至出现了专门的新闻线人公司。这已经具备了公民新闻的诸多特点——由非专业人员拍摄、制作，电视台负责编排和把关。

互联网助长了"公民新闻"的发展。除了Yahoo、CNN等知名网络媒体开办有公民新闻板块外，现在互联网上已经有相当多成功的公民新闻网。如美国人凯文·罗斯创办的Digg. com，再如"我们的媒体"网站（www. ourmedia. org），等等。英国伦敦地铁和公共汽车爆炸案，很短时间内，BBC、ITV、《卫报》（Guardian）等英国主流媒体就陆续收到了来自公民的爆炸图片和录像片段。大多以手机拍摄，通过电子邮件传到媒体网站邮箱，或者通过博客网页直接将这些图片、录像片段以及现场所见所闻所感发布到网上。2005年10月，美国新奥尔良市遭受"卡特里娜"飓风袭击，CNN网站主页立刻增加了一个栏目——"公民记者"（Citizen Journalist），刊登大量普通

---

①　张羽、赵俊峰：《中、美、韩三国公民新闻的比较研究》，《新闻知识》2006年第11期。

②　易容、叶锋：《"新闻线人"的流行反映了什么》，《新闻记者》2004年第11期。

网民的文字和图片，真实记录了灾难的全过程。

目前"公民新闻"已经涵盖了包括"博客"（blogs）"维客"（wikis）①"播客"（podcasting）② 以及公民网等多种网络新媒体形式。放眼世界，一场网上"公民新闻运动"正如火如荼地开展。

二　美国的公民新闻网站

1. 美国的公民新闻网及 Dig 网站模式

美国公民新闻网站的发展，形成由低到高的三个层次：

最低层次的网站是以传统媒体内容为主，同时也吸纳公民新闻的部分内容，如 Poynter Online 等可以就发布的内容进行即时的评论；

中间层次的网站以公民新闻为主要特色，但还是由专业的新闻人士对其内容进行编辑加工，这也是目前大多数公民新闻网站的主要形式。如 2008 年 2 月，CNN 推出的 iReport. com 网站，该网站定位为"公民新闻"网站，致力于用户自创新闻服务。

最高层次的网站就是由读者发布的未经任何编辑加工的维基新闻网站，此类网站最能体现公民新闻精神。维基新闻网站（Wiki News site）由维基媒体基金会于 2004 年创建，这个新闻网站力求创建免费的新闻来源，以达到战胜数字鸿沟的目的。在这个网站里，允许任何人撰写和张贴新闻报道，也允许任何人对所张贴的报道进行编辑和修改，即"读者就是记者、编辑"。该网站在追求报道视角多元化的同时，也要求所有的观点必须保持不偏不倚的中立态度。

就运作模式而言，公民新闻网大多采用 Dig 模式，就是社会性标签、Tag 归类、新闻评论、主题交友、RSS 订阅等多种 Web 2.0 元素集于一体，是一种利用民主方式来发掘信息的新型网站，Dig 模式的宗旨就是：发掘、推荐、分享、交流。Dig 模式与公民新闻的结合主要呈现出以下特点：（1）公平的投票机制，（2）采编合一的形式，（3）简单的设计。

---

　　① 维客是基于维基（Wiki）技术的网站，不仅依靠网友提供内容，还允许网友直接参与网站文本编辑制作。

　　② 播客是 Personal Optional Digital Casting 的中文译名，它的节目制作在一台个人电脑上就可以完成，供网友用 MP3 播放器下载收听。

2. 美国公民新闻网站 CNN iReport

iReport 从 2006 年 8 月开始服务于 CNN 网站，原本主要向电视频道提供新闻。促使 CNN 使用 iReport 的是 2007 年 4 月，弗吉尼亚理工大学的学生 Jamal Albarghouti 用他的手机抓拍到了校园枪击案的视频，iReport 因此名声大噪。于是，将 iReport 单独设为一个网站，并专门聘请一家内容仲裁公司来负责检查网友上传的内容，但是该公司并不会对新闻的真实性进行审核。多数情况下，由 iReport 用户自己来删除错误信息和不当内容。CNN 员工只审核那些发布在 CNN 网站或有线电视频道上的内容。因此，它以"没有编辑、没有过滤的新闻"（Unedited Unfiltered News）作为主要宣传口号。iReport 背后的 CNN 加重了它的分量。iReport 网站的"自我介绍"是："我们开启了 iReport. com 这样一个独立的世界，在这里，你可以报道我们平时未曾见过的新闻。并且一些极为有趣的、重要的和紧急的新闻或许会登上 CNN。"

CNN 的 iReport 网站首页：

说话者

iReport 作为一个公民新闻网站，面向的就是广大的普通公民，因此 iReport 的用户大部分是普通公民。从某种程度上可以说是社会的草根阶层。

说话内容

对 iReport 一周每日新闻前五条分析发现：iReport 用户更关注发生在他们身边的事情。他们对国家大事关注度不高，对市井小民的故事更有兴趣。

表 14 –11　　CNN 新闻网站 iReport 栏目前五条报道标题一周统计表

新闻标题	主题或大体内容	所属领域
From Tiger with Love	动物之间的感情	情感
Temptation doesn't discriminat	欺骗是没有性别歧视	生活
Obama Stimulus To Teachers?	奥巴马上台了，为什么教师下岗问题仍然存在	政治
365 days in 30 seconds	对一年做一个 30 秒的总结	生活
Brenda Strong-How To：Yoga	一个疯狂练瑜伽的女孩	生活
President Obama you "DON'T" deserve the Noble Peace Prize	奥巴马的和平政策问题	政治
UPDATE：Snow in Iowa, as the storm begins to settle	一场暴风雪	环境

续表

新闻标题	主题或大体内容	所属领域
Amazing Race-Meghan & Cheyne	共同参与某项比赛的两个人	生活
If I could change I would	一个同性恋的心声	生活
Guineans calling for help	发生政治暴乱求救	政治
The wave climate march	环保大军	环境
Greeting Chrstmas	圣诞节	生活
Ghost Experts on the Queen mary ghost	关于玛丽灵魂的灵魂专家	文化
New Yorkers Stand for equality	追求婚姻自由	生活
Houston's winter wonderland	雪景	生活
Snowing throughout kingwood. TX	雪景	生活
More of the snow day	雪景	生活
The experience 2009	2009 年的感想	生活
Romantic christmas gifts	圣诞礼物	生活
Guerrlla knitting	贴在车外面的编织物	文化
Warrantles arrest for suspects in the philippines	一个人被抓了	政治
Hundreds of Bloomsburg University Students in Snowball Fight	大学生打雪仗	生活
How Can We De-Politicize Global Warming in the US? —W J O'Reilly	关于全球变暖的政策性问题	环境
Dana's Legacy	一个女人的遗产问题	生活
Save the Planet or the Greenback	拯救地球——环境问题	环境
Life In America: Through the University of Arizona Rodeo Team by Markus Steinhauser	美国的生活方式	生活
The Lady's Christmas Light Spectacular	一个舞蹈演员的表演	文化
Queen Mary Lights Holiday Tree and Opens Skating Rink	女王点燃圣诞树，宣布滑雪开始	文化
Can Wall Street Say Cheer?	还是关于圣诞树 Tree Lighting	文化
Your thoughts on climate change	对环境变化的看法	环境
How to stay warm in −20 weather	如何在零下 20 摄氏度里保持暖和	生活
Light House In Portland, Maine	在岛上建的一个房子	文化
Overnight heavy snow in Madison, WI	大雪	环境
HIV/AIDS Education in a Virtual World	给 HIV/AIDS 患者的一个理想世界	文化
Preparing for the AKC Dog Show	为纪年 AKC 成立 125 年的一场狗的表演	文化
Job hunt stories	找工作的经历	经济

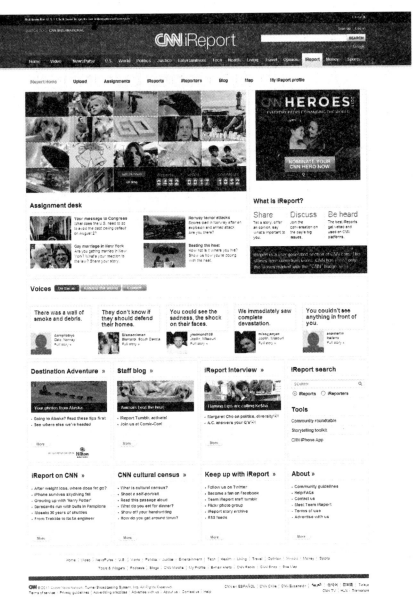

图 14 – 11　CNN 的 iReport 网站首页截图

　　表 14 – 11 显示，在 35 条新闻标题中，关于政治 4 条，占 11%；文化 7 条，占 20%；环境 6 条，占 17%；情感 1 条，占 3%；经济 1 条，占 3%；

生活类 16 条，占 46%，几乎一半。

语境

iReport 为普通公民提供话语平台，没有严格的把关，基本没有信息过滤，网民们可以自由地发表言论，上传新闻，话语环境轻松开放。但同时，公民发布信息的可信度问题引起人们关注。如 2008 年，一个用户名为 Johntw 的"公民记者"发布一则苹果 CEO 乔布斯心脏病发作的不实报道，在纳斯达克卷起了一场小型风暴，后来证明报道不实。

说话方式

不像官方网站，考虑到很多政策、法律等因素，公民网站使用者大部分是普通的公民，他们说话的方式比较随意，可以上传文字、视频、音频、图片，等等，可以跟帖，可以评论，可以写博客，可以即时聊天等，大多通俗、简单、多样化。

三 韩国的公民新闻网站

20 世纪 90 年代，韩国 DDANZI 日报就成为依靠网站公民的踊跃参与而发展壮大的媒体。该网站以新闻评论为主要形式，汇集了公民语言的鲜活和独特视角，再经过严格的筛选和编辑加工，将网站上部分内容每周以纸质杂志的形式出版，形成了传统媒体与网络媒体的良性互动。[①]

韩国公民新闻网 "www.ohmynews.com"（简称 OhMyNews）创立于 2000 年，提出"每一个公民都是记者"。创办之初，OhMyNews 仅有 727 名公民记者，目前该网站已经拥有一支以 90 名正式雇员为后盾、拥有超过 4 万公民记者的队伍，同时其国际版拥有遍布 100 多个国家超过 3000 名的全球公民记者，他们来自各行各业，有学生、警察、家庭主妇、小说家甚至政治家等；这些公民记者每天为网站提供 120—200 篇报道，他们提交的内容占网站内容的 2/3 强。[②] 同时，该网站的公民记者均被要求要遵守严格的《道德守则》和《记者协议》，其严格的标准，规范了公民记者的行为，为网站制

---

① 江江：《技术·政治·文化——韩国网络公民媒体的现状与历史背景》，《国际新闻界》2006 年第 2 期。

② Oh Yeon Ho（吴连镐），*Netizens – the new journalists*，www. globalagendamagazine. com/2006/Ho. asp.

度化发展提供了保证；OhMyNews 网站的页面日均点击率高达 2500 万，占据了韩国网络新闻市场份额的 33.62％，OhMyNews 强大的新闻自采能力使之成为一个真正的网络原生态媒体。其主要特征是：

实名注册方式

OhMyNews 采用了实名制注册方式，以保证市民记者所提供新闻的可信性和准确性，注册会员必须向网站提供身份证件复印件，并承诺对自己所提供的新闻负责。

严格的发稿流程

专职编辑人员每天会对选中稿件进行真实性确认，同时市民记者可以访问论坛并参与讨论，论坛里面内容丰富，有关于"如何做市民记者"的指导文章、新闻写作技巧指导或是近期值得关注的热点事件。

经济激励机制

网站会为特别优秀的稿件作者颁发特别奖金。市民记者供稿每篇大约 750 字，获取报酬数美元，稿件若被选为网站头条新闻，则可以获得十多美元的报酬。

OhMyNews 读者有一个小额账户，可以对自己喜欢的稿件以小额现金（500—1000 韩币）投票的方式决定公民记者薪水。每个记者的稿费要累积到 5 万韩币（大约折合人民币 400 元）以上才会发放一半，另一半留存在账户。版权则由网站和记者共同拥有，作者可以把文章任意投给其他的媒体。

多样化新闻表达方式

OhMyNews 鼓励网站文字多元化和个人化的风格。市民记者可以在承担责任的前提下自由发表言论，所用的文体只要能正确传达新信息，可以是对话体或书信体。同时每篇报道后面都会有大量跟帖，形成了网站鲜明的个性色彩。

个性化经营

OhMyNews 还充分利用互联网即时性、互动性、分众化的特点对新闻产品的内容进行定位，从而巧妙地与传统媒体及其在线版本形成了市场区隔，使网站经营之路畅通。

OhMyNews 开辟网络媒体新的赢利模式：其收入的 60％—70％来源于网站的广告收入，20％来自内容版权费，剩下的 10％来自其他的方式（如举办会议所得费用、用户的自发捐款等)。

OhMyNews 网站的日均访问量达 150 万—200 万人次。在 2002 年韩国总统选举期间,该网站最高日点击率高达 2500 万。① 根据"Sisa Journal Survey"统计,OhMyNews 2004 年排名韩国最有影响力的媒体第 6 名。

韩国公营广播电视系统 KBS 制作的新闻节目"VJ 特攻队"也是公民新闻的典范。该栏目利用公民手中的 DV 器材进行新闻短片制作播放,很有受众市场,基本维持在 20% 左右的收视率。②

四 公民新闻网站的传播功能及社会影响

公民新闻网站的功能与社会影响主要来自两个方面:一方面是公民新闻网站的内容结构和特色产生的社会影响,另一方面是由于公民新闻网站的特殊功能结构和信息发布机制对新闻传播业模式和管理机制产生的影响。公民新闻网站主要影响新闻生产和传播的方式和体制,在我国,由于新闻管理体制与政治体制紧密相关,所以对我国的新闻管理体制有很大影响。

1. 公民新闻网的积极作用

网络的出现改变了人们传播信息、沟通交流的方式,而借助于网络得到快速发展的公民新闻网也正深刻地影响着社会生产和生活。

(1) 社会话语权的分化。在政治权力结构上,公民新闻网站有利于社会从一元化向多元化过渡,从高度集权向合理分权过渡。政治权力结构是指国家横向和纵向权力的构成及其相互关系。我国政治权力结构的一个重要缺陷就是权力过分集中,容易导致民主政治的形式化、政府工作的低效率和政治运行机制的僵化,还包含着潜在的决策错误造成的危险。在传统社会中,往往只有那些"权力精英"们具有话语权,广大的公众只是扮演受众的角色。而如今,网络话语权的出现,使话语传播回归人际性,话语权已经从"权力精英"的手中分散到普通民众的手中。网络话语权主体的平民化削弱了现实中的相互关系及其等级界限,也在一定程度上弱化了"权威"们对

①　Vanessa Hua, Korean online newspaper enlists army of "citizen reporters", www. sfgate. com, 2005 – 09 – 18.

②　易容、叶锋:《"新闻线人"的流行反映了什么》,《新闻记者》2004 年第 11 期。

图 14-12　OhMyNews 网站首页截图

现存社会、生活领域的主导权。任何人拥有一台电脑，只要能接上互联网，都可以在网上发表言论，而不必像传统话语权那样受到限制。另外，网络话语权的主体，与传统媒体相比，通常不受制于某个利益集团，所以能更为客观地反映事实真相。公民新闻网正是公民网络话语权的体现，打破了传统媒体对信息传播和意见表达的垄断，在某种程度上削弱了传统媒体的"话语霸权"，使得社会话语权更加多元，促进了社会公平正义。当然，在我国，由于新闻管理体制与政治体制紧密相关，所以在一定程度上限制了网络话语权，从而限制了公民新闻网的发展。

（2）推动公民社会的发展。公民新闻网是公民社会发展的产物，同时也对公民社会的成长和成熟起到了积极的推动作用。一方面，公民新闻在很大程度上能够促进公民舆论自主意识和新闻参与意识的觉醒，从而推动公民意识的增强。当下，越来越多的网民在遇到具有新闻价值的事件时都会用手机或者相机记录下来，然后第一时间通过微博与广大网友分享，这就是新闻参与意识增强的表现。另一方面，公民新闻的发展对于公共领域的构建有着巨大的贡献。公共领域概念强调的是"给公众一种形成舆论的手段"或"公共事务的讨论空间"，而微博恰恰为实现这种讨论空间提供了技术上的保障，借助于微博广泛传播的公民新闻在很大程度上促进了公共领域的构建。①

（3）舆论监督效率的提高。舆论监督是公民参与社会民主、行使民主权利的重要形式。新闻具有接近性。公民新闻网的新闻来自于公民自身，在新闻现场的公民会在一定程度上比媒体更快捷，更加接近事实本身，最短的时间内揭露事实真相、干预事件发展，舆论监督效率得到极大的提升。

2. 公民新闻网的不足之处

公民新闻网的兴起使得公民新闻在推动社会进步和发展方面有着积极的作用，但同时也放大了公民新闻的缺陷和问题，对社会造成了一定的负面影响。

（1）虚假信息影响社会稳定。网络使得任何信息都能够快速传播，而公民新闻在审核和把关方面的缺失造成虚假信息和其他信息一样在网络空间

---

① 李晓兵：《公民新闻的发展与公共领域构建》，《东南传播》2010 年第 2 期。

中迅速扩散，信息失实已经成为公民新闻最显著的问题之一。

（2）容易产生网络暴力问题。网民对未经证实或已经证实的网络事件，在网上发表具有攻击性、煽动性和侮辱性的失实言论，造成当事人名誉损害；另外在网上公开当事人现实生活的各种隐私，侵犯了当事人的隐私权。

（3）公民新闻作者的专业素养尚待加强。公民的新闻参与意识越来越强，但是随之而来的问题就是普通公民缺乏新闻职业理念和新闻职业素养，他们发布的新闻信息常常忽视全面性和客观性，表述不准确引起失实、侵犯他人隐私等问题。

第 十 五 章

中外新闻网站新技术平台比较

本章致力于对中外新闻网站的新技术使用状况进行分析，对新媒体而言，新技术日新月异，层出不穷，在这里我们只选取微博、RSS、搜索引擎作为个案进行比较。

第一节　中美新闻网站微博利用比较

一　研究方法

1. 微博平台：在国外，Twitter 被 Alexa 网页流量统计评定为最受欢迎的 50 个网络应用之一。截至 2011 年，国外大部分知名报纸都在 Twitter 上开设了自己的平台。在国内，据 2010 年 11 月的相关调查数据显示，按总浏览时间衡量，新浪微博以 87% 的份额居统治地位，按活跃用户数衡量，新浪微博的市场份额为 54%，在微博产品市场上具有重要市场地位。因此，在平台的选取上，本书主要以 Twitter 与新浪微博作为出版平台的研究对象。

2. 样本选取：报纸样本包括美国的《华盛顿邮报》、《纽约时报》、《华尔街日报》、《洛杉矶时报》，国内的《南方日报》、《南方都市报》、《解放日报》、《新京报》。随机选取 2011 年 10 月 23 日—10 月 28 日五个正常工作日作为时段样本。由于研究时段是任意选取的五个正常工作日，因此笔者认为该时段在代表整体的更新频率上有其合理性。

3. 指标设计：从媒体矩阵、信息内容、更新频率、互动情况四个指标，考察中美报纸在微博利用上的异同。

关于"媒体矩阵"指标，通过考察报纸官方网站上微博矩阵清单，或在微博平台上通过关键字搜索这两种方式进行统计。微博矩阵包括有实名认证的微博，没有加"V"但以其工作单位命名的微博。

在"信息内容"指标中，通过考察各样本在研究期间所发布的内容，从时效性、偏重的信息类型和发布形式（如文字、音频视频、图片等）等方面加以分析。在"更新频率"指标中，统计样本在研究时段的总微博数，从而得到研究期间每天发布的平均微博数。

在"互动情况"指标中，主要考察各个样本在研究期间所有微博的平均转发量与评论量（由于 Twitter 平台没有评论功能，因此美国报纸方面仅对其转发量进行统计），以及话题设置和分享形式等方面。

二　研究发现

通过观察样本进行整理分析，形成表 15 - 1：

表 15 - 1　　　　　　　　　　　中美报纸样本比较

	报纸名称	媒体矩阵（单位：个）	信息内容	更新频率	互动反馈（单位：条）
美国报纸	《华盛顿邮报》	41（新闻、商业、体育、旅游、多媒体、采编团队）	政治、国际、法制，以文字为主，偶有视频或图片的链接有专门的图片、视频微博	46 条/天	转发量平均 156（关心政治的人较多）
	《纽约时报》	58（新闻与政治、商业与财经、文化与媒体、科学与环境健康、家庭与教育、风尚、旅游与休闲、体育、本土、观点等）	时事、经济、国际，以文字为主，偶有视频或图片的链接，有专门的图片、视频微博	46 条/天	转发量平均 96（关心国际时局较多）
	《华尔街日报》	39（新闻）20（博客）9（around the networld）	经济，以文字为主，偶有图片的链接，有专门的图片、视频微博	16 条/天	转发量平均 104
	《洛杉矶时报》	75（新闻、商业、运动、娱乐、生活、观点与专栏、《洛杉矶时报》杂志、手机、多媒体）	本地/国内新闻、经济，以文字为主，偶有图片的链接，有专门的图片、视频微博	38 条/天	转发量平均 20 左右

	报纸名称	媒体矩阵（单位：个）	信息内容	更新频率	互动反馈（单位：条）
国内报纸	《南方日报》	采编团队：99；子版面/子媒体：24	时政，以文字、图片为主，有专门的图片微博	30条/天	转发量平均217、评论量平均28
	《南方都市报》	采编团队：331；子版面/子媒体55	民生、社会、评论，以文字、图片为主，偶有视频，有专门的图片、视频微博	32条/天	转发量平均932、评论量平均393
	《解放日报》	采编团队：26；子版面/子媒体9	社会、休闲，以文字、图片为主	2条/天	转发量平均1、评论量0
	《新京报》	采编团队：35；子版面/子媒体：24	时事、社会，文字、图片为主	20条/天	转发量平均102、评论量平均42

比较发现，中美报纸在微博出版上主要有以下几个特征：

1. 微博矩阵

微博矩阵的参与者包括媒体、领导、编辑记者、发行部门等，以官方微博、子栏目（部门）微博、编辑记者微博、微博新品牌等形式面对客户。从样本分析中可以看出，中美报纸或多或少都意识到了微博矩阵的重要性，但在微博矩阵推荐方面，美国报纸明显比国内报纸更加完善。所考察的美国报纸在主页及其他页面上均有设置类似"Follow us on Twitter"的标签，对其官方微博进行推介。除《华盛顿邮报》之外，其他三家美国报纸均设立专门的微博推广栏目。而国内报纸官网上均无此项列表，虽在新闻中设有分享至微博的按钮，但在整个网站里并没有发现提醒读者关注其官方微博的按钮。《洛杉矶时报》是在媒体矩阵方面做得比较好的主流媒体之一，主要采取了以下两种方法：

（1）在母媒体网站提示微博矩阵信息。一是设立 LATimes Tweetosphere 账户，关注所有 LATimes 的信息流，同时转发与 Twitter 有关的链接；二是提醒用户是否有纳入矩阵体系的新成员，实时与用户沟通；三是用类似线上新闻网站的排版方式，提取出《洛杉矶时报》所有微博发布的资讯流中最值得关注的内容。用户无论是潜水多长时间都不会错过值得关注的内容，弱化了 Twitter 的时间轴概念，减少了用户的阅读负担，克服了微博信息冗余的缺点。

（2）在母媒体网站建立媒体微博矩阵专栏。《洛杉矶时报》官网上的微博频道提供了其微博矩阵的细分服务，既有报社从业人员开设的微博，也有各子栏目、子品牌的微博，供读者快速选择感兴趣的微博进行关注。同时还设有最新微博更新列表，实时在官网上直播报纸相关的最新微博。

除此之外，有些媒体还在发布的信息中对采写该新闻的记者的微博进行推介。这种做法除了方便读者求证之外，在一些重大或突发事件中，也是培养"明星记者"、提高母媒体影响力的好方法。常见的写作形式如"《云南高利贷霸矿，数百人火拼》：近日有网贴称云南一煤矿遭高利贷霸占，数百人火拼，'伤亡惨重，两人被打死'。丽江安监局长确认火拼属实，冲突已不是第一次，但他否认'伤亡惨重'……记者@纪许光"（《南方都市报》）。

2. 信息内容

（1）时效性

面对一些重大或突发事件，中美报纸都力图通过官方微博直播以克服时空限制，与电视"拼时效性"。比如在华尔街运动期间，美国报纸几乎每天都会在微博上发布事件的相关进展。在"温州动车追尾"事件中，国内报纸都第一时间转发在场者的相关微博，接着是记者的现场报道，以及配发的相关评论，让读者能在微博上跟随媒体一起对事件抽丝剥茧。

更新频率方面，美国报纸除《华尔街日报》外，每日发布的微博数大多在50条左右，而且几乎达到24小时不间断更新。而国内方面则相对逊色，如《解放日报》在研究期间，其微博更新频率为2条/天，还存在一天内完全无更新的现象。但也有微博更新频率较高的媒体，如《南方都市报》、《南方日报》。总体来说，国内报纸更新频率不及美国报纸，更极少能做到24小时不间断地更新。

（2）范围类型

在美国报纸的微博中，发布的信息几乎都是与自己媒体定位相关的新闻或话题。如《华尔街日报》偏重经济内容，体现了全球财经主流大报的权威地位。《纽约时报》偏重国内外时事新闻，措辞严谨，内容多以见报文章或撰稿人博文为主。《华盛顿邮报》偏重政治内容，体现了它擅长于报道美国国内政治动态的特点。《洛杉矶时报》偏重国内报道，还关注民生与经济，体现其鲜明的本土性。

　　国内有些报纸微博主要以社会新闻为主，还经常发布情感语录、冷笑话等与新闻无关的娱乐信息，以期提高粉丝的参与度。媒体的官方微博应体现自身的编辑方针，用同一种声音说话，通过具有核心竞争力的内容来吸引受众，而不应把微博利用当作时尚潮流。

　　（3）发布形式

　　由于 Twitter 和新浪微博的差异，报纸微博在发布内容的形式上也不尽相同。Twitter 平台上的信息只有文字，信息流显得整齐有序，一页可以显示出更多信息。因此，美国报纸在官方微博发布的图片或视频都以"简介 + 链接"的形式呈现，读者点击链接后直接进入其官网的相关页面。比如在希拉里访问阿富汗和巴基斯坦期间，《华盛顿邮报》便在微博上进行了现场视频直播。

　　由于新浪微博平台在微博内容中允许直接添加图片或视频，因此国内报纸微博更偏向于用图片来吸引眼球。这种做法的优势是使内容的传播形式更加多样化，劣势是造成了信息流的杂乱无序，给受众造成阅读负担。《南方都市报》是考察样本中"全媒体"趋势最明显的媒体，除了转发新闻现场的视频，还经常发布由"南都视觉"提供的原创视频，内容表现较之其他样本更加多样化。

　　3. 互动反馈

　　（1）转发、评论

　　通过统计发现，除《洛杉矶时报外》，所选取样本的微博转发量平均都在 100 条左右，特别是一些与其媒体定位密切相关的新闻，转发量都比较高。美国报纸的子版面微博常常与读者进行比较活跃的互动交流。如《纽约时报》的图片新闻微博，当读者拍到好照片或对照片有中肯的点评时，该微博会反馈（@）该读者，并称赞："Good eye. Thank you"。相对而言，美国报纸官方微博与读者互动程度并不是很高，或许是为了保持其权威性与严谨性。但有的媒体也会在官方微博上反馈（@）其他用户，如《洛杉矶时报》就常会在微博上提及其他微博用户，比如记者或特约撰稿人等。

　　国内样本除《解放日报》外，其余样本的转发量和评论量均达到 100 条以上，特别是《南方都市报》由于其在多个重大事件中都有突出的表现，所以其微博关注度最高，转发量平均在 1000 条左右，评论量也大大超过其他样本。但在与读者互动交流方面，大部分样本通常在发布了一条微博之后，对粉丝评论极少进行反馈，更没有将网友精彩的互动内容反映到自己的微博主页上。

（2）话题设置

美国报纸多次在微博中设置话题，引导微博用户参与，并把主要观点和调查结果转化成刊物的报道，比如《华盛顿邮报》在 Twitter 上询问粉丝"如果一个 TSA（Transportation Standardization Agency 的缩写，美国国防部运输标准化局）甄别者偷偷把便条放进你的包里，你会作何反应？"通过了解粉丝的看法作进一步深入报道。

国内报纸设置的话题有时引发的跟帖情况比美国报纸还要多，如《南方都市报》多次利用投票来了解网友对有争议性新闻事件的态度取向，由此获得了大量有价值的内容。如在 2011 年 11 月 11 日，所谓的"世纪光棍节"这一天，《南方都市报》在微博上发起"这个节日，你打算怎么过？"的讨论，得到上千转发量和评论量。但其他样本对主动发起的话题往往不了了之，引发的互动讨论不够活跃。

（3）分享按钮

美国报纸在网络新闻上方和下方分别设置了多种分享按钮，用户可以选择自己喜欢的方式把新闻分享给更多的人。除此之外，在页面中还会显示该新闻被"推"的次数，以体现其热度。而国内样本主要是在新闻下方设置"转发至微博"按钮来进行分享。

在分享形式方面，中美大致相同：在点击"分享至 Twitter/新浪微博"按钮后，网站会弹出发布微博的对话框，微博中的新闻内容已经过编辑的浓缩概括，但读者也可以根据自己的需要，对文字进行 MT（modified tweet）处理，按自己的想法对信息进行编辑。但国内媒体官网较少在设置分享按钮的同时，在母网站推荐用户关注媒体官方微博和相关记者、编辑微博。

三　启示与建议

综观中美报纸的微博出版，虽然不乏有创新之处的媒体，但也普遍存在一些值得注意和改善的地方，以最大限度地提高微博出版的传播效果。

1. 加强微博矩阵的推广力度

当前很少有媒体在其官网上开设微博专栏，对其旗下的微博进行统计和梳理，方便读者关注。即使是在官方微博上也甚少与旗下的其他微博互动，"各自为政"很难形成合力。相反，国内的门户网站，如新浪、腾讯的新闻频道在这方面做得比较好，在新闻报道后面都附有读者可能感兴趣的微博推荐，力求有更多的读者进入微博平台。国内报纸微博的信息分享功能还没有被充分挖掘。因此，一方面，媒体的官方微博要对媒体矩阵进行推介，另一方面，采编团队要活跃，在新闻报道中表现出专业性，形成自身影响力，然后反哺于母媒体。

2. 挖掘账号简介的实际功能

在考察的样本中，国内外媒体在账户简介上都不忘留下官网链接。但这些媒体一般只留下了官网地址和联系方式，账号简介的实际功能还没有被完全发掘出来。最完善的简介一般应首先说明媒体的内容、目标读者以及母媒体的官方网站地址；其次，留下订阅、反馈、报料的联络方式，最好包括电话、邮件、QQ、微博等方式，便于用户互动。华盛顿邮报在这方面做得比较出色，在说明定位的同时，不忘推广矩阵且在简介中告知粉丝互动的途径，甚至还在账号简介中标明该官方微博幕后的管理者是@ tjortenzi 和@ kat-ierogers。

3. 保持传统媒体的角色定位

传统媒体在微博上应保持专业性、严谨性等角色定位，对虚假、失实等的反馈信息进行把关。但当下大部分传统媒体的官网微博仅仅由一个编辑进行操作，而非一个团队，可是网民们仍然会把官方微博发出的声音当做是媒体自己的声音，而非某一个编辑的声音。这就要求他们不可以像一般博主那样随心所欲。因此，传统媒体的微博应掌握分寸和传播技巧。

4. 重视微博的标签功能

设置标签是国内微博特有的功能，但国内大部分媒体没有发掘标签的功能。标签是微博受众碎片化后的重新聚合。微博系统会根据标签自动将账户推荐给用户。因此，准确、全面地设置微博标签，对用户是否能迅速获得认知很重要。《解放日报》、《南方都市报》、《新京报》等媒体的微博标签都形同虚设。而《南方日报》在这方面相对突出，它给自己贴了"传媒人、生活观点、广州、娱乐、新鲜事、新媒体、即时新闻、突发新闻、广东新闻、广东"等标签，方便用户迅速、全面获得对该媒体的认知。[①]

第二节　国外新闻网站 RSS 利用及启示

2004 年，国内网络媒体相继推出了新型的 RSS 聚合新闻服务，从传统网络新闻到今天的 RSS 聚合新闻，这种转变使信息泛滥的今天，网络新闻的传播从"供应"走向"选择"，形成"推"和"拉"的主导。

一　RSS 的特征

RSS，即简单信息聚合（really simple syndication），它是一种站点用来和其他站点之间共享内容的简易方式，是基于 XML 技术的互联网内容发布和集成技术。总的来说，RSS 可以说是将多个网站的信息内容"拉"至一个总的聚合点，然后根据用户的兴趣和偏好将信息内容"推"给用户的一门新媒体技术。

RSS 将互联网中众多的网络新闻"拉"至一个聚合点，然后再"推"向需要的用户，其特点如下：

1. 信息来源多样性，RSS 是站点和站点之间的内容共享，而且任何信息内容源都可以采用 RSS 包装定义格式发布信息，进一步说，随着 RSS 技术的日益成熟以及科技的发展，网络上以 RSS 形式发布信息已经越来越普遍，各大新闻网站也已经提供了 RSS Feed，这样 RSS 的信息来源将是多样的聚合。

2. 信息个性化，RSS 服务的个性化是动态而主动的，用户在开始时根据自己的兴趣和偏好定制好自己需要的信息（新闻、话题、blog、论坛……），之后系统会自主地跟踪相关内容，然后将其传送给用户。

3. 时效性强，RSS 是一种简单和成功的 XML 应用，易于实现。同时

---

① 参见罗昕、邱妍著国家社科基金重大项目（07&ZD040），广东省大学生创新实验项目 C1019807 的阶段成果。

RSS 秉承"推"的技术，当用户所需信息内容在服务器数据库中出现时第一时间会被"推"到用户端阅读器中并提醒用户阅读，信息更新时也是如此。

4. 高效性，由于系统中信息能主动寻找用户，信息的有效传递率会大大增强，信息的利用率会大大提高，用户直接面对的信息量可以得到控制，信息的商业价值得以充分发挥，避免了垃圾信息对网络资源的大量占用。

5. 安全性，能够确保传送给用户的信息是安全的，RSS 的信息聚合技术避免了用户在寻找用户时同时登陆不同的网站，减少了在此期间病毒由网站传染给用户计算机的危险，在相对安全的环境下获取自身所需的信息内容。

6. 无"垃圾"信息，用户是根据自身需求以"频道"的方式订阅自己信任的信息网站源，可以自动的屏蔽掉没有订阅的内容以及弹出的广告、图片、垃圾邮件等令人厌烦的毫无意义的信息，从而不影响用户对信息的读取。

7. 信息可管理性，用户可以对传送来的信息进行离线阅读，并对其进行存档分类保留等多种管理手段，从而对定制的信息内容进行有效可行的管理。

二 国外新闻网站 RSS 利用现状

早在 20 世纪 90 年代国外就已经将这种技术应用于新闻网站，目前国外新闻网站 RSS 技术应用现状基本如下：

1. 新闻定内容制指向明确

每个新闻网站根据自己的实际情况制定自己的编辑方针，规定网站中网络新闻的读者对象、新闻内容、网站水平与风格特色。RSS 订阅同样有自己明确的内容指向。

体现在网站的订阅内容上，订阅内容有明确的针对性的定制题材，而该题材正好就是与该网站的主打产品相对应。例如，该网站是一个经济型的新闻网站，那么其 RSS 新闻订阅的新闻题材主要是有关经济的。以《华尔街日报》为例，《华尔街日报》（新闻网站）是美国乃至是世界影响力最大，侧重金融、商业领域报道的日报。在此基础上，为了更好地打响整个新闻网站的主力品牌，其 RSS 新闻订阅的内容更多的是落在金融、商业方面，如，华尔街商业、市场、个人理财、房地产，等等，同时还有博客、视频、播客的订阅，其主要的内容也是涉及经济领域的，如图 15-1 所示：

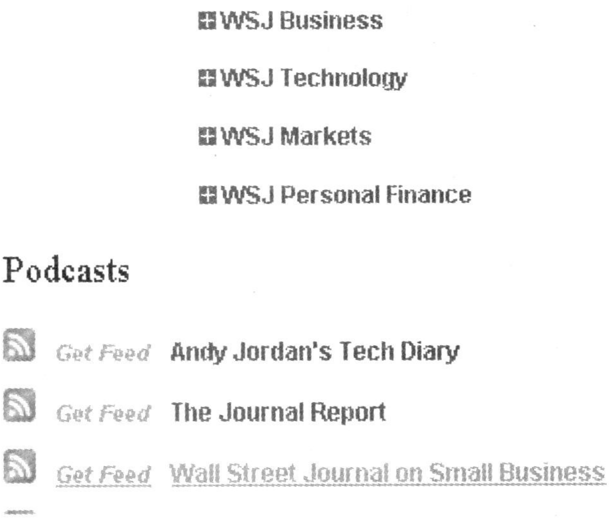

⊞ **WSJ Business**

⊞ **WSJ Technology**

⊞ **WSJ Markets**

⊞ **WSJ Personal Finance**

Podcasts

Get Feed　**Andy Jordan's Tech Diary**

Get Feed　**The Journal Report**

Get Feed　**Wall Street Journal on Small Business**

图 15-1　华尔街日报 RSS 新闻订阅界面

除了在订阅内容体现网站的编辑方针外，还可以在订阅风格上体现编辑方针。如果是政治性的新闻网站，那么订阅风格就会显得简单、朴实，甚至会严谨。例如，《纽约时报》是一份在美国纽约出版的日报，在全世界发行，有相当的影响力，美国高级报纸/严肃刊物的代表，长期以来拥有良好的公信力和权威性。由于风格古典严肃，它有时也被戏称为"灰色女士"（The Gray Lady）。其订阅界面以单一的白色为主，显得简单、朴素、大方，同时订阅分类也细致严谨，如下页图（纽约时报的部分截图和整体版面）。

2. RSS 呈现形式多样化

国外新闻网站 RSS 新闻呈现形式多样化，最为普遍的新闻形式就是纯文字或文字和图片混合，此外还有视频、音频的 RSS 新闻订阅格式。例如，获得 2010 年 Eppy 最佳商业 B 类奖的 *Chicago Business*，其 RSS 订阅内容不多，而且主要集中在商业经济方面，其订阅内容的格式主要有视频、音频，如图 15-4。

国外新闻网站在 RSS 的新闻订阅体裁上也体现了多样性的特点，其中

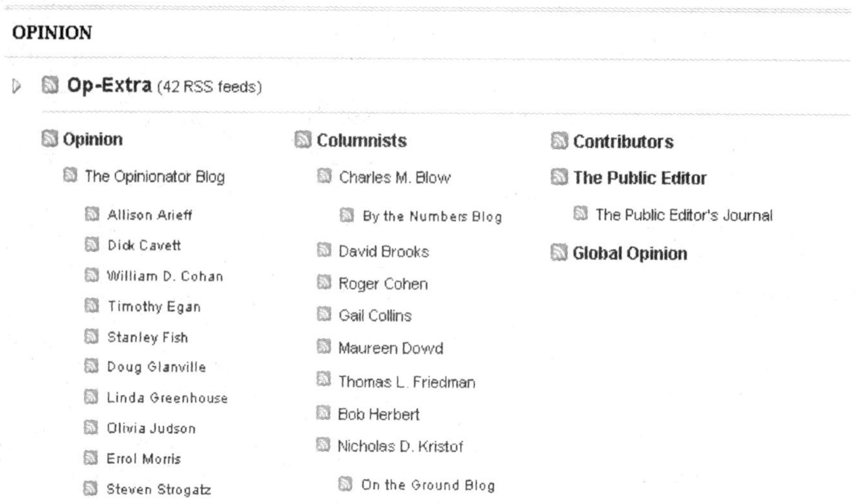

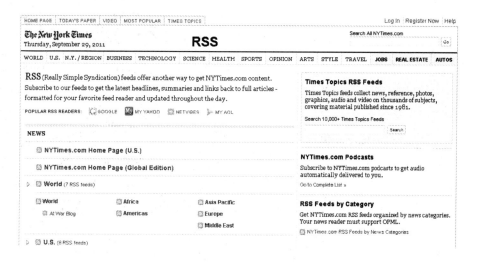

图 15－2　《纽约时报》RSS 新闻订阅界面

图 15－3　《纽约时报》RSS 新闻订阅整体界面

不单包括传统的新闻、通信等，还开辟了博客、焦点、热点、评论等多种新兴的订阅形式。例如，获得 2010 年 Eppy 最佳特色网站奖的 Lasvegas Sun 网，其 RSS 新闻订阅形式多样，包括新闻、热点焦点、博客、多媒体（其中包括图像、视频、音频等多种媒体）、播客等其他的新闻订阅形式，如

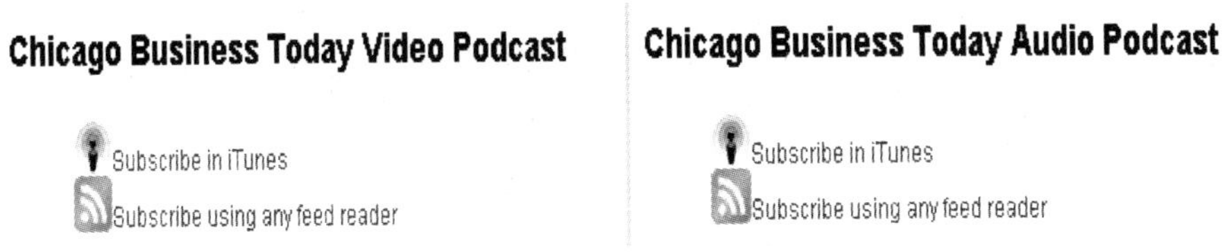

Chicago Business Today Video Podcast | **Chicago Business Today Audio Podcast**

Subscribe in iTunes
Subscribe using any feed reader

Subscribe in iTunes
Subscribe using any feed reader

图 15 – 4 *Chicago Business* 中 RSS 新闻订阅界面

图 15 – 5 所示：

STORY FEEDS

FEED	RSS	GOOGLE	BLOGLINES	MY YAHOO
All Headlines	RSS FEED	Add to Google	SUB BLOGLINES	MY YAHOO!
Arts & Entertainment	RSS FEED	Add to Google	SUB BLOGLINES	MY YAHOO!
Breaking News	RSS FEED	Add to Google	SUB BLOGLINES	MY YAHOO!

COMMUNITY NEWS FEEDS

FEED	RSS	GOOGLE	BLOGLINES	MY YAHOO
Boulder City News	RSS FEED	Add to Google	SUB BLOGLINES	MY YAHOO!
Henderson News	RSS FEED	Add to Google	SUB BLOGLINES	MY YAHOO!

BLOG FEEDS

FEED	RSS	GOOGLE	BLOGLINES	MY YAHOO
News: Elsewhere	RSS FEED	Add to Google	SUB BLOGLINES	MY YAHOO!
A&E: The Coin Bucket	RSS FEED	Add to Google	SUB BLOGLINES	MY YAHOO!

MULTIMEDIA FEEDS

FEED	RSS	GOOGLE	BLOGLINES	MY YAHOO
All Photos	RSS FEED	Add to Google	SUB BLOGLINES	MY YAHOO!
All Photo Galleries	RSS FEED	Add to Google	SUB BLOGLINES	MY YAHOO!
All Videos	RSS FEED	Add to Google	SUB BLOGLINES	MY YAHOO!

PODCAST FEEDS

FEED	RSS	ITUNES
Videos	RSS FEED	iTunes
HD Videos		iTunes
Face to Face with Jon Ralston		iTunes
Rebel Room		iTunes

图 15 – 5 *Lasvegas Sun* 中的 RSS 新闻订阅界面

3. RSS 新闻订阅方式灵活

RSS 订阅过程中用于订阅 RSS 新闻的阅读器至关重要，目前阅读器可主要分为桌面 RSS 新闻阅读器、网站专业 RSS 新闻阅读器、网络阅读器（又称在线阅读器）三种类型。桌面阅读器有鲜果（国内）、维信（国外）、抓虾等；网站专业 RSS 新闻阅读器如新浪点点通（新浪网）、Times Reader 2.0（《纽约时报》）等，网络阅读器有火狐、谷歌等，种类繁多。

国外众多新闻网站根据用户需求以及新闻内容表现形式提供多种订阅方式，如：一般的 RSS 新闻订阅、E-mail、Digg（掘客）、Stumbleupon、Facebook、Delicious（书签）、Twitter、LinkedIn（白领的 SNS）、Reddit（社交新闻站点）等，实现新闻"推"和"送"。例如，获得 2010 年 Eppy 最佳特色网站——新闻网站类的网站，其版面不单设计简单、朴素大方，而且其新闻的订阅聚合方式多样，如图 15－6 所示：

图 15－6　Eppy 新闻网站版面截图

为了吸引用户，人性化订阅服务至为重要。BBC 网站对 RSS 订阅源进行了很好的分类，新闻订阅形式多样，非常方便用户使用。具体如图 15－7 所示。

同时，BBC 网站还提供了四种类型的多种 RSS 新闻阅读器，其中有基于浏览器的阅读器、Web 订阅器、Windows 桌面订阅软件、Mac 桌面订阅器软件，方便用户进行选择和利用。具体如图 15－8 所示。

4. 营利模式较为成熟

国外新闻网站 RSS 技术营销模式主要可以分为三大类：

第一类就是订阅。有免费的订阅，有付费订阅。付费订阅一般是先行免费试用（一般是一个星期或一个月），如果用户觉得订阅的内容有价值，就付费继续订阅。《纽约时报》部分订阅，《华盛顿邮报》和《华尔街日报》电子报是付费订阅。《泰晤士报》的 RSS 新闻订阅模块如图 15－9 所示。

Popular BBC News Feeds	Global and UK News Feeds	Video & Audio News Feeds	Other News Feeds
Top Stories	Africa	Top Stories	Latest published stories
World	Asia-Pacific	World	Magazine
UK	Europe	UK	Also in the news
Business	Latin America	Business	In Pictures
Politics	Middle East	Politics	Special Reports
Health	South Asia	Health	Have your say
Education & Family	US & Canada	Science & Environment	Editors Blog
Science & Environment	England	Technology	BBC Sport feeds
Technology	Northern Ireland	Entertainment & Arts	
Entertainment & Arts	Scotland		
	Wales		

图 15 - 7　BBC 网站的分类 RSS 订阅 Feed

Browser-based	Web-based	Windows desktop software	Mac desktop software
Chrome	Bloglines	Awasu	Apple Mail
Firefox	Feedzilla	Feed Demon	Net News Wire
Internet Explorer (version 7 and above)	Google Reader	Microsoft Outlook	Newsfire
Opera	Microsoft Live	Newz Crawler	
Safari	My Yahoo		
	Netvibes		
	Newsgator		

图 15 - 8　BBC 网站提供多种 RSS 阅读器图

　　第二类是插播广告。一些新闻网站在 RSS 新闻订阅界面，或用户订阅的新闻中插入静态图片、flash 动画、浮动窗口，在不遮挡读者阅读视野的前提下刊登广告。如图 15 - 10，《华尔街日报》RSS 内容插播广告。

　　第三类就是合作。利用 RSS 技术和其他新媒体技术实现与某组织的合作，或管理某组织内部信息，或提高某组织获利水平。迪士尼知识管理就是一个成功的案例，他们利用 RSS 和博客技术共同搭建一个新的信息共享平台，参与项目的专家和管理者各自拥有个人博客站点（依托在迪士尼企业内网上，受其企业防火墙保护），每个人把想法、消息、计划、讨论等内容都写在自己的博客站点中，通过 RSS 对外发布，其他成员利用 RSS 阅读器订阅这些信息，获取最新资讯，并利用 RSS 阅读器中的回复发布功能相互交流。

图 15 – 9 《泰晤士报》新闻订阅收费版面

图 15 – 10 用户订阅器订阅《华尔街日报》新闻界面

三　国外新闻网站 RSS 使用经验与启示

1. 追求人性化、个性化服务

内容选择精准。新闻网站在新闻订阅针对性上需要严格把关，要很好地突出自身的网站特色。目前国内一些综合门户网站的 RSS 新闻订阅内容过于宽泛，甚至五花八门。因此，网站提供的新闻订阅应该更细致，更具针对性，特别是要聚焦到网站的主打特色上，这不仅提升 RSS 水平，也提升网站水平。

内容形式丰富。国内新闻网站的 RSS 新闻订阅大部分是局限于文字和图片，在形式上比较雷同，甚至单一和呆板。只有少部分网站，如中国网络电视台、新浪、腾讯等在内容形式上涉及图片、声音、视频。因此，注重 RSS 呈现内容的多样性，更有利于吸引不同兴趣的用户群体。

订阅方式多样。国内新闻网站 RSS 订阅技术还有待发展，大多网站局限于 RSS 阅读器订阅。为适应更多的用户，应该提供多种订阅方式，便于用户进行选择和使用。针对本身有用阅读器习惯的用户，可以利用 RSSFeed 订阅；针对邮箱或其他习惯的用户，我们也要提供其他的订阅。

2. RSS 订阅应突出网站特色

每个新闻网站定位都会有自己的特色，在 RSS 订阅方面应该突出网站特色。可以从两方面来加强：

RSS 订阅内容。RSS 订阅内容模块与网站特色相吻合。加强特色内容的提供，减少非特色新闻订阅。

RSS 订阅界面。RSS 订阅界面风格设计也要吻合网站特色，使整体风格协调一致。

3. 开拓更为多样的营利模式

国内新闻网站营利模式较为单一，主要利用订阅新闻中插播广告来获取微利，可以借鉴国外新闻网站营利模式：订阅收费；与其他企业、组织合作；多种模式融合。

第三节　国外新闻网站搜索引擎利用及经验

一　搜索引擎的概念与特点

1. 搜索引擎的概念

搜索引擎是指根据一定的策略、运用特定的计算机程序从互联网上搜集信息，在对信息进行组织和处理后，为用户提供检索服务，将用户检索相关的信息展示给用户的系统技术。

2. 搜索引擎的特点

（1）智能化

随着网络用户对检索精确度和效率的不断提高，搜索引擎重视自身在检索功能和检索服务上的智能化程度，可以通过自然语言与用户交互，最大限度地了解用户的需求，它能为用户提供了一个真正智能化的、个性化的信息过滤和推送服务。

（2）个性化

个性化是指各网络检索工具注重内容的特色化和服务的个性化。个性化的核心是跟踪与分析用户的搜索行为，充分利用这些信息来提高用户的检索效率，并为用户提供全程帮助和服务，使得个性化搜索更符合每个用户的需求。搜索引擎的个性化还体现在提供特色的服务和功能。

（3）多媒体化

随着技术的成熟，搜索内容不断向多媒体化发展。视频、音频等多媒体信息的检索数据量高速增长。同时，搜索引擎在向用户提供检索结果时不断向多媒体方向发展，使得检索结果形式多样化、生动化，更好地满足用户的需求。

（4）功能多样化

首先表现在可以检索的信息形态多样化，如文本、声音、图像、动画；其次表现在搜索引擎已不仅仅是单纯的检索工具，正在向其他服务范畴扩展，提供站点评论、天气预报、新闻报道、股票点评、各种黄页（如电话号码、航班和列车时刻表、地图等）、免费电子信箱，以多种形式满足读者的需要。

（5）商业化

随着互联网信息服务和电子商务的发展，用户基数不断增长，为电子信息的增值服务提供了广阔的空间。在这里汇集了最新的思想、最先进的技术和最大的潜在市场。搜索引擎已经不仅仅是一种技术，一种服务形态，而且成为一项产业，它的商业利益成为推动系统完善和扩展的主要动力，网络信息的检索与利用由公用性转向商业化。

（6）专业化

由于用户千差万别，对信息搜索往往有不同的要求。综合性的搜索引擎收录的范围太广、太大、无法满足某一特定的需求。而垂直性专业搜索引擎则可解决这一难题。垂直性专业搜索引擎只面向某一特定的领域，专注于自己的特长和核心技术，能保证对该领域的信息的收录齐全与更新迅速。

（7）高效化

目前互联网上的信息数量多、更新速度快，因此搜索引擎在内容检索上的更新速率也越来越高，技术上的检索时间也不断缩小，便于用户检索最新信息。

二 国外新闻网站搜索引擎利用现状

随着搜索引擎的出现，新闻被传播和阅读的频率被无限放大，新闻网站工作者使用搜索引擎的频率逐渐提高，搜索引擎为受众提供个性化的资讯，用户成为了信息传递内容的决定者，搜索引擎改变了传统的新闻网站的传播格局。而国外新闻网站搜索引擎的利用现状更加显著，具有以下几个特征：

1. 搜索形式多样

国外新闻网站在搜索形式上不断完善和创新，满足不同用户的搜索需求，用户在输入关键词后，提供多种服务以及辅助功能，在搜索结果的分类整理、显示排列以及搜索方式的智能化上，具有完备和个性化的特点。

（1）完备的搜索结果分类整理

搜索结果完备详尽是国外新闻网站的突出特征，整个网站搜索模块具有严密的架构体系，严谨、整齐的分类体系便于用户在最短的时间里查找自己需要的信息。

　　这里以《华盛顿邮报》为例，它是美国华盛顿哥伦比亚特区最大、最老的报纸，具有国际声望。而随着新媒体的进步，其新闻网站同样具有一定的声望，尤其在搜索模块架构方面具有全球领先优势。

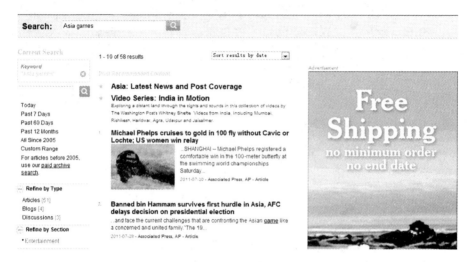

《华盛顿邮报》搜索界面1

图15－11　《华盛顿邮报》搜索界面2

　　从图15－11可以看出，整个搜索板块架构清晰，总体上按照三列式进行排列，在界面上方按照时间先后分成：Today、Past 7 Days、Past 60 Days、

Past 12 Months、All Since 2005、Custom Range，在时间上还具有自定义搜索，可以自行输入时间范围，缩小结果呈现的范围，如图 15 – 12 所示。

在时间分类的下侧是按照内容大类进行分类：Refine by Type、Refine by Section、Refine by Source、Refine by Author，大类下还有小类，类型上按照文章、博客以及讨论来划分，还有所属频道、新闻的来源、文章专属作者，等等，每一小类有多少篇新闻都有详细的数目，内容分类十分细致，方便用户逐层深入，不断缩小搜索范围，如图 15 – 13 所示。

Custom Range
From: 06/01/2011
To: 07/31/2011
ex:5/23/2005
Search
For articles before 2005, use our paid archive search.

图 15 – 12　时间自定义搜索界面

□ **Refine by Type**
Articles [51]
Blogs [4]
Discussions [3]

□ **Refine by Section**
▪ Entertainment

□ **Refine by Source**
The Washington Post [23]
AP [30]

□ **Refine by Author**
Associated Press [30]
TechCrunch.com [5]
Alexander Heffner [1]
Amy Shipley [1]
Barry Svrluga [1]
Bill Turque [1]
Brantly Womack [1]
▸ More Authors

图 15 – 13　内容分类搜索界面

（2）个性化的搜索结果的显示方式

用户在阅读新闻时有自己习惯的方式，在搜索时也是如此，有些用户追求新闻的实效性，喜欢按照时间顺序阅读；而有些用户喜欢按照专题，将一类的新闻集中起来，全面了解事件发展的动态。不同的用户有自己习惯的阅读查找方式，因此在搜索结果排列上就需要一种个性化的定制。

国外新闻网站如《华尔街日报》、《太阳报》、《泰晤士报》等在搜索结果排列上都具有按照相关联度和时间先后进行排列，满足读者用户的个性化需求，而《华盛顿邮报》除了以上两种排列方式外，还具有按照新闻体裁类型排列，进一步增加了读者的个性化选择余地。

（3）智能的关键字搜索方式

国外新闻网站在搜索关键字的处理上具有人性化的特点，其显著功能是搜索指引功能，以《纽约时报》和《泰晤士报》为例。

在《纽约时报》搜索栏中输入"sou"三个字母，下面就会出现搜索关键字指引，自动帮助补齐字母单词，找到相类似的搜索关键字，便于用户查找和选取，图 15 – 14 所示：

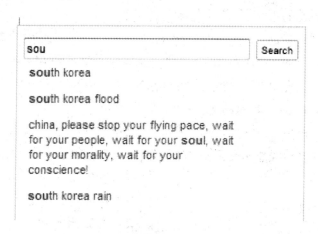

图 15 – 14　《纽约时报》搜索指引功能

而《泰晤士报》的搜索指引功能与《纽约时报》不同，在搜索栏输入"hou"后，网站系统自动显示相关大类信息，指引用户点击，如图 15 – 15 所示：

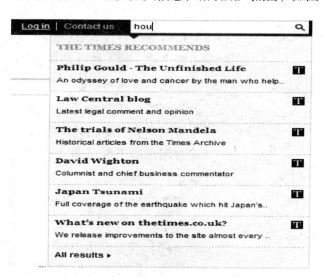

图 15 – 15　《泰晤士报》搜索指引功能

2. 搜索内容全面高效准确

用户在使用搜索引擎时，搜索结果的全面、高效、准确至关重要，国外新闻网站在搜索内容处理体现这一需求。

（1）内容更新速率高

实效性是新闻的一大要素，这也是新闻网站相比于电视、广播等传统媒体的一大革命性优势，因此如何在第一时间让用户获取新闻，对搜索引擎的更新速率要求很大，在时间把握上，《华尔街日报》具有显著优势。

《华尔街日报》最早是在纽约金融区活动，以为商业客户收集、摘抄商业信息为主要营利手段。适应蓬勃发展的商界对信息日益增大的需求，以经济信息为主的报纸，正因为经济变化的变幻莫测，其对实效性的把握尤为重视。

上图显示，《华尔街日报》的搜索结果从搜索时间开始计算，以小时为单位依次排列，内容更新速率快，每隔几个小时就更新一次，时效性强。搜索到的新闻都是以文字或图片的形式呈现，有标题、搜索关键字所在段预览、时间、所在网站板块等。

（2）内容体裁多媒体化

随着新媒体的不断发展，文字已经不能满足用户对新闻消息的需求，进而图片、音频、视频等新兴媒体的需求不断加大，同时多媒体的应用对新闻网站起到了较大的影响作用，国外新闻网站搜索引擎率先打破以图文方式为主的搜索模式，采用视频、音频等多媒体搜索相结合的方式，《纽约时报》就是其中的先驱者，如下页图所示。

点击多媒体搜索，界面就会呈现相关视频等多媒体信息，如图 15－16 所示。

可以发现《纽约时报》的多媒体搜索功能与同类国外新闻网站《泰晤士报》、《华盛顿邮报》相比是一大创新。

3. 商业营利途经多

对新闻网站而言，虽说营利并不是唯一目标，但它是检验网站整体发展水平和综合素质的重要因素。如果没有营利，新闻网站就不会有长久的生命力。为此，新闻网站要在为社会服务与为市场服务两者上寻找结合点。

新闻网站中的搜索引擎，是一种为网站服务的新兴媒体，便于用户查找

图 15 – 16 《华尔街日报》的搜索界面

新闻信息，走的是技术驱动的路线，其本身并没有和商业营利挂钩，而且这项技术具有垄断性和不可复制性，开发成本也较高。但随着商品市场的发展，营利的欲求不断加深，搜索引擎渐渐也采取了一定的商业化途径为新闻网站营利。

在国外新闻网站搜索引擎的应用中，以下几种营利模式相当成熟：

（1）广告发布

国外新闻网站中搜索引擎的广告分为固定排名广告和竞价排名广告，统称为关键字广告，即针对在新闻网站搜索引擎中的关键字而在搜索界面上呈现的广告。

在所有的营利手段中，关键字广告由于是一种真正按照效果收费的网络推广服务，所以目前已经成为搜索引擎营利的主导。

固定排名是用户进行某新闻关键字的搜索时，付过费的网站链接将出现在搜索界面中的固定位置。这些具体位置是由各个厂商通过竞价购买来决定的，并且这些具体位置在合同期内会保持不变。

竞价排名是按照付费高者排名靠前的原则，对购买了同一关键词的网站进行排名的一种方式。它的基本特点是按点击付费，广告出现在搜索结果中（一般是靠前的位置）如果没有被用户点击，不收取广告费，在同一关键词的广告中，支付每次点击价格最高的广告排列在第一位，其他位置同样按照广告主自己设定的广告点击价格来决定广告的排名位置。竞价排名由于按照效果付费以及广告主可以自己控制广告价格和费用的特点，目前已经成为搜索引擎最重要的营利模式之一。

虽然这对搜索引擎的迅速成长比较有利，但也应当看到，这种做法在一定程度上影响用户对新闻的检索，因此在广告发布上要以用户体验的最优化作为衡量标准。

（2）电子商务

国外老牌新闻网站把多年积累的用户转换为有价值的客户资源，通过搜索引擎界面，可以提供一定的电子商务服务，如网上购物、物流配送、财经股票、网上银行、网上书店，等等，而且随着技术的发展，服务水平的提高，将会不断地增加。

（3）增值服务（注册收费服务）

增值服务即根据客户的特殊要求提供需要的服务，拓展有附加值的收费服务。在国外新闻网站搜索引擎中，用户可以通过注册购买会员，让用户的相关信息进入搜索引擎的数据库中，方便用户进行查找，使会员从被动方转变为主动方，从而进行个性化的搜索结果定制和收藏，这是目前的一种新型增值服务模式。

（4）与其他媒体联合经营

搜索引擎作为融合了多种媒体特性的网络媒体，具有技术、资源等多种优势。在国外新闻网站的应用中，搜索引擎结合了其他新媒体，从而进行联合经营，比如在搜索引擎界面添加 RSS 定制、视频窗口、微博转发等，达到多种媒体结合，相互促进，最终达到共同盈利。

三 国外新闻网站搜索引擎的启示

搜索引擎作为互联网一种有效的传播手段，影响到许多行业，甚至可以说是颠覆了某些传统行业所建立的陈规旧习。随着搜索引擎的出现，新闻传播和阅读的频率被无限放大，新闻工作者使用搜索引擎的频率逐渐提高，搜索引擎新闻为受众提供个性化的资讯，用户成为了信息传递内容的决定者，搜索引擎改变了传统的新闻传播格局。

在国外新闻网站中，搜索引擎的使用日趋成熟，对新闻网站本身也起到了一定的促进作用，这对于我国新闻网站的发展也有一定的启示作用。

1. 搜索形式全面化、个性化

读者用户浏览新闻，一般会选择去门户网站或者人民网、新华网等新闻网站，但是这种传统的新闻浏览方式有个缺陷，那就是新闻网站太多，而且新闻信息呈海量增长之势，如果用户想把一天之内发生的重大要闻一网打尽，势必需要浏览网站的每条新闻，这样一来费时费力。而现在通过搜索引擎，在这些新闻网站中可以作为一个独立的新闻采集平台搜索引擎新闻，将各个板块的新闻采集过来，并分门别类制作好，可以给用户提供极大的便利，对版面的布局、内容的分类编排具有一定的个性化安排。同时在搜索页面布局上要图文并茂，并充分考虑用户视觉浏览习惯，如优化栏目边框和新闻图片尺寸、强化焦点新闻头条、细化板块来源、排列顺序的个性编排等，让呈现方式更加清晰明了。

互联网时代，面对海量的信息许多人患上了信息焦虑症，如何便捷地找到自己所关心的新闻，找到自己需要的信息而不在茫茫信息汪洋中迷失方向，搜索引擎为人们提供了便利。随着受众素质的提高，新闻必将朝着个性化阅读方向发展，个人拥有了更大的选择自主权：可定制的个性化页面，可参与的新闻专题，可收藏的热门新闻都将增强用户的黏着性，提升新闻搜索价值。

搜索引擎从形式上来看本身是不提供信息的，一般不直接产生内容。但是当用户输入某个关键词时，搜索结果就会在零点零零几秒的时间内呈现在用户眼前，也就是说，用户现在不是在单个的媒体推送出来的消息中被动选取自己需要的信息，而是在所有媒体中根据自己的特定需要，主动地拉出自己想要的个性化新闻。同一主题的不同消息制造者和信息量，究竟需要哪种，由用户的搜索行为决定，用户成为信息传递内容的决定者。

2. 搜索内容体裁多样化、高效化

随着互联网的发展，技术的更新，新闻也不仅仅是图文的形式，内容体裁趋于多媒体化，因此将多媒体融入新闻网站搜索引擎当中是大势所趋，便于用户更加个性化地查找多媒体资料，同时增加新闻网站的竞争力。

目前正值信息时代，信息量呈爆炸趋势增长，新闻的高效快速就是至关重要的竞争力，而搜索引擎当中的更新量更是决定了这一因素，用户通过输入任何关键字，浏览包括国内、国际、财经、互联网、房产、汽车、体育、娱乐、游戏等各个细分领域的详细新闻资讯。新闻网站的搜索引擎功能，无疑让我们更加轻松、高效地了解各类新闻资讯。如果你要特别关注某个领域，比如房价、就业、医保、某明星甚至某网络红人，你都可以用搜索的方式跟踪国内媒体。搜索引擎在这里不仅成为受众的信息入口，而且拥有了自己独立的搜索引擎新闻，发挥着传媒消息总汇的作用。

3. 以搜索引擎带动新闻网站的发展

搜索引擎对网络的影响日益增强，其占报纸、杂志和电视新闻网站搜索流量的30%；流量意味着读者和广告用户，所以或大或小的新闻机构都开始加大他们网站的建设力度，以便搜索引擎能够更快地搜索到他们的文章。SEO（Search Engine Optimization），汉译为搜索引擎优化，为近年来较为流行的网络营销方式，主要目的是增加特定关键字的曝光率以增加网站的能见度，进而增加销售的机会；其工作原理是通过了解各类搜索引擎如何抓取互联网页面、如何进行索引以及如何确定其对某一特定关键词的搜索结果排名等技术，来对新闻进行相关的优化，使其提高其影响力，从而提高网站访问量，最终提升网站的销售能力或宣传能力。到目前为止，一些新闻媒体正小心翼翼地进入搜索引擎优化领域，以实现其搜索结果的最优化。因为新闻信息不同于实体商业产品，新闻的搜索引擎优化主要是指媒体记者、编辑为了使文章能在网络上被更多受众注意到、浏览到，而刻意制作文章标题、正文、网站的排版等，以方便搜索引擎进行搜索，从而带来关注和流量乃至更大的广告效应。把最重要的关键词写进稿件的标题乃至第一段中，精研细作标题，增加被搜索的可能。搜索引擎的网络机器人是不带感情的，想要搜索引擎找到并让更多的网民点击你的文章，就必须保持文笔的直白晓畅易读，切忌晦涩难懂，因此一些双关、影射等技巧要小心处理，这样才能吸引网络机器人的青睐。

新闻网站的竞争已经不仅仅是网站之间的事，搜索引擎在新闻搜索领域的竞争，也冲击着传统的新闻网站。搜索引擎增加了个性化利用新闻网站的机会，也是新闻网站的重要竞争力。

搜索时代的新闻网站究竟如何运作，我们目前还没有统一的答案，但是提供个性化的新闻资讯服务，不断提升搜索服务质量，搜索引擎已然成为媒体中一种有效的新闻工具，这对用户来说就是最大的幸事。

第 十 六 章

网络动员及其引导

网络传播功能多样，随着网络舆论事件影响力凸显，网络动员功能逐渐引起社会各界的广泛关注。本章将以网络动员为研究对象，对其特点、形成机制以及引导方法进行探讨。

第一节　网络动员的特点

了解网络动员，首先必须对其概念、类型、特点进行认识。

一　网络动员的定义

网络动员是以互联网作为媒介，在缺乏专业领导者的弱组织化状态下所进行的一种社会运动，行为人在动员中一般需要有"实际"的付出（如捐赠、网上网下聚集等），大部分网络动员以线下规模不等的群众活动为落脚点，实现网络动员与现实动员的对接，产生的效果和影响既有正面的，也有负面的。

二　网络动员的类型

网络动员频繁出现，一是由于多元化与充满冲突的转型社会中，日益觉醒的草根阶层维权意识空前强烈，但发表意见的渠道却不够通畅，网络动员成为常规渠道下个人表达和需求受限的替代性补偿；二是因为网络的媒介特质和日益强大的影响力足以担当起社会动员的重任。

在社会运动领域，研究者将网络运动分为两类：一类是网外的社会运动组织如人权组织、非政府组织、环保组织等如何使用互联网等现代传播手段进行动员和抗议；另一类是直接发生在网络空间的抗议行为，如黑客攻击、网络签名等。两类网络运动中，网外运动组织发动的，利用互联网手段进行动员和抗议的居多，而发生在网上的，基于 BBS 和网络社区的抗议则影响不大①。

目前西方学界研究较多的是前一种，基本出发点是把互联网当作新型的动员资源，研究社会运动组织如何利用网络进行动员，而较少研究发生在网上的抗议活动。这反映了西方网络运动的基本特点。

中国的网络动员情况有所不同。由于中国民间组织的力量较为薄弱，因此属于上述第一类的网络动员并不多见。近年来逐渐进入中国主流学术视野并以网络为主要动员媒介的新民权运动，其特点是"自发地、分散地在个案层面进行，主体是最基本的个人权利遭到侵害的普通民众"②，"参与方式常常是个人的、日常生活化的，不通过正规的政治组织、机构"③，这与西方自 20 世纪 60 年代以后涌现的具有组织性和持续性，参与者以精英阶层居多，通过民间组织理性利用资源、计划行动的民权运动有很大的差异。严格意义上的第二类网络动员活动（全部动员活动均在网络这一虚拟空间完成）也不常见，较典型的有美国轰炸我驻南联盟领事馆后的中美民间黑客大战，以及"反对日本入常"千万人网络签名活动。

事实上，现实中国国内的网络动员活动较为常见的有两种类型：一是由网外的危机事件触发，网民在现实言论场域不够开放、社会保障机制不够健全，或者有限的社会救助难以到达每一个体等情况下，往往将网络当成了寻求公平、正义，表达利益诉求的"救命稻草"和几乎屡试不爽的"灵丹妙药"，这一类的网络动员常以网络救助、网络维权、网络（民族主义）集会、网络审判、网络反腐、网络签名等形式出现，与个人权益或社会政治生活密切相关；二是带有狂欢或发泄性质的网络聚集行为，如网络暴力、网络

---

①　杨国斌：《悲情与戏谑：网络事件中的情感动员》，《传播与社会学刊》2009 年（总）第 9 期。

②　孙玮：《中国"新民权运动"中的媒介社会动员——以重庆"钉子户"事件的媒介报道为例》，《新闻大学》2008 年第 4 期。

③　孙玮：《我们是谁：大众媒介对于新社会运动的集体认同感建构——厦门 PX 项目事件大众媒介报道的个案研究》，《新闻大学》2007 年第 3 期。

恶搞、人肉搜索、快闪暴走等，这类动员活动不以利益诉求为目的，而是带有批判意味或娱乐精神，有的还造成了严重的侵害后果。

三　网络动员的特点

网络动员是传统动员在新媒体时代和中国当前政治语境下的特殊呈现，网络动员的性质、出发点和效果均极为复杂，难以作非黑即白的简单判断。我们从常见的网络动员活动中，可以归结其特征如下：

1. 主体的难控性

网络群体性事件的主体是网民，网民身份的虚拟性、地域的模糊性、信息传播的及时、畅通，造成了网络动员的主体在现实中具有隐蔽性。而网络作为信息载体的特殊性，传统的控制手段、组织手段等都难以即时到位处理，强有力的应对方法还缺乏有效的渠道实施。

2. 过程的动态性

首先，从结构上来说，网络具有平面化的特征，使各个主体之间信息流通没有壁垒，从某一现实事件在网络上的发布、由其激发的网络动员的产生到爆发，再到逐渐消失可能都发生在一个极短的时间内。其次，从对象上来说，网络动员的整个发展过程都受到其所指向的现实事件的发展的影响，具有一定的动态性或不稳定性。最后，从过程上来说，网络动员发生的前提是其所指对的网络信息经过"筛选"，即得到网民的广泛关注、情绪共鸣和媒体放大，输入政治系统并促使其反应，这一从信息产生到政治系统反应的过程是一个动态的过程。

3. 情绪的集聚性

网络动员是主观社会挫折在网络环境中的集中表达，包括对社会不公正的愤恨、对政治系统内部腐败寻租等行为和现象的批评、维护主体的公民权益等，归结起来是因制度化参与渠道的缺失以及政治体系利益表达调节效果的有限而转移了的一种社会参与行为。一旦这种政治行为及其社会挫折现实在网民群体中获得了广泛性的共通性情感集聚共鸣，就很容易引发网络动员，形成超地域的社会舆论压力，从而将原有不能有效输入政治系统的信息迫使政治系统吸纳入制度化的政治渠道并加以解决。所以，相对制度化的社会参与，网络动员具有情绪的群体集聚性和非制度化的、集群式的特征。

4. 传播的快捷性

与传统媒体受众不同，网民的活动时间范围从传统生活中的 8 小时、10 小时一举实现了 24 小时不间断的活动。全民性的网民生活习惯、所处时区各异，因而每一时段都有可能会爆发网络动员活动。在网络中，由于联系的快捷方便，使得六度分隔效应更加明显。人与人之间的联系，不需要太熟悉，只需要一个简单的共同话题，就有可能在短时期内建立"相对自发的、无组织的"联系。网络动员一般在网络社区或网络论坛的各个子论坛中默默发展，或者以即时聊天、电子邮件等方式传播，通过网友发帖、顶帖、转帖、转发等各自迅速发展。此时，如果这一话题恰恰是大家关注并且不满情绪郁积的话题，就会引起其他网民的关注，由此引发大规模的响应。

5. 影响的深广性

随着计算机和互联网在社会生活中的广泛应用，人类社会进入了信息时代。社会上各种信息的传播和影响，完全打破了时空界限的限制。因此，网络动员一经发生，其波及面之广，影响之大，前所未有。网络动员一旦走出网络，又会与传统媒介相互助推，形成共鸣，同时话题更加集约，从而使其影响力、波及面进一步扩大。国际国内的各种舆论借助网络信息的放大效应，往往使事件的真相被掩盖和扭曲，使事件更加复杂化，给有关部门处置工作带来更大的难度。

第二节 网络动员的形成

网络动员的形成机制复杂多样，我们这里仅举其典型特征加以论述如下：

一 敏感话题构建出的"我们"意识，是动员发生的心理基础

社会合意是社会动员成功的前提。在市场机制下，社会的利益诉求和利益走向日益多元化，势力强大、拥有资本的利益群体往往会成为竞争中的赢家，在法律制度不健全和市场规则尚不透明的市场经济国家，权力可能介入市场和资本相结合形成权力资本交换、共生和腐败等现象，从而形成拥有资

本和权力的群体赢者通吃的现象，这不仅破坏了市场竞争中应有的机会平等原则，还破坏了社会应有的基本公平和正义原则，导致大量弱势群体的利益受损。于是，"被剥夺的绝大多数"便成为"我们"这一社会合意的核心。此外，伴随着社会结构和全球局势的急遽变化，传统和现代价值观、中西价值观之间发生了激烈的冲撞，这就为一些普适性的话题的涌现及跨越阶层，在全社会迅速争取广泛认同提供了契机。

近年来富有影响力的网络动员活动都具有契合当下社会主题与民众心理的特征，能够触动社会最敏感神经的特点。随着动员的开展，爱国、维权、救助、反贪反腐等各类话题被逐渐提炼出来，相关的话语体系也日益成型。在艳照门、姜岩博客案等道德隐私事件中，"我们"维护着传统价值观，痛恨不道德的行为；在虐童、虐猫等残虐事件中，"我们"是充满爱心的善良大众；在最牛钉子户、虎照案、厦门PX等事件中，"我们"是追求正义和真相的维权公民；在宝马案、林嘉祥猥亵门、杭州飙车案等官民、贫富较量事件中，"我们"是"被侮辱与被剥夺"的平民阶层；在反日游行、抵制家乐福、西藏"3·14"等事件中，"我们"是充满激情的爱国主义者……"我们"的身份所引发的强烈共鸣是在网民中建构集体认同感并进一步形塑集体行动框架的基础。

二 热点平台和富有感染力的表达，在动员初期迅速聚集人气

网络动员成功与否，最关键的要素和难点在于最初的动员阶段。一旦挺过初始阶段，激起足够的人气，网络资源动员将会保持高水平[①]。

与西方迥异，BBS和网络社区是中国网民最常使用的动员平台，天涯社区、凯迪社区、猫扑论坛、中华网社区、强国论坛、新华网社区等知名社区、论坛由于流量大、人气旺，成为动员首帖的高发地带。成功的动员活动离不开所处网站的积极配合与支持，如将帖子置顶、加精，设为网站头条，在首页中进行推荐，开辟专题和讨论专区等。此外，其他知名网站的大力转载和评论，也能令网络事件在短期内人气迅速攀升。

网络依赖于注意力经济，通常以较为夸张的表达方式，来寻求较大的传

---

① 章友德、周松青：《资源动员与网络中的民间救助》，《社会》2007年3月。

播效应。网络动员中，能够短期内聚集人气的帖子一般采用两种话语策略：

1. 一些帖子以悲情叙事、蒙冤叙事、苦难叙事、情感渲染和道德谴责等"社会剧场"手段作为话语策略①，浓墨重彩，富有煽动力。

表 16 - 1　　2007—2009 年部分重大网络动员活动首发媒体和报道标题举例

时间	事件	首发报道标题	首发媒体
2007.6	山西黑砖窑	400 位父亲泣血呼救： 谁来救救我们的孩子？	大河网（迅速转帖于天涯杂谈后激起巨大反响）
2007.7	后妈虐童	我所见过的最没人性的事情！后妈毒打6 岁继女，治疗现场千人哭成一片！！！	搜狐社区
2008.4	抵制家乐福	1. 爱我中华，抵制法货 2. 抵制法国货，从家乐福开始	天涯论坛 猫扑论坛
2008.10	哈尔滨警察打死大学生	昨晚哈尔滨 6 警察将哈体育学院学生当街殴打致死	猫扑论坛
2009.2	躲猫猫	看守所里面的致命游戏	云南信息报
2009.5	邓玉娇案	1. 镇招商办主任命殒娱乐场所 2. 野三关镇一娱乐场所发生命案行凶女子已被警方控制	三峡晚报（头版） 长江巴东网

表 16 - 1 是 2007—2009 三年来部分有重大影响力的网络动员活动首发帖标题，其中"泣血呼救"、"最没人性"、"当街殴打致死"、"法货"、"致命游戏"、"命殒娱乐场所"等字眼儿，都较为敏感或震撼，"史上最牛"、"最雷人"、"最囧"、"暴强"、"天价"等常现身于这类帖子的标题之中。正文表述则通常图文并茂、真实感强。山西黑砖窑事件中，首发帖的震撼力很大程度上来自如泣如诉的文字描绘，使用的意象是死亡、黑暗，以及对纯洁的生命的奴役。帖子所配三幅贴图，分别是孩子在砖窑睡觉的土炕、奔跑中的父母以及父母亲与孩子团聚后悲痛的场面。从回帖看，这些画面和意象中所表达出来的痛苦显然深深打动了天涯社区的网民②。而由一桩平淡无奇的婚外情所引发的铜须门事件迅速形成网络热点的关键之一源于"锋刃透骨寒"独具特色的帖子：以漂亮的文字讲述了事业有成、深爱妻子却遭遇背叛的悲情故事，在娓娓叙述中建立了同情的基础；公布了妻子长达五千字的

---

① 何国平：《网络群体事件的动员模式及其舆论引导》，《思想政治工作研究》2009 年 9 月。
② 杨国斌：《悲情与戏谑：网络事件中的情感动员》，《传播与社会学刊》2009 年（总）第 9 期。

QQ 对话，在满足读者"偷窥欲"的同时使整个事情显得确凿无疑。

2. 以戏谑手法吸引眼球，于嬉笑中或曝光社会问题，或表达草根精神。如网友"流芳苑主"在天涯杂谈上以带有反讽意味的《吃面要吃雪菜肉丝，运动要做俯卧撑！身体倍儿棒！》一帖，令"俯卧撑"这一流行语一天之内在网上呈井喷式爆发，同时将"瓮安事件"推向全国舆论的风口浪尖。

三　"群体极化"现象，成为动员持续的"助推器"

桑斯坦在《网络共和国》一书中这样定义群体极化现象：团体成员一开始即有某些偏向，在商议后，人们朝偏向的方向继续移动，最后形成极端的观点。桑斯坦认为，人们在面对新信息时，无论是相信或不相信，都各有不同的基准点。当那些比较容易相信的人，也就是基准点较低的人，对信息采取相信的态度并起而行动时，那些基准点较高的人就会随后加入，进而形成一个赞同该想法的较大团体。等到具有更高基准的人也加入了，这个团体就更为壮大。这样一路演变的过程最后导致雪球效应或串联效应，使得大批群众相信某件事——不管事实是否为真——而他们之所以相信，只是因为和他们相关的其他人也看起来都相信该事件为真①。

作为群体活动的网络动员，仍遵循集体行动的逻辑，群体成员具有易受暗示和感染、易冲动、情绪化、不理性的特点，沉默的螺旋、多米诺骨牌效应在其中发挥着重要作用，网民结构又进一步加剧了网络动员中"群体极化"的可能性。

统计资料显示，中国网民的主体是 30 岁以下的年轻群体，低龄、低学历、低收入、学生身份是中国网民的总体特征。年轻网民对新鲜事物接受快，能够很快融入色彩缤纷的网络世界，但由于教育程度有限，个性尚未成熟，辨别能力差，易受影响出现情绪化、乱起哄的情况，受到煽动后非理性的网上行为极易演变成网络暴力或网下行动，对现实社会产生冲击。

为了更好地说明群体极化现象的发生过程，不妨以网络动员过程中的参与者为切入点作进一步解析。网络动员的参与者主要包括支持者、旁观者、反对者三类主要角色。支持者又分为议题发起者、舆论领袖、舆论声援者、

---

① ［美］凯斯·桑斯坦：《网络共和国》，黄维明译，上海世纪出版集团 2003 年版，第 47、58 页。

实际行动者等。

部分议题发起者本身即是舆论领袖，在网络上具有一呼百应的舆论地位，但多数人平时却默默无闻，动员活动是在出乎本人意料的情况下发生的，如网友"萝雨宁馨"在巴黎干扰奥运火炬传递事件3天后，发表了并未经过深思熟虑的《爱我中华，抵制法货》一帖，瞬间点燃"抵制家乐福"事件的导火索。这样的结果貌似具有偶然性，但其实是因帖子的内容具有时宜性，在当时的舆论环境下（网友的爱国情绪和民族情感正日益高涨）能够激起广泛共鸣所导致的必然结果，这就使得群体极化中的"偏向"很容易形成。

舆论领袖是网络动员中的中坚力量，他们以精英阶层为主，掌握较多的社会资本，通常活跃于各大网络社区，具有良好的人气，以文字为武器来参与活动，在动员活动发起初期即积极介入，频繁撰文，密切关注事态进展。舆论领袖的影响力，坚定了多数人尤其是具有较高基准的人"相信该事件为真或正确"的信心，起到了指导网民行动、左右事态进程的作用。

在发动一定数量的舆论声援者之后，"滚雪球效应"促使越来越多的旁观者受到感染逐步卷入动员活动，反对和质疑的声音越来越微弱，网络动员逐渐进入高潮期，并可能向网下实际行动转化。

群体极化现象在某些动员活动中，固然起到了迅速唤起广泛关注，促进问题解决的作用，但它毕竟是一种缺乏理性状态下的集体行动，极易导致网络动员活动失去控制。在一些带有狂欢性质或恶意侵害目的的动员行动中，更是屡屡导致"多数人的暴政"，最终对社会造成危害。

四　传统媒体与网络媒体共建议题，扩大事件影响

网络媒体与传统媒体在网络动员中的介入先后主要有三种情形：1. 网络媒体和传统媒体不分先后，齐心协力报道，动员活动也随事件的发生和媒体的报道相应展开；2. 网友爆料形成网络热点，吸引传统媒体的关注和介入，利用媒体影响力造势，再将这种影响力拿到网上发酵；3. 传统媒体的报道引发网友热议，导致更多传统媒体参与介入，两大媒体形成议题联动。不少传统媒体首发报道后反响平平，一旦经过网络转载或改写，便迅速扩散，产生巨大的动员效应，传统媒体在其后的动员过程中，又反过来成为网

络媒体的消息来源。云南"躲猫猫"事件的引爆，便源于《云南信息报》上一条普通的社会新闻。当这则新闻被网易、凤凰网等网站及传统媒体转载后，引起了网民广泛关注，"躲猫猫"一词迅速蹿红。在南方都市报"网眼"版刊出《网络代有新词出 最近流行"躲猫猫"》一文并受到网络媒体的疯狂转载后，"躲猫猫"事件向全国性事件演变。

网络媒体、传统媒体、网民三者的议题之间，究竟存在着怎样的框架关系？Garrett对互联网等新信息技术在社会运动中作用的研究进行了综述，他认为社会运动的组织者可以通过新媒体来建构框架，而不必依赖主流媒体。然而众多学者的研究仍然表明：传统媒体对网络媒体的议程具有很好的框架作用。周裕琼在对家乐福事件中的新媒体谣言进行分析后认为，网络上的抵制活动表面进行得如火如荼，实际上政府在后台通过对媒体的控制可以间接设定抵制运动的日程[1]，其中新华社的通稿主导了整个事件的舆论进程。李贞芳等人的研究指出，网络媒体具备议程设置的功能，能够引导网络公众舆论，但局限于来自传统媒体的有较高信任度的网络新闻[2]。

根据人民网"2009年上半年地方应对网络舆情能力排行榜"之"舆情热度总榜"，选择排在首位的"邓玉娇案"，于2009年11月4日用百度高级搜索包含全部关键词搜索"邓玉娇"，在前100项搜索结果中得到91个有效样本。由图16-1和图16-2可知，虽然社区网站/网站社区是信息扩散的主体，但传统媒体及其创办的网站（相当一部分报道来自其对应的传统媒体）才是网络上信息扩散的主要来源。对相关博客、网帖进行分析后发现，许多网络评论建立在传统媒体已有报道的基础上，力求从传统媒体中寻求合法性，使评论有理又有"据"。对"躲猫猫"、"艳照门"等若干关键词用百度指数进行搜索后发现，近年来所有重要网络动员事件的媒体关注度和受众关注度之间均存在惊人的一致。

综上所述，传统媒体与网络媒体的议题互动共同框架了网民议题，规定了网络动员的走向，其中传统媒体起着议题支配的作用。

---

① 周裕琼：《真实的谎言，抵制家乐福事件中的新媒体谣言分析》，《传播与社会学刊》2009年（总）第9期。

② 李贞芳、古涵、杨孟丹：《网络媒体的舆论功能研究》，《国际新闻界》2008年第10期。

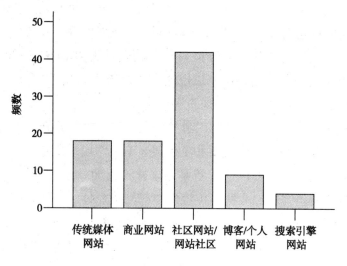

图 16 - 1 文章发布网站比较

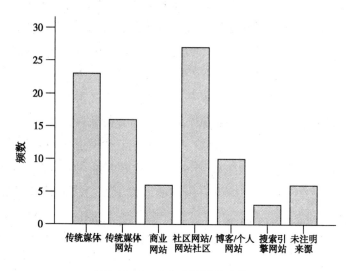

图 16 - 2 文章来源媒体比较

五 网络舆论风暴向现实事件演变，进一步扩大动员影响力

当动员进入高潮阶段，"口诛笔伐"显得苍白无力，一些特别活跃的支持者，会随着动员活动的深入，在网上发起倡议帖，并组织规模不等的活动，将虚拟空间的舆论动员转化为真实世界的强烈诉求。常见的转化动

因有:

1. "忍无可忍"的泄愤。善与恶有时仅一步之遥,网民在动员活动中常常假借正义之名,群体放纵受到崇高感的鼓励而越发膨胀,并最终导致"以暴制暴"的群体暴力。

2. 调查、澄清真相。用事实对抗流言,以真相追求公正,是网民摆脱"暴民"称谓,成为理性公民的前提,也是网络动员"去污名化"、解决问题的正确途径,如陈易卖身救母事件中,有独立调查者"八分斋";虎照案中,涌现出众多"打虎英雄";"躲猫猫"事件中,官方创造性地组织了"网民调查团"等,但调查过程对当事人所造成的干扰和伤害也是必须警惕的。

3. 给予弱势或受灾群体现实救助。如汶川地震中众多网友通过网络募捐赈灾物资、奔赴灾区救援。

4. 以行动壮大舆论声势,促进问题解决。多见于维权运动中,常见的手段有游行、示威、静坐、抗议等。

在人民网评选出的 2009 年上半年、第三季度、第四季度"地方应对网络舆情能力排行榜"上,30 件重大网络舆情事件中有 20 件引发了明显的网下行动,如湖北石首骚乱造成数万人聚集现场,并与警方数次发生冲突;成都"6·5"公交车燃烧事件引发各地民众对公交车安全的质疑,造成了不良的社会后果。这说明付诸现实行动已越来越成为网络动员的常态。

第三节　网络动员的引导

在众多网络舆论事件中,网络动员发挥了表达民意、伸张正义、扶危济困等正向的社会动员功能,是协商民主的可贵体现。但网络传播的裂变式循环和政府辟谣的相对滞后也使得网络谣言、流言甚嚣尘上,各种非理性的网络信息泛滥,严重影响和危害着社会的稳定与安全。

美国政治学家萨缪尔·亨廷顿认为,社会动员和经济发展都是现代化过程所造成的必然结果,社会动员往往会提高人们的期望,而经济发展则会提高社会满足人们期望的能力。但由于社会动员往往比经济发展的速度更快,

"需求的形成"与"需求的满足"之间就会形成一个差距，导致"社会挫折感"。如果社会存在着纵向和横向流动的机会和可能，这种"社会挫折感"也许会得到缓解。否则，它就会促使人们通过政治参与向政治体系施加压力。如果在这种政治参与迅速扩大的同时，该社会的政治制度化水平仍未相应提高，就会造成政治动乱①。随着中国社会转型的加快，公众的需求很大程度上得不到预期的满足，从一定程度上说，社会挫折感的多元和复杂正是中国网络动员多元化和复杂化的关键所在。

社会冲突论者认为，一个社会的常态并不是我们所熟知的稳定、和谐和整合，而恰恰是社会冲突。冲突的起因主要是由于社会报酬的不均衡分配以及人们对社会合法性的怀疑和否定造成的。社会冲突本身并无可怕之处，关键在于一个社会有没有疏通社会冲突、调节社会冲突的机制和渠道。上述理论启示我们，网络动员源于社会冲突，也必须从化解冲突的视角去观照才可能取得良好的管理效果。在这个过程中，政府、媒体、网民应该齐心协力，充分发挥各自的作用。

一　政府管理的介入

正确应对网络动员，并加以引导，发挥其对于我国民主政治和社会监督的作用，既要政府在思想上全面认识和评价网络动员，又要对网络动员加以正确引导，关键是坚持实事求是，保障人民群众的知情权、监督权和参与权，具体对策包括以下几个方面：

（一）认真区别对待不同层面、不同类别的网民需求

网络动员是网民自身需求实现的手段，充分了解网民需求是开展好网络动员的要求。鼓励网民参与积极的网络动员，引导其为国家的政治、经济、文化、社会建设服务；正确对待民众网络的情绪表达，通过政府与网民的良性互动，引导其往有序化方向发展；严格控制不法的网络表达，以及时准确的信息呈现，提升公民对真相的了解程度，从而化解网络表达由不合理向网络谣言乃至网络群体极化效应的方向发展。

---

① 冯必扬：《社会风险：视角、内涵与成因》，《天津社会科学》2004 年第 2 期。

（二）畅通网络民主表达的渠道

要探索建立科学化、制度化的网络协商机制，使社会问题、不平等和冲突因素有通过社会利益博弈机制得到解决的可能，而社会弱势群体受到的不平等待遇也可以因为多元化的表达机制得到公开，从而引起社会和公共舆论的重视而得到改善，不会使社会群体产生受到绝对剥夺的感觉[①]。建设好政府的各级网站，可以利用市长信箱、市长博客等网民容易认可的手段，并通过积极搭建信访网络服务平台，开展全方位服务，让网民可以通过网络与政府进行积极沟通，把矛盾化解在萌芽状态。同时，让网民通过政府的网站掌握真实可靠的信息，满足民众参政议政的需要。在保护网民政治动员热情的同时，努力维护国家政治稳定和公共秩序，促进网络民主政治健康有序发展。

（三）及时帮助民众解决现实利益问题

如果很多问题在现实社会中得不到有效解决，民众就会借助虚拟社会进行表达，寻求力量来帮助解决。所以，化解网络动员中消极行动力量的根本途径在于：政府加快民主化进程，以政治体制改革减少不公正现象的发生，在政治系统和网络舆论代表平等的前提下展开协商，解决冲突和争端。对于网络舆论揭露的政治系统内部的权力腐败，及时通过党的纪律检查部门、政府监察部门和检察机关开展调查，借鉴"躲猫猫"事件的处理方式，积极探索和建立网络舆论代表参与调查的方式方法，并保持调查进程和结果公开，对于严重违法违纪、损害人民群众利益的事实要严格追究相关人员责任，实现基于政治系统和网络舆论互动基础上有效解决由网络群体性事件造成的政府的舆论危机。

（四）用法制与文化规约网络动员

网络动员不是孤立存在的现象，它的健康发展仍然需要两个基础性条件作为支撑：一是法制，二是文化。法制是从刚性的层面来解决网络动员的规范性

[①] 刘涛：《中国崛起策》，新华出版社 2007 年版，第 121 页。

及有序性的问题。西方国家在网络方面的法律法规建设为我国推动网络建设提供了有益的经验。目前西方各国的做法是：一方面阻止和过滤某些信息，另一方面促进某些信息的流动和扩散。网络法治建设首先应完善相关网络立法，扩大侵权责任法与刑法的调整范围。因此，根据我国日益壮大的网民队伍实际，及时加强和完善网络的相关法律法规建设，把网民的网络行为纳入法制的轨道。此外，完善网络文化。网络文化从精神层面规约公民的网络行为。通过网络文化建设，可以提升公民的网络素质、鉴别力和网络动员的水平。

二 媒体引导的恰当

在网络动员过程中，媒体的作用无疑十分关键。扎尔德认为，媒体可以充当一个中间环节和一个情绪提升的系统，至关重要的是媒体对公众关注的感知，形塑了社会运动和当局的反应。具体而言，媒体可以从以下几方面努力：

（一）媒体应养成在日常报道中对公共话题及时发言的习惯，拓宽民意表达渠道，及时疏导社会不满与怨恨情绪。

（二）加强主流媒体网站和品牌栏目、知名社区、论坛的建设，致力于塑造其权威、可信的形象，扩大其影响力，培养舆论领袖，形成舆论示范效应。

（三）动员初期密切关注网络舆论动向，及时公开信息，尤其要利用政府权威网络门户，迅速澄清事件真相，平息网民情绪；动员过程中适度介入，合理引导网络舆论，充分发挥舆论领袖的正面作用，以舆论领袖来引领或规制动员过程中的各类角色，不断调整事件进程和方向，同时重视传统媒体议程对网络议程和网民议程的影响作用，注意以传统媒体舆论来引导网络舆论；动员实施后及时进行总结，采取补救措施，将危害最小化。对于具有危害性的动员事件，要尽量将其平息在动员初期，或尽可能防止从舆论动员向行动动员转变。

三 网民素质的提升

对于网民而言，提高自身素质，做知礼守法的"网络公民"，是提高网络动员水平的有效途径。

　　网络动员水平需要有良好的公民素质。公民的素质是多方面的，其中最基本的要素之一就是以民主政治为核心的政治文化和政治认同，公民形成民主的政治认同和政治文化的主要途径是政治社会化过程，通俗来说就是政治教育。到目前为止，教育是提升公民意识和公民能力的最好办法。特别是在网络社会中，信息就应为每位公民而非仅仅为一部分高层人士所利用，网络信息如果无法向大众开放，就会失去其应有的价值。公民若想在信息高速公路上行驶，就得让公民有在信息高速公路上行驶的能力，那么，就需要让公民有接受教育的机会。"教育是社会中最伟大的，令一切归于平等的力量。教育的任何提高都在很大程度上促进平等的实现。"[①]　要实现平等，就要准确把握教育的发展方向，即发展教育不仅是为提高公民的科学文化素质，而更为重要的是为了培育合格的公民，让公民通过网络动员来促进社会的进步。

　　西方国家在长期实践中，摸索出了一套化解冲突行之有效的方法，其中重要的一点是建立社会中间层，即现代社会中介于国家和普通公民之间的那一层自治机构，通常被称为公民社会或是市民社会，鼓励每个社会群体自由结社、结成代表本阶层的社会自治组织去保护、争取自己的利益，从而促进整个社会的权力和利益均衡化，保持社会的稳定并防止两极分化[②]。在越来越多的网络动员中，我们欣喜地看到，网民开始有意识地将自己定位为"网络公民"，加强了动员活动中的组织和秩序，运用法律武器和国家政策，以理性、冷静的手段来处理问题。不可否认，网络动员为国家、传媒、民众提供了一个在冲突中共同成长的契机。

---

①　[美] 比尔·盖茨：《未来之路》，北京大学出版社1996年版，第320页。

②　刘涛：《中国崛起策》，新华出版社2007年版，第189页。

第 十 七 章

传播效果理论在网络传播中的创新

　　20 世纪 90 年代以来，随着互联网在中国的普及，网民规模不断增长，以互联网为代表的新兴媒体冲击并重塑着传统媒体格局。网络时代传统传播效果理论是否仍然适用，或者会发生怎样的变革，成为传播效果研究的热门话题。本章将聚焦于传统效果理论在网络环境下的应用与发展，通过实证方法探讨网络媒体的议程设置功能，对网络媒体和传统媒体的知识沟效果进行比较研究，同时也介绍网络环境下的培养效果、沉默螺旋效果和第三人效果。

第一节　网络媒体的舆论功能

　　由于网络使用的持续增长，一些典型的网络热点事件对现实社会生活产生了直接影响，网络意见被认为是民意表达并开始影响我国的民主政治生活。学者们也非常关注网络意见的研究[①]。关于网络媒体舆论功能的讨论有两种观点：一种观点多见于新闻报道，认为中央重点新闻网站如人民网和新华网，已经成功地改变了网上新闻传播无序的局面，成为主导网上新闻舆论的网络主流媒体。证据是我国主要新闻网站已吸引了 95% 以上的网上浏览量[②]。另一种观点则更多出现于学术期刊，认为网络媒体因其传播方式的复杂与舆论形成过程的复杂性相互交织，其不可控性，意见的分散性，与传统

---

　　①　陈力丹：《2007 年我国网络传播研究的六个主题》，《当代传播》2008 年第 1 期。
　　②　中国互联网中心：《第十九次中国互联网调查统计报告》。

的自上而下的线性传播方式的相异性，都使网络媒体较难像传统媒体那样形成主流舆论，用于解释舆论形成的议程设置理论，沉默的螺旋理论都不再适用于解释网络媒体对公众舆论形成的影响①②。在这些研究中，我们还不能清晰地确定：网络媒体舆论的定义如何？网络媒体是否以及如何引导网络舆论？网络舆论的主体有何特点？对这些问题的解答，将使我们对网络媒体的舆论功能有更精确的把握③。

一　网络媒体舆论功能的定义

刘毅④将舆情、舆论、民意三个概念进行了区分，认为舆情是由个人及各种社会群体构成的公众，在一定的社会空间内，对自己关心或与自身利益紧密相关的各种公共事务所持有的多种情绪、态度和意见交错的总和，当这些情绪、态度和意见趋向一致并被大多数人认同时，才会成为舆论，即"社会整体知觉综合意识"⑤。舆论有两种类型：一种是信息型舆论，另一种是意见型舆论。网络舆论发生在网络这一特定空间里，我们将它定义为网络使用者的意见和态度的综合。网络舆论的主体是网民，客体是在网络空间里被表达和传播的信息以及意见和态度。

媒体舆论功能可借鉴的理论是媒体效果研究的三种假设：议程设置（agenda-setting）、铺垫效应（priming）和架构效应（framing）。议程设置假设媒体的议程最终影响公共议程，铺垫效应被认为是第二层议程设置，指通过使某事件特征更显著来形成舆论，二者都是通过增加事件及事件某个属性的显著程度来提高公众在做政治评价时从记忆中提取该事件作为评价标准的容易程度；架构效应则假设描述方式的微妙变化会影响对未来信息的解读⑥。

我们考察网络媒体的舆论功能，就是研究网络媒体是否具备议程

①　刘毅：《略论网络舆情的概念、特点、表达与传播》，《理论界》2007 年第 1 期。

②　言靖：《网络舆论的特点及隐患研究》，《新闻爱好者》2007 年第 11 期。

③　该部分内容作为课题前期成果发表在《国际新闻界》2008 年第 10 期。

④　刘毅：《略论网络舆情的概念、特点、表达与传播》，《理论界》2007 年第 1 期。

⑤　梁蓬飞：《弱势样态：互特网舆论功能的环境描述》，《当代传播》2002 年第 4 期。

⑥　Scheufele, D. A. Agenda-setting, priming and framing revisited: Another look at cognitive effects of political communicaiton, *Mass Communication & Society*, 2000（3）, pp. 297 – 316.

设置功能、铺垫效应和架构效应。本研究将集中回答网络媒体的议程设置效果，由于传统媒体如电视、报纸、广播的议程设置功能已被诸多研究证实①②③④，网络媒体的议程设置效果的研究受制于数据采集的复杂性，目前的相关论述都限于定性的认识，尚无可靠的科学结论。我们有以下研究假设：网络媒体对事件的关注度与受众的关注度正相关。

二 研究方法

我们使用了百度指数提供的网络媒体影响力的数据，它包括了331家网络媒体的影响力指数，这331家网络媒体中有280家对应于同名的传统主流媒体，包括电视台和各级日报、晚报。据中国互联网协会的中国网站排名数据，搜索引擎类网站的排名表明，百度的点击流量占全体搜索引擎使用的57.4%，远远高于第二名谷歌的18.0%。第21次中国互联网调查统计报告表明，有72.4%的网民使用搜索引擎，73.6%的网民阅读网络新闻，这说明百度的关键词搜索数据至少代表了72.4%×57.4%=41.55%的网民的搜索行为，因此从海量的网络数据中计算得出的百度指数是目前公开可得的最佳样本，这符合科学研究公开性的要求。

（一）变量测量

1. 自变量

媒体关注度：以过去30天内百度新闻搜索中与该网络媒体最相关的新闻数量为基础，加权计算得出。在议程设置的研究中，通常是以媒体中新闻事件的显著度作为测量尺度，我们所采用的数据则是关于新闻媒体在网络媒体中的显著度作为测量尺度，即以与该新闻媒体有关的新闻数量来确定其被网络媒体关注的程度，作为网络媒体设定议程的一种类型。

---

① Iyengar, S., & Kinder, D. R. News that matters: Television and American opinion, Chicao: University of Chicago Press, 1987.

② Weaver, D. H. Thoughts on agenda setting, framing and priming, Journal of Communication, 2007, 57 (3), pp. 142 - 147.

③ 李海龙:《议程设置的第二层与媒体政治——从〈事关重要的新闻〉说起》,《国际新闻界》2004 年第 2 期。

④ 李本乾:《议程设置理论研究的趋势》,《当代传播》2004 年第 2 期。

2. 因变量

受众关注度：以网民在百度的搜索量为基础，以该网络媒体为关键词作为统计对象，计算出各网络媒体在百度网页搜索中的搜索频次进行加权统计得出。对传统的媒体的议程设置功能的研究，通常使用民意调查的数据，来确定公众认定何事为当前重要事项，考察传统媒体是否能通过对新闻事件的强化报道来引导公众的认识，这种民意调查采用随机抽样进行调查，但其抽样误差，尤其是回答过程中的系统误差一直是研究中难以克服的障碍。对网络媒体的受众关注度的考察，从海量的搜索关键词中统计出其频次，样本的效度和信度都远远高于传统的民意调查的数据。由于我们研究的是发生在网络这一特定空间的公众意见和态度，其他调查方式无法保证被访者全是网络使用者，用搜索引擎的关键词来代表网络使用者关注的方向和强度，是一种既准确又经济的方式。

（二）研究结果

表 17 - 1　　　　　　　　　　　　变量的分布

	均值	标准差	N
受众关注度	465. 31	1124. 81	331
媒体关注度	85. 19	187. 78	331

表 17 - 2　　　网络媒体的受众关注度与媒体关注度的回归结果（N = 331）

	自变量媒体关注度
因变量受众关注度	0. 327 ***
R^2	0. 107

说明：*** $p < 0.001$。

以上数据表明，对于受众对网络媒体的关注度与媒体关注度呈显著的正相关关系，媒体关注度解释了受众关注度的 10.7% 的方差。作为社会科学的研究，这一解释方差足以说明网络媒体对于受众的关注内容具有显著的影响，受众关注内容的变差中有 10.7% 可由网络媒体的引导所解释。

我们同时还考察了回归残差的分布，回归残差表明了每一个观测值离回归线的距离，残差越大，说明该观测值被该回归方程所预测和解释的比例越小。对回归残差进行排序的结果，残差最大的五个网络媒体从大到小依次是：新浪网，天津热线，新华网，凤凰网，中央电视台。它们的特点是受众关注度指数远远高于媒体关注度指数，即与这几个网络媒体有关的新闻在百度新闻搜索里出现的频率与受众以其为关键词进行搜索的频率与回归方程所表示的相关系数最不相符。这表明这几家网络媒体被受众关注的程度受网络上相关新闻的影响较小，根据中国互联网协会的网站流量排名信息，新浪网的点击流量排名第 3 位，新华网第 19 位，凤凰网第 23 位，中央电视台第 51 位，都是国内网站点击流量的领先者，这与百度受众关注度指数是相吻合的，但这几家网络媒体在百度新闻搜索中所表现的媒体关注度相对较低，这更有可能是网民非常熟悉这些网站，会直接进入主页，或被放入收藏夹，不需要经过百度搜索进入。

网络媒体的媒体关注度与受众关注度在统计上显著相关关系表明，网络媒体能够设置网民的议程，网络媒体与传统媒体一样，其内容的显著度与受众的关注度呈显著的正相关，被网络媒体关注越多的媒体，也被越多的受众所关注。这是议程设置假设的第一层含义，即网络媒体能够通过强化某些内容来引导受众的关注对象。

三　结论：解读网络舆论的影响力

根据定义，网络舆论是网络空间人们意见和态度的总和，仅看到网络具备议程设置的功能还不能使我们清楚地认识网络媒体对网络舆论的引导的全部。目前我们还只是看到网络媒体所强化关注的内容会同时使受众产生同方向的强度的关注，但这还只是网络舆论的一个方面。

网络舆论包括信息型舆论和意见型舆论，关注度只是注意力的指向。根据态度的三要素理论[①]，态度由认知、情感和行为倾向三要素构成，舆论作为一种态度，也包括这三个要素，当受众的关注指向某个内容时，还只能表明舆论中的认知要素被解释。

---

① Ajzen, Icek, Fishbein, Martin, *Understanding Attitudes and Predicting Social Behvior*, Upper Saddle River, NJ: Prentice Hall, 1980.

此外，网络舆论除了通过网络媒体的报道来体现之外，更多地通过电子邮件、即时通信工具、网络论坛、博客等来传播[①]，即网络媒体可以设置某些议题，使之成为网民关注的重点，但尚需要通过其他非大众的网络传播方式来进行二级传播，最后才能形成完整的网络公众的整体意见和态度。

中国互联网中心的第 21 次调查统计报告表明，我国网民中的 73.6% 会浏览网页新闻，高达 81.4% 的网民使用即时通信，创造公开的网络内容的比例则有 65.7%。但是信任网络新闻的比例只有 51.3%，对网民自主创造的内容的信任度则只有 32.6%（参见表 17－3）。报告显示，对互联网内容有所贡献的网民与学历成正比，学历越高，给互联网提供过内容的比例越高。这些网民以居住在城镇的人为主，北京和上海的网民提供过内容的比例最高。

表 17－3　　　　　　　　　我国网民的网络使用率和信任度

	新闻	电子邮件	博客	自主创造网络内容	即时通信
使用率	73.6%	56.5%	23.5%	65.7%	81.4%
信任度	51.3%			32.6%	

数据来源：中国互联网中心：《第 21 次中国互联网调查统计报告》。

如果我们将网络舆论的生产者分为两种类型：一种是网络媒体生产的网络内容，包括新闻、评论等，它们中的绝大部分可能来自传统媒体，意味着这部分内容有着传统媒体的把关人，所以对这部分网络新闻的信任度较高，约有一半的网民信任网络新闻；另一种是网民自主创造的内容，对这些内容只有 32.6% 的网民持信任态度。我们前面的网络媒体的议程设置功能只涵盖了网络媒体的网络内容对网民关注内容的指向的引导，尚未包括由网民自主创造的内容对舆论所产生的影响。网络舆论的主导成分源自网民自主创造内容部分，即对网络新闻的二次传播之后，但恰恰是这部分内容并不能被绝大多数网民所信任。

综上所述，网络舆论是在网络空间里被参与者所共同认可和接受的意见和态度，这些意见和态度的形成源自两种类型的信息源：一是网络媒体所发

---

① 刘毅：《略论网络舆情的概念、特点、表达与传播》，《理论界》2007 年第 1 期。

布的网络新闻及评论，它们来自对应的传统媒体，经过了把关人——传统媒体编辑和网络媒体编辑的选择，被51.3%的网民信以为真，它们与网民的关注度有着统计显著的正相关关系，能够解释网民的关注度的10.3%的方差，具备公众议程设定的功能；二是由网民自主创造的内容，它们通过电子邮件、博客、即时通信等非大众化的网络传播方式进行传播，被32.6%的网民信以为真，进行自主创造网络内容的网民集中于较高的文化层次以及大城市居民。

2007年被誉为中国的网络舆论年[①]，互联网被公认为民意表达的平台，并对社会政治生活产生了极大的影响，从重庆最牛钉子户所体现的对物权法的思考，到许霆案和香港艺人艳照等具有重大社会意义的网络舆论事件，都体现了网络媒体的舆论引导功能。但是，根据传播学的列举假设（exemplar）[②]，出现在新闻媒体上的个案被受众更多关注，实际上这些个案在总体中的比例远远小于其在媒体中出现的比例。这一传播学的规律有助于我们理解我国网络媒体的舆论功能的整体效果，即网络媒体中的新闻内容在受众中有较高的信任度，能够引导受众的关注，具备议程设置的功能，即能引导舆论的方向；但网络媒体中由网民自主创造的内容，最能引导网民意见和态度的二次传播的内容，只能赢得较低的信任度，如果考虑上传文字内容的网民只占全体网民的35.4%，那么我们可以理解网络舆论目前还只限于较小比例的网民的意见表达，这种舆论方向的引导在很大程度上与来自传统媒体和网络媒体的把关人筛选密切相关。

所以，我国网络媒体的舆论引导功能有以下特点：

1. 网络媒体具备议程设置的功能，但局限于来自传统媒体的有较高信任度；

2. 网络媒体中由网民自主创造的内容不能被绝大多数的网民所信任，上传文字内容（回帖）的网民只占很小的比例，而且主要集中于大城市和教育程度较高的网民，不能确定这些创造网络内容的网民的意见和态度能否代表网民的整体意见和态度，而且由于信任度低，这些网民的意见和态度的

---

① 中国社会科学院：《2008社会蓝皮书》，社会科学文献出版社2008年版。

② Brosius, Hans - Bernd, Bathelt, Anke, The utility of exemplars in persuasive communications, Communication Theory, 1994, 21 (1), pp. 46 - 78.

影响不能成为网络舆论的主流。

第二节　新旧媒体知识沟效果比较

作为大众传播学的经典理论之一，知识沟理论因其对社会结构的根本差异的关注成为媒介效果研究的基础理论。然而，以往研究主要集中在对报纸和电视的知识沟效果的比较[1]，鲜有研究对以因特网为代表的新媒体和传统媒体的知识沟效果进行实证探讨，本部分通过两组不同时期美国全国性调查数据的比较分析，试图回答两个关键问题：第一，新旧媒介是否存在使用鸿沟上的差异？第二，这种使用鸿沟上的差异是否会导致人们在知识沟上的差异？

由于知识沟是结构性社会不平等的一种典型表现，并直接与其他形式的社会不均相关联，本研究将有助于我们在理论上加深对知识沟现象及其成因的理解，也可为新媒体数字鸿沟研究的必要性提供进一步的实证支持。

一　新媒体 vs 旧媒体：使用沟

不论是新媒体还是旧媒体，人们使用媒体的方式各不相同，"使用沟"（usage gap）也因此形成。使用沟有多种表现形式，但以往研究发现，人们使用大众媒介的一个最典型的差异就在于信息使用和娱乐使用[2][3][4][5]。比方说，人们读报纸的时候，既可以选择读要闻版，也可以选择读娱乐版；人们看电视的时候，既可以选择看新闻联播，也可以选择看电视剧；同样，人们使用因特

① Viswanath, K., Finnegan, J. R., Jr., "The Knowledge Gap Hypothesis: Twenty – five Years Later," In B. R. Burleson (Ed.), *Communication Yearbook 19*, Thousand Oaks, CA: Sage, 1996, pp. 187 – 227.

② Eveland, W. P., Jr., Shah, D. V., Kwak, N., Assessing Causality: A Panel Study of Motivations, Information Processing and Learning during Campaign 2000, *Communication Research*, Vol. 30 (2003), pp. 359 – 386.

③ Hooghe, M., Watching Television and Civic Engagement: Disentangling the Effects of Time, Programs, and Stations, *Harvard International Journal of Press and Politics*, Vol. 7, No. 2 (2002), pp. 84 – 104.

④ Norris, P., Does Television Erode Social Capital? A Reply to Putnam, *PS: Political Science & Politics*, Vol. 29 (1996), pp. 474 – 480.

⑤ Prior, M., News vs. Entertainment: How Increasing Media Choice Widens Gaps in Political Knowledge and Turnout, *American Journal of Political Science*, Vol. 49, No. 3 (2005), pp. 577 – 592.

网的时候，既可以选择访问新闻网站，也可以选择玩游戏或者聊天。

虽然新旧媒介都存在使用沟，但是它们的大小却有差异。这是由各种媒介本身的属性决定的。拿报纸来说，这种文字媒介最大的优势就在于准确而详细地传递新闻信息，并对有关新闻事件进行深度分析和评论。因此，人们大多使用报纸来获取新闻信息。电视，作为影音兼备的声画媒介，特点就是擅长用生动形象的声音和图像来愉悦受众。于是，人们对电视的使用大多偏重娱乐用途。相对于传统媒介来说，因特网是各种传统媒介的整合，报纸和电视的功能在因特网上都能实现。人们可以通过网络实现多种用途。例如，欧洲学者 Van Dijk 指出，一部分人能够系统地将高级数字技术用于工作和教育，并从中受益，另一部分人则只能使用基本的数字技术和简单的应用，并主要以娱乐为目的[1][2][3]。他强调电脑网络的多用性（multifunctionality）导致人们使用它的方式千差万别。由此，Van Dijk 提出了使用鸿沟的假设，并将人们的数字技能划分为工具技能、信息技能和策略技能等三个等级递进的技能层次。

因特网一方面为受众提供了更多的选择，另一方面也大大减少了传统媒介对特定内容的侧重。如果说报纸侧重于新闻而电视侧重于娱乐的话[4][5][6][7][8]，因特网所提供的空前自由使每一个用户得以根据自己特定的

① Van Dijk, J., *The Network Society: Social Aspects of the New Media.* London: Sage, 1999.

② Van Dijk, J., Widening Information Gaps and Policies of Prevention, In K. Hacker & J. Van Dijk (Eds.) Digital Democracy, *Issues of Theory and Practice.* London: Sage, 2000, pp. 166 – 183.

③ Van Dijk, J., A Framework for Digital Divide Research, *Electronic Journal of Communication*, Vol. 12 (2002). Retrieved January 15, 2004, from http://shadow.cios.org: 7979/journals/EJC/012/1/01211.html.

④ Chaffee, S. H., Frank, S., How Americans Get Political Information: Print versus Broadcast News, *Annals of the American Academy of Political and Social Science*, Vol. 546 (1996), pp. 48 – 58.

⑤ Fallows, J., *Breaking the News: How the Media Undermine American Democracy*, New York: Vintage, 1997.

⑥ Postman, N., *Amusing Ourselves to Death: Public Discourse in the Age of Show Business*, London: Methuen, 1986.

⑦ Robinson, M. J., American Political Legitimacy in an Era of Electronic Journalism: Reflection on the Evening News, In D. Cater and R. Adler (Eds.), *Television as a Social Force*, New York: Praeger, 1975, p. 106.

⑧ Shah, D. V., Kwak, N. & Holbert, R. L., "Connecting" and "Disconnecting" with Civic Life: Patterns of Internet Use and the Production of Social Capital, *Political Communication*, Vol. 18 (2001), pp. 141 – 162.

身份和地位选择特定的使用方式，而较少受到媒介形式的限制①。因此，人们的社会经济地位（socio‐economic status，SES）对新媒介使用的影响要超出其对传统媒介使用的影响。社会经济地位当然会影响人们读报纸或看电视的方式，但是传统媒介的相对同质性及其内容偏好在某种程度上限制了人们的使用方式。例如，即使是社会经济地位较低的个体也会选择报纸来获取新闻；同样，即使是地位较高的个体也会经常使用电视来获取娱乐。然而，因特网的显著异质性使得人们的使用方式基本上成为他们社会经济地位的反映。也就是说，社会经济地位较低的人主要将因特网用于娱乐用途，而地位较高的人则侧重于因特网的信息用途。由此，我们也可以将使用沟定义为不同社会经济地位者之间媒介使用的差异。基于以上讨论，我们可以假设，地位不同的个体使用因特网的差异要大于他们使用传统媒介的差异。假设1：因特网的使用沟大于传统媒介的使用沟。

二 新媒体 vs 旧媒体：知识沟

传统上知识沟研究集中在知识获取和社会经济地位之间的关系。正规教育通常被用来当作社会经济地位的指标②③④。后续研究发现，其他因素也会对知识沟的形成产生影响，如媒介内容和议题差异、信息功能、地理范围、知识的复杂性、传播媒介差异、研究设计以及数据收集方法，等等⑤。

在众多影响知识沟的因素当中，传播媒介差异是学者关注的一个焦点。以往有关媒介差异的研究发现主要强调的是印刷媒介的独特作用、印刷媒介与广播媒介在促成知识沟的有效性方面的比较，以及电视作为知识平衡者

① Scheufele, D. A., Nisbet, M. C., Being a Citizen Online: New Opportunities and Dead Ends, *Harvard International Journal of Press and Politics*, Vol. 7, No. 3 (2002), pp. 55 – 75.

② Gaziano, C., Knowledge Gap: An Analytical Review of Media Effects, *Communication Research*, Vol. 10 (1983), pp. 447 – 486.

③ Gaziano, C., Forecast 2000: Widening Knowledge Gap, *Journalism and Mass Communication Quarterly*, Vol. 74 (1997), pp. 237 – 264.

④ Tichenor, P. J., Donohue, G. A., Olien, C. N., Mass Media Flow and Differential Growth in Knowledge, *Public Opinion Quarterly*, Vol. 34 (1970), pp. 159 – 170.

⑤ Viswanath, K., Finnegan, J. R., Jr., The Knowledge Gap Hypothesis: Twenty – five Years Later, In B. R. Burleson (Ed.), *Communication Yearbook 19*, Thousand Oaks, CA: Sage, 1996, pp. 187 – 227.

（也就是减少知识沟）的巨大潜力。新媒介技术的迅猛发展进一步加剧了人们关于新技术对知识沟影响的争论。技术狂热者宣称因特网能够通过降低信息成本来减少不平等，增强低收入人群获取社会资本和参与职业竞争的能力，并进而增加他们的人生机会①。技术怀疑者则指出技术所带来的最大利益将会归于较高社会经济地位者，因为他们能够利用他们的资源更快地、更有成效地使用因特网，而这一趋势又会被更好的网络连接和更多的社会支持所进一步强化②。

Bonfadelli 进一步对新旧媒介的知识沟效果进行了理论上的阐释。他认为，相对于传统媒介而言，人们在互联网使用上的鸿沟更为显著。这些鸿沟包括信息供给上的差异、信息使用上的差别（信息选择上不同的兴趣与偏好）以及不同的信息接收策略（不同的媒介内容需求与满足，譬如信息和娱乐）等③。

新旧媒体之间的使用沟差异可能导致人们在知识获取上的不同。经典知识沟假说指出，当大众媒介信息在一个社会系统中不断增加时，社会经济地位较高的个体获取这些信息的速度也会较快。换言之，对社会经济地位不同的个体来说，即使他们接触到相同质和量的大众媒介信息，他们所获取的知识也会各不相同。况且，在现实中，人们对媒介的信息使用也是千差万别。这种事实上存在的媒介使用沟会进一步加剧不同地位个体之间的知识沟。

具体来说，相对娱乐使用而言，对媒介的信息使用更有利于人们的知识获取。研究表明，人们政治知识的多寡特别容易受到报纸的影响④，因为报纸更偏重信息而非娱乐。同时，与电视观众相比，报纸读者通常会获得并且

①　Anderson, R. H., Bikson, T. K., Law, S. A., et al., *Universal Access to E - Mail - Feasability and Societal Implications.* Santa Monica, CA: RAND, 1995.

②　DiMaggio, P., Hargittai, E., Neuman, W. R., et al., Social Implications of the Internet, *Annual Review of Sociology*, Vol. 27 (2001), p. 314.

③　Bonfadelli, H., The Internet and Knowledge Gaps: A Theoretical and Empirical Investigation, *European Journal of Communication*, Vol. 17, No. 1 (2002), pp. 65 – 84.

④　Eveland, W. P. & Scheufele, D. A., Connecting News Media Use with Gaps in Knowledge and Participation, *Political Communication*, Vol. 17 (2000), pp. 215 – 237.

记住更多的政治信息①②③，对不同议题的辨别能力也更强④⑤。因此，我们有理由相信，对媒介的信息使用越多，所产生的政治知识就越多。因特网的使用沟较大，其所导致的知识沟也较大。

虽然过往研究已经开始重视新旧媒介的使用沟差异对知识沟可能产生的不同效果，真正用实证数据对其进行验证的研究却凤毛麟角。因此，本研究提出以下假设。

假设2：因特网的使用沟比传统媒介的使用沟所导致的知识沟更大。

三　研究方法

(一) 数据及样本

为了得到更加准确的假设检验结果，本研究选取了两组不同的数据进行分析。第一组来自"皮尤人民与媒介研究中心"（The Pew Research Center for the People and the Press）在2004年1月上旬所做的政治传播研究项目⑥。皮尤研究中心（Pew Research Center）是美国著名的非党派、公益性舆论和社会科学研究中心，其宗旨在于为公众提供更多信息以帮助他们了解影响美国和世界的重要议题、态度和趋势。作为该中心的旗舰研究组织，皮尤人民与媒介研究中心侧重研究公众对媒介、政治和公共政策议题的态度，并以常规性全国调查著称。由皮尤公益信托基金（The Pew Charitable Trusts）资助，该组织的所有调查数据均可免费获取，因此受到社会各界的广泛使用。权威性、公益性和中立性是本研究选择该中心调查数据的主要原因。

具体到本研究所使用的数据，其调查于2003年12月19日—2004年1

---

① Chaffee, S. H., Ward, S. & Tipton, L., Mass Communication and Political Socialization, *Journalism Quarterly*, Vol. 47 (1970), pp. 647 – 659.

② Chaffee, S. H., Zhao, X. & Leshner, G., Political Knowledge and the Campaign Media of 1992, *Communication Research*, Vol. 21 (1994), pp. 305 – 325.

③ Clarke, P. & Fredin, E., Newspapers, Television and Political Reasoning, *Public Opinion Quarterly*, Vol. 42 (1978), pp. 143 – 160.

④ Choi, H. & Becker, S. L., Media Use, Issue/Image Discriminations, and Voting, *Communication Research*, Vol. 14 (1987), pp. 267 – 290.

⑤ Wagner, J., Media do Make a Difference: The Differential Impact of Mass Media in the 1976 Presidential Race, *American Journal of Political Science*, Vol. 27 (1983), pp. 407 – 430.

⑥ 数据来源：http://people – press. org/dataarchive/JHJ2004。

月 4 日之间进行。在"普林斯顿调查研究协会"（Princeton Survey Research Associates）的指导之下，该调查共电话访问了全美 1506 位 18 岁及以上的成人公民。所有受访者皆通过全国范围电话随机拨号（Random Digit Dialing, RDD）产生。根据全美人口总体，在 95% 的置信水平上，由抽样或其他随机性因素所导致的误差为 ±3%。在 2004 年美国总统选举的背景下，该调查的原始意图在于揭示美国社会的不同阶层和群体如何从不同的媒介来源获取政治选举新闻，并试图勾画人们媒介使用的新趋势和影响。其具体内容包括美国民众获取政治新闻的媒介来源及其结构变化、人们对政治选举知识的获取情况、互联网在人们政治新闻和知识获取中的作用，以及人们对政治新闻偏见的认知情况，等等。由于本研究所涉及的核心变量在该调查中也是极为重要的变量，其数据对本研究具有很高的适用性。

本研究使用的第二组数据来自"美国国家选举研究"（American National Election Study，ANES）发布的 2008 年总统选举调查①。自 1977 年由美国国家科学基金资助创立以来，"美国国家选举研究"成为美国规模最大、影响最广的全国性抽样调查。每逢选举年份，该机构都要开展数次调查，并及时将调查数据在网上公布，供公众免费使用。数十年来，该调查的系列数据为美国和全球的社会科学研究者提供了宝贵的研究资料。

本研究选取的是 2008 年总统选举前后（9 月和 11 月）进行的固定样本追踪研究（panel study）。调查使用电话随机拨号的方式产生 10720 个潜在受访者，皆为 18 岁及以上的美国公民。其中，两次调查实际招募的有效受访者分别为 2586 个和 2665 个。这些受访者通过电话接受邀请后，按照要求在网上完成调查。无法上网的受访者可以免费获得网络接入，以保证调查顺利完成。该调查囊括媒介使用和政治知识在内的多个重要题项，对于验证本研究的假设具有极高的应用价值。同时，作为纵向追踪研究，该调查为建立媒介使用和政治知识之间的因果关系提供了绝佳的机会。

在以下"变量的测量"部分，我们将具体介绍本研究在以上调查数据中所使用的具体变量及其测量方法。

---

①　数据来源：http://www.electionstudies.org/studypages/2008 – 2009panel/anes2008 – 2009 panel. htm。

（二）变量的测量

政治知识。2004 年调查中用于测量受访者政治知识的是四个陈述。其中的两个是询问受访者关于（a）美国副总统戈尔对民主党内候选人 Howard Dean 的支持，以及（b）Howard Dean 关于"希望成为那些皮卡车箱内悬挂南部联邦战旗者的候选人"的言论①。根据受访者的回答，他们被分为四个类别：知道较多（1），听说了一些（2），从来没有听说过（3），以及不知道或者拒绝回答（9）。为了分析的便利，前两类被编码为 1，其余的被编码为 0。另两个问题是："你知道在总统候选人中，（c）哪一位曾是陆军将军（正确答案为 Wesley Clark），（d）哪位曾经是众议院多数派的领导人（正确答案为 Richard Gephardt）？"正确回答的被编码为 1，其余为 0。测量政治知识的这四个陈述所构成的量表的信度值为 0.70。2008 年总统选举调查中有 12 个问题用来测量政治知识。前六个问题询问两个总统候选人奥巴马和麦凯恩在国会中分别代表哪个州，入选国会之前在哪里工作，以及他们的宗教信仰，等等。后六个问题涉及美国政治体制的若干常识，如同一候选人最多能够当选总统的次数，参议院和众议院议员一个任期的年限，每个州在参议院有几个议席，总统和副总统因紧急情况无法继续服务时，哪一位官员可任临时总统，以及众参两院需要多少票数可以颠覆总统否定投票，等等。答案的编码方式同上。整个量表的信度值为 0.86。

因特网的信息使用。2004 年调查中的四个问题被用来测量人们对因特网的信息使用。具体来说，受访者被问及是否从以下来源获知与总统候选人及其竞选运动有关的信息：（a）因特网，（b）网络服务提供商的新闻网页，如美国在线（AOL）新浪或雅虎新闻，（c）新闻机构的网站，如 CNN.com，New York Times.com，或其他当地报纸或电视台的网站，（d）网上新闻杂志

---

① Confederate flag 为美国南北战争时期的南部联邦战旗，该旗被视为奴隶制度和种族隔离的标志。包括 3K 党在内的 500 多个极端组织使用该旗作为标志之一。Howard Dean 是美国 2004 年总统选举民主党内的候选人之一，其竞选政策是尽力争取南方选民的支持。他曾发表言论说"希望成为那些皮卡车箱内悬挂南部联邦战旗者的候选人"。此语激起包括民主党其他候选人在内的社会人士的广泛批评。对该评论的详细报道可参见 http：//www.usatoday.com/news/politicselections/nation/2003 - 11 - 02 - dean - flag_ x. htm。

和评论网站，如 Slate. com 或 National Review online。编码使用一个四级量表，1 代表经常，4 代表从不。为了便于统计分析，1，2，3 被重新编码为1，4 被重新编码为 0。这四个问题构成一个用以测量受访者对互联网的信息使用的量表，其内在一致性为 α = 0.79。2008 年总统选举调查使用一个问题测量人们对因特网的信息使用："您一周平均几天在网上收看或阅读新闻?"答案编码为 0—7 天。

传统媒介的信息使用。2004 年数据涉及的传统媒介包括报纸、电视、杂志和广播。受访者被问及是否从这些传统媒介获知与总统候选人及其竞选运动有关的信息（具体问题见附录）。这些问题使用与因特网信息使用量表相同的编码方式。在这些传统媒介当中，报纸、杂志和广播各有一个问题，电视则被若干个问题来测量。用于测量电视的问题并被合成为一个量表（α = 0.66）。2008 年总统选举调查使用与因特网类似的三个问题测量人们对三种传统媒体报纸、电视和广播的信息使用："您一周平均几天在印刷报纸上阅读新闻/在电视上收看新闻/在广播上收听新闻?"答案编码也是 0—7 天。

使用沟。使用沟可被定义为不同社会经济地位者之间所存在的媒介使用差异。由于本调查中没有涉及人们对媒介的娱乐使用，使用沟在本研究中被操作化为不同地位者之间的媒介信息使用频度的差异。由于信息使用直接与人们的知识获取相关，信息使用频度之间的鸿沟也是我们最应该关注的一种使用沟。由于教育水平被广泛视为人们社会经济地位的关键指针，使用沟可被操作化为教育水平×媒介信息使用频度。这两个变量的乘积将作为一个交互变量进入回归方程。

控制变量。基于以往研究①②③，若干人口统计学变量，如年龄、性别、人种、收入和教育程度等，对人们的媒介使用和政治知识具有重要影响，因

① Delli Carpini, M. X., Keeter, S., *What Americans Know about Politics and Why it Matters*, New Haven, CT: Yale University Press, 1996.

② McLeod, J. M., Scheufele, D. A., Moy, P., Community, Communication and Participation: The Role of Mass Media and Interpersonal Discussion in Local Political Participation, *Political Communication*, Vol. 16 (1999), pp. 315 – 336.

③ Verba, S., Schlozman, K. L. & Brady, H. E., *Violence and Equality: Civic Volunteerism in American Politics*, Cambridge, MA: Harvard University Press, 1995.

而成为本研究的控制变量。此外，党派和意识形态也因为对政治知识有一定影响而被作为另一组控制变量予以分析。

四　研究发现

假设1预测因特网的使用沟比传统媒介的使用沟大，也就是说不同社会经济地位者之间的媒介信息使用差距在因特网上比在传统媒介上更明显。要证明这一假设，就要比较社会经济地位，即教育水平，与各种媒介信息使用频度之间的关系。

研究显示了基于2004年数据的5组多元回归方程的结果，其中包括教育在内的人口统计学变量为自变量，各种媒介信息使用为因变量。结果证实，教育水平对因特网的信息使用的预测效果最强（$\beta = 0.21$，$p < 0.001$），其后是杂志（$\beta = 0.15$，$p < 0.001$）和电视（$\beta = 0.10$，$p < 0.001$）的信息使用。报纸和广播的信息使用与教育之间没有显著关系。

研究显示了2008年数据的情况，结果与2004年相似，而且新旧媒体之间的使用沟差别更大。具体来说，教育与因特网信息使用之间的关系最强（$\beta = 0.13$，$p < 0.05$）。人们对报纸、广播和电视的信息使用与其教育水平已经没有显著的关系。换言之，人们对因特网的使用方式特别受到教育水平的影响，受教育高的人对因特网的信息使用频度也较高，而这种影响对传统媒介来说则较小。假设1得到证实。

表 17-4　　　预测不同媒介信息使用的多元回归分析（2004 年数据）

自变量/因变量	因特网	电视	报纸	杂志	广播
	β	β	β	β	β
教育	0.21 ***	0.10 ***	0.05	0.15 ***	0.04
男性	0.13 ***	0.07 **	0.02	0.02	0.01
年龄	− 0.24 ***	0.07 **	0.10 ***	− 0.03	0.01
白人	− 0.08 **	− 0.11 ***	− 0.04	− 0.04	− 0.01
收入	0.12 ***	0.09 **	0.08 **	0.15 ***	0.03
R^2	0.18	0.04	0.02	0.06	0.00
F	64.56 ***	12.34 ***	5.83 ***	19.93 ***	0.96 ***

注：** $p < 0.01$；*** $p < 0.001$。

表17－5　　　　预测不同媒介信息使用的多元回归分析（2008 年数据）

自变量/因变量	因特网	电视	报纸	广播
	β	β	β	β
教育	0.13 *	－ 0.07	－ 0.06	0.08
男性	0.10 *	－ 0.01	0.05	0.08
年龄	－ 0.04	0.28 ***	0.31 ***	0.07
白人	0.04	0.03	－ 0.03	0.00
收入	0.07	0.00	0.08	0.02
R^2	0.04	0.09	0.11	0.02
F	3.60 **	7.48 ***	9.61 ***	1.61

注：* $p < 0.05$；** $p < 0.01$；*** $p < 0.001$。

　　假设 2 指出因特网的使用沟比传统媒介的使用沟导致的知识沟更大。为了比较新旧媒介使用沟对政治知识的影响，以政治知识为因变量的 5 组多元阶层回归方程予以建立。人口统计变量、党派和意识形态等作为一组控制变量先行输入。用于测量使用沟的五个交互变量在各组方程中作为第二梯队予以输入。之所以把五个交互变量都放入一组回归方程进行分析，是因为这些交互变量都含有教育，放在同一组进行分析会导致多元共线性的问题。如表 17－6 所示，2004 年数据中因特网信息使用与教育的交互变量是政治知识的最强预测因素（$β = 0.24$，$p < 0.001$），随后是电视（$β = 0.21$，$p < 0.001$）、报纸（$β = 0.11$，$p < 0.001$）和杂志（$β = 0.10$，$p < 0.001$）与教育的交互变量。我们可以看出，新旧媒体使用沟对知识沟的不同影响在这组数据中表现得更为明显。在各组交互变量中，仅有因特网信息使用与教育的交互变量对政治知识有显著预测作用（$β = 0.15$，$p < 0.05$），其他交互变量与政治知识皆无显著关系。两组数据的结果表明，不同地位的网络用户之间的知识沟要大于不同地位的传统媒介用户之间的知识沟，即因特网的使用沟比传统媒介的使用沟导致的知识沟更大，假设 2 得以证实。

表 17-6　　　　预测政治知识的多元阶层回归分析（2004 年数据）

变量	模型 1	模型 2	模型 3	模型 4	模型 5
组 1	β	β	β	β	β
男性	0.20 ***	0.22 ***	0.23 ***	0.23 ***	0.23 ***
年龄	0.36 ***	0.30 ***	0.31 ***	0.32 ***	0.32 ***
白人	0.08 **	0.08 ***	0.07 **	0.07 **	0.07 **
教育	0.20 ***	0.18 ***	0.24 ***	0.26 ***	0.28 ***
收入	0.12 ***	0.13 ***	0.14 ***	0.13 ***	0.14 ***
党派	−0.02	−0.02	−0.03	−0.03	−0.03
意识形态	0.02	0.01	0.01	0.02	0.02
组 2					
因特网（教育）	0.24 ***				
电视（教育）		0.21 ***			
报纸（教育）			0.11 ***		
杂志（教育）				0.10 ***	
广播（教育）					0.08 **
R^2	0.32	0.31	0.29	0.29	0.29
F	86.23 ***	81.33 ***	74.57 ***	74.78 ***	73.74 ***

注：** $p < 0.01$；*** $p < 0.001$。

表 17-7　　　　预测政治知识的多元阶层回归分析（2008 年数据）

变量	模型 1	模型 2	模型 3	模型 4
组 1	β	β	β	β
男性	0.10	0.10	0.10	0.08
年龄	−0.02	−0.02	−0.04	−0.03
白人	0.04	0.04	0.04	0.06
教育	0.04	0.03	0.03	0.04
收入	0.21 **	0.21 **	0.19 *	0.21 **
党派	0.09	0.09	0.10	0.09
组 2				
因特网（教育）	0.15 *			

续表

变量	模型 1	模型 2	模型 3	模型 4
电视（教育）		0.03		
报纸（教育）			0.08	
广播（教育）				0.06
R^2	0.10	0.08	0.08	0.08
F	2.87 *	2.87 *	2.87 *	2.87 *

注：* $p < 0.05$；** $p < 0.01$。

五　讨论与结论

通过对两组全国性抽样调查数据的分析，本研究发现因特网的使用沟比传统媒介的使用沟更大。具体而言，以教育为衡量指标的用户社会经济地位对因特网信息使用频度的影响比对传统媒介的更大。社会经济地位越高，其信息使用频度就越高。这种关系在网民中表现得最为突出，因而导致因特网的使用沟最大。

这一发现的理论意义在于凸显了数字鸿沟研究的必要性。长久以来，人们对传统媒介的使用一直都存在着一定的差异。但学术界却没有将其作为一个特定的领域进行研究。以因特网为代表的数字媒介出现之后，人们开始将数字媒介的接入和使用差异称为"数字沟"，社会各界对"数字沟"的关注和讨论也越来越热烈[1][2][3][4]。这一现象背后隐含着一个假定，那就是新媒介的使用差异与传统媒介的使用差异相比更值得人们重视。至于原因何在，鲜有实证研究予以解答。本研究的第一个发现在某种程度上回答了这一问题。虽然不同地位者之间的使用差异在传统媒介使用中就已存在，但这种差异在因特网上变得更为显著，因而也就更值得人们的重视。

---

① 胡鞍钢、周绍杰：《新的全球贫富差距：日益扩大的"数字鸿沟"》，《中国社会科学》2002 年第 3 期。

② 金兼斌：《数字鸿沟的概念辨析》，《新闻与传播研究》2003 年第 1 期，第 75—79 页。

③ 汪明峰：《互联网使用与中国城市化——"数字鸿沟"的空间层面》，《社会学研究》2005 年第 6 期。

④ 张明新、韦路：《移动电话在我国农村地区的扩散与使用》，《新闻与传播研究》2006 年第 1 期。

产生这种使用沟差异的主要原因在于新旧媒介本身的特性。报纸、广播、电视等传统媒介由于其媒介形式比较单一，其传播内容也有比较明显的倾向。因此，不同社会经济地位的个体对这些传统媒介的使用也呈现出相对同质性。媒介本身对特定内容的偏好使得人们对它们的使用受其社会经济地位的影响较小。因特网的多媒体形式解除了对特定内容的限制，其更多的信息来源也为用户提供了更多的选择。另外，网络所具有的空前互动性也使传统受众反客为主，完全可以根据自己的需要和兴趣来对网络内容进行选择。因此，网络空间的开放性和包容性及其内容的相对异质性使得人们的使用方式更多地受到其自身地位的影响，由此而导致的新媒介的使用沟也比传统媒介更大。

然而，仅仅证明"数字沟"比"模拟沟"更为显著还不足以说明前者比后者更加重要。本研究的第二个发现从后果层面进一步解释了为什么"数字沟"比"模拟沟"更应该引起人们的重视。具体来说，"数字沟"比"模拟沟"导致更大的知识沟，其所产生的负面社会影响也更大。值得一提的是，2008年数据中各种媒介使用变量来自9月份的调查，而政治知识变量则来自11月份的调查。这种时间序列分析得出的结论揭示了由媒介使用导致政治知识的因果关系，较横向数据而言更准确地验证了媒介使用沟与政治知识沟之间的假设关系。一直以来，人们关于数字鸿沟的争论集中在人们使用数字技术的方式（means）而非结果（ends）上[1]。大量文献探讨的是人们在数字技术接入上是否存在贫富之分，在数字媒介使用上是否存在优劣之别。新技术接入和使用差异的具体后果仍然是一个"根本的却经常被忽略的问题"[2]。本研究所发现的新旧媒介使用沟能够导致强度不同的知识沟，证明数字鸿沟的确对人们的社会政治生活存在着实质性的影响，而且这种影响要强于传统媒介。当越来越多的传统媒介开始向网络融合的时候，当越来越多的受众开始以网络为中心的时候，因特网上尤为显著的使用沟及其导致的知识沟为当前的信息社会敲响了警钟。由于人们只需较低的社会、政治和经济资本就可进入虚拟的网络空间，不少学者预期人类能够在网上获得更多的

---

① 韦路、张明新：《第三道数字鸿沟：互联网上的知识沟》，《新闻与传播研究》2006年第4期。

② Selwyn, N., Reconsidering Political and Popular Understandings of the Digital Divide, *New Media & Society*, Vol. 6, No. 3 (2004), pp. 341 – 362.

平等。然而，本研究所发现的网络使用沟和知识沟却对这一网络迷思提出了挑战。进入网络空间仅仅只是融入信息社会的第一步。互联网的确可以为人们，特别是传统意义上的弱势群体，进入信息社会打开一扇大门。然而，人们进入之后究竟做什么，有什么结果，则是更加重要的议题。如本研究所揭示的，人们在线下的社会权力分布直接映射于线上，使得社会经济地位较高的人在网络空间中得到的也更多，收获也更大，而那些地位较低者却在边缘徘徊，始终被排斥在社会核心利益之外。

知识就是力量。作为民主社会的一种根本资源，知识及其控制始终位于人们有关权力争论的焦点。由于政治知识直接关系到人们的政治参与，在使用层面上缩小数字鸿沟对于民主政治的完善具有重要的现实意义①。本研究的结果显示，政府决策部门只有着力提升公众的教育水平，才能逐步优化人们的网络使用方式，从而减少以知识沟为缩影的社会结构性差异。

总的来说，本研究对新旧媒介的使用沟及其所导致的知识沟效果进行了比较。综合横向和纵向研究的结果显示，不同社会经济地位者之间的使用沟在因特网上比在传统媒介上更为明显。因特网上较大的使用沟也导致了更为显著的知识沟，使得数字鸿沟不仅在强度上，更在后果上甚于传统媒介的使用差异。未来研究可对其他类别的知识，如健康知识和科技知识等②作进一步探讨。除了知识以外，数字鸿沟其他层面的社会影响也值得更多地关注，可能的方面包括政治参与、经济生产、人际关系、社会互动，以及其他关系到人们社会生活质量的层面。

第三节　网络环境下的其他效果理论

一　网络环境下的培养效果

传统的培养理论遵循线性模式，认为观看数量是电视影响观众的主要因

---

① 韦路、张明新：《数字鸿沟、知识沟与政治参与》，《新闻与传播评论》2007 年第 1 期。
② 韦路、张明新：《网络知识对网络使用意向的影响：以大学生为例》，《新闻与传播研究》2008 年第 1 期。

素：电视对观众的影响是单向的、整体的；观看数量与观众认知之间是正向的线性关系。而新媒体的可控性、互动性、参与性等传播特性以及各种社会因素的介入对上述三个要素都构成了挑战，传统的培养理论不得不面临转向。"新媒体中出现越来越多的非线性、非对称和抵消涵化的传播效果"，观众的批判性使其对电视内容的接受方式和认知程度都产生了态度分化，新媒体时代的培养理论仍然有效，但培养效果发生作用的方式不再是线性的、单向的、整体的，而是动态的、多元的、分化的①。

　　自1995年正式对公众开放以来，互联网在中国以惊人的速度普及。据CNNIC发布的《第28次中国互联网络发展状况统计报告》显示，截至2011年6月底，中国网民规模达到4.85亿，互联网普及率攀升至36.2%。

　　培养理论在网络中仍然发挥着重要作用，尤其是对青少年群体。年轻网民对新鲜事物接受快，能够很快融入色彩缤纷的网络世界。大多数青少年网民把互联网作为主要信息来源。网络不仅改变了新形势下青少年的生活方式，更影响着青年的思想认识。青少年教育程度有限，个性尚未成熟，辨别能力差，易受影响出现非理性、情绪化、乱起哄的情况，受到煽动后这种非理性的网上行为极易演变成网络暴力或网下行动，对现实社会产生冲击；青少年好奇心强，常常会按捺不住好奇心浏览各种黄色、暴力信息，导致道德意识弱化，从而诱发犯罪；青少年自律意识差，一旦沉迷于网络游戏便难以自拔，网络成瘾所造成的悲剧比比皆是。

二　网络环境下的沉默的螺旋效果

　　沉默的螺旋是传统媒体效果研究的经典理论，丹尼斯·麦奎尔和斯文·温德尔在《大众传播模式论》一书中指出：沉默螺旋理论奏效的条件在于，第一，个人不能相互交流私人意见时，这个理论才能成立；第二，媒介意见和受众的观点具有特定的一致并产生过预期的意识积累，持不同意见的人才能出现沉默的螺旋②。

　　随着以互联网为代表的新兴媒体的兴起与发展，传统媒介格局和媒介生

---

① 石长顺、周莉：《新媒体语境下涵化理论的模式转变》，《国际新闻界》2008年6月。
② 刘建明：《受众行为的反沉默螺旋模式》，中华传媒网，http://academic.mediachina.net/article.php? id=2970。

态都发生了巨变：第一，网民掌握了传递信息的主动权，并形成了具有共同观点与兴趣的"电子共同体"，受众在网络传播空间中很容易找到自己所持观点的支持者；第二，网络传媒是双向互动的传播，在这个"点对面"、"面对点"、"点对点"的传播世界中，受众可以随时随地交流意见；第三，网络是一个虚拟空间，网民用虚拟符号进行着传播，这使传统单纯的信息接收者转变成了具有相当自由度的信息传播人，网民完全可以随时随地根据自己的意愿去主动地寻找、选择、吸纳需要的信息、回避不需要的信息，媒体所持观点对受众造成的压力大大弱化；第四，网民不仅可以选择同自己所持观点一样的信息，而且还可以在网上自由发表意见，并广泛传播自己的观点，让"异见"得到充分表达，使"沉默者"不再沉默。第五，网络传播突破了地域限制，世界各地的网民能够共享新闻信息，受意识形态的影响大大削弱，传统媒体的"信息过滤器"完全弱化，对舆论的控制权、影响力开始消解。广泛的参与和某种"少数派"权力的互动正成为网络时代舆论形式的主要特征。而一旦由自我确信度高的特定"少数派"在网络上发表了与媒介舆论相悖的意见，往往会引起受众的反向思维，从而使"沉默的螺旋"迅速"倒戈"，形成"反沉默螺旋模式"①。

在网络空间，社会孤立的动机并没有消失；网络群体对个人意见的压力作用方式有所变化，强度相对减弱，但其影响依然不容忽视；从众心理的动因继续存在，从众现象依旧普遍。"沉默的螺旋"并没有从网际间消失。但同时，鉴于网络传播特有的属性和我国现阶段网络媒体的阶段性特点，其表现方式也出现了相应的变化②。

三　网络环境下的第三人效果

1983 年，美国哥伦比亚大学戴维森教授在《公共舆论季刊》发表了一篇题为《传播的第三人效果》的论文，正式提出了"第三人效果"理论。这一理论认为一些事件在社会层面（对其他人）上的影响与个人层面（对我）上的影响大相径庭，前者的影响要比后者大。简言之，就是"受众倾

---

① 姚君：《互联网中的反沉默螺旋现象》，《武汉理工大学学报》（社会科学版）2004 年 6 月。
② 参见谢新洲《"沉默的螺旋假说"在互联网环境下的实证研究》，《现代传播》2003 年 6 月。

向于认为媒介对其他人的影响大，对自己的影响小"。

"第三人效果"理论包括两个基本的假说：（1）知觉假说：人们感到传媒内容对他人的影响大于对自己的影响。（2）行为假说：作为第三人认知的后果，人们可能采取某些相应的行动，以免他人受传媒内容影响后的行为影响到本人的权益和福利；人们可能支持对传媒内容有所限制，以防止传媒对他人的不良影响①。

"第三人效果"与下列三个因素相关：（1）当事人的知识水平。知识水平越高，当事人越认为自己的判断正确，"第三人效果"越明显。（2）信息内容的负面或有害程度。信息中含有色情、暴力或诽谤、污蔑性内容时，负面或有害程度越高，"第三人效果"越明显。（3）社会距离。第一人（当事人）与第三人（他人）之间的地理的、心理的距离越远，"第三人效果"越明显。"认知偏差"与上述三个因素呈正相关关系，且认知偏差越大，人们支持审查制度的愿望越强烈②。

早期的关于"第三人效果"的研究，多聚焦于传统媒体如报纸、杂志、光盘中的色情内容，电视中的暴力节目等③。互联网这一全新的传播媒介及其所营造的全新的传播环境，为"第三人效果"研究提供了新的思路。已有的实证研究都支持了在网络环境中"第三人效果"的存在。Ven – Hwei Lo和 Ran Wei④ 的研究表明，"第三人效果"在网络中确实存在，并且性别与"第三人效果"密切相关：人们普遍认为网络色情对男性的影响大于对女性的影响，男性是应该受到保护的群体；且女性比男性更倾向于认为网络色情对男性的负面影响，由此，女性比男性更倾向于支持对网络色情的审查。原因在于：网络色情的生产是以男性为中心的，其消费主体亦以男性居多，且男性也对网络色情多持积极的接纳态度，因此男性比女性面临了更多受网络

---

① Davison, W. P., The third – person effect in communication, *Public Opinion Quarterly*, 47, 1983, pp. 1 – 15.

② 郑素侠：《网络环境中的"第三人效果"：社会距离与认知偏差》，《新闻大学》2008 年第 1 期。

③ 同上。

④ Ven – Hwei Lo, Ran Wei, Third – Person Effect, Gender and Pornography on the Internet［J］, *Journal of Broadcasting & Electronic Media*, 46（1）, 2002, pp. 13 – 33.

色情影响的可能。*Perloff* 指出，社会距离同"第三人效果"有密切关系①。
Wu Wei 和 Soh Hoon Koo② 对台北的高中生和大学生（均为网络使用者）的
问卷调查表明，由于受访者与身边同学的社会距离较近，受访者普遍认为网
络色情对自己身边的同学的影响比对一般公众的影响要小很多。也就是说，
由于近社会距离的社会成员之间具有较高的同质性，彼此间人际信任的纽带
较强，所以第三人与个人之间认知偏差较小，"第三人效果"也较弱。诸多
研究已证实，"第三人效果"与认知偏差正相关。Wu Wei 和 Soh Hoon Koo
对网络色情的研究表明，对网络色情负面影响的认知，第一人与第三人之间
的认知偏差越大，人们愈表现出对审查制度的支持③。还有学者以"网络恶
搞"为切入点探讨了新媒体语境下的网络内容是否存在"第三人效果"，研
究发现，网络上的确存在"第三人效果"认知和后续行为。与传统媒体的
研究不同，在新媒体框架下，受众的涉入度对"第三人效果"认知和后继
行为有比较明显的影响④，即对网络恶搞持正面态度与第三人效果显著负相
关；对网络恶搞持负面态度与第三人效果显著正相关。

---

① Perloff, R. M. Third – person effect research, 1983 – 1992: A review and synthesis ［J］, *International Journal of Public Opinion Research*, 5, 1993, pp. 167 – 184.

② Wu Wei, Soh Hoon Koo, *Internet Communication and Third – Person Effect: An Exploratory Study in Singapore*, http: //www. Bschool . nus. edu. sg, March, 2001.

③ 郑素侠：《网络环境中的"第三人效果"：社会距离与认知偏差》，《新闻大学》2008 年第 1 期。

④ 禹卫华：《网络恶搞的"第三人效果"研究》，《新闻与传播研究》2008 年第 4 期。

第四卷

网络文化及文化适应

第 十 八 章

网络文化及其中外相关研究

对网络文化的理解，国内外具有很大的不同。对网络文化的研究，各自的关注点也非常不一样，本章通过梳理不同视角的网络文化概念，以及国内外网络文化研究现状，帮助我们更好地理解网络文化的内涵。

第一节 中西网络文化理解的差异

本节对中西网络文化的界定进行梳理，通过国内外对网络文化理解的不同，寻找其中的差异，并进而探讨造成差异的原因。

一 我国网络文化的理解

我国网络文化的界定因行业的不同而有所区别。政府部门、网络业界、学术界对网络文化都有各自的解释。

1. 我国政府对网络文化的理解

政府对网络文化的理解体现在系列相关文件与举措中：如 2007 年 1 月 23 日中共中央政治局第三十八次集体学习，内容为"世界网络技术发展和我国网络文化建设与管理"；2007 年 4 月 23 日胡锦涛主持中央政治局会议，研究加强网络文化建设；2007 年 6 月，中共中央在北京召开全国网络文化建设和管理工作会议；2007 年 10 月中国共产党第十七次全国代表大会召开，网络文化首次被写入十七大报告中，"网络文化"进入十七大报告标志着网络精神文明建设已经进入了党和国家最高层的视野，营造一个良性的网络文化为社会主义精神文明建设服务成为国家意志。

显然，政府对网络文化的理解站在很高的政治角度，立足于"制度文化"。基于马克思的生产力决定生产关系，认为网络本质上是一种新的生产力，网络文化就是基于此的新的生产关系，必须对其进行规范和管理。不过，马克思的生产力决定论本身是二元结构的，是文化的经济解释，即把人的文化需求归结为经济需求之后产生的，认为人的文化需求是经济需求的附属品。而人的需求是多方面、立体的，并不是先后产生的，如先有物质需求再有文化需求，所以这种解读虽然有针对性但是不足以说明网络文化的多元性结构。

2. 我国学界对网络文化的理解

网络文化在新闻媒体和学术刊物中出现的频率极高，对 1989 年 3 月—2010 年 3 月中国期刊网进行检索，以网络文化为题名的文章多达 3007 篇。不同学者站在各自的学科背景分别对网络文化进行了界定，比较典型的视角有三：

（1）传统文化定义的延伸

有学者认为，网络文化"是人们在互联网这个特殊的世界中，进行工作、交往、学习、沟通、休闲、娱乐等所形成的活动方式及其所反映的价值观念和社会心态等方面的总称"[①]。这是将一般意义上对文化的理解延展到网络文化。有学者更强调网络文化与传统文化的关系，认为"何为网络文化？要了解它，首先要知道什么是文化。通俗地讲，所谓文化，就是以人类物质创造为基础的精神创造，因此，我们可以认为，网络文化就是以网络物质的创造发展为基础的网络精神创造"[②]。这种观点立足于传统对"文化"的解读，将网络文化中的特殊情境"网络"进行代入，从而显得中规中矩。

由于传统文化通常分为物质层面、精神层面以及介于物质与精神之间的制度层面，与之相对应，多数学者把网络文化区分为物质、制度与精神三个层面，即"三分法"。

这里，网络文化定义为"新价值观文化"，强调文化的层次性。但是，

---

① 沈杰：《透视网络文化》，《半月谈》2002 年第 12 期。
② 项家祥：《网络文化的跨学科研究》，周鸿刚代序，上海三联书店 2007 年版。

网络文化发展成当今社会的主流文化，作为主流文化的网络文化，其特性如何？尚需充分的证明。

（2）具体类型的网络文化理解

将网络文化归结到一些具体类别上，这种理解较为普遍，我们以"五分法"的网络文化理解为例，认为：一是网络文化行为：网民在网络中的行为方式与活动，大多具有文化的意味，它们是网络文化的基本层面，是网络文化的其他层面形成的基础。二是网络文化产品：这既包括网民利用网络传播的各种原创的文化产品，例如文章、图片、视频、Flash 等，也包括一些组织或商业机构利用网络传播的文化产品。三是网络文化事件：网络中出现的一些具有文化意义的社会事件，它们不仅对于网络文化的走向起到一定作用，也会对社会文化发展产生一定影响。四是网络文化现象：有时网络中并不一定发生特定的事件，但是，一些网民行为或网络文化产品等会表现出一定的共同趋向或特征，形成某种文化现象。五是网络文化精神：即网络文化的一些内在特质。目前网络文化精神的主要特点表现为：自由性、开放性、平民性、非主流性等。但随着网络在社会生活中渗透程度的变化，网络文化精神也会发生变化。不同层面的网络文化交织在一起，构成了复杂的网络文化景观。①

这种理解具有一定的可测量和可操作性，但对网络文化整体的逻辑结构尚需进一步完善。

（3）强调传播效果的网络文化理解

受传统传播效果理论影响，对网络文化的理解强调其效果。最为典型的如，中国社会科学院新闻与传播研究所所长尹韵公在《论网络文化》一文中指出："所谓网络文化，是一种全新的文化表达形态。它以人类最新科技成果的互联网和手机为载体，依托发达而迅捷的信息传输系统，运用一定的语言符号、声响符号和视觉符号等，传播思想、文化、风俗民情，表达看法观点，宣泄情绪意识等，以此进行相互之间的交流、沟通、联系和友谊，共同垒筑起一种崭新的思想与文化的表达方式，形成一种崭新的文化风景。"②

---

① 彭兰：《网络文化发展的动力要素》，《新闻与写作》2007 年第 4 期。
② 尹韵公：《论网络文化》，《新闻与写作》2007 年第 5 期。

再如，匡文波在其 1999 年发表的《论网络文化》中阐述到："何谓网络文化？这首先要回答何谓文化，所谓文化，是人类所创造的一切物质和精神成果的总称。网络文化则是指以计算机技术和通信技术融合为物质基础，以发送和接收信息为核心的一种崭新文化。这是一种与现实社会文化具有不同特点的文化。"① 还有学者认为"网络文化是指以互联网为载体，借助计算机网络技术，以数字化形式存储与传播，在世界范围内资源共享的一种信息文化"。如殷晓蓉的《网络传播文化：历史与未来》，吴飞、王学成的《传媒·文化·社会》等，既然"数字化生存"是信息社会的主流生产方式和生活方式，文化作为折射生活基础的精神世界，其形式和内容自然会发生某种"变异"，从而大量地体现知识经济、网络经济的时代特征，因而形成带有自身鲜明特征的网络文化。

这类网络文化的理解从技术文化出发，更多强调网络传播效果，关注技术与信息对网络身份的影响，对网络人际交往与社区关系的影响，对网络接收行为与接收心理的影响，是网络文化的日常性理解。

3. 网络业界对网络文化的理解

梳理网络业界对网络文化的理解，大多是将网络文化理解为"网络社会现象"，因此，在非常具体的层面界定网络文化。具体到网络中的一类人、一个社区、一种网络组织，等等。网络文化的实用功能是其关注的重点，如视网络文化为先进生产力的代表，关注其构成要素中的经济因素。在万方数据库中，我们检索界业观注的具体问题有："企业网络文化"、"图书馆与网络文化"、"网络文化下的市场营销"等，门类琐碎繁多。总之，关注现象层面，关注迎面而来的新问题，具有很强的流动性和暂时性。

二 西方网络文化的理解

国外学者提到网络文化（cyberculture）时基本上是将其与网络空间（cyberspace）等同起来使用。如 Lisa Nakamura② 认为在目前西方的研究中，cyberspace studies, cyber/technoculture studies, new media studies, internet

---

① 匡文波：《论网络文化》，《图书馆》1999 年第 2 期。

② David Bell, *An Introduction to Cybercultures*, London：Routledge, 2001, p. 146.

studies 之间的区别和划分非常模糊。internet studies，new media studies，cyberculture studies，contemporary media studies 被用来指同一个领域的研究。

归结西方学者对网络文化的理解。可以从在物质、批判和经验三个层面来进行的。

1. 物质层面的理解

虽然从物质层面来看，网络空间是由机器、电线、电流、程序、屏幕以及电邮、网站、聊天室等信息和传播方式组合起来。基于此，代表性的观点，如 Nazzareno Ulfo 认为，网络文化就是"由人和机器组成的世界，其中计算机互动创造文件和图像。是一个由互联网及其所提供的服务所组成的世界"。"互联网所提供的服务包括万维网、电子邮件、网络新闻组、聊天室、即时通信、邮件列表、视频会议、多用户虚拟空间游戏、博客、视频共享网站、维基百科。"①

2. 批判层面的理解

西方对网络文化的批判性理解有两种取向：技术决定论与技术怀疑论。前者如 Andrew Pickering 将网络文化理解为我们今天许多人生活其中的个人电脑和因特网的数字世界，或者更精确地说，是一个对那个世界的"数字化的乌托邦社会"的想象物，那个世界可以将踪迹最早追溯到麦克卢汉的"地球村"②。后者如哈贝马斯，将网络文化定义为公共领域空间。③

批判层面理解网络文化，讨论最多的主题有二：一是对虚拟社区的研究；一是对在线身份的研究。前者主要是争论网络空间上是否产生了新的社区，这种新的虚拟社区会否替代离线社区，如果替代了，是好事还是坏事，其代表作为 Howard Rheingold 写的《虚拟社区：在电子边疆的开拓》④。后者的研究关注网络空间个体在现实生活中的真实身份在多大程度上能保留下来，在网络空间中，随意塑造身份的可能性是消除了现实生活中的不平等还是为支配提供了更多的舞台，其代表作为 Sherry Turkle 的《屏幕上的生活：

---

① Nazzareno Ulfo, The Challenge of Cyberculture, *European Journal of Theology*, pp. 139 – 140.

② Andrew Pickering, science as practice and culture, University of Chicago Press, 1992, p. 374.

③ 哈贝马斯：《认识与兴趣》，郭官义、李黎译，学林出版社 2010 年版。

④ Howard Rheingold, The virtual community: homesteading on the electronic frontier, MIT Press, 2000, pp. 220 – 225.

互联网时代的身份》①。两本著作皆为网络文化研究的奠基之作。

3. 经验层面的理解

从经验层面来看，网络空间可以看做是图像和想法，在电影、小说以及我们的想象空间中都有网络空间的存在。经验层面主要就是指我们日常使用网络的经验中网络空间是怎样的，社会在接受互联网时总的认识和看法。

总的来看，西方对网络文化的研究是承袭一直以来对技术和社会的互动的研究，西方网络文化研究的发展大致可以分为三个阶段：第一个阶段，网络文化的大众化阶段，以新闻界为主力，主要是对互联网和网络文化做描述性的研究；第二个阶段，网络批判研究阶段，发端于英尼斯和麦克卢汉的技术决定论，如麦克卢汉的"地球村"的运用，而后法兰克福学派则对其进行了批判。此时对网络文化的研究呈现技术决定/怀疑论的二元取向；第三个阶段，网络文化的文化学研究阶段。强调网络文化的日常性和叙事化，研究呈跨学科的特点。如 Jonathan Sterne《对互联网的思考：文化研究与千禧年》，指出不要把互联网看成是一个新鲜事物，而应该是一种交织在日常生活中的平凡的技术，即互联网的平凡世俗性。②

三　中西网络文化解读差异及原因

厘清中西网络文化的理解，其差异主要体现在以下方面：

首先，我国网络文化的理解偏重操作层面，现实实用性取向较为明显；西方网络文化的理解则更多探讨价值。网络文化的价值发源于技术文化，在文化批判及反思中壮大，在经验文化中扩散，其发展具有明显的学术传承性。

其次，我国网络文化的定义是从宏观到中观，如从与传统文化的关系、伦理道德的反思等，到网络文化对不同群体影响；西方对网络文化的定义是从微观到宏观，从具体的人机交流现象的理解到文化价值的植入。

再次，我国网络文化的理解不同群体具有不同的侧重点。官方认为准确

---

① Sherry Turkle, life on the screen: identity in the age of the internet, *Simon & Schuster*, pp. 37 – 46.

② Jonathan Sterne：《对互联网的思考：文化研究与千禧年》，Eeropean Journal of Theology, 2009。

权威的信息发布、良好有效的互动平台、畅通双向的互动路径就是政通人和的网络文化。学界将网络文化定义为多元和多维度的文化。民间话语则认为透明、开放、共享就是正常的网络文化。这些差异造成不同群体间话语的博弈。

导致以上差异的原因，我们可以从以下三个方面来分析：

1. 中国追求网络文化中的和谐统一，西方关注网络文化中的冲突

我国网络文化目前需要解决的问题主要是在"政治话语"、"行业话语"、"民间话语"之间达成一定程度的共识。如在资源匮乏时代，民间话语可能是提倡节约，政治话语可能是建立节约型社会，但从文化的角度出发，其核心是建立一种对匮乏的资源索取得更少的价值和价值体系。同样的道理，在网络时代，我国的网络文化虽然在概念界定上与西方有区别，但其核心还是建立一种新的价值观，一种来源于纸质媒介，发扬于视觉媒介的新型媒介价值观。

在西方，网络文化的核心价值观是新社区文化，脱离于现实地理特征的虚拟社区文化和随之出现的身份认同的问题。所以西方的网络调查数据显示，大多数西方的互联网用户喜欢上社交型网站，这是生活方式和身份识别改变的问题。而我国，网络文化引起的众多社会现象中越来越多的是群体性事件，这是新的媒介价值体系建立的问题。

2. 中国关注网络的"自媒体"特征，西方更关心其"公共媒介"功能

我国网络文化中有很多现象是由公民个人权利与公共领域的边界模糊引发的，如：人肉搜索、网络炒作等。由于网络媒介门槛较低、成本不高，所以大多数人对互联网还没形成公共领域的概念，更多的人把互联网当作自我表达的媒介。在西方，基于言论自由而确立的社会责任理论基础牢固，西方人更多把互联网当作和电视、报纸一样的新媒介，互联网扩展的是人感知这个世界的手段；而在我国，互联网扩展的是人们表达的渠道。

四　网络文化的主要特征

网络文化，是指互联网上具有社会特征的文化活动及文化产品，是以网络物质的创造发展为基础的网络精神创造。广义的网络文化是指网络时代的人类文化，它是人类传统文化、传统道德的延伸和多样化。狭义的网

络文化是指建立在计算机技术、网络信息技术和网络经济基础上的精神创造活动及其成果，是人们在运用互联网这个媒介工作、学习、交往、休闲、娱乐，并随之形成的活动方式及价值观念和社会心态的总称，包括人的心理状态、思维方式、知识结构、道德修养、价值观念、审美情趣和行为方式等。

网络文化以其数字化与开放性等基本特征，在物质、制度与精神多个层面影响着传统文化，并使传统文化面临超文本、图片化和碎片化等诸多冲击。网络应用的普及导致社会心理个性化、社会语言拟音化和社会交往虚拟化，其产生的变革日益蔓延并迅速影响到社会生活的各个方面。归结其特点主要如下：

1. 以技术为基础的网络文化极具兼容性

科技精英在开发网络应用功能时不仅贡献了自身的科学和技术才能，还赋予了网络应用以他们的目标、愿望、情感、价值观等。从这个角度来看，网络应用虽然是以信息技术为基础的，但从一开始就不是一个纯技术的存在。如麦克卢汉说过："媒介即讯息。"从更本质的层次上来讲，媒介即文化，或者说技术本身也是文化的体现，现代文化的特征之一便是技术化。但与传统的科学技术不同，网络应用技术并不刻意保持高高在上的姿态和神秘的面纱，而是迅速从技术精英走向普通大众。而且，其开放式、互动性和生活化的设计更是让网络应用由军事目的走向普通的商业和民用。

从邮箱到新闻组，从新闻网站到个人网页，从网络社区到即时聊天工具，从博客到播客，从社交网站到微博微信，从威客到维基百科，从网络文学到网络游戏，从电子商务到网络团购，网络文化通过其花样迭出的形态表现了海纳百川的气度与包容。从精英到草根，从城市到乡村，从阳春白雪到下里巴人，从高雅小众艺术到世俗的大众趣味，网络世界里一应俱全。无论是内容还是形式，网络所实现的传播比以往人类历史上任何一个阶段、任何一种媒介方式都更广泛而深刻地实现了兼容并包、雅俗共存。

2. 网络文化管理滞后于网络技术发展

网络在诞生之初就被作为一种技术手段和信息传播行为纳入管理的轨道，但随着网络应用形态的多样化，逐渐成为社会文化的一个重要构成部分，原有的以技术或意识形态为指向的管理方式显得捉襟见肘了。

胡锦涛在中央政治局第三十八次集体学习时指出："我国网络文化的快速发展，为传播信息、学习知识、宣传党的理论和方针政策发挥了积极作用，同时也给我国社会主义文化建设提出了新的课题。能否积极利用和有效管理互联网，能否真正使互联网成为传播社会主义先进文化的新途径、公共文化服务的新平台、人们健康精神文化生活的新空间，关系到社会主义文化事业和文化产业的健康发展，关系到国家文化信息安全和国家长治久安，关系到中国特色社会主义事业的全局。"尽管我国有关部门近年来逐渐加强了网络文化建设和管理，制订了网络发展规划，采取了一系列管理和规范互联网的措施，但和迅速发展的网络文化相比，和人民群众日益增长的精神文化需求相比，网络文化建设和管理工作还急需改进和加强。

近年来的公共事件频发也不断考验着我国政府的网络管理智慧与能力。2003 年被称为公共事件元年，2008 年则是中国网络群体事件高发之年[1]。风靡中国的"超女"张靓颖的博客 2005 年 10 月 6 日落户新浪网。作家郭敬明、张海迪和余华等也纷纷开博。2005 年被看成是中国的"博客元年"。而发端于 2001 年，盛行于 2006 年，并呈逐渐泛滥之势的"人肉搜索"也成为一个极具中国特色的网络舆论现象，并不时引发关于"网络暴力"和"网络暴民"的相关争论。网络游戏的泛滥、网络社区的言论浪潮、网络购物的蓬勃发展、微博的迅速崛起，社交网站对现实交往的部分取代……这一切都在挑战着世界各国政府的传统管理思维和管理模式，也要求政府必须面对信息时代的现实进行管理改革与创新。

3. 网络文化中大众文化与精英文化的边界逐渐模糊

有学者担心，在网络文化传播中，随着文化交流的地理距离消失，众多的处于相对落后的文化则逐渐被分化和边缘化，但实际情况正好与上面的观点相反，在网络文化传播中，文化交流的地理距离消失了，网络文化为众多处于边缘的弱势文化提供了削弱强势文化、平等共处的机会。社会学家赫伯特·马尔库塞（Herbert Marcuse）预测未来社会只有一种词源，每样东西都是扁平的，精英将不存在。也就是说，网络文化已经不完全是传统意义上的

---

① 钟瑛、刘瑛：《中国互联网管理与体制创新》，广州南方日报出版社 2006 年版，第 68 页。

大众文化，它已经改变了传统大众文化传播和交流方式中点对面、由上而下、带有强制性的意识形态文化、受众抵抗式接受的状态。网络文化的传播和交流方式是由各个互相独立的文化板块组成，众声喧哗，各自成群。网络身份的虚拟化、应用技术的低门槛和相对平等也使精英与大众在网络参与和话语表达上进一步模糊。

文化的多元化通过网络体现得淋漓尽致。处于转型期的我国，社会阶层分化，思想观念分化，其网络文化也表现得极具后现代特色：游戏多于严肃，解构多于建构。2008年我国互联网的"贾君鹏回家吃饭"事件就是一个极具代表性的例子，尽管很多网民并不了解这句口号的来龙去脉，但不管是精英还是草根，网民在这句口号中集体狂欢。

第二节　我国网络文化研究状况

一　我国网络文化研究状况

网络文化研究在我国已经进入了一个学理探讨时期。我国网络文化研究的发展大致可以划分为3个阶段。

第一阶段：描述性研究阶段。这是指2000年以前，此时理论界对网络文化充满了负面情绪。文化学者在此阶段反思网络文化的后现代性及其对传统文化的冲击，指出网络文化是没有灵魂的文化。而传播学者在此阶段着力研究网络这种传播手段对文化传播的影响。

第二阶段：网络文化研究成形阶段。主要时间段集中于2000—2007年，文化学者主要思考网络文化中核心价值体系形成的问题。传播学者一般在论证网络文化中的社区、博客和以网络游戏为代表的消费文化。

第三阶段：批判性研究阶段。是指2007年以后，2007年国家将网络文化定义为主流文化的构成部分，从此网络文化摆脱了边缘性亚文化身份。文化学和传播学交叉发展，在研究方法上人文研究与社会学研究结合。学者们致力于将网络文化定义为以人们的行为选择为基础，以一定的制度文化为解释，以某种核心价值观为内涵的未来社会的主流文化形态，并对网络文化中的意识形态进行反思，对网络文化中的网民行为进行解释。

从 2000 年 3 月—2011 年 3 月，在中国期刊网上，以网络文化为题名的文章约 4474 篇①，相关论文 4055 篇，学位论文 349 篇，会议论文 70 篇。以 2000—2009 年为例，每年以"网络文化"为题名的文章数目如图 18 - 1 所示。可以看出，论文峰值出现在 2004 年，分析其原因，这一年，政府管理部门肯定了互联网不仅仅是一种技术，而是一种新的文化形态。学界因此表现出极大的热情。但学术热情并不能代表互联网真实的发展，因为网络文化毕竟还是一种稚嫩的、未定型的文化形态，处在快速发展之中的网络文化，其规律性的东西尚未完全显现，一切都在变动，很难有定论。2004 年后，学界的热情有所减退。

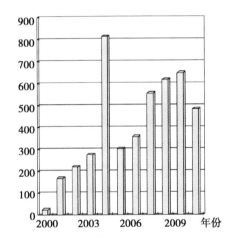

图 18 - 1　2000—2011 年以"网络文化"为题的文章篇数

目前，网络文化的研究还是一个十分开放的领域，我国学术界对网络文化的研究并未形成专门的研究范式，也少有专门的研究机构。来自不同学科的学者依据自己的学科背景，从自身的研究领域出发对网络文化进行观察和分析。目前我国研究网络文化存在两种主要倾向和旨趣。一是文化学者基于传统文化研究范式对网络文化的思辨性研究，二是传播学者利用传播学研究范式对网络（特指互联网及与其相连的各种局域网）进行传播效果和文化

---

① 数据来源：万方数据库。

产业的思考。

二　我国网络文化研究主题

1. 文化学视角的研究主题

网络文化的价值体系研究。研究者立足于传统文化价值体系，对网络文化价值体系的现状、特点及发展趋势，以及网络文化相关的伦理道德问题进行审视和思考。

网络文化的制度体系研究。主要探讨建设有中国特色网络文化的必要与可能，并立足于国际政治对网络文化进行跨文化解读，例如殷晓蓉在《网络传播文化：历史与未来》中就从网络的发展路径出发，分析了网络传播中的冷战烙印。

网络文化的主体性研究。主要包含网络文化下的主体性反思和语言学角度下网络文化的文本研究。例如，网络语言暴力的成因和对策初探、网络表情符号研究等。

2. 传播学视角的研究主题

从传播学角度来研究网络文化现象，更多的是基于将网络作为一个新兴媒介和新形态的信息场和意见集散地，从中挖掘人类信息传播活动中的新文化元素，有学者还直接提出了"网络传播文化"这一概念。主要研究话题或方向有：

媒介效果理论下网络文化的影响力研究。目前国内的研究主要集中于对教育和青少年的影响、对现代人生活方式的影响，以及对其他具体社会现象的影响，特别是媒体的影响的研究。

控制理论下的网络文化的规范与管理研究。目前相关研究主题主要探讨我国网络文化建设的现状，包括网络文化安全监管系统及应用价值、网络文化的现状及管理创新的有效途径，也思考校园网络文化建设等问题。

媒介生态理论下网络文化与其他媒介文化的关系研究。这类研究的对象既包括各种传统媒体，也包括传统新闻理论的关注对象，如新闻语言、新闻标题等。而讨论网络媒体与网络文化的则更多站在媒介的视角去观察网络文化，将网络媒体作为研究文化的一个渠道，研究对象包括博客、网络聊天室等。

网络文化中的亚文化研究。这类研究首先关注现代人的"数字化生存"问题和网络文化在现实社会中的映射情况，比如网民个体文化（最小公共空间）、宅文化等也是很多学者关注的问题。

媒介经营角度的网络文化产业研究。网络文化产业研究是网络文化消费特质的实践性体现。这个研究领域一般包括三个方面。一是从产业角度来分析网络文化，即游戏产业、网络媒体产业、电子出版产业、网络媒体中的广告产业等，利用专业知识与分析工具（如 SWOT 分析法），对行业发展的基本情况进行分析。二是分析我国网络文化产业目前存在的问题，这种研究一般站在宏观的角度，分析网络产业存在的重大的、带有共性的问题，比如数字技术的不足、产业化市场化程度过低等。三是对发展我国网络文化产业的建议，一般是基于特定网络行业的观察与分析，并给出有一定针对性的对策建议，如加强产业的监管和扶植力度、细分产业市场、激发更多的受众、扩大产业规模、重视人才培养、提高科技自主创新力和核心竞争力等。

第三节　国外网络文化研究状况

英国 Sonoma 州立大学亚美研究所教授 Lisa Nakamura 将西方网络文化的研究分为三个阶段，第一阶段为已经过时的研究（expired），如对光驱、虚拟社区、多人参与历险游戏、多人参与虚拟现实、中断请求线、虚拟现实、连线杂志、超文本、多媒体、新闻组、符号学等的研究。第二阶段为较陈旧的研究（tired），相关研究包括身份、脱离肉体不具形体、主体、在线社区、化身、界面、话语、性别、批判理论、"银翼杀手"等。第三阶段为热门的研究（wired），包括帝国、WEB、无线网络、宽带、政治经济学、历史研究、产业研究、博客、文件共享、视觉文化、社会死亡、文化研究、网络游戏、"黑客帝国"、数字鸿沟（正在迅速地变旧）等。

西方网络文化研究多借鉴传统文化研究的理论，立足于信息技术，如，技术的社会建构论（Social construction of technology，SCOT），该理论试图修正技术决定论，认为科学技术是由人创造的，而人是社会环境的产物，可视为相互决定论，技术是人创造出来的，不过也会影响社会；再如，行为者网络理论（Actor – network theory，ANT），该理论把非人类的因素引入分析中，非人类的因素包括化学制品、元件、人工制品、动物等。认为社会形式要永久地存在下去要依靠很多非人类的因素，如文字、工具等；再如，文化回路理论（The circuit of culture）认为文化回路中有五个文化节点：表现、身份、生产、消费和管理，每个过程与另一个之间都有着双向的联系。此外，Bau-drillard 的后现代主义、Deleuze 和 Guattari 以及 Foucault、Virilio 的文化理论也会被西方学者用来进行网络文化的研究。

一　网络文化研究的主题

综观文献研究，我们可以将西方网络文化的研究归结为六大主题：（1）文化与信息系统开发，（2）文化与 IT 采纳和扩散，（3）文化与 IT 使用及效果，（4）文化与 IT 管理和策略，（5）IT 对文化的影响，（6）网络 IT 文化。分述如下：

1. 文化与信息系统开发（ISD）

这个层面的研究方法大致包括行业调查、匹配实验研究、定性实地研究、内容分析。

这些研究的共同的主题是，文化价值观的变化也许会导致对信息系统开发方式的变化。例如，戴格威尔和韦伯（1983）调查了四个国家团队（美国、英国、澳大利亚和瑞典）的系统设计者对终端用户的看法。他们发现，这些团队在系统开发程序中采取的方法确实存在差异。就 ISD 而言，澳大利亚和瑞典的设计者更赞成 Y（人）理论导向，而美国和英国的设计者赞成 X（程序和效率）理论导向。同样地，库玛等（1990）利用英格尔（1967）的《个人价值观问卷》，以丹麦人和加拿大人为对象研究了系统设计者价值观的差异，研究发现在 ISD 项目中，丹麦设计者（偏社会主义价值观）更重视与人相关的问题，而加拿大对象（偏资本主义价值观）更关注技术问题。

一项研究调查了国家层文化对信息系统开发风险认知之间的关系。凯尔等（2000）在芬兰、新加坡和荷兰进行了匹配试验研究，调查某软件的升级行为在不同文化中的表现如何不同。他们发现，不确定性规避弱的文化比不确定性规避强的文化对项目风险的认知度弱。在另一项研究中，谭·史密斯、凯尔（2003）调查了国家层文化对报告 ISD 项目失败类坏消息倾向的影响。他们发现个人主义文化（美国）比集体主义文化（日本）更倾向于报告关于 IT 项目风险的坏消息。

在组织层面的研究中，有三项研究涉及组织层文化对软件开发程序改进的影响。一项研究发现，这些项目的成功取决于各软件技术开发小组的价值观与内嵌在目标新软件开发创新中的特定价值观的符合程度。杜伯（1998）的一个研究显示，若软件开发程序中嵌入的价值观与组织整体的价值观非常符合，则有助于程序的成功执行。Ngwenyama 和尼尔森（2003）发现，程序方法论中构建的文化假设有可能与开发者的文化假设相冲突，从而导致程序改进难以执行。

瓦尔山（2002）用结构化理论（吉登斯，1979，1984）解释心理结构对由牙买加和印度软件开发者组成的文化融合 ISD 项目团队的实地研究。他发现牙买加和印度开发者结构的差异导致软件开发程序中出现了严重的冲突与矛盾，但是随着时间推移，实际的软件开发程序使得每组人对软件开发实践各自所持的结构和基础价值观发生了改变。最终，牙买加和印度软件开发者获得了文化协商与观点融合。

总之，国家层和组织层的文化研究都涉及了价值观对系统开发程序的影响。随着离岸开发的广泛使用，理解在文化迥异的软件开发团队中价值观的差异对系统开发程序和后续开发效果的可能影响，将变得越来越重要。尽管目前已经开始趋向对文化迥异的跨国 ISD 项目开发团队进行研究，但目前国外相关研究仍不够深入。

2. 文化与 IT 采纳和扩散

在现有的国外文献资料中，总共有 24 个文献讨论了文化是否会影响 IT 采纳与扩散。其中 16 个研究在国家层面观察文化，8 个研究在组织层面观察文化。有 10 个研究提到了霍夫斯坦德的一个或多个文化价值观，以描述文化和 IT 使用与采纳间的关系。不确定规避是被运用最多的维度（9 个研究），其次是权力距离（7 个研究）、个人主义—集体主义（4 个研究）、男性化—女性化（3 个研究）。同时，本主题囊括了一系列研究方法：单一案例研究（6 个研究）、多个案例研究（6 个研究）、调查研究（5 个研究）、多种方法结合研究（4 个研究）、基础理论方法（1 个研究）和实验研究（1

个研究）。

该主题的一个主要观点是，不确定性规避深刻影响团队采用和扩散网络技术。这些研究的出发点是，由于 IT 本身存在风险，因此与不太愿意与不确定性共处的团队，将不太可能采纳和使用新技术。例如，Png 等（2001）对 23 个国家的 153 家企业做了一次调查研究，结果发现对不确定性规避强的国家更不愿意采用新技术（帧中继）技术。同样的，撒切尔等（2003）对大学生做的一次调查显示，来自对不确定性规避强的国家的学生更不愿意试验新信息技术。哈桑和蒂查（1999）对中东、非洲和澳大利亚等 10 个组织的解释性研究发现，风险规避文化更加不乐意采纳 IT。其他研究同样反映了类似的结果。

强的不确定性规避与 IT 网络技术采纳和扩散的减少有关，人们普遍支持这种假说，但有一个研究否定了该逻辑。迦耶尔等（1998）对巴基斯坦公共机关采纳 IT 的研究发现，弱的不确定性规避与 IT 采纳速度较低有关。为了说明这种矛盾的发现，他们解释巴基斯坦公共部门弱的不确定性规避导致了"管理部门没有充分关心现有的信息"。这种关心的不充分导致管理者采纳信息系统以寻求计划与决策支持的兴趣降低。这样就产生一个有争议的问题，即信息的整体概念就是巴基斯坦官员对于有价值信息的成分的概念认知？到目前为止，关于文化和 IT 网络技术的采纳与扩散的研究，把 IT 作为一个整体概念，而没有将 IT 的概念分解为信息方面与技术方面。

事实上，该主题的研究应该首先考虑在网络信息和网络技术两方面对文化选取价值的含义。

另外，德维瑞德等（1998）发现权力距离和 GSS（generic security services；通用安全服务）接受间存在积极的关系。他们指出，随着权力距离增加，GSS 的接受比率也在增加，因为在权力距离远的文化中，下级不太可能质疑上级的决策。相反地，哈桑和迪查（1999）认为成功的 IT 采纳更有可能发生在权力距离近的环境中，因为在这样的环境中，底层的 IT 员工更愿意向管理者提出建议，这会形成有利的 IT 采纳效果。参与程度高的文化，技术采纳度就高。

从文化价值观角度看，如果团队自身的价值观与技术中内嵌的价值观相匹配，那么团队则更有可能采纳此技术。希尔等（1998）对五个阿拉伯国家的实地研究发现了某些文化价值观（倾向于面对面交流、效忠家庭、时间概念、宗教和性别关系）是如何帮助或阻碍技术在国家与国家之间转移的。罗赫等（2003）发现，采纳国和技术输出国之间关于技术的价值观的相似程度会影响 IT 采纳的水平。尤其是，他们发现阿拉伯国家对电脑的接受程度（一项价值）与互联网使用水平正相关。加布里拉等（2001）在组织层面做了一项类似研究发现，成功的技术吸收需要技术符合组织层文化，或者改变文化以符合技术的行为需求。这三个研究的意义正在于印证了与 IT 相关的信息和技术中内嵌有价值观，这些价值观渗透在 IT 的基础工作实践中。

从组织的松散与严密角度，我们同样发现许多在组织层面的研究力图了解文化是如何影响 IT 采纳与扩散的。霍夫曼和柯莱帕（2000）发现社交性低团结度高的组织比社交性高团结度低的组织在技术吸收方面的结果更为有利。柯彻尔（1995）的另一个研究发现，如果组织的文化是灵活开放的，且具有长期导向，那么它们更倾向于采纳先进的生产技术。最后，鲁佩尔和哈林顿（2001）画出了相互矛盾的价值观框架（奎恩和麦克戈拉斯，1985；奎恩和洛尔鲍夫，1981，1983），他们发现内联网采纳更有可能在发展型文化（价值观强调灵活与创新）中成功。

从组织内部文化冲突的角度，有三个研究特别考查了组织层亚文化和 IT 采纳与扩散间的关系。黄等（2003）的研究考查了组织层亚文化不一致性和单个软件开发方法采纳间的关系。他们发现组织内部亚文化冲突的价值观阻碍了整合技术（如基于组件的软件开发）所需的信息分享和合作。另一项研究中，冯迈尔（1999）考查了工作组亚文化对被提议的技术创新的看法，她发现两个不同职业的亚文化工程师和经营者，对提议的技术有着完全不同的文化解读，结果在采纳某些技术时产生冲突和阻力。这些研究结果强调，由于同一组织内存在潜在的相互矛盾的价值观，IT 执行也存在潜在的矛盾冲突（罗比和阿兹维多，1994；罗比和布得柔，1999）。

尽管有些结果相矛盾（迦耶尔等，1998；哈桑和迪查，1998），但这些结果提供了合理的证据，说明价值导向（国家层、组织层和亚文化层）会使某些社会团体倾向于有利的或不利的 IT 采纳与扩散行为。社会团体价值观与 IT 中内嵌的价值观的符合程度，已经成为了研究价值观和 IT 采纳与扩散间关系的一个重要问题。

3. 文化与 IT 使用及效果

我们检索到 30 个研究成果，他们采取了一系列不同的方法来研究文化对 IT 使用及效果的影响。其中 18 个研究在国家层面考虑，12 个在组织层面考查。18 个国家层面的研究中，7 个研究是对国家层文化对 GSS（generic security services；通用安全服务）使用和效果的影响进行研究。此外，18 个国家层研究中有 13 个研究利用了霍夫斯坦德的一个或多个维度，其中个人主义—集体主义是最多的（10 个研究），其他是权力距离（8 个研究）和不确定性规避（8 个研究）的研究。有七篇文章调查了国家层（2 个研究）或组织层（5 个研究）文化对知识管理实践的影响。

该主题内两个值得探究的重要问题是：（1）在不同的文化中，同样的 IT 网络技术会以类似的方式被使用并取得类似的效益，还是会以不同的方式被使用并取得不同的效益？（2）什么样的文化价值观最能使用户满意和使 IT 成功使用？

第一个问题是国家层文化研究的重点，第二个问题是组织层文化研究的重点。对第一个问题的回答大多都是：文化的差异导致 IT 使用及效果的差异。例如，赵等（2002）发现，香港（价值倾向为共享的忠诚与关系）和美国（价值倾向为个人能力和自我效忠）的消费者对互联网的态度千差万别。结果是，互联网使用的模式迥然不同：香港的被调查对象使用互联网主要是为了社交，而美国的被调查者使用互联网主要是为了信息搜索。这些结果表明文化价值观决定人们如何使用信息技术。同样的，莱德勒等（1999）对经理信息系统（EIS）在墨西哥、瑞典和美国经理中的使用情况进行调查发现，文化价值观会影响对 EIS 使用效果的看法。他们发现该技术，相比于不确定性规避强和权力距离远的国家，权力距离近和不确定性规避弱的国家更容易顺利地被认知。其他的研究得到了类似的结论（凯尔霍恩等，2002；唐宁等，2003；Kambayashi 和仕嘉伯，2001；罗斯等，2003）。

该研究方向的研究内容包括各种网络技术（如万维网、经理信息系统、群体支援系统、电子邮件）、各种效果（如授权、决策、交流）和各种文化价值观（英格尔、霍夫斯坦德、霍尔等的维度理论）。其中大部分国家层面的研究利用了霍夫斯坦德的分类法，几个研究关注了霍尔的文化维度。例如，凯尔霍恩等（2002）发现强语境文化（韩国）比弱语境文化（美国）

在 IT 使用中会经历更高层次的信息超载。这样，来自强语境文化的信息系统使用者使用某种类型的 IT 网络技术的可能性更低，如果该系统为个人提供了多到无法处理的信息时，情况尤其如此。有少数几个研究将时间取向作为一个文化价值维度进行了考查，罗斯等（2003）发现，来自一时多用文化（埃及和秘鲁）的研究对象，相比于来自一时单用文化（美国和芬兰）的研究对象，更不关心网站延迟。

大部分实证研究在 GSS（generic security services；通用安全服务）研究中将国家层文化作为一个变量。总之，GSS 研究（钟和亚当斯，1997；梅亚斯等，1996；Quaddus 和董，2003；谭等，1998a；谭等，1998b；华生等 1994）证明了以电脑为中介的通信（CMC）工具对某些程序和效果的影响在一定程度上取决于文化。个人主义—集体主义和权力距离的价值观在这些调查结果中出现的尤其多。调查结果显示，某些国家层文化比其他文化更容易受到各种团队功能失效的影响，CMC 工具也许旨在消解这些消极影响。例如，谭等（1998a）对决策组的研究显示了新加坡（权力距离远、集体主义）的团队如何利用 CMC 实现比美国（权力距离近、个人主义）对手更大程度地减少较低社会地位影响效果。

大多数对文化与 IT 使用及效果的关系感兴趣的研究使用了实地研究和案例研究，其中与 GSS 研究有关的研究以学生为对象进行实验。以学生为对象的实验研究的最大缺点是学生也许不能完全代表其国家的文化；但更重要的是，所研究的文化价值（如权力距离）不太可能在仿造的环境中发挥作用，尤其是不可能在单一的人群（假设一组学生中没有内在等级制度）中发挥作用。

在组织层面，研究不太关注文化差异是否能解释 IT 使用与效果的差异，而更关注特定的文化价值与使用者满意度和 IS（information system，信息系统）的成功执行有关。

从组织文化导向的角度看，麦克德莫特和斯托克（1999）发现团队导向的组织文化与管理者对先进生产技术（AMT）效果的满意度呈正相关，而理性导向的文化与 AMT 执行中的竞争成功联系紧密。哈帕尔和余特里（2001）的另一个实验显示人际导向的文化比生产导向的文化会在更高的水平上获取成功，而托尔斯比（1998）发现军事组织的等级文化导向导致参与者未能取得某新推行的信息系统的所有权。此外，Kanungo（1998）发现，相较于在人际导向的文化，电脑—网络技术的使用在偏任务导向的文化中对使用者满意度有影响。在许多方面，这些调查结果与在国家层面使用集体主义—个人主义划分法的调查结果相类似。

从知识管理成功有关的文化价值观角度，几个研究的共同发现是价值观（组织层和国家层）会影响知识管理（Baltahazard 和库克，2003）、知识分享行为（周等，2000；迪龙和法依，2000；余和托利，2002）、知识管理基础设施能力（高尔德等，2001）、知识管理技术使用（阿拉维等，2004）和对信息与知识的个人所有权的认知（迦文帕和斯泰普勒斯，2001）。

如同对文化与网络 IT 技术采纳和扩散的研究，相同价值观的文化与 IT 使用及效果明显相关。罗比和罗德里格斯 – 迪亚兹（1989）发现美国总公司和子公司文化价值观的相符程度是一个重要的指标，可以预测会计信息系统在巴拿马和智利的两个海外子公司中的执行成功与否。价值观与美国总部相近的子公司（巴拿马）经历了很少的执行困难。其他另外两个研究调查了亚文化与 IT 相关的效果的差异。一开始，鲁宾斯（2000）研究了一个中学学区内信息服务与教学技术小组文化的整合情况，她发现在两个小组文化能更有效整合的情况下，技术执行效果更好。这表明组织层利益相关者文化价值观中的相似点会使网络 IT 技术更有效地使用。

4. 文化与 IT 管理和策略

这里的 IT 管理指的是与信息资源有效管理有关的组织决策、选择或政策的各方面的研究。这包括研究考查 IT 人事部门、管理和信息伦理学与隐私等。11 个研究中有 8 个研究考查了国家层文化对 IT 管理的影响，其余 3 个研究了组织层文化对 IT 策略的影响。

在国家层面，从信息系统的服务质量考查，凯廷格等（1995）发现 IS（information system，信息系统）功能的服务质量维度在某些亚洲文化和北美洲文化中存在差异。这个发现的重要性在于揭示出亚洲和北美洲的 IT 组织对为其组织的利益相关者提供高质量的服务。伯恩等（1993）对香港 98 名高级 IT 经理做了一次德尔菲法研究，结果发现文化价值观也许会影响 IT 经理对认为是最关键的 IS 问题类型的选择。这样，美国和其他西方化的经理（鲁夫特曼和麦克林，2004）认为是最关键的 IT 问题也许会和其他文化迥异地区的经理的观点完全不同。斯洛特尔和洪（1995）的另一项研究发现，美国（个人主义）和新加坡（集体主义）的价值差异导致 IS 雇佣结构的途径迥然不同。尤其是，他们发现拥有重视忠诚与团体的集体主义价值观的公司倾向于从内部雇用，而拥有个人主义价值观的公司倾向于外化的雇佣结构。

四个研究考查了国家层价值观与 IT 伦理与社会问题的相互作用。从软件信息技术的合法性角度看，其中三个使用了霍夫斯坦德的文化维度解释国家文化对一些信息相关行为的影响，如软件盗版水平（哈斯提德，2000）、对盗版的管理途径（米尔伯格等，1995）和对知识产权的态度（绍尔等，2001）。哈斯提德（2000）对商业软件联盟的档案数据分析发现，软件盗版在有个人主义特点的社会中更加盛行。有趣的是，绍尔等（2001）发现，国家层价值观会影响人们对知识产权的态度。特别是，他们发现来自个人主义较强国家的学生比来自个人主义较弱国家的学生更能意识到软件盗版的道德问题。这就得出了一个有趣的悖论：尽管强调个人主义国家的个人对软件盗版道德问题的认识度高（绍尔等，2001），这些社会中个人从事软件盗版行为的比率实际上却比来自弱个人主义文化的个人要高（哈斯提德，2000）。

米尔伯格等（1995）在另一个霍夫斯坦德类型研究中发现，个人主义程度高的国家政府对盗版管理参与少。一个没有运用霍夫斯坦德维度理论的研究（艾宁斯和李，1997）发现中国学生在讨论道德困境时更强调关系（而非规则）。这四个研究提供的证据表明，不同国家层文化中，一组人对与信息道德标准有关的情形的看法与反应也许会截然不同。这对 IT 管理的启示（特别是在全球跨国公司中）是，根据文化价值观，管理者也许需要在不同国家中采取截然不同的方法抵消不道德行为的影响。

有研究者从具体的公司业务角度出发，例如，三个组织层面的研究调查了价值观与网络 IT 技术策略的关系。格柔佛等（1998）发现高层组织计划文化的存在会促使人们意识到策略系统投资的重要性。Kanungo 等（2001）的研究利用了瓦拉赫（1983）的文化分类法，以确定创新型文化与有具体可表述的 IT 策略的公司联系紧密。最后，汤姆林（1991）发现有策略地使用网络 IT 技术的组织发展出了很强的内部信息文化。虽然存在一大批关于战略性 IT 规划和 IT 结盟的研究，也有极少部分研究致力于考查国家层或组织层文化在 IT 规划程序、实现 IT 结盟或 IT 规划（实际的 IT 策略）结果中的作用。而且，考查文化在一些重要的 IT 管理领域的作用，如 IT 建筑、IT 基础设施策略、IT 投资与优化、商业应用需要以及 IT 管理原型（威尔，2004）。例如，一个有趣的领域可能是调查文化价值观（国家层和组织层）如何影响公司对集中式、分散式或同盟式管理模式的选择。

5. IT 对文化的影响

以上四大主题都表明，实证信息系统文化研究的重点主要集中在文化对于 IT 的影响上。而明确考察 IT 对文化的潜在影响的研究相当少，专门考察在国家和组织层面上对文化影响的研究更少。例如，考察国家层面的信息系统的研究被均衡地划分开来，这主要是根据他们究竟是把文化作为一种中介变量还是一个独立变量，因为还没有研究将国家文化作为一个独立的变量来研究。同样，除了少量在组织层面上的研究外，所有的研究都关注文化对 IT 业成果的影响，而较少考虑文化自身可能会出现的转型。因此，在国家和组织层的文化 IS（信息系统）研究中，大部分的观点都会认为文化是稳定的、持久的且难以改变的。

除了这种观点以外，也有例外。在一个探讨印度农村地区实施 IS（信息系统）规划制度的研究中，马盾发现，最初在科技和印度文化间出现的结构性矛盾带来了新兴技术的应用，并最终带来了文化转型。在最初的三到四年间，一系列的文化因素阻碍了 CRISP 乡村规划制度（即文化持久性）的采用。但与此同时，最初在技术和文化间出现的结构性矛盾已经带来了新兴技术的应用，而这随着时间的推移又带来了一定程度上的文化转型。

已经观察到的文化转型包括在地位、等级、领导阶层以及国家与地区间的权力再分配和越来越多地使用计算机化信息决策（相对于政治化而言）方面个人观点的转变。在一个关于印度实施地理信息系统的相关研究中，瓦尔山（2002）发现，最初地理信息系统在印度遭到了拒绝，这是因为印度文化不重视地图。然而，随着时间的发展，印度人逐渐越来越意识到地图和地图系统的重要性和实用性。因此，尽管在瓦尔山的研究中，地理信息系统由于缺乏使用而被看做失败，但是有理由相信，经过更长的一段时间后，该文化将越来越重视技术，并且随后的使用行为（指依赖或者不依赖地图）

也会随之改变。重要的是在此研究过程中并没有发现文化变化，但是瓦尔山找到了证据，随着该系统的应用已成为工作实践的组成部分，文化可能会发生变化。

两项在组织层面的研究明确阐述了 IT 对文化的影响。第一项研究由多赫提和多尔戈主持，研究了新的信息与通信技术对组织文化的影响。作者发现一个公司的数据库的容量改进带来了顾客服务、使用灵活性、自主权，以及整体价值的变化。在另一项研究中，多赫提和佩里（2001）探讨了一种新的工作流程管理系统对组织文化的影响。他们发现，实施工作流程管理系统强化了顾客导向、灵活性、品质导向和绩效导向的组织文化价值观。在组织亚单位层面，有两项文化转型的研究，在第一项研究中，布拉朗和萨尔科（2000）对一家德日合资企业的项目团队进行考察，在第二项研究中，萨黑和科里什纳（2000）考察了加拿大和印度的软件外包集团，在这两项研究中，研究结果发现，由于在时间的推移中，这些来自不同文化的项目团队之间相互交流，他们对行为和结果的阐释带来了团队成员间文化价值的认同。

6. 网络文化（信息技术文化）

网络文化，这里指的是由一个团队赋予网络 IT 技术的各种价值。从以上讨论的文献中可以得出一个重要的结论，即信息技术不是中立的价值观，相反，它本质上属于一种象征和负载价值，例如费尔德曼和玛奇（1981）认为在官僚组织中，信息具有高度象征性，代表了资格与合法性的价值。这些特殊的价值可以用来阐释信息的合法性、信息的超载，以及超过要求数量的信息调查等。同样，舒尔茨（1990）认为企业的计算机信息系统具有高度象征意义，代表了诸如平等地位与从属地位、进步主义与保守主义、团体与孤立、同情与反感、感性与麻木之类的价值观。这些价值观形成于一个人使用技术的过程之中，然后使组织性数据的收集、加工、传播以及信息与知识的传播产生了一些标准化的方式。对于预测社会群体如何认识并最终回应以资讯科技为基础的变化，理解这些网络文化价值能够为其呈现一幅更加清晰的图画。另外一些人提出，信息技术与一些价值是有内在联系的，比如说合理性与有序性、系统性及控制性。罗比和马库斯（1984）则认为信息系统的发展以及用户的参与活动反映了组织的程序，而这些程序象征着人们赋予 IT 业潜在的理性价值。

二 网络文化研究的拓展

1. 跨文化实证研究

荷兰文化协会研究所所长霍夫斯坦德用 20 种语言，从态度和价值观方面收集了 40 个国家包括从工人到博士和高层管理人员在内共 116000 份问卷调查数据，并在此基础上撰写了著名的《文化的结局》一书。根据研究成果，霍氏认为：文化是在一个环境中的人们共同的心理程序，不是一种个体特征，而是具有相同的教育和生活经验的许多人所共有的心理程序。不同的群体、区域或国家的这种程序互有差异。这种文化差异可分为五个维度：权力距离（Power Distance），不确定性避免（Uncertainty Avoidance Index），个人主义与集体主义（Individualism versus Collectivism），男性度与女性度（Masculinity versus Femininity），长期取向与短期取向（Long – term Orientation versus Short – term orientation）。

2. 邦德的儒家动力的提出

香港大学教授麦克·邦德与一些中国同行没有采用霍氏提出的问卷调查方法，而是基于亚洲研究人员反映儒家价值观的问题提出了一种新的调查方法。霍夫斯坦德在此基础上补充了他的学说。

长期取向的文化关注未来，重视节俭和毅力。他们认为储蓄应该丰裕，固执坚持以达到目标，节俭是重要的，对社会关系和等级关系敏感，愿意为将来投资，重实效的传统和准则以适应现代关系，接受缓慢的结果。这种社会考虑人们的行为将会如何影响后代。如日本，国家以长远的目光来进行投资，每年的利润并不重要，最重要的是逐年进步以达到一个长期的目标。

在短期取向的文化里，价值观是倾向过去和现在的。人们尊重传统，关注社会责任的履行，但此时此地才是最重要的。比如美国，公司更关注季度和年度的利润成果，管理者在逐年或逐季对员工进行的绩效评估中关注利润。

3. 文化的价值维度

文化是解释人类群体如何与网络技术相互作用的一个关键变量。如下页表所示，研究文化的主要理论方法就是在各层面上用价值观将其概念化。为了与这种研究组织环境中的文化的主要方法保持一致，我们也将会采用以价值观为基础的方法。采用价值观方法研究文化，我们可以利用丰富的文化理论基础，作为我们下面对互联网文化进行分析的框架，采取价值观视角，我们可以注意到国家层、文化层和子单位层间可能出现的矛盾，发现网络文化研究在这些层面的共同点。最后，以价值观为基础的方法使我们能发现网络发展、采纳、使用和管理中可能出现的各种文化冲突。

国家层文化（或跨文化）研究和组织层文化研究是作为两个基本独立的研究方向出现的。尽管这两个方向几乎没有重叠，但它们都致力于对区分不同团体的价值观下定义。迄今为止，最流行的国家层文化概念是霍夫斯坦德（1980，1983）独创的分类法，他用权力距离、不确定性规避、个人主义—集体主义以及男性化—女性化等维度来描述文化。罗本纳尔斯（1996）同样用相互对立的术语来描述国家层文化，如通用主义和特定主义、情感关系和中立关系、明确和扩散、成就和归因、内部控制和外部控制。也有人用其他一些价值观术语来将国家层文化概念化，如儒家动力论（霍夫斯坦德和邦德，1988）、一时多用主义和一时单用主义（霍尔，1990）、语境（霍尔，1976）和时间取向（霍夫斯坦德和邦德，1988；图罗本纳尔斯，1996）。根据这些分类法某些价值观体系会在国家层面、不同地区体现程度不同。

国家层文化研究只集中研究了部分人看重的价值观分类法，而组织层文化研究则对价值观研究更细致。与国家层文化分类法一样，组织层文化分类法旨在研究不同组织用于指导组织行为的主导价值观的区别。表18-1总结了一些其中较为突出的观点。

表18-1   **文化作为价值观的操作化定义**

价值维度	价值描述	层面
不确定性规避：霍夫斯坦德，1980，1983	社会成员对于不确定和含糊的状况感到舒适的程度。不确定性规避强的国家的成员比不确定性规避弱的国家的成员倾向于更少的含糊状况	国家层
权利距离：霍夫斯坦德，1980，1983	社会成员接受在体系和组织内权利平等分配的程度；工人的地位差异也许会非常明显（权力距离远），或是在距离近的国家，工人在作决定时遵循更平等的理念（谭等，1995）	国家层

续表

价值维度	价值描述	层面
男性化—女性化：霍夫斯坦德，1980，1983	对成就、魄力和物质成功的高度倾向（强男性化）和低度倾向（女性化）	国家层
个人主义和集体主义：霍夫斯坦德，1980，1983	个人倾向于在社会框架中自己照顾自己（个人主义），相对于集体主义里，个人期望团体能照顾他们以换取他们的忠诚	国家层
时间取向：霍夫斯坦德和邦德，1988	人对未来考虑的程度；愿意为长期利益牺牲现在（长期取向）或是更多关注即时的结果（短期取向）	国家层
一时单用主义和一时多用主义：霍尔，1983	执行任务时使用时间的态度：一次关注一个问题（一时单用）或是同时执行多个活动（一时多用）	国家层
语境：霍尔，1976	强语境文化倾向的交流方式中个人喜欢从非显性或隐性信息中得出推论。弱语境文化的个人喜欢信息被直接陈述并倾向于定量信息	国家层
控制点：史密斯、图罗本纳尔斯和杜根，1995	个人感知自己的生活被运气或其他强大的人（外控点），相对于被个人或是内部控制（内控点），控制的程度	国家层
团结性：葛菲和琼斯，2000 使命感：丹尼森和米仕拉，1995 参与性：丹尼森和米仕拉，1995	组织成员不顾个人因素快速有效地追求共同目标的程度 目的感 公司成员的所有权感与责任感	组织层 组织层 组织层
社交性：葛菲和琼斯，2000 人际导向：库克和拉菲提，2003 关心人：布雷克和穆盾，1964 建设性的：布雷克和穆盾，1987 支持力：瓦拉赫，1983 员工导向：霍夫斯坦德，1991 团队：奎恩，1988	社区成员间形成真挚友谊的倾向 关心人的事务 公平、合作、工作热情、信任 强调合作和支持的价值观 工人对他人公平和帮助的程度 关心人 强调开发人的资源	组织层 组织层 组织层 组织层 组织层 组织层 子单位层
任务导向：库克和拉菲提，2003 关心生产：布雷克和穆盾，1964 创新：瓦拉赫，1983 结果导向：霍夫斯坦德，1991 工作导向：霍夫斯坦德，1991 用户接口：霍夫斯坦德，1998 官僚的：琼斯，1983 理性的：奎恩，1988	关心效率 服从、冒险、精度、竞争 强调挑战和冒险的价值观 强调达成目标的价值观 关心完成工作 在以固定规则约束、控制宽松的环境中强调结果 在以固定规则约束、控制宽松的环境中强调结果 强调生产和效率	组织层 组织层 组织层 组织层 组织层 子单位层 子单位层 子单位层
被动性：库克和拉菲提，1987	强调赞成、依赖和逃避的价值观	组织层
进攻性：库克和拉菲提，1987	强调权利、竞争和至善论的价值观	组织层
从众性：丹尼森和米仕拉，1995	个人从众的程度，相对于自愿参加	组织层
适应性：丹尼森和米仕拉，1995	回应外部条件的内部改变的能力	组织层

续表

价值维度	价值描述	层面
官僚主义：瓦拉赫，1983；等级制度：欧奇，1981； 威尔金斯和欧奇，1983 程序：霍夫斯坦德，1991 规范价值观：霍夫斯坦德，1991 管理的：霍夫斯坦德，1998 生产：琼斯，1983 等级体系的：奎恩，1988	强调组织、层级、系统、控制、程序的价值观 强调通过权威关系控制个人的价值观 强调目标达成的方法的价值观 强调正确遵循组织程序 强调过程、程序、工作标准化和正确遵循程序 强调过程、程序、工作标准化和正确遵循程序 强调内部稳定和控制	组织层 组织层 组织层 组织层 子单位层 子单位层 子单位层
市场：欧奇，1981；威尔金斯和欧奇，1983	强调通过价格机制控制工人的价值观	组织层
部族：欧奇，1981；威尔金斯和欧奇，1983	强调通过共有理念控制工人的价值观	组织层
教区价值观：霍夫斯坦德，1991 地方价值观：苟德勒，1957	认同其组织 强烈认同其组织将之作为个人生活的延伸	组织层 子单位层
实用主义：霍夫斯坦德，1991 职业的：霍夫斯坦德，1998，琼斯，1983	强调顾客需要高于组织需要的价值观 强调满足顾客需要，非例行任务的执行、特殊化、严格控制和不太关心人	组织层 子单位层
世界主义价值观：苟德勒，1957 职业的：霍夫斯坦德，1991	与组织外部协会强烈一致的价值观 与工作职业紧密一致的价值观	组织层
发展的：奎恩，1988	关心增长和资源的获得	子单位层

第 十 九 章

网络文化中的价值冲突

本章探讨网络文化中的价值冲突，借用国外网络文化研究中通常使用的"三层次"说，即国家文化、组织文化和亚单位文化，揭示我国网络文化中的冲突与表现，为网络文化适应的研究铺垫基础。

第一节　网络文化价值

一　文化价值

文化价值，是社会群体关于事物、行为的意义和重要性的总体评价和看法。社会中每个人对各种事物和行为的意义及重要程度都有所评价和判断，如莎士比亚说一千个读者就有一千个哈姆雷特。所有这类判断和评价的主次、轻重和排列次序等，就构成个人的价值观，群体趋近的价值观则组成社会的整体价值体系。

价值体系随着时间的发展慢慢稳定下来。人们不断在社会学习中积累经验判断，形成固定的普遍假设，根据其固定假设形成一定的价值判断和行为倾向，比如美丑、善恶、是非等。在价值体系的指导下，人们会表现出各种各样的态度。一般而言，理性的态度受价值体系的主导，非理性的态度则受感情的左右。价值体系外化为形态各异的社会现象。

文化价值的理解因文化概念的含糊而遭遇挑战。文化的解释有无数的定义、概念模型和维度。如，克约伯和克鲁克霍恩（1952）梳理了164种文化的定义①；萨科曼（1992）讨论了文化作为意识形态、一致的信念集合、基本假设、共享的核心价值观集合、重要的认识和集体意志是如何进入各种研究框架②；还有学者认为文化应包括更多明确和显著的典型文化产物，如规范和习俗、符号、语言、意识形态、仪式、神话和典礼③；杰米尔等（1991）区分了文化中隐性与显性的成分，指出隐性方面（如假设）是观念性的，而文化的显性产物（如规范和习俗）则是物质性的。④

赛恩的三层文化模型合理描述了文化的显性方面（如典型产物）和非显性方面。⑤ 根据赛恩的观点，基本假设是文化的核心，代表了个人对人类行为、各种关系、现实和真理所持的信念系统。这些基本假设体现了认知结构，人们用它们来感知周围环境以及理解正在发生的事件、活动和各种人类关系，为集体行动打下基础。基本假设是随着时间的推移形成的：一个团体的成员发现了处理问题的策略，然后把策略转告给其他新成员。在第二层面，价值层面，价值观是支持基本假设的反映。所以这些价值观更加明显、甚至是可争论的，人们能够意识到它们。价值观代表对某个特定文化团体至关重要的信念的文化。这些价值观回答了为什么人们会有某些举止之类的问题。在第三层面，视觉层面，文化通过人工物和创造物体现出来，它们是文化最明显的体现。这些人工物包括艺术、技术和视觉听觉行为模式以及神话、英雄人物、语言、仪式和典礼。

---

① Kangungo, S. , An Empirical Study of Organizational Culture and Network-Based Computer Use, *Computers in Human Behavior* (14：1), 1998, pp. 79 – 91.

② Sackmann, S. A. , Culture and Sub – Cultures：An Analysis of Organizational Knowledge, *Administrative Science Quarterly* (37：1), March 1992, pp. 140 – 161.

③ Chung, I. K. and Adams, C. R. , A Study on the Characteristics of Group Decision Making Behavior：Cultural Difference Perspective of Korean vs. U. S. , *Journal of Global Information Management* (5：3), Summer 1997, pp. 18 – 29.

④ Jermier, J. M. , Slocum, J. W. , Fry, L. W. and Gaines, J. Organizational Subcultures in a Soft Bureaucracy：Resistance Behind the Myth and Façade of an Official Culture, *Organization Science* (2：2), May 1991, pp. 170 – 194.

⑤ Schein, E. H. , *How Culture Forms*, *Develops and Changes*, in Gaining Control of the Corporate Culture, R. H. Kilmann, M. J. Saxton, R. Serpa and Associates (eds.), Jossey – Bass, San Francisco, 1985a, pp. 17 – 43.

二 网络文化价值

基于对网络文化的理解,网络文化的基本价值可以概括如下:[①]

用户群体成员价值,是指一个集团成员所持的价值观,即传统价值体系留下的传统价值观,它们代表了旧的价值体系;

技术价值,指被植入某一专门 IT 新技术的价值观。即在一定情况下,在工作性能中能够被使用的价值观;

总体网络价值,是指一个团体在总体上归因于互联网的新价值。即新的、正在形成中的网络文化价值体系。

第二节　网络文化价值冲突

一　布迪厄的价值选择与偏好理论

网络文化冲突的探讨,我们借鉴布迪厄的价值选择与偏好理论。

布迪厄理论的出发点建立在超越二元论的视角上,他在《实践的逻辑》导论部分开宗明义地指出:"在全部人为地把社会科学分隔开来的对立中,最为根本的、最具毁灭性的对立乃是客观主义与主观主义的对立。"[②] 他提出应该以知识的实践模式超越这种对立,而这本来应该是社会日常实践的基础。布迪厄认为,实践具有空间性尤其是时间性,它是模糊的、盲目和不确定的。布迪厄在《区隔》一书中提出了生成结构主义公式:[(习性)(资本)] +场域=实践。这就是说,实践乃是习性(habitus)、资本(capital)和场域(field)相互作用的产物。[③] 基于布迪厄价值选择与偏好理论的网络文化价值体系的冲突与适应,将网络文化中的价值

① Coombs, R., Knights, D. and Willmott, H. C., Culture, Control and Competition: Towards a Conceptual Framework for the Study of Information Technology in Organizations, *Organization Science* (13:1), 1992, pp. 51 – 72.

② Bourdieu, P., Le Sens Commun: La Distinction Critique Sociale Du Jugement, Les Editions de Minuit, Paris, 1979, pp. 79 – 80.

③ Ibid., pp. 90 – 91.

冲突归结为三:①

贡献冲突：网络文化价值体系是一种信息技术价值，而传统工业主义价值观是发展和生产要素、劳动力、自然资源在量方面的增加。而信息技术价值强调的是优化和知识、信息、生产要素的质的提升。那么网络文化价值冲突首先表现为信息技术价值观对传统价值体系的冲突。

视觉冲突：随着信息技术价值观的不断累积，逐渐形成新的价值体系，不断开发出来的新的技术会增补或修正这种新的文化价值体系，使其更加稳固和内化。社会上有部分技术精英或者叫"敢吃螃蟹的人"会形成技术开发群体或者叫技术拥护群体，该群体也会与技术使用群体或者技术追随群体之间产生文化冲突。

系统冲突：群体内不同阶层的选择与协商。在技术接受群体或者是开发群体中，或者叫技术输出国、东道主国和技术接收国中会有一部分社会资源掌握比较多的阶层，比如对经济资本、话语资本、政治资本掌握比较多的阶层，会在该群体范围内行使对新的技术价值体系合法性的定义权。在此基础上，掌控阶层与被掌控阶层就新技术价值体系的合法性争斗也会产生文化冲突。

最后，新的网络文化价值体系合法性地位确定后，国家层面的管理不断介入，在国家这个层面上，新的价值体系与国家意识形态管理的体制文化冲突也会表现出来。

二　网络文化价值的基本冲突

三种形式的价值以及产生的冲突存在于国家层面，组织层面和亚单位层面,② 具体如图 19 - 1 所示：

如图所示，三种价值观的群体价值冲突的三种形式是：技术价值与传统价值体系的整体系统冲突；群体中新价值体系合法性定义权争斗的贡献冲突；新技术开发群体与使用群体关于新的网络文化价值体系稳定的视觉冲突。

---

① Bourdieu, P., *Le Sens Commun*: La Distinction Critique Sociale Du Jugement, Les Editions de Minuit, Paris, 1979, pp. 129 - 130.

② Martin, J., *Cultures in Organizations*: *Three Perspectives*, Oxford, New York, 1992.

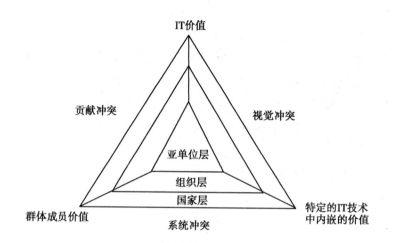

图19-1　网络文化冲突的三方视角①

这些冲突的第一种矛盾形式是系统冲突，网民初次接触互联网，最先发生的是系统冲突，它描述了某项新技术的价值观与群体传统价值观发生了的冲突。我们选择把这种冲突作为文化适应的第一种形式来研究，这是因为，如果一种新开发的系统所含的价值确实能够支撑用户群体的价值，那么文化将依然无法感知。只有在冲突当中，文化才会凸显出来。我们把这种整体价值体系的冲突形式称为系统冲突。

比如，邮箱改变了传统的信纸写信的行为，在线网络改变了人们传统的电报、电话、求医问药、地缘血缘型人际交往等传统生活模式，所以在文化适应初期阶段，我们看到的更多的是系统冲突，因为正是由一个具体的系统引入的冲突才使得文化的问题浮出水面。系统冲突的一个例子就是，比如广东省中山市免费为老人安装颐老一键通，预计安装这种信息管理系统6000户，实际安装只有1500户，就是因为中山市很多老人认为送老人这种装置用意不好，所以拒绝安装，这就是一种系统冲突。又比如，一种知识管理系统旨在鼓励组织中的每个个体按时上班，在此种情况下，不看重上班时间的

①　Leidner, D. E., Carlsson, S., Elam, J. and Corrales, M., Mexican and Swedish Managers' Perceptions of the Impact of EIS on Organizational Intelligence, Decision Making and Structure, *Decision Sciences* (30: 3), Summer 1999, pp. 633 - 661.

群体就会产生系统冲突。根据我们原文的假设，一个低权利距离国家组织设计的系统被转移到一个居于高权力距离国家内使用，增加其在具体实际操作中的自主权，该系统将植入原产国的价值观，这导致在别国的接收子组织中产生系统冲突。

第二种矛盾形式是贡献冲突，它被定义为集团成员的传统价值观与这些成员可感知的总体 IT 价值观间的对立，我们因此把它称为贡献冲突。随着系统冲突不断发生，众多的新技术不断自我繁殖与增值，会改变原有的部分传统价值观而形成一系列新的 IT 价值观，新型 IT 价值观会继续冲击群体传统价值观，并对传统价值观或者不断修正，或者与其融合。是因为这场冲突的核心在于网络增加群体成员原有价值观可感知的相关性或不相关性。

比如，Kohli 和 Kettinger（2004）描述了一个医疗保健组织的案例，[①]其中重要用户组（即医生）在通常情况下把网络看做有效费用控制，但是他们优先赞同应看重医疗服务的品质，所以他们会认为互联网的使用降低了他们的医疗服务品质。贡献矛盾的另一个例子，在一个关系导向型群体中，比如乡村血缘宗法社会，IT 被视为一种隔离工具，群体人员更喜欢坐在家门口聊天而拒绝网上社交。

第三种矛盾形式是视觉冲突，它是指一种系统所具备的价值观与一个群体感知总体 IT 价值观之间的对立。我们把它称为视觉冲突是因为用户群体的新型价值观是在不断的建立过程中，信息技术有不断自我增值的空间，新的价值观由新的技术不断补充，旧的价值观被新的技术不断更改、或者是磨灭。价值观的建立必须遵从这样一些混合信号，它们涉及与群体已经建立的 IT 的总体价值以及他们所感知到的植入的特定的信息系统中的价值。新技术所附加的新价值不断挑战或填充了他们逐渐建立的对 IT 的总的价值判断。

视觉冲突的例子包括 ERP 系统，[②]这项技术包含了权力和控制相关的价

---

①　Kohli, R. and Kettinger, W. J., Informating the Clan: Controlling Physicians Costs and Outcomes, *MIS Quarterly*（28：3），September 2004，pp. 363 – 395.

②　Luftman, J. and McLean, E. R. Key Issues for IT Executives, *MIS Quarterly Executive*（3：2），June 2004，pp. 89 – 104.

值，但是对一个将 IT 与自主权联系在一起的集团来说就会有视觉冲突，或对于一个把 IT 作为一种提高集团效率①的信息技术实施的集团来说，也会产生视觉冲突。

鉴于许多以前的资讯科技—文化的研究都发表了关于国家的、组织的以及亚组织文化对管理、研发、采纳、应用以及使用 IT 的成果的直接影响的设想，因而我们根据我们上面的研究结论，挑出文化本身的直接影响，纳入文化适应的模型，考虑这三种文化矛盾起作用的方式以及受 IT 管理、研发、采纳、应用与成果影响的方式。

三　网络文化价值冲突的成因

冲突无处不在，技术价值与传统价值会产生冲突，技术开发群体与技术使用群体之间也会产生冲突。不同的阶层都会根据自己的价值偏好决定技术的价值，如盗版、免费下载、人肉搜索等褒贬不一。

1. 系统冲突的成因

系统冲突出现于一个用户群体所持有的传统价值观与一种特定的资讯技术中所假设的价值观相冲突，分别在国家层面、组织层面或者亚组织层面发现。

在组织层面，技术价值可能会与群体传统价值冲突。当一个组织将一些特定的应用互联网程序投放到市场时，如果不是专门的目标特定用户群的定制程序，那么就很可能会出现系统冲突。卡布雷拉等人（2001）发现当一个组织的子单位的价值观与嵌入该系统中的价值观一致，或当系统经过改进从而与特定的亚组织价值观相契合时，在运用时就能获得更大的成功。②

在国家层面，技术输出国的价值观可能会与技术接受国的价值观冲突，比如罗比和罗德里格斯迪亚兹（1989 年）关注了一家美国公司将其会计信息化的系统应用到其在巴拿马和智利的两家子公司，结果发现在巴

---

① Madon，S. Computer – based Information Systems for Development Planning：The Significance of Cultural Factors，*Journal of Strategic Information Systems*（1：5），December 1992，pp. 250 – 257.

② Kangungo，S.，An Empirical Study of Organizational Culture and Network – Based Computer Use，*Computers in Human Behavior*（14：1），1998，pp. 79 – 91.

拿马的运用更加成功，因为巴拿马子公司的文化与美国总部的文化更加契合。①

要将一个群体的价值观永远地植入一种既定的系统中是不可能的，无论是技术开发群体还是技术使用群体，都有自己的传统价值体系。传统价值观与被植入一种系统的价值观之间的差异程度会影响系统冲突的程度。无论是在国家内还是组织群体内，不同阶层、身份也有不同的价值偏好，新的系统技术必然带有既定阶层的价值偏好，在面对不同的使用阶层时，也必然会发生系统冲突。

2. 贡献冲突的成因

贡献冲突，即一个群体成员的传统价值观与其 IT 价值观发生矛盾时的冲突。即新的、成长中的网络价值体系与传统价值体系的冲突。因为 IT 的研发、采用、应用和成果产生的影响，所有这一切必然带来一种特定的、新的价值体系。贡献冲突一般发生在文化适应的交替阶段，即传统价值逐渐退出，新型价值逐渐成为主流价值。

由于贡献冲突是唯一不涉及具体信息技术的使用的冲突，它将对 IT 的管理与策略产生影响，而不会对 IT 的研发、采用、应用和成果产生影响。目前在国内、国外对贡献冲突和新型的 IT 价值观理论的研究都比较滞后。布迪厄的观点对贡献冲突的成因具有启示意义。

布迪厄的区别理论阐释了整个社会阶层不同的喜好与价值观，② 在整个组织或整个社会和国家内，它对整个群体的价值观和价值观变化产生影响。布迪厄认为，阶级的形成是基于社会、经济与文化资本的数量与结构，因而存在着不同类型的群体：文化资本低而经济和社会资本高的群体，如工人阶级，资产阶级；经济资本低而文化资本和社会资本高的群体，如教授；经济和社会资本低而文化资本高的群体，如艺术家；经济资本高而文化和社会资本低的群体，如后工业阶级的子女等。在这每一个重要群体中，他们都存在

---

① Robey, D. and Rodriguez‐Diaz, A., The Organizational and Cultural Context of Systems Implementation: Case Experience from Latin America, *Information and Management* (17:4), November 1989, pp. 229 - 239.

② Bourdieu, P., Le Sens Commun: La Distinction Critique Sociale Du Jugement, Les Editions de Minuit, Paris, 1979.

着不同的喜好和价值观。在同一个群体中，那些拥有的总资本最大者决定偏好的合法性并规定该领域的价值观。在各个领域内部和领域之间都存在着博弈。在一个群体内，当个人试图谋取更多的额外资本并进一步获取权力时，博弈就会产生。为合法性而斗争，是占主导地位的群体与其他群体博弈的持续性内容。在群体之间，当每一个群体都试图维护或改变其在社会结构中的地位时，为争取主导权的争斗就会出现。正是通过这些斗争价值观才会发生变化并取得合法性。

在出现贡献冲突时，布迪厄认为，信息技术在特定的领域里比在其他领域里更可能被视为一种重要的资本来源。[①]当人们认为信息技术能够支撑他们的价值观时，即贡献冲突较小时，我们就会希望把 IT 当做一种重要的资本来源。如果个体极其看重金融资本并且将 IT 视为获取金融资本的一种方式，那么他们碰到的贡献冲突就很小，因为他们对 IT 的看法与他们的主导价值观一致。相反，如果个体不把 IT 作为获取宝贵资本的一种方式的话，他们的贡献冲突就会很大。IT 本身是否被视为一个合法的资本来源或是否被视为获取其他重要资本的合法途径，这在很大程度上取决于一个群体的主要作为者。

在组织性环境中，管理层的主要作为者即高级管理人员，将 IT 作为由高层管理者发出的战略命令，这样在组织层面的贡献冲突才会很小。在国家层面，希望向技术输出国学习模仿的技术接受国所面临的贡献冲突会小一点。

3. 视觉冲突的成因

当一个团队或群体所认知的关于网络 IT 价值观与其他群体所拥护的、携带新型价值观发生冲突时，视觉冲突就产生了。

认识视觉冲突，必须认识到植进系统的价值观属于系统开发者，无法代表消费群体的价值。特定的系统开发者们有某些关于信息技术的大众价值观，这些与信息技术相关的价值观形成了系统期望值的界限。因此，如果用户群体不能共享拥护群体的信息技术价值观，视觉冲突就可能出现。视觉冲

---

① Bourdieu, P., Le Sens Commun: La Distinction Critique Sociale Du Jugement, Les Editions de Minuit, Paris, 1979, pp. 141 – 147.

突产生于用户群体和用户群体之间的价值观的差异。当用户群体不渴望拥护团体地位时,其冲突最为强烈。如,中年父母亲群体抵制网络游戏就是视觉冲突的一种表现。

如果一个公司的操作员工不渴望得到管理层的职位,那么一个模仿管理的方式、包含管理价值观的系统就不会受到欢迎。布迪厄谈及了资本在各个领域被运用的差异。[1] 他说,工人领域的成员会选择去购买拥护他们价值观的商品,而不是购买拥护其他阶层价值观的产品。假设他们有 1 万元钱,他们仍然会购买 100 件 100 元左右价格的大众品牌服饰,而不会去购买 1 件 1 万元的高级定制服饰。

四 管理介入的影响

管理、研发、实施以及 IT 的应用,每个环节都涉及潜在的文化冲突。

管理可以自主塑造 IT 的价值。塑造 IT 价值有助于减少视觉冲突和贡献冲突,视觉冲突与贡献冲突的减少反过来又会减少系统冲突。有研究提出了关于塑造积极的 IT 价值的见解。如国内很多研究或论文都提出要建立新型的社会主义网络价值、在网络文化中建立主流的社会主义价值等[2]。

国外研究很少涉足在国家层面塑造 IT 价值,更多的是在组织层面。如,EI Sway(1985)做了一项研究,[3] 探究一个学术研究机构如何通过积极努力打破关于计算机应用的落后的模式化观念,有效地推广了 IT 创新并形成电脑使用的积极价值观。另一项由 Tomlin 做的研究,[4] 讨论了管理介入的可能性,发现构造组织文化可以使公司技术目标更加一致。

---

① Bourdieu, P., Le Sens Commun: La Distinction Critique Sociale Du Jugement, Les Editions de Minuit, Paris, 1979, pp. 36–39.

② 尹韵公:《从"互联网站"到"网络文化"——党的十七大报告的网络学解读》,《新闻与传播研究》2007 年第 4 期。

③ El Sawy, O., Implementation by Cultural Infusion: An Approach for Managing the Introduction of Information Technology in Organizations, *MIS Quarterly* (9: 2), June 1985, pp. 131–140.

④ Tomlin, R., Developing a Management Climate Culture in Which Information Technology Will Flourish: How the UK Can Benefit, *Journal of Information Technology* (6), 1991, pp. 45–55.

第三节　网络文化价值冲突的阶段与过程

一　网络文化冲突的阶段

我们借鉴 Adler 提出的文化适应过程的五个阶段,[①] 即接触阶段、崩溃阶段、重新整合阶段、自治阶段、独立阶段,来描述中国网络文化冲突的阶段。

1. 接触阶段:技术价值与传统价值的冲突

特有的网络环境会形成特有的网络文化。我国互联网普及较快,网民多以草根为主,网络文化纷繁复杂。新技术与传统价值观的冲突在接触阶段十分明显,

技术价值与传统价值的冲突表现如下:

(1) 负责网络技术开发群体与采用信息技术的群体之间的文化差异越大,采用该信息技术的群体遭遇的系统冲突越大。

在国家民族层面,一个国家开发的新技术在另外一个国家使用,很可能会出现系统冲突,所以有些应用程序即使在研发之初就确定为全球性应用,没考虑到系统冲突,所以会出现技术采纳的问题。

即使在同一个组织系统内,新技术扩展到不同的群体、阶层中,系统冲突也会出现。而且新技术在群体中应用的范围越广,群体间的系统冲突也越大。

莱曼 (2004) 研究了一个全球农业合作组织的案例,[②] 该组织试图研发一种能够在全球商业团体中使用的系统。他们在北美地区开发并设计出系统原型,在推广过程中发现该系统很难被其他地区接受,原因是各自个性化的需求不能在系统中准确地反映出来。而且,多元的技术研发团队也是不切实

---

① Tomlin, R., Developing a Management Climate Culture in Which Information Technology Will Flourish: How the UK Can Benefit, *Journal of Information Technology* (6), 1991, pp. 45 – 55.

② Lehmann, H., The Australasian Produce Cooperative: A Global Information Systems Project, *Communications of the AIS* (13), 2004, pp. 220 – 232.

际的。这个例子说明，随着不同国家的多重组织性亚组织不断扩展，单一系统开发中的潜在冲突会更大。

也有研究显示，传统价值观阻碍新技术使用，但环境因素会促成冲突的解决。希尔等人（1998）和 Loch 等人（1998）研究①，发现了阻碍在阿拉伯国家使用信息技术方面的文化因素。在带有西方价值观的西方技术与阿拉伯的价值观发生冲突时，会出现阻碍使用的因素，但最终冲突会化解。这里有一个中介因素，即可能的问题不在于相异组织是否会采用类似的系统，而在于采用的时机②。

（2）一个组织所经历的系统冲突越大，该组织在采用该系统方面成为先驱者的可能性就越小。

凡是用户群对某一新技术有选择权时，他们一般不会选择这种系统。研究发现，当组织的传统价值观与具体的问题相对应时，组织在回应它们所处的环境的问题或危机时反应是最快的③。而当传统价值观出现差异时，组织的反应却又更慢一些。当一种特定的系统被认为与一个组织的成员所持价值观相悖时，那么只要有可能该组织一定会拒绝使用这种新系统。即使一定要使用该系统时，他们在该项技术上将会是落后的。这一点在群体、民族以及国家层面都是成立的。民族和组织层面的系统冲突程度最小的这些国家，在使用一项新技术时更可能成为先行者和领导者，敢于吃螃蟹的组织群体一定是系统冲突小的群体。

（3）一个用户群经历的系统冲突越大，为了支撑该群体的传统价值观对新技术系统使用做出的改变越大。

跨区域的亚组织如果没有共同的价值观，系统冲突就变得不可避免。如果存在系统冲突这些系统还是被使用，结果将是该用户群改进他们对该系统的使用以支撑他们的价值观，这种改进可能是刻意的，比如，在网络语言文

---

① Hill, C. E., Loch, K. D., Straub, D. and El – Sheshai, K. A Qualitative Assessment of Arab Culture and Information Technology Transfer, *Journal of Global Information Management* （6：3）, Summer 1998, pp. 29 – 38.

② Madon, S., Computer – based Information Systems for Development Planning：The Significance of Cultural Factors, *Journal of Strategic Information Systems* （1：5）, December 1992, pp. 250 – 257.

③ Bansal, P., From Issues to Actions：The Importance of Individual Concerns and Organizational Values in Responding to Natural Environmental Issues, *Organization Science* （14：5）, 2003, pp. 510 – 527.

字的使用方面,"草泥马"等谐音网络语言文字的使用。但它更可能是一种基于用户群在文化上可以接受的东西的自然行为。比如宝洁和吉布森①（1999）发现其香港的经理为了保证和谐（在他们的民族文化中衡量的）往往会篡改信息；同时,卡尔森等②（1999）也发现墨西哥的经理使用 EIS 来帮助信息管理,而瑞典的经理使用 EIS 来促进理性管理。同样,周③等（2002）发现互联网的使用在香港和美国各不相同,前者喜欢支持社会活动的用途而后者喜欢提高个人效率的用途。其含义是用户群将以一种诸如在允许的条件下去强化他们自身的价值的方式来使用一种特定的信息技术。

2. 崩溃阶段：群体中关于网络文化价值体系合法性定义权的贡献冲突

网民经历了接触阶段之后,对网络文化将会有比较深入地了解。群体与群体之间关于信息技术的合法性斗争、关于信息资源的抢夺开始发生。在该阶段中,网民形成自身对互联网文化的态度（新型总体 IT 价值）和已形成的传统文化产生激烈碰撞,各种冲突和不适应会在这一阶段爆发出来,网民尝试着去了解和适应已经形成的网络文化,并在这种尝试中寻求自己在网络上的归属感。特别是态度中的行为倾向和网络意见会在某些文化领域与已经形成的传统文化行为与意见格格不入,两者互不相让,他们无法忍受固有文化中让自己难以接受的行为和做法,比如某些网络管制手段,某些网络现象或言论等,这个时候网民自身就会感到极为不满,由此他们的网络文化适应进入了崩溃阶段,并在使用互联网的过程中与现有网络文化对抗,以求获得自我价值的强力体现。这时比较突出的就是贡献冲突。

（1）一个群体内权力最大的阶层遭遇的贡献冲突越小,那么该群体的从属阶层所遭遇的贡献冲突也会越小。

比如,如果一个国家的主要机构接纳了 IT,更小的地方组织很可能仿效。同样,如果一个群体中的主要领导并不认为 IT 是一种资本来源,那么他们的贡献冲突以及将影响更大的群体的贡献冲突就会很大。

① Bond, M., Chinese Values and the Search for Culture – Free Dimensions of Culture, *Journal of Cross – Cultural Psychology*（18：2）, 1987, pp. 143 – 164.

② Kaiser, K. M. and Hawk, S., Evolution of Offshore Software Development：From Outsourcing to Co – sourcing, *MIS Quarterly Executive*（3：2）, June 2004, pp. 69 – 81.

③ Burn, J. K., Saxena, B. C., Ma, L. and Cheung, H. K., Critical Issues in IS Management in Hong Kong：A Cultural Comparison, *Journal of Global Information Management*（1：4）, 1993, pp. 28 – 37.

根据布迪厄论述的群体从一个领域到另一领域的轨迹，行业领域不是静止的，而一个领域里的作为者根据他们能够得到的相关资本的程度在不同领域之间迁移。在很大程度上，具体的轨迹采纳取决于个体在一个团体中期望得到的价值。例如，如果低层管理人员想要成为高层管理人员，那么他们就会接受由高层管理人员所颁布的资本形式为合法的，并且向往在价值观和行为上都能仿效高层管理人员。因此，在贡献冲突很小的情况下，如果高层管理人员把 IT 作为一种获得有价值的资本的方式，那么管理水平较低的部门就会仿效。一个希望进入或融入别的群体的既定群体期望的贡献冲突在他所向往的这个群体中越小，那么在这个既定群体中出现的贡献冲突也越小。因此，如果在总部的高层管理人员的贡献冲突小，也就是说他们的 IT 价值观与他们群体的价值观相一致，那么如果国外子公司的高级经理想要仿效总部的高层管理的话，那么这个国外的子公司遭遇的贡献冲突也小。

在国家层面，总体上思考技术是以何种方式，我们经常以"西方工业社会"来描述在本质上是属于西方的技术，从而使它来支撑西方价值观（希尔等，1998；洛克等，1999）①。这种描述表明西方社会经历的贡献冲突比东方社会更小一些，而且只要东方社会想要保持与西方社会的不同，他们就会遭遇更大的贡献冲突。

（2）一个群体经历的贡献冲突越大，则 IT 在该群体中所起的战略作用越小，不被主流所认同。

在国家层面，如果一个国家的价值体系与其共享的 IT 价值（在一个国家范围内）相冲突的话，那么那个国家的组织就不大可能在战略上使用该信息技术。

但在组织层面，布迪厄认为信息技术是否具有合法性定义，是否是积极的战略性资源，部分取决于该 IT 群是否在"权力场"内。根据其对权力场的定义，主要是根据资本的流向来决定的，例如，布迪厄列举了工程师的例子，工程师在开发一个系统时，拥有操控对系统成功的关键技术的权力，但却服从于负责将机器转化成资本的人（经理）。同样的，在 IT 业中，如果信

---

① Hill, C. E., Loch, K. D., Straub, D. and El-Sheshai, K., *A Qualitative Assessment of Arab Culture and Information Technology Transfer*, *Journal of Global Information Management* (6: 3), Summer 1998, pp. 29 – 38.

息技术是获取所需资金的一种方式，那么信息技术在使用该信息技术获取价值的组织内才会起到战略性作用。由于用户群（而不是 IT 群）的价值观在一个群体中处于优先地位，如果用户群不重视 IT 代表的进步与改良，那么要在用户群之间使用 IT 就不太可能了。这一点在亚组织、组织和国家层面都成立。

贡献冲突的其中另一个层面就是，IT 用户群的价值观和 IT 技术人员群的价值观间的差别。布迪厄的理论有助于区分一个用户群的 IT 价值观与一个 IT 群的 IT 价值观间的关系。如果在管理中将用户看做占据一个独立的领域，那么与 IT 经理相比，用户就会对 IT 角色合法化产生更大的影响，因为用户在使用的过程中有义务将 IT 转换成有价值的组织资源。

（3）一个群体经历的贡献冲突越小，由该群体创造出产品新的用途的可能性就越大，其不断更新使产品被更替的可能性越小。

贡献冲突对 IT 的创新也有影响。布迪厄认为一个领域的领导者一直不断地在寻求维护他们在该领域的权力的方式。当一种行为或喜好开始普及时，他们就开始寻找下一个创新，下一片未被发现的旅游天堂，下一家好的餐厅，从而成为第一个使用某种设备或第一个频繁出入某地的人。这样他们就能够不断强化他们在其领域代表主流喜好与价值的地位。在 IT 背景中，这表明如果贡献冲突很小，IT 就会被视为一个群体获得资本的方式（具有战略重要性、获得合法性定义），群体成员会不断寻求资讯科技的创新用途以维护他们在该群体中的相对权力位置或者进入他们所期望的权力位置。在国家背景下，这表明各个国家的组织，在总体上都把 IT 作为他们价值的支撑（贡献冲突小），它们更可能成为 IT 的创新者。

3. 重新整合阶段：新技术开发群体与使用群体关于新的网络文化价值体系稳定的视觉冲突

新的价值体系是需要不断进行补充、自我修正与兼容的。在此阶段视觉冲突明显，因为崩溃阶段的全面对抗持续一段时间以后，网民的新型网络 IT 文化价值体系已经建立，网民开始思索自身的文化态度与已经形成的文化之间的差异和不能兼容的原因，他们为了在网络上获得大众的认同感和与自身相关的利益，逐步改变自己的态度以迎合已经形成的网络文化，而与此同时已经形成的新型网络 IT 文化价值观也受到这些网民行为倾向的影响，逐步地包容和吸收他们的行为，两者进入全面的重新整合阶段，双方在这种整合过程中逐渐趋于一致，因此，我们认为：

（1）技术开发群体和用户群体之间的信息技术价值观的差异越大，用户群体所要经历的视觉冲突就越大。

如果信息技术在用户群体和用户群体之间传递的价值观是不同的，那么用户群体所拥有的价值观对用户群体来讲就不合情理了，用户群体就会选择投资他们的时间在运用一个其他群体价值体系的一部分上，而不是他们自己的。

（2）用户群中权力最大者参与研发的越少，该用户群遭遇视觉冲突的可能性越大。

根据归因理论，参与者比观察者更容易接受网络信息系统的更新。因此，我们提出，用户参与到系统的设计当中，在部分程度上可以减少随后的视觉冲突，因为植入一个系统中用户群的价值观而不是另一群体的价值观程度越深，视觉冲突就越少。所以我们认为，在视觉冲突中，用户参与是一个核心问题。

但是根据布迪厄的理论，很明显用户参与本身是不足以预见视觉冲突的，因为IT价值观的正统性是由给定团体的关键成员决定的。由于一个组织中权力最大者负责决定使用一种系统的合法性，而如果他们不愿意将该系统改进成获取资本的合法方式，那么视觉冲突就会出现。因此，为了实现用户参与研发的利益最大化，需要明确的是这些关键成员透明或者不透明地参与。

（3）一个群体与一个系统相关的视觉冲突越大，该系统被采纳率就越低。

在采纳率和信息技术价值观方面，视觉冲突有其含义。首先，如果一个群体认识到他们正在考虑采纳的系统跟他们的信息技术价值观冲突，例如，他们把信息技术看做是一种灵活可行的团队合作，而不是看做是高效率的运转，但是某项新的团队合作软件在互联网上运行的不好以至于他们的视觉冲突很大，哪怕这个新的合作软件很高效，那么这个群体很可能就算有自主选择权也不会采纳此系统。

（4）某群体经历的视觉冲突越大，对群体信息技术价值观潜在的改变就越大。

然而，有时有些系统无论视觉冲突有多大也会被采纳。或者是因为，一个群体响应竞争压力，觉得只有采纳了那个系统方能保持其高效的竞争力。在这些情况下，系统的采用会带来有利于重组群体信息技术价值观的经验，Lochet 等（2003）[1] 在国家层面的研究发现，一个系统在其他文化里发展的经验对于影响其他系统的后期使用是很重要的。这说明，经验影响着随后的新系统的诠释。植入了与某群体总体新型网络信息价值观背道而驰的新系统，会影响该群体的总体信息技术价值观。这与 Kaarst Brown[2]在 1995 年的发现是一致的：他也认为信息技术假设极易受影响，受制于经验的影响。

4. 自治阶段：网络文化价值体系与国家意识形态的管理冲突

重新整合过后，网民和现有网络文化逐渐相互理解，具有相同网络文化态度的网民通过互联网这个高速信息公路结合起来，建立起相互间的密切联系，他们在互联网上创建属于自己的圈子，以团体的名义与现有网络文化交涉，他们像治理国家一样管理着属于他们自己的文化圈，同时又与现有网络文化开展各种形式的渗透和融合，并壮大和提升他们在文化圈中的影响力和地位，这便是适应过程中的自治阶段，通过自治他们的文化得以保存下来，以便等待时机成为主流文化。

管理介入确立共享的 IT 价值以社会主流地位。因此，我们认为：通过提高共享的 IT 价值，管理者可以减少各种形式的冲突。

在组织层面上，jarvanpaa 和 leidner（1998）[3] 研究了管理者致力于塑造与 IT 相关的用户价值，此研究探究了一家墨西哥的信息服务公司积极主动地塑造他们的外部文化从而克服一家信息服务企业的阻力。这可能对于进口

[1] K. D. , Straub, D. W. and Kamel, S. , Diffusing the Internet in the Arab World: The Role of Social Norms and Technological Culturation, *IEEE Transactions on Engineering Managemen* (50: 1), February 2003, pp. 45 – 63.

[2] Kaarst – Brown, M. L. (a. k. a. Brown, M. L.), *A Theory of Information Technology Cultures: Magic Dragons, Wizards and Archetypal Patterns*, *unpublished doctoral dissertation*, York University, Toronto, Canada, 1995.

[3] Jarvanpaa, S. L. and Leidner, D. E. An Information Company in Mexico: Extending the Resource – Based View of the Firm to a Developing Country Context, *Information Systems Research* (9: 4), 1998, pp. 342 – 361.

系统（比如一些最初由不同国家设计和使用的系统）尤其重要。同样，Tomlin[①] 发现最成功地使用了 IT 的组织开发了相当强大的内部信息文化，并且被 IT 行业承认，同时形成了 IT 价值。这些公司对于如何有策略地利用 IT 也展示出了强烈的领导者趋向的视觉感。

5. 独立阶段：网络文化价值体系的稳定及网民态度的内化

当自治阶段达到一定的程度之后，这种特有的文化已经具备了颠覆传统文化的实力，他们可以凭借积攒的人气和言论上的优势，成为一种新兴的主流文化群体，既与传统文化独立，又大有取而代之的士气，文化适应到了这个阶段后，起初并不入流的文化开始登上历史舞台并很好地适应了社会的发展，接受新的其他文化的挑战，和其他文化在交流中不断提升整个网络文化的内涵。

网络文化的适应受到 PDI 权力距离、不确定性回避、个人集体指数和男性女性主义等的影响，但总体上影响关系并不是特别强烈，只是在某些方面有较强的影响，中国网络文化正在逐步适应的过程中。应该指出的是，即使是在最后的独立阶段，网络文化的适应也仍在继续，它本身受到其他文化的挑战也是一种适应，可以说网络文化适应的五个阶段放在所有文化的大背景下是一个循环往复的过程，正是这种永无止境的适应，网络文化才能散发出它特有的时代气息，才更加具有魅力。

据此，我们认为，这三种形式冲突的出现和解决将会随着时间推移导致文化的变迁。有很多证据表明技术和文化最初出现的结构矛盾导致技术的新兴使用并且最终导致文化转型（Madon 1992）[②]。

信息技术在促进组织文化变迁中有意或无意地发挥着作用[③]。信息技术在不同的行业中都影响着文化。例如，随着司空见惯的软件应用的成本控制和问责制开始加强与质量控制和成本控制相关的价值，网络医疗使得在医疗保健行业中出现了一套新的价值观。即使在国家层面，由于竞争环境要求企

---

① Tomlin, R. Developing a Management Climate Culture in Which Information Technology Will Flourish: How the UK Can Benefit, *Journal of Information Technology* (6), 1991, pp. 45 – 55.

② Madon, S., Computer – based Information Systems for Development Planning: The Significance of Cultural Factors, *Journal of Strategic Information Systems* (1：5), December 1992, pp. 250 – 257.

③ Doherty, N. F. and Doig, G., An Analysis of the Anticipated Cultural Impacts of the Implementation of Data Warehouses, *IEEE Transactions on Engineering Management* (50：1), February 2003, pp. 78 – 88.

业采用国外的成功创新经验，文化的微妙变化可能会逐渐发生。例如，面对日本的激烈竞争，北美公司采用了日本的一些文化规范，最显著地反映在增加研究和开发支出的价值对长期目标导向的关注上。我们认为随着所述三种形式的信息技术与文化冲突的出现和解决，信息技术会随时间变化改变着文化。

二　文化冲突的流动过程

当群体或国家对网络文化已经建立初步的新型 IT 总体价值体系时，当高视觉冲突发生时，一种特定信息技术的结果会重新调整信息技术的价值。因为信息技术的价值观是积极的，具有自我增值功能的群体更有可能接受新的信息技术，从而降低系统冲突和贡献冲突。

我们现在以一个贡献冲突很大的团体为例。如果一个新的系统植入的价值观与用户组的传统价值观冲突（高系统冲突发生了），那么结果会是该群体将缓慢地接受系统，或者试图修改系统的使用以支持他们的原有价值观。在修改他们的使用来支持他们的价值观时，群体减少了系统的冲突。同时，该群体也体验到一个有能力支持他们的价值观的系统。对这个有能力支持他们的价值观系统使用的经验会帮助减少贡献冲突，对总体网络信息价值观感觉良好。从而在总体上他们将个人系统的经验推广到信息技术中。由于贡献冲突的减少，随后集团更有可能战略性地并且创新性地使用信息技术。由于战略性和创新性地使用信息技术来支持群体价值，信息技术价值会成为用户价值的一部分，新型信息价值观逐渐取代传统价值体系。信息技术就是通过这种微妙的方式影响了文化。

变化在发展到更高的水平之前，大多可能开始于较低的层面（例如：组织亚单位），从总体国家层面的价值到新型网络 IT 价值，然后到普遍组织成员的价值变化将是缓慢的、循序渐进的。低层次的文化冲突和转型可能更缓和一些。

第二十章

我国网民网络文化适应调查分析

第一节　何谓文化适应

文化适应是反映文化特性和文化功能的基本概念，主要指文化对于环境的适应，有时也指文化的各个部分的相互适应。文化是人类社会特有的现象，是人类为了满足自身的需求而创造出来的物质和非物质产品的总和。美国文化人类学家 L. A. 怀特认为，文化是特定的动物有机体用来调适自身与外界环境的明确而具体的机制。文化对于环境的适应主要表现为工具和技术适应、组织适应、思想观念适应这三个方面。

一　工具和技术适应

人类为了生存，需要通过劳动去占有自然。在人类的早期，自然条件的状况决定了人类劳动所采用的工具和技术水平。用斧子砍树，用渔网捕鱼，用弓箭狩猎，斧子、渔网和弓箭等文化元素，都是人类为了满足生存的需要而适应自然环境创造出来的。人类为了生产和生活，需要制定历法，确定年、月、日、时和节气，这些也是根据地球运行的规律创造出来的。时空观念以及在此基础上发展起来的天文学、数学、几何学、物理学等，也是以自然环境为依据的。

二　组织适应

作为文化基本要素的社会组织是适应社会需要而产生的。初民社会，人类为了安全和觅食的需要结群生活，出现了原始群、部落和氏族组织。私有制产生以后，又出现了国家等社会组织。随着社会分工的发展和人类需求的增长，人类不得不更有效地组织起来以满足各方面的需要。自近代以来，各种为数众多的巨大的社会组织——包括政治的、军事的、经济的、文化的、宗教的、科学的、教育的、娱乐的等社会组织纷纷建立起来。每一种社会组织都是为了一个特定的目的而建立，并围绕这个目的而运行。例如，中国在20世纪60年代末期设立了地震局，80年代成立了老龄委员会，改革以后出现了许多工业和贸易公司等，无不是为了适应环境变迁的需要而作出的组织调适。

三 思想观念适应

思想观念的适应性尤为明显。思想观念是物质生活条件的反映，它又反作用于物质生活条件。资本主义精神只有在社会生产力发展到能够使劳动产品变成商品的时候才会产生。当资本主义制度已经确立并暴露出种种弊端时，人类为了从这种困境中解脱出来，才有可能产生出种种社会主义思想。一般来说，虽然环境变化在先，思想反映于后，但思想对于环境的适应是最敏感的。

第二节 我国网民网络文化适应调查说明

一 理论框架

1. 霍夫斯坦德文化价值观的五个维度

G. 霍夫斯坦德（Gerte Hofstate）关于文化的研究立足于价值观，将文化概念划为五个维度：权力距离、不确定性回避、个人集体主义、男性化/女性化、儒家动力。其中，权力距离是指权力在社会或组织中不平等分配的程度；不确定性回避指的是一个社会中的人民在考虑自己的利益时，受到不确定事件和模棱两可环境的威胁程度，是否通过正式的渠道来避免和控制不确定性；个人集体主义则指社会关注的是个人利益还是集体利益；男性化与女性化是指社会是否赞赏男性特征（如进攻、武断）还是欣赏其他特征，以及对男性和女性社会职能的界定方式；儒家动力，又称长短期导向，长期导向表示对待长期生活的态度。长期导向高的社会，人们倾向于节俭、积累、容忍和传统，追求长期稳定和高水平的生活。受儒家文化影响较深的国家和地区，长期导向指数较高，反之则较低。

2. 态度——文化价值观适应性测量

态度是个体对某一特定事物、观念、对象等稳固的心理倾向，由认知、情感和行为倾向三个成分组成。

认知：指个体对态度对象的心理印象，包括有关的事实、知识和信念。在本研究中，认知成分通常表现为信念，即个体对态度事物的认识、观念、理解和评价，网民相信文化管理政策拥有不同的特征且特定的行为将导致特定的结果。

情感：指个体对态度对象的肯定或否定评价以及由此引发的诸如喜爱或厌恶、热情或冷漠等情绪情感。情感既影响认知成分，也影响行为倾向成分。

行为倾向：指个体对态度对象表现的可被观察或可被感知的行为倾向。它具有准备性质。行为倾向成分会影响到个体将来对态度对象的反映，但它不等同于外显行为。

一般来讲，态度又有三个阶段。服从——这是态度的初级阶段，此时的态度是需要监督的，该阶段强调外在的制约和控制力。在情感上是想获得社会支持，在行为倾向上是根据具体情境而来的。

第二阶段是同化阶段，此阶段是自愿接受和认同某种观点、信念的阶段。强调吸引力，情感上想获得社会认同和人际平衡。在行为倾向上受情感心情的支配。

第三阶段是内化阶段，此阶段是强调可靠性，脱离情感因素成为社会事实，情感与行为倾向一致，在此阶段人们行为不仅具有条件反射性，人们此时行为动机就是降低认知失调带来的不适应感。

在第三阶段，价值体系与态度是一致的。在第二阶段，价值体系主导态度。但是在第一阶段，价值体系需要外在强化才能左右态度。

所以，网络文化价值体系是否在每个具体的网民身上建立起来，并内化为网民的态度，这是网络文化适应需要考察的问题，即网络文化价值体系的网民态度适应问题。在传统社会里，经验的获得是靠长辈的传授或自身的实践，这样个体更容易附着家庭血缘的色彩，个体差异明显。但在数字化社会里，社会的认同也不再通过成年社会的认可而在于网民经验的分享。网民更多地靠分享与认同来获得社会经验。在"分享与认同"衍生的对差异的追捧的前提下，网络文化快速呈现为最小公共文化（PICC），其以高度的私密性、排他性、封闭性为特征，其内容如果脱离这个封闭的环境将立即变成无用的信息。所以网络文化价值体系的网民态度适应主要考察网络文化价值体系的稳定状态和普适状态。

二 研究设计

现有网络文化研究集中于微观层面因素和过程的定性分析，而疏于将网络文化纳入社会价值观的整体体系下进行研究，更遑论进行定量的研究。本研究试图用实证研究方法探究中国网络文化价值观的体系，以及从网络认知、网络情感与网络行为三个方面来探讨中国网民对网络文化价值体系的态度和适应情况。

1. 分析单位的选取与抽样设计

本研究的分析单位为个体，具体为中国的网民，根据 CNNIC《第 28 次中国互联网络发展状况统计报告》显示，目前中国的网民人数已达 4.85 亿，研究不太可能对中国网民的总体进行普查，因此，需要进行抽样。为保证样本的代表性，本研究采用配额抽样的方法来抽取样本。

根据信息产业部的一项调查显示，我国 75% 的网民年龄在 30 岁以下；网民的年龄基本分布在 18—30 岁之间，达 60.02%，其中又以 18—24 岁这一年龄段最多，占网民总数的 41.18%。18 岁以下的也为数不少，占有 14.93%。31—40 岁的占 12.84%，41—50 岁占 5.72%，51 岁以上占 3.32%。

调查表明，男性网民占 69.56%，女性占 30.44%；在网民中，未婚者占 62.93%，已婚者占 37.07%。

网民中，以本科生为最多，大专次之，分别为 38.82% 和 28.97%，高中（中专）生也是重要的网上一族，占 23.45%，高中以下的也不可忽视，占6.44%，网民中硕士和博士分别为1.91%和0.41%。

从互联网用户职业来看，专业技术人员和学生是较多的两类人，分别为24.84%和20.92%，办事人员占13.43%，商业服务占11.43%，行政管理占9.75%，工业生产运输占5.31%，非工业生产仅占0.76%，军人占1.03%，无业人员占5.33%，其他占7.02%。

收入中等的网民是网上用户主力军，人均月收入501—1000元和1001—2000元的分别占了25.94%和23.35%；500元以下的占15.31%，收入较低包括无收入的其他网民也占了20.42%；2001—4000元的占10.47%；4001—6000元的占3.41%；月收入高于6000元的仅占1.10%。

本研究根据上述信息部的统计资料制定了配额抽样的配额矩阵，根据年龄、性别、职业、收入等人口统计学变量对总体进行了划分，然后，在武汉、南京、北京、大连、上海、深圳、湘潭、桂林、福州、合肥、滁州、西安、哈密、呼和浩特、杭州等城市选取调查对象发放调查问卷。本次调查共计回收问卷1300份。

2. 研究变量的确定

根据霍夫斯坦德的文化价值观理论，我们将网络文化从文化价值观的角度来进行研究，在本研究中，网络文化价值观分为四个维度，分别为权力距离、不确定性回避、个人集体主义、男性化/女性化。根据态度测量的理论，我们分别从网络使用习惯、网络意见和网络认知三个维度来测量中国网民对网络文化价值观体系的适应程度和态度。在上述各维度下，我们又进一步概念化了具体的观测指标（观测变量），然后，根据观测指标操作化成调查问卷。

3. 研究问题的提出

本部分主要研究四大问题：

研究问题一：量化研究，以1978年霍夫斯坦德的全球文化价值体系实证调查为原型，2011年在原问卷的基础上对网络环境下的中国网民进行实证调查，看在原有的文化维度上有无显著变化；

研究问题二：量化研究，构建价值体系——态度适应模型。探讨价值体系四大维度对网络文化认知、情感与网络使用的影响力大小；

研究问题三：量化研究，根据调查结果和态度适应模型，构建网民态度模型。探讨网络文化认知、情感与网络使用行为倾向之间的相关关系；

　　研究问题四：规范化研究，在上述研究的基础上，结合文化冲突与文化适应理论，解释网络文化的群体之间的文化冲突与适应的过程。

第三节　我国网民网络文化适应调查结果

一　中国网络文化价值体系的现状

1. 中国网络文化价值观中的权力距离

　　我们在计算权力距离指数（PDI）时，为了后期考察网络环境下我国人民的新旧价值观的冲突，我们还是运用了霍夫斯坦德的计算公式：PDI = 135 − 25 × 3.8（害怕表达指标的均值）＋ 42.8（遭遇一、二项管制的累计比例）− 12.6（认为第三项管制是必要的网民比例）。根据这个公式计算出网络文化价值观中权力距离的得分是 70.2，对比于霍夫斯坦德计算的中国传统文化价值观中的权力距离的得分（80），降低了近 10 分。可见，在中国人的网络文化价值观中，权力距离在降低。在高权力距离指数的国家，只有听话者足够重视讲话者的深层意思，沟通才能有效地进行，也就是说，这需要讲话的双方都有足够的时间来揣测对方背后的意思。所以现在在网络上我们清楚地看见网络语言简短、直接、表情化。

　　本研究进一步分析了不同阶层的网民在权力距离指数（PDI）上的差异，发现月收入在 500 元以下的网民的 PDI 得分为 72.8，月收入在 501—2000 元的网民的 PDI 得分为 73.35，月收入在 2001—4000 元的网民的 PDI 得分为 60.75，月收入在 4000 元以上的网民的 PDI 得为 73.85。由此可见，中等月收入是感觉到权力距离最弱的群体。这个结果很符合中产阶级正在中国形成的基本现象，根据布迪厄的理论，不同阶层的行为选择（习性）和价值偏好不管在任何地域都会显示其阶级场域习性。网民在网上的认知、态度、行为选择也一样会具备其自身的阶级习性。根据权力距离来解释，首先，低权力距离会拉近阶层之间的距离，中等收入网民的网络参与程度更高、网络知识更新最快，所以中产阶层在网络社会的形成比在现实社会中更明显。其次，中产阶级的价值偏好稳定趋同，中产阶级虽然具有一定的经济基础，但由于缺乏文化资本，所以充满了"文化的追求"。在此，"文化的追求"指中产阶级出于对精英或上层阶级文化——反映品位和生活方式的教养——的敬意和羡慕之情而发自内心的"同一化追求"，对于中产阶级而言，"文化 = 教养"则必须通过刻意的模仿来获取。因此，他们在价值选择、生活偏好上愿意与主流阶层靠拢，所以他们对上流阶级和精英阶层而言，是一种被"身体化"了的极为自然的东西，因此，他们也感觉不到强距离的权力差距。

2. 中国网络文化价值观中的不确定性回避

我们在计算不确定性回避指数（UAI）时，继续保持使用霍夫斯坦德的公式：UAI = 300 − 30 × 3.27（应该向网络管理意见妥协问题的均值）− 40 × 3.07（感觉厌烦的均值）− 7.7（保持使用网络 5 年以下的网民比例），最后得到中国网络文化价值观中的不确定性回避指数为 71.4。而霍夫斯坦德测量的中国传统文化价值观中的不确定性回避的指数为 60，下降了近 10 分。霍夫斯坦德认为，不同国家的历史传统，是各国在不确定性规避指数上产生差异的渊源。不确定性规避的差异会不会消失？将来会呈现什么样的发展趋势？对此，霍夫斯坦德并没有给出明确回答。通过对统计数据的分析，他认为一个国家不确定性规避的强度是波动的，当环境发生剧烈变化时，不确定性规避指数会上升。当经济形势较好时，国家的不确定性规避指数会减小；反之则提高。

中国网络文化中不确定性回避指数的上升在网络上体现为网络暴力或者叫网络暴民。强不确定性规避社会的成员倾向于认为生活中的不确定性是一种威胁，故要采取一切措施加以消除。所以强不确定性规避社会往往存在普遍的焦虑情绪，且往往对异议分子采取严厉措施。焦虑情绪如果不能得到有效舒缓，在特定的情况下会转变为社会成员歇斯底里性的攻击行为。从这个意义上讲，希特勒对犹太人的屠杀政策和发动第二次世界大战，实际上就是成功地将经济危机中德国人的焦虑情绪转化为了攻击行为。弱不确定性规避社会的公民，往往素质较高，自治能力较强，所以民众的抗议行为往往是理性的、平和的。

本研究进一步分析了不同阶层在网络文化的不确定性回避指数上的差

异，发现收入在 500 元以下的网民的 UAI 得分为 80，月收入在 501—2000 元的网民的 UAI 得分为 65.7，月收入在 2001—4000 元的网民的 UAI 得分为 60.25，月收入在 4000 元以上的网民的 UAI 得分为 57.2。可见，收入越低，不确定性回避越高，这可以很好的解释低收入的人群在网络环境下具有强烈的焦虑情绪，这种焦虑情绪来自不确定性回避指数，这种情绪对异己分子更加不能容忍，所以我们就很容易在网上听信谣言、人肉异己分子、集结成暴民群体攻击他人。

　　首先，收入越低，其对自身的身份越需要互相认同，所以他们越容易集结成团体，个人可能是理性的，但群体可能就是狂热的，勒庞在《乌合之众》这本书中对群体无意识有很好的论述。他以为，个体在一个非理性、易激动、少判断、好左右的群体里很可能走向极端化，个体作为行动群体的一员，其集体心理与个人心理有着本质的差别，成员的判断极易受到某些权威因素的影响。所以群体的讨论可以使群体中多数人同意的意见得到加强，使原来同意"这一意见"的人更确信此种意见的正确性；与之相对，原来群体反对的意见，经过群体讨论后，反对的程度得以强化。由此形成了两种极端化倾向——"冒险偏移"和"谨慎偏移"。"群体极化"随之出现，一方面能够促进群体意见保持一致，增强群体的"内聚力"和"群体行为"；另一方面也能使错误的判断和决定更趋极端化。

　　其次，根据布迪厄的理论，收入越低，其在群体中该阶层的行为选择与价值偏好越边缘化，在社会上缺乏身份的合法性定义，对环境不安全感越强。一方面他们越想表达，只想通过合法性的争斗为其习性和偏好获得支配性地位；另一方面他们也越容易对现有秩序表示赞同，因为低阶层不断地在学习模仿主流阶层规定的习性和日常生活模式，以期望达到主流的认同，所以他们讨厌新的秩序和新的社会定义，这会让他们无所适从，所以从这一方面讲，收入和网民的不确定性回避指数是负相关的。

　　3. 中国网络文化价值观中的个人集体主义

　　本研究中的个人集体主义指数（IDV）的计算仍旧沿用霍夫斯坦德的公式：$IDV = -27 \times$（A6 指标的平均值）$+30 \times$（A8 指标的平均值）$+76 \times$（A12 指标的平均值）$-43 \times$（A18 指标的平均值）-29。计算得出中国网络文化价值观中的个人集体主义指数为 72。而中国大陆传统文化中个人集体主义指数得分为20。IDV 分数值越小代表集体主义越强。可见，我国网络文化的价值观是向个人主义一端靠近的。

日本也有很多学者论述过这种网络上的转变，简称为最小公共文化（PICC），也就是只对少众，有时甚至是一个人有意义的文化。

本研究采用单因素方差分析进一步分析了不同收入和职业的网民在 IDV 上的差异 。

表 20 - 1　　　　　　　　不同收入和职业的网民 IDV 的单因素方差分析

	F 值	IDV	Sig 值
月收入	2.042	43.24	0.000
职业	1.430	43.22	0.031

注：月收入的样本量为1098；职业的样本量为704。

单因素方差分析结果显示，在 0.05 的显著性水平下，不同收入和职业的网民在网络文化价值观中的个人集体主义维度上都存在着显著性的差异。

4. 中国网络文化价值观中的男性女性主义

对中国网络文化价值观中的男性女性主义（MAS）这一维度的考察是通过 22 个指标完成的。通过对这 22 个指标的因子分析，发现从这 22 个指标中可以提取出三个因子：分别为个人网络回报（因子一）、个人网络行为自由（因子二）、个人网络展示（因子三）。这三个公共因子的累积贡献率约为52%，即这三个因子可以解释全部 22 个变量的方差的53%，结果较为理想。因子分析结果见表 20 - 2。

表 20 - 2　　　　　　　　　　男性女性主义的因子分析

	Component		
	1	2	3
在网络上获得成就感	0.753	0.090	0.102
在网络上收获与家人朋友交谈时的话题资源	0.350	0.309	0.188
在网络上获取利益回报	0.724	0.018	0.130
在网络上结识朋友	0.647	0.137	0.096
在网络上提升自我能力（或是学习新的技能）	0.234	0.229	0.401
在网络上得到意外收获	0.526	0.128	0.268

续表

	Component		
	1	2	3
在网络上得到认可	0.767	0.070	0.194
有很好的上网环境（好的通风和光线，充足的空间等等）	0.077	0.732	0.106
有充足的网络行为自由	0.131	0.834	0.082
能够自由支配的上网时间	0.026	0.755	0.116
有机会获得工作岗位	0.105	0.084	0.753
能同上司用网络进行沟通，在网络上通过空间、微博等全方位了解你的领导	0.141	0.095	0.799
在网络上能充分展示你的能力和个人魅力	0.457	0.131	0.622
网络能留给你充分的私人时间	0.168	0.479	0.451

根据霍夫斯坦德的计算方法，对这三个因子求加权平均数，即得到男性女性主义指数（MAS），最后得到中国网络文化价值观中男性女性主义指数得分为43.20。这个指数之前没有中国内地地区的数值，所以参考台湾、香港地区的得分，男性特征（MAS，中国香港57，中上的男性化倾向；中国台湾45，中等的男性化倾向）。中国内地网民价值体系中的网络男性/女性指数体现为中等男性化倾向。

二 网民对中国网络文化价值体系的态度

调查结果显示，61.9%的网民认为对网络实行国家管制是必要的，12.5%的网民认为网站对网络进行技术控制层面的管理是必要的，12.6%的网民认为网络活跃分子的言论及行为引导是必要的，13.0%的网民认为个人的自我管制是必要的。证明网民普遍对国家管理比较期许。

在回答"最经常遭遇到的管制"这个问题时，32.7%的网民回答经常遭遇到的网络管制是国家管制，27.6%的网民回答经常遭遇到的网络管制是网民的自我管制（比如在空间设置访问权限、提出的聊天要求被拒绝等），17.8%的人认为没有遇到过以上任何一种管制，11.8%的网民认为受到过网络舆论活跃分子的影响，10.1%的网民回答遇到过网站管理。很显然遇到国家管制的网民最多，遇到网站管制的网民最少。

在回答"害怕在网络上表达与大众相左意见的频次"时，33.2%的网民认为较少害怕在网络上表达不同意见，31.3%的网民认为几乎没有害怕过，23.5%的人认为偶尔害怕，7.9%的人认为比较频繁地害怕，4.2%的人认为很害怕表达与大众不一样的观点。

在回答使用网络厌烦频次时，54%的网民认为会偶尔感到厌烦，17.7%的网民回答几乎不感到厌烦，17.6%的网民则回答经常会感到厌烦，7.0%的网民回答上网从来没有过厌烦的感觉，3.8%的网民回答总是感觉到厌烦。证明网络还是很受欢迎的一种媒体。

在回答"应该妥协于网络管制意见"的态度时，37.6%的网民不同意，25.1%的网民同意，21.2%的网民无所谓，11.7%的网民极不同意，4.4%的网民非常同意。所以在这个问题上，网民基本上还是倾向于自由表达的。

在回答"将继续使用网络多久"这个问题时，81.2%的网民回答将一直使用网络，11.1%的网民回答将超过5年，5.1%的网民回答将使用2—5年，只有2.6%的网民回答最多两年。

在考察个人集体指数时，该维度由22个指标构成。根据重要性在1—5的量表中打分，不同的目标陈述后面有相应的重要性分数，1代表对我而言最重要，5代表对我而言根本不重要。另外8个问题是霍夫斯坦德后面补充的问题，主要考察网络使用习惯，不同的使用习惯后面有网民觉得的重要性打分，同样1代表极为重要，5代表完全不重要。根据上文相同的数据筛选法，选择有效样本1192个。由于这个维度都是由量表问题构成，所以我们简单看一下22个指标的均值分布情况，其中大于3的有8个指标，这种均值最高的为3.85，即在网络上获得利益回报，是网民认为最不重要的一项，指标均值接近于只有一点重要（4）。均值大于2小于3的指标有12项，最大接近3的是2.96，即在网络上获得话语资源，网民认为这个中度重要。最后，小于2的指标只有两个，拥有和谐的网络环境均值为1.95，是网民认为最重要的一项，便捷的网络服务均值为1.91，是网民认为第二重要的一项。

在这1278个样本中，在1—5的频次量表上，网民遇到害怕表达相左意见问题的频次均值在3.79；网民遇到上网目的不明确这种情况的均值为3.05；遭遇网络管制这种情况的均值为3.8；遇到网络群体之间不和谐，互相轻视诋毁这种情况的均值为3.55。相比而言，最经常遇到的情况为上网目的不明确，最不经常遇到的情况为遭遇网络管制。

网民认为有固定的访问习惯重要度的均值为 2.34；认为有拥有便捷的网络服务重要的均值为 1.93；认为你的网络行为对于网络发展有实质性贡献重要的均值为 2.84；认为融入人气较高的网络群体重要的均值为 2.68；认为有访问网络上与自己相关的个人专业版块的习惯重要的均值为 2.24；认为拥有较为和谐的网络环境重要的均值为 1.97；认为接受网络上的新兴技术重要的均值为 2.15；认为每天能够在网络上得到新的收获重要的均值为 2.16。相比较而言，网民觉得很重要的是趋向于 1 的，便捷的网络服务，认为最不重要的是自己的行为对网络发展有实质性的贡献。

网民最认同的是网络有服务社会的责任，最不认同的是现实意见与网络意见一致是丧失自我的表现。网民最满意的是在网络上提高和学习技能，最不满意的是在网络上得到的工作岗位。

三　中国网络文化价值体系对网民态度的影响

根据前面的介绍，中国网络文化价值体系主要从权力距离、不确定性回避、个人集体主义和男性女性主义四个维度来体现，而网民对网络文化的态度主要从网络认知、网络态度、网络行为倾向三个维度来体现。因此，在本研究中将权力距离、不确定性回避、个人集体主义和男性女性主义四个维度作为自变量，分别对网络行为倾向、网络意见和网络目标满意度这三个因变量进行 Logistic 回归，建立三个 Logistic 回归模型，来分析一下中国网民对中国网络文化的适应状态。研究模型如图 20 - 1 所示。

根据以上研究模型，提出以下研究假设。

H_1：个体网络管制意向越趋向于个人，其网络行为倾向表现为对网络的依赖越强；

H_2：个体所遭遇网络管制越趋向于个人，其网络行为倾向表现为对网络的依赖越强；

H_3：个体越害怕在网络上表达与大众相左的意见，其网络行为倾向表现为对网络的依赖越强；

H_4：个体越妥协于网络管制，其网络行为倾向表现为对网络的依赖越强；

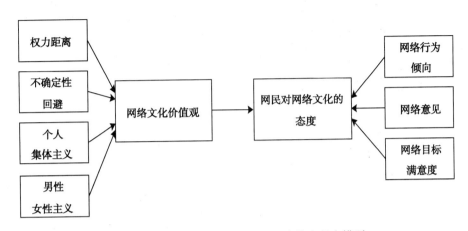

图 20 - 1　中国网民对网络文化适应状态研究模型

H_5：个体继续使用网络时间越长，其网络行为倾向表现为对网络的依赖越强；

H_6：个体使用网络越经常感到厌烦，其网络行为倾向表现为对网络的依赖越强；

H_7：个体使用网络的网络回报越多，其网络行为倾向表现为对网络的依赖越强；

H_8：个体使用网络的网络行为自由越大，其网络行为倾向表现为对网络的依赖越强；

H_9：个体使用网络的网络展示越充分，其网络行为倾向表现为对网络的依赖越强；

H_{10}：个体网络管制意向越趋向于个人，其网络意见越趋于传统认识；

H_{11}：个体所遭遇网络管制越趋向于个人，其网络意见越趋于传统认识；

H_{12}：个体越害怕在网络上表达与大众相左的意见，其网络意见越趋于传统认识；

H_{13}：个体越妥协于网络管制，其网络意见越趋于传统认识；

H_{14}：个体继续使用网络时间越长，其网络意见越趋于传统认识；

H_{15}：个体使用网络越经常感到厌烦，其网络意见越趋于传统认识；

H_{16}：个体使用网络的网络回报越多，其网络意见越趋于传统认识；

H_{17}：个体使用网络的网络行为自由越大，其网络意见越趋于传统认识；

H₁₈：个体使用网络的网络展示越充分，其网络意见越趋于传统认识；

H₁₉：个体网络管制意向越趋向于个人，其网络目标满意度越高；

H₂₀：个体所遭遇网络管制越趋向于个人，其网络目标满意度越高；

H₂₁：个体越害怕在网络上表达与大众相左的意见，其网络目标满意度越高；

H₂₂：个体越妥协于网络管制，其网络目标满意度越高；

H₂₃：个体继续使用网络时间越长，其网络目标满意度越高；

H₂₄：个体使用网络越经常感到厌烦，其网络目标满意度越高；

H₂₅：个体使用网络的网络回报越多，其网络目标满意度越高；

H₂₆：个体使用网络的网络行为自由越大，其网络目标满意度越高；

H₂₇：个体使用网络的网络展示越充分，其网络目标满意度越高；

H₂₈：个体网络意见越趋于传统认识，其网络使用习惯表现为对网络的依赖越强；

H₂₉：个体网络目标满意度越高，其网络使用习惯表现为对网络的依赖越强。

三个 Logistic 回归模型的拟合情况和回归系数如表 20 - 3、表 20 - 4、表 20 - 5 所示。

表 20 - 3　　网络文化价值观四个维度对网络行为倾向的 Logistic 回归分析

网络文化价值观的指标	回归系数	标准回归系数	T 值	P 值
哪项管制是必要的	0.071	0.016	0.606	0.545
最常遭遇的管制	0.346	0.108	4.146	0.000
害怕在网络上表达与大众相左的意见	1.265	0.277	10.048	0.000
网民群体意见与网络管理意见不同的时候，网民应当妥协于网络管制	-0.006	-0.001	-0.046	0.963
使用网络时，多久会感到厌烦，紧张或不安	0.691	0.119	4.557	0.000
你认为自己还会继续使用网络多久	-0.681	-0.097	-3.635	0.000
网络回报	0.125	0.116	3.542	0.000
网络行为自由	0.226	0.145	4.963	0.000
网络展示	0.276	0.182	5.492	0.000

$N = 1300$，$R = 0.529$，$R^2 = 0.280$，调整后的 $R^2 = 0.274$，$F = 46.459$，sig. $= 0.000$

表 20 – 4　　　　网络文化价值观四个维度对网络意见的 **Logistic** 回归分析

	回归系数	标准回归系数	T 值	P 值
哪项管制是必要的	0.159	0.035	1.423	0.155
最常遭遇的管制	0.017	0.005	0.223	0.824
害怕在网络上表达与大众相左的意见	0.318	0.073	2.756	0.006
网民群体意见与网络管理意见不同的时候，网民应当妥协于网络管制	2.097	0.480	18.727	0.000
使用网络时，多久会感到厌烦，紧张或不安	0.180	0.032	1.278	0.202
你认为自己还会继续使用网络多久	− 0.296	− 0.044	− 1.753	0.080
网络回报	0.121	0.122	3.750	0.000
网络行为自由	0.070	0.047	1.646	0.100
网络展示	0.053	0.036	1.106	0.269

N = 1300, R = 0.565, R^2 = 0.319, 调整后的 R^2 = 0.314, F = 59.236, sig. = 0.000

表 20 – 5　　　网络文化价值观四个维度对网络目标满意度的 **Logistic** 回归分析

	回归系数	标准回归系数	T 值	P 值
哪项管制是必要的	0.043	0.006	0.218	0.828
最常遭遇的管制	0.292	0.057	2.077	0.038
害怕在网络上表达与大众相左的意见	− 0.230	− 0.033	− 1.113	0.266
网民群体意见与网络管理意见不同的时候，网民应当妥协于网络管制	0.737	0.106	3.680	0.000
使用网络时，多久会感到厌烦，紧张或不安	− 0.759	− 0.083	− 2.992	0.003
你认为自己还会继续使用网络多久	0.456	0.043	1.510	0.131
网络回报	0.289	0.183	5.020	0.000
网络行为自由	0.118	0.050	1.545	0.123
网络展示	0.413	0.179	4.893	0.000

N = 1300, R = 0.380, R^2 = 0.144, 调整后的 R^2 = 0.137, F = 21.182, sig. = 0.000

　　正如文献部分所说，态度是个体对某一特定事物、观念、对象等稳固的由认知、情感和行为倾向三个成分组成的心理倾向。由此定义我们可知态度包含了三个成分：认知、情感和行为倾向，具体到我们的研究中，我们可以把个体的网络态度划分为网络认知、网络情感和网络行为倾向三个成分，在模型中我们将网络认知解释为网络意见、网络情感解释为网络目标满意度，因此本研究中所使用的这三个模型便分别是探究 PDI 权力距离、不确定性回避、个人集体指数和男性女性主义四个维度对网络行为倾向、网络意见和网络目标满意度的影响，进而得到对网络态度的影响。

从上面的模型拟合情况来看，三个模型的 R 平方值分别为 0.280、0.319、0.144，显而易见的是第三个模型的解释力很低，前两个模型具有较为理想的解释力。这说明在 PDI 权力距离、不确定性回避、个人集体指数和男性女性主义四个维度中，它们对网络行为倾向、网络意见具有解释力，对网络目标满意度没有解释力，这说明本研究中网络行为倾向和网络态度均受到上述四个维度的影响。

研究假设的检验结果如下：

①个体所遭遇网络管制越趋向于个人管理，其网络行为倾向表现为对网络的依赖越强；

②个体越不害怕在网络上表达与大众相左的意见，其网络行为倾向表现为对网络的依赖越强；

③个体使用网络越不经常感到厌烦，其网络行为倾向表现为对网络的依赖越强；

④个体继续使用网络时间越短，其网络行为倾向表现为对网络的依赖越强；

⑤个体使用网络的网络回报越多，其网络行为倾向表现为对网络的依赖越强；

⑥个体使用网络的网络行为自由越大，其网络行为倾向表现为对网络的依赖越强；

⑦个体使用网络的网络展示越充分，其网络行为倾向表现为对网络的依赖越强；

⑧个体越不害怕在网络上表达与大众相左的意见，其网络意见越趋于传统认识；

⑨个体越不妥协于网络管制，其网络目标满意度越高；

⑩个体使用网络的网络回报越多，其网络意见越趋于传统认识。

根据上面的结论，综合①、②、⑧，我们可以看到群体感知的权力距离指数越低，对互联网使用的依赖性越强，对互联网的认知越趋向于传统认知，那么网络文化中的群体冲突小，对网络文化的适应状态越好；

综合③、④、⑨，我们可以看到群体感知的不确定性回避指数越高，对互联网使用的依赖性越强，对互联网现状在情感上越倾向于满意，对网络文化的适应状态也越好；

综合⑤、⑥、⑦、⑩，我们可以看到该群体越倾向于个人主义、男性化，其互联网使用的依赖性越强，对互联网的认知越传统、对互联网现状的满意度越高。因此，其网络文化的冲突越小，网络文化的群体适应性越好。

四　讨论与建议

本研究主要想解决中国当前互联网价值体系缺失、网民容易成为网络暴民、互联网研究核心概念不统一等问题，在对中国互联网的网民价值体系进行调查的基础上，分析上述问题出现的深层次的原因，以提供解决途径。

首先，因为国内并未对文化作实证调查的先例；国内对文化的研究各成体系，没有明确的研究方法和研究结论，只是借用各自不同的学科背景对互联网出现在各自领域的现象和问题作表面的阐释。

所以，本研究借鉴霍夫斯坦德的实证文化研究方法对我国14个省份的网民进行问卷调查，问卷主要由封闭式问题构成，但是其中也有一个开放式问题，来填补该问卷访谈的不足。

其次，在价值体系研究的基础上，借助态度模型，分析价值体系变迁对网络文化的基本前提的影响。

再次，在上面影响的基础上，分析网民的态度是否已经稳定。

最后，借助布迪厄的社会群体区别理论，分析网络文化在群体之间的冲突与适应的流动现状。

本研究结论如下：

中国网民的价值体系与传统价值体系对比已经发生了根本性的变革：在进行调查时，我们采用概率抽样，大概保证样本分布与我国网民结构分布一致，数据处理时也对部分缺失值部分进行的处理，最后我们可以看到网民的价值体系在四大维度上是发生了根本性的变化，而且不同的职业和不同的收入的网民价值体系又是有区别的。

　　文化价值体系的变革会对网民的互联网态度（基本假设）的三个层面产生着巨大的影响：这四大维度对网民网络文化的基本假设（态度）中的认知影响最大，行为倾向影响其次，对情感的影响最小，说明传统价值体系还在网民的前结构中产生一定的影响。

　　中国网民对网络文化的态度还未稳定：根据态度模型考察，网民的认知、情感对网民的行为倾向与习惯有一定的解释力但是解释力不大，结合第二个分析结果，说明网络文化的态度结构还不稳定，还在构建过程中。

　　网络文化正在中国各个阶层的流动性建构中，不断有文化冲突与文化适应的文化表现出现：根据布迪厄的社会区别理论，我们得到网络文化冲突与适应在群体中流动的基本过程。

　　本研究局限性如下：

　　第一，霍夫斯坦德的文化维度有五个，第五大维度由于和前四大维度的测量不是同时进行，问卷和使用的测量方法不一致，所以本次调查考虑到缺乏第五维度的资料，从而并未对第五维度展开调查；

　　第二，根据本报告的附录，大家可以看到对文化进行实证调查的操作化定义有很多种，本报告只采用了霍夫斯坦德的文化维度，所以有一定的局限性；

　　第三，由于本报告是首次对网络文化进行实证调查，所以，直接借用了霍夫斯坦德的问卷，但是霍的问卷是调查现实生活中不同国家 IBM 公司员工的，可能现实生活中与网络中存在一定的误差；

　　第四，由于调查的问题较多，导致问卷较长，问卷调查的覆盖面较广，所以存在一些遗留问题导致问卷的效度不高，有待后期调查补充。

　　虽然本次研究存在着若干局限，但是毕竟开创了国内实证网络文化调查的第一步，也在理论上丰富了文化适应理论，本次报告后我们会继续跟踪调查网络文化的发展变化情况，为我国的文化研究和中国特色文化建设贡献成果。

　　本研究在设计之初借鉴和参考了许多国外关于文化适应的理论和模型，我们将其对文化整体的应用放在对网络文化的研究上，同时国内并没有针对文化适应的专门研究，因此我们此次算是对国内文化适应领域的研究尝试，更是借助互联网这种特有平台对网络文化适应研究的尝试，在整个研究的过程中必然会出现诸多问题和不足，例如模型的解释力是否可以进一步加强，自变量和因变量间的关系是否可以进一步完善，自变量和因变量的设置是否可以改进，样本的抽取是否可以更加合理，等等，这些问题我们都会在今后的研究中继续加以考证，力求使本研究的结果更具说服力，建立更能满足适合中国国情的网络文化适应模式。

第五卷

网络管理与欧美经验

第 二 十 一 章

我国媒体网站的内容管理

网络管理是政府法规政策、网站与网民自律共同构成的综合化立体系统。网站内容管理主要通过技术手段、版面设计和内容安排来实现。这里的媒体网站，是指具有新闻登载资质的网站，包括人民网、新华网等新闻网站，也有新浪、雅虎等商业网站，它们是网络信息生产、传播及舆论引导的主力军，其内容管理效果如何决定着网络传播整体效果的优劣。

第一节 媒体网站内容管理技术

网络的开放性、互动性、个性化改变了传统的内容管理方式——单向线性的直接控制，将传统媒体的内容控制方式延续到网络媒体难以达到目的。作为网络媒体的重要表征，网络技术在信息内容的管理中起着关键作用，网络技术是管理网络内容流向、流量、流速的重要阀门，目前我国媒体网站进行内容管理采用的技术手段主要有：

一 网络信息获取技术

网络信息获取技术分为主动获取技术和被动获取技术。主动获取技术通过向网络注入数据包后的反馈来获取信息，特点是接入方式简单，能够获取更广泛的信息内容，但会对网络造成额外负担。例如，基于移动爬虫的 Web 信息获取技术，已被网络搜索工具广泛采用。其中的关键问题是如何在较短时间内以较少的网络负荷获取更多的信息内容，如何选取测量点以及多个测量点之间合作等。被动获取技术则在网络出入口上通过镜像或旁路侦听方式获取网络信息，特点是接入需要网络管理者的协作，获取的内容仅限于进出本地网络的数据流，但不会对网络造成额外流量。例如，目前大多数入侵检测系统、网关型安全产品都采用被动方式获取网络信息。其中的关键是信息捕获的实时性问题，在多大的网络流量及流量构成下丢包率是多少，能够实现对哪些协议的内容还原，协议还原的实时性如何。目前，美国网络联盟公司的 McAfee Web Shield e1000 的捕获能力已达到 HTTP 通信每秒 2MB；在技术层面，已能实现对 GB 量级数据流的实时捕获。

二　网络内容识别技术

网络内容识别是指对获取的网络信息内容进行识别、判断、分类，确定其是否为所需要的目标内容，识别的准确度和速度是其中的重要指标。主要分为文字、声音、图像、图形识别。文字识别包括关键字/特征词/属性词识别、语法/语义/语用识别，主题/立场/属性识别，涉及规则匹配、串匹配、自然语言理解、分类算法、聚类算法等。目前的入侵检测产品、防病毒产品、反垃圾邮件产品、员工上网过滤产品等基本上都采用基于文字的识别方法。音频内容识别分析技术的研究属于音频信息检索领域的范畴。有关音频信息检索的研究工作是从 20 世纪 90 年代中后期开始的。近年来，引起了众多研究机构和学者的广泛重视，相关的语音识别技术已进入实用阶段，而图像识别技术目前尚在实验室研究阶段。

三　网络内容过滤技术

网络信息流动主要在 ICP（Internet Content Provider s）、ISP（Internet Service Providers）服务器提供的各种信道（如论坛、博客、BBS、SNS 等）上进行。在 ICP/ISP 服务器上（或者在用户端）安装监控信息流的过滤软件是主要的控制技术。网络内容过滤是根据用户的信息需求，运用一定的标准和工具，从大量的动态网络信息流中选取相关的信息或剔除不相关信息的过程。内容过滤系统的分类标准很多。比如，根据信息过滤的目的分类，可分为推荐系统和阻挡系统，前者是根据用户对信息的评价把信息推荐给合适的接收者；后者通过设置一定的条件限制来过滤色情、暴力、诽谤、诈骗、毒品交易、教唆犯罪等信息。①

网络信息过滤方法主要有以下几种：

1. 内容分级法。源于电影分级制，根据内容特征，运用一定的分级体系分门别类地把网页揭示出来成为分级标记，使用时与过滤模板进行比较以决定是否过滤。如英国互联网监察基金（IWF）采用"网络内容选择平台"（Platform for Internet Content Selections，PICS）的系统，根据色情、裸露、辱骂性语言、暴力、个人隐私、网络诈骗、种族主义言论、潜在有害言论或行为以及成人主题等分类指标，对网络内容依次分类、做出标记。

2. URL 地址列表法。利用预先编制好的 URL 地址列表决定允许还是禁止用户访问网络信息的一种方法，这是信息过滤中最为直接也最为简单的方法。URL 地址列表可以分为两种：白名单和黑名单，前者是允许访问的URL 地址列表，后者是禁止访问的 URL 地址列表。

3. 动态文本分析法。通过关键词数据库、通配符表达甚至内容语义识别，对动态文本进行自动检索和匹配来确定信息内容的危害性。

4. 图像识别技术。根据图像的色彩、纹理、形状以及它们之间的空间关系等特征作为索引，通过图像之间相似程度的匹配而进行的过滤。目前这一技术还没有达到实用系统的要求。

5. 动态跟踪技术。利用服务器日志或者专门的追踪过滤软件记录用户（客户端）访问网络的情况，包括访问的时间、时长、网站（页）、流量、屏幕快照、关键词、编写的文字、上传的文件等内容。它虽然没有过滤的功能，但可以作为系统和管理员监测用户行为、记录网络使用情况和改进过滤方法的依据。②

四　网络内容管理系统

内容管理系统（Content Management System，CMS）是一种位于 WEB 前端（Web 服务器）和后端办公系统或流程（内容创作、编辑）之间的软件系统。内容管理系统主要包括后台业务子系统（管理优先：内容管理），如

---

① 参见黄晓斌、邱明辉《网络信息过滤系统研究》，《情报学报》2004 年第 3 期。

② 参见黄晓斌、邱明辉《网络信息过滤方法的比较研究》，《大学图书馆学报》2005 年第 10 期。

新闻/评论录入系统、BBS 论坛子系统、Blog 系统等；Portal 系统（表现优先：模板管理），如网站首页、子频道/专题页、新闻详情页等；前台发布（效率优先：发布管理），如面向最终用户的缓存发布等。很多内容管理系统对网站的不同层级人员，如编辑、主编、总编赋予不同等级的访问权限。

内容管理系统的主要功能涵盖了网站内容传播的全过程，包括内容采集、编辑、审核和发布等各阶段，如可以支持内容位置、顺序调整，重要文章置顶，文章标题查重；支持多个相关文章集合，文章限时、定时、延时发布，文章推荐首页、专题等；支持专题和子网站生成，以及智能分析出标题、作者和内容进行自动归类。随着内容管理系统的不断完善，其在编辑控制功能上的专业化、智能化水平将得到极大提高，以有效解决目前普遍存在的信息过量、信息混杂、信息无关等问题。

五　在线新闻聚合

在线新闻聚合工具（Online News Aggregators），如 Yahoo News，MSN News，Google News 等的出现，适应了一个流动着免费信息以及靠相互链接而发展用户的网络世界。"网站很大部分价值属于那些带有外站链接的新闻聚合工具，新闻聚合工具由于充当了新的阅读首页而威胁了传统媒体。如果一个新闻网站或者博客有足够多的次数说出足够有价值的东西，让新闻聚合工具能够足够频繁地链接到它们，那么它们就自然会有品牌和用户忠诚。"①

作为在线新闻聚合的典型技术，RSS（Really Simple Syndication）即通过自动化采集信源的模式，把网站内容如标题、链接、部分内容甚至全文转换为可延伸标示语言（XML）的格式，以向其他网站或终端服务如 PDA、手机、邮件列表等供稿。对内容提供者来说，RSS 技术提供了一个实时、高效、安全、低成本的信息发布渠道；对内容接收者来说，RSS 技术提供了一个崭新的阅读体验。RSS 技术的显著特性表现为：来源多样的个性化"聚合"；信息发布的时效、可靠、低成本；无"垃圾"信息、便利的本地内容管理。

---

① Erick Schonfeld, The Media Bundle Is Dead, Long Live The News? Aggregators [EB/OL]. http: // techcrunch. com/2009/08/16/the – media – bundle – is – dead – longlive – the – news – aggregators/.

六　搜索引擎优化

所谓搜索引擎优化（SEO）是指遵循搜索引擎的搜索原理，对网站结构、网页文字语言和站点间互动外交等进行合理规划部署，以改善网站在搜索引擎的搜索表现，进而增加用户发现并访问网站可能性的一个过程。由于网络上的信息呈爆炸式增长，而搜索引擎是人们查找信息的主要来源之一，如何让搜索引擎能够更快更准确地从自己网站上索引信息内容，是很多网站的迫切需求。目前很多内容管理系统和在线新闻聚合工具内置有搜索引擎优化，使得很多原本要进行的复杂编辑活动由软件系统自动进行。对搜索引擎施加控制有利于为用户优化网络内容。搜索引擎实际上与其他媒介一样，在采集什么内容以及怎样呈现内容方面作了大量的控制。如在内容索引方面，搜索引擎在搜索结果中也许使用和展示了第三方的网站内容而完全省略了其他一些网页；在内容排序方面，排名算法并没有减少人工编辑判断的角色，在排名算法里选择什么因素和怎样权重这些因素，反映了搜索引擎操作者对内容价值选择的判断。"搜索引擎不能消极中立地传播第三方内容（网络出版内容）。假如一个搜索引擎不想去组织内容，它的系统将不可避免地很快被垃圾内容、诈骗信息、不满分子所击垮。"① 搜索结果排序或网页级别（Page Rank）对搜索者和网络出版者有重要影响，处于顶层的搜索结果将得到更高的点击率，因此，网络出版者都希望自己传播的信息能够出现在搜索结果的顶层。

传播研究范式一直以来以效果/功能范式和文化/批判范式为主。效果/功能范式以自由—多元的社会理论为基础，媒介常常认为或被认为在支持和表达这种基础社会观中扮演着重要的角色；多半关心传播（控制）效果和线性模式，无论这种效果是属于有意的（如政治与公共竞选活动）或者是无意的（如犯罪和暴力内容）。文化/批判范式倾向使用文化或政治—经济理论，拒绝传播的传送模式，对于媒介技术与信息采取一种非决定论的观

---

① Eric Goldman, Search Engine Bias and the Demise of Search Engine Utopianism ［EB/OL］, www. yjolt. org/files/goldman – 8 – YJOLT – 188. pdf.

点①。两种范式似乎"积怨已深"、"水火不容"，但目前研究已显示出努力将两范式逐渐融合起来的趋势。技术创新和媒体变革带来受众主体性的增强，由此带来文化批判范式在政治经济权利之上增加了技术控制权力。这两个方面的突破将批判性融入网络内容的技术控制手段之中，使其从单纯的控制效果模式发展为综合视角的效果/批判模式。网络传播环境将见证效果影响和意识形态的博弈和协商。

第二节　媒体网站内容管理技巧

网站内容管理是指网站在编辑层面上灵活多样的管理手段和方法，主要包括网站的版面布局和内容安排。对这两个方面进行精心设计，将显著提高网站内容管理的效果。

一　网站的版面布局

媒介形态演变论认为：任何媒介就其形态演变过程而言，都存在一种前后相继的关系。观察的结果表明：媒体网站布局与传统媒体（主要指报纸）的版面布局之间，的确存在着既继承又创新的关系。

（一）对传统媒体版面的传承

施拉姆曾提出一个经典的媒介选择公式：选择的或然率 = 报偿的保证/费力的程度②。这表明，版面设计的指导思想在于让受众以最小的代价得到最多的信息。主流媒体网站较好地继承了报纸在长期发展过程中逐渐形成的一些既符合受众视觉接受心理又富有艺术性的版面设计原则。

1. 视觉中心的设置：遵循"头重脚轻"的原则

报纸的视觉中心一般位于版面的上方。这一特征在头版上表现最为明

---

① ［英］麦奎尔：《麦奎尔大众传播理论》，崔保国、李琨译，清华大学出版社 2006 年版，第 42—44 页。

② ［美］威尔伯·施拉姆、威廉·波特：《传播学概论》，陈亮等译，新华出版社 1984 年版，第 35 页。

显，报头、报眉、报眼、头条等占据着明显的"视觉强势"。当人们上网搜索时，最先进入的是网站的首页，它可以粗略地分为版头区（由网站 logo、用户登录区等组成）、导航区（导航菜单所在区域）、内容区、尾区（一般放置网站的介绍与联络信息、版权、隐私及免责声明等）。首页上最先进入视线的是首屏。由于版头区与导航区的存在，几乎所有网站的首屏都具有一定的强势。但在主流媒体网站上，这种强势表现尤为明显。绝大部分网站的首屏左上方（相当于报纸头条的地方）均放置新闻大标题和大幅新闻图片，如人民网、新华网等。也有将图片放在中间或偏右位置的，如中国经济网、中华网等，但它们无一例外仍将大标题群置于左上方，形成事实上的强势。这一特点在商业网站中表现得不那么明显，商业网站上新闻的强势地位并不特别突出，视觉焦点多数时候是被广告所占据。但相同的是，几乎所有网站首屏以下的图片及标题都相对较小，内容编排也相对简单，形成一种"头重脚轻"的排版方式。

如果将网站首页视为一个整体的话，那么在网站首页和频道首页、栏目首页及一般内容页之间，也存在着版面编排强势的递减关系，即网站首页编排最为绚丽多彩，一般内容页编排最为简单，这与报纸的编排方式也极为相似。

2. 网站风格的塑造：恪守"统一性"与"个性化"相结合的原则

每份报纸都有着大体一致的格调，但不同的报纸具有不同的风格，报纸的不同专版或专题之间，根据内容的不同也风格迥异。网站风格的"统一性"与"个性化"与此相似。其统一性通过以下方式表现出来：每一页面上均有网站 logo、文字链接颜色标准化（点击前和点击后颜色变化遵循统一标准）；字体大小、色彩明度及纯度相对一致；图片、广告尺寸及数量相对统一等。网站风格的个性化，指的是不同网站之间、同一网站的不同频道之间都有与其他网站、其他频道不同的格调。网站的个性能够令其在令人眼花缭乱的网站群中一下子脱颖而出，牢牢锁住受众的目光。新华网稳重大气、中国青年网清新活泼、浙江在线淡雅灵动，如一幅中国传统水墨画；新浪网一打开即有视频广告弹出，各种 FLSAH 广告使得网页动态十足……同一网站的不同频道，根据内容的不同，也有很大的差异。如中华网新闻频道为蓝色、文化频道为浅灰、娱乐频道为紫红、女性频道以粉红为主、军事频道选择草绿，游戏频道则显得色彩缤纷。

3. 网站的整体布局：具备内在的逻辑性和外在的美感

这实际上是所有媒体的共同追求。网站布局是其内容的表现形式，它由网页内容决定，但好的布局能够达到更好地传播效果。网站布局并非杂乱无章，而是有秩序、有逻辑的：清晰的导航系统、各栏目的合理划分和位置的相对固定、重要内容、名牌栏目的突出编排、相近或对比内容的集中编排，等等，都是有利于读者迅速找到所需要信息，迅速判断出阅读重点的一些必不可少的编排手法。目前，主流媒体网站已经形成了一些相对稳定的版面编排方式，导航栏、搜索引擎、滚动新闻、日期、天气等服务信息、网站链接等都有较固定的位置，重要内容集中在第一屏并在标题、字号、图片上做了突出处理，对受众起到了较好的引导作用。

主流媒体网站善运色彩、图片、漫画、动画、活动字幕等来营造美感。有时广告的巧妙插入或适当的留白也能增加网站的形式美。搜狐主页信息相当密集，但不时闪烁的广告多少消除了沉闷的感觉，使网页具有了动态美，而其评论栏目"日月谈"则以其疏朗的版面、淡雅的用色展示了不同于主页的高雅之美。

（二）主流媒体网站页面编排的特色

网络传播技术的独特性、中国网络媒体的特殊生存环境，与其他网站比较而言的特殊地位使得主流媒体网站在页面编排上体现出独有的特色。

1. 网站页面布局的相对稳定性

报纸根据内容来设计版面，故每一期报纸的版面各不相同。而网页设计采用较为固定的模板，网站除了改版之外，页面设计框架一旦确定不能轻易更改，这就使得网站页面布局具有一种相对稳定的特征。

目前主流媒体网站90%以上采用了Ⅲ型（竖三栏版式）布局，版头区和导航区以下，被均匀分割为三个纵栏，如中国经济网、千龙网；采用T形布局的有天健网等，网站页面顶部为横条网站标志＋广告条，左右两侧竖栏空间利用率较低，主要内容则突出地排列在中间，在整体视觉上构成了一个"T"字；采用"厂"式布局的有环球网等，站头及网站左侧栏图片多、用色浓重；采用反"厂"式设计的有荆楚网等；采用"门"式设计有中国人大网等，站头部分浓墨重彩，与左右两侧的功能服务区构成了一个"门"字形框架，"门"内中心区域是刊登重要新闻的视觉焦点区；中国记协网、云南网等采用了"口"形布局，站头及网站底部比较醒目，中间的三栏在视觉上也有较明显的区分；还有一些较少见的网站布局方式，如百度主页的单图式布局（指首页为一屏长度的网页，网页没有太多版式变化，只是一幅图，用户点击之后再进入实质性内容①），中国日报网的自由式布局（不遵循各种现有的模式，根据需要进行页面设计）等。

2. 网站信息内容的海量性

信息的海量性是网络媒体的共同特点。但不同国家、不同性质的网站之间，信息量还是存在多寡之别。在结构表现方式上，美国新闻网站以"立体主导"的结构方式为主，导读页只有一到两个屏幕大小，新闻数量相对较少，有些甚至只有10多条，受众如果要获得较为全面的新闻，需要点击到具体栏目，但是多数重要新闻除了标题外，还有新闻内容提要。故又称"提要主导式"。而我国主流媒体网站主要采用"平面主导"的结构方式，即新闻网站（频道）的导读页更多地强调的是内容的广泛，在导读页上推荐的新闻数量较多，有些甚至可以达到几百条。这些网站首页（包括各频道首页）几乎所有的导读链接都由标题组成，故又称"标题主导式"结构②。这一特点的形成，既与主流媒体传播信息的主要功能有关，很大程度上也与中国网速较西方发达国家慢有关——"立体主导"的结构方式往往需要点击多次才能获得更多新闻，无形中增加了网民的等待时间和上网成本。

3. 网页色彩的庄重性

主流媒体网站是具有新闻登载资质的网站，其中大多是新闻网站，所以在色彩的选择上致力于为自己塑造庄重可信的形象，其突出特性在于色彩简单而不繁杂，多使用同一色系的相近色，色彩纯度高，整体感觉庄重大方。由于冷色系给人以客观、公正、冷静的感觉，因此受到新闻网站的格外偏爱。据统计，目前蓝色系最受新闻网站的欢迎，世界上70%以上新闻网站的首页都为蓝色系。9家中央重点网站中，人民网、新华网、中国经济网、

---

① 邓炘炘：《网络新闻编辑》，中国广播电视出版社2005年版，第139页。

② 彭兰：《网络新闻学原理与应用》，新华出版社2003年版，第243页。

中国台湾网均选择了蓝色作为单一主体色，国际在线、中国网、央视网、中国青年网选择了 2—3 种颜色作为主体色，其中均包括蓝色系。

不难看出，主流媒体网站，尤其是中央级重点新闻网站网页设计水平较高，在大图片、大标题的运用上比较谨慎，用色恰到好处。一些网站在设计过程中还引入了全新的理念，最突出的例子是央视网。2008 年 4 月 28 日全新改版的央视网运用模块式设计，用户可自由拆分、组合、移动、关闭、折叠、展开各模块，并可自由选择喜爱的首页颜色，注册用户还可以保存设置，在下次打开页面的时候就可以看到自己的个性化页面——Web 2.0 理念在网页设计中的成功实践，使得受众的自主性大大提高。不少商业网站如新浪网版面设计也很有特色。但也有部分网站色彩繁杂，首屏充斥着各色巨幅广告，令人眼花缭乱，严重影响了受众的阅读热情。这提醒网站必须重视网站的版面设计，因为版面是网站的"门脸"，好的版面设计是取得良好的网络传播效果的第一步。

二　网络内容的安排与表现技巧

网络编辑技术在内容编辑层面上具有灵活多样的控制手段和功能。如何充分利用这些功能来表达编辑的意图与评价，为网络编辑的内容控制提供了广阔的空间。

（一）重视新闻信息的排序和置顶

新闻信息在网页中一般有两种方式编排：一是按照网上发布的时间先后排列，最新发布的标题排在最上端；其余依照倒时序的原则自上而下排列。二是按照新闻信息的重要性排列，最重要的置顶或置于首页。当前内容管理系统在内容重要性预先判断的自动智能化方面还存在技术局限性（目前主要是一种滞后性的判断，如根据网民点击率或回复数），但随着语义分析的不断突破和成熟，新闻或帖子重要性自动排序的准确度将不断提高。这种依靠管理系统"推荐"的新闻信息，对引导用户注意力特别是网络舆论起着重要作用。

（二）强化相关文章的聚合和凸显

在网络传播业界，标题、导语和相关文章被誉为网络新闻的三大利器。

可见相关文章在网络传播中的作用不容小觑。相关文章一般显示在当前文章中或者文章后，这种相关主要体现在标题或主题相关性上。在大多数情况下，为新闻信息提供更多更好的背景资料，主要依靠内容管理系统、搜索引擎、新闻聚合工具自动生成。这种"拉拢"过来的相关文章体现了信息资源整合的魅力和信息内容传播的强势，既有助于扩大用户的信息结构，也有助于网站的专题策划，在发现新闻线索、提供市场预警、表达编辑意图、形成舆论导向方面具有重要作用，由此进一步提高了网络编辑的把关能力。

（三）注重敏感言论的适当限制发布

目前对于论坛、留言板、BBS、博客、播客、微博、SNS 等开放性或半开放性的领域，很多网站采用限时、延时发布评论的方式来对网络言论加以控制。网民言论的延时发布技术给网站的把关提供了时间。为了控制敏感或不良信息，目前许多主流媒体网站一般对转载稿件只需控制好源头，编辑审核通过即可发布，但对于自采稿件仍然实行制度上的三级审稿、先审后发制度。对于网友的爆料，网站并不是简单地"一删了之"，而是采取了保留网友反映的事实，对情绪化的语言作弱化处理，以编辑和"网友"回复的方式进行社会主流意识的引导等方法，论坛值班人员对网友每个发帖、跟帖以及网友的博客文章都要认真审看，确定内容没有导向问题后才允许通过上网。对拿捏不准的信息及时上报值班主任审定。发现导向错误或者内容偏差可能影响社会稳定的有害信息及时屏蔽或删除。网民言论的限时发布技术则可以防止网民言论的恶意或泛滥传播，甚至可以设置黑名单禁止恶性言论的发布。对网民的意见发布也可以进行资格限制和身份区分，建立限制式、半限制式与无限制式的意见发布结构，既有利于鼓励有思想、有见解的帖子的产生，也有利于吸纳更多层次网民的参与和增强舆论引导能力。

（四）关注重要信息的提炼与推介

搜索引擎是典型的聚合思维的体现。目前国际互联网上的大型搜索引擎，一般是根据文章前几十个字的关键词语进行数据库信息的收集与编录，如果不符合"重要结论前置"、"重要的关键词前置"这类倒金字塔结构的新闻写作要求，再重要的新闻信息也可能湮没在浩如烟海的网络数据库中。为了强化信息内容的重要性，在坚持客观公正和公共利益原则的基础上，网站应考虑到网民在搜索引擎上会用到什么样的关键词去搜索相关文章，通过强化或隐藏一些关键词来推动或消弭某些网络热点事件的传播和扩散。此外，利用搜索引擎能够随时监控大量热点话题或事件，可以避免因人工监控不力而导致重大突发事件的漏报、迟报现象，有效地提高了编辑控制的时效性。

第三节　六大网站新闻评论版块内容管理举例

网络评论是新闻网站内容的主要组成部分。与论坛、新闻跟帖等互动性强的原生网络新闻评论形式相比，独立评论作品的汇集——网站新闻评论版块（主要以新闻评论频道或在没有专门频道的情况下以独立栏目的形式存在）在形式的连续性、集纳性和表情达意的完整性等方面都有独特优势，因此各大网站都比较重视新闻评论版块的建设。本节拟对中央、地方新闻网站及商业网站中的六大代表性网站新闻评论版块进行内容分析，看看不同类型网站在评论处理手法、整体风格及传播效果上有何异同。

综合考虑网站的性质、影响力、流量、地域分布、新闻评论版块的质量等因素，选取了人民网"观点"频道、新华网"焦点网谈"频道、东方网"东方评论"栏目、红网"红辣椒评论"栏目、新浪网"新浪评论"栏目、搜狐网"日月谈"频道作为研究对象。

一　网站评论版块内容定量研究

选择 2008 年 11 月 4—10 日作为观察期，对六大网站的评论版块进行了跟踪记录。网站头条评论记录时间选在当天 22：00—24：00 之间（本书的"头条"既指一般意义上的单篇"头条"，也包括几篇评论所构成的"头条"集合。头条基本每日更新且在 22：00 以后一般不再更新），而固定栏目第二天再记录（固定栏目评论作品上传时间不固定且记录能长期保存，隔天记录可有效防止漏记）。

因样本总量过大，除更新总量外，其他项目的分析过程中只抽取了部分样本进行研究。取样依照重要性原则进行，即选择知名度高的、重点编排的栏目或评论频道（栏目）首页的头条评论。分别为："人民时评"栏目、"焦点网谈"栏目、"今日眉批"栏目（东方网）、"辣言辣语"栏目（红网）、"新浪评论"首页的头条集合（以下简称"新浪头条"）、"今日推荐"子栏目（以下简称"搜狐推荐"）。样本不够全面及观察时间较短可能会导致研究结果存在一定偏差。

（一）对新闻评论更新情况的比较

更新情况是网站评论实力的重要体现，而更新总量是衡量更新情况的首要指标，此外重点栏目或头条作为最受关注的部分，如每天以旧面孔出现在受众面前，无疑会降低其对整个网站评论质量的评价，故对网站重点评论栏目／头条的更新情况进行比较也是十分必要的。统计后的情况如下：

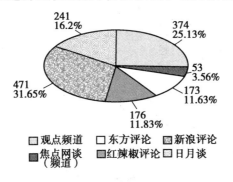

图 21 - 1　网站评论版块更新总量比较

由上图可知，除新华网之外其他网站的评论一周更新总量都比较高，商业网站尤为突出。新闻网站中，人民网作为党的喉舌，担负着传递权威信息、引导舆论的作用，因此在总量上体现出了对评论的重视，但重点栏目人民时评一周更新总量仅为 14 篇，这与其"网上第一评"的美誉极不相称。新华网在更新总量和品牌栏目更新量方面都不尽如人意。地方新闻网站上述两项指标均处于中间水平。

图 21 - 2 显示，地方新闻网站更新速度优于商业网站，商业网站优于中央新闻网站。除东方网的今日眉批外，其他网站评论版块的重点部分都未能做到每日更新，情况最为严重的是人民网，更新慢且数量少，亟待改进。

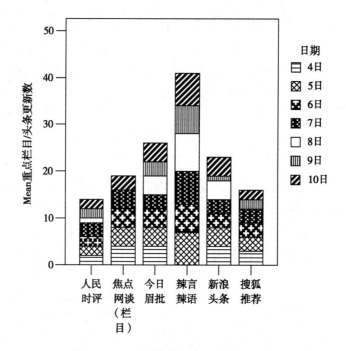

图 21-2　重点栏目/头条更新情况比较

（二）对新闻评论来源的比较

表 21-1　　　　　　　六大网站新闻评论中重点栏目/头条原创内容比例

重要栏目/头条名称	本网原创评论比例（%）
人民时评	100
焦点网谈	100
今日眉批	100
辣言辣语	100
新浪头条	0
搜狐推荐	0

根据《互联网新闻信息服务管理规定》（2005 年 9 月 25 日），"非新闻单位设立的转载新闻信息、提供时政类电子公告服务、向公众发送时政类通讯信息的互联网新闻信息服务单位"不得登载自行采编的新闻信息，这意味

着商业网站是没有评论原创权的，但商业网站采取了迂回战术，即聘用一些特约评论员在传统媒体或新闻网站上发表评论后再由商业网站转载，这也是商业网站提升舆论影响力的一个策略。新闻网站则充分利用了政策和资源优势，保证了重要内容的原创性。

（三）对新闻评论题材的比较

表 21 - 2　　　　　　　六大网站新闻评论重点栏目/头条题材比较

	人民时评		焦点网谈		今日眉批		辣言辣语		新浪头条		搜狐推荐	
	数量	百分比	数量	百分比	数量	百分比	数量	百分比	数量	百分比	数量	百分比
时政	6	42.9	2	10.5	11	42.3	11	26.8	6	26.1	3	18.8
经济	3	21.4	—	—	2	7.7	2	4.9	3	11.5	6	37.5
国际	1	7.1	—	—	3	11.5	0	0	4	15.4	5	31.3
社会	1	7.1	12	63.2	8	30.8	25	70.0	7	30.4	2	12.5
科教	2	14.3	4	21.1	0	0	1	2.4	0	—	—	—
文娱	1	7.1	1	5.3	2	7.7	2	4.9	3	11.5	—	—
总计	14	100	19	100	26	100	41	100	23	100	16	100

注：时政、经济、国际类评论可视为"硬"评论；社会、科教、文娱类评论可视为"软"评论。

重时政、社会新闻，轻文娱新闻是几大网站评论的共同特点。中央新闻网站中，人民网偏"硬"，新华网偏"软"：前者从"国计"出发，关注时政和经济，同时品种丰富，内容广泛，符合其"权威性、大众化、公信力"的定位；后者从"民生"出发，看重社会和科教，以贴近性为主。地方新闻网站同样呈现一"硬"一"软"的风格：东方网软硬新闻比例约为2/3，而红网软新闻数量远远超过硬新闻，占到了2/3强。此外，地方网站不约而同将关注重点置于时政和社会的做法体现了重要性与接近性的较好结合。比较而言，两大商业网站更青睐"硬话题"，尤其是搜狐网，对经济和国际新闻的关注度非常高，软新闻不足15%。这说明商业网站评论题材在选择上是十分严肃的，其在新闻方面偏娱乐化的取向并未对评论产生影响。

（四）对新闻评论倾向性的比较

表 21 - 3　　　　　　　　六大网站新闻评论重点栏目/头条倾向性比较

	人民时评		焦点网谈		今日眉批		辣言辣语		新浪头条		搜狐推荐	
	数量	百分比	数量	百分比	数量	百分比	数量	百分比	数量	百分比	数量	百分比
褒颂类	6	42.9	1	5.3	3	11.5	2	4.9	0	—	0	—
揭批类	2	14.3	8	42.1	8	30.8	23	56.1	9	39.1	3	18.8
阐释类	3	21.4	9	47.4	9	34.6	5	12.2	7	30.4	8	50.0
建议类	3	21.4	1	5.3	4	15.4	9	22.0	7	30.4	3	18.8
争鸣类	0	—	0	—	2	7.7	2	4.9	0	—	2	12.5
总计	14	100	19	100	26	100	41	100	23	100	16	100

　　人民网评论以褒颂为主，远远大于揭批类，其他种类评论数量较为均衡，表现出紧扣"以正面宣传为主"的方针，同时注重就当前热点和各类社会现象进行释疑解惑且富有建设性的特点，与其母体《人民日报》的风格是一脉相承的。新华网、东方网、红网揭批类评论分量远远大于褒颂类，同时不乏阐释、建议类评论。从种类和数量分布来看，红网批评监督力度最大，建设性评论数量多，各项内容分布合理，较好地实现了新闻评论监督舆论、协助解读、提供观点、服务大众的功能。商业网站没有褒颂类评论，其余种类评论分布较为均衡。

　　综上所述，网站的性质、实力及对评论的重视程度对评论版块的质量有着决定性的影响。在来源上新闻网站的原创性体现出政策优势和较强的实力。人民网和新华网在评论重点和倾向性上的不同是网站定位差异的反映：前者是党在互联网领域最重要的"喉舌"，所以更多的是站在党和国家的高度并发出声音，关心时政、以正面褒扬为主即是其表现。后者脱胎于新华社，更强调新闻性和舆论监督作用。作为国家在互联网领域的"领头羊"，人民网和新华网在进一步整合已有的资源优势，提高评论版块的数量、质量和时效性方面还有很多潜力可挖，人民网今后还需特别注意将褒颂类评论的比例控制在适度范围内，使评论既有利于社会稳定，又能有力谴责社会不良现象。地方新闻网站更新快，既注重舆论导向性，也富有贴近性。比较而言红辣椒评论的特色更为鲜明，集中体现为"辣评、快评、敢评、会评、好评"，充满了战斗力和批判精神，这与红网长期致力于评论发展的努力是分不开的。商业网站评论依靠转载，但数量大，更新较快，自由度较高，视野国际化且批判意识强，充分表现了其商业利益和社会责任的统一。

作为三类网站中的翘楚，六大网站评论版块特色仍不够突出。注意保持评论版块更新总量、每日更新数量和质量基本稳定、内容基本均衡，同时找准突破口，精心打造重点栏目或子栏目，寻求与众不同的风格是今后六大网站的共同努力方向。

二　网站评论版块内容定性分析

媒介的传播内容及表现形式中都打上了媒介特性的深深烙印，所以网络评论较之传统媒体评论的区别显而易见。研究发现网络媒介特性及本身实力、地位的强势使六大网站表现出以下共同点：

（一）集纳趋势明显

表现之一是重要评论尤其是头条评论经常以专题形式呈现。网络评论专题可以通过超链接实现内容的无限扩展，将大量相关信息集中于同一主题，便于受众更易深入理解。如新浪评论每天在醒目位置刊登的 3—4 篇重要评论都被以相关评析、媒体观点、各方评说等冠名的评论群所围绕。搜狐日月谈"系列网论回顾"子栏目中，有北京奥运会、汶川地震等重大事件评论专题。表现之二是以网络评论周刊的形式对一周精彩网论进行总结，如红辣椒评论的"焦点周刊"和观点频道的"观点周刊"，这一形式为受众提供了快速掌握信息，回顾近期热点，敏锐把握舆论动向的捷径。

（二）服务功能增强

网络新闻的发布方式分"拉"与"推"两大类。"拉"方式目前是网络新闻的主要发布方式，即受众登录网站后自主进行选择，新闻阅读成本相对较高。为了争夺眼球，各大网络媒体可谓煞费苦心，表现之一就是纷纷强调服务理念，设置关键词和排行榜，以帮助受众在海量的信息中轻易获取重点。如观点频道的"评论热词"、焦点网谈的排行榜、新浪评论的热评排行及每周排行、日月谈的热点排行等。这是"拉"与"推"方式的一种较好结合，既降低了受众获取新闻的成本，又尊重了受众的选择权。此外，六大网站都具备强大的搜索功能，便于对往期评论进行检索。由此，网络新闻评论可以适当地克服由于报纸的"一次性生产、一次性消费"而带来的短暂的生命历史。

（三）重视互动性

专家评论、网站评论和网民评论是网站评论的三种主要类型。对网民评论的重视，表明网络在构建机会均等、平等参与、自由讨论的公共领域道路上的不断努力。六大网站相当一部分评论来自普通网民，并为网友开辟了各种专栏，如人民网观点频道就设置了"网友说话"、"网上民意"、"网友拍案"三个栏目；东方评论推出了"有话大家说"及网友风采栏目。一些思想犀利、文笔出众的活跃网民还被聘为特约评论员。如红网拥有800多名固定评论作者，2005年起每年组织佳作评选活动与评论写作研讨会，集聚全国时评界专业人士与作者进行网上网下互动交流，促进了评论质量的提高。此外，网站还采用读编往来、网络调查、投稿信箱等形式，就各种话题广纳各方意见。

（四）凸显内容深度

漫无目的的网上冲浪、浮光掠影的匆忙阅读拒绝深度，驱逐思考，而新闻评论却恰恰呼唤理性和批判精神。为了克服网络信息的碎片化、表层化，网络评论在不断地探索之中纷纷打出了"深度"的旗号。东方网的"深度聚焦"，就是以"量大"见长：聚焦于艳照门、春晚、虎照风波、雪灾、奥运会等重大事件，通过精心策划，以编者按、新闻照片、新闻事件、本网评论、媒体观点、相关调查等集合形式完整呈现事件和观点——其实质还是网络评论专题；日月谈的"深度阅读"则以单篇评论的"质优"取胜：一般篇幅较长，转载自权威媒体，由各界专家执笔，思想深邃、鞭辟入里。

新闻评论是引导舆论最直接、最有效的手段，而六大网站尤其是新闻网站的代表性地位更是要求其充分发挥舆论引导功能。但是在舆论引导的力度和方式上，六大网站有着明显的区别。人民网的评论版块不仅时政评论数量多，而且许多内容与党和国家领导人及党务紧密相关。新华网的"理论探索"、东方网的"理论经纬"、红网的"解放思想大家谈"、"科学发展大家谈"也是舆论导向性非常鲜明的子栏目，但比起人民网，与领导人及党务活动的直接联系减少了，批判功能增强了。搜狐及新浪也分别开辟了"风向标"、"改革开放"等专栏，但更新较慢，显然新闻网站在引导舆论、维护主流意识形态方面更胜一筹。

总之，网络内容的控制绝不仅仅是对系统软件进行简单浅层的操作，而是需要诸多的智慧和艺术，如大局意识、新闻敏感、议程设置等能力，及时把最有价值、最有意义的信息内容挖掘出来。此外，在网民创造内容的 Web 2.0 时代和开源时代，如何实施与网民之间的互动策略，提高网络内容的控制效果，是一个值得继续深入探讨的研究课题。

第二十二章

我国政府对互联网的管理

网络技术迅猛发展，给人类生活带来前所未有的改变。在不到 20 年的时间里，互联网从逐渐普及到广泛渗透，已经成为人类生活不可或缺的生存工具。人类行为，无论工作、生活、学习、交流，等等，无一不依赖互联网，互联网在无限延伸人类大脑、中枢神经的同时，也正在侵蚀人类的生活。对互联网的管理，伴随着互联网的发展，已经成为一个越来越严峻的问题。我国政府对互联网的管理，经历着一个认识、发展、成熟、创新的过程。

第一节　我国互联网管理主要机构及其职能

我国互联网管理主要机构及其职能分析，主要是根据 1994 年到 2011 年间我国政府颁布的主要网络管理文件。

一　我国互联网管理主要机构

以 1994—2011 年间颁布的管理文件为依据，直接或间接对互联网进行管理或监督的部门多达 20 余个。根据不同的管辖范围和具体内容，我们将其划分为三类：互联网规划管理部门、互联网安全管理部门、互联网行业管理部门。现就其主要者列表如表 22 - 1 所示：

表 22 - 1　　　　　　　　　　　　　我国互联网主要管理机构一览

部门类别	部门名称			出处
规划管理部门	中华人民共和国工业和信息化部	国务院信息产业部	邮电部	1997 年 9 月 10 日邮电部《中国公众多媒体通信管理办法》； 2000 年 9 月 25 日国务院《互联网信息服务管理办法》； 2000 年 9 月 25 日国务院《中华人民共和国电信条例》； 2008 年 7 月 11 日国务院办公厅《工业和信息化部主要职责内设机构和人员编制规定》
			电子工业部	
		国务院信息化工作办公室		
规划管理部门	中华人民共和国文化部			2003 年文化部《互联网文化管理暂行规定》
	国务院			
	全国人民代表大会			
	（最高）人民法院和（最高）人民检察院			
	中国互联网络信息中心			中国互联网络信息中心《CNNIC 简介》，http：//www.cnnic.net.cn/gywm/cnnicjj/201008/t20100810_ 11910.html
安全管理部门	中华人民共和国公安部			1994 年 2 月 14 日国务院《中华人民共和国计算机信息系统安全保护条例》； 1997 年 12 月 30 日公安部《计算机信息网络国际联网安全保护管理办法》
	国家保密局			1998 年 2 月 26 日国家保密局《计算机信息系统保密管理暂行规定》
行业管理部门	国务院新闻办公室			2000 年 10 月 8 日国务院新闻办、信息产业部《互联网站从事登载新闻业务管理暂行规定》
	国家广播电影电视总局			2003 年 2 月 10 日国家广播电影电视总局《互联网等信息网络传播视听节目管理办法》
	国家新闻出版总署（国家版权局）			2002 年 6 月 27 日新闻出版总署、信息产业部《互联网出版管理暂行规定》
	中华人民共和国商务部			
	中华人民共和国卫生部			2009 年 5 月 1 日卫生部《互联网医疗保健信息服务管理办法》第二条； 2009 年 5 月 1 日卫生部《互联网医疗保健信息服务管理办法》第九条
	中华人民共和国财政部			2010 年 9 月 26 日财政部《互联网销售彩票管理暂行办法》第一章总则第三、第四条
	中华人民共和国教育部			
	中国人民银行			
	中国银行业监督管理委员会			2007 年 8 月 6 日中国银行业监督管理委员会《中国银监会办公厅关于严厉打击涉及公共安全的违禁品网上非法交易的通知》
	中国证券监督管理委员会			

部门 类别	部门名称	出处
行业 管理 部门	国家工商行政管理总局	2010 年 5 月 31 日国家工商行政管理总局《网络商品交易及有关 服务行为管理暂行办法》第四、第五条
	国家知识产权局	2005 年 9 月 3 日国家知识产权局《中国互联网网络版权自律公 约》
	国家食品药品监督管理局	2004 年 7 月 8 日国家食品药品监督管理局《互联网药品信息服务 管理办法》； 2005 年 12 月 1 日国家食品药品监督管理局《互联网药品交易服 务审批暂行规定》第四、第五条

二　我国互联网主要管理机构的职能

根据互联网管理机构三大类别的划分，即互联网规划管理部门、互联网安全管理部门、互联网行业管理部门，我们列举主要互联网管理部门的职能。

（一）规划管理部门类：

互联网规划管理部门主要包括：中华人民共和国工业和信息化部、中华人民共和国文化部、中国互联网络信息中心等。国务院、全国人民代表大会、人民法院和人民检察院等部门也颁布过有关互联网的管理法规。

1. 中华人民共和国工业和信息化部

中华人民共和国工业和信息化部的前身可以追溯到原国务院信息产业部、原国务院信息化工作办公室、原邮电部和原电子工业部。2008 年国务院裁撤原国务院信息产业部和原国务院信息化工作办公室，组建"中华人民共和国工业和信息化部"，于 2008 年 6 月 29 日正式挂牌；而国务院信息产业部的前身又包含邮电部和电子工业部，1998 年 3 月，第九届全国人民代表大会第一次会议批准，在邮电部和电子工业部的基础上建立信息产业部，其职能由中华人民共和国信息产业部执行。

2008 年 7 月 11 日国务院办公厅发布的《工业和信息化部主要职责内设机构和人员编制规定》第十条规定："统筹推进国家信息化工作，组织制定相关政策并协调信息化建设中的重大问题，促进电信、广播电视和计算机网络融合，指导协调电子政务发展，推动跨行业、跨部门的互联互通和重要信息资源的开发利用、共享。"第十一条规定："统筹规划公用通信网、互联网、专用通信网,依法监督管理电信与信息服务市场,会同有关部门制定电信业务资费政策和标准并监督实施,负责通信资源的分配管理及国际协调,推进电信普遍服务,保障重要通信。"其管理重点是组织制定相关政策、计算机网络信息服务、网络运营规范、接入及安全问题,主要职责是统筹、加强并推进我国信息化建设。

2. 中华人民共和国文化部

2002 年 11 月 15 日由文化部颁布的《文化部关于加强网络文化市场的通知》第一条规定："为了加强对互联网上网服务营业场所的管理,规范经营者的经营行为,维护公众和经营者的合法权益,保障互联网上网服务经营活动健康发展,促进社会主义精神文明建设,制定本条例。"2004 年文化部发布的《互联网文化管理暂行规定》第六条规定:"文化部负责制定互联网文化发展与管理的方针、政策和规划,监督管理全国互联网文化活动;依据有关法律、法规和规章,对经营性互联网文化单位实行许可制度,对非经营性互联网文化单位实行备案制度;对互联网文化内容实施监管,对违反国家有关法规的行为实施处罚。"2005 年由文化部和信息产业部共同发布的《关于网络游戏发展和管理的若干意见》第三章第八条规定:"文化部将严格审批网络游戏等互联网文化经营单位。"第九条规定:"进口网络游戏产品应当报文化部进行内容审查。任何单位和个人不得擅自进口、传播和流通未经文化部批准进口的境外网络游戏产品。"其管理重点主要是互联网文化活动,包括互联网文化单位、网络游戏等网络文化娱乐服务的规范。

3. 中国互联网络信息中心

1997 年 6 月 3 日中国互联网络信息中心(China Internet Network Information Center,简称 CNNIC)是经国家主管部门批准,行使国家互联网络信息中心的职责。

2000 年 11 月 1 日由中国互联网络信息中心发布的《中文域名注册管理办法》第三条规定:"中国互联网络信息中心(英文名称为 China Internet Network Information Center,以下简称 CNNIC)是在信息产业部的授权和领导下,中立的、非赢利性的域名注册管理机构,负责运行和管理中文顶级域名系统,研究和开发相关技术和标准,制定中文域名相关管理办法,并对中文域名注册服务机构进行服务认证和技术许可。"2002 年 9 月 30 日发布的《中国互联网络信息中心域名注册服务机构认证办法》第三条规定："中国互联网络信息中心（以下简称 CNNIC）是国家顶级域名 CN 和中文域名注册管理机构，负责运行和管理域名系统，维护域名数据库，选择域名注册服务机构，并对域名注册服务机构的域名注册服务进行监督管理。"作为中国信息社会重要的基础设施建设者、运行者和管理者，中国互联网络信息中心（CNNIC）的管理重点是网络域名服务，负责管理维护中国互联网地址系统，引领中国互联网地址行业发展，权威发布中国互联网统计信息，代表中国参与国际互联网社群。主要职责包括：①互联网地址资源注册管理；②互联网调查与相关信息服务；③目录数据库服务；④互联网寻址技术研发；⑤国际交流与政策调研；⑥承担中国互联网协会政策与资源工作委员会秘书处的工作。

（二）安全管理部门类：

互联网安全管理部门主要是指中华人民共和国公安部和国家保密局，其中公安部主要是针对网络信息安全、网络犯罪等，国家保密局主要是针对信息传播所影响到的各级信息涉密系统及安全问题等。

1. 中华人民共和国公安部

1994 年 2 月 14 日国务院发布的《中华人民共和国计算机信息系统安全保护条例》第六条规定："公安部主管全国计算机信息系统安全保护工作。国家安全部、国家保密局和国务院其他有关部门，在国务院规范的职责范围内做好计算机信息系统安全保护的有关工作。"第十五条规定："对计算机病毒和危害社会公共安全的其他有害数据的防止研究工作，由公安部归口管理。"1997 年 12 月 30 日公安部发布的《计算机信息网络国际联网安全保护管理办法》第三条规定："公安部计算机管理监察机构负责计算机信息网络国际联网的安全保护管理工作。公安机关计算机管理监察机构应当保护计算机信息网络国际联网的公共安全，维护从事国际联网业务的单位和个人的合法权益和公众利益。"2001 年由信息产业部、公安文化部、国家工商行政管理总局联合发布的《互联网上网服务营业场所管理办法》中第一章第三条规定："公安部门负责互联网上网服务营业场所安全审核和对违反网络安全管理规定行为的查处。"其主要职责是对网络有害信息、网络犯罪、网络安全等进行管理。

2. 国家保密局

1998 年 2 月 26 日国家保密局发布的《计算机信息系统保密管理暂行规定》第三条规定："国家保密局主管全国计算机信息系统的保密工作。各级保密部门和中央、国家机关保密工作机构主管本地区、本部门的计算机信息系统的保密工作。"2000 年 1 月 1 日发布的《计算机信息系统国家联网保密管理规定》第五条规定："国家保密工作部门主管全国计算机信息系统国际联网的保密工作。县级以上地方各级保密工作部门，主管本行政区域内计算机信息系统国际联网的保密工作。中央国家机关在其职权范围内，主管或指导本系统计算机信息系统国际联网的保密工作。"2007 年发布的《涉及国家秘密的信息系统审批管理规定》第五条规定："国家保密工作部门主管全国涉密信息系统的审批工作。"其管理重点是防止网络信息泄密，主管各级各部门计算机涉密信息系统的保密工作等。

（三）行业管理部门类：

2000 年 9 月 25 日国务院颁布的《互联网信息服务管理办法》中规定："新闻、出版、教育、卫生、药品监督管理、工商行政管理和公安、国家安全等有关主管部门，在各自职责范围内依然对互联网信息内容实施监督管理。"互联网行业管理部门主要指行业职责范围内对互联网进行监管的部门，主要包含国务院新闻办公室、国家广播电影电视总局、国家新闻出版总署、中华人民共和国卫生部、财政部、教育部、中国银行业监督管理委员会、国家工商行政管理总局、国家知识产权局、国家食品药品监督管理局等多个部门。

1. 国务院新闻办公室

2000 年 10 月 8 日国务院新闻办、信息产业部联合发布的《互联网站从事登载新闻业务管理暂行规定》第四条规定："国务院新闻办公室负责全国互联网站从事登载新闻业务的管理工作。省、自治区、直辖市人民政府新闻办公室依照本规定负责本行政区域内互联网站从事登载新闻业务的管理工作。"2005 年由国务院新闻办和信息产业部联合发布的《互联网新闻信息服务管理规定》第一章第四条规定："国务院新闻办公室主管全国的互联网新闻信息服务监督管理工作。省、自治区、直辖市人民政府新闻办公室负责本行政区域内的互联网新闻信息服务监督管理工作。"其重点是网络新闻的内容监管。

2. 国家广播电影电视总局

2003 年 2 月 10 日国家广播电影电视总局发布的《互联网等信息网络传播视听节目管理办法》第四条规定："国家广播电影电视总局是信息网络传播视听节目的主管部门，负责制定信息网络传播视听节目的发展规划，确定视听节目网络传播者的总量、布局和结构。" 2008 年 1 月 31 日由国家广播电影电视总局和信息产业部联合发布的《互联网视听节目服务管理规定》第三条规定："国务院广播电影电视主管部门作为互联网视听节目服务的行业主管部门，负责对互联网视听节目服务实施监督管理，统筹互联网视听节目服务的产业发展、行业管理、内容建设和安全监管。国务院信息产业主管部门作为互联网行业主管部门，依据电信行业管理职责对互联网视听节目服务实施相应的监督管理。"其管理重点是视听节目的内容与网络传播。

3. 国家新闻出版总署（国家版权局）

2002 年 6 月 27 日新闻出版总署、信息产业部联合发布的《互联网出版管理暂行规定》第四条规定："新闻出版总署负责监督管理全国互联网出版工作。"并规定其主要职责是：（一）制定全国互联网出版规划，并组织实施；（二）制定互联网出版管理的方针、政策和规章；（三）制定全国互联网出版机构总量、结构和布局的规划，并组织实施；（四）对互联网出版机构实行前置审批；（五）依据有关法律、法规和规章，对互联网出版内容实施监管，对违反国家出版法规的行为实施处罚。省、自治区、直辖市新闻出版行政部门负责本行政区域内互联网出版的日常管理工作，对本行政区域内申请从事互联网出版业务者进行审核，对本行政区域内违反国家出版法规的行为实施处罚。

2009 年 9 月 28 日由新闻出版总署和国家版权局联合发布的《关于贯彻落实国务院〈"三定"规定〉和中央编办有关解释，进一步加强网络游戏前置审批和进口网络游戏审批管理的通知》第二条规定："新闻出版总署是中央和国务院授权的唯一负责网络游戏前置审批的政府部门。"第三条规定：

"新闻出版总署负责进口网络游戏审批。"其管理重点主要是网络出版、知识产权与网络游戏的审批等。

4. 国家知识产权局

2005 年 9 月 3 日国家知识产权局发布的《中国互联网网络版权自律公约》指出："为维护网络著作权，规范互联网从业者行为，促进网络信息资源开发利用，推动互联网信息行业发展，制定本公约。中国互联网协会网络版权联盟（'联盟'）是本公约的执行机构，负责组织公约的宣传和实施。"其管理重点是网络信息资源的版权、网络信息知识产权等。

5. 中华人民共和国教育部

2001 年 11 月 21 日教育部办公厅发布的《高等学校计算机网络电子公告业务管理规定》指出："为了加强高等学校计算机网络电子公告业务的管理，规范电子公告信息发布行为，促进高校网络信息业务健康有序发展，根据《互联网信息业务管理办法》、《互联网电子公告业务管理规定》等有关行政法规、规章的规定，制定本规定。"2011 年发布的《网络高等学历教育招生与统考数据管理暂行办法》指出："为维护网络高等学历教育公平、公正，保障高等教育质量，保护学生合法权益，依据《高等教育法》以及《普通高等学校学生管理规定》的有关要求，特制定本办法。"其管理重点是高校电子公告服务、网络教育等。

6. 中华人民共和国卫生部

2001 年 1 月 8 日中华人民共和国卫生部发布的《互联网医疗卫生信息服务管理办法》第四条规定："利用互联网开展远程医疗会诊服务，属于医疗行为，必须遵守卫生部《关于加强远程医疗会诊管理的通知》等有关规定，只能在具有《医疗机构执业许可证》的医疗机构之间进行。"2009 年 5 月 1 日发布的《互联网医疗保健信息服务管理办法》第二条规定："本办法所称互联网医疗保健信息服务是指通过开办医疗卫生机构网站、预防保健知识网站或者在综合网站设立预防保健类频道向上网用户提供医疗保健信息的服务活动。开展远程医疗会诊咨询、视频医学教育等互联网信息服务的，按照卫生部相关规定执行。"第九条规定："省、自治区、直辖市人民政府卫生行政部门、中医药管理部门自受理之日起 20 日内，对申请提供互联网医疗保健信息服务的材料进行审核，并作出予以同意或不予同意的审核意见。

予以同意的，核发《互联网医疗保健信息服务审核同意书》，发布公告，并向卫生部、国家中医药管理局备案；不予同意的，应当书面通知申请人并说明理由。《互联网医疗保健信息服务审核同意书》格式由卫生部统一制定。"其管理重点是互联网医疗保健信息的服务活动、远程医疗和健康传播等。

7. 国家食品药品监督管理局

2000 年国家食品药品监督管理局发布的《药品电子商务试点监督管理办法》第三条规定："国家药品监督管理局和各级药品监督管理部门会同信息产业管理部门、工商行政管理部门负责对药品电子商务试点工作进行监督管理。"2001 年发布的《互联网药品信息服务管理暂行规定》指出："为加强药品监督管理，规范互联网药品信息服务业务，保障互联网药品信息的合法性、真实性、安全性，根据《中华人民共和国药品管理法》、《互联网信息服务管理办法》和相关法律、法规的规定，制定本规定。"2004 年 7 月 8 日颁布的《互联网药品信息服务管理办法》第四条规定："国家食品药品监督管理局对全国提供互联网药品信息服务活动的网站实施监督管理。省、自治区、直辖市（食品）药品监督管理局对本行政区域内提供互联网药品信息服务活动的网站实施监督管理。"2005 年 12 月 1 日发布的《互联网药品交易服务审批暂行规定》第四、第五条规定："从事互联网药品交易服务的企业必须经过审查验收并取得互联网药品交易服务机构资格证书。互联网药品交易服务机构的验收标准由国家食品药品监督管理局统一制定。互联网药品交易服务机构资格证书由国家食品药品监督管理局统一印制，有效期五年。国家食品药品监督管理局对为药品生产企业、药品经营企业和医疗机构之间的互联网药品交易提供服务的企业进行审批。省、自治区、直辖市（食品）药品监督管理部门对本行政区域内通过自身网站与本企业成员之外的其他企业进行互联网药品交易的药品生产企业、药品批发企业和向个人消费者提供互联网药品交易服务的企业进行审批。"其管理重点是互联网药品信息服务业、互联网药品交易服务、互联网健康服务传播等。

8. 国家工商行政管理总局

2001 年由信息产业部、公安部、文化部、国家工商行政管理总局联合发布的《互联网上网服务营业场所管理办法》第一章第三条规定："工商行政管理部门负责核发互联网上网服务营业场所的营业执照和对无照经营、超范围经营等违法行为的查处。"2010 年 5 月 31 日国家工商行政管理总局发布的《网络商品交易及有关服务行为管理暂行办法》第四、第五条规定："工商行政管理部门鼓励、支持网络商品交易及有关服务行为的发展，实施更加积极的政策，促进网络经济发展。提高网络商品经营者和网络服务经营者的整体素质和市场竞争力，发挥网络经济在促进国民经济和社会发展中的作用。工商行政管理部门依照职能为网络商品交易及有关服务行为提供公平、公正、规范、有序的市场环境，提倡和营造诚信的市场氛围，保护消费者和经营者的合法权益。"其管理重点是互联网上网服务营业场所、网络商品交易及经营活动。

互联网的迅猛发展，致使现有互联网管理不免带有复杂性、滞后性和模糊性，但随着政府网络管理经验的不断丰富，更加理性的、规范的、创新性的管理机制正在形成。

第二节　我国政府互联网管理阶段与评价

20 世纪 90 年代，我国互联网开始对社会全面开放，其发展之迅猛，政府管理部门始料不及，因此，政府对互联网的管理，从最初的摸索，到逐渐成熟，到进一步完善，最终成为国际社会互联网有效管理的典范。

一　我国互联网管理阶段

回顾我国互联网管理的发展阶段，我们可以大致将其划分为三个历史时期：初创阶段（1999 年以前）、发展阶段（2000—2003 年）、完善阶段（2004 年以后），政府的管理思想在管理实践中不断创新，不断提高。

（一）我国互联网管理的初创阶段，1999 年以前

1. 网络管理环境

20 世纪 90 年代，正是国际社会竞相发展信息高速公路的关键时期。美国的网络霸权地位业已形成。他们从 1969 年的 ARPA 网到后来的万维网，至 20 世纪 90 年代中期网络已经进入商用阶段，克林顿政府的"信息高速公

路计划"更是加速推动了美国社会信息化进程。

在我国，20世纪90年代中期到20世纪90年代末，是互联网早期发展与初步繁荣阶段。面对新技术，我国政府以开放的姿态引进、扶持、推动互联网的发展。在这种开放的态度之下，我国互联网发展速度迅猛得令人猝不及防，我国1994年实现与互联网全功能连接，1995年开始对社会全面开放。1997年10月，上网用户已达62万，上网计算机数29.9万，站点数1500万，到1999年底加速翻升，上网用户数上升到890万，上网计算机数350万，站点数15153万。这种发展速度在媒体发展史上史无前例。

网络以其神秘的潜力吸引着人们的视线。不仅个人上网活跃，诸多单位也开始意识到网络带来的冲击与机遇。这期间46.69%的单位建起自己的网站。稍具实力的传统媒体纷纷开办网络版，商业网站更是抢占先机，1999年政府上网工程启动，更直接刺激了电子商务、企业上网的热潮。1999年7月，中华网登陆纳斯达克股市，并大获成功，将我国网络发展推向其发展的第一个高峰。

2. 网络管理特点

这一时期，政府对互联网的管理是以扶持、建设、推动为主导。宏观上，政府积极进行规范化建构；微观上，则针对具体问题进行探索性管理。

1993年国务院牵头由20多个部委组建的"国民经济信息化联系会议"，在1996年改建为"国务院信息化工作领导小组"，专门负责制定与协调信息化发展中的战略、方针、政策、规划、技术标准等。

1997年6月3日，受国务院信息化工作领导小组办公室委托，中国科学院在中国科学院计算机网络信息中心组建了我国互联网管理与服务机构——中国互联网络信息中心（CNNIC），负责管理维护中国互联网地址系统，引领中国互联网地址行业发展，权威发布中国互联网统计信息，代表中国参加国际互联网社群。

1998年3月，第九届全国人民代表大会第一次会议批准成立信息产业部，主管全国电子信息产品制造业、通信业和软件业，推进国民经济和社会服务信息化。

1999年12月23日，国家信息化领导小组成立新的国家信息化推进工作办公室，负责推进国家的信息化工作等。

这一阶段，政府发布的管理文件，针对面临的具体问题，主要有网站备案与域名管理、国际联网安全管理、网吧与网络音视频管理等方面。这些管理文件涉及网络管理的不同方面，多以"通知"、"暂行办法"、"暂行规定"的形式出现，虽然不是十分成熟，但是它们初步构建了我国互联网管理的基本框架。

（二）我国互联网管理的发展阶段，2000—2003 年

1. 网络管理环境

20 世纪 90 年代末，我国互联网发展进入第一次狂热发展的顶峰。各类网站良莠不齐，内容混杂。2000 年到 2003 年，随着席卷全球 IT 界的网络寒潮，商业网站面临严峻的市场冲击，而新闻网站在政府扶持下迅速强大起来。

就商业网站而言，仅三大门户网站在 2000 年中的亏损，搜狐亏损 1924 万美元，网易亏损 1725 万美元，新浪亏损 4337 万美元。无以数计的互联网企业倒闭，存留下来的网络公司艰难挣扎。

新闻网站，1999 年始，国务院新闻办公室就开始大力维护网络新闻传播秩序，2000 年开始实施重点新闻网站建设工程，人民网、新华网、中国网、国际在线、中国日报网、中青网等确定为第一批中央重点新闻网站，千龙网、东方网、北方网等迅速崛起，官方背景的新闻网站迅速成长，向综合性信息门户发展。

这期间，网民人数持续增长，2000 年的 890 万，到 2003 年底已发展到 7950 万。互联网的社会影响更加凸显出来，网络事件频频发生，甚至主导社会舆论，2003 年因此被大家称作网络舆论元年。

2. 网络管理特点：

针对 20 世纪 90 年代末超速发展的互联网，特别是丰富庞杂的网络内容，政府这一时期将管理重点放在内容管理上。2000 年 4 月，国务院新闻办成立网络新闻宣传管理局。2000 年 10 月，上海成立网络新闻宣传管理处。之后，各省市宣传部门皆有相应的网络内容管理机构。

这一时期出台的网络管理规范，关于网络内容管理方面的，如《全国人民代表大会常务委员会关于维护互联网安全的决定》（2000 年 12 月）、《互

联网信息服务管理办法》（2000 年 9 月）、《互联网站从事登载新闻业务管理暂行规定》（2000 年 10 月）、《互联网电子公告服务管理规定》（2000 年 10 月），从一般的网络内容，到政府更为关注的网络新闻、电子公告等，都做了明确具体的规定。2000 年由于出台了大量重要的网络管理规范，被称作网络立法年。

这一时期的管理规范对前一阶段的管理规范进行了明显的完善，如针对网站备案与域名管理、网吧与网络音视频管理方面，同时也进一步扩大了管理范围，如对互联网出版与互联网文化的管理。显示出政府网络管理水平迅速提升。

（三）我国互联网管理的完善阶段，2004 年以后

1. 网络管理环境：

互联网经过 2000 年以后的寒流，在 2003 年开始复苏，2003 年 12 月，携程网成功登陆纳斯达克，带动了 2004 年网站新一轮的上市热潮。最为惹眼的如盛大、百度、腾讯等的上市。2005、2006 年，由于 Web 2.0 赢利模式不清，被称作一个温和的泡沫，2007 年又显示出新的发展态势，"中国互联网在现实中回归理性，市场从孕育趋向成熟，资本从热捧转变为审慎"①。

就内容而言，2004 年以后，我国互联网发展进入 Web 2.0 时代。以 Web 2.0 为特征的网络使用与 Web 1.0 具有显著不同，它变传统传播的网站中心为用户中心，内容中心为人为中心，特别注重用户参与与体验。其典型使用如，博客、播客、维基百科、标签系统（tag）、RSS（聚合内容）、SNS（Social Networking Service）等，其中博客、播客影响最大。2007 年，排名前 100 的网站提供 Web 2.0 服务的多达 64 家（独立的 Web 2.0 网站 23 家，提供 Web 2.0 服务的传统网站 41 家）。② Web 2.0 的使用推动了网络更深层次的互动与共享，从而带来一些新的网络管理问题，如网络暴力、人肉引擎、视频恶搞，等等。

---

① 2007 年"中国 IT 两会"，计世网，http：//itlianghui. ccw. com. cn/2007/internet. shtml。
② 互联网实验室：《2007 中国互联网网站表现研究报告》。

2. 网络管理特点：

这一时期政府的管理逐渐走向成熟与完善。针对网站备案与域名管理进一步规范，网络文化与网络著作权等的管理进一步完善。

网络内容管理仍然是政府关注的焦点，网络新闻管理，在 2000 年的《互联网站从事登载新闻业务暂行规定》中，对象限定不够清晰，在 2005 年的《互联网新闻信息服务管理规定》中，管理对象十分明确。

视频管理是这一时期新的管理重点。视频网站在 2006 年迅速发展，从原有的 30 多家暴增到 300 多家，2007 年又增加到 400 多家。原有广电总局、文化部、信息产业部对它们的管理存在重叠与矛盾。2008 年 1 月，国家广电总局与信息产业部联合发布《互联网视听节目服务管理规定》、《广电总局关于加强互联网传播影视剧管理的通知》，要求网上提供视频服务的公司，必须取得上岗许可证，同时要求公司国有独资或国资控股。新的管理规范之下，互联网视听节目服务抽查情况第 1 号公告显示，25 家网站被责令停止服务，32 家受到警告处罚。①

这一时期政府的管理理念有所转变。从早期的以控制为主，转变到以引导为主。大量的网上舆论成为政府不可缺少的洞察民情的重要窗口，因此政府管理部门纷纷成立网络舆情检测机构，有意识地对网络舆论进行分析、研究，从而极大提高了政府引导网络舆论的能力。

2010 年以后，微博微信开始盛行，移动互联网成为网络传播发展的新趋势，网络传播管理又开始面临诸多新的问题。

二　我国互联网管理效果及其评析

互联网进入中国内地以来，网络媒体一直是政府监管的重点，为了达到有效管理、和谐上网的目的，政府部门制定了一系列的法律和相关制度来规范网络行为，相关各界也采取了一系列措施配合网络管理行动，取得了很大的成果。由于网络产业处于不断发展变化之中，政府及相关各界对网络管理在取得巨大成绩的同时，也存在许多不够完善的地方，需要对各阶段的网络管理效果做一个客观的分析与评价，从而更好地实现网络管理观念与管理制

---

① 2008 年 3 月 21 日，中新网，http://www.chinanews.com。

度的更新，使网络发展更加和谐与有序。

（一）1999 年之前政府网络管理效果透视

从互联网进入中国内地到 1999 年之前，各种网络诈骗、网络泄密、网络黑客、病毒与色情等网络破坏行为渐渐增多，因此，网络安全方面的考量一直是政府内容监管的重点。

1. 政府对网络媒体的管理效果

针对网络媒体，政府管理效果的主要体现：在逐步摸清网络发展规律的基础上，制定了一系列网络管理法规，从而廓清了网络发展的障碍，为网络进一步发展奠定了良好的法制环境。1994 年国务院第 147 号令发布了《中华人民共和国计算机信息系统安全保护条例》；1996 年发布了《中华人民共和国计算机信息网络国际联网管理暂行规定实施办法》；1997 年发布《计算机信息网络国际联网安全保护管理办法》。这些法规的发布确立了我国互联网管理统筹规划、统一标准、分级管理、促进发展的基本原则。

2. 政府对网络内容的管理效果

这一时期，出于网络发展初期保护信息安全的需要，政府加强了对计算机病毒及其他危害网络信息安全的管理。由于政府管理部门此时对网络管理尚处在摸索阶段，网络立法滞后，也缺乏具有针对性的细致操作手段，加之网络本身的特点，以网络病毒为主的各种网络犯罪形式并不乐观。

据公安部公共信息安全监察局统计，个人电脑遭到病毒攻击的电脑使用者从 2001 年的 73% 增加到 2002 年的 84%，其中数据丢失以及硬盘遭破坏的个人电脑使用者从 43% 增加到 64%；1999 年公安机关立案侦查的计算机违法犯罪案件仅为 400 余起；2000 年剧增为 2700 余起，是上一年的 6 倍。①

在网络发展初期，各种网络泄密及网络虚假信息也引起了政府网络管理部门的注意。为此，1998 年国家保密局发布了《计算机信息系统保密管理暂行规定》；1997 年发布《关于加强政府上网信息保密管理的通知》；2000 年又发布了《计算机信息系统国际联网保密管理规定》。对于网络虚假信息，政府也制定了一系列法规，如《互联网信息服务管理规定》、《互联网

---

① http://blog.cfan.com.cn/index.php? action/viewspace/Itemid/140458.

等信息传播试听节目管理办法》等。这些法规与政策为依法打击网络泄密和各种网络虚假信息欺骗提供了法律基础。在政府的综合治理下，到 1999 年末，虽然各种危及网络信息安全的犯罪时有发生，但各种网络虚假信息与网络泄密的情况已大为好转。

（二）2000 年至 2003 年之间的网络管理效果

和前一阶段相比，这段时期，政府对网络的管理渐趋成熟，网络管理规范也进一步扩大。最明显的特征是政府加强了对网络出版、电子公告、网络新闻与网络垃圾的管理且效果明显。

1. 政府对网络媒体的管理效果

这一时期，政府对媒体网站，一方面加强管理，另一方面积极扶持，从而极大地促进了网络媒体及其新闻业务的发展。2000 年 9 月，国务院出台了《互联网信息服务管理办法》；到 10 月 8 日国务院新闻办又紧跟着与信息产业部联合出台了《互联网站从事登载新闻业务管理暂行规定》；信息产业部也在同一天出台了《互联网电子公告服务管理规定》。通过一系列的管理规范与引导，政府对网络新闻网站及网络信息发布方面的管理卓有成效，网络已经成为社会监督最大的一块公地。2001 年 11 月 10 日，经过 15 年艰苦谈判，中国终于正式成为世界贸易组织成员。这一方面可以为我国的网络行业融资提供极大的便利，另一方面也可以使我国的网络媒体在几大媒体中率先迎接加入世界贸易组织后的机遇与挑战。2002 年 6 月 27 日，国家新闻出版总署和信息产业部联合发布了《互联网出版管理暂行规定》，进一步扩大了互联网信息传播的管理范围。

在国家的强化管理与指导下，各媒体网站一方面配合国家的管理政策，制定严格的内部管理制度；另一方面积极构建网络媒体自律联盟，初步形成了网络行业的自律机制。所有这些网络行业组织及其协定，既是政府强化对网络媒体管理与引导的结果，同时也给整个网络媒体行业的良性运作奠定了很好的基础。

2. 政府对网络内容方面的管理效果

在内容管理方面，政府的重点放在网络新闻和网络垃圾邮件的治理上。在政府的有效治理下，网络新闻的发展很快，网络正超越传统媒介而成为最重要的新闻来源，网络新闻已经成为网络媒体信息沟通的主要功能。互联网络信息中心 2007 年的《中国互联网络发展状况统计报告》显示，网民平均每天使用网络的时间达到了 5 个半小时，网络已经超过电视、报纸、杂志等传统媒介，被认为是获得信息和娱乐的最重要的媒介（仅次于面对面交往）。网络新闻也逐渐成为党和政府宣传方针、政策的主要舆论阵地，发挥了很好的宣传功能，并替政府与网民互动搭建了一个畅通的平台。

网络垃圾治理也是这一时期政府监管的重点，在政府一系列整治垃圾邮件活动后，并辅以一定的行业自律，垃圾邮件的治理效果显著。中国互联网协会反垃圾邮件中心公布的最新中国反垃圾邮件状况调查报告显示，2007 年第三季度中国互联网电子邮件用户每周收到的垃圾邮件比例为 55.85%，较上个季度的 58.84% 下降了 2.99 个百分点，并连续几个季度呈下降趋势。利用电子邮件进广告与欺骗犯罪的比例大大降低。政府的网络管理初见成效。

（三）2004 年以后政府的网络管理成效

2004 年以后，Web 2.0 概念风起云涌，网络进入一个全新的时代。网络由过去 Web 1.0 时代信息刊载为主转向主要提供信息服务，强调用户的参与和体验，这就给政府的管理增加了很大的难度。基于这个时期网络发展的新特点，政府管理的重点集中在网络色情、博客以及对网络文化的建设方面。

1. 政府对网络媒体的管理效果

为了整顿网络发展环境，政府相关部门加强了对网络色情网站的打击力度。2003 年以来，我国政府致力于网络环境的治理，大力打击网络色情。2004 年 7 月 16 日，全国打击淫秽色情网站专项行动电话会议召开，公安部与国家 14 个相关部门周密配合，开展"全国打击淫秽色情网站的专项行动"，截至 2004 年 7 月 27 日，关闭 700 多家非法淫秽色情网站，抓获 224 名犯罪嫌疑人。2007 年 4 月，公安部、中宣部、信息产业部、国务院新闻办等 10 部门在联合组织开展网上扫"黄"专项行动。面对网络色情的泛滥局面，新浪、搜狐、网易和腾讯等国内门户网站，组织开展了网站有害信息自查自纠，关闭了一些经常出问题的栏目，加强了对有害信息的管理。各中央和地方新闻门户网站也积极开展了网络色情治理活动，都取得了很好的效果。

政府对网络媒体进行综合管理的一项重要工程是加强网络文化建设。
2004 年以后，政府对互联网管理有了更进一步的全新认识，认识到互联网
管理是一项巨大的文化建设工程。2006 年 10 月 11 日，中国共产党第十六届
中央委员会第六次全体会议通过了《中共中央关于构建社会主义和谐社会若
干重大问题的决定》，要求积极加强网络文化建设。胡锦涛总书记在中共中
央政治局于 2007 年 1 月 23 日下午进行的第 38 次集体学习中也着力强调了
网络文化的重要性。同时，各级政府也成立网络舆情监察机构，重视民情和
网络舆论的引导。政府的管理理念从着重监管转向监管与引导并重，整个网
络朝更加良性和有序化方向发展。

2. 政府对网络内容的管理效果

2004 年以后，政府对网络媒体内容管理重点体现在博客和视频内容的
规范上。

目前，政府对博客内容的管理主要是参考《互联网电子公告服务管理规
定》，比照电子公告进行。这种对博客的管理方式相对比较宽松，有利于博
客出现初期的快速发展。根据 iResearch 艾瑞咨询最新推出的网民连续用户
行为研究系统 iUserTracker 的最新数据显示，2007 年 9 月，博客以 26.34 次
的人均月度访问次数排在第二位。

由于集个人网页、社区、BBS、网络交友之长的博客仍处于不断发展变
动之中，因而现行的管理规章制度显得相对落后，从而也出现了很多博客纠
纷、侵权等问题。博客引发的诸多问题已引起有关网络管理部门的高度注
意，专门针对网络博客管理的相关法规措施也正在酝酿整理之中。有些网站
特别是新闻门户网站，已经充分认识到对博客管理的艰难性与重要性，纷纷
采取专门措施加强对博客的引导与管理，并制定了一系列专门针对博客管理
的有效管理规范与制度，如推行实名制管理，通过系列的激励手段，鼓励博
客写手后台实名；管理员审核，先审后发，对垃圾、反动、色情博文及博客
及时删除。通过这些措施，各网站对博客的管理效果显著。

Web 2.0 时代，视频网站呈现高热度的发展趋势，不同类型的资本纷纷
投资视频产业，网络视频内容也从单一影视类发展到体育、娱乐、新闻等细
分种类。2006 年也一度被称为网络视频产业元年。网络视频迅猛发展后带
来了许多问题，如网络视频恶搞现象不绝、网络视频侵权严重、网络色情视

频猖獗、网络视频产业经营模式不明等。这些问题引起国家相关管理部门的高度关注，国家广电总局为此专门发布《广电总局关于加强互联网传播影视剧管理的通知》，并和信息产业部于 2007 年 12 月联合发布《互联网试听节目服务管理规定》，加强对视频节目内容管理。这些规定从法律程序上保证了网络视频业务的正常发展，规范了网络视频的内容，同时也加剧了网络视频网站的市场竞争，做到优胜劣汰。政府关于网络视频的严格管理，带来了显著的效果。根据互联网研究机构艾瑞 2008 年 1 月 2 日预测，2008 年中国网络视频规模将突破 15 亿元人民币。数据显示，2007 年网络视频市场增长率达到 69.8%，2008 年增长率预计可达 73.3%。

3. 政府网络管理效果的不足和原因

从总体上看，自互联网进入我国后，政府积极监管，成效颇为显著，但其间也有许多失误和不足。

在网络具体业务和网民网上行为上，目前政府管理欠佳的原因，主要是由于网络管理在总体上手段单一、缺乏强有力的行业自律、管理制度缺乏创新所致。

宏观管理方面，影响管理效果的主要原因在于政府管理部门职能交叉，权限职责梳理不清，多头管理现象严重。

第三节　我国互联网管理模式及其特征

特定的媒介管理方式都是特定的政治经济环境以及特定的社会文化传统的必然产物。在我国，互联网管理既沿袭传统的媒介管理的基本思想，又根据网络技术的特殊性增加了一些新的内容。

一　政府主导型管理模式

如果将互联网管理分为政府主导型管理模式与多方协调型管理模式的话，我国目前的互联网管理显然是典型的政府主导型管理模式。这与我国电信行业的管理渊源密切相关。互联网在技术上依托电信，而我国电信产业执行的是中央集中统一的垂直管理，即以部为主的部省级双重管理体制。在我国，采用这一管理体制的必要性体现在：

首先，垂直管理最适合电信业发展的基本规律。电信行业运作的基本规律是跨地域信息流通，因此特别强调运作过程的系统性、互联性，这必然要求管理上进行全国统筹规划，制定全国统一标准，执行全国统一管理。

其次，垂直管理最适合将电信业做大做强，增强国际竞争力。面对国际电信市场的竞争，由政府进行全面的统筹规划，可以避免地方封闭分割，避免高代价的重复建设，发展与加强有实力的通信企业，形成有国际竞争力的大企业、大集团。

最后，垂直管理能最有力地维护国家主权。电信行业历来都是事关国家主权的敏感行业，特别是我国加入世界贸易组织以后，电信业的对外开放使网络安全面临更加严峻的问题，应对这些问题，远非个体力量所能对付，必须由政府站在全局利益之上，集中力量进行统一的防范与控制。①

依托电信开发出来的互联网仍然存在以上问题，它同样需要在统一标准、统一规划之下跨地域流通，同样需要统筹规划，避免代价高昂的重复建设，同样需要集中力量维护国家安全，因此，在特定的环境之下，经过不断的探索与实践，我国对互联网的管理选取政府主导型管理模式。

二　我国互联网管理的基本特征

互联网管理的主要手段可以归结为两种：一是控制，二是引导。我国以政府为主导的互联网管理体制具有自己鲜明的特色。这些特色我们可以进一步归结为四项：发展与控制并行不悖的管理思想，政策与法规相结合的管理依据，社会监督与个体自律并重的多元管理手段，适应网络经营者成分多元的分类管理方式。

（一）发展与控制并行不悖的管理思想

在我国，互联网已经相当普及，早在 2000 年 6 月 28 日中央思想政治工作会议上，江泽民同志就指出："要重视和充分运用信息网络技术，使思想

---

① 《我国电信监管体制为何选择中央垂直管理》，正义网法制评论，正义网，http：//www. jcrb. com/zyw/n499/ca342456. htm。

政治工作提高时效性，扩大覆盖面、增强影响力。"党的十六大报告中江泽民又提到："互联网站要成为传播先进文化的重要阵地。"事实上，我国政府对互联网的发展采取了积极扶持的态度。国家采取多种措施大力建设信息高速公路，扶持 ISP/ICP 的发展，积极改善网民的上网条件。其结果，早在 2008 年 6 月，我国网民规模已经超过美国居于全球之首。为数众多的上网主体目的各异，有以网络娱乐者，有以网络学习者，有以网络交友者，有以网络经商者，现实生活中的林林总总都延伸到网络，网络社会的秩序已经严重影响到现实生活的秩序。

对大众媒介的控制性管理，是我国传统媒体政策的核心。在中国，传统大众媒体的功能定位不容置疑的是党和政府的喉舌，为了确保大众媒体的喉舌功能，政府在媒介管理上必须进行绝对的内容控制。互联网的媒介属性，其强大的导向意识形态的潜力，对其进行控制性管理是我国政府的必然选择。虽然，学理层面的研究，一些学者参考发达国家的管理经验，呼吁政府放开网络市场，希望政府仅以宏观调控为主，让市场规律主宰网络发展。而对我国政府方面而言，网络内容的多元性使传统主流价值受到严重冲击，在一个历来注重意识形态管理的国度，政府管理部门不可能对此袖手旁观。因此，自网络媒体开放之初，我国政府就积极介入互联网从市场调控到内容控制的不同层面的管理。自 90 年代中期到现在，经过 20 多年管理经验的积累，政府的网络管理水平已经越来越高，从硬性控制转向以引导为主，既尊重互联网的发展与市场竞争规律，又使政府管理部门对网络内容进行有效的控制。中国共产党第十六届中央委员会第四次全体会议通过的《中共中央关于加强党的执政能力建设的决定》中提出强化互联网管理体制，指出："高度重视互联网等新型传媒对社会舆论的影响，加快建立法律规范、行政监管、行业自律、技术保障相结合的管理体制，加强互联网宣传队伍建设，形成网上正面舆论的强势。"这种以控制与导向为主的思想，就是目前我国政府互联网管理的基本思想。

既控制又发展在操作层面必然会面临一定的冲突，为了协调好两者的关系，达到既控制又发展的双重目的，我国政府管理部门采取了一些相应的配套措施。一方面，他们组织并参与互联网管理理论层面的研究探讨，出国考察发达国家的网络管理经验。投入经费组织学者研究，近年来，国家重大课题，无论教育部还是国家社科基金，都对互联网管理投入了大量的科研经费。另一方面，又与大型网站联手在实践中进行相关课题的开发。如1998—1999年间，搜狐网络广告的运作探索为国家工商总局网络广告的管理提供了重要的参照。

（二）政策与法规相结合的管理依据

迄今为止，我国针对网络监管的文件虽多，但大多级别偏低。2000年12月28日全国人大常委会颁布的《关于维护互联网安全的决定》算是一部准法律性文件。比较我国传统大众媒体管理以政策管理为主，网络媒体由于主体的多元化，政府立法管理的思想更为明确，立法管理是网络管理发展的必然趋势。

大众传媒的立法管理，在中国是一个十分敏感的问题，特别是在信息内容的管理上。早在20世纪80年代，新闻立法问题在国内就闹得沸沸扬扬，在法律界、新闻界的大力推动下，政府曾将新闻立法提到了议事日程，并在20世纪80年代中后期，成立了三个新闻法起草小组，即由商皚和孙旭培负责的由全国人大教科文卫委员会与中国社科院新闻研究所成立的新闻法研究室、由王强华负责的新闻出版署成立的新闻法起草小组、由龚心翰负责的上海市委宣传部成立的新闻法起草小组。这三个新闻法起草小组都在1988年先后完成了新闻法的起草工作。然而，到20世纪80年代末，国际社会东欧社会主义国家纷纷政变，国内1989年学生天安门政治风波，我国新闻立法的脚步不得不停滞下来，在一段时间的徘徊之后，2002年11月，国家新闻出版署官员最终正式宣布，"考虑到中国国情，目前还不会制定新闻法"。至此，中国新闻立法的理论与实践算是彻底的告一段落，新闻政策管理最终成为政府新闻内容管理最为重要的手段。这一管理方式特别适合中国国情，理由很简单，"众所周知，法律只能规范行为，不可能规范思想，只能禁止那些危害国家安全和社会公共秩序、侵犯公民合法权益等具有社会危害性言论的公开传播，不可能也不应当去涉及意识形态领域的是非优劣高下"①。而在我们国家，新闻导向必须首先解决意识形态问题，因此，大众媒体的管

---

① 魏永征：《中国新闻传播法纲要》，上海社会科学院出版社1999年版，第16页。

理必然是以灵活性、阶段性为特色的新闻政策管理最为适合。

网络媒体，由于网络主体的多元化，不论网络经营者、网络传播者还是网络接受者等都十分的庞杂，传统政策以抓源头为主管理方式显然会有挂一漏万之忧，因此更为稳定的立法管理显得尤为重要。

（三）社会监督与个体自律并重的多元管理手段

比较传统大众媒体管理主要依赖上传下达的纵向控制，网络媒体管理同时更看重横向的社会监督与个体自律。

传统大众媒体的管理，从创办设立到日常运作监管都实行"一条龙"的封闭式纵向管理。媒体创办要经过申请—批准—登记等程序，即创办者首先向有关管理部门提出申请，经过审批同意之后才具备创办资格。审批条件则由管理方面单方制定，根据 1997 年《出版管理条例》的精神，设立出版单位（包括报社、期刊社等）的条件是：有出版单位的名称、章程，有符合国务院出版行政部门认定的主办单位及其必要的上级主管机关，有确定的业务范围，有 30 万元以上的注册资本，有固定的工作场所，有适应业务范围需要的组织机构和符合国家规定的资格条件的编辑出版专业人员，等等。这些条件对申请出版者从指导思想、组织条件、物质条件诸多方面都提出了较高的要求，这一较高的准入门槛，再加上严格的刊号管理与总量控制，能进入大众媒体运作行业者基本都是国务院出版行政部门认定的单位。对大众媒体进入资格的严格控制，使其日常运作监管较为容易操作，如内容审查、资源控制、违纪违规的处罚等，简单的政策指令即可解决。

网络传播则以去中心的分散性结构为特点，单纯的金字塔式的纵向管理显然力不能及。为了适应网络自身运作的规律，政府在网站创办上从最初沿用传统媒体的审批制，最后确立为审批、登记制并行的多元管理方式。2000年 9 月 25 日，国务院发布的《互联网信息服务管理办法》第四条规定："国家对经营性互联网信息服务实行许可制度；对非经营性互联网信息服务实行备案制度。"事实上，在网站创办管理上，这种较为宽松的准入政策，由于网络技术的原因，在具体实施中仍然难以达到绝对控制。每天增加的网站上百，而真正备案的只是一小部分。网站开办的难以控制，势必使网站的日常运作更加难以监管，因此政府特别强调网络管理中横向的社会监督与网络个

体的自律。除了成立各级互联网协会，主办网络不良信息举报中心外，政府
更对网络运营商提出具体的责任要求，如《互联网信息服务管理办法》第
十四条规定："从事新闻、出版以及电子公告等服务项目的互联网信息服务
提供者，应当记录提供的信息内容及其发布时间、互联网地址或者域名；互
联网接入服务提供者应当记录上网用户的上网时间、用户账号、互联网地址
或者域名、主叫电话号码等信息。互联网信息服务提供者和互联网接入服务
提供者的记录备份应当保存 60 日，并在国家有关机关依法查询时，予以提
供。"等等。

（四）适应网络经营者成分多元的分类管理方式

由于网络媒体市场化的程度远远高于传统媒体，政府为了加强管理的针
对性，将现有网络媒体进行分类管理。

在我们国家，传统大众媒体直接隶属于执政党——中国共产党的领导。
早在 1942 年 9 月 22 日，《解放日报》社论《党与党报》就对党的媒介定下
了基调："报纸是集体的宣传者和集体的组织者。""党报是集体的喉舌，是
一个巨大集体的喉舌。"对同属喉舌性质的大众媒体，政府在管理上自然容
易政策一致。即使在媒体改革开放之下，"事业性质，企业化运作"，使中
国的传统媒体在政治属性之外又具备了经济属性，但大的方向始终没有改
变，即采编权不能丢，资产控制权不能丢，人事权不能丢，这使传统媒体的
统一管理易于操作。

网络媒体在构成成分上则较为复杂，除政府主办的网站之外，还有外
资、合资、民营资本等构成的网站。网站创办较低的准入门槛，使个人建站
也极为方便。这些成分众多的网站不可能再以党和政府的喉舌一概而论，因
此政府在网络管理中摸索出了分类管理的管理方式。在媒介介入上，将经营
性网站与非经营性网站进行分别对待，经营性网站备案即可，非经营性网站
则执行许可制。在申报条件的限制上，经营性网站应当具备的条件是：
"（一）有业务发展计划及相关技术方案；（二）有健全的网络与信息安全保
障措施，包括网站安全保障措施、信息安全保密管理制度、用户信息安全管
理制度；（三）服务项目属于本办法第五条规定范围（新闻、出版、教育、
医疗保健、药品和医疗器械等互联网信息服务）的，已取得有关主管部门同

意的文件。"非经营性网站则更加简单，仅准备材料"（一）主办单位和网站负责人的基本情况；（二）网站网址和服务项目；（三）服务项目属于本办法第五条规定范围的，已取得有关主管部门的同意文件"即可。

除了区分经营性网站与非经营性网站之外，政府管理部门为了加强内容管理，还将媒体网站分为新闻网站与非新闻网站，新闻网站又分为重点新闻网站（可自主发布新闻）与一般新闻网站（只能转载新闻）。根据《互联网新闻信息服务管理规定》第五条，新闻单位设立的登载超出本单位已刊登播发的新闻信息、提供时政类电子公告服务、向公众发送时政类通讯信息的互联网新闻信息服务单位与非新闻单位设立的转载新闻信息、提供时政类电子公告服务、向公众发送时政类通讯信息的互联网新闻信息服务单位，应当经国务院新闻办公室审批。新闻单位设立的登载本单位已刊登播发的新闻信息的互联网新闻信息服务单位，应当向国务院新闻办公室或者省、自治区、直辖市人民政府新闻办公室备案。① 这种分类管理的网络管理方式使不同类型的网络媒体运作各得其所。

---

① 国务院新闻办公室、信息产业部 2005 年 9 月 25 日发布《互联网新闻信息服务管理规定》第 5 条。

第 二 十 三 章

中国特色的互联网管理机制

伴随着互联网的发展，早期关于政府是否应该管理互联网的争论早已结束，对互联网的管理，已经成为一个越来越严峻的问题。面对互联网侵犯个人隐私、威胁国家安全、传播不良信息等问题，各国政府的干预越来越明确而坚定。互联网是一种全新的媒体，其出现打破了以往的信息传播格局，也为信息传播方式和传播环境带来了变革。目前各国对互联网的管理模式与手段不尽相同，管理效果也很难一概而论。我国政府对互联网的管理，经历最初的认识、摸索阶段后已经具有很丰富的管理经验，但仍然需要进一步完善。因此，我们应该在充分认识网络发展规律的基础上，借鉴他国的互联网治理经验，并结合本国互联网的发展实际，构建一套具有中国特色的网络管理机制，使网络能更加健康和谐的发展，形成具有中国特色的网络文化，让网络真正成为中国民主、经济发展的"倍增器"。

第一节　我国互联网管理的目标与路径

中国特色互联网管理机制的建立需要目标规划，纲举目张，只有在具体的目标指引下，所有的理论研究才有的放矢，同时对实践更具指导意义。

一　中国特色网络管理的目标

中国特色网络管理的目标，一是要实现网络和谐管理，二是要建设有中国特色的网络文化。

（一）实现网络和谐管理

在中国建立特色互联网管理机制的基本目标就是实现对网络的和谐管理，建立良好的网络秩序。

"和谐"之于互联网管理，既是一种管理手段，也是一种管理目标，更恰当地说是用和谐的手段追求和谐的目标。和谐的管理思想在某种程度上与系统论的观点不谋而合。系统论认为：一个系统是由许多相互关联又相互作用的部分所组成的不可分割的整体，较复杂的系统可进一步划分成更小、更简单的次系统；系统中各要素相互作用、相互依存，共同构成系统的整体性。事物要想健康发展，就需要系统和谐。系统和谐，是指人、技术、组织结构等之间的平衡、协调、优化，包括系统与环境的适应性、各层级之间的匹配性、成员认识的一致性，等等。它所强调的不仅仅是复杂系统间相互作用的状态和结果，而是特别注重人与子系统的积极主动性、创造性的发挥，追求一种动态的优化、协调与平衡的发展。如果把互联网管理看做一个系统，实现政府、网民、网络媒体的良性互动，是一种系统内和谐；如果把互联网管理放在社会大环境中，则网络和谐管理则是整个社会和谐发展的重要一环，这种外部系统的和谐要求网络管理与社会政治、经济、文化、技术、行业市场等的发展相一致。

和谐的内涵与本质。从中外历史来看，"和谐"思想源远流长。和谐从内涵和本质特征上看，是反映事物与现象的协调、适中、秩序、平衡和完美存在状态的范畴，是多样化的协调和统一，是事物合乎逻辑规律的发展和变化。和谐从实现的根本途径上看，不是无差别、无矛盾、无冲突，而是矛盾对立双方和多方的相异相合、相反相成，既对立又统一，从而推动事物的前进和发展。和谐从价值上看，是人生的最高境界，也是人类追求的最高理想。[①]

追求对网络的和谐管理，最直接的原因是当前的网络管理还存在很多不完善的地方与因素，客观原因则是互联网处在不断发展变化之中，和谐的实现途径并非总是坦途，和谐网络的构建是一个不断化解矛盾的过程。中国特

---

① 荣开明：《关于和谐理论与矛盾说的几点思考》，《武汉学刊》2007年第6期。

色网络管理机制自身所追求的和谐，包括两个方面：管理手段的和谐与互联网管理主客体的和谐。

和谐管理的手段。网络"和谐管理"在管理手段上主要是通过硬性控制机制与软性协调机制来实现的。硬性控制机制，是指硬性的行政手段与法律手段。和谐管理对硬性控制的对策是，提高系统管理的有效性，提高系统构成的协调性。软性协调机制是指系统内部环境与系统外部环境的影响。通过硬性控制机制与软性控制机制共同起作用，最终实现网络管理主客体之间的双向和谐。网络"和谐管理"就是要尽一切手段，通过共同的愿景、明确的使命等，使个体认同、分工、合作等达到最佳状态，充分调动人的主观能动性、充分发挥人的创造潜能，建构最人性化的结构平衡与社会秩序。就组织设计而言，通过组织领导、组织结构、组织文化等，使利、理、情明确并最具效力。对科学管理而言，通过活动组织、资源配置等，达到管理的最合理匹配、调适与优化。

互联网管理主客体的和谐。和谐社会的建构至少涉及人与自然的关系、个人与社会的关系、个人与个人之间的关系以及群体之间、地区之间的关系等主要方面。当前，凭借国际互联网的崛起而形成的"网络社会"，使人类得以塑造出一种全新的社会、政治、经济、文化结构。"网络社会"，一方面拓展了人的生存空间，给人类文明带来了巨大的进步；另一方面，其中的种种不和谐现象也会影响现实社会的和谐构建。因此，我们当前所要构建的和谐社会不仅包括和谐的"现实社会"，还应包括和谐的"网络社会"。[1] 网络管理的高度和谐，需要通过综合有效的管理，实现网络的发展同整个社会的政治环境、经济环境及文化环境等的高度和谐。网络管理这种系统内与系统外的和谐发展可以用图 23-1 演示。

有中国特色的互联网"和谐管理"包括以下要素：一是构成和谐，指要素齐全，组成合理；二是组织和谐，指渠道畅通、整体协调；三是内部环境和谐，指人心所向，充满生机，以上三个方面构成内部的和谐。另外，再加上外部的和谐，即外部环境合理、主动适应机制强。这样外部系统和谐与

---

① 黄胜进：《和谐"网络社会"的构建及其途径》，《内蒙古师范大学学报》（哲学社会科学版）2007 年 7 月第 36 卷第 4 期。

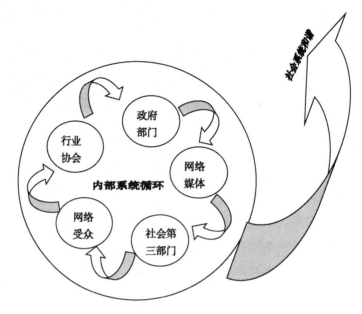

图 23 - 1 互联网管理系统构造

内部系统和谐一起构成总体的系统和谐，从而达到较强的自组织性、较强的自适应性、较大的活力、较强的内聚力与吸引力、最大的总体功能。[①]

（二）建设有中国特色的网络文化

网络文化建设是网络管理的战略目标。党的十七大明确指出：加强网络文化建设和管理，营造良好的网络环境。实现对网络和谐管理，建立具有中国家特色的网络管理机制，从根本上说都是为了建设符合我国国情的网络文化，更好地为丰富和繁荣人民的精神、物质生活服务。如果说和谐管理侧重于实现手段，那么建设有中国特色的网络文化则表达的是内容实质。

关于人类文化，有学者比喻说，第一代农业文化是"井圈文化"，它受到当时传播媒介的制约，信息来源和活动视野都被禁锢在狭小的圈子里。第二代工业文化是"河流文化"，尽管它蜿蜒流长，但带有一种"界河"性的

---

① 席酉民、尚玉钒：《和谐管理理论》，中国人民大学出版社 2002 年版，第 65 页，图 4 - 1。

分裂特征。第三代信息文化则是把整个人类连接成一个整体的"海洋文化"。① 这种"海洋文化"其实就是一种网络文化，它四通八达，虚实相间，贯穿于社会生活的每一个空间。何谓网络文化，尹韵公教授在《网络文化是新人类文化》一文中认为：网络文化是全球同步的文化、是全民参与的文化、是个性十足的"客"文化、是集大成文化、是强势文化。网络文化的内容涵盖非常广泛，包括最基本的网络语言及网络娱乐文化、网络游戏、网络文学、网络视频文化、网络新闻、网络资源共享、网上广告、网上交易等。

　　网络文化的影响。随着网络文化对人们精神文化生活的影响不断加大，加强网络文化建设和管理的重要性、紧迫性已越来越得到全社会的共识及中央高层的重视。胡锦涛总书记在中央政治局集体学习时，就网络文化建设问题发表了重要讲话。他强调，加强网络文化建设和管理，充分发挥互联网在我国社会主义文化建设中的重要作用，有利于提高全民族的思想道德素质和科学文化素质，有利于扩大宣传思想工作的阵地，有利于扩大社会主义精神文明的辐射力和感染力，有利于增强我国的软实力。我们必须以积极的态度、创新的精神，大力发展和传播健康向上的网络文化，切实把互联网建设好、利用好、管理好。中共十七大报告和胡锦涛总书记的讲话体现了党中央对网络文化建设的高度重视，同时也要求全党同志要站在时代发展的前列，增强政治意识、大局意识、责任意识，把握机遇，迎接挑战，以强烈的使命感和紧迫感，抓好互联网的管理，建设积极健康向上的网络文化，为构建社会主义和谐社会营造良好的网上舆论环境。②

　　网络文化虽然已深入人们生活的方方面面，在国民生活中占据越来越重要的地位，但其负面影响与发展障碍也愈加明显。首先是网络文化的传播不平衡，传统大众传媒时代国际传播的不平衡格局在因特网上依然存在。由于各国计算机和网络技术水平的差异，形成了发达国家在互联网上的优势地位。我国的网络技术同发达国家相比有一定的差距，因此我国文化面临发达国家侵蚀与征服的危险。其次是网络带来的人性异化问题，网络传播带来的

---

① 熊澄宇：《信息社会 4.0》，湖南人民出版社 2002 年版。
② 殷昌波：《贯彻十七大精神 完善互联网管理机制》，《理论观察》2007 年第 6 期。

不良影响还涉及对个人生活状态、精神情感、生理心理等方面。主要表现
为：网络传播内容泛滥、网络传播行为变异、网络道德意识与道德规范缺
失、网络传播效果不确定等。这些异化在网民身上主要表现为："信息焦虑
症"、"网络孤独症"、"网络中毒症"等现代精神病，有人称为信息综合
征。① 网络文化在我国还表现出与传统文化冲突的问题：文化的表现形态
上，网络文化是一种高科技文化、虚拟文化，而传统文化要想加盟网络文化
就必须改变自己的形态；在文化价值的取向上，网络文化对传统文化价值有
一种消解的作用，有时甚至输入大量的西方文化价值观，动摇人们现有的生
活方式和行为准则，并给人们造成一定程度的价值标准混乱和精神困惑。此
外，网络文化对传统文化的冲击还表现在对汉字表意性、传统的语言方式、
传统的知识存储方式等方面。

中国特色网络文化的构建，需要形成网络文化建设和管理的长效机制，
需要不断地更新管理理念，进一步探索完善网络法律规范、行政管理、行业
自律、技术保障相结合的具有中国特色的网络管理机制。这种具有中国特色
的网络管理机制需要明确以下方向与要求：坚持社会主义先进文化的发展方
向，唱响网上思想文化的主旋律；提高网络文化产品和服务的供给能力；加
强网上思想舆论阵地建设，掌握网上舆论主导权；倡导文明办网、文明上
网，净化网络环境，努力营造文明健康、积极向上的网络文化氛围，营造共
建共享的精神家园；坚持依法管理、科学管理、有效管理，综合运用法律、
行政、经济、技术、思想教育、行业自律等手段，加快形成依法监管、行业
自律、社会监督、规范有序的互联网信息传播秩序，切实维护国家文化信息
安全。

二 中国特色的网络管理原则

网络管理原则是保证互联网正确得到监管与发展的一条底线，是制定与
实施一些网络管理措施的准则。

欧盟在网络管理方面主要遵循三原则：表达自由原则、比例原则、尊重
隐私原则。所谓比例原则是指，公共权力的行使与其所意欲实现的目的之间

---

① 张久珍：《网络信息传播的自律机制研究》，北京图书馆出版社 2005 年版。

应该有合理的比例。即，目的和手段之间必须成正比例，国家和政府的干预不能过度。对于如何规范网络信息，欧盟不太信任法律，而是强调建立在行业自律基础上的合作，强调政府与业界的合作，鼓励业界建立道德及分级标准，强调与网络使用者的合作，使其知晓上网风险和规避有害信息的方法等。

欧盟在网络管理方面的三大原则对我们有重大的启示作用，不过考虑到我国的网络管理实际，我们最需优先确定的原则有以下三条：有限管理原则，最大效益原则与利益平衡原则。

基于网络的发展，新公共管理理论得到广泛认可，政府有效管理原则的确定正是秉承新公共管理理论的理念。新公共管理理论认为，管理的主体不仅仅是政府，而应该包括政府、非政府公共组织在内的多元化主体，政府应把一部分社会公共事务管理的权利由政府下放给社会，甚至包括私人企业组织生产。全球治理委员会也曾发表过一份题为《我们的全球伙伴关系》的研究报告，该报告对治理做出如下界定：治理是各公共的或私人的，个人和机构管理其共同事务的诸多方式的总和，它是使相互冲突的或不同的利益得以调和并且采取联合行动的持续过程，它既包括有权迫使人们服从的正式的制度和规则，也包括各种人们同意或符合其利益的非正式的制度安排。[1] 这种管理原则正是要政府充分利用各种非政府组织和个人，实施对网络的共同监督与管理，这不但能节省巨大的行政管理资源，也必将大大提高管理的效率。美国政府就一直认为，保证因特网有足够的发展空间，是驾驭这种新媒介，把握信息经济机会的最好方法。政府多次重申要坚持因特网的免税和不受政府干预的原则，并向外界宣称：与电话、广播不同，因特网将会享受一种更加宽松的发展环境，竞争与机遇将是决定市场发展的主要力量。每个人在因特网面前都是自由的。业界对美国政府减少对因特网的限制的战略纷纷表示欢迎，认为不受约束的因特网将成为经济发展的"引擎"，联邦政府向业界和消费者保证，通过自由、平等的市场环境发展新技术，这将使美国IT界在进入下一个网络经济时代继续保持世界领先的地位。

最大利益原则是基于互联网的产业属性来考虑的，我国在网络管理时，

---

[1]　朱剑秋：《互联网治理中的不良信息治理》，硕士学位论文，北京邮电大学，2008 年。

总是过度倾向于对网络内容的监管，而忽视了网络的经济属性。其实网络的经济属性与其文化属性（网络内容）是紧密联系的，政府在监督网络内容生产时，如果注意到网络的经济属性一面，在发挥行政手段监管时，充分利用一些市场调节手段，将会达到事半功倍的效果。目前政府对互联网的控制主要在三个方面：对信息流的管制，对资本流的管制，对物流的控制。限制信息的共享，资本的流动和物品的交换就会限制市场的自由发展。不必要的限制，只能起到提升政府权力的作用，而不能促进市场的繁荣。① 在制定有关互联网管理的规章时，要尊重市场的规则，应当通过适当的规则减少非市场因素和非技术因素对网络行业的干扰，才会促进网络行业的壮大发展。

利益均衡原则主要是从网络的文化属性来考虑的。利益均衡原则既适合作为政府的管理原则，也适合作为网民的自律原则。政府对网络内容的管理其实也牵涉多方利害关系，需要权衡考量。比如在当下中国，网络舆论的崛起彰显了大众的言论自由，但网络暴力、虚假舆论也时时在侵扰人们。政府如果据此严加管束，必将极大限制人们的表达权利；不管，则网络秩序又难以维持。因此，政府在管理时必须依照利益均衡原则，权衡利弊，考虑什么是急迫需要管制的，什么是可以用柔性手段来调节的，并且考虑到多方利害关系，特别是倾向于保护民众的利益，就更应把握好管理的尺度问题。

三 中国特色网络管理机制的路径

随着计算机技术与网络技术的发展，互联网同整个社会的生活愈来愈息息相关，建设有中国特色的网络文化、实现网络健康与快速发展，都离不开一整套具有中国特色的网络管理机制做保证。在这种机制建立过程中，需要一系列科学的并符合我国国情的制度、方式与手段，其中最重要也是最核心的是"创新"，包括对旧有网络管理观念的创新、管理制度的创新、管理文化的创新甚至管理理论的创新。

中国特色网络管理机制的内涵。创新是一个国家、一个民族发展与进步的灵魂。同理，面对我国网络迅猛发展当中泥沙俱下等不和谐现象，完善当下的网络管理机制同样需要创新，特别是制度创新。在这方面，西方的新制

---

① 张明杰：《政府管理互联网应该遵循的原则》，《环球法律评论》2001 年春季号。

度主义理论给我们提供了重要的启示。20 世纪七八十年代，西方社会科学领域"重新发现"了制度分析在解释现实问题中的地位和作用，进而形成了新制度主义分析范式。20 世纪 90 年代以来，新制度主义分析范式已经变成超越单一学科，遍及经济学、政治学、社会学乃至整个社会科学的分析路径。新制度主义代表一种经验研究方法，它像关注个体行为一样关注社会政治生活的制度基础，强调制度因素的解释性权力。[1] 在网络技术飞速发展的今天，我国的互联网管理经过三个阶段的螺旋式演进，管理成果总体尚好。但在各媒体进一步融合突进中，网络的发展也出现了很多问题，其中既有社会问题也有管理问题。互联网要想阔步发展，就必须改变管理思维，突破管理的制度瓶颈，进行不断的制度创新。这其中，新制度主义理论对互联网管理的制度创新与变革具有积极的借鉴意义。

从理论角度看，制度变迁理论是新制度主义理论中的重要组成部分。新制度主义认为，制度变迁不是泛指制度的任何一种变化，而是特指一种效率更高的制度替代原有的制度。制度变迁的动力来源于作为制度变迁的主体——"经济人"的"成本—收益"计算。主体只要能从变迁预期中获益或避免损失，就会去尝试变革制度。制度供给、制度需求、制度均衡与非均衡形成了整个制度变迁的过程。[2]

从 20 世纪 90 年代起至今，我国的互联网管理历尽初创、发展与不断完善三个阶段，基本上实现一种制度的供给。如果把制度的供给看成是创造和维持一种制度的能力，把制度供给的实现看成是一次制度变迁的过程，那么我国的互联网管理制度在同质范畴内实现了三次变迁。在互联网日新月异、媒介融合如火如荼的境况下，制度需求成为一种新的变革张力。制度的需求是指当行为者的利益要求在现有制度下得不到满足时产生的对新的制度的需要，而制度的变迁首先是从制度的非均衡开始的。当前，我国互联网管理仍需完善，网络媒体欲要做大做强，可谓荆棘丛生。这里面既有行业利益和技术问题，也有网络立法与管理问题。在众多问题中，制度管理问题是解决问题的关键。管理不仅完善状态在某种意义上讲就是一种制度的非均衡，这种

---

① 陈家刚：《全球化时代的新制度主义》，《马克思主义与现实》2003 年第 6 期。

② 同上。

非均衡会产生一种制度需求。这是当下我国互联网管理制度在更大程度、更广范围、更高级别上进行创新与变革的内在动力。

从实际操作层面讲，社会与技术的发展其实已经为互联网的改革发展奠定了很好的基础，而新的管理理念产生与制度创新主要在于管理者的改革意志和愿望。在老制度经济学的代表人物凡勃伦看来，制度"实质上就是个人或社会对有关的某些关系或某些作用的一种思维习惯"。[①]制度既然是一种"思维习惯"，就总会是一种过去的产物，代表过去既得利益集团的利益，是同过去的环境相适应的。但现实的情况是，互联网技术发展一日千里，网络新媒体迅速发展壮大，各种媒介大融合成为一种波及世界的大潮流。技术的发展与媒介形态的变化同时带来了环境的变化，也产生了代表技术革新一方越来越大的利益诉求。在技术条件发生变化和环境也随之变化下，劳作本能表现最明显、受现行思维影响最小、利益诉求最明显的利益代表方面就会不断冲击与克服现有的制度阻力，并推进制度革新，以便产生一种新的制度供给，以达到推进发展的所需的制度均衡状态。在我国，技术进步、网络新媒体力量的持续壮大是推动我国网络管理理念与制度创新的根本动因。

网络管理创新的体现。要建立具有中国特色的互联网管理机制，实现网络和谐有序的大发展，最主要创新体现在以下几个方面。

首先是管理理念的创新。在网络管理过程中，持什么样的管理理念，就会采用什么样的管理模式和管理手段，从而产生什么样的管理效果。网络技术的迅猛发展，一方面不断促使管理与管理学的深刻变革，另一方面它所提供的信息知识和技术手段，正以巨大力量冲击和改革人们长期形成的管理理念。实现网络的和谐管理，就需要人们的管理思维不断从封闭走向开放，从单一走向多样，从静态走向动态，从直线走向立体性，从孤立性走向协调性，从相关理论中吸取一切有益的管理知识，并形成更加开放、超前、创新、科学的管理理念。[②]

其次是管理制度与管理方式的创新。网络传播是一种跨媒体形式传播，它建立了新的传播秩序和新的传播环境，因此对网络传播的管理更加复杂与

---

① 张林：《凡勃伦的制度变迁理论解读》，《经济学家》2003 年第 3 期。
② 参见邵培仁、陈兵《媒介战略管理》，复旦大学出版社 2003 年版。

艰难。实现网络管理方式与制度的创新，前提是继承与借鉴，继承人类历史上一切优秀的管理知识与成果、借鉴国内外所有先进并行之有效的管理经验。在继承与借鉴的基础上，在充分认识互联网发展与运行规律前提下，大力提倡对网络的扁平化管理。由和谐理论与博弈论我们知道，网络管理千头万绪、利益纠葛多变，因此任何一种单一的管理手段对网络管理来说都是杯水车薪，对网络的有效管理需要综合治理，综合利用行政、法律、技术、自律等手段，形成多道防线，建立"多位一体"的优化控制机制。这种优化管理机制最终完成还需要考虑到可操作性，即所有的法律、制度、管理手段都必须考虑其实施的实践性、可操作性与可衡量性。

最后是管理文化的创新。管理文化的创新是网络管理的高级阶段，是在对网络实施管理的同时，重视网络管理的文化氛围和人员的思想观念、意识以及精神方面的建设。在人、机、技术的构成系统中，人的价值观念、精神状态对系统效能的发挥起着十分巨大的影响作用。因此构建具有中国特色的网络管理机制，一方面需要保持法律的完善与行政管理的有序引导，另一方面更重要的是加强网络行业的自律及对网民的传统文化和信仰教育。只有在硬性管理的同时着重加强软性管制与教育，才能形成健康有序的网络秩序、建成有中国特色的网络文化，并最终促进整个社会健康和谐的发展。

加强互联网管理，构建有中国特色的互联网管理机制，对我国和谐社会的发展是不言而喻的。从大的方面看，它有利于我国现阶段的社会经济转型并促进社会生产力的快速发展。同时由于互联网的快速发展，网络文化已经深入到社会的方方面面，中国特色网络文化建设的成功也是和谐社会发展的一个重要保障。改善网络管理，可以充分发挥网络媒体在构建和谐社会中的导向作用，同时也有利于中国的民主政治发展。最后，网络的和谐管理与发展必将更有利于现实社会中人与人之间的"和谐"，为人们提供一个更加诚信的信息文化交流环境。

第二节　政府网络管理角色的调适与完善

互联网管理事关经济发展大局，事关社会风气走向，已经成为关系国计民生的大事，因此加强对互联网的管理成为各国政府普遍的责任。然而从欧美各网络更发达国家的管理实践来看，互联网管理不仅仅是政府的事，它是涉及网络行业、网民乃至整个社会的综合治理过程。

从1994年互联网进入中国以来，发展速度惊人。国务院新闻办公室副主任蔡名照在第二届中英互联网圆桌会议上说，中国网民人数达到3.38亿，互联网普及率为25.5%，超过世界平均水平。然而，就网络的发展与管理效果来看，虽然取得了很大成就，但效果仍未达到十分理想，网络色情、网络欺骗、网络赌博、网络病毒、垃圾邮件、网络暴力等仍时时困扰着网络的和谐健康发展。这种不容乐观的态势与我国传统的媒介管理方式有关，新中国成立以来，报纸、广播、电视一直都发挥党的"喉舌"作用，从宏观到微观，政府对这些传统媒体的监管都是"具体而微"、严格控制，既充当"掌舵者"的角色又充当"划桨者"角色。互联网出现后，这种管理方式与理念也被移植到网络管理领域。但由于网络的虚拟性、广泛性、交互性、快速性等特点，政府对传统媒介的监管方式难以适应这一全新的媒介形式，因此必须结合中国互联网的特性与发展实际，确定政府在网络管理中的角色定位。即政府要转变管理理念与管理方式，充当互联网发展与管理的"掌舵者"。

我国政府正在作出有效的努力。政府要真正完成角色调整，成为网络和谐发展的监护者和领航人，就必须甩掉旧有管理模式，用新公共管理理论作为指导，重新定位自己的管理职能。网络管理中，新公共管理理论打破了政府权能型的管理局面，强调政府的任务是明确问题的范围和性质，然后把各种资源手段结合起来让其他人去解决这些问题，即政府的职能是掌舵而非划桨，并建立起政策制定与服务提供相分离的中国特色网络管理体制。要做到这些，政府需要转变管理理念、转变管理原则，转变管理方式，进行管理制度创新。

一　政府网络管理角色定位

网络管理中，政府的行政监管是网络管理的重要手段之一，而政府管理角色的正确定位最为关键。从目前情况来看，以下问题值得注意：

首先，管理主体方面。表现为：网络管理人才缺乏与多头管理现象存在。从管理队伍看，我国目前管理队伍中不乏优秀人才，但整体而言，仍然缺乏既懂网络又懂管理的高层人才。从管理部门看，目前我国网络行政监管的主体几乎遍及所有政府领域：信息产业部门、政府新闻管理部门、公安部门、工商行政管理部门、机械电子工业部、新闻出版署国家版权局、邮电部、国家科委、教育行政部门、国务院信息化工作领导小组、国家广播电影电视总局、中国证监会、中国互联网信息中心、国家保密局、卫生部、医药管理部门等。众多的部门管理，看似在网络管理领域投下了重兵，花费了巨大的人力物力，但管理效果却并不十分理想。多个部门参与互联网的监管，彼此之间应有较为清晰的职责分工，事实上，各部门之间会出现监管边界不清，在有些领域甚至出现重叠管理，特别是在那些新兴的技术和业务上。由于各部门的管理尺度不一，管理强度不一，使得互联网监管趋势整体走严。同时，各部门的监管缺乏整合优势，各自为政，彼此建立的数据库、监测系统、监管体系之间互不沟通，缺乏协调和联动机制，这既增加了监管成本、执法成本，又使得监管达不到最优效果。[①] 管理滞后于发展，是社会发展进程中的常态。但是如果管理落后于现实过多，就会产生新的问题。互联网是一种新事物也是一个新兴的产业，传统的多头管理方式的实用性会大打折扣，这种分散的管理模式会导致名为齐抓共管、实为齐抓不管的局面。

其次，监管对象方面。政府对互联网的监管应该是整个网络行业，既包括网络内容的监管也包括整个网络产业的运行管理。目前，政府的管理显然过于倾向对网络内容的监管，对网络产业的经济监管相对薄弱。即便在网络内容监管方面，管理的详略也不均匀，敏感信息是重中之重，而其他方面则会有监管不足的情形。如对未成年人的保护方面、公民网络隐私方面等。

再次，监管方式方面。网络监管应该发挥政府的引导和服务功能，联合各非政府组织和广大网民并采用多种手段综合治理，目前政府管理在利用其他力量方面尚显不足，结果刚性有余、柔性不足。如2003年以来，我国政府致力于网络环境的治理，多次开展打击网络色情的活动。2004年7月16日，全国打击淫秽色情网站专项行动电话会议召开，公安部与国家14个相关部门周密配合，开展"全国打击淫秽色情网站的专项行动"；2007年4

---

① 韦柳融、王融：《中国的互联网管理体制分析》，《中国新通信》2007年第18期。

月，公安部、中宣部、信息产业部、国务院新闻办等 10 部门联合组织开展网上扫"黄"专项行动。各省也各自展开色情打击活动，整治网上违法犯罪行为。然而网络色情活动仍屡禁不止。正如公安部副部长张新枫所言："尽管目前境内网站上的淫秽色情信息较专项行动开展前有大幅度减少。但是，互联网上的'黄'风还没有完全刹住，境内网上淫秽色情信息还没有清除干净，境外互联网上的'黄'源也没有完全堵住。"

最后，网络管理法规方面，其建设仍显滞后，无法应对网络的迅猛发展。从制度上讲，完备的法制才是互联网健康的有力保障。由于网络监管的法律尚不够完善，导致网络管理难以效果显著，也导致政府对网络监管过多的投入。法制建设滞后的另一面是与国际接轨不够。互联网的使用与发展具有全球性，单靠一国关门治理，无法彻底解决问题。因此，在网络管理中，我国政府需要积极借鉴国外先进的网络管理经验和富有成效的做法，同时，积极与国外政府展开司法合作，共同探讨与解决网络管理的国际难题。

二　管制与治理：一种形而上的思考

在互联网的管理中，政府需要扮演好引导、服务及监护的"掌舵"者角色，而非事无巨细都亲力亲为、事必躬亲。应该将具体"划桨"的事交给法律、网络行业本身、网民、其他团体乃至有关部门，使其各司其职，实现对网络的综合治理。

在中国特色互联网管理机制中，政府管理的准确定位应是"治理"，而非"管制"，一词之别，但涉及的理念却相差千里。

首先，两者蕴含的内涵不同。"管制"是英文"regulation"的中文翻译，其字面上的意思是"控制、规章和规则"。从西方学者对于管制理论研究的文献中可以看出，"管制"是指政府对企业市场活动的直接干预，它一般包括以下几个方面：（1）内容管制是由政府主导的；（2）管制需要立法提供法律依据；（3）管制过程中，企业和个人属于受管制群体，但可以根据普通法和行政法对政府的管制行为提出法律诉讼。① 由此可见，互联网"管制"是由政府通过制定一系列政策法律来对互联网上的违法行为进行干

---

① ［美］史普博：《管制与市场》，余晖等译，格致出版社 2003 年版。

预的活动。而"治理"（govermence）一词来源于古希腊字母 kybernao，原意是指"引导"（steer）。该词普遍被用于商业、非赢利性行业、公共管理和国际合作等情境下。它是一个宽泛于"政府管制"的概念，尽管目前并没有统一的标准定义，但它一般指"社会"与"政府"的共管共治，强调市场、中介组织和个人在社会管理中的重要作用。[①] 从内涵可见，治理的理念最适合网络的发展与管理。

其次，从主体来看，管制的主体是政府部门，而治理的主体则多元化，包括行业协会、非营利组织等，政府部门不再是唯一的权力中心。

再次，从权力运行的方向看，治理中的权力运行方向不是像管制中自上而下单一向度的，也不是单纯的控制与统治，而是包括上下互动、彼此合作、相互协商的多元关系。

最后，从使用的手段分析，治理的手段比管制更加多元化，不仅包括法律法规，也包括自律、教育等。采取治理的方式而不是管制，这是由互联网的特性所决定的。网络自由主义的布道者、著名的科技评论者约翰·派瑞巴尔特在线上讨论区贴了一个"虚拟空间独立宣言"，声称网络新世界是创新、平等、公益的，永远不受政府管辖。互联网虽有一定的自我管理能力，但诸多网络社会问题并不是互联网本身所能够解决，国际社会大多认为，政府必须在互联网中发挥作用，但由于互联网分散式、分布式的网络结构，政府采用树状或者金字塔形的管理模式难以消除网络传播的负面影响，因此，在依靠政府单一管理且效果不佳的情况下，采用更加灵活的多元治理方式是一个比较明智的选择。

三 政府在网络管理中的角色完善

网络管理中，政府的角色应该定位在指导、引导、规划、服务上，以政府为指导中心，建立起以政府为中心的多元化管理体制，统筹协调互联网监督与管理。当前，建立具有中国特色的网络管理机制，政府应该从以下几个方面来完善。

整合监管力量。在多元管理机制中，政府担负至关重要的责任，因此理

---

① 刘兵：《关于中国互联网内容管制理论研究》，博士学位论文，北京邮电大学，2007 年。

顺政府各部门的监管，整合监管力量就成为管理体制建设的重中之重。面对我国网络媒介监管政出多门、缺乏一个统一协调规划部门，监管效率低下，行政资源浪费巨大的情况，有必要成立一个熟悉网络，并了解政府各监管部门职责的网络管理协调组织。这个组织部门平时既可以负责协调政府各部门的监管行动，使各部门各司其职，形成齐抓共管的局面；另外，也可以负责协调政府部门与非政府组织之间、中国与各国之间的网络管理协调工作。纵观网络比较发达的国家，都有一个类似的明确机构负责对于互联网的管理与协调，如英国的 IWF，法国的互联网顾问委员会，新加坡的 MDA 和美国的 FCC。这种统一综合监管模式是针对信息网络时代媒介跨行业经营的趋势而建立的。它有利于打破部门界限和地方保护主义，减少监管部门之间的大量协商和协调工作，极大地提高政府各部门的监管工作效率。[①]

建立专业的网络管理队伍。网络管理，说到底关键还是人才。面对通信技术与网络技术的飞速发展，我国政府的网络管理人才队伍建设明显滞后，缺乏一支既懂技术又懂管理的复合人才，就根本无法应付日益复杂的网络局面，也无法规范网络秩序，保证网络社会的健康与和谐。我国政府应该一方面建立起较为完备的网络从业人员的管理体系，并形成一套成熟的人才培训、评估模式。另一方面也要积极提高现有政府管理人员的管理素质。网络技术在不断地发展，加上政府管理部门现有的网络管理队伍本来专业素养不足，因此，只有对他们不断培训，才能提高他们的业务能力，适应现代网络的管理需求。

制定一个明确的互联网发展管理战略，加强互联网管理的理论研究。21世纪最重要的资源就是信息资源，为了能在国际竞争中占据优势地位，世界许多国家制定了雄心勃勃的互联网发展战略。我国也同样如此，把具有中国特色的网络文化建设作为重要战略目标，力图构建和谐的网络社会。为此，我们也同样需要把构建有中国特色的网络管理机制作为我们互联网发展管理的战略目标，加强先进网络管理方面的理论研究。但是，现在业界与学界对此的关注与研究还是太少，相应的研究成果更少。

变革网络内容监管方式。我国政府对互联网内容的监督，存在两点不

---

① 张君浩：《关于网络传播监管若干问题的探讨》，《前沿》2007 年第 5 期。

足：其一是多头管理问题，各部委多头管理、职能交叉重叠。容易造成相互诿过、推脱责任的情况，同时各部门出台的规章制度由于缺乏统一的规划协调，没有的统一的尺度，有的甚至出现相互冲突的状况，给执法监督带来诸多不便。因此，我国可以借鉴欧盟的经验，将互联网网络和内容独立开来，设立各自独立的法律规范，由不同的部门针对网络和内容分别实施管理，分工配合，理顺管理职能，实行对互联网网络和内容的有效管理。[①]　其二是监管力度拿捏不到位，监管重点不突出。网络不法内容与有害信息确实是网络健康发展的障碍，但仔细分析，发现最突出的矛盾仍然集中在网络色情、网络病毒及对未成年人的损害上。我国政府虽然在打击网络色情与网络病毒方面不遗余力，也取得了阶段性成果，但网络色情与网络病毒依然是影响网络生活的最大顽疾。这说明国家在立法、政府在监管方面投入的依然不够。对未成年人保护方面更是如此，我国目前的网站仍然没有采取分级制度，内容过滤软件也不成熟，未成年人保护方面的法律不够完善。世界上很多国家的互联网管理，特别是发达国家都把保护未成年人放在重要的位置。无论是从立法、民间机构的监督、新技术的开发等角度都会首先考虑保护青少年，使其免受来自网络的不健康内容的侵害。我国学校、家长与社会靠严厉监控孩子上网未必是妥善的解决办法，因此，政府在未成年人上网保护方面还有很长的路要走。

加强运用市场手段调节网络媒体。互联网不仅作为媒体具备文化属性，同时也是一项产业，具有经济属性。政府在对网络硬性控制的基础上，恰当地运用市场手段调节，不但会为政府的管理减负，弥补政府公共服务能力的不足，而且还可促进网络在内容生产上的良性运作，增强整个网络行业的责任感。国外在运用市场调控媒体方面的经验值得我们学习，如在英国，经济杠杆是政府控制新闻单位的重要手段，某家新闻单位盈利太多，政府就课以特别税；如果亏本太多，便能得到特别补助金[②]。这种柔性间接控制方式的好处是，可以避免给人以政府在明显地干涉新闻传媒业的印象，同时又可以取得明显的管理效果。美国也是如此，如在保护未成年人上网方面，美国政

---

① 康彦荣：《欧盟互联网内容管制的经验及对我国的启示》，《世界电信》2007年第4期。
② 中国社会科学院新闻研究所：《七国新闻传播事业》，重庆出版社1988年版，第379—380页。

府就通过税收政策促使网站限制未成年人浏览不良信息。美国政府通过税收优惠的经济驱动促使商业色情网站采取限制未成年人浏览的措施。美国在1998年底通过《网络免税法》，规定政府在两年内不对网络交易服务科征新税或歧视性捐税，但如果商业性色情网站提供17岁以下未成年人浏览裸体、实际或虚拟的性行为、缺乏严肃文学、艺术、政治、科学价值等成人导向的图像和文字，则不得享受网络免税的优惠。美英等国通过市场手段调控互联网的成功实践，值得我国政府积极借鉴与学习。

转变引导方式，改善舆论导向控制。网络媒介同样需要正确的舆论导向。但相比传统媒体，网络媒介的特点，客观上分散了舆论的社会整合性。根据斯图亚特·霍尔的"编码/解码"理论，受众对网络媒介的解读有三种不同形态，即同向、妥协和对抗解读。因此，网络对受众的影响也具有相对差异性。基于这样的特征，网络媒介作为一种舆论载体，一方面自身要积极吸收传统媒体的合理成分，坚持社会主义先进文化的发展方向，遵循文化发展的自身规律，积极弘扬社会主义核心价值观等主旋律，突出文化的高品位，把网络引向合理、有序又充满激情和活力的发展轨道上。另一方面，作为管理方要充分研究和利用网络传媒的传播规律，准确把握网络解读心理，积极培养和建立一批权威的网络主流媒体，在资金、技术、人才方面给予强有力的支持，以发挥网上主流媒体在网络传播环境中引导社会舆论的正效应。①

在舆论引导方式上，政府对网络媒体要避免像传统媒体那样的直接硬性控制，应积极采用新手段，实现柔性间接控制。在英国，政府一般不直接干涉新闻单位的行动，而是通过发布新闻、左右舆论和责令媒体自我管理等办法进行间接控制。在对媒体的间接柔性控制上，我国政府目前正在探索与完善。仍需改进的地方如：健全网上的新闻发布机制，我国的网络新闻发布始于1995年，在短短几年时间里发展势头非常迅猛，但在运用的范围、运用的规模和定期发布机制上还有很大的改进余地。增强网络评论员引导网络舆论的力量，这种方式在我国绝大多数的新闻主流网站或影响较大的论坛上都在进行，政府方面的网络评论员在舆论引导的水平和方式上仍需要改进。现

① 陈健、沈献君：《试论网络媒介的传播特征和管理途径》，《新闻界》2007年第6期。

在官方网络评论员网上评论大多一眼都可被广大网民看出，以至于这些评论员被广泛戏谑为"五毛"，意即被官方收买发一条消息和评论就给五毛钱的枪手，这造成了很不好的影响。因此加强网络评论引导舆论，就需要不断增强网络评论员的素质，转变引导的方式，而不是一味增加评论员的数量。最后是发挥普通网民的作用，保持舆论的正确导向。在引导舆论时，应充分发挥主流新闻网站的"议程设置"功能和网上被俗称为"意见领袖"的作用，通过网上互动，广开言路，吸引广大网民参加，并通过双向互动，引导网民的舆论朝积极向上的方向发展。

　　加强互联网监管的国际合作。网络是一个全球性的媒介，它使信息能跨越国家和地区界限自由地流动，网络监管需要国际间的合作。这种合作包括司法合作与国际专门组织的管理。由于各国的国情不同，某些网络行为在我国违法，但在别国可能就合法；同时在信息源上，由于网络犯罪的国际性和无国界性，使得犯罪者不需要进入实施的国家也可以进行网络犯罪，打击这种犯罪，没有国际间的合作是不行的。网络犯罪的跨国性也需要专门的国际组织来发挥治理作用。国际组织的重要作用可以一方面推动各国在互联网治理上的合作，另一方面则可以制定行业规章制度来规范国际间相关行业的行为，例如世界知识产权组织（WIPO）和国际电信协会（ITU）等都已经在互联网治理上发挥了重要的作用。随着各国合作的增强，国际组织的影响将会越来越大，国际组织在互联网治理方面将会更好地弥补政府行为的不足。最后加强和别国的合作，我们也可以借鉴别国先进的网络管理经验，如学习国外网络内容管理的分级制，积极开发过滤技术、身份识别技术等。

　　最后，政府还要扮好推动者角色，积极推动我国网络法制建设的完善，争取制定一部完整的网络法律，让法制成为网络健康发展的守护神。同时政府还要推动网络行业与网民自律、推动社会各非政府组织共同参与到网络的监督与管理中。

第三节　多方利益博弈下的网络管理

　　中国特色网络管理机制中，网络媒体管理牵扯到诸多方面的利益博弈：

自身利益、政府利益、市场、公众乃至整个社会的博弈。网络媒体做好自身的管理，需要处理好自身问题，处理好与政府、市场、公众等的冲突。唯此，整个互联网行业才能有序、和谐，做大做强。

一　多方博弈——网络媒体管理中的"囚徒困境"

网络媒体加强管理的根本是为了自身更好的发展，这种管理是一个充满多方博弈的复杂过程。很多时候，这种博弈并非是一种合作博弈，而是非合作均衡。在整个大网络管理中，政府、市场、公众乃至整个社会，包括网络媒体本身都是"局中人"，在整个管理博弈中，各方只有都为对方考虑，而不仅仅只为自己的"得失"，才会彼此获得更大收益。

现实管理过程中，网络媒体遇到的博弈困境主要有以下几方面。

（一）网络管理与传统管理的博弈

互联网作为一个行业，内部机构与人员的合理设置与管理是其正常运作的基本前提。但现实中，网站的管理运作还是出现了很多问题。杨壮在《中国互联网公司十大管理问题》中将我国互联网公司的主要问题归结为十项——公司使命：短期行为；经营目标：金融炒作；管理体制：缺乏功能；决策体系：高度集中；领导风格：武断专行；企业文化：缺乏信任；法律文件：一纸空文；成本核算：概念不清；激励机制：空头期权；人力资源：流动频繁。[①]

这些问题与现代管理理念是根本背离的，从博弈角度理解，可以说是网站在内部管理上同网络发展规律的一种博弈失衡状态。我国的网站主要包括商业网站与新闻网站。内部管理上，商业网站主要采取的是股份制，最符合市场运作规律，特别是在 2002 年网络泡沫以后，网络管理在规范化上有了很大起色。但是体制混乱问题依然存在，包括知名门户网站在内，许多互联网上市公司当初辛苦建立的现代企业制度受到冲击，传统"家天下"企业在互联网行业到处可见。新闻网站则大多依托传统媒体，在内部管理及运作上多承袭传统媒体的事业管理、企业运作的双轨制度。虽然媒体网站在发展

---

① 杨壮：《中国互联网公司十大管理问题》，《中国经济快讯》2000 年第 30 期。

过程中力图引入市场机制进行网络公司化运作，"官方网站最大的变化，不仅在于网站规模及内容质量上，还在于经营理念上的变化，比如人民网、新华网及千龙网等网站，已经把满足用户需求提高到很高的位置之上，网站经营双轨制转向市场机制"①。但是，作为体制内的媒体，媒体网站的喉舌功能、舆论导向作用始终占据最为显要的位置。因此在内部管理上难以完全按照市场规律操作运行。

此外，在内部管理上，不管是商业网站还是新闻网站，都面临传统思维定式的制约。网站的采制与发布、从业人员的复合要求、资本运作方式都不同于传统媒体。但是，现在我国网络媒体的业务方式还是基本上按照传统媒体的运作方式进行，这和网络作为新兴媒体的特性与内在规律是不相符的，也导致了网络媒体在业务发展上的障碍和经济运作上的困难。

(二)　网络管理与政府的博弈

网站在管理中与政府的博弈，主要是一种政策博弈。政府作为行政管理者，网络管理离不开政府的服务、引导与支持。网络媒体具有双重属性，经济属性与媒体属性，这就决定了网络媒体，在实现对自己的管理过程中不可能像其他市场经济主体一样进行纯商业性的公司管理运作，它必然受到政府较多的行政管理与干预。因为作为媒体的文化属性加上我国政府对网络媒体的管理惯例，决定了网络媒体在管理运作的两难选择，既要按现代公司管理运作以竭力提高效率，又不能完全以经济利益为指标，还要兼顾到媒体"喉舌"指导属性。

在业务管理运作中，我国网络管理中遭遇的政策瓶颈主要有以下两个方面表现。作为商业网站部分，虽然现在已经成为网络各种信息咨询报道的重要方面，但在新闻采制方面却没有权利，没有自己的记者队伍和编辑队伍，只能按规定转载其他传统媒体或新闻网站的新闻。我国的新闻网站，由于大多依附于传统媒体，从事半事业性质管理经营。在大多数报道任务上，必须与政府的决策行动一致，因此不可能像商业网站那样管理经营，在经济实力上也无法同商业网站等量齐观。这种局面造成的结果是商业网站与新闻网站

---

① 陈彤、曾详雪：《新浪之道，门户网站新闻频道的运营》，福建人民出版社2005年版，第3页。

都有意见，商业网站认为自己没有采制报道权，限制了自己做大做强。而新闻网站认为，自己报道多受政府指导，但获得的经济支助却远逊于自己的付出，受政策制约，自己在市场经济蛋糕上的所得远不如商业网站大。同时自己辛辛苦苦采制的新闻，可以被商业网站任意采用，获得的微薄报酬远低于自己的新闻成本支出。

可见，在内部人事管理与业务管理上，网络管理都面临着与政府之间的政策博弈。商业网站从自身实际利益出发，强烈要求新闻采制权。而新闻网站随着自己不断壮大发展，则会逐渐倾向于业务独立，摆脱政府事无巨细的业务管理与指导，在资本运作上更多地向股份制企业管理发展，以获得更多的经济利益。面对网络媒体的管理政策博弈，政府如何应对是三方能否互赢的关键。

（三）网络管理与市场的博弈

网络管理与市场的博弈，实质是网络管理价值取向问题，在价值取向上是指向社会效益还是看重经济效益。

相对于传统媒体，网络媒体的经济属性比重更大，涉入市场更深。在平时管理运作中，经常会受到市场这只"看不见的手"影响，受市场规律的制约，如以市场需求为导向的规律、实现利益最大化的规律。但网络媒体的文化属性，要求其必须承担一定的社会责任。这就导致了网络媒体在生产管理中，出现经济利益与社会利益的博弈。正如塔克给出"囚徒困境"博弈模型所示，如果网络媒体一切活动都以追求经济利益为根本目的，结果会出现博弈论中的纳什均衡效果，即最终损害自己的发展也会损害社会的公益。

经济学中有一个"外部影响"的概念，当某个人（生产者或消费者）的一项经济活动会给社会上其他成员带来好处，但他自己却不能由此而得到补偿时，这个人从其活动中得到的私人利益就小于该活动所带来的社会利益，这种性质的外部影响被称为"外部经济"；反之，当一个人（生产者或消费者）的一项经济活动会给社会上其他成员带来危害，但他自己却并不为此而支付足够抵偿这种危害的成本，此时，这个人为其活动所付出的私人成本就小于该活动所造成的社会成本，这种性质的外部影响被称为

"外部不经济"。① 在当下"眼球注意力"经济时代，网络媒体所追求的是"点击率为王"，某些商业网站新闻频道编辑的薪酬是直接和网站的新闻点击率挂钩。通常，那些花边新闻、黄色新闻、暴力凶杀等庸俗新闻更能吸引受众的眼球，而那些严肃、高雅、具有教育启发意义的新闻则通常是观者寥寥。在"点击率"的压力之下，严肃高雅的新闻比较容易造成"外部经济"，而黄色庸俗新闻则更容易造成"外部不经济"。

经济上这种"外部影响"的存在，造成了网络媒体在与市场的管理博弈中，出现了类同博弈论中囚徒的两难选择。为了经济利益，往往牺牲社会效益。这种情况下，造成的结果往往是网络新闻失实、低俗信息充斥网络页面、霸王广告不断、虚假舆论弥漫、"网络暴力"膨胀、网络色情、网络黑客、网络病毒、网络赌博、网络侵权等网上违规犯罪猖獗，给社会带来极坏的影响。有的网站为了经济目的，甚至主动向企业索要贿赂，新闻道德荡然无存。如著名的 DONEWS 网站制作人刘韧向企业索要"公关费"时，被人报警。与刘韧一起被抓的涉案人员，还有 17tech 网站总编、5G 网站相关负责人。几个靠"网民创造内容"的网站经营者凑在一起，"打包"被抓，俨然就是一个当前风头最劲的"网络推手"团体的集体落网。

可见，纯粹从自己的经济利益出发，不顾社会效益，充分享有自由，而不顾社会责任，对网站来说并非是福音。普利策曾明言："没有最崇高的理想、仗义执言的志向、对所遇问题的精辟见解，以及真诚的道德责任，新闻事业便会沦为一个只顾商业利益、图谋私利，以及与公众福祉为敌的行业。"

（四）网络媒体管理与公众的博弈

现代传媒环境已经发生了巨大变化，过去以传者为中心、受众为信息"靶子"的时代早已过去。特别是网络出现后，受众的中心地位更加明显。在媒体与受众互动中，受众成为各媒体争夺的稀缺资源。因此，网络媒体在管理中与公众（受众）的博弈，最有利自己的方式是提供高质量的信息服务，充分体现自己对公众的涵化教育功能，树立自己的公信品牌。但实际情况是，很多网络媒体为了眼前短期利益，过分投观众所好，在信息发布时媚

---

① 高鸿业：《西方经济学》（微观部分），中国经济出版社 1996 年版，第 420 页。

俗现象异常明显，信息内容控制审查不严。从长远影响看，导致整个媒体传播环境恶化，并且更容易丧失受众的信赖，成为与公众博弈的彻底失败者。

这种媚俗化倾向，首先体现在网站对信息内容的管理控制上。网站作为信息的发布者，为了吸引受众的注意，追求所谓的"点击率"，获得更多的广告订单，经常大量传播一些带有色情信息或准色情信息、凶杀暴力新闻等用以讨好受众的浅层次感官满足。这种媚俗现象也表现在新闻信息过度娱乐化趋势上，明星的八卦消息、各种未经证实的谣言咨询漫天飞，网络信息走上了一种媚俗化的不归之路。在网民信息发布上，网站为了某种利益考量，通常对一些侵权信息控制不严，造成网络暴力现象频发，有些网站为了扩大知名度，甚至在背后推波助澜，大肆张扬。如，被称为首例"网络暴力"案件中，当事人王菲的妻子姜岩跳楼自杀，大旗网不惜版面，以"从 24 楼跳下自杀的 MM 最后的日记"为题进行专题报道，将王菲姓名、照片、家庭住址、工作单位等个人身份信息全部曝光；北飞的候鸟网站紧随其后，发表明显含有侮辱、诽谤言词的文章，对此事进行评论，其中也包括天涯网站的虚拟社区。事后，北京市朝阳区法院作出一审判决，认定两被告构成侵权，应停止侵权，向原告赔礼道歉，赔偿精神损害抚慰金 8000 元。可见，网络媒体在信息管理上的媚俗化倾向，是在与公众利益博弈时的一种饮鸩止渴式非理性选择。

现代社会，人和大众媒介的关系就像鱼和水的关系，人们每天都被来自各种媒介的大量信息所包容。[①] 然而网站从自己的私利出发，却为受众提供大量质量不高、格调低下的低俗信息。"法兰克福学派"的代表人物 T. W. 阿多诺认为，现代大众传媒已不再是精神生产部门，而是一种"文化工业"，这种新型的工业门类利用越来越高明的技术与技巧炮制了千篇一律、毫无风格的文化商品，利用受众对这些商品的消费活动把他们变成趣味平庸、没有行动意志和反抗意识的乌合之众。媒体的这种媚俗行为客观上为受众提供了大量垃圾信息，受众被大量低俗信息包围，从长期看必然对媒体这种行为产生反感，对公众失去公信与教化的媒体最后必将深受其害。

---

① 张开：《媒介素养教育在信息时代》，《现代传播》2003 年第 1 期。

二 博弈策略——网络管理"囚徒困境"中的多元选择

从博弈论角度看,网站对自身的管理不仅仅只限于其内部的人事互动,它事涉政府、市场与公众,是一个多方互动博弈的过程。在这个博弈过程中,由于网站同各方的非博弈合作,最后产生的结果很可能是各方的"零和游戏",难以产生双赢局面。

网站要走出那种"囚徒困境",就必须在管理博弈上制定一个多方共赢的最佳策略。经济学中的"智猪博弈"案例给了我们很好的启示,故事讲的是:猪圈里有两头猪,一头大猪,一头小猪。猪圈的一边有个踏板,每踩一下踏板,在远离踏板的猪圈的另一边的投食口就会落下少量的食物。如果有一只猪去踩踏板,另一只猪就有机会抢先吃到另一边落下的食物。当小猪踩动踏板时,大猪会在小猪跑到食槽之前刚好吃光所有的食物;若是大猪踩动了踏板,则还有机会在小猪吃完落下的食物之前跑到食槽,争吃到另一半残羹。结果是小猪将选择"搭便车"方法,也就是舒舒服服地等在食槽边;而大猪则为一点残羹不知疲倦地奔忙于踏板和食槽之间。如果要调动两只猪的积极性,最好就是改变策略,即减量加移位方案。投食仅原来的一半分量,但同时将投食口移到踏板附近。结果,小猪和大猪都在拼命地抢着踩踏板。等待者不得食,而多劳者多得,每次的收获刚好消费完。网络媒体在管理中获得最大效益,也必须像"智猪博弈"那样,需要一个最佳规则与博弈策略。只是,这个规则与策略不能仅靠网站单方面制定,它需要博弈各方的共同努力。

(一) 加强内部管理与行业自律

作为网络媒体,在对自身的管理中,要做好两点:加强对自身内部的现代化高效率管理和积极实施行业自律。

加强网络行业自律首先要加强内部管理。加强内部管理是网络发展的基础,只有练好内功,网络在整个大的管理博弈环境中才能进退自如。加强内部管理要求网络真正按照国际上的通行标准,建立起现代化的股份管理制度,统一人、财、物,把各种网络资源集合在一起,形成高效的配置机制,形成对外竞争强有力的拳头。在现代化企业管理中,人才可谓关键因素,网站在理顺管理体制的基础上，应该立足现有，积极寻求与有关高等院校的合作，培养具有新闻和计算机网络技术高等教育背景的复合型专门人才。同时自己也要形成对自己员工培训的机制，必要时，还需要引进国际高级网络管理人才。

各网站在积极争取国家扶持政策的基础上，可以打破单位的分隔，跨单位、跨行业进行多领域的大整合，优势互补，以强带弱，实现资源升值。其实，媒介领域的整合或融合，早在1999年就实质性的进行了，只是仅限于在传统媒体中的单一行业领域，整合的还不够彻底。网络出现，客观上要求各大新旧媒体在管理上真正实现媒介融合，形成规模经营，才能促进各自的发展，并在国际媒体竞争中占有一席之地。

加强网络内部管理的另一途径是网站形成自己的特色，树立品牌意识。中国互联网络信息中心（CNNIC）在2008年7月的中国互联网发展状况统计报告表明，网络新闻使用率为81.5%，用户规模达到2.06亿人。网络新闻阅读率比2007年12月增加了8.8个百分点。可见，网络媒体树立自己品牌、形成自己特色最直接的途径就是以新闻为导入开展特色经营。美国的一项调查表明网站的知名度和美誉度与母媒体的知名度和美誉度相关系数并不高，而主要靠网站本身的经营积累，靠网民的数字选票。人气旺盛的网站都有独家优势，比如新浪的新闻，凤凰网的高端信息咨询。当然，媒体网站的卖点不应当仅是新闻，还应当是特色新闻依托母媒体量身定做的新闻风格，找准网站新闻的规模、层次、地域分工和行业特征，确立网站新闻的主攻方向，并且充分利用母媒体的采编资源优势打造特色新闻产品。[①] 这就是为什么在美国，著名的新闻网站都是从传统媒体转过来的，如《美国有线电视新闻网》和《华尔街日报》网站。而在中国，商业网站占有一定优势。现在，做特色、树品牌的意识已不光是在商业网站，新闻网站对此也有很深的体会，并付诸行动。如人民网拥有最权威政府信息的《中国日报》网站朝着"最大、最权威、最有影响的关于中国信息的英文网"发展；东方网追求成为"上海新闻在网络上最权威的声音"；千龙网提出的口号是"一览首都新闻，只要上千龙网"。"新闻立网"已经成为不少网站办网的特色，毕竟

---

① 刘茜：《媒体网站的战略调查》，《中国记者》2001年第2期。

在信息泛滥的年代，特色新闻反倒成了稀缺资源，只有高质量的新闻咨询才能带来更多的投资和广告资源。

网络媒体在内容上加强管理，形成品牌也绝不能忽视各种软性咨询服务。互联网提供的服务包括互联网站对客户的购物服务（B2C）、信息交换服务、通过互联网连接而形成的厂家与厂家的联系（B2B）。互联网的服务功能奠定了互联网在社会经济生活中扮演的重要作用，互联网可以改变以往许多的社会行为方式和工作程序。① 深度介入信息业提供咨询服务也是网络软性服务的重要组成部分，诸如气象预报、经济信息、交通状况、科学知识、娱乐动态等方面的信息，通过互联网媒介向公众推介。同时利用网络的空间无限的特性，向公众传播各种科普知识，充分发挥"没有围墙的百科全书"的功能。在美国，《商业周刊》和《华尔街日报》就是依靠独家商业信息和深度经济分析进行有偿信息服务，开辟了网络盈利管理的新渠道。

其次是积极实施网络行业自律。一位编辑说得好："英国的新闻界，作为一种商业性事业，它受资本家的控制；而作为一种道义上的力量，它受记者本人的控制。"② 行业自律是网站实现现代管理的保障，没有行业自律网站在管理中容易走上自私自利的邪路，不利于网络管理的可持续发展。传播学家郑贞铭认为："新闻自律也可以说是新闻事业对社会责任的实践，也是传统道德的发扬。"③ 传播学家黄旦认为："是什么东西使得职业传播者能够使其充分地完成其任务、发挥其良好的作用？像法律规定、社会舆论的监督、受众的意见，等等，都能起一部分作用，但更重要的是加强职业传播者自身新闻道德自律。新闻道德自律是指新闻从业组织人员，制订共同的道德和行为规范进行自我约，以贯彻、履行自己的社会责任。"④

加强网络行业自律，需要清醒的认识到我国目前行业自律中所存在一些问题。由于我国的网络安全监管体制仍是一个自上而下的体系，更多的强调了政府监管机构的监管主体地位，对行业自律的重视不够，没有明确行业自律组织的监管主体地位，没有明确授予相应的自律监管权力，导致这些组织

---

① 牛康：《互联网传播媒体的社会影响与社会责任》，《福州大学学报》2003 年第 17 卷第 3 期。
② 胡康大：《英国的政治制度》，社会科学文献出版社 1993 年版，第 236 页。
③ 郑贞铭：《新闻学与大众传播学》，三民书局 1984 年版，第 202—203 页。
④ 黄旦：《新闻传播学》，杭州大学出版社 1995 年版，第 191 页。

对会员监管的能力较差。监管主体地位的不明确也导致网络安全自律组织缺乏应有的权威性和有效性，自律性监管体系缺乏统一性、协调性。以中国互联网协会网络安全中心为例，目前现实中存在不少问题：首先，自律组织体制发展不健全，没有形成自上而下的统一体系，难以协调协会成员之间的工作；其次，自律管理较为混乱，目前还不能完全承担起自我监管的任务；再次，信息产业部对组织的干预偏多，导致了中心的独立性较差，自律监管职能还不完善；最后，自律组织不能反映会员的利益和要求，不能对违法违规会员给予必要的惩戒。[①]

加强网络行业自律，需要建立行业自律机制做保障。在网站自身提高其从业人员的专业素质、培养其爱岗敬业、为民服务的理念外，首先需要建立自律规约保证网络行业顺利进行。近年来，我国互联网业界先后制定了一系列自律公约和规范。如《互联网新闻信息服务自律公约》、《互联网站禁止传播淫秽色情等违法和不良信息自律规范》和《互联网搜索引擎服务商抵制淫秽色情等违法和不良信息自律规范》等，根据这些规范，我国互联网行业自律取得显著成绩，自律意识普遍增强，自律范围逐步扩大，自律行动取得了很大成效。

行业监督协会方面，国外的新闻评议会制度也许是一种最好的选择。1910 年挪威成立的"报业仲裁委员会"和 1916 年瑞典成立的"报业荣誉法庭"是出现最早的媒体行业协会。美国在 1998 年出台了《网络免税法》，对自律较好的网络服务商给予两年免征新税的待遇，行业协会对商业网站的发展实施保护和监管并重的策略。1996 年 9 月，英国网络服务提供商自发成立了半官方组织——网络观察基金会，在贸易和工业部、内政部及城市警察署的支持下开展日常工作。欧盟建立的"安全互联网论坛"，广泛吸引了包括企业代表、法律强制机构、决策者以及用户群体代表在内的各界人士的关注和参加，为各方提供一个经验交流和借鉴以及共谋对策的平台，对希望建立自律机构的国家给予建议和支持等。从西方的新闻实践看，新闻评议会制度不失为媒体自律的一种有效方式。

成立行业监督协会与媒体投诉委员会之类的机构，以推进互联网行业自

---

① 马瑞妮：《网络安全文化建设的法律问题研究》，硕士学位论文，西安理工大学，2007 年。

律，做到自觉维护社会主流价值观、自觉传播先进文化、自觉抵制庸俗报道之风、自觉维护社会公益、共同维护网络媒体的诚信公正。这一组织除了规定一些新闻工作中必须遵守的细则并强化监督机制外，还可以对媒体的职业道德建设进行监督和评比，最后落实到评级、评奖、评比等与利益相关的活动中。即时公布并处理违规的新闻工作者和新闻媒体，是在法律规范和道德自律之外的另一个有效的方式，即启动社会舆论的力量来监督新闻传媒的运作。俗话说，"千夫所指，无疾而终"，舆论确实是一种重要的，无形的社会力量，将那些违规的新闻工作者和新闻媒体暴露在社会舆论之下，必然会起到良好的效果。① 例如，为了促进网络文化建设，提高文明办网水平，营造健康向上的网络环境。中国互联网协会互联网新闻信息服务工作委员会发布公告，从 2008 年起开展文明网站评选活动。由中国互联网协会行业自律工作委员会主办，违法和不良信息举报中心、12321 网络不良与垃圾信息举报受理中心协办的 2008 年度"中国互联网行业自律贡献奖"，分别被授予人民网、新华网、阿里巴巴等 20 家网站，以表彰他们在行业自律方面所作出的贡献。同时，中国互联网络信息中心（CNNIC）在不同时期，也对多家违背《互联网自律公约》网站公告或进行处罚。这些奖惩措施，在网络行业自律中发挥了很好的监督效果。

（二）履行网络媒体的社会责任

解决网络管理同市场之间的博弈落差，需要平衡社会责任与商业利益之间的关系，提升网络媒体的新闻专业主义。

媒体承载着一定的社会责任。20 世纪 40 年代，美国学者率先提出了大众传媒的社会责任理论。社会责任是指个人或团体在所从事的各种活动中，应当对所有利益相关者承担相应的责任，以求不仅在经济方面，更在社会环境等领域获得可持续发展的能力②。社会责任是媒体作为社会公器必须履行的责任与义务，因为它直接关系到社会的稳定、经济的发展以及公众的思想文化生活。网络媒体管理与市场的博弈中，如果纯以经济利益为导向，必将

---

① 吴飞、林敏：《政府的节制与媒体的自律》，《浙江大学学报》2005 年第 35 卷第 2 期。
② 《中国网络媒体的社会责任——北京宣言》，2003 年。

使自己成为致祸之源。要是这种管理博弈达到双赢，网站在履行自己的社会责任时关键要做到两点：提升自己的新闻专业主义和坚持正确的舆论导向。

"新闻专业主义"是在美国政党报纸解体后在新闻界中发展起来的"公共服务"的信念，它是改良时代行政理性主义和专业中立主义总趋势的一个部分。新闻专业主义的目标是服务于全体人民，而不是某一利益团体。它最突出的特点，是对新闻客观性的信念，相信可以从非党派的、非团体的立场准确报道新闻事实。它的最高理想是传播真实、真相或真理。新闻专业主义要求把关人在作必不可少的抉择时，按照"新闻价值"的中立标准进行取舍，当批评社会和国家时，它们是人民的代言人；同时，它们又是人民的教化者。① 媒体在市场的冲击下，只有坚持和固守新闻专业主义，才能抵住各种商业诱惑，才能够把好事实关，防止虚假、黄色、低俗信息泛滥，才能对社会发挥积极监督的功能，对公众起到"孜孜不倦"的教化者角色。也只有这样，网络媒体才能真正起到维护社会公共利益，杜绝整个网络行业职业道德的进一步滑坡。

在我国，网络媒体履行社会责任尤其要注重正确的舆论导向。我国毕竟不同于西方资本主义国家，我们国家的任务是要实现四个现代化，建设有中国特色的社会主义，因此社会公益价值尤其需要媒体遵行。作为网络媒体，履行自己的社会责任就必须保持正确的舆论导向，只有保持正确的舆论导向，媒体才能在报道中坚持正确的政治方向，才能传播具有中国特色的网络文化，也才能真正做到国家的安全和社会的稳定。

其实，网络媒体在管理博弈过程中，追求商业利益与履行社会责任两者之间是辩证统一的关系。对于一"出生"就"断奶"的网络媒体来说，只有自食其力，依靠自身的"造血"机制壮大力量，才能更好地承担社会责任；而履行好社会责任，才能树立媒体的品牌、权威形象，提升媒体的影响力，从而争取更多的市场份额，获得更多的利润。

（三）加强政府引导与公众、社会的监督

网络管理在与政府的博弈上，始终是处于弱势的地位。若在控制管理

---

① 徐锋：《新闻专业主义对我国新闻业的参照意义》，《新闻记者》2003 年第 5 期。

上，政府过于强势、事必躬亲，必然导致网络媒体在具体管理上消极被动，不利于整个互联网的发展与繁荣。如果政府对网络控制过于松懈，则网络在管理上又必然产生违法混乱。这就是所谓在网络管理上"一管就死，一放就乱"的现象。

因此，网络管理与政府的博弈，应该有一个最佳的互动策略。政府对网络运营减少直接干预，把更多的精力放在对网络的政策服务与引导上。"少干预、重自律"是当前国际互联网管理的一个共同思路。各国越来越强调政府作为服务者的角色，承认政府管理的"有限性"，着重发挥政府的服务和协调职能。政府的职责主要集中在制定相关法规和政策导向上，具体的操作规范则由行业协会等组织来制定实施，比较而言，政府监管具有补充性。以行业为主的协同监管，具有较强的可操作性，同时还可以减少政府对行业的干预，减少管理成本。① 政府对网络媒体多提供政策支持，进行宏观调控，并辅以适当的行政手段，消除网络媒体发展不利的外部影响，做网络文化秩序的维护者，从而实现网络媒体在与政府管理博弈中的动态平衡。

网站在与公众的管理博弈上，一方面网站需要加强对公众的引导，另一方面，网站也需要公众与社会的监督。

对公众的引导，是网络媒体实现媒体涵化功能的一个重要表现，也是树立网站自身品牌，为自己在公众中树立口碑赢得无形的资产利益。基于网站的特性，网络媒体更应该成为一盏明灯，为民众提供教育、指引航程。然而出于某种原因与动力所驱，在传统媒体与互联网等新媒体的合谋下，媒介传播机器制造了大量的垃圾信息甚至是有害信息，形成一种信息无所不在的泡沫状态，从而为公众的信息认知造成迷途，在涵化教育功能上与社会背道而驰。网络媒体在平时的生产管理中，加强"把关"意识、重拾"议题设置"功能并重视与运用好民间的"意见领袖"，是做好引导功能的必需功课。

加强社会第三部门的监督也是网络和谐管理的重要组成部分。在网络管理上，经常会出现"政府失灵"与"市场失灵"的现象。网络管理过程中，"看得见的手"与"看不见的手"都有失手时候，因此治理学派带给网络媒体管理的启示是引入"第三只手"或走"第三条道路"，即引入社会第三部

---

① 王雪飞、张一农、秦军：《国外互联网管理经验分析》，《现代电信科技》2007 年第 5 期。

门的监督，社会监督加上政府与市场两只手的共同起作用，相应的，就构筑起了网络媒体在管理上的最佳模式，并极大地改善网络媒体的宏观管理环境。

（四）小结：发挥网络媒体管理的"三只手"效应

从博弈论角度分析，我们可以看出网络媒体管理并非仅仅是对其内部进行现代化企业管理那么简单，而是一个复杂的利益博弈过程。这种博弈通常情况下又并非都会产生多赢的局面，而是一个非合作博弈的过程。在管理中网络媒体更容易受到市场那只"看不见的手"的影响，导致在管理博弈过程中产生博弈论中所说的"纳什均衡"，即对各方都非最好的局面。

纠正网络媒体在管理中的失误，就需要清醒的认识到网络管理的复杂状况，采取最佳的博弈策略。具体到我国的网络管理，就是要同时发挥"三只手"的协调控制功能，即政府、市场和社会第三部门的互动协调。这里的第三部门是泛指网络行业协会及其他非政府团体，甚至包括网民乃至全体公众。政府是"看得见的手"，主要负责网络管理的政策供给与管理服务；市场是"看不见的手"，会督促网络媒体加强对其内部的现代化管理，充分发挥自己的经济创造功能。社会第三部门（包括公众和所有社会团体）则是这两者之外的"第三只手"，他能弥补前两者在管理上所带来的不足，使整个网络管理在宏观上、微观管理博弈上达到和谐的程度，三者的联动，既有利于网络媒体的健康发展，也同时能带动整个社会的和谐进步，使网络媒体在管理中达到社会效益与经济效益俱佳的状态，赢得多方共赢的局面。

第四节　中国特色网络管理机制的构建

我国网络管理的目的是和谐管理、建立有中国特色的网络文化，这种管理根本保障在于建立一套有中国特色的网络管理机制，对网络实行有效管理。美国评论家托马斯·弗雷德曼评论美国的成功秘密，认为美国的成功秘密不在于华尔街，也不在于硅谷，不在于空军，也不在于海军，不在于言论自由，也不在于自由市场，秘密在于长盛不衰的法治及其背后的制度。可见，网络管理中的有效管理应该是看网络发展是否建立在科学管理制度上的良性运行体制，以及管理者是否在合理运用管理手段。

　　互联网是一个无国界的自由空间，网络管理的复杂程度也远非任何传统对象可以相比，置身于现代结构复杂、价值多元社会之中，单靠政府是无法解决纷繁多样的网络问题的。要实现网络的有效管理，必须政府、网络行业、网民以及各社会团体的共同努力，在多方合作博弈下对网络实现"共同调控"。这种具有中国特色管理机制的模式如图 23 - 2 所示。

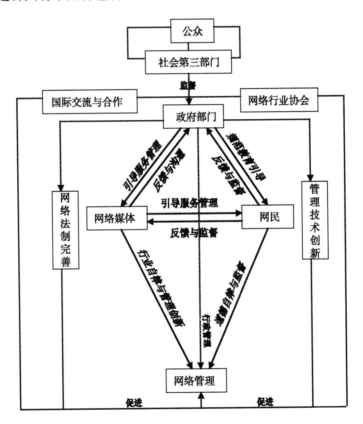

图 23 - 2　中国特色的互联网管理机构模式

　　图 23 - 2 模型的显示是有别于科层制与市场的新的治理模式，这种模式体现了三大特点：管理的多元性；互动平衡性；良性调节性。管理多元性中，强调网络的管理者由多方组成，包括政府、网络行业、网民、网络行业

协会、社会公众和社会第三团体，甚至包括网络国际交流合作组织等。多元管理是由网络的特性决定的，单一的政府行政管理并不能带来很好的网络管理效果，同时政府体制内的管理资源也无法应付庞大的管理任务。

互动平衡性是在多元管理基础上的一种动态平衡，这种平衡并不表明网络管理各方的权利与职责都是平等的，它呈现的是一种彼此之间相互协调、相互制约的关系，在管理上保持一种和谐与稳定。在多方参与下，政府、网络行业、网民形成对网络管理最重要的"风筝互动模式"，它是在网络管理最重要的三方——政府、网络媒体、网民中形成一种交互性的动态平衡关系。这种风筝互动模式思想源于心理学中的平衡理论，也同传播学领域中的双向传播模式一脉相承。1973年，麦克劳德与查菲提出了风筝互向模式如图23-3所示：

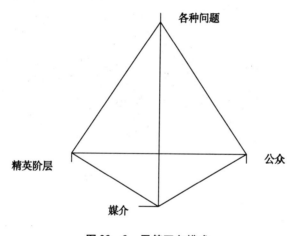

图23-3　风筝互向模式

图23-3模式精英阶层通常是指一个单方面的政治利益集团，这种模式表明了精英阶层、媒介、公众在面对传播中的各种问题时，是相互制约的。借鉴到网络管理中，可以把精英阶层看做网络管理中的政府，媒介可以代表网络媒体，公众可指网民，各种问题代表网络管理，则政府、网络媒体、网民在各种网络管理问题上实现一种动态平衡。在这种管理中，两两之间相互作用、相互影响、相互调节和控制，以达到一种趋于平衡的动态过程。这种模式不同于传统管理上的自由模式、严控模式和责任模式，是管理中的理想状态。

网络发展中，网络需要政府管理毫无疑问，但在管理中，政府依然需要受到网络行业、网民乃至整个社会的监督与制约。公共选择理论（Public Choice Theory）的创始人，美国经济学家詹姆斯·布坎南（James M. Buchanan）认为，政府并不是一个摆脱了利己心的公共机构，也不是作为一个专门为社会谋福利而没有自身利益的组织，其参与主体——个人更不是无私奉献的"圣人"，而是"经济人"。这说明作为经济人的政府并不代表公众的利益，有时也有部门利益，只有受到各方制衡与约束，政府才不会滥权，才能在各方监督下达到善治的效果。同理，网络行业作为市场中的运行单位，也有自己的利益，也需要政府的管理与网民的监督。网民则更需要政府与网络媒体的引导、管理与规范。在相互协调方面，网络媒体需要政府政策支持与引导，需要网民的信任与理解。政府也需要网络媒体与网民的信心反馈与沟通。网民则需要政府和网络媒体的引导、服务与教育。可见，在网络管理中，政府、网络媒体和网民需要一种相互协调、相互制约的动态平衡关系。

然而，仅仅政府、网络媒体与网民三者之间的平衡互动仍有不足，网络管理还需要网络行业协会、社会第三部门和全体社会公众的共同监督，并积极加强国际交流，把网络多方平衡管理纳入社会范围当中，形成一种具有开放性的动态交流与制约平衡。具体到我国网络管理实际，这种特色网络管理机制尤其需要强调的是，政府方面加强对网络行业的政策服务与引导，在管理中以法制为主，管理相对节制，并注重网络管理技术方面的开发与创新。

第 二 十 四 章

"网络中立"规制的形成与发展

"网络中立"概念 2002 年起源于美国，2005 年伴随两个重要案例（FCC v. Brand X 和 FCC v. Madison River Communications）的出现，成为学术研究的热点，2008 年之后，欧洲大陆开始关注，网络中立规制很快升温为一个全球性的热点与前沿问题。

第一节 "网络中立"概念的界定

一 "网络中立"的概念内涵

"网络中立"，首先由美国宽带用户和创新者联盟（CBUI）在 2002 年 11 月给美国联邦通讯委员会（FCC）的第一次评论中使用。该组织认为，美国联邦通讯委员会应采取措施，防止网络所有者歧视不附属于网络运营商的网站、应用、服务或设备。而该组织包括几个大的在线内容提供商，消费者团体和设备制造商，如雅虎、易贝网、亚马逊、微软、苹果、迪士尼、美国信息技术协会（ITAA）、消费者电子协会（CEA）、全国制造商协会、媒介接入工程（MAP）等。

准确界定"网络中立"相当复杂，不仅因为涉的问题复杂，而且在本质上是交叉学科的，争论涉及网络技术、市场经济、反托拉斯法等不同领域。一般认为该概念受到政治和意识形态极化的扭曲。Tim Wu（2003），提出网络中立的概念应该由政府来界定还是以互联网工程任务组①的标准？还是网络理论家的直觉？② 联邦贸易委员会（FTC，2007）也说到"网络中立这个词用于确认不同的政策关注和规定，不同派别提出的这些关注和规定引发了对宽带互联网连接的更广泛的社会讨论"③。

从相关文献来看，经济学家更关注双边市场、价格歧视、市场效率、拥堵经济学等问题，如 Yoo（2006）经常把网络中立看做是对经济福利、创新与投资的抑制；法学家更关注规制手段、言论自由、宽带计划、版权/隐私权等问题，如 Lessig 认为网络中立是在公平环境中表达自由和创新权利的技术体现；技术专家更关注互联网结构、端对端设计、开放接入、网络协议等问题，如 Harpham（2009）认为网络中立是"比特就是比特就是比特"，认为所有数据应平等对待；政治学家更关注民主参与和言论自由保护等公民权利，如 Kyle Dixon（2006）把网络中立理解为一系列"接入"高速宽带管道的民主权利。

为寻找"网络中立"概念内涵的共识，我们列举比较典型的表述如下：

（1）"网络中立是允许任何消费者访问任何网站，附加（attach）任何设备和接入任何互联网上任何内容的原则。它也确保任何应用、内容或服务提供商在没有阻挡、降级或伤害下到达消费者。"（Windhausen，2006）④

（2）"网络中立是互联网用户可接入任何网络内容或使用任何应用而不受到来自互联网服务提供商的限制的原则。"（Alan Joch，2009）⑤

（3）"网络中立是运用于宽带网络的一项原则，旨在确保信息自由和不受限制的流动。一个中立的宽带网络免于对附着的设备，支持的传播模式，

---

① 互联网工程任务组（Internet Engineering Task Force，简称 IETF）成立于 1985 年底，是全球互联网最具权威的技术标准化组织，主要任务是负责互联网相关技术规范的研发和制定，当前绝大多数国际互联网技术标准出自 IETF。

② Tim Wu，"Network Neutrality, Broadband Discrimination"，*Journal of Telecommunications and High Technology Law*，No. 2，2003，p. 141.

③ Federal Trade Commission，"Broadband Connectivity Competition Policy：FTC Staff Report"，http：//www.ftc.gov/reports/broadband/v070000report.pdf.

④ Jr. John Windhausen，"Good Fences Make Bad Broadband：Preserving an Open Internet through Net Neutrality"，*A Public Knowledge White Paper*，February 6th，2006.

⑤ Alan Joch，"Debating net neutrality"，*Communications of the ACM*，No. 52，2009，p. 14.

接入的内容，连接任何资源的质量和速度等方面的限制。"（Tim Wu，2003）①

（4）"网络中立可界定为在不同数据传播网络之间的非歧视互联，允许用户接入内容，运行服务、应用和他们所选择的设备。简单地说，宽带网络不应在喜欢和不喜欢的互联网内容、服务和应用之间进行歧视的原则。"（Meinrath & Pickard，2006）②

（5）"网络中立确保所有用户能接入内容或运行他们选择的应用和设备。在网络中立下，网络唯一的工作就是移动数据——不选择什么数据因更高质量服务而得到优化。网络中立阻止控制线路的运营商歧视基于来源或所有权的内容。"（支持网络中立团体"Save the Internet"，2006）③

（6）"网络中立是这样一种原则，即依赖公共产权的网络拥有者不能运用他们的所有权在他们的客户之间区别对待。互联网应尽最大努力确保所有内容能得到平等对待。"（Aaron Weiss，2006）④

（7）"在任何定义下，中立网络不应基于内容、信源、信宿或任何其他数据特征以一种任何终端用户，内容提供商或应用提供商不想要的方式来偏爱信息流。在一个促进创新和投资的环境里向网络用户提供无偏见的内容或服务选择是基本原则。"（Mark Gaynor，2007）⑤

以上概念的界定基本上把"网络中立"看做一个原则，强调网络提供商必须平等地对待所有的内容、应用、服务和设备，主张绝对的平等、开放和自由。

也有些学者把网络中立界定为一系列主张。如，Jon Crowcroft（2007）针对网络中立争议的不同构成要素：连接中立（Connectivity Neutrality）：关于每层端对端服务的连接中立必须定义；表现中立（Performance Neutrality）：必须以一种可衡量的、全面的和透明的方式来界定服务质量（如稳定，

---

① Tim Wu，"Network neutrality FAQ"，http：//www. timwu. org/network_ neutrality. html.

② Sascha D. Meinrath，Victor W. Pickard，"The New Network Neutrality：Criteria for Internet Freedom"，*International Journal of Communications Law and Policy*，Vol. 12，2008，pp. 225 –243.

③ Save the Internet. Frequently Asked Questions［EB/OL］，http：//www. savetheinternet. com/ = faq.

④ Aaron Weiss，"Net Neutrality：There's Nothing Neutral About It"，*NetWorker*，Vol. 10，No. 2，2006，pp. 18 –25.

⑤ Mark Gaynor，"Valuing Network Neutrality"，*Broadb and Properties*，No. 2，2007，p. 73.

清晰等）协议的规则；服务中立（Service Neutrality）：必须以一种允许跨提供商/跨平台差异的方式，为获得诸如多路接入（multi – home）、多路广播（multicast）、移动网络（mobility）等新网络服务而界定的规则；跨层中立（Cross Layer Neutrality）：必须界定服务的联盟合作是怎样建立的，消费者怎样在这些服务之间进行选择。① 再如，哥伦比亚大学 Eli Noam（2006）教授从 7 个方面提出了"网络中立"的多重意义：对互联网服务没有不同的质量等级（"快车道"）；互联网提供商之间没有价格歧视；对内容和应用提供商不收取垄断价格；不能为传输提供商的内容而向他们收费；不能歧视与运营商自己内容相竞争的内容提供商；运营商不能对他们传输的内容有选择；不能阻挡用户接入某些网站。②

　　综合以上诸多表述，美国学界对"网络中立"概念的普遍认识是，网络中立是网络服务提供商③应平等对待所有合法的内容/应用/设备的网络接入，而不应歧视不附属于自己或合作方的内容/应用/设备的基本原则。因而，规制的对象主要针对网络服务提供商的各种歧视性行为。

二　网络中立概念的主要外延

　　网络中立概念在外延上主要关注作为把关人的 ISP 有潜力产生歧视性行为。这些歧视性行为的把关机制主要体现为三个方面的"流量塑造"（traffic shaping），具体为：

（一）阻挡（Blocking）

　　拒绝接入网络上不受欢迎的内容或应用，使消费者不能接入网络上的某些内容或应用。这里所谓的"不受欢迎"，大致包括几类情况：

　　1. 非附属于自己的，对自己传统业务构成挑战的内容/应用，通常包括 DSL 服务提供商为了自己的传统电话业务对 VoIP 服务的阻挡，有线电视调

---

① Jon Crowcroft, Net Neutrality：The Technical Side of the Debate, International Journal of Communication 1（2007），p. 579.

② Noam, E. M. a third way for net neutrality, http：//www. ft. com/cms/s/2/acf14410 – 3776 – 11db – bc01 – 0000779e2340. htm/.

③ 在引文中，有时为了尊重一些参考文献的原意，"网络服务提供商"一词可能还会以"宽带网络提供商"、"网络运营商"的表述出现，但所指对象应是相同的，即提供网络基础设施的实体。

制解调器（cable modem）服务提供商为了自己的传统电视业务对 IPTV 的阻挡。如 2005 年位于华盛顿的无线网络服务提供商 Clearwire 开始阻挡宽带电话公司 Vonage 的所有网络电话。因为 Clearwire 正在运行他们自己的、提供与 Vonage 相同特征的网络电话服务。

2. 非战略联盟的内容/应用。如美国头号无线运营商，也是 AT&T 的一部分的辛格乐（Cingular）阻挡其客户使用任何竞争的在线支付服务以在 eBay 上进行购买的意图。在与 Direct Bill 的在线支付服务签订合同后，Cingular 阻挡了贝宝（PayPal，全球在线收付款解决方案领导者）。Cingular 在一份泄露的备忘录中陈述，"请注意，在其客户支付内容和（或）服务时，应总是并且唯一地把 Direct Bill 的选项提供给 Cingular 客户。把 PayPal 和（或）其信用卡选项提供给 Cingular 无线客户的任何计划都要得到 Cingular 无线的检查"①。

3. 有损于自己名誉的网络内容。如 2007 年 8 月，AT&T 针对对其母公司或下属公司的名誉造成伤害的任何活动，单方面修改了它的客户服务条款协议，以给予其终止客户的 DSL 服务的权利。AT&T 新的客户合同没有具体说明被认为是"有伤害的"的行为类型，因此给予公司不受限制的自由裁量权自行决定。AT&T 发言人声称，客户服务条款协议旨在使公司与促进暴力或威胁儿童的语言分离开来。

4. 对政治敏感内容的阻挡。如不利于公司经济或政治利益的言语、组织的对立分子开办的网站，当执政者不高兴的政治内容等。如 2007 年，Verizon 无线公司切断了一个支持堕胎权利的团体 NARAL 向其支持者发送的信息②。

（二）降级（degrading）

网络中立语境中的降级，指网络提供商有意通过限制数据流的带宽或速率，拖延特定的网络内容/应用提供商的数据流。降级使某段时间内敏感性

① Scott Smith, "Cingular Playing Tough on Content Payments", July 7th, 2006. http：//www. mobile-weblog. com/50226711/cingular_ playing_ tough_ on_ content_ payment. php.

② Adam Liptak, "Verizon Blocks Messages of Abortion Rights Group", Sept. 27th, 2007. http：//www. nytimes. com/2007/09/27/us/27verizon. html.

应用如网络视频、网络电话、在线游戏等流媒体出现拖延（delaying）、抖动（jitter）、掉包（packet dropping）等，使得应用的表现或性能不稳定，影响服务质量和在线体验。降级行为一般发生在使用高峰期，这些瓶颈中的拥堵会降低其订户的基本互联网接入。

具有市场支配地位的网络运营商为了平衡他们在网络内容市场上的权力，也通过降级网络内容提供商的数据传输能力来影响其他的网络内容提供商。如"他们能创造不喜欢的用户的黑名单，降级这些用户接入某些应用、服务或数据。他们会无形地降级有敌意的工会、批判性的网站，或他们不喜欢的政策的口头支持者。或他们仅仅要求用户以'照单点菜'的方式支付接入互联网的不同部分，就跟有线电视公司销售电视频道套餐一样"①。

（三）优化（prioritising）

也称为分层排序（tiering）或"服务质量"（Quality of service），即宽带提供商根据不同的服务质量层次向应用/内容提供商来收取费用②（如图 24 - 1），以获得接入他们网络时更高的数据流速率，以及为他们自己附属的应用/内容提供比竞争对手更高的服务质量保证。

分层优化给予网络运营商以控制权，允许他们决定什么样的数据包得到优化，允许他们按质按量为不同类型的应用③（图 24 - 2）或者不同的服务套餐④（表 24 - 1）确定价格。

在设置优化后网络运营商仅仅为少量的客户提供优化的服务，而将没有得到优化的服务排挤在"快车道"之外，由此一些新接入市场的创新服务可能处于不利地位，一些网络提供商甚至可能向一些需要服务质量的应用施加压力。

---

① Jay Stanley, "Why The Government Must Act To Preserve The Free And Open Internet", American Civil LibertiesUnion, October 2010. 7. http：//www. aclu. org/free - speech - technology - and - liberty/network - neutrality - 101 - why - government - must - act - preserve - free - and - .

② Quality of service ［EB/OL］, http：//en. wikipedia. org/wiki/Quality_ of_ service.

③ Carey Larson, "Network Neutrality：Preserving Openness and Innovation on the Internet", Congressional Digest, Vol. 86, No. 2, 2007, p. 2.

④ Ibid.

用户优先级	流量类型
0（最低）	尽力服务
1	背景流量
2	标准（备用）
3	很好服务 （业务关键）
4	控制流量 （流式多媒体）
5	语音和视频 （互动媒体与语音） [小于100米/秒的时延与抖动]
6	第三层网络控制流量保留 [小于10米/秒的时延与抖动]
7（最高）	第二层网络控制流量保留 [最低的时延与抖动]

图 24 - 1　服务质量层次分级[1]

表 24 - 1　　宽带互联网服务公司（BIS Inc.）提供的服务套餐收费[2]

（ ∗ 不保证速度及可用性）

	购物网站	休闲网站	最新网站	博客	容量与流量
基础套餐 MYM69.99/月	可登入 200 个 购物网站	100 个以上的 娱乐、运动、 电影网站	最新的 6 个 网站	最好的 30 个 博客	游戏、文件共享、 无限 VPN 流量
升级套餐 MYM99.99/月	可登入 400 个 购物网站	200 个以上的 娱乐、运动、 电影网站	最新的 20 个 网站	最好的 60 个 博客	10G 文件共享和 VPN 流量

---

① 资料来源：http：//en. wikipedia. org/wiki/Quality - of - service.

② Carey Larson，"Network Neutrality：Preserving Openness and Innovation on the Internet"，*Congressional Digest*，Vol. 86，No. 2，2007，p. 2.

续表

	购物网站	休闲网站	最新网站	博客	容量与流量
超级套餐 MYM149.99/月	可登入 1000 个购物网站	400 个娱乐、 运 动、电 影 网站	最新的 60 个 网站	最好的 1000 个博客	无限的游戏、文件 共享和 VPN 使用

图 24 – 2　根据不同类型的数据包收费

第二节　美国网络中立规制的实践

"网络中立"规制发端于 20—21 世纪之交，在 2008 年底达到高潮，在近十年间，美国"网络中立"争论在政府规制上经历了重要转折。我们从 FCC 的规制角色和国会议员的提案来进行考察。

一　小布什适度规制时期

2000 年掌权的美国共和党人认为建立宽带基础设施的最好方式就是促进有线电视和电话公司之间的竞争，对两者的规制保持最低限度。共和党出身的小布什在其整个"科技计划"中，对监管互联网基础设施问题上总体推行模糊和不干预政策；在历次国情咨文中，没有提到"互联网、宽带、无线、频谱和网络中立性"等词①。以下几个重要的规制轨迹大体反映了小布什政府在"网络中立"问题上的放松规制理念。

（一）2002年FCC的信息服务分类

1. "FCC v. Brand X"案

2002年FCC作出了一个影响整个美国通信业界的重大决定：将有线互联网接入服务划分为"信息服务"，由此引发了业界和学界对传播服务分类的高度关注。这一决定的推出是"FCC v. Brand X"案的结果，直接引发了美国的网络中立争论。

这一案例处理了有线电视调制解调器服务提供商（cable modem service provider，在有线电视系统上提供高速互联网接入）的适当分类问题。最高法院支持了FCC在2002年作出的关于把有线互联网接入划归"信息服务"的范畴而不受"通信服务"规制的决定，即较少受到1934年传播法案 II 款"开放式接入"规定的约束。FCC 在8月又发布了"将DSL免除于适用传统电信服务的法定接入要求之外"的规定，也因此免于任何的价格规制。两个规定有效地去除了美国在互联网接入上的严格规制，促进了互联网的快速扩张。

"FCC v. Brand X"案的最终裁决，最高法院支持了FCC以往通过去规制（实际上是支持现有竞争者）而促进竞争的规制思路。从2002年开始，为促进宽带接入竞争，美国政府开始关注宽带接入市场垄断问题，也一直将宽带接入归类为不受规制的信息服务，同时也继续保持对宽带接入市场的监管以确保市场的公平竞争。

2.《关于公民接入互联网内容的决议》

2002年11月12日，代表国家规制机构和官员的全国公用事业规制专员协会（NARUC）采纳了《关于公民接入互联网内容的决议》（Resolution Regarding Citizen Access to Internet Content），认为宽带服务或设施提供商有技术能力创造一个"有围墙的花园"或"有篱笆的牧场"，旨在把消费者吸引

---

① 沈利译：《美国新总统的互联网政策》，http：//tech. sina. com. cn/i/w/46355. shtml；胡扬译：《美国总统小布什被IT业界指责不重视科技》，http：//www. cioage. com/art/200802/66203. htm。

到优先的内容，但是也能使消费者不能接近除了提供商选择外的内容。而且，NARUC 决议指出，可以想象，一些宽带提供商有动机去限制互联网接入到偏爱的新闻来源，假如他们这样做，将严重伤害在思想市场中自由和开放的信息交换。因此，NARUC 决定，宽带电缆和有线调制解调器用户应：有权力接入观点不受限制的互联网，对内容（包括软件应用）的合法选择没有受到不合理限制的互联网；以及接收有关他们宽带服务在技术限制上的有意义的信息①。

(二) FCC 的互联网四原则

1. 2004 年 FCC 的互联网自由四原则

"公共运输"、"非歧视"、"设备附加"和"第三方中立"等原则长久以来就是传播政策的重要概念，网络中立最早在 2004 年出现在 FCC 的议程中。2004 年 2 月，时任 FCC 主席的米歇尔·鲍威尔（Michael K. Powell）在硅谷熨斗山研讨会（the Silicon Flatirons Symposium）的讲话中提出互联网自由四原则，即接入合法内容的自由；使用应用软件的自由；接触个人设备的自由；获得服务计划信息的自由②。

FCC 声明互联网自由四原则并不试图转变成法律效力，而是仅仅以一种可能阻止网络服务提供商歧视行为，为 FCC 提供了一种施加他们官方政策的方式。最终，四原则影响了后来 FCC 卷入的许多有争议的案例结果。

2. 2005 年 FCC 的互联网接入四原则

2005 年 3 月，在"FCC v. Madison River Communications"案中，为回应因阻挡客户接入 VoIP 服务产生的抱怨，Madison River 与 FCC 达成同意判决书（Consent Decree）。Madison River 案被看做网络运营商阻挡终端用户接入互联网内容或应用的经典案例。

Madison River 案后，FCC 越来越意识到自身在网络中立规制上的尴尬。2005 年 8 月，基于互联网自由四原则，FCC 主席凯文·马丁（Kevin Martin）

---

① NAT'L ASS'N OF REG. UTIL., "Comm'rs, Resolution Regarding Citizen Access to Internet Content (2002)"（http://www.naruc.org/associations/1773/files/citizen_access.pdf）.

② Michael K. Powell, "Preserving Internet Freedom: Guiding Principles for the Industry", February 8th, 2004（http://hraunfoss.fcc.gov/edocs_public/attachmatch/DOC-243556A1.pdf）.

发表《互联网接入政策声明》。在此声明中试图进一步阐明自身角色的权威性。为履行这种使命，FCC 提出了互联网接入四原则：消费者有权接入他们选择的合法内容；消费者在法律效力下有权运行应用软件和使用他们选择的服务；消费者有权连接他们选择的不伤害网络的合法设备；消费者有权在相互竞争的网络提供商、应用服务提供商、内容提供商之间进行选择①。

在脚注中，FCC 提供了一个注意事项，即"所有这些原则应服从合理的网络管理"。这个注意事项对网络中立争论的重要性，体现在如流量塑造在合理的情况下应被看做一种网络管理的方式。FCC 同时承诺将把网络中立原则纳入今后的决策活动中。

（三）2007 年 FCC 的"康姆卡斯特命令"

2007 年，FCC 发布咨询通告（Notice of Inquiry），目的在于收集关于宽带产业实践的数据以帮助 FCC 决定规制介入是否必要，最后评价 FCC "将一项新原则（非歧视原则）增加到互联网政策声明中，以阐述反竞争性歧视的动机和确保互联网持续的活力"。尽管这项决策悬而未决，但 FCC 已经正式将网络中立政策运用于 2008 年 8 月发布的"康姆卡斯特命令"（Comcast Order）。

"康姆卡斯特命令"缘起于"FCC VS Comcast"案。美国最大的有线电视公司、第二大互联网服务供应商 Comcast 使用减速技术，尤其是通过使用"sandvine"的流量管理技术，该技术被指控清楚且明显地阻止某些信息上传。在经过公众和产业参与者的听证后，FCC 发布"康姆卡斯特命令"（Comcast Order），命令 Comcast 在 30 天内：第一，向委员会公开争议中的网络管理实践的精确情况，包括利用了什么设备，什么时候开始利用的，在什么情景下使用的，它是怎样设置配备的，影响了什么协议，它部署在哪里？第二，向委员会提交一份中期基准的服从计划，描述它到年底怎么从歧视性转向非歧视性的网络管理实践；第三，向委员会和公众公开在当前做法结束后，公司怎样试图部署的网络管理实践细节，包括对客户接近宽带的任何

---

① "FCC Adopts Policy Statement on Broadband Internet Access", August 5th, 2005（http: // www. fcc. gov/headlines2005. html）.

限制。

在该命令中，FCC认为，Comcast触犯了FCC的政策声明，发现"Comcast有反竞争动机以干涉用户使用P2P应用"，阻止用户"运行他们所选择的应用"，因为P2P对Comcast的VoD服务构成了潜在竞争的危险；Comcast使用数据包深度侦探（DPI）技术以区别对待P2P的不同提供商；Comcast的行为阻挡了互联网流量，未能施加"合理的网络管理"；Comcast未能把它的做法向消费者公开，公司行为进一步恶化了反竞争性伤害。

案例引起了争议，争议关键在于，如何区别"合理的网络管理"和"不公正地压制不受欢迎的应用"之间的界限①。最终，法院推翻了FCC对康姆卡斯特的命令。

二 奥巴马强度规制时期

奥巴马高度重视互联网的发展。民主党出身的奥巴马在竞选时就承诺将支持"网络中立"。在选举前，奥巴马的过渡团队网站Change.gov宣称，奥巴马将"通过开放互联网和多样化媒介出口来确保完全和自由的思想交换"，"通过支持网络中立原则保护互联网的开放，维护互联网开放竞争的好处"。②

FCC新任主席格纳考斯基（Julius Genachowski），作为奥巴马的最高科技顾问，自他上任以后，美国"网络中立"立法进程迅速加快。他的委任，意味着一个更为严厉的规制者负责着FCC。同时，上任主席留下的Comcast案的失败阴影，将使新任主席面临巨大挑战。

（一）2009年美国复苏和投资法案

在执行2009年美国复苏和投资法案（American Recovery and Reinvestment Act of 2009，简称ARRA）期间，FCC被要求阐述网络中立原则。该法案要求国家通信和信息委员会（NTIA）与FCC商议，以确立"非歧视和网

---

① Christopher T. Marsden, "Net Neutrality Towards a Co – regulatory Solution", London: *Bloomsbury Academic*, 2010, pp. 37 – 38.

② The Office of the President – Elect, "Agenda: Technology" (http://change. gov/agenda/technology_ agenda/).

络互联责任"作为对电信巨头参与"宽带和技术机会项目"（BTOP）的要求。这些责任在 2009 年 7 月颁布，FCC 宣布将把网络中立原则纳入国家宽带发展计划，要求所有参与美国宽带发展计划的公司必须遵守网络中立原则，所有合法设备、软件应用和服务提供商的网络接入都不应受到任何限制。

同时发布的还有征集应用该计划的《基金可获得性通告》（notice of funds availability，NOFA）。NOFA 要求这两个 ARRA 的计划即"农村公用设备服务宽带启动项目"（BIP）和"宽带和技术机会项目"（BTOP）的接受者应遵守这些要求。这些具体的基金接受者被要求：遵守 FCC 的 2005 年互联网接入政策声明；不偏爱任何合法的互联网应用和内容；在他们网页上公开网络管理政策，向消费者提供这些政策改变的通知；直接或间接连接公共互联网（即这个项目不能是完全私有的封闭网络）；在技术上可行并且没有超越现有或合理期待的容量限制的地方，以合理的速度以及与需要各方协商的条款来提供互联①。

ARRA 也要求 FCC 于 2010 年 2 月向众议院和参议院商业委员会提交有关包含国家宽带计划的报告，以"寻求确保每个美国人的接入宽带容量和确立满足此目标的清晰基准"。2009 年 4 月，FCC 在研究其计划时，采纳了征求通告（NOI）来寻求相关利益方的加入。在 NOI 中讨论的各种议题中，包括了"普遍服务"、"开放网络"等问题。具体地说，FCC 正寻求"宽带对我们现有普遍服务项目的影响，我们应怎样对高成本地区、学校和图书馆、农村健康护理和低收入项目进行分析"。FCC 也寻求"为确保所有美国人宽带接入、开放网络作为有效率和有效果的机制的价值的评论，尤其是有关'开放'这个词如何界定的评论，如它是否应纳入接入、互联、非歧视或基础设施共享原则"，同时寻求有关在 2005 年 8 月互联网政策声明基础上可能采纳第五个"非歧视"原则的相关评论，包括人们是否需要以及应如何界定"非歧视"原则②。

---

① Angele A, "Gilroy. Access to Broadband Networks: The Net Neutrality Debate", August 3th, 2009. 3 (http://assets.opencrs.com/rpts/R40616_ 20090601.pdf).

② FCC NOTICE OF INQUIRY (GN Docket No. 09 – 51), "In the Matter of A National Broadband Plan for Our Future", April 8th, 2009 (http://hraunfoss.fcc.gov/edocs_ public/attachmatch/FCC – 09 – 31A1.pdf).

（二）2009 年 FCC 的开放网络六原则

2009 年 8 月，FCC 发布《关于维护开放互联网和宽带产业实践的决策建议通告》（NPRM），主要建议：禁止宽带互联网接入服务提供商阻止用户（1）"发送或接收用户选择的合法内容"，（2）"运行合法的应用或使用用户选择的合法服务"，（3）"将用户选择的合法设备连接到其网络上"，（4）"剥夺其用户在网络提供商，应用提供商，服务提供商和内容提供商之间竞争的权利"，同时，要求宽带互联网接入服务提供商"以一种非歧视的方式对待合法的内容/应用和服务"，即"不能为提升和优化接入网络服务提供商的订户而向内容/应用或服务提供商收费，但此规制不禁止网络服务提供商为不同的服务向订户收取不同的价格"[①]。

2009 年 9 月，FCC 在原"网络接入四原则"基础上扩展为"开放网络六原则"，新增加的两条新原则为：非歧视性原则，即互联网接入提供商不能歧视任何互联网的内容或应用程序；透明原则，即互联网接入提供商的网络管理措施必须透明[②]。"六原则"涵盖所有有线与无线的宽带连接，其中包括智能手机数据连接，提出了迄今为止范围最广、内容最具体的管理互联网接入提供商和无线运营商的规则。

（三）2010 年 FCC 的《报告与命令》

2010 年 11 月 FCC 发布了《报告与命令》（Report and Order，2010 R&O），也称为"网络中立条例"。

1. 网络中立三原则的具体阐述

在 2010 年 R&O 中，FCC 具体详细地公布了它的网络中立原则，期望在争论的极端主义者之间达成中间立场。其开篇"维护自由和开放的互联网"中再次确认，"FCC 采取重要步骤来维护互联网，以作为创新、投资、创造

---

① FCC Notice of Proposed Rulemaking（GN Docket No. 09 - 191），"In the Matter of Preserving the Open Internet and Broadband Industry Practices"，October 22th，2009（http：//hraunfoss. fcc. gov/edocs_ public/attachmatch/FCC - 09 - 93A1. pdf）.

② Julius Genachowski，"The Open Internet：Preserving the Freedom to Innovate"，September 21th，2009（http：//blog. broadband. gov/？entryId = 10646）.

就业、经济增长、竞争和自由表达的开放平台"。为提供在互联网持续自由和开放方面更大的清晰度和明确性，FCC 具体阐述了三个"原则"：

第一，透明度：固定和移动宽带提供商必须公开网络管理实践，表现特征以及他们宽带服务的条款和限制。公开透明的具体内容包括①：

①网络做法

拥堵管理：拥堵管理的描述；受到限制的流量类型；做法的目的；做法对终端用户体验的影响；在做法中使用的标准，如引起做法的拥堵的指标；拥堵的特有频率；使用限制和超越限制的后果；工程标准参考等。

具体应用的行为：提供商是否和为何阻挡或控制具体的协议或协议端口，以协议标准不能描述的方式修改协议，禁止或偏向某些应用或应用类别。

设备附加（device attachment）规则：对设备类型的任何限制和对连接到网络上的设备的任何审核手续。

安全：用于确保终端用户安全和网络安全的做法，包括引发各种安全机制的条件类型（但是不包括合理地用于回避网络安全的信息）。

②性能特征

服务描述：对服务的一般描述，包括服务技术，期望的和实际的接入速度和延时，即时应用服务的稳定性。

专门服务的影响：提供给终端用户什么样的专门服务，任何专门服务是否和怎样影响宽带接入服务可获得的最后一公里容量和表现。

③商业条款

价格：如每月价格，基于使用的费用，早期终止或额外网络服务的费用。

隐私政策：如网络管理做法是否包括网络流量的侦查，流量信息是否存储以提供给第三方，或运营商用于非网络管理的目的。

补救选择：解决终端用户和边缘提供商投诉和疑问的做法。

第二，非阻挡：固定宽带提供商不能阻挡合法的内容、应用、服务或无

---

① FCC, "Report and Order In the Matter of Preserving the Open Internet Broadband Industry Practice" (GN Docket No.09 - 191, WC Docket No.07 - 52), December, 2010, pp.34 - 35 (http://hraunfoss.fcc.gov/edocs_ public/attachmatch/FCC - 06 - 178A1.pdf).

害的设备；移动宽带提供商不能阻挡合法的网站，或阻挡与他们声音或视频电话服务相竞争的应用。该原则仅仅保护合法内容的传输，并不阻止或限制宽带提供商拒绝传输诸如儿童色情的非法材料。

第三，非合理的歧视：固定宽带提供商在传输合法的网络流量时不能有不合理的歧视。该规则在限制有害行为和允许有利的区别对待形式之间达成了恰当的平衡。宽带提供商构成"合理的网络管理"的歧视是"合理"的歧视。FCC 对合理的歧视和不合理的歧视进行了区分[①]。

①透明度：流量的区别对待越合理，对待终端用户就越透明。FCC 发现宽带提供商违背开放互联网原则，部分因为他们没有向终端用户公开。透明度对关于流量歧视性对待方面特别重要，因为终端用户很难决定内容、应用、服务或设备缓慢或性能糟糕的原因。

②终端用户控制：使终端用户控制最大化是国会在电信法案 Section 230 (b) 中的政策目标，终端用户选择和控制是评价歧视合理性的垫脚石。让用户选择他们想怎么使用网络，与网络提供商做出选择相比，使他们以一种能创造更大价值的方式来使用互联网。因此，基于诸如得到保证的数据速率和可靠性，或选择服务质量提升，使终端用户在不同宽带服务提供之间选择，是不可能违背非合理的歧视规则的，假如宽带提供商的服务提供完全公开的信息，对竞争或终端用户是没有伤害的。

③使用不可知的歧视：没有在具体的网络使用或使用类别之间进行歧视的流量区别对待可能是合理的。如在拥堵期间，宽带提供商提供更多的宽带给更少使用网络的订户而不是重度用户。使用不可知论的歧视与互联网开放是一致的，因为它不干预终端用户选择什么内容、应用、服务或设备。它也不扭曲边缘提供商之间的竞争。

从 2010 年 R&O 的三原则中，FCC 特别对固定互联网和无线互联网进行了一定的区别对待。FCC 考虑到，与固定互联网相比，移动宽带处于发展的早期阶段，正在迅速发展，因此仅把透明度规制和非阻挡原则应用于移动宽带，放松在歧视和网络管理上的规则。这种对移动宽带的放松规则反映了这

---

① FCC, "Report and Order In the Matter of Preserving the Open Internet Broadband Industry Practice" (GN Docket No. 09 - 191, WC Docket No. 07 - 52), December, 2010, pp. 40 - 42 (http://hraunfoss.fcc. gov/edocs_ public/attachmatch/FCC - 06 - 178A1. pdf).

种观点：移动宽带与有线宽带相比是具有不同限制的技术。但 FCC "将密切监控移动互联网宽带市场的发展，调整我们今天采取的框架"①。

2010 年 12 月 24 日，FCC 以 3∶2 的投票通过 R&O 确立的网络中立新规则。三位民主党成员投了赞成票，两位共和党成员投了反对票。支持者表示需要这些规则来保证一个开放的互联网。反对者谴责这些规则是不受欢迎的政府干预。FCC 主席 Julius Genachowski 说："我们的行动将推进我们让美国的宽带网成为全球最自由的和速度最快的宽带网的目标。" 美国总统奥巴马说："FCC 的举措将帮助保护互联网的开放和自由的性质，同时鼓励技术创新，保护消费者的选择和保护言论自由。"②

2011 年 4 月，美国众议院投票就是否通过 FCC 于 2010 年 12 月出台的网络中立条例进行投票。投票以 240 票反对，179 票赞成，否决了这一提案。其中，两名共和党议员投了反对票，6 名民主党议员投了赞成票。共和党人在辩论中称，网络中立规制完全没有必要，这一政策的出台将使由政府严格管制的互联网大门完全打开。"国会没有授权 FCC 来调控互联网。" 俄勒冈州共和党议员 Greg Walden 说："如果没有得到国会的批准，FCC 来调控所有的跨境通信服务简直是异想天开。"③ 该提案还将由参议院进行投票。但由于民主党目前控制着参议院，且奥巴马总统明确表示将否决反对意见。因此，共和党此举仅具有象征意义。

2011 年 9 月 23 日，一年前通过的《网络中立条例》正式公布，并原定于 11 月 20 日正式编入《美国联邦法规汇编》第 47 章而生效。但在《条例》公布仅一周之后的 9 月 30 日，美国最大的本地电话公司、最大的无线通信运营商 Verizon 公司将《条例》连同 FCC 一并告上了联邦哥伦比亚特区巡回上诉法院，诉称 FCC 根本无权出台此类规章，更无权对互联网进行监管，要求上诉法庭判决《条例》无效。自此，《条例》进入涉诉状态，正式实施

---

① FCC, "Report and Order In the Matter of Preserving the Open Internet Broadband Industry Practice" (GN Docket No. 09 - 191, WC Docket No. 07 - 52), December, 2010, pp. 52 - 58 (http://hraunfoss. fcc. gov/edocs_ public/attachmatch/FCC - 06 - 178A1. pdf).

② 《FCC 以 3 票对 2 票表决批准网络中立性规则》，http://www. chinanews. com/it/2010/12 - 22/ 2737476. shtml。

③ 曹亮：《美众议院投票否决 FCC 网络中立性规制》，http://tech. sina. com. cn/t/2011 - 04 - 12/ 11535394771. shtml。

只能暂缓①。

三 2006—2011 年有关网络中立提案

FCC 在网络中立规制方面的合法性一直受到质疑，主要原因是国会在传播法案中没有明确授权 FCC 来规制网络中立问题。因此，国会在法律上赋予 FCC 的权威，成为网络中立问题上的重要关注点。在 2006—2011 年 5 年间三个会期（109th—111th）中，国会议员先后提出 10 余个有关网络中立的议案，试图为网络中立确立规制图景和路径。我们对议员的 11 个提案进行抽样分析，力图从诸多要点的内容分析、比较分析中寻求网络中立的异同点。

（一）有关网络中立提案的基本状况

有关网络中立提案的基本状况，我们从引进时间、发起者、结果状况三个方面进行统计分析，结果发现（见表 24－2）：

1. 从引进时间来看，议员提案主要集中在 2006 年（6 个，54.5%）。总体看，小布什政府时期（2006—2008 年）的提案达到 8 个，占据 72.73%，远超奥巴马政府时期（2009—2011 年）的 3 个。某种程度上，这反映了奥巴马领导下的 FCC 强力介入网络中立后，国会议员的提案也相应逐渐减少。

2. 从发起者身份来看，共和党议员提出的议案达到 6 个，民主党议案的 5 个，提案数量相当，在某种程度上反映了两党在网络中立问题上的博弈。这一数据并不表明两党议员提出的法案都出现所在政党的执政时期。其中共和党议员 Markey 一个人竟然以"互联网自由与保护"的名义连续提交了 3 个提案。

3. 从结果状况来看，除了已提交的《2011 网络安全与互联网自由法案》（迄今尚未移交参议院国土安全和政府事务委员会），其他 10 个最终都没有通过国会的最后批准，也就是说到目前为止已经结束了的提案审议中，所提交的法案"全军覆没"，这一点反映了国会在授权 FCC 规制有关网络中立问

---

① 《网络中立一波三折 美国上演最后博弈》，http：//it. people. com. cn/h/2011/1207/c227888－2885638391. htmlJHJ。

题上的谨慎态度。

表 24-2　　　　　　　　有关网络中立提案的基本状况

名称	法案编号	引进时间	发起者	结果状况
第 109 届国会（2005 年 1 月—2007 年 1 月）				
《2006 互联网自由与非歧视法案》	H. R. 5417	2006 年 5 月 18 日	Sen. Ron Wyden （D – OR）	未通过（众议院司法委员会提交报告）
《2006 互联网自由保护法案》	S. 2917	2006 年 5 月 19 日	Sen. Olympia Snowe	未通过
《2006 先进通信和机会改革法案》	H. R. 5252	2006 年 5 月 1 日	Rep. Joe Barton	众议院通过，但参议院未通过
《2006 网络中立法案》	H. R. 5273	2006 年 5 月 2 日	Rep. Edward Markey	未通过（移交众议院能源和商务委员会
《2006 传播、消费者选择和宽带部署法案》	S. 2686	2006 年 5 月 1 日	Sen Ted Stevens; Sen Inouye	未通过
《2006 传播机会、促进与提升法案》	H. R. 5252	2006 年 5 月 1 日	Rep Barton, Joe	在电信与互联网小组委员会以 28∶8 票未通过；在能源和商务委员会以 34∶22 票未通过
第 110 届国会（2007 年 1 月—2009 年 1 月）				
2007 互联网自由保护法案	S. 215	2007 年 1 月 9 日	Sen. Byron Dorgan	未通过
《2008 互联网自由保护法案》	H. R. 5353	2008 年 2 月 12 日	Rep. Edward Markey	未通过（移交众议院能源和商务委员会）
第 111 届国会（2009 年 1 月—2011 年 1 月）				
《2009 互联网自由保护法案》	H. R. 3458	2009 年 7 月 31 日	Rep. Edward Markey	未通过（移交众议院能源和商务委员会）
《2010 互联网自由法案》	H. R. 4595	2010 年 2 月 4 日	Rep. David Wu	未通过（移交众议院科学、空间和技术委员会）
《2011 网络安全与互联网自由法案》	S. 413	2011 年 2 月 17 日	Sen. Joseph Lieberman	已提交，尚未移交参议院国土安全和政务委员会

（二）有关网络中立提案主要焦点

为考察网络中立规制争论中的几个主要关注点，我们对上述提案从是否允许"阻挡、降级、服务质量、服务质量收费"和"FCC 规制介入"等几个指标进一步进行观察分析，结果如表 24-3：

表 24 – 3　　　　　　　　　　有关网络中立提案主要观点之比较

	互联互通	FCC 规制介入		阻挡		降级		服务质量		服务质量收费	
		允许	禁止	允许	禁止	允许	禁止	允许	禁止	允许	禁止
《2006 互联网自由与非歧视法案》			×		×		×		×		×
《2006 互联网自由保护法案》					×		×		×		×
《2006 先进通讯和机会改革法案》	○		×		×	○		○		○	
《2006 网络中立法案》			×		×		×				×
《2006 传播、消费者选择和宽带部署法案》	○		×		×						
《2006 传播机会，促进与提升法案》			×		×	○		○		○	
《2007 互联网自由保护法案》		○			×		×		×		×
《2008 互联网自由保护法案》	○		×		×						
《2009 互联网自由保护法案》		○			×		×		×		
《2010 互联网自由法案》					×						
《2011 网络安全与互联网自由法案》					○						

注：○为允许；×为禁止（不存在选项）；空白为不清楚/不涉及。

1. 从横向角度看，民主党提案主要支持网络中立立场，共和党提案主要反对网络中立立场

2006 年，共和党人巴顿（Barton）法案（即 2006 传播机会、促进和提高法案）和民主党人马基（Markey）法案（即 2006 "网络中立"法案）被认为是两种极端的范例：巴顿法案允许宽带提供商不受限制地在他们网络上优化流量的权利，而马基法案则建议对各种流量优化进行禁止。

2006 年互联网非歧视法案本质上极端的支持网络中立立场。该法案的主要要点有：禁止干预、阻挡、降级、改变、修改互联网上的流量；禁止创造优先道让购买了的内容提供商购买后能更快接入消费者，而没有支付费用的内容提供商被留在慢车道；允许消费者选择他们用于连接到互联网上的设

备；确保消费者有非歧视的接入和服务；有透明机制让消费者、网络内容/应用提供商能了解互联网服务的速率、条款和限制。

2. 从纵向角度看，一些提案表现了基本一致的关注

（1）禁止 FCC 的规制权力

绝大多数的提案禁止 FCC 有权力制定法规来规制互联网。它们赋予 FCC 有权力根据具体情况来调查违背互联网政策声明的行为，但也明确地否认了 FCC 有权力采取和执行有关政策陈述和原则实施的规制，这表明国会议员在 FCC 规制权力上仍然持谨慎态度。如 2006 年《先进通讯和机会改革法案》指出，FCC 应处理消费者的投诉以及调查侵权行为；可执行 2005 年宽带政策声明；对宽带网络现状提出报告；但不能颁布执行本法案的任何法规，不能通过判决程序扩大或修改强加给 ISP 的责任。

2006 年《传播、消费者选择和宽带部署法案》规定，FCC 每五年向参议院商业科学和交通委员会和众议院能源和商业委员会提交如下方面的报告：①互联网流量处理，路由、传输和互联的发展；②这些发展怎样影响信息在公共互联网上的自由流动和使用公共互联网的消费者体验；③宽带服务提供商，应用和在线用户服务之间的商业关系；④在公共和私人互联网供给上的发展和可获得的服务。FCC 可推荐它认为在确保消费者在公共互联网上接近合法内容、应用和服务方面有必要的、恰当的方法。

2008 年《互联网自由保护法案》也认为，FCC 应就宽带服务和消费者权利启动相关程序，一是互联网自由评估，包括：①评价 ISP 是否遵守 2005 年宽带政策声明；②ISP 是否为某些互联网应用和服务提供商的服务质量收取额外费用；③ISP 是否向消费者提供家长式控制保护工具；④ISP 管理或优化网络流量的做法等。二是公众宽带峰会。向国会提交峰会报告，提供有关促进竞争、保护自由言论、确保消费者保护和消费者选择的建议。

（2）对歧视性行为态度不一

对于"阻挡"，几乎所有提案禁止 ISP 的阻挡（除了 2011 年《网络安全与互联网自由法案》要求在国家安全和信息基础设施等处于突发紧急状态下），确立互联网自由基金会以及其他目的。2010 年《互联网自由法案》建议设立互联网自由基金会，以向私人企业、大学、其他研究和设计组织提供竞争性的津贴、合作协议以研制新技术以击败互联网审查和审查；国会应意

识到，美国应公开地、突出地、持续地指责限制、审查、禁止和阻挡接近互联网信息的政府和私人实体，支持部署旨在击败国家导向的和国家赞助的互联网镇压和迫害的技术。

一些法案在非歧视性行为方面会同时表现出相同的关注。2006年《互联网自由保护法案》、2007年《互联网自由保护法案》、2009年《互联网自由保护法案》总体上表现出了比较极端的支持网络中立立场。这些提案对非歧视性行为的表述基本一致："ISP有责任①不阻挡、干预、歧视、伤害或降级任何人使用互联网接入以接入、使用、发送、接收或提供任何合法的内容、应用或服务；②不对任何提供合法内容，应用或服务的互联网内容，服务或应用提供商强加收费；③不阻止用户将任何合法的设备附加在网络上，加入这种设备没有伤害提供商的网络；④在合理的请求下向任何人提供互联网接入服务；⑤不向任何内容、应用或服务提供商包括任何附属的提供商或合作企业提供优于其他提供商的流量。"

除了一些极端反对或支持所有歧视性行为的例子，也有一些提案提出了有限中立的立场。如共和党人巴顿（Barton）法案（2006年《传播机会、促进和提高法案》）、《先进通讯和机会改革法案》对网络中立采取了相似的方法，基本上提出了反对网络中立的立场：ISP可以自由提供或拒绝接入QoS机制；服务的降级或提升可基于应用类型、信源、信宿、消费者支付和（或）提供商支付；支付可基于商业协议，意味着在不同应用提供商之间不存在协议一致的要求。

当然，大多数提案注意到歧视性行为的一些例外，如管理网络功能；提供不同层次的传输速度或宽带；保护网络安全或用户计算机安全；如果用户拒绝某种服务，提供消费者保护服务（如家长式控制）；消费者要求网络管理提升的服务质量。

（3）关注普遍服务

一些提案认为，网络中立不仅仅是行为性问题，也是结构性问题，必须在宏观上大力推进国家宽带计划和普遍服务。如2006年《传播、消费者选择和宽带部署法案》要求每个传播服务提供商捐款以支持普遍服务（在乡村、边远和高成本地区的传播服务规定），勾勒了普遍服务分配给合格的传播运营商的要求：①为寻求指定和期望接收普遍服务，提交五年计划阐述高成本普遍服务支持怎样运用提高覆盖面、服务质量或每个基站的容量；②阐述它在突发事件状况下仍然起作用的能力；③阐述它能满足消费者保护和服务质量标准；④提供与现有当地运营商提供的可比较的当地使用计划；⑤承认要求它提供平等接入，假如所有其他合格的电信运营商放弃他们的指定的话。同时要求 FCC 应颁布如下规章：①决定哪些地区应认为是服务欠缺的地区；②哪些基于设施的宽带服务提供商有资格支持这种普遍服务；③ 基于优秀和竞争标准的发放基金程序指南。

2006 年《先进通讯和机会改革法案》也专设一章"2006 年《互联网和普遍服务法案》"，包括普遍服务基金分配机制、例外情况、分配评价灵活性、非歧视资格要求、FCC 评估报告等；强调普遍服务支持机制应在竞争上应中立；建立宽带计划（特别是欠缺服务的地区或人群）等。

第 二 十 五 章

网络中立规制的本质剖析

第一节　美国网络中立规制的本质剖析

围绕网络中立议题的研究成果众多，不同学科的倾向表现出一种相互割裂甚至对立的状况。本章借鉴莫斯可的方法，"将关注焦点集中于三个具体的切入点或切入过程，即商品化、空间化和结构化"。

一　商品化视角——网络中立规制本质剖析之一

（一）商品化流量：一种新的传播商品形式

传统的传播商品形式主要有内容的商品化、受众的商品化和劳动的商品化等。在互联网日益走向商品化的时代，流量成了一种新的传播商品形式。

1. 测量监控技术的商品化

商品化必然要运用测量手段来生产商品，并且要运用监控技术来追踪生产、分配、交换和消费的过程。如米汗（1984）对受众收视率的调查，指向了商品化过程日趋增长的控制论本质。"收视率是控制论意义上的商品，因为它们在促成商品生产的过程中也建构为商品。具体而言，收视率是电视节目商品化的重要元素，但它本身也是收视率调查业的核心产品。收视率调查服务很重要，但这并不是因为它们就是媒介商品，而是因为它们代表了媒介商品化过程的进步，也就是控制论商品的发展。它们是这类商品家族的一部分，它们都起源于总体化的监督控制程序，它们运用了发达的传播和信息技术。"①

新的测量和监控技术扩展了媒介商品的生产。这些包括：报刊发行量，网页点击率，按片付费的节目，"测人机器"与房间扫描器（监看人们选择的具体节目及收视时的注意力），机顶盒等。可以说，控制论的商品还是集约型商品化过程的一部分，如电话公司的计价方式有了改变，以前是每月支付定额可以无限制使用，现在则是采用特定的按次数或使用时间收费。这个转变强化了商品化的过程，在这个过程中科技的使用发挥了重要作用。

2. 流量的商品化

随着网络视频、数字多媒体的迅速蔓延，网络流量激增，人们已经开始用 Exabyte（10^{18}）、Zettabyte（10^{21}）来描述未来的网络流量，业界甚至出现了 Exaflood、Zettaflood 这样的组合词汇，来形容未来互联网带来的"数字洪流"。流量的"洪水猛兽"来自高速上网，特别是来自正在从电视转到网络的视频业务。视频流、交互视频、P2P 方式的文件传输、音乐下载以及文件共享等带宽密集型应用正在重新定义和塑造互联网本身。

根据思科的预测，2015 年 91% 的互联网数据将是视频内容②。AT&T 也预计，当前的互联网网络架构将于 2010 年达到容量极限，宽带流量将在 2015 年之前增长 50 倍，而他们将投入 190 亿美元用于维护网络和升级骨干网③。这一趋势已经受到全球网络界高度重视，Cisco、思科等公司正在加速推出更高速率的路由器，运营商也在加大宽带网络建设力度。

"数字洪流"使得美国的"网络中立"之争出现转机，FCC 主席凯文·马丁曾经暗示：为了鼓励运营商进行宽带网投资与建设，不支持"网络中立"④。事实上，网络中立问题的起源在于流量问题，正是流量成为商品，才引发了网络中立议题的关注。在"数字洪流"下，流量的商品化也越来

① ［加拿大］莫斯可：《传播：在政治和经济的张力下——传播政治经济学》，胡正荣等译，华夏出版社 2000 年版，第 147 页。
② 人民网：《未来十年改变世界十大技术：虚拟人成劳动大军》，http://www.people.com.cn/h/2011/0722/c25408-1-2352053325.html。
③ 新浪科技：《AT&T 称互联网将于 2010 年达到容量极限》，http://tech.sina.com.cn/i/2008-04-19/08432148692.shtml。
④ 杨然：《Exabyte、Zettabyte 背后涌动数字洪流》，《世界电信》2008 年第 5 期，第 10 页。

越成为网络运营商的经营策略，正如发行量、收视率一样，流量也可以按质按量地对网络内容或应用（提供商）进行论价，即后面所要阐述的"分层优化带来价格差异"的问题。而流量的监测、管理则孕育了"数据包深度侦察"（DPI）技术的出现。

（二）分层优化：流量商品化的外在呈现

1. 分层优化——价格差异的形成机制

DPI 技术促进了流量监控，流量监控产生了流量优化，流量优化导致了价格差异。由此我们看见了一条清晰的商品化价值链。如果说，流量是网络商品化的内在来源，分层优化则是流量商品化的外在呈现。

分层优化的含义与方式。

分层优化的含义：优化是称为"产品差异化"的经济学概念形式。一个卖主当它在不同的价格上提供两个相似的但在关键特征或细微细节上不同的产品，就是在实施产品差异化。经济学家特别赞同产品差异化，因为它允许买主在不同产品中选择，增加了消费者发现更准确满足他们需要的产品。ISP 利用优化计划和发展互联网快车道，然后以不同价格销售这种接入，这是卖主实行产品差异化的例子。

分层优化的方式：一是 ISP 基于数据包来源来优化。ISP 为快车道接入收取费用并同时提供标准的免费接入。这是最经常建议的一种优化计划或者说合作计划；二是 ISP 基于数据包类型来优化。如，通过向内容提供商收费将直播流视频置于快车道，让一般的互联网网页留在慢车道。

目前，市场上出现了不少提供流量优化的软件或系统。互联网工程任务组（IETF）创造了诸如 Diffserv 的流量优化技术：根据"服务质量"（QoS）协议，旨在基于涉及的服务类型区分数据包从而保证服务质量。这种服务分类要求能适应不同应用程序和用户的需求，并且允许对互联网服务进行分类收费。今天，很多虚拟私人网络开拓出特别的"渠道"为重度消费者专用，或为流量优化、网络安全的目的来使用，将至关重要的流量从"最大努力的"路由转移到"优化的"路由。如 Akamai 是国际上最大的内容分发网络（CDN）服务商。它巨大的网络分发能力在峰值时可达到 15Gbps，可防止因流量过载而导致网络系统崩溃。Akamai 公司是为数不多的旨在消除因特网瓶颈和提高下载速度的几家新公司之一，是一个致力于网络流量提速的"内容发布"公司。

2. 收费优化——价格歧视的风险

假如 ISP 真正关注拥堵和互联网接入质量，他们能使 FCC 相信允许"免费优化"计划。从经济学观点来看，在这种方式上执行的"免费优化"也许不是有害的。但是当优化要收取费用时，ISP 是否允许优化是网络中立争论中最具争议的议题之一，因为"收费优化"涉及 ISP 将内容/应用放入"分层"中，把快车道给予优先接入付费的更高等级的内容/应用提供商，而使其他内容/应用提供商网站排挤到"慢车道"。

网络中立反对者认为，分层优化不仅会刺激投资网络核心的动力，还会刺激网络边缘的创新，但更多网络中立支持者表达他们的担忧，其中一个重要的担忧就是"网络提供商优化流量的能力可能给予他们在运作和接入互联网上太多的控制权力"[①]。

分层优化是一种新的社会控制形式，导致了网民消费群体的细分化，进一步加剧了断裂社会的形成。DPI 是分层优化得以实现的技术基础，是一种新的隐形的控制方式。汉姆林克（Hamelink，2000）早就评论说，"监管和使用数字空间将会在少数把关人的掌控之中……将由一些市场领袖所组成的小组控制"。詹森（Jensen，1988）也指出了"一旦线路安置妥当，电子圆形监狱就能自动运作。只需要在塔上安置少数的监视者即可"[②]。

（三）网络商业化：美国新自由主义经济运动

流量商品化不仅仅是企业追逐商业利益的单一行动，而且是整个互联网商业化自由化趋势的产物，是美国新自由主义经济运动中的一个有机组成部分。莫斯可（1996）区分了自由化和商业化的不同，"对于传播产业来说，商业化就是使所有的商业实践都符合商业标准，无论是否有竞争存在；自由化的具体目标则在于提高市场竞争程度"。因此，从商品化起点看，如果说

---

① Inimai M. Chettiar, J. Scott Holladay, "Free to Invest: The Economic Benefits of Preserving Net Neutrality", January 2010. 1（http: //ssrn. com/abstract = 1681051）.

② ［英］丹尼斯·麦奎尔：《麦奎尔大众传播理论》，崔保国、李琨译，清华大学出版社 2010 年版，第 125—126 页。

流量商品化带来分层优化是美国网络中立规制的微观动因，那么整个互联网络商品化则是美国网络中立规制的宏观动因，本质上是新自由主义经济运动的产物。

1. 美国互联网的商业化发展

（1）20 世纪 60—70 年代的 ARPAnet 军用阶段

互联网的出现与自由市场机制毫无关系，而与冷战时期的军事工业联合集团关系重大。事实上，在其诞生后的 10 年内，美国国防部控制了互联网融资与发展的方方面面。

互联网的前身是阿帕网（ARPAnet）。1969 年，阿帕网开创了一种在互联网计算机之间传送信息的全新系统。常规电信系统采用的线路交换技术最适用于语音通信。而阿帕网所基于的信息包交换技术更适用于数据交换。每条信息被分割成几十个信息包，并被赋予一个终点地址，然后沿一系列网络路径中的一条被发送出去。这些信息包到达接收地址后，会在一瞬间依据原先顺序重新组合，恢复到发送时的样子。依据军事规格建立的阿帕网允许独立的计算机共享资源。信息包交换的设计目的是提供"经过强化的"通信设施。主张这样的人相信，即使是核打击也无法使信息传送中断，因为信息包可以绕过网络中受损的部分。

（2）20 世纪 80 年代以来的 NSFnet 民用阶段

80 年代，美国国家科学基金会（NSF）开始在军事领域之外推广这种极具战略意义的系统，着手建立提供给各大学计算机系使用的计算机科学网（CSnet）。一个由该基金会出资兴建的新"骨干网"提供数条高容量线路，向 5 个设在高校的超级计算机研究财团（包括普林斯顿大学的 JVNC，匹兹堡大学的 PSC，加州大学圣地亚哥分校的 SDSC，依利诺斯大学的 NCSA，康纳尔大学的理论中心）提供数据传输服务。这 5 个财团也是在该基金会的赞助下成立的。同时，该基金会允许现有的地区与高校计算机中心利用因特网技术与该骨干网连接。很快就有约 200 家网络与骨干网实现连接。由于信息流量急剧增加，最后只好把网络中的军事部分分离出去。国家科学基金会（NSF）继续发展新的民用网络。

（3）20 世纪 90 年代 NSFnet 的社会商用阶段

NSFnet 对互联网的最大贡献是使互联网向全社会开放，而不像以前那样仅供计算机研究人员和政府机构使用。1990 年 9 月，由 Merit、IBM 和 MCI 公司联合建立了一个非营利的组织——先进网络科学公司 ANS（Advanced Network & Science Inc.）。ANS 的目的是建立一个全美范围的 T3 级主干网，它能以 45Mbps 的速率传送数据。到 1991 年底，NSFnet 的全部主干网都与 ANS 提供的 T3 级主干网相联通。NSFnet 的正式营运以及实现与其他已有和新建网络的连接开始真正成为 Internet 的基础。

从 1995 年 5 月开始，多年资助互联网研究开发的美国科学基金会（NSF）退出互联网，把 NFSnet 的经营权转交给美国 3 家最大的私营电信公司（即 Sprint、MCI 和 ANS），由此国际互联网在基础设施领域的商业化进程进入了快速发展时期。互联网的第二次飞跃归功于互联网的商业化，商业机构一踏入互联网这一陌生世界，很快发现了它在通信、资料检索、客户服务等方面的巨大潜力。于是世界各地的无数企业纷纷涌入互联网，带来了互联网发展史上的一个新的飞跃，也是互联网发展史上的重大转折。

以上转变表明，互联网的内在逻辑正发生转变。正如 1996 年发布的一份权威报告指出，"依据一套经济原则建立起来的互联网"已开始向"另一套经济原则转变"。丹·席勒（2001）指出，"在扩张性市场逻辑的影响下，互联网在带动政治经济向所谓的数字资本主义转变。然而，这场划时代的转变对大多数人来说并不吉祥"①。

2. 美国网络商业化的发展脉络

（1）20 世纪 50 年代前电信的严格管制期——电信与计算机的分类

在整个 20 世纪，政府一直对电信系统实行广泛监督。各州公用事业委员会和 FCC 共同监督各电信公司的收费标准、服务项目以及所采用技术。根据当时的政策规定，电信行业要严格遵守非歧视标准，为每位用户提供可比性服务。有关政策还特别重视电信发展的长期稳定性、端对端网络责任以及全国住宅电话普及服务。

为保持电信公司的公共利益性，美国巨头 AT&T 一直被决策者阻止进入或建立新的产业。1913 年，美国司法部强制 AT&T 出售其在巨型电报公司西

---

① ［美］丹·席勒：《数字资本主义》，江西人民出版社 2001 年版，第 15—16 页。

联公司中的所有权。在 20 世纪 20 年代与通用电气和西屋公司关于无线广播的发展控制权的纠纷中，AT&T 又一次被政府打压，不但从广播业而且从其他新媒体如有声电影和音乐唱片中撤离，尽管 AT&T 对这些新媒体怀有实实在在的兴趣。虽然 AT&T 的全国性电信设施依然传送着广播网的信号，它却不能正当进入广播业务。1956 年，美国司法部对 AT&T 采取了法律行动，把它从计算机销售市场赶了出去。

丹·席勒（2008）分析了这种分割严重的历史背景。20 世纪 30 年代和 40 年代造成了这种分割严重的监管机制。这些因素包括：国家摆脱大萧条的努力高于一切，商业游说，可以归因于工会对于公司权力的政治阻挠，消费群体以及新政管制者本身的因素。管制者的目的也错综复杂：促进经济增长；通过阻止新的竞争者进入，使行业的所有彼此分离的单元保持市场垄断下的稳定；防止商业公司对电信业加以恣意的控制。[①]

（2）20 世纪 60 年代电信的零星放松期——"公共服务"和"补充服务"的分类

在 20 世纪 50 年代和 60 年代，美国政府开始零星地开放长期以来严格管制的电信市场垄断，网络运营商从而开始得以进入计算机服务市场。"美国首先开放了终端设备，然后开放了带有附加值的计算机服务，再之后是长途服务，最后是区域服务：在踏入'面向竞争'的政策之路的每一个转折点，都有新的市场份额向新的进入者开放。在这个连续的自由化过程的每一个时刻，以往的新政'公共服务'政策都受到进一步的侵蚀和进一步的损害。"[②]

自 20 世纪 60 年代中期以来的 35 年间，FCC 通过一系列步骤，最终决定了"依靠电信设施提供的、以计算机为基础的服务，不应该置于普通运营商的管理规范之下"。FCC 在保留国内公共信息电话服务的同时，还去除了对"补充公共信息电话网络的服务"的不必要的限制，并把"计算机远程

---

① ［美］丹·席勒：《信息拜物教》，邢立军、方军祥、凌金良译，社会科学文献出版社 2008 年版，第 160—161 页。

② 同上书，第 123 页。

处理"定义为"补偿性"服务。①

FCC 在"公共服务"和"补充服务"上的分类,使美国电信系统的发展政策逐渐变得不稳定起来。电信服务的政治经济体制发生了一系列惊人而充满争议的转变,并重新调整了电信系统的发展方向。一方面,在整合目前由线路交换网络提供的全部服务之前,需要大力普及因特网基础技术架构——信息包交换。另一方面,一些大型电信公司已经开始将某些核心因特网技术融入现有网络之中,直接提供因特网业务。

(3) 20 世纪70—90 年代电信的放松加速期——"基本服务"与"提升服务"的分类

在一系列横跨20 世纪60—90 年代的三个计算机征询(The Computer Inquiries)中,FCC 在对待数据处理服务问题上发展和打磨了"提升服务"(enhanced services) 和"基本的通信服务"(basic communications services)。

在三次计算机征询中,FCC 最终解决了两个服务分类:①"基本的"服务,诸如传输容量和声音电话,将在 Title II 下保持作为公共传输的规制,②"提升的"服务或增值信息服务,即运用、存储或改变信息的服务,将被界定为非公共运输商服务,仅仅在 Title I 下受到 FCC 的普遍监管。因此,"FCC 本质上保持这对公共运营商电话网络的规制,放松对使用网络的设备和信息服务的规制。FCC 要求电信网络(如 AT&T)非绑定他们的网络,在歧视的基础上向所有提升的服务提供商提供基本的传输服务"。②

这些计算机征询决定对互联网的迅猛发展具有重要影响。ISP 之间的竞争繁荣起来;上千家企业向电话公司购买"基本"电话线路,他们之间连接起来提供互联网的接入。正如"互联网之父"Vint Cerf 所说,Computer Inquiry 决定允许上千用户"在竞争的信息服务市场中释放他们富有创新和启示的产品和服务思想,而不受到当地电话公司树立的人为障碍"。计算机征询对设备市场也产生了重要影响。这些决定有效促进了计算机网络、传真机、电话答录机、视频会议和许多其他硬件和软件产业的增长。

---

① 〔美〕丹·席勒:《信息拜物教》,邢立军、方军祥、凌金良译,社会科学文献出版社2008 年版,第104—108 页。

② Jr. John Windhausen, "Good Fences Make Bad Broadband: Preserving an Open Internet through Net Neutrality", *A Public Knowledge White Paper*, No. 8, February 6th, 2006.

（4）21 世纪初电信的放松推进期——"通信服务"和"信息服务"的分类

国会在 1996 年电信法案中将计算机征询中的术语"基本的通信服务"和"提升服务"被"通信服务"（telecommunications services）和"信息服务"（information services）所替代。2005 年当两个主要的行动把互联网宽带接入服务划分为"信息服务"时，戏剧性地改变了规制图景，进一步助燃了网络中立争论。这些行动导致了宽带互联网接入服务划分为 Title Ⅰ 下的信息服务，与通信服务的这些服务比较，使他们较少受到更严格的规制框架的制约。

第一个行动是，在 2005 年 6 月的"FCCv. Brand X"案中，最高法院支持了 FCC 关于把有线电视公司宽带互联网接入划归"信息服务"的范畴而不受"通信服务"规制的决定，即较少受到 1934 年传播法案 Ⅱ 款"开放式接入"规定的约束。第二个行动是，FCC 在 8 月又作出了"将电话公司互联网接入服务（即 DSL）免除于适用传统电信服务的法定接入要求之外"的规定。结果，两个规定有效地去除了美国在互联网接入上的严格规制，即当电话公司和有线电视公司提供宽带服务时，两者都不要求遵守 1934 年电信法案 Title Ⅱ（common carrier）建立的通信服务这样更为严格的规制体系。

（5）2010 年代电信的放松调整期——"有线网络"和"无线网络"的分类

2010 年 FCC 在 comcast 案中的重创，是 FCC 基于 Title Ⅰ 附属管辖权的又一次失败。FCC 开始寻求"第三条道路"的妥协：FCC 将把互联网高速宽带的"传输部分"重新划分为"通信服务"，在维持所有其他方面包括在互联网上提供的应用或内容作为不受到 Title Ⅱ 限制的"信息服务"。2010 年 12 月发布的《报告与命令》是对"第三条道路"的一种呼应，以"尊重必须达成的微妙平衡"，可以说这是对新自由主义网络运动的进一步放开。

值得注意的是，在《报告与命令》中，FCC 有意识地对有线网络与无线网络进行分类规制，这是迎合网络提供商商业利益的强烈信号。2010 年 8 月，谷歌宣布，与美国运营商 Verizon 达成了一个框架协议，双方表示，包括电话运营商和有线电视公司在内的互联网服务提供商，不应有意减慢或者阻挠用户访问互联网站点和使用互联网服务。考虑到无线互联网数据的特殊性，网络中立原则在应用到无线互联网时，将只包括这项"透明度"原则。可见，两家公司倡导的网络中立原则不应当突破"有线公共网络"的范畴。这种倡议对于谷歌而言是意料之中的事情，该公司在"有线公共网络"领域的地位远高于移动领域，但目前已经推出了手机操作系统以及搜索和广告业务，不对无线网络强加规制符合谷歌的商业战略。显然，FCC 已经有意识地进行了妥协，在将有线网络接入划归为"信息服务"后，又进一步对有线网络与无线网络的中立问题进行分类规制。

总体看来，FCC 开始使用规制限制宽带服务提供商和网络所有者的行为，具体地聚焦于使消费者最大限度地能接入和使用宽带平台。这种趋势在于，通过加强一系列以消费者为导向的"接入"要求，如"开放接入"、"开放平台"、"开放设备"、"非排他性"或者说所有这些概念之母"网络中立"——以这样或那样的方式旨在限制网络所有者对内容、应用、设备的歧视性做法。但是，从宏观上看，网络中立规制的出现也仅仅是长久以来新自由主义网络运动的产物，也是对十多年来放松规制带来潜在社会影响的一种微调，但这种微调并没有从根本上动摇放松规制的传统根基，在整个网络中立规制进程中，FCC 都在寻求促进网络所有者自由竞争的可能路径。

二　空间化视角——网络中立规制本质剖析之二

（一）空间化的概念与类型

1. 空间化的概念

关于空间化概念，许多学者有了经典的表述，如哈罗德·英尼斯（Harold Innis，1972）试图在媒介形式、时间和空间、权力结构之间建立联系。拉什和尤瑞（Lash&Urry，1987）修正了马克思主义的观点，认为资本不是消灭了空间，而是转变了时间，重新建构了人、货品和讯息之间的空间关系，并在这个过程中变革了自己。吉登斯（1990）曾使用时间—空间延伸这一术语，探索时间—空间依赖关系的减弱，并建议集中分析作为弹性资源的时间和空间的增长。哈维（1989）所说的时间—空间压缩与此相似。

卡斯特斯（1989）则提醒我们注意，相对于他所谓的"流动的空间"（the space of flows），物理空间的重要性已经降低，"无时间之时间属于流动时间，而时间纪律、生物时间以及由社会决定的序列，则是全球地方的特征，在物质层面结构和结构着我们片段化的社会。空间塑造了我们的时间，因此逆转了一个历史趋势：流动诱发了无时间之时间，地方则受时间的限制"①。卡斯特斯还把传播置于空间化过程的中心，因为传播维持了分化与整合的动态平衡，新的产业空间和服务型经济，围绕着它们的目标信息搜集活动来组织自身的运作，它们将不同的职能与完全不同的空间相联系，使它们各自执行任务，整个过程又通过传播系统整合起来。梅西（1992）用联系的观点来解说空间，认为空间包括许多动态的社会关系，组成一种"权力几何体"（莫斯可，1996）。

2. 空间化的类型

空间化过程主要包括企业集中和全球化，也就是马克思、哈罗德·英尼斯等人称之为空间与时间的转换的过程。空间化的过程也有分化和反对的力量，来自民族建构（或者说民族性）与公民身份的形成过程（莫斯可，1996）。

（1）企业集中

白雪（2007）首先从反垄断法的角度区别了企业兼并、企业合并、企业集中、企业收购、企业并购（企业购并）、企业结合等概念，认为"企业集中"这个概念更适合在反垄断法上使用，首先不仅和民法或公司法上狭义的合并区分开来，而且更准确地反映出反垄断法规制的市场力量；其次，"集中"二字将"企业合并与获得控制，从而导致经济力集中"这种状态很好地涵盖了；再次，最重要的是使用"企业集中"这个概念与《中华人民共和国反垄断法（送审稿）》第四章所使用的"经营者集中"这个概念吻合。在此基础上她赋予其一个特定的含义："两个或两个以上的企业相互集中，或者一个或多个个人或企业对其他企业全部或部分获得控制，从而彼此之间形成控制与被控制关系并对市场上的竞争关系发生影响的行为。"②

（2）全球化

全球化（Globalization）是 20 世纪 80 年代以来在世界范围日益凸显的

① ［美］曼纽尔·卡斯特：《网络社会的崛起》，夏铸九、王志弘等译，社会科学文献出版社 2006 年版，第 431 页。
② 白雪：《企业集中概念辨析》，《法制与社会》2007 年第 5 期，第 351 页。

新现象，是当今时代的基本特征。总的来看，全球化是一个以经济全球化为核心的概念。一般来讲，从物质形态看，全球化是指货物与资本的跨境流动，经历了跨国化、局部的国际化以及全球化这几个发展阶段。货物与资本的跨国流动是全球化的最初形态。在此过程中，出现了相应的地区性、国际性的经济管理组织与经济实体，以及文化、生活方式、价值观念、意识形态等精神力量的跨国交流、碰撞、冲突与融合。

全球化的显著特征是，当今全球化是以美国为中心展开的，因为信息革命的绝大多数动力来自美国。全球化另外一个特征是，跨国公司成为全球化重要推动者和实现力量。曼纽尔·卡斯特（Manuel Castells，2001）认为，跨国公司日益成为国际化生产的核心，并且成为全球化过程的基本向度，横跨全球的大企业成为信息化——全球经济的基本组织形式。著名的依赖理论提出者萨米尔·阿敏（Smir Amin）也指出，"全球化是一个反动的乌托邦"，并且对全球化给拉美和亚洲国家带来的负面意义进行了精辟的分析。

（二）传播集中：商业权力在网络空间中的延伸

1. 网络传播集中的主要类型

随着80年代以来的放松规制，传播产业集中兼并和合作联盟风起云涌。把集中类型的传统研究分为水平横向、垂直纵向、混合三种。

水平横向集中，指生产和销售相同或相似产品，或经营相似业务、提供相同劳务的企业间的合并。如2005年2月，西南贝尔（SBC）以160亿美元的价格收购AT&T，Verizon以68亿美元购得MCI。从整个国家看，过度的水平横向合并会削弱企业间的竞争，甚至会造成少数企业垄断市场的局面，牺牲市场经济的效率。

垂直纵向集中，指在相同的产业生产线上多家公司的集中，使一家公司能够控制整个生产过程。包括前向集中（如好莱坞制片商MCA购买奥迪盎多剧院）和后向集中（如纽约时报购买魁北克造纸厂）。20世纪90年代，美国西部公司出资购买两家有线电视公司——Wometco和佐治亚有线电视公司；1998年AT&T与美国第二大有线电视公司TCI合并，都属于管道加内容型的垂直纵向集中。

混合集中则是多类方式的兼容。

比较而言，水平横向合并对竞争影响较大，垂直纵向合并和混合合并对竞争的影响不是直接和显著，因此，各国反垄断法对企业集中的监控主要聚焦在对水平横向合并的监控上。

2. 网络传播集中或合作的风险：反竞争接入歧视

企业规模的增长与集中是当代传播业的核心特征，最近一轮集中与合作浪潮的主要原因是各家公司都想从软件和硬件系统、内容和基础设施的整合中获益，借此控制生产、分配和消费的主要环节，成为具有重要市场权力的玩家。特别是这些公司都想在信息高速公路的重建过程中成为必不可少的参与者。这些具有重要市场权力的玩家有潜力在传播集中或合作中从事有反竞争的歧视性实践。这种反竞争的歧视性实践主要表现在两个方面：

（1）水平性问题

主要指具有市场支配地位的最后一公里网络提供商的寡头垄断。如 SBC 和 AT&T，Verizon 和 MCI 之间的兼并将对不同 ISP 之间的互联互通、ISP 与骨干网之间的互联互通带来影响。以往，互相连接的骨干网络通过不收费的"对等"协议进行信息交换。依据这类协议，各供应商同意让对方的信息在自己的网络实现转口传递。这种"对等"协议对互联网引以为豪的开放性文化的形成作出了巨大贡献。然而，现在一些主要骨干网运营商只与那些和它们一样在系统各主要网络接入点互联的运营商实现互联。也就是说，它们开始从各自的战略与经济利益出发选择或拒绝"对等"。

由于批发市场权力集中在几家运营商手中，网络运营商是否也会以同种方式在 ISP 之间实现互联收费？"如果骨干网提供商向 ISP 敲诈收费的想法得逞，那么后者的数量将锐减——据预测，五年之内，仍在运营的 ISP 数量不会超过 100 个。"① 因此，这些骨干网络应向第三方服务开放以使消费者的选择最大化，这才是中立的。

（2）垂直性问题

主要指偏向合作伙伴的业务或自身附属业务。FCC 在《关于开放互联

---

① Adam D.，"Thierer. Net Neutrality，Digital Discrimination or Regulatory Gamesmanship in Cyberspace"，*policy analysis*，Vol. 507，2004，p.46.

网和宽带产业实践的规制建议通告》（NPRM）中提出了三种垂直性反竞争歧视的情况：具有市场权力的 ISP 有动机提高内容/应用服务提供商和终端用户的收费；为了从想要更高服务质量的内容/应用服务提供商或个人用户那里获得收入，有动机和能力减少或不增加传输容量；垂直融合的 ISP 使得终端用户在接入与网络运营商或其附属公司提供的服务相竞争的服务上变得更困难和昂贵。具体来说，这种歧视性实践活动涉及违反谢尔曼法案（美国第一个联邦反垄断法）的两种情况：①运营商支持自身的内容或应用而不是非附属的内容或应用；②通过与独立提供商之间的合作关系支持合作性的内容或应用。

我们可以通过图 25－1，大致构想网络内容提供商（ICP）/应用提供商（IAP）与网络提供商（ISP）之间在垂直性问题上存在的各种可能的反竞争歧视性行为。如果 ISP1 和 ISP2 不互联，则可能出现三种情况：

第一，IAP/ICP1 和终端用户 1 均为同一个 ISP 的客户，则可能不存在歧视性行为。

第二，IAP/ICP1 是 ISP1 的客户，而其终端用户 2 是 ISP1 的非付费客户，则可能存在对终端用户 2 的歧视性行为。

第三，IAP/ICP2 不是 ISP1 的客户，而其终端用户 2 为 ISP1 的付费客户，则可能存在对 IAP/ICP2 的歧视性行为。

我们看到，无论哪种歧视性行为，最终可能都是对消费者的伤害。

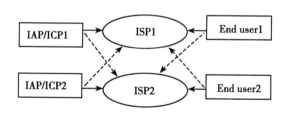

图 25－1　ISP 对 IAP/ICP 和终端拥护可能存在的歧视性行为

（实线为付费客户，虚线为非付费客户）

（三）网络中立：美国主导下的全球化标准

1. 网络空间与全球化

正如曼纽尔·卡斯特所指出的，"只有到了 20 世纪末，以信息和通信科技提供的新基础设施为根据，以及在政府和国际机构所执行的解除管制与自由化政策协助下，世界经济才真正变为全球性的"①。因此，网络空间在双重意义上成为全球化进程中的重要因子。一方面，网络空间本身成为全球化，特别是文化和交往全球化的一种表现；另一方面，网络空间以更快捷的速度，为在全球规模上进行各种资源配置提供了当代的技术框架②。

互联网看起来越来越像真实世界夸张的电子版本，现实中的希望和危险它一样不少。而早期互联网狂热者所预言的网络乌托邦看起来更加虚无缥缈。詹明信指出："当前的文化到用巨大无比的传播网络和电脑所达到的不尽忠实的再现，我以为这本身就是对社会整体问题的一个更深刻、更富寓意的误读和夸张。此中被歪曲、被借喻的，正是雄霸今日跨国资本主义的整个世界系统。尽管当前社会的科学技术有惊人的发展……但整个现象几乎可以称为一种'高科技能'，大都属意于一种公认为跨越全球、网罗全世界的电脑网络。"③

网络空间仍然充满了"信息疆域"的权力争夺。沈伟光（1997）认为，"信息疆域"是国家或政治集团信息传播力和影响力所能达到的无形空间。"信息疆域"的边界安全，关系到一个民族、一个国家在信息时代的兴亡。世界各国纷纷开拓"信息疆域"，保卫无形的"信息边界"，一场争夺信息领域优势的"战争"正在激烈进行。如果说以往西方资本主义的迅速发展得益于商品疆域的拓展和保护，未来国家经济的富强将取决于"信息疆域"的拓展和"信息边界"的安全。面对"网络资本主义"的冲击，我们必须确立起保卫国家的"信息疆域"和"信息边界"的观念。这是未来保卫国家安全所必需的④。

---

① ［美］曼纽尔·卡斯特：《网络社会的崛起》，夏铸九、王志弘等译，社会科学文献出版社2001年版，第119页。

② 曾国屏等：《赛博空间的哲学探索》，清华大学出版社2002年版，第29页。

③ 詹明信：《后现代主义或晚期资本主义的文化逻辑》，吴美真译，时报文化出版企业股份有限公司1998年版，第488页。

④ 沈伟光：《一个必须关注的战略话题——"信息边界"》，《计算机世界报》1997年第19期。http://www2.ccw.com.cn/1997/19/156795.shtml。

2. 走向全球化：美国网络的新自由主义工程

美国在国内通信网络走向商业化、自由化的同时也开始重视网络的全球化发展。如美国商务部的一项研究总结了主流意见，认为国际通信卫星机构"是一个在制度、资金和运作方面都大获成功的案例，必须被看做美国外交政策的一场胜利"①。

"互联网自由"，成为美国外交新政策。美国政治科学家布热津斯基认为，美国已经成为历史上第一个"全球城"（global city）、"全球社会"，美国作为"电子技术革命"的鼓吹者，比世界上任何国家都热衷通信，他指出，世界上 65% 的传播活动发生在美国。通过文化企业的产品、新技术、方法和组织技巧，美国为全世界提供了一个现代性的"全球范本"，一套行为和价值的通用形式。因此，他预言，炮舰外交已经不再存在，未来将是"网络"外交的时代②。

2006 年 2 月美国国会通过了《互联网自由法案》，这部法案目的就是"促进互联网上的言论自由，保护美国企业"。该法案明确指出"通过互联网迅速提供充分及未经审查之信息，业已成为美国主要产业之一，亦是其主要出口产品之一。互联网政治审查会降低服务质量，并最终威胁美国国内外产业自身可靠性及生存力"。而且在该法案主导下成立了隶属于国务院的全球网络自由办公室，明确提出："推动通过任何不受限制的媒介获取和传播信息、思想的权力应成为美国外交政策的重要组成部分；发挥所有美国载体影响力，包括外交、贸易政策以及出口管制等手段，支持、促进并加强促进信息自由传播的原则、做法和价值观；禁止任何美国企业参与限制互联网自由国家的对网络内容的政治审查行为。"

在 2006—2009 年间，国会议员每年提出的互联网自由保护法案，都阐明了互联网自由保护的目的之一在于"确保互联网在美国经济中的关键力量，使美国维护它在在线商业和技术创新上的全球领导权，这是美国的政策"。

---

① ［美］丹·席勒：《信息拜物教》，邢立军、方军祥、凌金良译，社会科学文献出版社 2008 年版，第 109 页。

② ［法］阿芒·马特拉、米歇尔·马特拉：《传播学简史》，孙五三译，中国人民大学出版社 2008 年版，第 82 页。

总之，美国对信息有着"拜物教"般的崇敬，特别是对网络空间权力的争夺有着迷思般的"数字化崇拜"。从这个意义上说，Google 事件既不是单纯的商业问题，也不是一个单纯的政治问题，而是一个互联网全球化处境下的政治经济学问题。互联网自由是美国政治经济在全球化时代的新自由主义工程。正如丹·席勒所言，"互联网绝不是一个脱离真实世界之外而建构的全新王国，相反，互联网空间和现实世界是不可分割的部分。互联网实质上是政治、经济全球化的最美妙的工具。互联网的发展完全是由强大的政治经济力量所驱动，而不是人类新建的一个更自由，更美好，更民主的另类天地"。[①]

3. 网络中立：美国"互联网自由"的制度设计

开放获取、技术中立、信息自由作为"互联网自由"的核心概念，也是网络中立讨论中的关键议题，两者具有异曲同工之妙。因此，在某种程度上，美国网络中立规制的努力实际上是在制度设计上助推"互联网自由"走向全球化。网络中立在助推"互联网自由"全球化上有两个重要的思想基础。

（1）作为外交权利的网络中立

Toshiya（2008）就提出，"在作出网络中立政策建议时，应考虑美国作为'自由国家'的外交印象。一些人认为宽带基础设施的发展和使用的提升标志着国家名誉。如 Tim Wu 坚持认为，维护'网络中立'是美国把自己界定为一个'自由国家'的预先条件"。[②]

支持网络中立的哈佛大学法学教授 Zittrain（2010）直接强调"网络中立是外交"理念，认为"公民和他们的数据包在全球互联网上横穿时也应该和外交官一样值得相同的待遇"，"正如国家期望在国外土地上不受干预地进行他们的官方事务一样，公民也能过着以网络为媒介的生活而不用担心他们的在线链接受到他们的 ISP 武断地限制或压制。正如大使馆的神圣对于国际外交活动的至关重要一样，我们个人的比特在互联网上不受限制地传输

---

① ［美］丹·席勒：《信息拜物教》，邢立军、方军祥、凌金良译，社会科学文献出版社 2008 年版，第 289 页。

② Toshiya Jitsuzumi, "Efficiency and Sustainability of Network Neutrality Proposals", http://www.imaginar.org/its2008/350.pdf.

能力对我们日益增长的互联网生活一样也至关重要"①。

Zittrain 强调,"外交邮袋(diplomatic pouch)的明线具有不可侵犯性,其背后的思想在于,邮袋是权术的原子单位。转移到数字领域,外交例子引发了这种关注,即公民有权利在云环境中相互之间传播。任何公共或私人的党派,都没有不受检查的能力在我们共有的全球互联网上限制个人的传播线路。假如政府以维护高速公路的方式来管理互联网,在美国我们将把这个看做是第一宪法修正案的问题"②。

显然,Zittrain 试图从法学理论的角度确立网络中立作为外交的合理性,这一理论也为"互联网自由"的全球化提供了思想源泉。

(2)作为贸易自由的网络中立

网络中立具有跨国贸易意义。互联网为数字产品和服务的交易创造了全球空间。Milton Mueller(2007)认为,在信息商品和服务贸易方面,距离和国家界限与产品的可接近性变得不相关。因为促进终端用户实现普遍、非歧视接入互联网资源的网络中立政策有重要的贸易意义。考虑到互联网结构促进全球连接的便利,接入互联网资源权利应在国家的边界上终结是没有理由的。这表明政府不应规定在基于来源国家的互联网资源之间进行歧视的政策。在全球信息经济中,在中立互联网与数字商品和服务的自由贸易中存在紧密的联系。因此,网络中立概念,在 WTO 体制与全球互联网治理体制的结盟中扮演重要的角色。③

由于许多美国互联网公司在海外运作,国外网络管理实践肯定影响美国公司在美国之外做生意。"为防止阻挡不受欢迎的流量传播到世界去的做法,今天美国应采取一个网络中立政策为世界其他国家树立一个典范。假如美国不采取一个它自己的网络中立政策,美国就将处于一个尴尬的地位来使其他

① 中国外交部网站:《维也纳外交关系公约》[EB/OL](http://www.fmprc.gov.cn/chn/pds/zil-iao/tytj/tyfg/t82926.htm)。按照 1961 年 4 月 18 日签署的《维也纳外交关系公约》,外交官在他国享受豁免权,其所在的国家不允许将外交官加以逮捕、扣留或审问。第二十七条对"外交邮袋"有具体的规定。

② Jonathan Zittrain, "Net Neutrality as Diplomacy", *Public Law & Legal Theory Working Paper Series*, 2010, pp.18 – 22.

③ Milton Mueller, "Net Neutrality as Global Principle for Internet Governance", pp.15 – 16. http://www.internetgovernance.org/pdf/NetNeutralityGlobalPrinciple.pdf.

国家信服，他们应允许美国互联网公司在这些海外市场中运作。"①

的确，诸如 eBay 和 Google 这些主要电子商业提供商已经将网络中立概念与贸易标准联系起来，把它看做全球治理问题。在美国联邦贸委员会关于网络中立听证的评论中，eBay 认为："我们 eBay 提供全球市场。我们总是与政府限制或压制他们公民想要参与这种市场的努力作斗争。我们不想美国政府发出这种信号即将歧视引入互联网是可以的，因为我们确实感觉到一些政府怎样解释这种信号的。在美国放弃中立就是公开要求其他国家也这样做——将暗中破坏我们贸易谈判者防止对美国公司进行歧视的努力。"②

对此，Milton Mueller（2007）警醒一些评论员别忘记了 Google 贸易（一个经济议题）和审查（一个政治议题）之间的联系。国家主权的标准方式明确表明，国家有权力根据他们自己当地的标准在他们自己的领地内规制内容。但是在全球化和数字化的信息经济里，政治激励的审查与树立对数字商品和服务贸易的障碍之间的界限相当细腻。许多国家适用不同的审美标准、"公共道德"、适当性和文化来树立对外部数字产品的障碍，而网络中立标准创造了一种设想以支持对互联网资源的普遍接入。但是当地道德标准与网络中立标准有时候是相冲突的。③

4. 网络中立：美国国内政策的全球推广

（1）美国网络中立原则全球推广的动因主要有两个方面

第一，美国网络应用/内容提供商的全球扩张，需要他国网络运营商的开放自由。

当前美国还处于经济危机中，世界霸权尽管受到一定的挑战，但其在网络空间的强势力量仍然难以撼动。以 Google、Apple、Microsoft、facebook、yahoo、youtube、myspace、amazon 等为代表的网络内容或应用提供商已经遍布全球，成为美国经济复苏和政治推销的新的引擎，从而实现贝尼格所说的

---

① Jr. John Windhausen, "Good Fences Make Bad Broadband: Preserving an Open Internet through Net Neutrality", *A Public Knowledge White Paper*, February 6th, 2006, p. 22.

② "Broadband Connectivity Competition Policy Workshop - Comment（V070000）", http://www.ftc.gov/os/comments/broadbandwrkshop/527031 - 00053.pdf.

③ Milton Mueller, "Net Neutrality as Global Principle for Internet Governance", pp. 15 - 16. http://wwwinternetgovernanceorg/pdf/NetNeutralityGlobalPrinciplepdf.

"作为信息社会引擎的控制"①。

Marsden 结合欧洲的状态也指出，"当美国的网络内容和路由器世界变得全球化时，声称不同国家在这些政策上相互独立是一种虚伪——在美国的Disney、google、Cisco 所要做的就是必须对欧洲有巨大影响，特别是因为欧洲在现有竞争者中，大多数可信市场准入的竞争来自美国"②。

第二，美国网络服务提供商的全球扩张，需要他国基础电信市场的开放自由。

美国政府认识到，让美国公司继续指挥迅猛发展的信息技术产业，也许能帮助美国逐步恢复其在全球政治经济领域日渐式微的权威。

在很大程度上，开放的因特网现在仍是一种美国系统。1997 年初，全球约 60% 的因特网主机设在美国；英语成为网络通用语言。在现有的架构下，亚洲地区内的信息传输必须首先传递到位于美国的网络交换点，然后再发送回亚洲的目的地。同样，赋予顶级域名、让用户获得可用因特网地址的系统仍将被美国人所把持（丹·席勒，2001）。

对那些通过并购规模不断扩大、以出口为导向、在地区乃至全球范围内推行生产整合战略的跨国公司来说，互联网络日渐成为其必不可少的基础设施。1997 年 2 月，世贸组织在美国巨大压力下被迫同意开放约 70 个国家的基础电信市场。这些国家占世界电信市场的 94%，年度总收入达 6000 亿美元，人口占世界一半以上。③ 美国跨国电信运营商获得了向长期以来不受外来控制的现有国有业提供商投资的承诺。大型电信供应商可以认购世界各国电信公司的股票，实行控股或在世界各地建立电信公司。这样，跨国扩张之路已经开通。

因此，跨国公司在不断打造生产链条的同时，开始采取各种强有力措施，力图让世界各国的电信政策接受发源于美国的新自由主义管理规范，积极倡导美国国内政策自由化，这种改革由国内政策直接过渡到跨国政策

① ［美］贝尼格：《控制革命：信息社会的技术和经济起源》，俞灏敏、邱辛晔译，台湾桂冠图书股份有限公司1998 年版，第498—508 页。

② Christopher T., *Marsden. Net Neutrality Towards a Co - regulatory Solution*, London：Bloomsbury Academic, 2010, p.24.

③ ［美］丹·席勒：《数字资本主义》，江西人民出版社 2001 年版，第48—64 页。

领域。

总之，"在美国，网络中立……不仅仅是一个经济学和市场权力的问题——它也是侵入网络把国家优先权和国家标准强加于全球网络的政府行动者之一"①。

（2）国际组织推动作为全球原则的网络中立

网络中立是个全球性问题：

有评论者认为网络中立的相关性仅局限于美国。但是作为一个规范的政策指导，网络中立跨越了国内政治，成为一个全球性的问题。当公共和私人行动者试图使互联网受到更多控制的时候，网络中立原则在越来越多的国家和情景下是相关的。因为互联网连接并不遵从国家边界，网络中立实际上是一个能指导互联网治理的全球可适用的原则。

网络中立概念获得作为互联网治理一个全球适用的原则的地位，有三个明显的路径。一是网络中立作为全球标准提出来指导互联网政策，不管这些政策是否在国内还是国际上执行。二是"中立¨标准可延伸到互联网的技术协作功能，而这一功能本质上是全球的。互联网域名和地址应该是中立的功能，不是为规制目的而开发的。关于这种标准适用于互联网名称与数字地址分配机构（ICANN）活动的争论在 ICANN 政治中已经起了重要作用。三是"非歧视接入"的概念，这构成了网络中立思想的基础，也是商品和服务中自由贸易概念的中心。②

突尼斯议程与网络中立：

传播网络的跨国化有利于国与国之间不同程度的协调，全球化造成了特殊的国际组织。全球网络中立的推行有赖于国际组织的协调行动。网络中立作为一个全球原则的潜力，尤其与联合国框架内的互联网治理论坛和其他的后信息社会世界首脑峰会机构相关。

突尼斯议程，出现于信息社会世界首脑峰会，号召世界各国政府致力于为互联网治理发展全球适用的公共政策原则。突尼斯议程作为信息社会世界高

---

① "Milton Mueller. Net Neutrality as Global Principle for Internet Governance", p. 9. http：//www. internetgovernance. org/pdf/NetNeutralityGlobalPrinciple. pdf.

② "Milton Mueller，Net Neutrality as Global Principle for Internet Governance"，pp. 15 – 16. http：//www. internetgovernance. org/pdf/NetNeutralityGlobalPrinciple. pdf.

峰会议（WSIS）第二阶段会议，在"互联网治理"部分明确提出互联网的国际管理①。突尼斯议程还提出了《突尼斯承诺》，包括与网络中立相关的承诺。如：①"言论自由及信息、思想和知识的自由传播对于信息社会至关重要且有益于发展。"②"确保人人从 ICT 所带来的机遇中受益是我们坚定不移的追求。为此……应促进和尊重文化多样性；认识到媒体的作用；解决信息社会的道德问题；并鼓励国际和区域性合作。我们确认，这些是建立包容性信息社会的重要原则。"③"信息的获取和知识的分享与创建可有力地促进经济、社会和文化的发展，从而帮助所有国家实现达成国际共识的发展目的和目标，包括《千年发展目标》。推动这一进程需要我们扫除障碍，使人们均能获得普遍、无所不在、公平和价格可承受的 ICT 接入。"等等。

美国对全球网络中立原则的抵抗表现如下。

美国对 ICANN 的控制：

美国控制"互联网名称与数字地址分配机构"（ICANN）这个互联网基础设施，正是树立了一座虚拟的墙壁。网络中立最直接的全球方面是涉及互联网地址和域名分配的 ICANN。

ICANN 成立于 1998 年 10 月，是一个基于美国的国际公司，其服务器位于美国，在商务部协调下运作——负责互联网协议（IP）地址的空间分配、协议标识符的指派、通用顶级域名（gTLD）以及国家和地区顶级域名（ccTLD）系统的管理，以及根服务器系统的管理。这些服务最初是在美国政府合同下由互联网号码分配当局（Internet Assigned Numbers Authority, IANA）以及其他一些组织提供。现由 IANA 和其他实体与美国政府约定进行管理。随着近年来互联网的全球性发展，越来越多的国家对由美国独自对互联网进行管理的方式表示不满，强烈呼吁对互联网的管理进行改革。事实上，分配的物理地址是全球网络安全协调议题的症结。美国维持着对这项至关重要的技术的控制。

自从 ICANN 出现以来，对它作为一个"技术中立协调者"的地位存在长久的争论。作为技术中立协调者的 ICANN 意味着，它的主要任务是保持互联网识别码（identifiers）的唯一性。一方面，一段时间来很明显，ICANN

---

① 《信息社会突尼斯议程》，http：//www.un.org/chinese/events/wsis/agenda.htm。

也有能力通过使用它指定和分配的重要互联网资源附加一些条件，来作出和执行公共政策。一个真正的"技术中立协调者"角色意味着 ICANN 除了维护互联网识别码的兼容，应对任何社会目标都是不感兴趣的。另一方面，非中立的决策角色意味着 ICANN 将对接入识别码资源施加它的把关能力。"美国通过小心伪装过的、对于域名系统的制度权力控制了关键的功能，而其他国家实质上则被排除在外，以至于互联网的国际权限并不是被国际社会而是被美国牢牢地把持住。"① 在美国主导下的 ICANN 的角色事实上超越了它经常声称的中立技术协调者。一旦政策得到采纳，在关于什么域名和符号适合在互联网上出版方面，它将运用它作为域名空间把关人的优越地位来执行它自己的本土"公共政策"。

国际社会与美国的全球网络空间之争：

面对网络安全事件，国际社会认识到这个问题的严重性。作为响应，要求建立旨在保护网络空间的全球标准。尽管美国不同意，但全球大多数利益相关者把国际电信联盟（ITU）确认为恰当的机构，通过此机构来聚集全球维护网络安全的努力。自 2002 年来，ITU 赞助的一系列活动旨在为维护互联网信息自由流动和民主治理结构而强调网络安全的重要性。但是，讨论网络空间的军事化和如何规制在全球网络安全语境中的冲突仍然缺乏议程，部分原因在于美国把网络安全仅仅聚焦或局限于犯罪问题。

网络空间治理的协调过程普遍是在 ITU、联合国安理会和信息社会世界峰会（WSIS）等机构中进行的。联合国安理会认识到网络空间作为信息社会赋权环境的重要性，需要国际合作确保信息和传播技术的和平使用。为了刺激数字信息社会，WSIS 原则宣言和行动计划、突尼斯使命和突尼斯议程重新证实保护网络公共资源的全球意愿。

这些初期的全球协议试图从美国完成技术监管的状况转向包括非美国代表的状况。直到现在，美国阻止了所有相关的努力。在维持它的地位多年后，在 2009 年 9 月，美国国家通信和信息委员会（美国商务部的一个机构）对 DNS 的国际化似乎表面上走出了第一步。不管怎样，由于美国对网络技

---

① Hans Klein and Milton Mueller, What to Do About ICANN: A Proposal for Structural Reform, Concept Paper by the Internet Governance Project, Apoil 5, 2005. http://www.internetgovernance.org/pdf/igp–ican-nreform.pdf.

术和设施的掌控，美国仍然有能力关闭互联网。

由于美国在互联网核心部分的 ICT 的研发、管理和生产占据主导地位，美国商业目前仍支配着全球互联网。对全球网络基础设施的掌控强化了这种观点：任何信息革命核心技术国际化的全球运动都与广泛的美国安全利益相矛盾，因此，导致在美国和世界其他国家之间在与全球网络安全相关的其他问题上的摩擦。因此，尽管全球网络安全标准正在出现，正在变成法典和制度化，但美国对他们的支持是冷淡的，因此这些标准的执行也是无力的。

总之，"由于缺乏规制网络空间中信息战的国际法，美国对全球网络特别是互联网的技术控制，具有比其他国家的明显优势。十年来不愿意处理与美国控制域名系统相关的国家安全大事，也不愿意讨论网络空间的军事使用，从而继续创造一个网络无序的感觉。这种信息主导也许有长期的代价：处理网络空间军事化的国际协定，对保护美国网络不受到来自不处于美国技术控制下的私人计算机网络的攻击是必要的，但是，当潜在竞争者增加它们的网络战实力时，它们也许不再像今天一样愿意去协商了。短期的代价就更为明显：美国聚焦自我利益的立场，即便是通过军事战略来追求，也会阻止全球标准的发展"①。

正如赫伯特·席勒所言，"声称技术中立和世界市场（及相对利益法则）的不偏不倚，曾经是而且依然是美国全球势力的中心原则。因此，人们并不惊讶于美国决策中心将任何技术、经济、政治、文化密不可分的论证视作异端邪说。……出于这一原因，文化的政治经济学不可能在美国经济的指挥中心——无论学术上、政治上或公司里的中心——受到热烈欢迎"②。

三　结构化视角——网络中立规制本质剖析之三

（一）结构化的概念与类型

1. 结构化的概念

结构化指结构由社会能动力量相互构成的过程。结构化的结果是围绕着

---

① Simon Reich, *Global Norms, American Sponsorship and the Emerging Patterns of World Politics*, New Yoenrk: Palgrave Macmillan, 2010, pp. 176 – 177.

② ［美］赫伯特·席勒：《传播的政治经济学：文化即经济》，转引自张国良主编《20 世纪传播学经典文本》，复旦大学出版社 2003 年版，第 484 页。

相互联系又彼此对立的议题如阶层、性别、种族和社会运动等形成了一系列社会关系及权力过程。结构化理论面向社会生活，直指有目标、有反应的人类行动，同时并不放弃去理解所谓的权力的"缝合"，正是它构成了社会行动（莫斯可，1996）。

能动力量是一个基本的的社会学概念，它指的是作为社会行动者的个人，其行为源于其社会关系和社会地位的母体（包括阶级、种族和性别）。然而，尽管结构化理论认为能动力量是社会性的而非个体性的，它也认识到个体化在这个社会过程的重要意义。"个体化"的概念主要来自波兰扎斯（Poulantzas，1978），指的是社会角色的重新界定，他们被界定为这样的个人主体，其利益与独特的人权、表达权、选举权及消费权息息相关（莫斯可，1996）。

2. 结构化的类型

阶级分化和社会运动是结构化中的两个重要的要素，也与网络中立关注的主要问题紧密相关（不可否认，性别、种族也是网络中立关注的对象）。

阶级分化：

传播政治经济学的社会阶级研究主要从分类观的角度出发，揭示阶级权力结构中传播资源享用权的分配关系，如电话、电视和家庭电脑的普遍服务状况。社会阶级的分类观是对某一类人群进行界定，以他们的财产和/或收入来衡量其经济地位，进而判断其社会地位（莫斯可，2000）。普遍服务通常被认为是减少阶级分化、填补数字鸿沟的重要举措。

社会运动：

社会运动使不同身份的人走到一起，或多或少地为了一个具体的兴趣联合起来，以反对既定的统治关系，寻求它的变革。"社会运动的一个成果是有组织地向国内及地方性的政策制定过程提出挑战，其中包括力图促进执照颁发、电波分配等。"（莫斯可，2000）在美国，这类运动尤其强大。在电报、电话和电视以及互联网的发展上，各种社会运动极为密集，旨在确保这些公共运输媒介的普遍服务。

（二）美国宽带接入计划的普遍服务

1. 国家宽带计划与网络中立

网络中立问题不仅仅是行为性问题，也是结构性问题，即不仅体现在微观上的歧视性行为，还体现在宏观上的宽带接入普遍服务。推动国家宽带计划的普遍服务在解决网络中立问题上具有重要意义。Wilson（2008）就直接指出，"一个更有启发性的互联网普遍服务框架，将在更为根本性的基础设施发展层次上重构网络中立争论。政策建议的提出应是为了公共利益，确保足够的融资来发展当地的宽带网络"①。

Larabie（2010）认为公共设施建设政策、竞争、透明度和选择权都是作为解决与网络中立相关问题的方法，但是在这些方法当中，公共设施建设政策被看做是最重要的，因为它是物理层面上的。② Jasper（2010）也劝告美国的决策者们，一个实用的改革方案意味着，它应该最好是由有机会起草全国宽带计划并在复苏法案指导的 FCC 来辅助。凭借这个全国宽带计划，FCC应该把自己的地位置于宽带市场的监管者之上，并用灵活和透明的方法来处理网络中立性的有关问题。③

2. 美国宽带接入普遍服务的发展脉络

联邦政府补贴通信基础设施的历史逻辑：

互联网基础设施不是一个典型的市场产品。作为"公共产品"，一般来说，基础设施建构经常被看做是政府的范畴。公共产品具有非竞争性和非排他性。除了直接规制自然垄断，美国在补贴基础设施建设方面有悠久历史。半个世纪以来，联邦政府一直在补贴通信基础设施，目前正在补贴宽带接入互联网的基础设施。

自 1934 年美国电信法颁布以后，电信普遍服务已成为一个全国性的目标，在这部电信法中，国会声明其目标在于"尽可能为全美国人民建立快速、高效、全国性、世界范围内的电信网络，以及提供价格合理、基础设施充足的无线通信业务。联邦政府通过强有力的 FCC 规制，成功地实现了电话普遍服务；在 1984 年，FCC 和国家政府开始向低收入用户提供直接补贴，包括覆盖电话服务的生命线计划（the Lifeline program）和覆盖安装的连接

---

① Kevin G. Wilson, "The Last Mile: Service Tiers Versus Infrastructure Development and the Debate on Internet Neutrality", *Canadian Journal of Communication*, Vol. 33, No. 1, 2008, pp. 82 – 100.

② Christine L. Larabie, "Net Neutrality and the Public Interest: A Comparative Analysis of Canada, the UK, Australia and Japan", http://digitalcommons.mcmaster.ca/cmst_ grad_ research/7.

③ Sluijs, P. Jasper, "Network Neutrality between False Positives and False Negatives: Introducing a European Approach to American Broadband Markets", *Federal Communications Law Journal*, Vol. 62, 2010, p. 77.

计划（the Link-up program）。

1996 年电信法案修改了有关普遍服务提供的法案。法案指导 FCC 根据七个"普遍服务原则"扩大通信覆盖面，包括有具体的、可预测的、足够的联邦和各州普遍服务支持机制；质量服务应以公正、合理的可负担起的价格来提供；接入先进的通信以及信息服务应在全国所有地区提供；在城市和乡村地区之间成本的合理平等性等。

FCC 主要通过普遍服务基金会来执行上述原则。该基金会管理四个独立的补贴计划：高成本计划——为了保持乡村和其他高成本地区的低价格，提供补贴给运营商；低收入计划——包括生命线计划和连接计划；教育价格计划（E-rate）——为学校和图书馆提供低成本通信；乡村卫生护理计划——为乡村医院和健康提供者提供低成本通信。到 2004 年为止，普遍服务计划帮助电话服务市场渗透率达到 95%[①]。

美国国家宽带计划的推出：

2009 年 2 月，在应对 2008 年 8 月经济衰退的财政刺激中，美国总统奥巴马就任后签署了《美国复苏与再投资法案》。在这项总额高达 7870 亿美元的经济振兴计划中，用于发展宽带建设和无线互联网接入的费用为 72 亿美元，288 万美元将用来将宽带延伸到未受到政府足够关心的地区，同时开放接入和网络中立规定写入了法案中。在调和了议会和白宫法案版本的白宫委员会规则上，国会通过了这项具有许多欺诈的刺激计划。

之后，美国国会要求联邦通信委员会（FCC）制订国家宽带计划，以保证每个美国人都能"拥有使用宽带的机会"。同时国会还要求，该计划应包含一项实现向用户提供支付得起的宽带服务并最大化宽带使用的详细战略，以提高"政府对消费者的福利、公民参与度、公共安全和国土安全、地区发展、医疗保健服务、能源的独立性和效率、教育、员工培训、私营部门的投资、创业活动、创造就业和经济增长，以及其他国家目的"。2009 年 4 月，美国联邦通信委员开始着手制订该计划。时隔一年，2010 年 3 月，联邦通信委员会在广泛征求广大美国民众意见的基础上，向国会提交了国家宽带计划（National Broadband Plan），力图确保整个宽带生态系统（网络、设备和应用

---

① FCC, "Universal Service", http://www.fcc.gov/wcb/tapd/universal_service.

程序）的健康发展。

FCC 被指定为帮助国家通信基础设施管委会（NTIA）的机构来界定开放接入规则。在 2009 年 6 月的一个报告中，FCC 通过援引本杰明·拉什（BenjaminRush），联邦党人 NO.84，美国 1792 邮政法案，以及来自横贯大陆的 1862 太平洋铁路法案，农村电力，普遍服务电话和互联网中的例子，解释了它在扩建以前通信设施中的政府角色。

3. 美国宽带接入的普遍服务现状

美国在国内的宽带接入状况：

美国宽带接入市场中的竞争状况经常被认为是垄断。根据 2008 年 12 月 FCC 发布的首份《互联网接入高速服务状况》，96% 的居民由两家或一家提供商来服务[①]。

国家宽带计划指出，将近 2/3 的美国成人在家采用宽带连接。宽带连接可能会持续增长，而不同人口群体有显著不同的连接率。

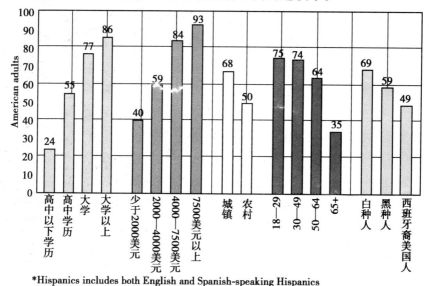

*Hispanics includes both English and Spanish-speaking Hispanics

图 25 - 2　根据社会经济和人口统计因素的美国成人宽带采纳情况

---

① "High - Speed Services for Internet Access: Status as of December 31, 2008", http: //hraunfoss.fcc. gov/edocs_ public/attachmatch/DOC - 296239 A1. pdf.

"随着生活上越来越多方面都在网上进行而网下的活动越来越少，能够给人们不需网络选择的范围越来越窄。数字排外（digital exclusion）使历史上被边缘化的群体的不平等更加严重。低收入人群、残疾人、少数族裔、居住在部落地区和农村的人群很少可能集中拥有宽带。现在仍然约有100 万美国人家中没有使用宽带。"虽然要尊重那些不愿意使用宽带的人的决定，不同人口群体的不同层次采用率表明有其他因素也影响着人们不使用网络。对一些人来说硬件和服务价格太高，有一些人则缺少使用宽带的技术①。

美国在世界的宽带接入状况：

哈佛大学伯克曼中心的报告《下一代连接：世界宽带互联网传输和政策评论》发现，就宽带速度和更新而言，美国在富裕国家中只是一个"中间表演者"。报告也发现，"大量的，长期的资本投资在一些表现最好的国家起了重要作用"，认为其他国家的开放接入政策似乎增加了这些国家的竞争水平，提升了互联网服务提供市场中的效率。② 因此，"一个更强有力的国家议程的追求将防止美国在宽带渗透中失去其世界领导权"③。

美国在经合组织（OECD）宽带排名中的表现不佳，一些人认为规定网络中立（包括普遍服务）和促进网络边缘更多创新是提高排名的好选择。从 2007 年 OECD 主要国家的 GDP 来看，美国在互联网渗透率上落后于 14 个国家。许多国家在宽带互联网渗透率要高于美国，但在人口密度上要低于美国，因此美国人口密度并不能解释低渗透率，因为互联网是未来增长的关键因素，高渗透率总是令人向往的④。

---

① "National Broadband Plan. Charpter3：Current State of the ecosystem"，http：//www. broadband. gov/plan/3 – current – state – of – the – ecosystem/.

② Yochai Benkler，"Next Generation Connectivity：A Review of Broadband Internet Transitions and Policy from Around the World"，Vol. 25，2009. http：//www. fcc. gov/stage/pdf/Berkman_ Center_ Broadband_ Study_ 13Oct09. pdf.

③ Richard Hoffman，"When It Comes to Broadband，U. S. Plays Follows the Leader"，*Information Week*，Feb. 15th，2007.

④ Nicholas Economides，"Net Neutrality，Non – Discrimination and Digital Distribution of Content Through the Internet"，*Journal of Law and Policy*，Vol. 4.

（三）促进宽带接入普遍服务的措施

为填补宽带可获得性的鸿沟和实现数字包容（digital inclusion），美国从确立国家宽带可获得性目标、提供政府支持和设立普遍服务基金三个方面入手。

1. 确立国家宽带可获得性目标

2010 年 3 月 15 日美国 FCC 发布了《连接美国——国家宽带战略》，计划投资 72 亿美元，实现六大目标。这些目标包括：到 2010 年保证 1 亿个家庭实现下行 100Mb/s、上行 50Mb/s 的宽带接入，实际下载速度至少 4MB/s，上传速度至少 1MB/s（表 25-1）[①]，扩大宽带覆盖面，为最常用的互动应用提供可接受的服务质量；具备最快和最广泛覆盖的无线网络、每个美国人能够负担得起宽带服务；每个社区需通过至少 1Gb/s 的宽带接入到学校、医院和政府机构；确保美国人民安全，每个急救者须能够接入全国范围内的无线、互通互操作的宽带公共安全网络等[②]。为上述目标的实现，要求 FCC 每四年进行一次评估，并重新设置这个目标，以适应新的变化。

表 25-1　　　　　　　不同国家的普遍服务目标（下载速度）

国家	"普遍"可获得性目标（下载）	速度类型	时间
美国	4 MBPS	实际	2020
韩国	1 MBPS（99%）	实际	2008
芬兰	1 MBPS	实际	2009
澳大利亚	0.5 MBPS	不具体	2010
丹麦	0.5 MBPS	不具体	2010
爱尔兰	1 MBPS	不具体	2010
法国	0.5 MBPS	不具体	2010

---

① National Broadband Plan, Charpter8：Availability ［EB/OL］. http：//www. broadband. gov/plan/8-availability/.

② 李维：《美日韩宽带战略：突破瓶颈各有侧重》，《中国电子报》2010 年 4 月第 20 期。

国家	"普遍"可获得性目标（下载）	速度类型	时间
德国	1 MBPS	不具体	2010
英国	2 MBPS	不具体	2012
澳大利亚	12 MBPS	不具体	2018

2. 提供政府财政支持

为缩进宽带可获得性的差距，联邦、国家和地方政府都在不同程度上给予了财政支持。在 2010 年拨款的支撑更多连接的基金中，将近有半数来自于会在 2009 年通过的复苏法案。国会拨了 7.2 亿美元来实施美国商务部的电信宽带机会计划（BTOP）和美国农业部的美国宽带倡议计划（BIP）。BTOP 为在美国的服务器提供服务，服务欠缺地区部署宽带基础设施，加强在公共计算机中心的宽带能力，并为促进可持续的宽带应用项目提供补助。BIP 扩展贷款、补助和贷款/补助金组合，以促进在农村地区的宽带建设。

BTOP 和 BIP 计划正在进行中，而很多计划应该也要达到提供普遍宽带服务的目标。例如，农村宽带倡议将为纽约州北部 70 个农村社区增加中距连接。显然，BTOP 和 BIP 并不足以缩进宽带可获得性差距。缩短宽带可获得性差距和连接全国，需要国家和联邦政府两者的实质性承诺。这一承诺必须包括最初支持在如今得不到服务的地区建设新网络支付投资成本，以及持续支持在收入不足以弥补经常性费用的地区进行网络的新建。

3. 设立联邦普遍服务基金

电信普遍服务基金，是指为支持电信普遍服务的实施而设立的政府性基金或者是非赢利性基金。2010 年，美国联邦普遍服务基金（USF）预计投入四个项目共计 87 亿美元的总经费。高成本项目，资助电信服务成本过高的地区，预计将投入资金 46 亿美元。电子速率（E - rate），为学校和图书馆提供语音和宽带连接的支持，预计将投入资金 27 亿美元。低收入项目，资助低收入人群的电话业务费用，预计将投入资金 12 亿美元。农村医疗保健项目，为农村医疗保健提供者提供电信及互联网业务，预计将投入资金 2.14 亿美元。至少 21 个州拥有高成本项目的资金，集体分配超过 15 亿美元。33 个州有低收入项目，9 个州有为学校和图书馆项目进行补贴，国家远程医疗网络至少达到 27 个州。此外，一些州已经建立了自主宽带部署的具体方案。一些州在宽带基础设施投资方面提供税额减免。考虑到美国联邦普遍服务基金（USF）是一种有限的资源，国会要求 FCC 应该最大限度地迅速提高可以服务的家庭数量，首先集中在那些需要较低数额资助的地区，并随着时间的推移解决最难服务的地区，意识到随着技术的进步和成本的下降，未来的补贴需要将会下降。在必要时，应提供持续的支持。

（四）美国网络中立规制的社会运动

1. "贝尔阵营" 和 "网络阵营"

2003 年 1 月 8 日，宽带用户和创新者联盟（CBUI）在给 FCC 的文件中要求，FCC 应采取规制以确保网络用户有能力：合法地在互联网上漫游，运用他们选择的设备运行他们想要的应用，收集、创造和分享信息，以及在没有网络运营商干预的情况下连接到网站上。尽管 FCC 没有在 CBUI 建议下采取措施，但在 FCC 几次会议上都涉及了网络中立建议。由此 CBUI 揭开了网络中立社会运动的序幕。

在这场公共商议的社会运动中，诞生了两大阵营：支持 "网络中立" 的阵营和反对 "网络中立" 两大阵营。这场运动是一场议程设置与议程否决之间的 "军备竞赛"。罗勃·弗里登（Rob Frieden）把这两个阵营分为 "贝尔阵营"（Bellhead）文化和 "网络阵营"（Nethead）文化①。

支持 "网络中立" 的阵营属于 "网络阵营"，也叫 "规制主义者"（regulationlists）倡导通过无缝隙、无限制地网络自由互联而实现全球连接。主张给予用户接近最高质量的内容和应用非伤害的网络附件的权利，给予创新者供应这些内容、附件或应用的相应自由，建议保障不受限制的 "网络应用普遍权利"，终端用户有权利以不非法、不伤害的方式合理地使用他们的互联网连接。

反对 "网络中立" 的阵营属于 "贝尔阵营"，也称 "去规制主义者"（Deregulationlists），反对以 "网络中立" 原则的名义对网络接入进行政府规

---

① Rob Frieden, "Revenge of the Bellheads: How the Netheads Lost Control of the Internet", *Telecommunications Policy*, Vol. 26, No. 6, 2002, pp. 125 – 144.

制，倡导促进受控的流量、配量和网络成本回收，认为在一个政府包办的垄断环境里建构起来的规制并不适合以公开竞争、财产权和契约自由为特征的市场环境。去规制主义者与 20 世纪末美国盛行的解除规制的经济理论紧密相联系。

支持"网络中立"的阵营有草根网民、部分保守的社会团体如宽带用户和创新者联盟、美国民主自由联盟、高科技宽带联盟、电子前线基金会、自由出版团体（Free Press）、公共知识团体（Public Knowledge）、"拯救互联网"（Save The Internet）组织、"我们的网络"（It's Our Net）、moveon. org、消费者协会、美国图书馆协会、美国基督教协会；互联网内容/应用/服务提供商如谷歌、微软、雅虎、亚马逊、Twitter、Facebook、eBay 等；部分因特网先驱如 Vinton Cerf、Tim Burners – Lee；多数民主党议员；一些激进的思想库如媒介接近项目、本顿基金会（Benton Foundation）和部分激进学者如 Lawrence Lessig。

反对"网络中立"的阵营有多数共和党议员、部分社会团体如"放手互联网"（hands off the internet）、Arts ＋Labs、netcompetition. org、美国流行歌曲作者协会（SGA）、美国动画片协会（MPAA）、美国唱片业协会（RIAA）、独立电影和电视联盟（IFTA）；电信运营商如康姆卡斯特（Comcast）、美国电话电报公司（AT&T）、威瑞逊（Verizon）等；通信设备提供商如阿尔卡特、思科、高通等；一些保守的思想库如个人自由中心、发展和自由基金会；一些互联网先驱如 David Farber、Robert Kahn、David D. Clark 和部分保守学者如 christopher Yoo、Rob M. Frieden。

两大阵营在共同利益取向的旗号下分别聚集在一起，但由于关注点有所侧重，同一阵营其实也是一个很松散的实体，也会出现观念或目标的不一致甚至矛盾。如"网络阵营"的应用提供商主要关注 ISP 将会为接入预留的宽带收取歧视性的价格，也关注预留的宽带或服务质量会障碍新应用的发展。消费者群体则主要关注 ISP 会阻挡接入某些应用或网站，特别是一些诸如有政治信仰的网站内容，他们把网络中立看做是言论自由的议题，此外他们也担心新收费会增加互联网接入的成本。

当然在这场社会运动中，还有一些游离于主张网络控制与开放之间的中间派，如美国民主中心、信息技术和创新基金会。

2. 美国网络中立争论的理念分歧

这场网络中立争论的实质在于美国不同利益阶层对网络接入控制与开放的权力博弈。从这个角度看，两大对立的阵营也可称为"接入控制主义者"与"接入开放主义者"两个阵营。这两个阵营从自身利益出发，在网络中立规制的众多问题上产生了理念分歧。在两个鲜明对立的阵营外，还存在不少第三条道路（中间派）的观点。这些观点既不主张完全禁止"积极"、"正当"的价格歧视；也不完全排斥政府的规制监管，而是支持有限度的、不完全开放接入的网络中立版本。

表 25 - 2　　　　　　　　　　两大对立阵营主要的理念分歧

	控制主义者	开放主义者
网络产权	私有	公有
伤害原则	缺乏具体证据，由法院判决	有潜在动机
网络设计	"智能网络"	"哑巴网络"
创新来源	ISP	IAP/ICP
投资动力	抑制投资网络	抑制投资应用、内容
分层优化垂直融合	合理，福利最大化	不合理，反竞争性歧视
言论自由	保护 ISP 的言论自由	保护消费者的言论自由
规制手段	事后的反托拉斯法（FTC）	国会立法、预先规制（FCC）

事实上，两大对立阵营的分歧，在第三条道路的影响下也并非水火不容。在博弈中既对立又合作，是市场经济的基本法则，也是今后网络产业发展的基本趋势。如 2010 年 8 月 10 日，谷歌和美国网络巨头 Verizon 联合发表了一份关于应该如何管制互联网的框架提案①。对此计划的大多数批评认为，谷歌正在出售它长期以来的网络中立立场。此举表明网络运营提供商与网络应用/内容提供商之间的合作活动将日益频繁，也将深刻左右美国网络

---

① Alan Davidson and Tom Tauke, "A joint policy proposal for an open Internet", Google Public Policy Blog, August 9th, 2010. http：//googlepublicpolicy. blogspot. com/2010/08/joint - policy - proposal - for - open - internet. html.

中立规制的走向。

又如微软本是 CBUI 联盟最初的和最喧哗的成员之一，因为它担心物理基础设施所有者会歧视他们的应用产品或服务。但是最近微软退避三舍，很大程度上放弃了它对 CBUI 的支持，可能是它意识到对网络中立要求的支持是虚伪的，也可能是公司意识到网络中立规制最终会限制他们在 Xbox 视频游戏平台上提供的服务，而这一平台想成为"世界最终的宽带应用"，"独一无二的数据服务提供商"。与此同时，微软正侵略性地销售其新媒体中心个人电脑（Media Center PC）套装服务，寻求将电视、DVD、音乐播放器和图片观看等功能融为一体，这一切都由 Microsoft XP 媒介中心版本操作系统授权。这清晰地提升了微软在很多不同层次上成为"层级突破者"的前景。①

Marsden（2010）认为"网络中立"是一个具有欺骗性的简单词语，隐含着丰富含义。他把网络中立分成积极（服务质量）和消极（内容歧视）的网络中立。朝后看的消极网络中立阵营声称，由于当前 ISP 模糊和惹人厌恶的做法，互联网用户不应处于不利地位。朝前看的"积极网络中立"认为，这种做法到处存在，即在公平合理和非歧视条款下向所有用户提供高价高质量服务。② 不管怎样，这种分类是有问题的，因为在网络中立环境中涉及的三个主要玩家——内容提供商，网络运营商和终端用户——有不同的、经常相互矛盾的利益和经济动力。这些动机与规制者的目标要么相一致要么相冲突。

总之，整个网络中立争论似乎是一场耳聋者之间的对话。由此看来，在利益追逐和权利制衡的美国，Comcast 向最高法院的上诉结果，是否能使《网络中立条例》正式生效，能否让这场旷日持久的大论战"偃旗息鼓"，抑或是把论战再次推向"火上加油"的阶段，这不仅取决于接入控制与开放两大阵营在博弈中的力量消长，也取决于政府职能部门在规制执行细则上的政策智慧。

---

① Adam D. Thierer, "Are 'dumb pipe' Mandates Smart Public Policy? Vertical Integration, Net Neutrality, and the Network Layers Model", *J. ON TELECOMM. & HIGH TECH. L.*, Vol. 3, 2005, p. 306.

② Christopher T. Marsden, *Net Neutrality Towards a Co-regulatory Solution*, London: Bloomsbury Academic, 2010, p. 24.

第二节 欧美网络中立规制的特征比较

美国作为网路规制的先行者，欧盟步随其后，在其具体实现中，各自形成不同的特征，我们从规制方式、规制主体、规制目标、规制手段方面来进行比较。

一 规制方式

（一）美国强调行政先行

美国在推进网络中立规制上主要采取 FCC 的行政手段，这是奥巴马行政先行理念的结果。我们看见，FCC 为了实现奥巴马行政先行理念，不断地以"声明"、"命令"、"原则"、"条例"、"讲话"等行政形式推进网络中立规制。行政先行的主要原因在于：

1. 从立法成本看，联邦规制的成本相当大。如 2005 年的估算表明，遵守联邦规制花费政府、企业和个人纳税钱总计达到 1.1 万亿美元[①]。因此，自福特（Gerald Ford）以来的每位总统在颁布规制前都依靠正式系统来检查本届政府的规制，评估新规制。总统执行规制评估项目很大程度上是通过行政命令[②]。

2. 从技术变迁看，立法难以跟上技术变迁的步伐。Daley Cara（2010）就深刻剖析了奥巴马的明智之举：美国的通信法是古老的，技术发展以令人惊讶的速度超过了立法，立法过程继续显得太笨重以致难以满足现状。尽管有对具体议题更为熟悉的人在调整和草拟，但规制仍然缓慢和缺乏相同的法律效力。行政命令将立法的好处转移到规制上。总统很好地调整了命令以正确地指导规制决定。行政命令草拟和执行的速度远远超过立法，这对于网络中立来说是最有优势的政策形式。因此现任总统奥巴马在他还有行政权力的

---

① W. Mark Crane, the Impact of Regulatory Costs on Small Firms, Apil, 2005. http：//www. sba. gov/advo/research/rs264tot. pdf.

② Jerry Brito, Jerry Ellig, "A Tale of Two Commissions：Net Neutrality and Regulatory Analysis", *Commlaw Conspectus*, Vol. 16, 2007, p. 8.

时候实施网络中立是明智的。没有对这种复杂议题的解决办法，美国政府将使它的公民处于不能平等和开放地接入这个国家最宝贵的、日益重要的资源——国家宽带网络的风险中①。

(二) 欧盟强调框架指南

欧盟并非像美国在行政先行理念下执意推行网络中立规制，主要采取了阶段性、分散化的一揽子规制框架指南形式，这种规制框架在指导各国的网络中立原则上具有一定的法律效力。如 2002 年新电信管制框架由以下几部分组成：《共同规制框架指南》、《接入和互联指南》、《电子传播网络和服务授权指南》、《普遍服务和用户权利指南》、《隐私和电子传播指南》、《电子传播服务市场竞争指南》。2009 年新修订的电信管制框架由两大部分组成，一是网络和服务规制框架，包括《更好的规制指南》、《公民权利指南》、《BEREC 规制指南》、《授权指南》、《接近指南》、《普遍服务指南》、《隐私和电子传播指南》等；二是频谱政策，包括《2002 无线电频谱决议》、《修订的 GSM 指南》、《修订的 RSPG 决议》等。

二 规制主体

(一) 美国规制权威和党派利益之间的博弈

在美国，网络中立规制主体比较复杂，不仅涉及两个独立但又相互牵制的规制机构——FCC、FTC (联邦贸易委员会)，而且还涉及民主党和共和党之间的党派利益。但由于电信法案 Title II 的授权，FCC 总是处于网络中立争论的聚光灯下。

1. 规制权威之争

1934 传播法案允许 FCC 在相对弹性的公共利益标准下颁布规制，FCC 可能有更宽广的规制范围。FTC 法案也赋予 FTC 广泛的权威去促进竞争和保护消费者。因此，两个规制机构都拥有不同的比较优势。FCC 倾向于草拟和

---

① Cara J. Daley, Moving Away From Regulation and Legislation: Solving the Network Neutrality Debate During Obama's Presidency, *CMC Senior Theses*. 2010, pp. 59 – 60. http://scholarship. claremont. edu/cmc_theses/13.

实施详细的、具体的产业规制，而 FTC 倾向于执行可广泛应用的规制如反垄断法，旨在促进整个经济的竞争和消费者福利。现在的问题是，这种劳动分工在网络中立规制中不可能那么泾渭分明。

从 2005 年以来，FCC 和 FTC 都积极考察了网络中立规制的成本和收益，在互联网接入上，FCC 主张强化网络中立、"信息服务"，而 FTC 则反对网络中立，主张"通信服务"。FTC 成立了宽带连接竞争政策工作室（FTC BCCPW），2007 年 6 月发布 165 页的《宽带连接和竞争政策评核报告》（SRBCCP），该报告推荐认为，决策者在缺乏清晰的市场失灵或消费者伤害的实证下，在要求网络中立前应要犹豫。正如 Jerry Brito 和 Jerry Ellig（2007）所说，FCC 征求通告（NOI）与 FTC 评估报告（SRBCCP）在关于网络中立议题上达成了不同的结论，这种结果的出现既是两个机构不同的使命和文化的使然，也是客观证据的使然①。

很多学者认为，FCC 很多政策声明没有法律强制力，一是没有遵循行政程序法案（APA）有关告知和评论的立法要求，二是没有经过国会或最高法院的授权，在规制主体的角色上经常受到质疑和挑战。Lyons 和 Daniel（2011）认为，FCC 在颁布网络中立规则时，应该寻求明确的第一修正案的同意，而不是在它的规制权威边缘上继续当"自由职业者"②。

2. 党派利益之争

美国党派之争也使规制主体进一步复杂化。所谓的"巴顿法案"以及最近以来的几次法案投票几乎完全是沿着党派路线而走的，双方都声称另一方的立场将破坏我们所知的互联网。"共和党担心大政府的前景和规制主要公司的经济意义，民主党关注私人管理这些网络背后的第一修正案问题。两者都不确信在投资大规模技术维护和创新中，怎样运用国家破旧的宽带设施和简练的数字来追赶上世界其他国家。"③ 对此，Jeffrey A. Hart（2007）就

---

① Jerry Brito, Jerry Ellig, "A Tale of Two Commissions: Net Neutrality and Regulatory Analysis", *Commlaw Conspectus*, Vol. 6, 2007, p. 51.

② Lyons, Daniel, "Virtual Takings: The Coming Fifth Amendment Challenge to Net Neutrality Regulation", *Notre Dame Law Review*, Vol. 86, No. 1, 2011, pp. 67 – 117.

③ Cara J. Daley, "Moving Away From Regulation and Legislation: Solving the Network Neutrality Debate During Obama's Presidency", *CMC Senior Theses*, Vol. 7, 2010. http://scholarship. claremont. edu/cmc_ theses/13.

精辟地指出，当美国共和党控制国会时，民主党派反对网络中立的人增多；而当民主党派控制议会时，共和党派就反对网络中立。两党这样做实质上是为了下一届的议会和总统竞选①。

在党派利益之争下，毫不惊讶，当前决策已经被受资助的研究、政客、广告宣传捐助和花言巧语所支配。Rob Frieden（2007）曾发出警告："遗憾的是，不公正的事实发现似乎已经产生，由于 FCC 的政治化妨碍了民主党和共和党委员的公平评价，因此矛盾的存在难以产生法院可评论的法律或事实问题。"②

（二）欧盟统一监管机构和国家规制机构的协调

欧盟则一直强调在基本传播框架下和具体指南下，通过欧盟统一监管机构和国家规制机构的协调，确保各项规定在各国的统一执行，消除对单一市场的障碍，实现欧洲内部的统一市场。对于成员国违反的相关规定，在正当程序下予以撤销。2009 年《更好的规制指南》提出了初步发现：当前规制碎片化，国家规制部门之间的不一致性，不仅威胁了通信行业的竞争，而且威胁了消费者从跨境竞争中获得的巨大利益。因此，为了实现电子传播内部市场，欧盟电子传播网络和服务规制框架应进行改革，为规制在关键市场具有重要市场权力的运营商，进一步强化共同体机制③。为此，2009 规制框架还专门就新的单一机构规制部门——欧洲电子通信管制机构（BEREC）制定了《BEREC 规制指南》。这一机构将带来共同的"规制文化"的创造，更多的规制一致性，以及在电子传播网络和服务中真正的单一市场。

---

① Jeffrey A. Hart, "Democracy in the Age of the Internet: An Analysis of the Net Neutrality Debate of 2006", *the Annual Meeting of the American Political Science Association in Chicago*, Vol. 24, 2007.

② Rob Frieden, "Internet 3.0: Identifying Problems and Solutions", *International Journal of Communication*, No. 1, 2007, p. 491.

③ "DIRECTIVE 2009/140/EC OF THE EUROPEAN PARLIAMENT AND OF THE COUNCIL", *Official Journal of the European Union* (L 337/37), November 25th, 2009. http://eur-lex.europa.eu/LexUriServ/LexUriServ.do? uri = OJ: L: 2009: 337: 0037: 0069: EN: PDF.

三　规制目标

（一）美国注重促进国内市场竞争和确保全球互联网主导权

在美国，从国内目标来看，FCC 在历次政策声明中，强调"互联网政策的主要目标在于确保互联网的持续增长，保护互联网赋予的创新，创造和共享"。美国与欧盟在市场层面上的差异，主要在于网络用户本地回路（local loop）的开放程度上，导致两地消费者转换宽带服务提供商（BSP）的难易程度不同。欧洲固定宽带市场的竞争要比美国更为激烈和多样化，这使欧盟网络竞争程度被认为高于美国。Robert Atkinson 和 Phil Weiser（2006）认为，在美国缺乏最后一公里的竞争是引发网络中立争论的原因之一。"不像在许多其他国家诸如法国和日本运用'线路共享'模式（促进多个 DSL 竞争者使用现有竞争者的本地回路），美国追求一个不同的策略。网络中立问题在这些国家在很大程度上是假想的，因为这些国家的消费者要比在美国享受了更高的竞争水平和更多的带宽。"[1] 因此，"美国现在一般强调几个提供诸如 DSL、有线 modem 等基于基础设施的平台之间的竞争以及无线或跨平台竞争。这种情况下，提供商相互竞争以建立最好的互联网络"[2]。Martin 和 Pietro（2007）分析了美国这一状况出现的历史原因：在美国和欧洲宽带网络接入市场上以往存在着相反的规制趋势。当 1998 年欧洲国家规制机构（NRAs）和欧洲委员会日益在不同层次上将接入责任延伸到宽带网络上时，美国的接入责任很大程度上却被移除了[3]。

从全球目标看，美国互联网政策的目标在于"确保美国对互联网的主导权"。一则《纽约时报》的社论公开宣称，无论从经济方面还是从国家安全方面看，"美国都应该继续控制因特网"；它鼓吹，"自由的网络"扎

---

①　R. Atkinson, P. Weiser, "A 'Third Way' on Network Neutrality", *The New Atlantis*, No. 13, 2006, pp. 47 –60.

②　Scott J. Wallsten, Stephanie Hausladen, "Net Neutrality, Unbundling, and their Effects on International Investment in Next – Generation Networks", *Review of Network Economics*, Vol. 8, No. 1, 2009, pp. 91 –92.

③　Martin Cave, Pietro Crocioni, "Does Europe Need Network Neutrality Rules?" *International Journal of Communication*, No. 1, 2007, p. 670.

根于"美国的价值观"中。① 在国会议员提出的众多有关网络中立提案中，也都强调了这一目标。如《2006 网络中立法案》的提案目标在于"确保国家在在线商业和技术创新上的全球领导权，这是美国的政策"。《2008 互联网自由保护法案》的提案目的也强调，"确保互联网在美国经济中的关键力量，使美国维护它在在线商业和技术创新上的全球领导权，这是美国的政策"。

（二）欧盟关注"包容性"，促进公平服务和生活质量

欧盟一直倾向于聚焦在基础设施运营商的线路上提供 DSL 服务的 ISP 之间的竞争。为此，欧盟大力推动不同类型的非绑定政策，其中包括基础设施所有者必须允许竞争的 ISP 在其线路上提供服务②。因此，在进一步促进市场竞争的基础上，欧盟规制目标更多开始关注"包容性"（inclusion），促进公平服务和生活质量，与欧洲信息社会战略目标一致。

欧盟《2002 共同规制框架指南》指出，本指南和具体指南确定的国家规制部门的活动应致力于在文化、就业、环境、社会凝聚和城乡规划等领域中实现更宽广的政策。欧洲电信专员雷丁（Reding，2009）认为，欧盟新规则明确地认识到，互联网接入是诸如表达自由和接近信息自由的基本权利。因此，规则规定，有关接近或使用服务和应用所采取的任何措施必须尊重基本权利和自然人自由，包括隐私权、表达自由和接近信息、教育的自由③。由此可见，网络中立已被置于欧盟委员会更宽广的目标中，包括发展欧洲的互联网内容产业，通过 ICT 提高生产效率，维护和发展欧洲文化，维护基本人权等。

---

① Mark A. shiffrin, Avi Silbershatz, Web of the free, October 23th, 2005. http：//www. nytimes. com/2005/10/23/opinion/23 silberschatz. html.

② Scott J. Wallsten, Stephanie Hausladen, "Net Neutrality, Unbundling, and their E ects on International Investment in Next－G eneration Networks", *Review of Network Economics*, Vol. 8, No. 1, 2009, pp. 91－92.

③ Christopher T. Marsden, *Net Neutrality Towards a Co－regulatory Solution*, London：Bloomsbury Academic, 2010, p. 23.

四　规制手段

(一) 美国重在逐案判决

美国重在逐案判决、逐步确立预先行政的规制形式。FCC 典型地通过逐案判决对传播施加广泛的管辖权，而不是通过法律法规。从历史来看，互联网政策也不例外；FCC 倾向于在具体问题具体分析基础上判决有关联邦互联网政策争议。FCC 给出了关于逐案判决的三个理由[①]：首先互联网处于早期阶段的事实，意味着 FCC 希望为消费者和产业提供一些指南而不是不恰当地绑定手脚；其次，互联网络如此复杂，以至于不相信 "一刀切"（one - size - fits - all）的方法是个好政策；最后，FCC 认为，这种克制的具体案例具体分析的方法是 FCC 认同的最好补充。这种认同在于，宽带服务应存在于一个最小限度的规制环境里，以促进在竞争市场中的投资和创新。

一些学者对此规制手段进行了批判，如一直反对网络中立的经济学家 Thierer（2004）就认为，在目前缺乏市场失灵证据下，FCC 不应强加先发制人的、预防疾病式的规制，以对抗所出现的每个可设想的争议。决策者应把这些棘手的案例留给普通法来处理。法庭能分类出这些相互竞争的权利主张，并设法在相互竞争的利益之间达成平衡。

(二) 欧盟谨慎预先规制

欧盟则对预先规制保持谨慎。欧盟电子通信服务规制框架允许事先规制介入具体的网络或服务，但只存在于主导或重要市场影响力的情况下。《2002 共同规制框架指南》（25）指出[②]，在某些情况下为了确保竞争市场的发展需要预先义务。(27) 预先规制义务应仅在以下情况下强加：不存在有效的竞争，即这个市场只有一个或更多具有重要市场权力的企业，国家和共同体竞争法补救措施不足以解决此问题。因此，在评价竞争在一定的市场

---

① FCC Ruling (08 - 183), Memorandum Opinion and Order [EB/OL]. August 1th, 2008. http：// www. alain - bensoussan. com/wp - content/uploads/252926. pdf.

② "DIRECTIVE 2002/21/EC OF THE EUROPEAN PARLIAMENT AND OF THE COUNCIL on a common regulatory framework for electronic communications networks and services (Framework Directive)", *Official Journal of the European Union* (L 108/33), March7th, 2002. http：//www. bipt. be/GetDocument. aspx? forObjectID = 3236&lang = en.

中是否有效，以及评价重要市场权力时，委员会有必要在共同体层次上根据竞争法原则来勾画指南。国家规制部门应分析一个产品或服务市场在一定的地理区域是否有效地竞争。对有效竞争的分析应包括分析市场竞争是否有可能，以及任何有效竞争的缺乏是否是双重的。这些指南也将解决最新出现的市场的问题，事实上（de facto）的市场领先者可能具有强大的市场份额但是没有承担不适当的义务。委员会应定期地评估这些指南，以确保它们在一个迅速发展的市场中仍然是合适的。在发现相关市场是跨国性的地方，国家规制部门彼此之间需要合作。

《更好的规制指南》（Directive 2009/140/EC）也进一步指出①，"(5) 目标在于当市场竞争在发展时，逐渐地减少部门预先的具体规制，最终仅仅通过竞争法来规制电子传播。考虑到近年来电子传播市场显示了强烈的竞争动态，重要的是，预先规制义务仅仅是在缺乏有效和持续竞争情况下才能强加"。因此，大多数欧盟国家规制机构选择的方法是避免直接介入，相信一个竞争的市场将解决问题，竞争法可充当事后弥补的重要屏障。

综观以上分析，美国网络中立规制与欧盟网络中立规制在实践中有所不同，为了更加一目了然，我们列表如表25－3：

表25－3 美国与欧盟网络中立规制特征比较

	美国	欧盟
规制方式	强调行政先行	强调框架指南
规制主体	规制权威和党派利益之间的博弈	统一监管机构和国家规制机构的协调
规制目标	注重促进国内市场竞争和确保全球互联网主导权	关注"包容性"，促进公平服务和生活质量
规制手段	重在逐案判决	谨慎预先规制，强调竞争法

---

① "DIRECTIVE 2009/140/EC OF THE EUROPEAN PARLIAMENT AND OF THE COUNCIL" (L 337/37), *Official Journal of the European Union*, November25th, 2009. http：//eur－lex. europa. eu/LexUriServ/LexUriServ. do？ uri＝OJ：L：2009：337：0037：0069：EN：PDF.

第 二 十 六 章

网络中立规制的中国启示

第一节　网络中立：21 世纪的传播政策挑战

一　技术变迁带来传播政策的变革

媒介技术的发展影响着传播政策的走向。在美国，1934 年电信法案是顺应无线广播兴起的产物，主要强调稀缺资源以确保公共责任和普遍服务。1996 年电信法案则是顺应有线电视和卫星通信的兴起的产物，主要强调去规制以促进竞争。近十年来宽带网络的日益普及使得美国国内要求重新制定新法案的呼声高涨。不少学者认为，美国网络中立争论的出现是当前传播政策分崩离析的产物。

Pool（1983）在他开创性的《自由的技术》中说到的，美国媒介技术的规制受到技术限制的界定。言论和印刷出版规制的治理原则是第一修正案，公共运输和广播由于他们的技术特性一直在大量不同规制理论下发展。Pool解释了这两种不同规制类型的差异：当传播手段如印刷出版或微型计算机处于分散化、去中心化、易获取时就会促进自由，当传播手段如巨型网络处于中心化、垄断化和稀缺性时更可能出现中心控制。他关注到，尽管电子传播的转变意味着第一种媒介类型的增多，但由于政府不由自主地倾向于规制和把它们看做第二种媒介类型，即便不再需要这种做法，法律规制框架不断地应用于这些传播手段①。

---

① Ithiel de Sola Pool, *Technologies of freedom*, Boston：Harvard University Press, 1983.

在提供传播服务的技术中可分为两种层次的稀缺性：一是"物理/技术稀缺性"，技术或经济限制来决定；二是"内容稀缺性"，取决于传输内容的管道数量或这些管道里的内容多样性。关于是否需要规制的问题首先必须通过恰当地确定"稀缺性"或"丰富性"的状况来回答。广播的稀缺性是物理限制的结果，而公共运输的稀缺性更多是经济策略的结果。当前，"物理稀缺性对宽带互联网还保持着，内容稀缺性并不存在，因而规制宽带互联网具有一定的正当性，以更好地服务公共利益"[1]。

二 网络中立规制反映当前传播政策的重大挑战

互联网的未来是个重大问题，事实上它已经成为大多数产业未来生产效率的中心。这种强大的技术意味着在这个开放平台的信息交换，将在整体上提升经济和社会的实际效率。目前使用电子邮件、Facebook、MySpace、Twitter、Skype、即时通信等应用的人数不断上升。大量的合作、创造和创新都是通过桌面电脑、手提电脑、网络书籍和智能手机、平板电脑等来连接的。Benkler（1998）深知在传播生态上壮观的创新图景在合法的政策和规制上的意义，他关注需要维持互通性和开放性以确保一个非附属的和非商业的创新都能繁荣发展的"共享资源"。这意味着互联网不仅促进了我们已有的经济关系，也促进了我们的社会和政治[2]。

网络中立聚集着互联网规制中的众多纠结点。网络中立争论的结果对互联网的民主政治参与、国家安全、信息自由、商业经济、用户权利等有重要意义。考虑到这些重要性，网络中立必成为21世纪的传播政策议题。一些学者认为，网络中立规制对传播政策构成了重大挑战。McChesney（2006）把目前网络中立争论看做是互联网是否将"重新塑造媒介系统"或它将怎样"融入现有媒介体系"的问题[3]。"网络中立是政府怎样规制传播的最大

---

① Amit M. Schejter, Moran Yemini. Justice, and Only Justice, "You Shall Pursue: Network Neutrality, the First Amendment and John Rawls Theory of Justice", *Michigan Telecommunications and Technology Law Review*, Vol. 14, 2007, pp. 140 – 141.

② Y. Benkler, "Overcoming Agoraphobia: Building the Commons of the Digitally Networked Environment", *Harvard Journal of Law and Technology*, No. 11, 1998.

③ R. McChesney & J. Podesta, "Let there be wi – fi", *Washingtonmonthly*. http://www.washingtonmonthly.com/features/2006/0601. podesta. html.

争议的部分"①，而这个问题的产生"正是由于分离的传播政策不能很好的处理技术融合而产生的结果"②。

第二节　我国网络中立议题的基本现状

一　我国网络中立议题的行业现状

网络中立问题不仅仅是行为性的，也是结构性的。结构性的问题主要是互连接入、普遍服务或数字鸿沟问题。网络中立原则一方面既要求接入提供相同服务给不同消费者的网络，因为这些公司相互竞争，销售相似的服务给相同的消费者；另一方面要确保每个消费者能够负担得起基本服务的宽带网络消费。这种接入形式本质上是水平的（见下表26-1）。行为性的问题主要是平台接入问题。这种接入形式集中于补充服务，在性质上基本垂直的。

表26-1　　　　　　　　　　网络中立主要问题矩阵关系

	水平层面（互联接入）	垂直层面（平台接入）
行为性问题		通过阻挡、降级、优化，支持自身或合作伙伴的内容或应用而歧视非附属非合作业务
结构性问题	互联互通问题，如三网融合。普遍服务/数字鸿沟问题	

（一）我国网络中立议题的结构性问题

1. 互联互通方面

根据信息产业部统计，从1998年到2003年间，全国发生的不正当竞争和互联互通恶性案件达540起，累计涉及1亿用户，造成直接经济损失10

---

① Bruce Harpham, "Net neutrality in the United States and the future of information policy", *Faculty of Information Quarterly*, Vol. 1, No. 2, 2009, pp. 1 – 16.

② Scott Jordan, "A Layered Network Approach to Net Neutrality", *International Journal of Communication*, No. 1, 2007, p. 458.

亿元人民币，间接经济损失 20 亿元人民币①。阻碍互联互通的行为复杂多样，如擅自中断或限制网间通信；擅自启用电信号码资源；拖延开放网间业务，拖延开通新业务号码；网间通信障碍的处理机制不完全，安全问题存在严重隐患；网间结算不合理，不通过正常途径解决争议，人工剪断通信线路等。可见我国电信业阻碍互联互通的行为，明显具有参与主体广、手段多、性质严重等特点。

2011 年 11 月 9 日 12 时央视《新闻 30 分》节目曝出国家发改委正在调查中国电信和中国联通涉嫌宽带接入领域垄断的问题，被业界称为"《反垄断法》正式实施三年来，反垄断执法部门首次对央企展开的反垄断调查"。央视在报道中援引了发改委价格监督检查与反垄断局副局长李青的话，"我们已经基本查明，在互联网接入这个市场上，中国电信和中国联通合在一起占有 2/3 以上的市场份额，肯定是具有市场支配地位的。在这种情况下，他们就是利用这种市场支配地位，对于跟自己有竞争关系的竞争对手，它们给出高价，而对于没有竞争关系的企业，它们给出的价格就要优惠一些，这个在反垄断法上叫做价格歧视。"

2011 年《华夏时报》有关中国互联网服务提供商市场份额及宽带速率和收费情况（见图 26 - 1），中国电信和中国联通占据 90.57% 的互联网服务市场份额。电信专家侯自强称，根据《反垄断法》，单个经营者市场份额 50%，两个经营者 67%，三个经营者 75% 即为垄断。据了解，两家运营商之所以受到反垄断调查，源于部分企业针对 2010 年下半年"断网事件"的举报。

《重庆晚报》报道，按工信部规定，为补偿中国电信和联通的骨干网投资，宽带运营商之间的网络互联互通，只要用户上网产生网间流量，其他运营商都要向它们单向结算。实际操纵中，中国电信设立了"黑白名单"，予以差别定价——竞争对手（也称一类用户，如铁通、广电、长城等宽带商）结算价格高（100 万元/G/月以上），非竞争对手或用户（二类用户）实行低价结算（25 万元至 40 万元/G/月，甚至低至 10 万元/G/月），以此抬高竞

---

① 王云辉：《信产部铁腕修典 互联互通新政在望》，http://www.people.com.cn/GB/it/1065/2044071.html。

争对手的成本，维持自己的优势地位。如此一来，铁通、广电等弱势运营商只能借助"穿透流量"（一些公司以低价向中国电信购买流量，自己不用转手卖给铁通、广电等赚取差价）做法，以相对低廉的价格接入电信骨干网。

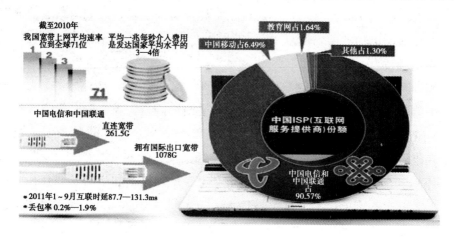

图 26 - 1　中国互联网服务提供商市场份额及宽带速率和收费情况①

2011 年下半年，中国电信正式向"穿透流量"开战，令其他接入运营商遭受重创。2011 年 8 月 12 日至 9 月 9 日，27 天内仅广东铁通就爆发了37477 件用户投诉，38443 个用户拒绝缴费，并有 28210 个用户面临退网。据业内人士估测，这场清理波及的互联网用户可能超过 1000 万②。

2011 年 11 月 11 日，人民邮电报头版文章《混淆视听 误导公众》驳央视对电信、联通涉嫌价格垄断报道，援引有关专家的话，强调"在中国内地的宽带业务市场，联通和电信不能被称作'垄断者'，他们还面临着铁通、广电等的竞争"；"通信行业在国企里是体制改革最彻底的"，"市场竞争异常激烈"，"出租带宽的价格是由市场来调节的。垄断何谈之有"？③ 12 月 2 日，电信、联通在官方网站同时发出声明，称已向发改委提交要求"中止"

---

① 资料来源：《华夏时报》2010 年 11 月 12 日。

② 发改委反垄断调查：《中国电信联通涉嫌垄断》，《重庆晚报》，http：//tech. sina. com. cn/t/2011 - 11 - 10/15266302612. shtml。

③ 《混淆视听，误导公众——驳央视对电信、联通涉嫌价格垄断的报道》，《人民邮电报》头版，2011 年 11 月 11 日。

反垄断调查的申请，并承认企业在互联互通以及价格上确实存在不合理行为，同时承诺整改，将提升网速并降低宽带资费。此次宽带反垄断调查实质上是"广电和电信利益之争的延续，大前提是目前正在进行的三网融合"。

2. 普遍服务方面

上网连接速度：国家信息化专家委员会发布的《2011 年蓝皮书中国信息化形式分析与预测》报告显示，截至 2010 年，我国宽带上网平均速率排名全球第 71 位，不及美国、英国、日本等 30 多个经济合作组织国家平均水平的 1/10，但是平均 1 兆每秒网速的接入费用，却是发达国家平均水平的 3—4 倍。中国平均互联网网络连接速度仅为 100.9Kb/s。目前，发达国家多以下行带宽 100Mb/s 为 2020 年宽带化追求的目标。美国联邦通信委员会（FCC）在 2010 年发布的国家宽带计划中，计划 2020 年美国至少有 1 亿的家庭实现下行大于 100Mb/s、上行大于 50Mb/s 的宽带接入。德国政府提出的宽带战略目标是 2018 年 50Mb/s 覆盖 100% 的家庭，2020 年 50% 的家庭至少以 100Mb/s 接入[1]。

网民结构特征：2012 年 1 月，中国互联网络信息中心（CNNIC）发布的《第 29 次中国互联网络发展状况统计报告》显示，截至 2011 年 12 月底，中国网民规模突破 5 亿，达到 5.13 亿。中国手机网民规模达到 3.56 亿，占整体网民比例为 69.3%。互联网普及率较上年底提升 4 个百分点，达到 38.3%。农村网民规模为 1.36 亿，比 2010 年增加 1113 万，占整体网民比例为 26.5%。网民中 30—39 岁人群占比明显提升，较 2010 年底上升了 2.3 个百分点，达到 25.7%。网民中初中学历人群占比继续保持增长，由 32.8% 上升至 35.7%[2]。与美国数据相比，我国农村网民所占比例（26.5%）远低于美国农村网民所占比例（50%），初中学历的网民所占比例（35.7%）要高于美国高中以下的网民所占比例（24%）。

《2011 年蓝皮书中国信息化形式分析与预测》报告指出，我国区域之间的数字鸿沟指数在 2002—2009 年间大幅上升，由 0.21 增长到 0.57，平均年

---

① 中国社会科学网，2011 年《信息化蓝皮书》发布，2011 年 7 月 29 日，http：//www.cssn.cn/news/386368.htm。

② CNNIC：《第 29 次中国互联网络发展状况调查统计报告》，2012 年 5 月，http：//www.cnnic.cn/research/bgxz/tjbg/201201/P020120118512855484817.pdf。

增长率达到 15.05%。蓝皮书认为，这说明中国信息化的发展是不平衡的，经济发达地区赶超国际先进水平的步伐很快，而一些经济欠发达的地区，信息化水平速度相对缓慢①。

由此可见，降低互联网接入和使用门槛，鼓励高龄人群、低学历人群、落后边远地区等新技术的晚期接受者尝试使用互联网工具，将是下一阶段推动我国网民规模进一步扩大的重要目标。

当前我国还没有建立宽带普遍服务基金，主要还是继续沿用"分片包干"的方式，提高"村通工程"的宽带覆盖率，导致电信普遍服务所需资金来源不稳定，难以深入展开。

（二）我国网络中立议题的行为性问题

我国在有关网络中立方面的行为性问题是多方面的，这些问题或多或少以显性或隐性的方式存在着。

在非附属的应用方面，2005 年《IT 时代周刊》刊发《封杀，无法阻止网络电话的进军主管部门》一文，指出，"最近下发的一则通知中明确要求，除中国电信和中国网通能够在部分地区进行 PC – Phone 方式 IP 电话商用试验外，任何单位和个人都不得从事这项业务（9 月 7 日《财经时报》）。这意味着中国大多网民利用 SkyPe 等'网络电话'打国际长途电话的权利已被剥夺，而在今年 9 月初媒体更是直接爆出了深圳电信全面封杀 SkyPe 的消息"。

在不受欢迎的内容方面，网传一封《关于百度吧中有关汉中电信帖子的函》，该函中提到，公司员工在百度汉中贴吧就该公司在抗震救灾过程中一些缺乏以人为本的做法发牢骚、谩骂和人身攻击。"对于 5 月 26 日汉中吧无法连接的问题，经查是由于维护部门个别员工在看到该帖之后认为严重影响汉中电信的形象而私自采取的行动，当公司得知后立即要求予以恢复，同时对该员工进行了严肃的批评。"②

---

① 中国社会科学网，2011 年《信息化蓝皮书》发布，2011 年 7 月 29 日，http：//www.cssn.cn/news/386368.htm。

② 《关于百度吧中有关汉中电信帖子的函》，http：//hi.baidu.com/%BA%BA%BD%AD%B0%D7%F0%D8/blog/item/e7382f4ecf084f0cb3de05a6.html。

在垂直融合方面，2006 年 6 月，中国移动有限公司（中国移动）收购星空传媒集团（星空传媒）所持凤凰卫视部分股份，以约 10 亿港元获得 19.9% 的股权，成为凤凰卫视第二大股东。这种管道 + 内容的垂直融合在国内开始出现。"电信运营商入股内容提供商或直接插手内容服务领域是通信行业的大趋势。"通过这种战略联盟，凤凰卫视将可以以较优惠的条件直接接入中国移动的网络以享受中国移动的用户资源，而中国移动也将优先获得凤凰卫视的新闻和部分节目资源。这种管道 + 内容的垂直融合"在一定程度上引发了合作伙伴 SP 的'恐慌'"[①]，这种恐慌可能源自对网络运营商是否有动机偏向性优待自身附属性流媒体的质疑。

二　我国网络中立议题的规制现状

检视国内与网络中立相关的主要政策法规，应该说不同程度地涉及网络中立问题。这些政策法规主要规制特征有：

（一）规制主体

1. 以部门规章为主，行政法规为辅，国家法律稀缺，体现了部门规章的活跃性。

在涉及网络中立议题的规制中，主要有两部法律，包括全国人民代表大会常务委员会颁布的《全国人民代表大会常务委员会关于维护互联网安全的决定》（2000 年 12 月）和《中华人民共和国反垄断法》（2007 年 8 月）。其他的部门规章或行政法规包括 2000 年 9 月国务院《中华人民共和国电信条例》；2000 年 9 月国务院《互联网信息服务管理办法》；2001 年 1 月信息产业部《电信服务质量监督管理暂行办法》；2001 年 5 月信息产业部《公用电信网间互联管理规定》；2000 年 11 月信息产业部《互联网电子公告服务管理规定》；2005 年 9 月国务院新闻办公室、信息产业部《互联网新闻信息服务管理规定》；2006 年 2 月信息产业部《互联网电子邮件服务管理办法》；2006 年 5 月国务院《信息网络传播权保护条例》、

[①] 《入局凤凰卫视 中移动挺进传媒业》，《新京报》，2006 年 6 月 9 日，http：//www.china.com.cn/chinese/news/1235412.htm。

2007 年 12 月国家广播电影电视总局、信息产业部《互联网视听节目服务管理规定》。

与网络中立相关紧密的两部法律法规，一是《中华人民共和国反垄断法》，垄断行为所涵盖的三个方面（经营者达成垄断协议；经营者滥用市场支配地位；具有或者可能具有排除、限制竞争效果的经营者集中）均涉及网络中立问题，对处理网络运营商的歧视性行为具有重要的指导作用。但由于市场支配地位的确认需要很严格的调查程序，规制成本相对高昂，这也是反垄断法较少实施的主要原因之一。

《中华人民共和国电信条例》规定了网间互联的相关内容，包括"主导的电信业务经营者不得拒绝其他电信业务经营者和专用网运营单位提出的互联互通要求"；"主导的电信业务经营者应当按照非歧视和透明化的原则，制定包括网间互联的程序、时限、非捆绑网络元素目录等内容的互联规程"；"网间互联双方必须在协议约定或者决定规定的时限内实现互联互通。未经国务院信息产业主管部门批准，任何一方不得擅自中断互联互通"；"网间互联的通信质量应当符合国家有关标准。主导的电信业务经营者向其他电信业务经营者提供网间互联，服务质量不得低于本网内的同类业务及向其子公司或者分支机构提供的同类业务质量"。在电信服务上，禁止如下行为，"以任何方式限定电信用户使用其指定的业务；限定电信用户购买其指定的电信终端设备或者拒绝电信用户使用自备的已经取得入网许可的电信终端设备；违反国家规定，擅自改变或者变相改变资费标准，擅自增加或者变相增加收费项目；无正当理由拒绝、拖延或者中止对电信用户的电信服务"等。在电信业务经营活动中，禁止如下行为，"以任何方式限制电信用户选择其他电信业务经营者依法开办的电信服务；对其经营的不同业务进行不合理的交叉补贴；以排挤竞争对手为目的，低于成本提供电信业务或者服务，进行不正当竞争"。

2. 规制机构各自为政，具有明显的行业、部门保护特色，缺乏融合媒介环境下的视野，规制内容缺乏协调统一性。

从目前颁布的诸多有关互联网管理的政策法规中，工业和信息化部、国务院新闻办公室、国家广播电影电视总局等管理部门是规制的主体，各自都颁发了相关的政策法规。但这些部门之间联合颁布的文件较少。一般来说，工业和信息化部管物理层的网络接入，国务院新闻办公室、国家广播电影电视总局等部门管内容/应用层。考虑到媒介融合和网络层级结构，一个信息在流动过程中需要跨越物理层、内容/应用层，而这种部门分割造成的分离规制是不适应网络传播的基本特征的。

联合发布的部门规章，如2007年《互联网视听节目服务管理规定》由国家广播电影电视总局和信息产业部联合发布，规定"互联网视听节目服务单位提供的、网络运营单位接入的视听节目应当符合法律、行政法规、部门规章的规定。已播出的视听节目应至少完整保留60日"。"对违反本规定的互联网视听节目服务单位，电信主管部门应根据广播电影电视主管部门的书面意见，按照电信管理和互联网管理的法律、行政法规的规定，关闭其网站，吊销其相应许可证或撤销备案，责令为其提供信号接入服务的网络运营单位停止接入"。

（二）规制内容

1. 主要强调网络信息内容的安全，如对违法犯罪行为和有害信息的网络管理，规制表述基本一致，重复性强。如2000年12月全国人民代表大会常务委员会通过的《全国人民代表大会常务委员会关于维护互联网安全的决定》中规定，"发现互联网上出现违法犯罪行为和有害信息时，要采取措施，停止传输有害信息，并及时向有关机关报告"。之后，2000年《互联网电子公告服务管理规定》、2005年《互联网新闻信息服务管理规定》、2006年《互联网电子邮件服务管理办法》、2006年《信息网络传播权保护条例》、2007年《互联网视听节目服务管理规定》等部门规章，基本表述为："互联网接入服务提供者应当记录上网用户的上网时间、用户账号、互联网地址或者域名、主叫电话号码等信息，记录备份应保存60日，并在国家有关机关依法查询时，予以提供。"

除了在打击违法犯罪行为和有害信息方面，强调网络接入服务提供商和网络应用、内容提供商应紧密合作外，总体上对网络基础设施和网络应用或内容之间的中立问题缺乏关注。值得注意是，2007年《互联网视听节目服务管理规定》有条重要规定，"网络运营单位提供互联网视听节目信号传输服务时，应当保障视听节目服务单位的合法权益，保证传输安全，不得擅自插播、截留视听节目信号"。这已经涉及对时间敏感性应用的非歧视性要求。

2. 相关的基本立法和配套措施滞后，对非歧视透明化、普遍服务、公共运输等主要原则的规定笼统抽象，缺乏具体可操作的规定。

2000 年 9 月颁布的《中华人民共和国电信条例》至今已有十多年，相关表述不同程度地出现滞后，如对电信的界定，"是指利用有线、无线的电磁系统或者光电系统，传送、发射或者接收语音、文字、数据、图像以及其他任何形式信息的活动"。在以互联网为通信技术的迅猛推动下，电信原有的传输载体已经模糊，广播电视网和电信网已经越来越融入互联网技术中，"三网融合"的提出实际上动摇了传统意义上的电信界定。

第十八条规定"主导的电信业务经营者应当按照非歧视和透明化的原则，制定包括网间互联的程序、时限、非捆绑网络元素目录等内容的互联规程"。其中非歧视透明化的原则分别所包含的具体要求或程序并没有涉及，实际可操作性并不强。

第四十四条规定"电信业务经营者必须按照国家有关规定履行相应的电信普遍服务义务。国务院信息产业主管部门可以采取指定的或者招标的方式确定电信业务经营者具体承担电信普遍服务的义务。电信普遍服务成本补偿管理办法，由国务院信息产业主管部门会同国务院财政部门、价格主管部门制定，报国务院批准后公布施行"。我国对"普遍服务义务"的规定只有一条，但美国 1996 电信法案用了整整一大章，详细阐述了指导 FCC 采取行动的七个"普遍服务原则"。

此外，电信条例第八条把电信业务分为"基础电信业务"和"增值电信业务"。基础电信业务，是指提供公共网络基础设施、公共数据传送和基本话音通信服务的业务。增值电信业务，是指利用公共网络基础设施提供的电信与信息服务的业务。但对两者在承担"普遍服务"或"公共运输"责任上没有明确的规定或区分。其中把"互联网接入服务"划归为增值电信业务，而不归属于"基础电信业务"，这是否和美国情况一样，可以不承担"公共运输"的责任，电信条例中没有明确说明。

第三节 我国网络中立规制议题的基本原则

在全球通信市场从"放松管制"向"重新管制"转变的过程中，美国"网络中立"问题将对网络产业发展产生重大影响。虽然"网络中立"在我国还是一个新名词，问题意识尚不明显，但是我国的网络管理现状特别是"三网融合"的推进与"网络中立"密切相关，吸收其中有益的养分，具有相当重要的意义。我国互联网管理在借鉴网络中立合理性上应注意以下问题。

一 网络管理应处理好伦理权利与市场权力的均衡

从利益主体来看，"网络中立"争论涉及网络运营接入商、网络设备供应商、网络内容服务商、终端用户等多元主体。从利益范围来看，"网络中立"争论不应仅仅关注经济，还应考虑普遍服务、社会福利、民主政治、自由文化、版权保护、创新精神、技术革新等。当学术研究对社会、政治、文化、伦理等多维视野的关注越来越多时，将更容易达成一致。

Odlyzko（2009）认为，互联网公共政策的方法越来越复杂，因为共存有几个市场，包括固定和移动通信、媒体和内容、信息技术——融合成一个单一的网络生态系统。就像在所有的生态系统，各个市场相互依存的，不可能触动一层而对其他的没有任何影响[1]。这意味着要充分考虑在互联网各层次上力量的角色。Powell 和 Alison（2009）也认为，当网络基础设施开始成为支撑和连接许多其他力量（包括市场权力、媒介权力、空间和政治权力）的源头时，这些争论变得越来越公共性。因此，作出的决策必须通过法律和规制来平衡"网络权力"的强化和分配[2]。

因而，网络管理应将伦理权利与市场行为兼顾起来考察，既要防止政

---

[1] Andrew Odlyzko, "Network Neutrality, Seerch Neutrality and the Never – ending Conflict between Efficiency and Fairness", Review of Network Economics Markets, Vol. 8, Issue 1, March 2009.

[2] Powell, Alison, "Lessons from the Net Neutrality Lobby: Balancing Openness and Control in a Networked Society" (March 15, 2009), Available al SSRN: http://ssrn. com/abstract = 1810702.

府的失灵也要防止市场的失灵。按照安德鲁·芬伯格的"参与者利益"概念来理解：人一旦卷入到技术网络中，就具有了一些特殊的利益，这些利益是与这种参与所伴随的或好或坏的潜能相对应的。技术是由效率标准和许多其他利益所"待决定的"。各种利益的介入并不必然降低效率，而是可以根据更广泛的社会纲领将效率的成果偏向某个方向①。当前推进"三网融合"的攻坚战在于各方利益的重新整合，既要考虑到网络接入商投资网络基础设施和提供优质服务的回报动力，更要考虑"满足人民群众日益多样的生产、生活服务需求"。在一个"多维网络"（multidimensional networks）、"多传播"（multicommunicating）、"多重连接"（multihoming）的时代，网民对于新型内容、应用等接入的强力需求将促进内容提供市场上的竞争，任何片面强化某方利益的实践做法都可能带来自身利益的流失。

二　网络管理应处理好信息自由和信息安全的均衡

规制框架应同时运用竞争政策和网络中立思想，目的在于使歧视的不正当影响最小化，使信息能够自由而安全的流动。按照网络传播的多层级结构，网络接入作为物理层面，是信息在网络空间流动的第一阀门和发源地，对网络信息的流向、流量、流速、流质起着重要的调控作用。接入控制主义可能存在对信息内容的歧视，不利于合法信息内容的自由流动。应该看到，互联网的普遍接入是弥合数字鸿沟的关键，也是发展权的一部分。而接入开放主义却可能存在对信息内容的自由放任，不利于网络信息安全的有效保障。因而在接入控制与开放之间应寻求两者的平衡。

我们应该看到，美国的网络中立规制具有双重标准：一方面打着"信息自由流通"的旗号为跨国企业的全球扩张提供政治庇护；另一方面又以"国家安全、反恐"等名义确保对 ICANN 的控制，并对跨国网络企业进行数据内容审查。因此，保障信息自由而安全的流动，维护互联网主权，不仅要有国内规制的视野，也要有国际规制的视野，辩证看待网络中立带来的双重效应。国务院新闻办主任王晨说过，维护网络安全不仅是维护某一国家的安全，而是维护国际社会的共同安全。互联网领域的国际交流与合作，应体现

———————————

① ［美］安德鲁·芬伯格：《技术批判理论》，北京大学出版社 2005 年版，第 22 页。

完全平等、相互尊重、互助互利的原则，反对以"网络自由"为名，行"互联网强权"之实①。

特别是在云时代，美国云计划的战略目标是将包括中国在内的 30 亿人口的未来数据，直接搬到美国的"云"上，最终得以实现从根服务器、自主核心应用软件到数据内容出版整个网络层次上的全面控制。当前，以 Rackspace 为主导的几大全球云计算中心均在美国。基于开放源代码的谷歌、苹果、亚马逊等大公司均在大力部署、实施云出版战略。它们将成为这场内容数据争夺战的赢家。当前，在国外"浓云密布"的渗透下，中国数据中心市场呈现客户大量外流及国外数据中心强势进入的形势，国家信息安全问题面临进一步挑战。

三　网络管理应处理好宏观规制与微观规制的均衡

规制分析作为理解因果关联的工具，有助于决策者将规制评估的结果和规制的价值判断结合起来。任何网络中立规制的目的、手段、结果、成本、收益、程度和范围等都需要进一步考察。不了解这些规制的细节，任何支持或反对网络中立规制的论争都是毫无意义的。规制者既要考察偏见是否构成了一个不公平的、有伤害的行为，抑或是一个使信息服务多样化、丰富化的合理意图。

几十年来，一系列行政命令要求联邦机构对建议的规制效果执行经济分析。在美国有一个设置在管理和预算办公室（OMB）的信息和规制事务办公室，目前监管着政府机构们的规制分析，假如发现这些分析不充足的话将推迟一些规制。规制分析有六个关键的步骤：第一，明确想要的结果和确定衡量这些结果的方式。第二，评估市场失灵的证据或其他系统性的问题。第三，明确独特的联邦角色。第四，评估可能产生的效果。第五，明确成本包括意外的结果。第六，将成本与结果比较，确认受益各方是否能承担这些成本。②

---

① 第四届中英互联网圆桌会议在京举行，http://news. sina. com. cn/c/2011 – 09 – 29/132623238049. shtml。

② Jerry Brito, Jerry Eliig, "A Tale of Two Commissions: Net Neutrality and Regulatory Analysis", *Commlaw Conspectus*, No. 16, 2007, p. 14.

　　规制者既要在宏观上注意到普遍服务、互联互通的规制问题，也要在微观上注意到阻挡、降级、分层等的规制问题，把宏观管理和微观管理结合起来，既考虑到消费者的利益问题，也考虑到了网络运营商的利益问题。对于这些宏观和微观的规制都应该仔细评估成本、效果、风险性等。

四　网络管理应处理好事先规制与事后规制的均衡

　　在美国网络中立争论中，反对网络中立者认为执行反垄断法就足以保护公平，在事实面前就能惩罚市场权力的滥用，而不存在事先规制的成本和负担。但完全照搬反垄断法和反不正当竞争法，难以应对和涵盖在新技术变革中网络市场竞争的种种问题，出现相关政策法规的缺失。"事实上，就网络中立而言，反垄断法是不充分的，假如网络中立政策不成为法规的话，作为自由市场平台的互联网将冒着被寡头政治者通过无形的技术之手所捕获的风险。"[①]

　　"美国最高法院也强调，要求反垄断法充当一个中心设计者，确定合适的价格、质量和其他交易条款——这是一个不合适的角色。"而且，规制宽带接入"是困难的"，因为"非法的排外手段，正如合法的竞争手段一样是大量的"。特别是，关于接入网络的争端对反托拉斯法来说难以评价，不仅因为它们是非常技术性，而且也因为它们可能相当庞大，考虑到执行共享和互联责任的现有接入提供商的互动是连续的、复杂的和不断变化的"。执行接入要求"也许超越了一个法庭能控制的实际能力"。"在这些详细的共享责任上，反托拉斯法不可能是一个有效的每日执行者。"因此，不应把反拉托斯法理解为需要法庭"承担一个规制机构所具有的日常控制"。[②]

　　因此，网络中立议题的规制，显然难以用一个确定的、完整的规制手段来涵盖所有具体的细节，更多的是需要一个相对均衡的指导性框架或在具体的法律政策中有所体现，对于各种纷繁复杂的非中立现象，我们需要具体问题具体分析，考察到网络层级结构中各个主体的利益取向，通过各种规制手

---

　　① Davina Sashkin, "Failure of Imagination Why Inaction on Net Neutrality Regulation Will Result in promoting discrimanation and cosummer harm", *Commlaw Conspectus*, Vol. 15, 2006, p. 267.

　　② Christopher S. Yoo, "What Can Antitrust Contribute to the Network Neutrality Debate?" *International Journal of Communication*, No. 1, 2007, pp. 493–530.

段（如事后的反垄断法或反不正当竞争法，具体的部门法规或政策以及国际合作等）的综合利用来灵活应对，以免造成对网络中心或边缘任何一方的严重伤害。

第四节 我国网络中立规制议题的路径参考

网络层级结构的网络中立问题为我们提供了分析工具，反思过去的政策范式，网络层级结构是重要的，因为它挑战了传统的有关传播规制的设想。在传统的传播规制下，把每个产业部门（如电信和广电部门）看做是一套有区别的、没有互动的，在不同原则下受到规制的实体。尽管以往这些有区别的产业部门正在迅速融合，但这些分离的规制体系和政策，继续以一种与日益出现的技术现实相矛盾的方式而存在。换句话，尽管传播/宽带市场正在成为一个巨大的水果沙拉，规制者仍然将苹果、橘子、香蕉分开来有区别地加以规制。

从网络层级结构上看，网络中立问题不仅涉及物理层的水平互连问题，也涉及物理层与内容/应用层的垂直融合问题。这两个构成了一个完整的传播生态链，任何一层出现的歧视性实践都将影响到消费者的在线体验和相关权利。我国在网络中立规制议题上的路径参考，应从水平互联层面和垂直融合层面进行思考。在水平规制上，应采用公共模式，强化宽带市场竞争以确保互联互通和普遍服务；在垂直层面上，应采用市场模式，区分合理和不合理做法以确保开放接入和创新活力（见表26－2）。

表26－2 网络中立规制议题的路径参考

	水平层面（互联接入）	垂直层面（平台接入）
行为性问题		通过阻挡、降级、优化，支持自身或合作伙伴的内容或应用而歧视非附属非合作业务
结构性问题	不同网络之间互联互通问题，普遍服务或数字鸿沟问题	
规制重点	强化宽带市场竞争以确保互联互通和普遍服务	应区分合理和不合理做法以确保开放接入和创新活力
规制模式	公共模式	市场模式

一　水平层面强化市场竞争，确保互联互通和普遍服务

2011 年 10 月中共中央十七届六中全会通过的《关于深化文化体制改革推动社会主义文化大发展大繁荣若干重大问题的决定》，强调"网络建设和管理亟待加强和改进"，"公共文化服务体系不健全，城乡、区域文化发展不平衡"，为此，应积极"实施网络内容建设工程"和"推进三网融合"。"推进电信网、广电网、互联网三网融合，建设国家新媒体集成播控平台，创新业务形态，发挥各类信息网络设施的文化传播作用，实现互联互通、有序运行"，"加大对革命老区、民族地区、边疆地区、贫困地区文化服务网络建设支持和帮扶力度"。这些相关政策表述都从结构性层面强调了互联互通和普遍服务的重要性，采用的是一种公共模式。

（一）强化市场竞争，确保互联互通

水平层面的问题主要是互联网骨干网间互联服务的问题，即骨干网有潜力利用市场支配地位对其他 ISP 进行歧视性实践活动。2001 年 5 月原信息产业部颁布《互联网骨干网间互联服务暂行规定》中对互联的服务指标参数有明确的规定，如服务可用率不得低于 99.9%，网络时延不得高于 85ms，包丢失率不得高于 1% 等。同时对服务监测报告的内容进行了规定。这些规定旨在防止利用市场支配地位进行价格、降级、服务质量等歧视性活动。但在互联资费、跟踪监督和公开透明等方面缺乏具体可操作性的规定。另外，随着互联技术的不断发展，时隔十年的互联服务指标参数是否还具有合理性，可以每四年一次进行评估和重新设置指标参数，以适应新技术的变化。

当前在宽带接入市场，两大运营商占据 90% 以上的份额，具有重要的市场支配地位。推进"三网融合"是强化宽带接入市场竞争的重要战略。

2010 年 1 月，国务院召开常务会议决定，加快推进电信网、广播电视网和互联网三网融合，并明确提出了推进三网融合的阶段性目标：2010—2012 年重点开展广电和电信业务双向进入试点；2013—2015 年，总结推广试点经验，全面实现三网融合发展。

三网融合的实质是电信和广电之间双方市场开放接入的问题，但利益部门对网络接入市场的权力博弈使得三网融合举步维艰。当前三网融合的推进

也需要全面细致的规制分析，需要一系列公开、公正和透明的规制设计，综合考虑技术创新、产业发展、市场竞争、普遍服务、信息安全、文化健康等各方面的因素。如监管体制上，在组建国务院跨部委协调机构基础上，逐步融合成一个统一的、独立的大监管机构实施全面监管职能。运营体制上，在考虑公益性基础上逐步转变广电系统政企合一和台网合一体制所导致的非市场化运营，以实现与电信部门的公平竞争。接入市场上，应打破当前的垄断经营，在共建共享基础设施和统一兼容的技术标准前提下，实现开放、适度、有序的竞争和更大限度的信息资源共享，发挥接入市场主体的核心优势，为消费者提供优质低廉的信息内容和应用服务。

在"三网融合"方面，由于有线电视网在全球都是作为国家的"文化例外"而受到特殊保护，同时也是国家信息安全的重要保障之一。在"双向进入"之前，广电业应当尽快推进实施政企分离、台网分离、制播分离、公益性和经营性分离。"三网融合"不仅仅是物理层的接入融合问题，也是应用层、内容层等层面的融合问题。因而，"三网融合"不仅要在技术上开放接入，还要在内容上可控可管，让合法、主流、权威的信息在各种接入渠道中自由而安全地流动。

（二）建立立体机制，推动普遍服务

1. 确立中国宽带接入普遍服务的战略目标

2008 年以来，许多国家推出了新一轮宽带发展战略与计划，宽带战略中均包括向所有公民提供"普遍"的宽带业务，这实质上是把宽带作为了普遍服务[①]。

宽带普遍服务应具体列出可获得性目标、可接入性目标、可购性或可支付性目标。我国在推进宽带普遍服务上应该有几个层次的目标：一是确立比较具体合理的最低接入速率（包括上行下行速率）和最低消费资费；二是扩大农村和西部地区的宽带覆盖面和渗透率，考虑到山区地形复杂，应加强无线接入方式的工程建设；三是在公共社区确立最低速率以接入学校、医院和政府机构等。

---

① 李晖：《国内外宽带普遍服务的发展》，《通信管理与技术》2010 年第 6 期，第 1 页。

为上述目标的实现，信息产业监管机构可以每四年一次进行评估、公开和重新设置目标，以适应新技术新形势的变化。

2. 建立宽带接入普遍服务基金

为加快农村特别是西部地区的发展，缩小我国贫困地区和发达地区之间的"数字鸿沟"，很有必要在我国建立电信普遍服务基金。2004 年的全国信息产业工作会议上，信息产业部提出，"从长远看，建立普遍服务基金是我国解决普遍服务问题的根本途径"。普遍服务基金机制尽管在我国还不成熟，但需要积极推动。普遍服务基金可从如下几方面予以重点考虑：

第一，明确基金征收对象。中国目前基础电信运营商均为国有企业，在企业发展的初期，都曾享受过国家不同形式的优惠政策，它们应该承担缴纳普遍服务基金的义务。征收渠道包括财政资金，许可证拍卖所得，频率、码号等电信资源的收费等。同时争取世界银行等国际机构的资金援助。

第二，确立征收标准和比例。普遍服务基金的征收比例必须适度，应该考虑电信普遍服务实施成本（资金需求）和电信运营商承受能力（资金供给）这两个主要因素。可以考虑"以运营商电信收入的一定比例（如 5%—10% 之间）进行征收，作为电信普遍服务基金，按照公共预算制度，作为非税收收入纳入中央预算管理，'专款专用'，经全国人大财经委员会授权批准和使用"。

3. 建立基金监管机构

西方宽带普遍服务基金的管理模式可以分为两类：一种模式是以美国为代表，普遍服务的具体管理工作由一个独立的非赢利性组织负责。另一种模式是以澳大利亚为代表，电信管制部门既负责电信普遍服务政策的制定，又负责电信普遍服务的具体管理。这些管理模式的选择都值得我们考虑。

（三）强化电信普遍服务的法律规制

网络中立在美国公共争议中形成了几个突出的具体原则，如非歧视原则、透明度原则、普遍服务原则、开放接入原则等。在普遍服务方面，美国是世界上实施电信普遍服务比较成功的国家。美国 1996 年新《通信法》对电信普遍服务的定义、内容、补偿对象、贡献者、招标，普遍服务基金的建立、征收标准和方法、分配等事宜进行了严格的法律规定，美国联邦通信委员会则根据《电信法》有关促进普遍服务的法律条文制定了详细的执行条例。这些相关规定都为促进电信普遍服务的实施提供了重要的政策保证，使美国成为世界上各项电信服务普及率最高的国家之一。

欧盟《2002 接入和互联指南》条款 10 "非歧视义务"中认为，国家规制部门应强加有关互联或（和）接入的非歧视义务；特别的，非歧视义务应确保运营商在同等环境下将同等的条件适用于提供相同服务的其他企业，当运营商向其他企业提供服务和信息，在相同条件下，应如同为自己或下属企业、合作伙伴提供的服务或信息一样保持相同的质量。

非歧视原则直接涉及开放接入问题，欧盟《2002 共同框架指南》指出，"为了促进信息自由流动，媒介多元主义和文化多样化，成员国应根据条款 17（2）的规定鼓励：（1）数字互动电视服务提供商在数字互动电视平台上，使用开放的 API① 而不管传输模式；（2）为接收数字互动电视平台上的数字互动电视服务而部署的所有改善的数字电视设备的提供商，根据相关标准或具体说明的最低限度要求，遵守开放的 API"。

在透明度原则上，欧盟《2002 接入和互联指南》规定，国家规制部门强加有关互联和（或）接入透明度的义务，要求运营商公开具体信息，诸如计费信息、技术说明书、网络特征、供应和使用的期限和限制、价格、一定阶段的最低公共服务水平等。透明度原则意味着"促进提供清晰的信息，特别是在使用公开可获得的电子传播服务方面要求收费和限制的透明度"。一旦宽带提供商发布了具体阐述它们服务供给的政策，规制部门将监控这些公司在实践中是否遵守了它们陈述的政策。

我国《电信条例》在这些方面的规定都相对模糊甚至欠缺。我国也应结合具体国情，对电信非歧视原则、透明度原则、普遍服务原则实施的相关事宜，做出明确而具体的法律规定。

---

① API（Application Programming Interface，应用程序编程接口），是一些预先定义的函数，目的是提供第三方开发人员基于某软件或硬件以访问应用程序编程的能力，而又无须访问源代码，或理解内部工作机制的细节。具备分享、标准、去中心化、开放、模块化的 Web 2.0 应用，在为使用者带来价值的同时，更希望通过开放的 API 来增加用户的黏性。

二　垂直层面区分合理和不合理做法，确保开放接入和创新活力

在网络基础设施和应用/内容之间需要一个开放的界面，并不能简单地全面禁止垂直融合的实践。在垂直层面，当网络基础设施市场存在充足竞争时应采用市场模式尽可能保持容忍。对作为把关人的 ISP 的网络管理行为，正确区分好合理和不合理做法，即防止网络运营商利用市场权利对应用/内容进行歧视，又确保两个层面之间的开放接入，刺激两个层面的投资动力，提升创新活力。

（一）合理的做法

1. 当使用者的使用违反宽带网络安全时，如发生蠕虫、病毒、拒绝服务攻击等伤害网络的行为时，或者安装伤害网络的设备时，应允许进行阻挡，但这种阻挡做法必须提供公开透明的说明报告，以证明其做法的合理性。

2. 在网络拥堵时，出于维护最低服务质量标准和普遍服务，限制（阻挡或降级）时间敏感性的应用或重度使用的用户，但这种分层做法必须提供公开透明的说明报告，以证明其做法的合理性。

3. 出于国家安全如恐怖主义威胁和公共利益如儿童色情等宪法规定的需要，应允许基于应用和信源/信宿的阻挡。

4. 应允许网络服务提供商在合同协议基础上（如消费者和/或应用提供商支付）进行分层优化，通过接入速率的选择来区分服务提供，为不同应用、服务收取不同的费用。在不同的服务质量下，可提高差别待遇的宽带服务，但选择权在于消费者和（或）应用提供商而非网络所有者，例如仅有消费者有权力选择不同的服务品质和带宽大小。提供商必须以清晰、明显和平白的语言，公开透明地向消费者提供关于任何互联网服务的信息，如上传/下载速度、容量、流量、限制、价格等。

（二）不合理的做法：

1. 除非出于国家安全、网络安全等合理合法性的需要，禁止基于合法的应用类型或信源/信宿的阻挡或降级。"在某种层次上很明显审查还被要求

处理诸如儿童色情、垃圾邮件和病毒等这些现实问题，但基于商业或政治利益来审查内容是不同的事情。"① 在很大程度上，阻挡或降级的选择权最好应由消费者而不是由 ISP 来决定，如家庭安装的家长式控制软件对未成年人的保护。

2. 网络提供商在提供服务质量（分层优化）时，禁止网络提供商在相同带宽、价格、条款等条件下，对不同的应用/内容/服务进行歧视（相同的带宽收取不同的价格）；禁止在危害自身利益的情况下，对非附属于自己或合作方的竞争性应用/内容/服务进行歧视，至少在服务质量上应等同于向其自身或附属公司的服务提供的质量。

3. 只要在不产生伤害的情况下，禁止歧视附加于网络基础设施上的合法设备。

在垂直层面上，我们基于互联网基础设施和互联网应用/内容的划分设计了这种力求"中立"的网络中立政策。这是因为，网络中立问题是由技术融合引发的，任何解决方案都应反映网络层级结构对网络传播政策带来的影响。其中，中心问题是具有市场权力的 ISP，运用互联网基础设施来支持它自己的应用或以一种抽取垄断租金的方式进行歧视。因此，所勾勒的政策试图既禁止反竞争歧视的行为，又没有限制理想的网络管理形式，因为它允许非歧视的网络管理技术和服务质量，允许消费者或内容/应用提供商为服务质量付费。

正如 Murray（2008）所言，规制任何有活力的行业，例如宽带企业，有内在的挑战性。快速的变化速度意味着，今天描述传播法规的任何文章都会想到安迪·沃霍尔②（Andy Warhol）关于相关性转瞬即逝的告诫。因此，对一项政策来说，禁止所有有害的歧视形式和允许所有有益的歧视形式都是不可能的，但是完美并非是目标。我们只能从防止最有害最糟糕的情况入手。

---

① Paul Ganley, Ben Algrove, "Net neutrality: A user's guide", Computer Law and security report 22, 2006, p. 463.

② 安迪·沃霍尔（Andy Warhol），被誉为20世纪艺术界最有名的人物之一，是波普艺术的倡导者和领袖。他大胆尝试凸版印刷、橡皮或木料拓印、金箔技术、照片投影等各种复制技法。他的绘画中常出现涂污的报纸网纹、油墨不朽的版面、套印不准的粗糙影像，让人像看电视一闪而过，而不是欣赏绘画般仔细观看。

参 考 文 献

一　国外参考文献

（一）国外专著部分

1. Ted Hart, James M. Greenfield, Steve MacLaughlin, Philip H. Geier, Internet Management for Nonprofits: Strategies, Tools and Trade Secrets (The AFP/Wiley Fund Development Series), Wiley, 2010.

2. Marshall T. Poe, A History of Communications: Media and Society from the Evolution of Speech to the Internet, Paperback, 2010.

3. Kimberly S. Young and Cristiano Nabuco de Abreu, Internet Addiction: A Handbook and Guide to Evaluation and Treatment, Hardcover, 2010.

4. Stephen Coleman and Jay G. Blumler, The Internet and Democratic Citizenship: Theory, Practice and Policy (Communication, Society and Politics), Hardcover, 2009.

5. Rogelio Martinez Perea, Internet Multimedia Communications Using SIP: A Modern Approach Including Java? Practice (The Morgan Kaufmann Series in Networking), Morgan Kaufmann, 2008.

6. John Kelly & Bruce Telling, Mapping Iran's Online Public: Politics and Culture in the Persian Blogosphere, Internet & Democracy Case Study Series, And April 2008.

7. Ted Hart, James M. Greenfield, Sheeraz D. Haji, People to People Fundraising: Social Networking and Web 2.0 for Charities, Hardcover, 2007.

8. Jonathan E. Nuechterlein and Philip J. Weiser, Digital Crossroads: Ameri-

can Telecommunications Policy in the Internet Age, Paperback, 2007.

9. Brenda Danet and Susan C. Herring, The Multilingual Internet: Language, Culture, and Communication Online, Paperback, 2007.

10. Elena Pavan, Frames and Connections in the Governance of Global Communications: A Network Study of the Internet Governance Forum, Hardcover, 2006.

11. Conway & Maura, Cyber cortical Warfare—Hezbollah's Internet Strategies, the Internet and Politics, Citizens, Voters and Activists, edited by Sarah Oates, Diana Owen and Rachel Gibson, London: Rutledge, 2006.

12. Crispin Thurlow, Laura Lengel, Alice Tomic, Computer Mediated Communication, Paperback, 2004.

13. Joan Zittrain, China And Internet Filters, Nyman Reports, Summer 2004.

14. Dr Axel Burns, Reconfiguring Journalism: Syndication, Gate watching, and Multi-perspective News in Australian Online Journalism. In Virtual Nation: the Internet in Australia. University of New South Wales Press Ltd: Sydney, 2004.

15. Alive, M, Kay worth, T, and Leander D, An Empirical Examination of the Influence of Organizational Culture on Knowledge Management Initiatives, Baylor University, Waco, TX, 2004.

16. Alive, M. , and Leander, D, "An Exploratory Study of Managerial Leadership in Virtual Environment, presentation to the Panel on Virtual Leadership, Academy of Management Conference, Seattle, Washington, August 2003.

17. Balthazar, P. A. and Cooke, R. A, Organizational Culture and Knowledge Management Success: Assessing the Behavior-Performance Continuum, Working Paper, Arizona State University West, Phoenix, 2003.

18. Poultry, N. Media Rituals, A Critical Approach, London and New York: Rutledge, 2003.

19. Edgar. A. & P. Sedgwick, Cultural Theory: The Key Concepts, London and New York: Rutledge, 2003.

20. Eisner. Obvert. M. , The revolution of presidential polling, UK, Cam-

bridge University Press, 2003.

21. Gregory L. Ulmer, Internet Invention: From Literacy to Electracy, Paperback, 2002.

22. Gaubatz, Kurt Taylaor, Elections and War: The electoral incentive in the democratic politics of war and peace, Stanford, CA, Stanford University Press, 2002.

23. Pippa Norris, Digital Divide: Civic Engagement, Information Poverty, and the Internet Worldwide (Communication, Society and Politics), Paperback, 2001.

24. Henry Sinnreich, Alan B. Johnston, Internet Communications Using SIP: Delivering VoIP and Multimedia Services with Session Initiation Protocol (Networking Council Series), Wiley, 2001.

25. Paul Levinson, Digital McLuhan: A Guide to the Information Millennium, London, Rutledge, 2001.

26. Langford's, Internet Ethics, St. Martin Press, New York, 2000.

27. Jenkins Henry, The work of Theory in the Age of Digital Transformation in Toby Miller and Robert Stam: A Companion to Film Tim Theory, London: Blackwell, 1999.

28. Jones. Q. , Virtual communities, Virtual Settlements & Cyber archaeology: A Theories outline, Journal of Computer Mediated Communication, 1997.

29. Lasiea, J. D. Net Gain, Journalism, Challenges in an Internet Era, American Journalism Review, Ogre, November, 1996.

30. Brubaker & Rogers, Nationalism Reframed—Nationhood and the National Question in the New Europe, Cambridge: Cambridge University Press, 1996.

31. Carlsson S. Leidner D. E. and Elam J. , Individual and Organizational Effectiveness: Perspectives on the Impact of ESS in Multinational Organizations, in Implementing Systems for Supporting Management Decisions, P. Humphreys, L. Bannon, A. McCosh, P. Migliarese, and J. Pomerol (eds.), Chapman and Hall, London, 1996.

32. Ronald Burt. Structural Holes, The Social Structure of Competition. Har-

vard University Press, 1995.

33. Hostede. G., Culture's consequences: International Differences in Work-Related Values. London: SAGE Publications, 1995.

34. Brown, M. L. (a. k. a. Karats-Brown, M. L.), A Theory of Information Technology Cultures: Magic Dragons, Wizards and Archetypal Patterns, unpublished doctoral dissertation, York University, Toronto, Canada, 1995.

35. Ague Mark, on-Places: introduction to an Anthropology of Super modernity, Howe, London: Verso, 1995.

36. Bernard. H. R. and Pelt. P. J., Technology and Social Change, Cleveland Press, Prospect Point, 1987.

37. Birnbaum. D. and Somers. M. J., The Influence of Occupational Image Subculture on Job Attitudes, Job Performance, and the Job Attitude-Job Performance Relationship, Human Relations, 1986.

38. Beck, B. E. F. and Moore, L. F., Linking the Host Culture to Organizational Variables, in Organizational Culture, P. J. Frost, L. F. Moore, M. R. Louis, C. C. Lundberg, and J. Martin (eds.), Sage Publications, Beverly Hills, CA, 1985.

39. Jones. E. & Pittman. T. S., Toward a General theory of strategic self presentation In Psychological Perspective, the Self . ed. J. sols, and 1982.

40. P. Zima, Interpersonal Dynamic sine simulated Prison, International Journal of Criminology and Peony, 1973.

41. Hall, E., The Hidden Dimension. New York: Doubleday, 1966.

42. Balked. R. S. and Mouton. J. S., The Managerial Grid, Gulf Publishing, Houston, 1964.

43. ［美］马克斯韦尔·麦库姆斯：《议程设置：大众媒介与舆论》，郭镇之、徐培喜译，北京大学出版社 2010 年版。

44. ［美］尼尔·波兹曼：《娱乐至死》，章艳、吴燕莛译，广西师范大学出版社 2009 年版。

45. ［德］弗里德里希·李斯特：《政治经济学的国民体系》，陈万煦译，商务印书馆 2009 年版。

46. ［美］克莱舍基：《未来是湿的》，胡泳、沈满琳译，中国人民大学出版社 2009 年版。

47. ［美］瓦伊尼·金：《心理学史：观念与背景》，郭本禹译，世界图书出版公司 2009 年版。

48. ［西］费尔南多·萨瓦特尔：《政治学的邀请》，魏然译，北京大学出版社 2009 年版。

49. ［英］丹尼斯·麦奎尔：《受众分析》，刘燕南等译，中国人民大学出版社 2009 年版。

50. ［英］丹尼斯·麦奎尔：《大众传播模式论》，祝建华译，上海译文出版社 2008 年版。

51. ［美］桑斯坦：《信息乌托邦》，毕竞悦译，法律出版社 2008 年版。

52. ［美］唐：《中国民意与公民社会》，胡赣栋、张东峰译，中山大学出版社 2008 年版。

53. ［美］史蒂文瓦戈：《社会变迁》，王晓黎等译，北京大学出版社 2007 年版。

54. ［美］彼得·M. 布劳：《社会生活中的交换与权力》，李国武译，商务印书馆 2008 年版。

55. ［法］古斯塔夫·勒庞：《乌合之众——大众心理研究》，冯克利译，广西师范大学出版社 2007 年版。

56. ［法］皮埃尔·布尔迪尔：《实践理性：关于行为理论》，谭立德译，生活·读书·新知三联书店 2007 年版。

57. ［荷］约翰·赫伊拉津哈：《游戏的人：文化中游戏成分的研究》，何道宽译，花城出版社 2007 年版。

58. ［美］尼尔·波兹曼：《技术垄断：文化相技术投降》，河道宽译，北京大学出版社 2007 年版。

59. ［美］乔纳森·特纳、简·斯戴兹：《情感社会学》，孙俊才、文军译，上海人民出版社 2007 年版。

60. ［古希腊］亚里士多德：《政治学》，姚仁权编译，北京出版社 2007 年版。

61. ［美］R. 格伦·哈伯德、安东尼·P. 奥布赖斯：《经济学（微观）》，张军等译，机械工业出版社 2007 年版。

62. ［美］詹姆斯·E. 凯茨、罗纳德·E. 凯茨：《互联网使用的社会影响》，郝芳、刘长江译，商务印书馆 2007 年版。

63. ［英］麦奎尔：《麦奎尔大众传播理论》，崔保国、李锟译，清华大学出版社 2006 年版。

64. ［美］托马斯弗里德曼：《世界是平的：21 世界简史》，何帆、肖莹莹、郝正非译，湖南科技出版社 2006 年版。

65. ［美］阿瑟·阿萨·伯格：《通俗文化、媒介和日常生活中的叙事》，姚媛译，南京大学出版社 2006 年版。

66. ［美］戴维·迈尔斯：《社会心理学》，张智勇、乐国安、侯玉波等译，人民邮电出版社 2006 年版。

67. ［澳］约翰·S. 得雷泽克：《协商民主及其超越：自由与批判的视角》，丁开杰等译，中央编译出版社 2006 年版。

68. ［法］卢梭：《社会契约论》，何北武译，商务印书馆 2003 年版。

69. ［美］约翰·克莱顿·托马斯：《公共决策中的公民参与：公共管理者的新技能与新策略》，孙柏瑛等译，中国人民大学出版社 2005 年版。

70. ［英］雷吉斯特·拉尔金：《风险问题与危机管理（第二版）》，谢新洲等译，北京大学出版社 2005 年版。

71. ［美］查尔斯·泰勒：《呼求市民社会》，宋伟杰译，生活·读书·新知三联书店 2005 年版。

72. ［美］詹姆斯·罗尔：《媒介、传播、文化：一个全球性的途径》，董洪川译，商务印书馆 2005 年版。

73. ［美］安德鲁·芬伯格：《技术批判理论》，北京大学出版社 2005 年版。

74. ［英］彼得·斯特克、大卫·韦戈尔：《政治思想导读》，舒小珀等译，江苏人民出版社 2005 年版。

75. ［英］布赖恩·麦克奈尔：《政治传播学引论》，殷祺译，新华出版社 2005 年版。

76. ［英］菲奥纳·鲍伊：《宗教人类学》，金泽、何其敏译，中国人民大学出版社 2004 年版。

77. ［英］托马斯·卡莱尔：《拼凑的裁缝》，马秋武、冯卉等译，广西师范大学出版社 2004 年版。

78. ［法］皮埃尔·布尔迪厄、［美］华康德：《实践与反思——反思社会学导引》，李猛、李康译，中央编译出版社 2004 年版。

79. ［美］罗伯特·W. 麦克切斯尼：《富媒体，穷民主：不确定时代的传播政治》，谢岳译，新华出版社 2004 年版。

80. ［美］乔治·瑞泽尔：《后现代社会理论》，谢立中等译，华夏出版社 2003 年版。

81. ［法］塞奇·莫斯科维奇：《群氓的时代》，许列民、薛丹云、李继红译，江苏人民出版社 2003 年版。

82. ［美］杰弗里·庞顿、彼得·吉尔：《政治学导论》，张宝准等译，社会科学文献出版社 2003 年版。

83. ［美］凯斯·桑斯坦：《网络共和国——网络社会中的民主问题》，黄维明译，上海世纪出版集团 2003 年版。

84. ［美］保罗·莱文森：《思想无羁：技术时代的认识论》，何道宽译，南京大学出版社 2003 年版。

85. ［美］凯斯·桑斯坦：《网络共和国》，黄维明译，上海人民出版社 2003 年版。

86. ［瑞士］维雷娜·卡斯特：《怒气与攻击》，章国锋译，生活·读书·新知三联书店 2003 年版。

87. ［美］约翰·R. 霍尔、玛丽·乔·尼兹：《文化社会学的视野》，周晓虹、徐彬译，商务印书馆 2002 年版。

88. ［美］罗杰斯：《传播学史——一种传记式的方法》，上海译文出版社 2002 年版。

89. ［美］保罗·莱文森：《数字麦克卢汉——信息化新纪元指南》，何道宽译，社会科学文献出版社 2001 年版。

90. ［美］爱德华·S. 里德：《从灵魂到心理：心理学的产生从伊拉斯马斯·达尔文到威廉·詹姆士》，李丽译，生活·读书·新知三联书店 2001 年版。

91. ［美］巴伦·李维斯：《媒体等同：人们该如何像对待真人实景一

样对待电脑、电视和新媒体》，卢大川等译，复旦大学出版社 2001 年版。

92. ［美］劳伦斯·迈耶：《比较政治学——变化世界中的国家和理论》，罗飞等译，华夏出版社 2001 年版。

93. ［美］约翰·费斯克：《理解大众文化》，李陀、王晓珏、宋伟杰译，中央编译出版社 2001 年版。

94. ［英］约翰·诺顿：《互联网：从神话到现实》，朱萍等译，江苏人民出版社 2001 年版。

95. ［美］弗朗西斯·福山：《信任——社会美德与创造经济繁荣》，彭志华译，海南出版社 2001 年版。

96. ［美］艾尔·巴比：《社会研究方法》，华夏出版社 2000 年版。

97. ［西］曼威柯司特：《网络社会之崛起》，夏铸九、王志宏等译，唐山出版社 2000 年版。

98. ［美］迪克摩利思：《网络民主》，张志伟译，商周出版社 2000 年版。

99. ［美］丹尼尔·戴扬、伊莱休·卡茨：《媒介事件》，麻争旗译，北京广播学院出版社 2000 年版。

100. ［法］鲍德里亚：《仿真与拟像》，汪安民译，浙江人民出版社 2000 年版。

101. ［美］库尔特·考夫卡：《格式塔心理学原理》，黎炜译，浙江教育出版社 1999 年版。

102. ［德］哈贝马斯：《公共领域的结构转型》，曹卫东等译，学林出版社 1999 年版。

103. ［美］利昂·费斯廷格：《认知失调理论》，郑全全译，浙江教育出版社 1999 年版。

104. ［美］墨顿·亨特：《心理学的故事》，李斯译，海南出版社 1999 年版。

105. ［美］埃瑟·戴森：《2.0 版数字化时代的生活设计》，胡泳等译，海南出版社 1998 年版。

106. ［英］丹尼斯·麦奎尔、［瑞典］斯文·温德尔：《大众传播模式论》，祝建华、武伟译，上海译文出版社 1997 年版。

107. ［法］梅松纳夫：《群体动力学》，殷世才译，商务印书馆1997年版。

108. ［美］比尔·盖茨：《未来之路》，辜正坤等译，北京大学出版社1996年版。

109. ［德］伊丽莎白·内尔·纽曼：《民意：沉默螺旋的发现之旅》，翁秀琪等译，远流出版事业有限公司1994年版。

110. ［美］萨哈金：《社会心理学的历史与体系》，周晓虹等译，贵州人民出版社1991年版。

111. ［法］卡普费雷：《谣言》，郑若、边芹译，上海人民出版社1991年版。

112. ［美］李普曼：《典论学》，商务印书馆1989年版。

113. ［美］莫菲：《文化和社会人类学》，吴玫译，中国文联出版公司1988年版。

114. ［美］舍伦伯格：《社会心理学的大师们》，孟小平译，辽宁人民出版社1987年版。

115. ［英］麦奎尔（Denis Mcquail）、［瑞典］温德尔（Sven Windahl）：《大众传播模式论》，上海译文出版社1987年版。

116. ［美］威尔佰·施拉姆：《传播学概论》，新华出版社1984年版。

117. ［法］孟德斯鸠：《论法的精神》，商务印书馆1982年版。

118. ［美］克雷奇等：《心理学纲要》，周先庚等译，文化教育出版社1980年版。

119. ［美］维纳（N. Wiener）：《人有人的用处——控制论和社会》，陈步译，商务印书馆1978年版。

120. ［德］黑格尔：《法哲学原理》，商务印书馆1961年版。

（二）国外论文部分

121. Hampton Keith N. , Lee Chul-joo, Her Eun Ja, How new media affords network diversity: Direct and mediated access to social capital through participation in local social settings, new media & society, 2011: Vol. 13（7）.

122. Lesley-Anne & C. Glenn Cupid, Exploring young children's understand-

ing of risks associated with Internet usage and their concepts of management strategies, Journal of Early Childhood Research, February 2011: Vol. 9 (1).

123. Peon David P. , Lankans John W. , Geisel Frederic L. , Internet-Based Videoconferencing and Data Collaboration for the Imaging Community, Journal of computer assisted tomography, 2011: Vol. 35 (6).

124. Choy Hun, Kim Yangchuan, Kim Jinwoo, Driving factors of post adoption behavior in mobile data services, Journal of business research, 2011: Vol. 64 (11).

125. Clark Lynn Schofield, Parental Mediation Theory for the Digital Age, Communication theory, 2011: Vol. 21 (4).

126. Greenstein, S. , Gate keeping Economics. Micro, IEEE. September Issue: 2010: Vol. 5.

127. Claire Foster & Liz Roffe, An exploration of the internet as a self-management resource, Journal of Research in Nursing, 2009: Vol. 14 (1).

128. Armstrong, Candy McAdams, M. , Blogs of Information: How gender cues and individual motivations influence perceptions of credibility. Journal of Computer-Mediated Communication, 2009: Vol. 14 (3).

129. Johnson, T. J. and Kaye, B. K. , In blog we trust? Deciphering credibility of components of the internet among politically interested internet users. Computers in Human Behavior. 2009: Vol. 25 (1).

130. Reins, N. L. , Turner, J. W. & Tinsley, C. H. , Multi-communicating: A practice whose time has come? The Academy of Management Review, 2008: Vol. 33 (2).

131. Jon M. William H. Simon Willkie, The State of the Debate on Network Neutrality, International Journal of Communication, 2007: Vol. 2 (1).

132. B. van Cheswick, Towards an Economic Framework for Network Neutrality Regulation, Telecommunications and High Technology Law, 2007: Vol. 5.

133. C. S. You, Network Neutrality and the Economics of Congestion, Georgetown Law Journal, 2006: Vol. 9 (4).

134. Richard J. , Arend, Bursting Bubbles: What the Internet Could Have

Meant to Strategic Management Academia, Journal of Management Inquiry, December 2006; Vol. 15, 4.

135. You cheng Wang, Yeong-Hyeon Hwang & Daniel R. Fesenmaier, Future Internet Marketing Activities Using Change Propensity Analysis, Journal of Travel Research, November 2006; Vol. 45, 2.

136. Armani Ismail, To counter and to resist: Cyber discourses of Hezbollah and Palestinian Islamic, GMJ: Mediterranean Edition 2006: 3 (1).

137. Eunheui Choy, Nobuhiko Fujihara, Shintaro Azechi, Media literacy and cross-cultural communication with alternative media "POC": Cyber communication in cross-community practices, China Media Research, 2006: Vol. 2 (4).

138. Chang Woo-Yong, Online civic participation, and political empowerment: online media and public opinion formation in Korea, Media, culture & Society, 2005: Vol. 27. (6).

139. Liu & Shih-Ding, China's Popular Nationalism on the Internet— Report on the 2005 Anti-Japan Network Struggles, Inter – Asia Cultural Studies, 2006: Vol. 7 (1).

140. Singer, J. B. , Stepping back from the gate: Online newspaper editors and the co-production of content in Campaign 2004. Journalism and Mass Communication Quarterly, 2006: Vol. 83 (2).

141. Dvina Sash kin, Failure of Imagination, Why Inaction on Net Neutrality Regulation will Result in a de facto Legal Regime Promoting Discrimination and Consumer Harm, COMMLAW CONSPECTUS, 2006: Vol. 1 (5).

142. B. Freshman, an Economic Theory of Commons and Infrastructure Management, Minnesota Law Review, 2005: Vol. 89.

143. Lyons, B. , Henderson, K. , Opinion Leadership in a Computer—Mediated Environment. Journal of Consumer Behavior, 2005: Vol. 4 (5).

144. Adam D. , There: Net Neutrality: Digital Discrimination or Regulatory Gamesmanship in Cyberspace? Policy Analysis. 2004: Jan. 12.

145. T. Wu, The Broadband Debate, A User's Guide, Journal on Telecomm & High Technology Law, 2004: Vol 3 (1).

146. Johnson, T. J. and Kaye, B. K. , Wag the Blog: How reliance on traditional media and the Internet influence perceptions of credibility of Weblogs among Blog users. Journalism and Mass Communication Quarterly, 2004: Vol. 8 (1).

147. Data-Bergman, M. J. (2004), "The impact of completeness and web use motivation on the credibility of e-health information, Journal of Communication, 2004: Vol. 5 (4).

148. Oscar H. Gandy, Republic opinion surveys and formation of privacy policy, Journal of Social Issues, 2003: Vol. 59, No. 2.

149. Ranganathan. M. , Potential of the Net to Construct and Convey Ethnic and National Identities: Comparison of the Use in the SriLankan Tamil and Kashmir Situations, Asian Ethnicity, 2003: Vol. 4 (2).

150. Axel Burns, Gate watching, not gate keeping: collaborative online news. Media International Australia incorporating Culture and Policy. 2003: No. 107.

151. Greer, J. D. , Evaluating the credibility of online information: A test of source and advertising influence. Mass Communication and Society, 2003: Vol. 6.

152. Buy, Erik P. (2003), Media Credibility Reconsidered: Synergy Effects between On-air and Online News," Journalism and Mass Communication Quarterly, 2003: Vol. 8 (1).

153. Jennifer D. Greer, Evaluating the Credibility of Online Information: A Test of Source and Advertising Influence. Mass Communication and Society, 2003: Vol. 6 (1).

154. John A. , Parnell & Shawn Carraher: The Management Education by Internet Readiness (Mebir) Scale: Developing a Scale to Assess Personal Readiness for Internet-Mediated Management Education, Journal of Management Education, August 2003, Vol. 27 (4).

155. Danielle. C. Perry, Maureen Taylor & Marya L. Doerfel: Internet-Based Communication in Crisis Management, Management Communication Quarterly, November 2003, Vol. 17 (2).

156. Heather Savagery, Public opinion, political communication and the in-

ternet Politics, 2002: Vol. 22 (1).

157. Kiosks, Public Trust or Mistrust? Perception of Media Credibility in the Information Age. Mass Communication and society, 2001: Vol. 4 (4).

158. Shoemaker, P., Eichholz, M., Kim, E., &Wrigley, B., Individual and routine forces in gate keeping. Journalism and Mass Communication Quarterly. 2001: Vol. 78 (2).

159. Arant, M. D. and Anderson, J. Q., Newspaper Online Editors Support Traditional Standards. Newspaper Research Journal. 2001: Vol. 22 (4).

160. Reese, S. D. & Ballinger, J., The roots of sociology of news: Remembering Mr. Gates and social control in the newsroom. Journalism and Mass Communication Quarterly. 2000: Vol. 78 (4).

161. Johnson, T. J. and Kaye, B. K., Using believes: The influence of reliance on the credibility of online political information among politically interested Internet users. Journalism and Mass Communication Quarterly. 2000: Vol 77.

162. Johnson, T. J. and Kaye, B. K., We believability: A path model examining how convenience and reliance predict online credibility. Journalism and Mass Communication Quarterly. 2000: Vol. 79.

163. Schwinger, Media credibility—Experience or image? Media Credibility—Experience or Image? A Survey on the Credibility of the World Wide Web in Germany in Comparison to Other Media. European Journal of Communication, 2000: Vol. 15.

164. Layer, B. K., Uses and gratification of the World Wide Web: From couch potato to Web potato. The New Jersey Journal of Communication, 1998: Vol. 6 (1).

165. Cleaver, The Zapatista Effect—the Internet and the Rise of an Alternative Political Fabric, Journal of International Affairs, 1998: Vol. 1 (2).

166. Sunder, S. S., Effect of source attribution on perception of online news stories. Journal of Mass Communication Quarterly, 1998: Vol. 75 (1).

167. Nissenbaum H., Protecting privacy in an information age, Law and Philosophy, 1998: Vol. 17.

168. Johnson, T. J. and Kaye, B. K. , Cruising is Believing: Comparing Internet and traditional sources on media credibility measure Journalism and Mass Communication Quarterly, 1998: Vol. 75 (2).

169. Want. And Hobby, The effects of credibility, reliance, and exposure on media agenda setting: A path analysis model. Journalism Quarterly, 1994: Vol. 7 (1).

170. Newhagen. J. and Nass. Clifford, Differential criteria for evaluating credibility of newspapers and TV news. Journalism Quarterly, 1989: Vol. 7 (7).

171. Günter, A. C. , Attitude extremity and trust in media. Journalism Quarterly, 1988: Vol. 65.

172. Rammer, Tony and David Weaver Different Questions: Different Answers? Media Use and Credibility, Journalism Quarterly, 1987: Vol. 64 (1).

173. Izard, R. S. , Public confidence in the news media, Journalism Quarterly, 1985: Vol. 6 (8).

174. McCroskey, J. C. , and Young, T. J. , Ethos and credibility: The construct and its measurement after three decades," Central States Speech Journal, 1981: Vol. 32.

175. Infant, D. A. , "The construct validity of semantic differential scales for the measurement of source credibility," Communication Quarterly, 1980: Vol. 2 (8).

176. Abel, J. D. and Wirth, M. O. , Newspaper vs. TV credibility for local news. Journalism Quarterly. 1977: Vol. 54 (2).

177. Later, J. B. , "News media competition under conditions favorable to newspaper," Journalism Quarterly, 1970: Vol. 4 (7).

178. Jacobson, H. K. , Mass media believability: a study of receiver judgments, Journalism Quarterly 1969: Vol. 4 (6).

179. Griffin. K. , The contribution of studies of source credibility to a theory of interpersonal trust in the communication process, Psychological Bulletin 68 1967: Vol. 6 (8).

180. Wesley, B. , Hand Severing, W. J. Some correlates of media credibili-

ty，Journalism Quarterly，1964：4（1）.

二 国内参考文献

（一）国内专著部分

181. 尹韵公、吴信训、刘瑞生：《中国新媒体发展报告（2011）》，社会科学文献出版社 2011 年版。

182. 崔保国：《2011 年中国传媒产业发展报告》，社会科学文献出版社 2011 年版。

183. 喻国明等：《微博：一种新传播形态的考察——影响力模型和社会性应用》，人民日报出版社 2011 年版。

184. 邓建国：《强大的弱连接：中国 Web 2.0 网络使用行为与网民社会资本关系研究》，复旦大学出版社 2011 年版。

185. 蔡文之：《网络传播革命：权力与规制》，上海人民出版社 2011 年版。

186. 何威：《网众传播——一种关于数字媒体、网络化用户和中国社会的新范式》，清华大学出版社 2011 年版。

187. 尹韵公、吴信训、刘瑞生：《中国新媒体发展报告（2010）》，社会科学文献出版社 2010 年版。

188. 张淑华：《网络民意与公共决策：权利和权力的对话》，复旦大学出版社 2010 年版。

189. 曹劲松：《政府网络传播》，江苏人民出版社 2010 年版。

190. 杜骏飞等：《中国网络传播研究（第三辑）》，浙江大学出版社 2009 年版。

191. 胡正荣：《媒介公共服务理论与实践》，中国传媒大学出版社 2009 年版。

192. 童兵主编：《技术、制度与媒介变迁：中国传媒改革开放 30 年论集》，复旦大学出版社 2009 年版。

193. 匡文波：《网络媒体的经营管理》，中国传媒大学出版社 2009 年版。

194. 叶皓：《正确应对网络事件——政府新闻学网络案例》，江苏人民出版社 2009 年版。

　　195. 段永朝：《互联网：碎片化生存》，中信出版社 2009 年版。

　　196. 林军：《沸腾十五年》，中信出版社 2009 年版。

　　197. 李大玖：《海外华文网络媒体——跨文化语境》，清华大学出版社 2009 年版。

　　198. 西门柳上、马国良、刘清华：《正在爆发的互联网革命》，机械工业出版社 2009 年版。

　　199. 彭立群：《公共领域与宽容》，社会科学文献出版社 2008 年版。

　　200. 孙光海：《传媒博弈论》，生活·读书·新知三联书店 2008 年版。

　　201. 刘伯高：《政府公共舆论管理》，中国传媒大学出版社 2008 年版。

　　202. 喻国明、刘夏阳：《中国民意研究》，中国人民大学出版社 2008 年版。

　　203. 唐守廉主编：《互联网及其治理》，北京邮电大学出版社 2008 年版。

　　204. 王天意：《网络舆论引导与和谐论坛建设》，人民出版社 2008 年版。

　　205. 杜骏飞、黄煜主编：《中国网络传播研究（总）第一卷第一辑 2007》，复旦大学出版社 2007 年版。

　　206. 匡文波：《网络传播理论与技术》，中国人民大学出版社 2007 年版。

　　207. 张静：《公共空间的社会基础》，天津人民出版社 2007 年版。

　　208. 展江、白贵：《中国舆论监督年度报告》，社会科学文献出版社 2006 年版。

　　209. 黄瑚：《网络传播法规与道德教程》，复旦大学出版社 2006 年版。

　　210. 鲍吉人：《民意与政府决策》，中国新闻联合出版社 2006 年版。

　　211. 赵鼎新：《社会与政治运动讲义》，社会科学文献出版社 2006 年版。

　　212. 彭兰：《中国网络媒体的第一个十年》，清华大学出版社 2005 年版。

　　213. 熊澄宇：《西方新闻传播学经典名著选读》，中国人民大学出版社

2004 年版。

214. 谢新洲：《网络传播理论与实践》，北京大学出版社 2004 年版。

215. 刘文富：《网络政治——网络社会与国家治理》，商务印书馆 2004 年版。

216. 孙立平：《转型与断裂：改革以来中国社会结构的变迁》，清华大学出版社 2004 年版。

217. 张克生主编：《国家决策：机制与舆情》，天津社会科学院出版社 2004 年版。

218. 王来华主编：《舆情研究概论》，天津社会科学院出版社 2003 年版。

219. 贺善侃：《当代中国转型期社会形态研究》，学林出版社 2003 年版。

220. 郑杭生：《社会学概论新修》，中国人民大学出版社 2003 年版。

221. 朱学勤：《道德理想国的覆灭》，三联书店 2003 年版。

222. 陆学艺主编：《当代中国社会阶层研究报告》，社会科学文献出版社 2002 年版。

223. 陆建华：《中国社会问题报告》，石油工业出版社 2002 年版。

224. 邓正来：《市民社会理论的研究》，中国政法大学出版社 2002 年版。

225. 刘建明：《社会舆论原理》，华夏出版社 2002 年版。

226. 魏宏晋：《民意与舆论：解构与反思》，商务印书馆 2002 年版。

227. 杜骏飞：《网络新闻学》，中国广播电视出版社 2001 年版。

228. 喻国明：《解构民意——一个舆论学者的实证研究》，华夏出版社 2001 年版。

229. 张国良：《新闻媒介与社会》，上海人民出版社 2001 年版。

230. 刘建明：《穿越舆论隧道：社会力学的若干定律》，中共中央党校出版社 2000 年版。

231. 陈力丹：《舆论学——舆论导向研究》，中国广播电视出版社 1999 年版。

232. 郑兴东：《受众心理与传媒引导》，新华出版社 1999 年版。

233. 杨桂华：《转型社会控制论》，山西教育出版社 1998 年版。

234. 吴顺长：《民意学》，天津人民出版社 1991 年版。

（二）国内论文部分

235. 孙燕：《谣言风暴：灾难事件后的网络舆论危机现象研究》，《新闻与传播研究》2011 年第 5 期。

236. 王斌：《从技术逻辑到实践逻辑：媒介演化的空间历程与媒介研究的空间转向》，《新闻与传播研究》2011 年第 3 期。

237. 高宪春：《新媒介环境下议程设置理论研究新进路的分析》，《新闻与传播研究》2011 年第 1 期。

238. 尹韵公、刘瑞生：《新媒体发展的全球视野与中国特色——2009 年中国新媒体发展态势与前沿问题》，《学术动态》2010 年第 32 期。

239. 潘忠党、于红梅：《互联网使用对传统媒体的冲击：从使用与评价切入》，《新闻大学》2010 年第 2 期。

240. 范明献：《网络媒介的文化解放价值——一种基于媒介传播偏向的研究》，《新闻与传播研究》2010 年第 1 期。

241. 张洪忠、季娇：《新媒介公信力考察——基于全国十大城市网络、手机调查数据的分析》，《当代传播》2010 年第 4 期。

242. 刘学义：《影响新闻网站可信度之相关因素——以美国研究为中心》，《西南民族大学学报》（人文社会科学版），2010 年第 6 期。

243. 沈正赋、肖庆庆：《网络信源新闻初探》，《东南传播》2010 年第 8 期。

244. 尹韵公：《媒体社会责任感的中国特色》，《新闻与传播研究》2009 年第 6 期。

245. 杜骏飞：《网络群体性事件的类型辨析》，《国际新闻界》2009 年第 7 期。

246. 蔡雯：《媒介融合进程中新闻报道的突破与创新——基于 2008 年重大新闻报道案例研究的思考》，《国际新闻界》2009 年第 2 期。

247. 匡文波：《论新媒体传播中的"蝴蝶效应"及其对策》，《国际新闻界》2009 年第 8 期。

248. 叶向群：《信息源使用与媒体公信力》，《新闻实践》2009 年第 12 期。

249. 杨道俊：《广告媒介可信度评价量表研究》，厦门大学硕士论文，2009 年。

250. 贾国飚：《基于复杂网络的新闻传播控制策略研究》，《新闻界》2009 年第 2 期。

251. 韦路：《新媒体研究何去何从?》，《中国出版》2010 年第 14 期。

252. 杜骏飞：《政治、社会与新型网络应用——2008 年中国网络传播研究的关键主题》，《中国地质大学学报》（社会科学版）2009 年第 4 期。

253. 何德军：《网络民调代表性与可靠性的平衡》，《新闻实践》2009 年第 2 期。

254. 赵云泽：《在华外国人对中国媒体的接触状况及公信力评价——基于对在京外国人调查的一个探索性研究》，《国际新闻界》2009 年第 12 期。

255. 周葆华、陆晔：《中国公众媒介知识水平及其影响因素——对媒介素养一个重要维度的实证分析》，《新闻记者》2009 年第 5 期。

256. 何国平：《网络群体事件的动员模式及其舆论引导》，《思想政治工作研究》2009 年第 9 期。

257. 周裕琼：《真实的谎言，抵制家乐福事件中的新媒体谣言分析》，《传播与社会学刊》2009 年第 7 期。

258. 江作苏、梁锋：《媒介公信力研究概述》，《新闻战线》2009 年第 12 期。

259. 张雷、刘曙光：《论网络政治动员》，《东北大学学报》（社会科学版）2008 年第 3 期。

260. 周葆华、陆晔：《受众的媒介信息处理能力——中国公众媒介素养状况调查报告之一》，《新闻记者》2008 年第 4 期。

261. 郑保卫：《公信力的客观评估标准》，《新闻与写作》2008 年第 10 期。

262. 何新华：《网络暴力事件中的受众心理机制》，《新闻爱好者》2008 年第 10 期。

263. 金琛：《电子传播媒介的社会时间》，《湖北广播电视大学学报》

2008 年第 2 期。

264. 唐小兵：《底层与知识分子的民粹主义》，《南风窗》2008 年第 3 期。

265. 许兰武、尤博：《贴吧民意的力量》，《记者观察》2008 年第 6 期。

266. 李旭、杜筱：《网络媒体提高公信力浅析》，《新闻传播》2008 年第 5 期。

267. 周莹：《大众媒介公信力的内涵及其建构》，《广西大学学报》（哲学社会科学版）2007 年第 2 期。

268. 彭兰：《网络新闻专题的特点、发展及编辑原则》，《中国编辑》2007 年第 4 期。

269. 华汝国：《2005—2007 年我国网络传播研究状况综述——以七种新闻传播核心期刊相关论文为依据》，《河南社会科学》2006 年第 3 期。

270. 陈家刚：《协商民主与政治协商》，《学习与探索》，2007 年第 2 期。

271. 喻国明、张洪忠：《中国大众传播渠道的公信力评测——中国大众媒介公信力调查评测报告系列》，《国际新闻界》2007 年第 5 期。

272. 喻国明、张洪忠、靳一等：《媒介公信力：构成维度量表之研究——基于中国首次传媒公信力全国性调查的建模》，《新闻记者》2007 年第 6 期。

273. 倪琳：《新闻公信力的几个关键词》，《上海大学学报》（社会科学版）2007 年第 6 期。

274. 林尚立：《制度整合发展：中国共产党建设的使命与战略》，《毛泽东邓小平理论研究》2007 年第 4 期。

275. 邵春霞、彭勃：《谁的公共领域——概念运用的困惑与修正》，《新闻大学》2007 年第 2 期。

276. 刘正荣：《从非理性网络舆论看网民群体心理》，《现代传播》2007 年第 3 期。

277. 刘九州、付金华：《以媒体为支点的三个舆论场整合探讨》，《新闻界》2007 年第 1 期。

278. 陆晔、郭中实：《媒介素养的"赋权"作用：从人际沟通到媒介参与意向》，《新闻学研究》2007 年第 92 期。

279. 祝文燕：《从文化哲学看网络空间演进的虚拟性》，《自然辩证法研究》2007 年第 4 期。

280. 赖祥蔚：《媒体素养与言论自由的辩证》，《新闻学研究》2007 年第 92 期。

281. 李晓静：《西方媒介可信度研究述评（下)》，《新闻大学》2007 年第 2 期。

282. 廖圣清等：《解析中国媒介新闻可信度》，《新闻大学》2007 年第 4 期。

283. 温淑春：《国外民意调查发展研究综述》，《理论与现代化》2007 年第 1 期。

284. 韦路、张明新：《第三道数字鸿沟：互联网上的知识沟》，《新闻与传播研究》2006 年第 4 期。

285. 赵莉：《十年来我国网络传播研究的进步与不足——对 1996—2005 年网络传播研究的实证分析》，《国际新闻界》2006 年第 11 期。

286. 丁慧民、韦沐、杨丽：《网络动员及其对高校政治稳定的冲击与挑战》，《北京青年政治学院学报》2006 年第 2 期。

287. 刘力锐、张雷：《网络政治动员的消极影响及治理》，《石家庄学院学报》2006 年第 1 期。

288. 石长峰：《"网络暴民"怎样诞生的》，《中国社会导刊》2006 的第 17 期。

289. 周海燕：《重读刘涌案：公共领域视野中的司法与传媒之争》，《新闻大学》2006 年第 4 期。

290. 李晓静：《西方媒介可信度研究述评（上)》，《新闻大学》2006 年第 3 期。

291. 陶芝兰、王欢：《信任模式的历史变迁——从人际信任到制度信任》，《北京邮电大学学报》（社会科学版）2006 年第 2 期。

292. 胡春阳：《欧美博客研究述评》，《现代传播》2006 年第 4 期。

293. 田浩：《拓扑心理学的理论启示》，《赣南师范学院学报》2006 年第 1 期。

294. 夏学英、刘永谋:《层级与离散:BBS 话语权力结构特征》,《兰州学刊》2006 年第 10 期。

295. 靳一:《中国大众媒介公信力影响因素分析》,《国际新闻界》2006 年第 9 期。

296. 张卿卿:《网路的功与过:网路使用与政治参与及社会资产关系的探讨》,《新闻学研究》2006 年第 86 期。

297. 薛宇珊:《大学生对电视新闻主播形象之评估》,台湾政治大学新闻研究所硕士论文,2005 年。

298. 张国良:《中国大众传播媒介公信力研究现状刍议》,《中国传媒报告》2005 年第 2 期。

299. 张洪忠:《"刻度"和"阀门":公信力对不同类型媒体受众市场的影响》,《新闻记者》2005 年第 12 期。

300. 张洪忠:《大众媒介公信力理论研究》,中国人民大学博士学位论文,2005 年。

301. 靳一:《大众媒介公信力测评研究》,中国人民大学博士学位论文,2005 年。

302. 李晓静:《中国大众媒介可信度指标研究》,复旦大学博士学位论文,2005 年。

303. 强月新、张明新:《我国中部农村的媒介使用及媒介可信度研究现状》,《新闻与传播评论》2005 年第 5 期。

304. 林频:《西方传媒可信度研究概述》,《新闻记者》2005 年第 8 期。

305. 柳丽花:《网络信息资源的统一评价指标及各类网站信息的问答式评价指标》,《现代图书情报技术》2005 年第 7 期。

306. 柯惠新、黄可、谢婷婷:《中文网络论坛的研究之抽样设计》,《数理统计与管理》2005 年第 24 期。

307. 黄晓斌、邱明辉:《网络信息过滤方法的比较研究》,《大学图书馆学报》2005 年第 1 期。

308. 朱艳:《媒介可信度:中美学者的不同认识》,《新闻界》2005 年第 3 期。

309. 冯必扬:《社会风险:视角、内涵与成因》,《天津社会科学》2004

年第 2 期。

310. 何国平：《论媒介公信力的生成与维系》，《新闻与传播研究》2004 年第 2 期。

311. 陈喜辉、付丽：《因特网的后现代主义文化特征》，《文艺评论》2004 年第 4 期。

312. 刘能：《怨恨解释、动员结构和理性选择——有关中国都市地区集体行动发生可能性的分析》，《开放时代》2004 年第 4 期。

313. 岳晋、田海平：《信任研究的学术理路——对信任研究的若干路径的考察》，《南京社会科学》2004 年第 6 期。

314. 喻国明等：《面对重大事件时的传播渠道选择——有关"非典"问题的北京居民调查分析》，《新闻记者》2003 年第 6 期。

315. 罗文辉、林文琪、牛隆光等：《媒介依赖与媒介使用对选举新闻可信度的影响：五种媒介的比较》，《新闻学研究》2003 年第 74 期。

316. 胡翼青：《论网际空间的"使用—满足理论"》，《江苏社会科学》2003 年第 6 期。

317. 谢新洲：《"沉默的螺旋假说"在互联网环境下的实证研究》，《现代传播》2003 年第 6 期。

318. 张立新：《非典事件引发的深层思考——从"非典"事件看网络时代政府的行为责任》，《中国党政干部论坛》2003 年第 5 期。

319. 于晓阳：《对体育院校校园文化建设的思考》，《哈尔滨体育学院学报》2003 年第 2 期。

320. 王芳：《互联网研究现状述评——以中国大陆传播类期刊为例》，《现代传播》2003 年第 4 期。

321. 袁立庠：《论网络文学传播特性》，《现代传播》2002 年第 4 期。

322. 彭兰：《关于大陆互联网站外来文化传播状况的实证研究》，《国际新闻界》2002 年第 1 期。

323. 殷晓蓉：《阿帕对于因特网的贡献及其内在意义》，《现代传播》2002 年第 1 期。

324. 祝建华、谭跃：《港、京、穗三地互联网使用技能之比较》，《传媒透视》2002 年第 11 期。

325. 陆晔、潘忠党：《成名的想象：中国社会转型过程中新闻从业者的专业主义话语建构》，《新闻学研究（台湾）》2002 年第 71 期。

326. 陈彤旭、邓理峰：《BBS 议题的形成与衰变——对人民网强国论坛的个案研究》，《新闻与传播研究》2002 年第 1 期。

327. 佘文斌：《公信力——传媒竞争的重要砝码》，《新闻战线》2002 年第 5 期。

328. 李伟民、梁玉成：《特殊信任与普遍信任：中国人信任的结构与特征》，《社会学研究》2002 年第 3 期。

329. 霍俊国：《文学格式塔中的场论》，曲阜师范大学硕士论文，2002 年。

330. 王建龙：《把握社会舆情》，《瞭望》2002 年第 20 期。

331. 李希光、秦轩：《谁在设置中国今天的议程》，《新闻与传播研究》2001 年第 3 期。

332. 雷跃捷：《互联网媒体的概念、传播特性、现状及其发展前景》，《现代传播》2001 年 1 期。

333. 彭兰：《网络中的人际传播》，《国际新闻界》2001 年第 3 期。

334. 单波、石义彬：《20 世纪西方新闻与大众传播理论概观》，《国外社会科学》2000 年 4 期。

335. 梁维国：《网络电子新闻报导可信度之研究》，台湾铭传大学资讯管理研究所硕士论文，2000 年。

336. 叶恒芬：《网路媒介可信度及其影响因素初探研究——以台湾地区网路使用者为例》，台湾中正大学电讯传播研究所硕士论文，2000 年。

337. 黄晓芳：《公信力与媒介的权威性》，《电视研究》1999 年第 11 期。

338. 王飞雪、山岸俊男：《信任的中、日、美比较研究》，《社会学研究》1999 年第 2 期。

339. 杨中芳、彭泗清：《中国人人际信任的概念化：一个人际关系的观点》，《社会学研究》1999 年第 2 期。

340. 潘忠党、魏然：《大众传媒的内容丰富之后——传媒与价值观念之关系的实证研究》，《新闻与传播研究》1997 年第 4 期。

341. 彭朝丞：《新闻来源可信度吸引力》，《新闻战线》1997 年第 4 期。

342. 方朝晖：《市民社会的两个传统及其在现代的汇合》，《中国社会科学》1994 年第 5 期。

343. 周晓虹：《集群行为：理性与非理性之辨》，《社会科学研究》1994 年第 5 期。

344. 覃逸萍：《读者对于报纸民意测验可信度的评价》，国立政治大学新闻研究所硕士论文，1992 年。

345. 卢鸿毅：《新闻媒介可信度之研究》，台湾国立政治大学新闻研究所硕士论文，1992 年。

346. 彭芸：《媒体负责人对选举期间媒体可信度的评估》，《新闻学研究》1991 年第 44 期。

347. 温华添：《大众传播媒介可信度及其关联因素研究》，台湾国立政治大学新闻研究所硕士论文，1985 年。

三　参考网站

348. http：//academic. mediachina. net

349. http：//baike. baidu. com

350. http：//www. hudong. com

351. http：//www. cnnic. net. cn

352. http：//wiki. mbalib. com

353. http：//www. google. cn

354. http：//opinion. people. com. cn

355. http：//www. zaobao. com

356. http：//www. 51wan. com

357. http：//cs. hitsz. edu. cn

358. http：//www. cnnic. cn

359. http：//yq. people. com. cn

360. http：//www. china. com. cn

361. http：//www. wipchina. org

362. http：//www. xici. net

363. http：//news. sina. com. cn

364. http：//games. ifeng. com

365. http：//club. china. alibaba. com

366. http：//www. people. com. cn

后　记

　　著作基于国家社科基金重大项目"互联网管理与中国特色网络文化建设研究"（07&ZD040）结题成果。课题自 2008 年 1 月正式立项以来，主持人钟瑛带领课题组全体成员：余秀才、罗昕、李亚玲、陈少华、李贞芳、余红、刘瑛、黄朝钦、王井、刘琼、陈然、李青青、徐敬宏、牛静等，按照课题申报书的框架要求（修改版），对最初建构的子课题逐一进行系统、深入、细致的研究，最后由课题负责人汇总、修改、提炼成课题结题报告，最终形成该专著。

　　该著作的完成是一次漫长、艰辛且充满收获乐趣的师生合作。非常感谢我自课题申报起（2007）至课题结题（2011）的历届博士生，还有奉献颇多却无法一一署名的硕士生们。特别感谢校内外几位年轻教师的友情加盟。

　　课题在研究过程中收获了大量阶段性研究成果，这里一一列举如下：

　　子课题研究报告 7 份：中国互联网管理研究（钟瑛）；美国网络中立规制研究（罗昕）；网络舆论的流变及其影响研究（余秀才）；我国网络社区意见领袖研究（余红、陈然）；我国主流媒体网络传播效果研究（李贞芳、刘琼、李亚玲）；中外新闻网站传播功能比较（陈少华）；中国特色网络文化建构研究（王井、刘瑛）。正在筹备出版系列专著。

　　调研报告 10 份：我国互联网问题调查报告（钟瑛、李亚玲）；我国主流媒体网站管理现状调查报告（钟瑛、罗昕）；1998—2010 中国重大网络舆论及传播特征（钟瑛、余秀才）；我国网络意见领袖发展状况与特征（余红）；大学生网络意见领袖媒介素养调查（余红、杨雪丽）；中国网络文化价值体系及网民文化适应状态研究（刘瑛、王井）；中国网络新闻可信度研究（刘琼、李亚玲）；我国主流媒体网站框架效果案例研究（李贞芳）；中西网络新闻奖比较及对中国网络新闻奖评审的建议（钟瑛）；我国网络媒体从行业者基本状况调查分析（钟瑛、李亚玲、李贞芳、刘瑛）。大多融入专著之中。

重大网络舆论案例集一本，即 1998—2010 的重大网络舆论案例评析（李青青、余秀才）。

公开发表课题论文 73 篇（2012 年不记），依年份：

2011 年，《中国网络媒体从业者基本状况调查分析》，钟瑛、李亚玲、李贞方、刘瑛，《中国新媒体发展报告（2011）》，社会科学文献出版社；《构建中国式网络问政模式》，钟瑛，《网络传播》2011 年第 9 期；《3Q 大战与网络商业模式危机及制度缺失》，钟瑛、黄朝钦，《今传媒》2011 年第 2 期；《网络问政：当代中国政治沟通新范式》，钟瑛、罗昕，《网络传播》2011 年第 2 期；《"走转改"带动新闻变革》，钟瑛、黄朝钦，《网络传播》2011 年第 11 期；《从体制内报网互动走向体制外报网融合》，钟瑛、黄朝钦，《新闻前哨》2011 年第 4 期；《"网络问政"类栏目的创新、问题及对策》，钟瑛、罗昕，《中国记者》，2011 年第 2 期；《结构性缺失：网络时代把关理论的重新考察》，罗昕，《新闻与传播研究》2011 年第 3 期；《网络文化价值体系的冲突与适应》，王井，《现代传播》2011 年第 11 期；《中国大学生网络意见领袖媒介素养调查》，余红、杨学丽，《中国新媒体发展报告（2011）》，社会科学文献出版社；《三网融合：国外的规制与中国的融合监管策略》，郭小平，《中国新媒体发展报告（2011）》，社会科学文献出版社；《美国新闻网站评估指标体系及其对我国的启示》，罗昕、梁雪欣，《编辑之友》2011 年第 10 期；《〈纽约时报〉的"停印"与中国报业的明天》，黄朝钦，《当代传播》2011 年第 1 期；《网络编辑提高新闻可信度途径探析》，刘琼，《中国出版》2011 年第 6 期；《美国新闻网站评优标准对我国的启示》，罗昕、柯璟，《中国出版》2011 年第 4 期；《我国网络隐私权的个人保护、行业自律保护和法律保护概述》，徐敬宏、赵莉，《情报理论与实践》2011 年第 1 期；《网络文化的中西方解读差异及背景探究》，王井，《新疆社会科学》2011 年第 3 期；《网络论坛参与者分类模型探析》，陈然，《新闻爱好者》2011 年第 5 期；《网络论坛参与者角色扮演刍议》，陈然，《青年记者》2011 年第 8 期。

2010 年，《1998—2009 重大网络舆论事件及其传播特征探析》，钟瑛、

余秀才，《新闻与传播研究》2010 年第 4 期，（人大复印资料 2011 年第 1 期
《新闻与传播》）；《互联网问题的类目建构及其调查分析》，钟瑛、李亚玲，
《中国新媒体发展报告》，社会科学文献出版社 2010 年版；《网络和谐管理
的目标与路径》，钟瑛、余秀才，《中国新媒体传播学研究前沿》，中国人民
大学出版社 2010 年版；《互联网问题的分析框架与类目建构》，钟瑛、李亚
玲，《中国地质大学学报》2010 年第 2 期；《互联网管理模式、原则及方法
探析》，钟瑛，《三峡大学学报》2010 年第 1 期；《美国"网络中立"争论：
在接入控制与开放之间》，罗昕，《新闻与传播研究》2010 年第 3 期；《知识
决定参与大学生网上社会公共事务参与影响因素分析》，余红，《新闻与传
播研究》2010 年第 5 期；《网络舆论场的构成及其研究方法探析》，余秀才，
《现代传播》2010 年第 4 期；《中国互联网管理目标的设定与实现》，刘瑛，
《中国新媒体发展报告》，社会科学文献出版社 2010 年版；《中国网络意见
领袖发展状况与特征》，余红，《中国新媒体发展报告》，社会科学文献出版
社 2010 年版；《网路论坛舆论领袖筛选方法初探》，陈然，《中国网络传播
研究》，浙江大学出版社 2010 年版；《网络论坛舆论领袖的识别与筛选》，
陈然，《当代传播》2010 年第 2 期；《网络内容的编辑控制技术与策略》，罗
昕，《中国出版》2010 年第 8 期；《网络内容的技术控制模式建构与评析》，
罗昕，《中国地质大学学报》2010 年第 2 期；《网络动员的作用机制与管理
对策》，刘琼，《学术论坛》2010 年第 8 期；《网络隐私权保护：域外模式述
评及我国模式探索》，徐敬宏，《情报理论与实践》2010 年第 5 期；《网络舆
论形成的心理机制》，余秀才，《南京邮电大学学报》2010 年第 4 期；《手机
媒体的管理思维及其框架建构》，李亚玲，《三峡大学学报》2010 年第 1 期；
《我国互联网的法制管理问题及其完善》，余秀才、徐颖，《三峡大学学报》
2010 年第 1 期；《我国网络传播研究十年状况综述》，王井，《新闻爱好者》
2010 年第 2 期（下半月）；《中国网络传播效果研究的"学术地图"》，刘
琼，《今传媒》2010 年第 9 期；《网络媒体高考报道的信息结构分析》，罗
昕，《新闻研究导刊》2010 年第 4 期；《媒介可信度与媒介公信力概念辨
析》，刘琼，《东南传播》2010 年第 7 期；《当代中国传播效果研究得失述
评》，刘琼，《青年记者》2010 年第 8 期；《论媒介融合的传播技术路径》，
鲍立泉、吴廷俊，《现代传播》2010 年第 3 期；《公众参与、媒体沟通与正

当立法程序》，牛静、赵倩，《社科纵横》2010 年第 5 期。

2009 年，《网路新闻分类及其评优标准探析》，钟瑛、陈盼，《国际新闻界》2009 年第 9 期；《我国政府互联网管理理念的发展与制度创新》，钟瑛、余秀才，《技术、制度与媒介变迁论集》，复旦大学出版社 2009 年版；《我国互联网管理目标的设定与实现》，刘瑛、张方方，《新闻与传播研究》2009 年第 4 期；《我国网络隐私权的行业自律保护：现状、问题与对策》，徐敬宏，《图书与情报》2009 年第 5 期；《新媒体"两会"舆论场与理想公共领域》，徐敬宏、赵玲，《当代传播》2009 年第 4 期；《欧盟网络隐私权的法律法规保护及其启示》，徐敬宏，《情报理论与实践》2009 年第 5 期；《论电子商务消费者个人信息及其保护》，徐敬宏、文利民，《图书情报工作》2009 年第 8 期；《主流媒体网站对传统媒体版面的继承与创新》，刘琼，《新闻界》2009 年第 2 期；《建立面向媒介融合的互联网管理体系》，毛勇、黄本一，《新闻界》2009 年第 2 期；《掌舵与划桨：政府网络行政管理的角色之辩》，余秀才，《今传媒》2009 年第 2 期；《信息技术对传统第三方中介演化的影响》，杜生鸣，《当代经济》2009 年第 3 期；《六大网站新闻评论板块比较研究》，刘琼，《新闻爱好者》2009 年第 8 期；《网络文化与中华文明的冲突与融合》，余秀才，《网络传播》2009 年第 2 期；《"人肉搜索"健康发展初探》，陈然，《东南传播》2009 年第 3 期；《商业网站与新闻网站竞争策略浅析》，刘琼，《青年记者》2009 年第 4 期；《新旧媒体知识沟效果之比较研究》，韦路、李贞方，《浙江大学学报》（人文社会科学版）2009 年第 5 期；《"贾君鹏事件"：媒介事件与社会的"集体记忆"》，郭小平、王子毅、董朝，《今传媒》2009 年第 12 期；《论视听新媒体传播的社会影响》，郭小平，《中国电视》2009 年第 3 期；《领导干部要提高应对"网络问政"的能力》，牛静，《学习月刊》2009 年第 21 期。

2008 年，《汶川地震中的网络信息传播》，钟瑛、余秀才，《5·12 汶川大地震新闻报道研究》，中国外文局对外传播研究中心选编，外文出版社 2008 年版；《网路舆论领袖地位稳定性探析——以人民网强国社区〈中日论坛〉为例》，余红，《新闻与传播研究》2008 年 6 月；《从暴力的"人肉搜索"到友善的"人机搜索"》，李亚玲，《新闻界》2008 年第 5 期；《网络低俗信息的泛滥与规建》，余秀才，《网络传播》2008 年 10 期；《网络媒体的变与不变》，余秀才，《网络传播》2008 年第 8 期；《生态学视角下的和谐网络舆论构建》，陈然，《东南传播》2008 年第 11 期；《手机文化研究期待提升》，李亚玲，《新闻爱好者》2008 年第 10 期；《手机媒体与农村信息化分析》，李亚玲，《传媒观察》2008 年第 10 期；《网路媒体的舆论功能研究》，李贞方、古涵、杨孟丹，《国际新闻界》2008 年第 10 期。

以此记载这次难得、难忘的师生合作，以及这次难得的、难忘的重大课题研究。

钟　瑛

2012 年于瑜伽山

图书在版编目（CIP）数据

网络传播管理研究／钟瑛等著．—北京：中国社会科学出版社，2014.4
（国家哲学社会科学成果文库）
ISBN 978 – 7 – 5161 – 3309 – 5

Ⅰ．①网…　Ⅱ．①钟…　Ⅲ．①计算机网络—传播媒介—监管制度—
研究—中国　Ⅳ．①G206.2

中国版本图书馆 CIP 数据核字（2013）第 229384 号

出 版 人	赵剑英
责任编辑	许　琳　孔继萍
责任校对	林福国
封面设计	肖　辉　郭蕾蕾　孙婷筠
责任印制	戴　宽

出　　版	中国社会科学出版社
社　　址	北京鼓楼西大街甲 158 号（邮编 100720）
网　　址	http://www.csspw.cn
	中文域名:中国社科网　　010 – 64070619
发 行 部	010 – 84083685
门 市 部	010 – 84029450
经　　销	新华书店及其他书店

印刷装订	环球印刷（北京）有限公司
版　　次	2014 年 4 月第 1 版
印　　次	2014 年 4 月第 1 次印刷

开　　本	710×1000　1/16
印　　张	44.25
字　　数	720 千字
定　　价	118.00 元